Réussir mon CRPE

W0217248

MATHÉMATIQUES FRANÇAIS

DANIEL MOTTEAU SAÏD CHERMAK ANNE-ROZENN MOREL

Lea.fr Nathan

LES AUTEURS

DANIEL MOTTEAU
Professeur ESPÉ formateur Maths 1er degré, ESPÉ de Bretagne
Responsable ESPÉ, Master MEEF PLC Maths UBS
Directeur de Profecoles

SAÏD CHERMAK
Professeur de mathématiques
Spécialisé dans la remédiation et l'accompagnement à distance
Préparation en visioconférence à l'épreuve de mathématiques du CRPE depuis 2008

ANNE-ROZENN MOREL
Formatrice à l'INSPÉ de Bretagne depuis 15 ans.
Elle a consacré sa thèse de littérature aux fictions utopiques pendant la Révolution française.
Ses domaines de recherche actuels sont : l'approche sensible des œuvres d'art, les œuvres de science-fiction en littérature de jeunesse.

Direction éditoriale : Pascaline Citron
Édition : Aurore Champavère, Stephanie Dizel-Doumenge, Doriane Giuili, Caroline Tran-Dac
Fabrication : Lysiane Bouchet
Conception graphique : Lucille Pachot
Mise en pages : Facompo (Mathématiques), Lucille Pachot (Français)
Illustrations : Pollux
© Éditions Nathan, 2022
92 avenue de France - 75013 Paris
ISBN : 978-2-0950-0322-7
Code éditeur : 224001
ISSN : 2823-9245

SOMMAIRE MATHÉMATIQUES

ORGANISATION DE LA PARTIE « MATHÉMATIQUES »

SUR CHAQUE SUJET, UN PARCOURS EN 3 ÉTAPES

1 ◆ **JE M'ÉVALUE** → Des questions pour évaluer votre niveau
2 ◆ **JE RÉVISE** → L'essentiel des savoirs à connaitre pour le concours
3 ◆ **JE M'ENTRAINE** → Des exercices types CRPE pour vous préparer

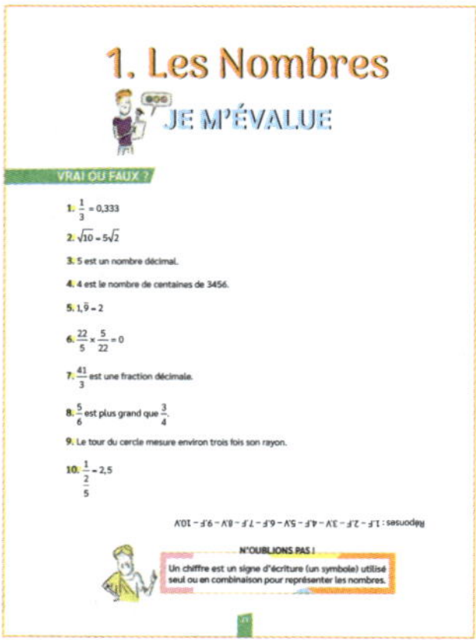

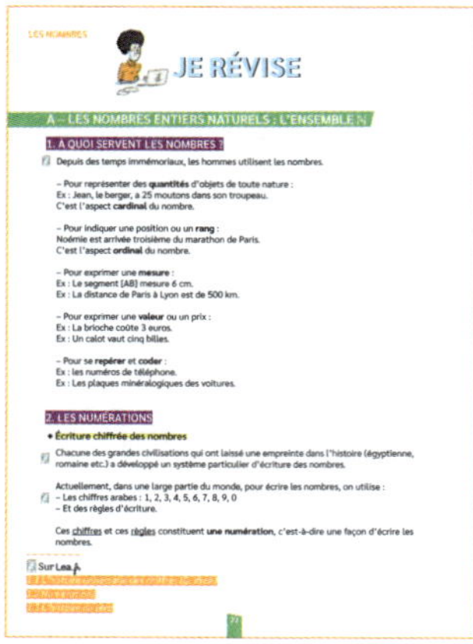

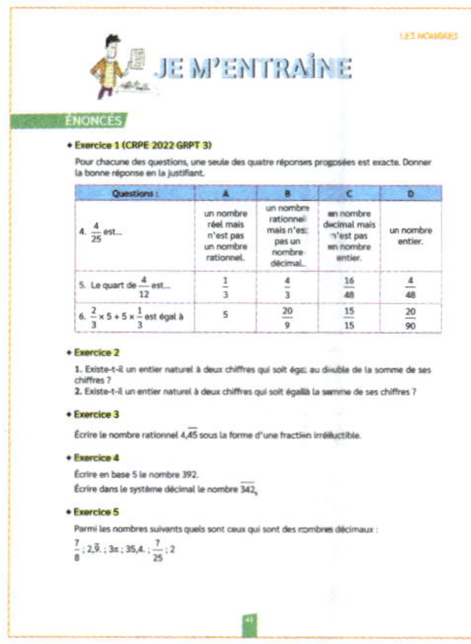

DES ENCADRÉS POUR BIEN RÉVISER

Pythagore vous accompagne dans la préparation du concours !
« **N'OUBLIONS PAS** » : les indispensables
« **ASTUCES** » : le petit plus pour le concours !

DES COMPLÉMENTS À TÉLÉCHARGER

Rendez-vous sur Lea.fr, espace « Devenir enseignant », pour découvrir les contenus complémentaires de l'ouvrage :

- *Des tutoriels vidéo et fiches pour approfondir les notions*
- *Des points « histoire des mathématiques »*
- *Des exercices d'entrainement supplémentaires*
- *Une méthodo spécifique (tutoriels vidéo et ouvrage) pour prendre en main le logiciel Scratch et le tableur*

SOMMAIRE FRANÇAIS

PARTIE 2 : GRAMMAIRE DE TEXTE P. 393

PARTIE 3 : GRAMMAIRE DE DISCOURS P. 401

PARTIE 4 : ORTHOGRAPHE P. 409

PARTIE 5 : PHONOLOGIE ET PHONÉTIQUE P. 425

PARTIE 6 : LEXIQUE P. 433

PARTIE 7 : ANALYSER UN TEXTE P. 453

PARTIE 8 : ENTRAINEMENT AU CONCOURS P. 493

ORGANISATION DE LA PARTIE « FRANÇAIS »

SUR CHAQUE SUJET, UN PARCOURS EN 3 ÉTAPES

1 ◆ **JE M'ÉVALUE** → Des questions pour évaluer votre niveau
2 ◆ **JE RÉVISE** → L'essentiel des savoirs à connaitre pour le concours
3 ◆ **JE M'ENTRAINE** → Des exercices types CRPE pour vous préparer

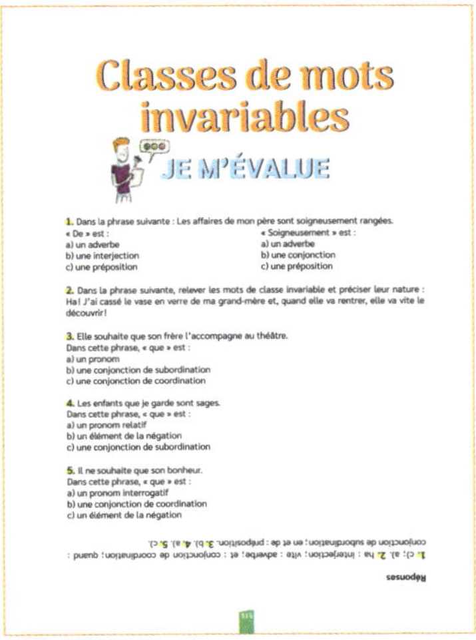

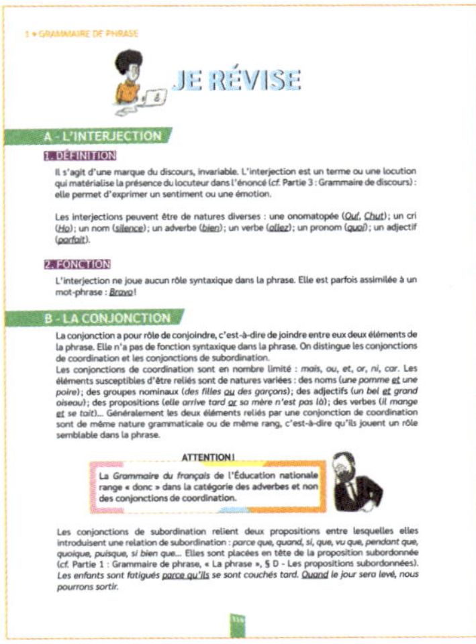

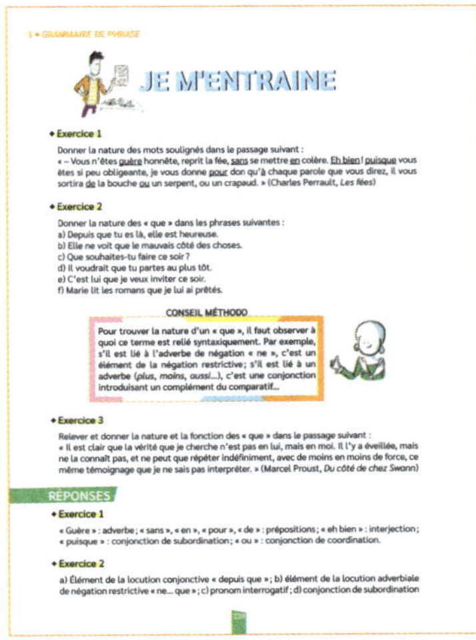

DES ENCADRÉS POUR BIEN RÉVISER

Deux grands noms de la littérature vous accompagnent : **Olympe de Gouges** et **Émile Zola** !

« **ATTENTION** » → Les points de vigilance à connaitre
« **CONSEIL MÉTHODO** » → Des recommandations pour se mettre en condition
« **REMARQUE** » → Des informations utiles

DES COMPLÉMENTS À TÉLÉCHARGER

Rendez-vous sur Lea.fr, espace « Devenir enseignant / Préparer le CRPE », pour découvrir les contenus complémentaires de l'ouvrage :

- *les corrigés des sujets 2022 des groupements 2 et 3*
- *les corrigés des sujets 0*
- *des exercices d'entrainement supplémentaires*
- *des QCM sur la grammaire de phrase, l'orthographe et le lexique*
- *les tableaux de conjugaison (être, avoir, verbes des 1er, 2e et 3e groupes)*
- *le glossaire*
- *des supports de révision à imprimer*

Réussir mon CRPE

MATHÉMATIQUES

Introduction

A - PRÉSENTATION ET PRÉPARATION DE L'ÉPREUVE DE MATHÉMATIQUES

1. CADRAGE GÉNÉRAL DE L'ÉPREUVE

L'épreuve écrite d'admissibilité de mathématiques du nouveau concours de recrutement des professeurs des écoles (CRPE) dure 3 heures et est notée sur 20 points[1].
Une note globale égale ou inférieure à 5 est éliminatoire.
Elle est affectée du coefficient 1.
Le matériel autorisé :
L'usage de la calculatrice électronique de poche à fonctionnement autonome, sans imprimante est autorisé. L'usage de tout autre matériel électronique, de tout ouvrage de référence et de tout document est rigoureusement interdit.

2. PROGRAMME

a) Le programme de l'épreuve

Il est constitué :

- du programme en vigueur de mathématiques du cycle 4 ;
- de la partie « Nombres et calculs » du programme de mathématiques de seconde générale et technologique (BOEN spécial n° 1 du 22 janvier 2019).

b) L'ouvrage

Dans cet ouvrage, nous avons découpé le programme en 14 chapitres afin de cerner au mieux les connaissances ou compétences requises pour la réussite à ce concours.
Pour chacun des chapitres, vous trouverez :

- en ouverture, une succession de vrai/faux pour vous permettre de vous évaluer dans un registre particulier du programme : « Je m'évalue » ;
- ensuite les résultats fondamentaux qu'il est indispensable de connaitre, les méthodes essentielles, illustrés par des exemples : « Je révise » ;
- enfin des exercices dans l'esprit des épreuves du CRPE, avec des indications de corrigés (corrigés détaillés sur Lea.fr) : « Je m'entraine ».

Vous trouverez également des liens vers Lea.fr pour voir des corrections développées de certains exercices, des démonstrations plus approfondies (notamment sous forme de tutoriels vidéos), des compléments historiques et épistémologiques, de nombreux autres exercices corrigés pour vous entrainer selon vos besoins, exercices de base ou de prolongement. Autant de contenus qui vous permettront de préparer dans les meilleures conditions cette épreuve.
Tous les compléments numériques sont indiqués dans l'ouvrage par le picto .

1. Voir l'arrêté du 25 janvier 2021, JORF n° 0025 du 29 janvier 2021 : https://www.legifrance.gouv.fr/jorf/id/JORFTEXT000043075701

Chapitres	Contenus
1. Les nombres	Les entiers Les rationnels Les décimaux Les irrationnels Les réels
2. Arithmétique : les opérations dans ℕ	Addition soustraction Multiplication Division Diviseurs, multiples Nombres premiers PGCD PPCM Résolution arithmétique des problèmes
3. Grandeurs et mesures	Grandeurs simples Grandeurs composées Système métrique Conversions Valeurs approchées, troncatures etc. Écriture scientifique
4. Calcul algébrique, équations et inéquations	Calcul littéral Équations, inéquations Résolution algébrique de problèmes : mise en équation
5. Fonctions numériques et suites	Repères Lecture graphique Fonction linéaire Fonction affine Fonction trinôme
6. TICE	Algorithmique Scratch Tableur
7. La proportionnalité	Modèle mathématique Reconnaitre Traiter Pente, tangente Échelle, vitesse, débit, masse volumique
8. Statistiques	Statistiques : représentation, principe de l'histogramme Caractéristiques de position : mode, médiane, moyenne Caractéristiques de dispersion : étendue, quantiles, Écart-type
9. Probabilités	Probabilités simples Univers et propriétés Outils pour dénombrement Probabilités conditionnelles Arbres Arbres pondérés Tableaux

10. La géométrie plane euclidienne	Points alignés Droites, segments Distance Parallélisme Perpendicularité Théorème de Thalès
11. Triangles et cercles	Différents types de triangles : propriétés Théorème de Pythagore Trigonométrie
12. Les polygones - Les quadrilatères	Trapèze Parallélogramme Losange Rectangle Carré
13. Volumes - Patrons	Volumes Polyèdres réguliers Pyramides Patrons
14. Les transformations planes	Les isométries du plan Translation, rotation, symétries

3. MODALITÉS

L'épreuve écrite d'admissibilité est constituée d'un ensemble **d'au moins trois exercices indépendants**, permettant de vérifier les connaissances du candidat.
Le sujet 0 mis à disposition par le ministère comporte 5 exercices dans des registres du programme différents et complémentaires :

- un exercice portant sur le calcul de probabilités ;
- un exercice portant sur les nombres décimaux ;
- un exercice ou problème comportant plusieurs parties, une situation complexe qui nécessite la mobilisation de connaissances et compétences en grandeurs et mesures, utilisation des TICE, lecture graphique de représentation de fonctions ;
- un exercice portant sur l'arithmétique et l'algorithmique ;
- un exercice portant sur géométrie, grandeurs et mesures, proportionnalité.

On constate la volonté de couvrir une très large partie du programme.

B - MÉTHODOLOGIE DE L'ÉPREUVE

1. LA STRATÉGIE

Comme dans tout concours, il faut viser à **cumuler le maximum de points.**
Cela peut passer par des stratégies diverses, néanmoins, le jour de l'épreuve, il faut dans un premier temps viser à éliminer au maximum le stress lié à la situation.
Il est donc important de prendre connaissance rapidement de l'ensemble de l'épreuve et également, comme nous l'avons fait ci-dessus, des contenus, savoirs et compétences requises, dans chaque exercice.
Vous pourrez ainsi choisir de commencer par l'exercice qui porte sur la partie du programme qui vous est la plus familière et dans laquelle vous vous sentez le plus à l'aise.
La réussite vous fera gagner en assurance pour la suite de l'épreuve.
Il est toutefois toujours préférable de rendre une copie dans l'ordre des exercices dans l'énoncé, aussi vous veillerez à prendre une copie pour chaque exercice et mettre le tout dans l'ordre à la fin de l'épreuve, au moment de rendre votre copie.
Si vous êtes est très sûr de vous dans un domaine, vous pouvez rédiger directement sans passer par l'étape brouillon, mais ceci n'est pas sans risque. Le plus souvent, au moment de la recherche de la solution d'un exercice ou d'un problème, la démarche est erratique. On tâtonne, on essaie, on s'engage dans une voie qui peut s'avérer être une impasse, on recommence alors d'une autre façon, etc.
C'est pourquoi nous vous recommandons, sur une feuille de brouillon, de noter systématiquement les résultats acquis au cours de l'étape de recherche et une fois que l'ensemble parait juste et cohérent se lancer dans la rédaction définitive.

2. LA GESTION DU TEMPS

La gestion du temps le jour de l'épreuve doit faire l'objet d'un apprentissage spécifique tout au long de votre préparation. En effet, pour ne pas vous laisser déborder par le temps le jour du concours, vous devez avoir acquis au préalable des routines de travail spécifiques.

a) Avant le jour J

Apprenez à travailler dans les délais de l'épreuve.
Dans cette optique, il est important :

- de passer tout le temps nécessaire sur un sujet pour bien l'approfondir dans les premiers mois de la préparation (de septembre à janvier par exemple) ;
- de travailler systématiquement en temps contraint les derniers mois avant le jour J.

b) Le jour J

Évitez les pièges « à temps »

Ne vous laissez jamais piéger par une question que vous voulez à tout prix résoudre ! Si vous ne trouvez pas, passez à autre chose, pensez à accumuler les points, même de manière disparate. Pondérez le temps de résolution d'un exercice par le nombre de points qu'il rapporte. En effet, le temps passé sur un exercice doit être dans la mesure du possible proportionnel au nombre de points qu'il peut rapporter (les points affectés à chaque exercice sont indiqués dans le sujet).

3. LA RÉDACTION

a) La forme

D'une façon générale, la qualité d'écriture entre pour une part non négligeable dans l'appréciation (et la notation !) d'une copie.
Vous devez pouvoir respecter les points suivants sans avoir à y penser.

- Écrivez très lisiblement.
- N'oubliez pas que vous serez amené à enseigner l'écriture à de très jeunes enfants, il est donc légitime que l'on attende de vous certaines qualités calligraphiques.
- Soignez la présentation de votre copie.
- Encadrez vos résultats, soulignez les points importants.

CONSEIL MÉTHODO

Nous attirons l'attention des candidats sur le fait que si (...) les connaissances et les compétences mathématiques restent d'un niveau très accessible, quelle que soit leur formation, **ce sont bien les qualités de rédaction, de précision, de rigueur, qui ont permis de marquer les écarts et d'obtenir le maximum des points attribués.**

Le jury tient à signaler aux candidats que le rappel de notation suivant : « Il est tenu compte, à hauteur de trois points maximum, de la **qualité orthographique** de la production des candidats » a effectivement été appliqué par les correcteurs chaque fois que la copie faisait défaut sur ce point. (Extrait du rapport du jury de concours, Besançon).

b) Le fond

La rédaction ne fera pas état de tous les temps de la recherche.
Elle donnera l'impression qu'ils n'ont pas existé, l'important étant alors de développer avec rigueur **enchainement logique, argumentaire, savoir et savoir-faire** utilisés pour parvenir au résultat.
La démarche de rédaction **doit être déductive plutôt qu'explicative**, c'est pourquoi il faut privilégier l'utilisation des connecteurs logiques tels que « or, donc, en conséquence » aux conjonctions de coordination comme « car » qui viennent justifier une assertion.
Il y a des savoirs que l'on utilise en les indiquant au correcteur, d'autres non. En effet, il y a des savoirs et des savoir-faire qui doivent être considérés comme communs entre candidat et correcteur et qui sont trop évidents pour qu'il en soit fait état, et d'autres (particulièrement visibles dans le programme) dont on doit faire état de manière explicite lorsqu'on les utilise.
Tout est une question de juste équilibre, à trouver de manière individuelle.
La **compétence « raisonner »** tient une place importante dans la rédaction des démonstrations ou des résolutions des exercices.
Pour raisonner et démontrer, il est nécessaire de :

- bien utiliser les notions de la logique élémentaire (conditions nécessaires ou suffisantes, équivalences, connecteurs) pour bâtir un raisonnement ;
- différencier le statut des énoncés mis en jeu : définition, propriété, théorème démontré, théorème admis... ;

- utiliser différents types de raisonnement (par analyse et synthèse, par équivalence, par disjonction de cas, par l'absurde, par contraposée, par récurrence…) ;
- effectuer des inférences (inductives, déductives) pour obtenir de nouveaux résultats, conduire une démonstration, confirmer ou infirmer une conjecture, prendre une décision.

c) Le formalisme mathématique

Il y a de nombreuses règles formelles à respecter sur une copie de mathématiques. On constate sur de nombreuses copies qu'elles sont trop négligées. Pensez-y ! Cela vous évitera de perdre inutilement des points que vous pourriez penser acquis. En voici quelques illustrations :

- Pensez à formuler une réponse ou une phrase réponse explicite aux questions posées :
- Préférez : « Le prix de la marchandise est 213 € » plutôt que simplement « 213 € ».
- N'oubliez pas : dans le cours de la résolution d'un problème, on n'écrit pas nécessairement les unités de mesures, en revanche cela est impératif au moment d'écrire le résultat.
- Faites bien attention à la nature d'un nombre résultat (entier, décimal, rationnel, etc.).
- Indiquez toujours d'abord la valeur réelle du résultat, ensuite seulement, en faisant attention aux contraintes fixées dans l'énoncé, indiquez une valeur approchée en précisant toujours la nature de l'approximation (excès, défaut, à combien près etc.).

Vous devez impérativement vous habituer à respecter les conventions d'écriture mathématique (et leurs règles d'usage).

Exemple
(AB) – (A,B) – [AB] désignent chacun des entités mathématiques différentes : (AB) désigne une droite, (A,B) un couple et [AB] un segment.
L'usage abusif des symboles logiques est à proscrire (préférez écrire « si et seulement si » plutôt qu'utiliser le symbole d'équivalence logique « $\Leftrightarrow$ »).
Et surtout ne mélangez pas les genres : **ne confondez pas écriture mathématique** (qui utilise des symboles) **et style télégraphique** (qui utilise parfois ces mêmes symboles dans un souci d'économie d'écriture).
Exemple : Il est légitime d'écrire « (AB)//(CD) », ce qui signifie que la droite (AB) est parallèle à la droite (CD). Mais il n'est pas légitime d'écrire « les deux droites sont // ».

Vous trouverez mis en application tous les conseils que nous venons de vous prodiguer dans le corrigé du sujet 0 à télécharger sur Lea.fr : Lea.fr > Devenir enseignant > Préparer le CRPE.

Bonne préparation !

1. Les Nombres

JE M'ÉVALUE

VRAI OU FAUX ?

1. $\frac{1}{3} = 0{,}333$

2. $\sqrt{10} = 5\sqrt{2}$

3. 5 est un nombre décimal.

4. 4 est le nombre de centaines de 3456.

5. $1{,}\overline{9} = 2$

6. $\frac{22}{5} \times \frac{5}{22} = 0$

7. $\frac{41}{3}$ est une fraction décimale.

8. $\frac{5}{6}$ est plus grand que $\frac{3}{4}$.

9. Le tour du cercle mesure environ trois fois son rayon.

10. $\frac{1}{\frac{2}{5}} = 2{,}5$

Réponses : 1.F – 2.F – 3.V – 4.F – 5.V – 6.F – 7.F – 8.V – 9.F – 10.V

N'OUBLIONS PAS !

Un chiffre est un signe d'écriture (un symbole) utilisé seul ou en combinaison pour représenter les nombres.

JE RÉVISE

A – LES NOMBRES ENTIERS NATURELS : L'ENSEMBLE ℕ

1. À QUOI SERVENT LES NOMBRES ?

Depuis des temps immémoriaux, les hommes utilisent les nombres.

– Pour représenter des **quantités** d'objets de toute nature :
Ex : Jean, le berger, a 25 moutons dans son troupeau.
C'est l'aspect **cardinal** du nombre.

– Pour indiquer une position ou un **rang** :
Noémie est arrivée troisième du marathon de Paris.
C'est l'aspect **ordinal** du nombre.

– Pour exprimer une **mesure** :
Ex : Le segment [AB] mesure 6 cm.
Ex : La distance de Paris à Lyon est de 500 km.

– Pour exprimer une **valeur** ou un prix :
Ex : La brioche coûte 3 euros.
Ex : Un calot vaut cinq billes.

– Pour se **repérer** et **coder** :
Ex : les numéros de téléphone.
Ex : Les plaques minéralogiques des voitures.

2. LES NUMÉRATIONS

◆ Écriture chiffrée des nombres

Chacune des grandes civilisations qui ont laissé une empreinte dans l'histoire (égyptienne, romaine etc.) a développé un système particulier d'écriture des nombres.

Actuellement, dans une large partie du monde, pour écrire les nombres, on utilise :
– Les chiffres arabes : 1, 2, 3, 4, 5, 6, 7, 8, 9, 0
– Et des règles d'écriture.

Ces chiffres et ces règles constituent **une numération**, c'est-à-dire une façon d'écrire les nombres.

Sur Lea.fr

1.1 L'histoire universelle des chiffres (G. Ifrah)

1.2 Numérations

1.3 L'histoire du zéro

Notre numération actuelle est appelée « la numération décimale de position ». Décimale parce que la logique d'écriture des nombres s'appuie sur des groupements de dix.

Si dans une collection je peux faire trois paquets de cent, deux paquets de dix et qu'il me reste cinq unités, j'écrirais que la collection comporte 325 objets.

c	d	u
3	2	5

Dans l'écriture du nombre, la valeur associée à chacun des chiffres est fonction de sa position dans l'écriture du nombre. Chaque fois que l'on franchit un rang vers la gauche, le chiffre représente une valeur dix fois supérieure à son voisin de droite immédiat.

Ex : pour le nombre qui s'écrit 234 :
4 est le chiffre des unités.
3 est le chiffre des dizaines.
2 est le chiffre des centaines.
Et donc : $234 = 2 \times 100 + 3 \times 10 + 4 = 200 + 30 + 4$

On appelle cette écriture **la décomposition canonique** du nombre 234. Et on « lit » et on écrit : deux cent trente-quatre.

Dans le cas général :
Pour un nombre quelconque qui comporterait 5 chiffres, on écrit :
$\overline{abcde} = e + 10d + 100c + 1000b + 10000a$

ASTUCE

Pour ne pas avoir à calculer le rang du premier chiffre à gauche, on commence l'écriture de la décomposition canonique du nombre par la droite.

Et si on utilise les puissances de 10, cela devient encore plus simple :
$\overline{abcde} = e \times 10^0 + d \times 10^1 + c \times 10^2 + b \times 10^3 + a \times 10^4$

La **numération décimale** procède par paquets de dix pour écrire les nombres en chiffres.

Ex :
On cherche un nombre N de trois chiffres.
Le chiffre des dizaines est le double du chiffre des unités.
Le chiffre des centaines est le même que le chiffre des unités.
La somme des trois chiffres est égale à 8.
Quel est ce nombre ?

Sur Lea.fr
1.4. Abaques et multibase

Résolution :
Comme le nombre cherché comporte trois chiffres, on écrit :
$N = \overline{abc} = c + 10 \times b + 100 \times a$

a, b et c sont des chiffres (a ne peut pas être égal à zéro sinon le nombre n'aurait que deux chiffres).
On sait que :
$b = 2 \times c$ (le chiffre des dizaines est le double du chiffre des unités)
$a = c$ (le chiffre des centaines est égal au chiffre des unités)
$a + b + c = 8$ (la somme des chiffres est égale à 8)

On peut en déduire que :
$c + 2c + c = 8$ (on a remplacé a et b dans l'égalité juste au-dessus par leurs valeurs en fonction de c)
soit $4c = 8$ et donc $c = 2$
d'où $a = 2$ et $b = 4$
et enfin **N = 242**

◆ Écriture littérale ou énoncé des nombres

Si la numération décrite ci-dessus est une numération régulière qui suit toujours les mêmes règles, il n'en va pas de même pour l'écriture des nombres en lettres et la façon de les dire.
Ex. : le **champ numérique (étendue de nombres)** de 11 à 19 :
En numération écrite chiffrée, les nombres s'écrivent régulièrement avec deux chiffres qui commencent par 1 et s'ensuit le deuxième chiffre qui va croissant :
11 – 12 – 13 – 14 – 15 – 16 – 17 – 18 – 19
La règle est toujours la même :
- Le premier chiffre à gauche est un 1, il représente une dizaine.
- Le second chiffre à droite représente les unités, il augmente de un en un.
- Ils comportent une dizaine et une unité puis une dizaine et deux unités, etc.

Mais lorsqu'on les écrit en lettres ou lorsqu'on les dit, on constate que les premiers de ces nombres – 11 12 13 14 15 16 – s'écrivent chaque fois avec un mot nouveau :
Onze, douze, treize, quatorze, quinze, seize.
Il n'y pas de règles, chaque nouvelle quantité est désignée par un mot nouveau.
Mais ensuite les nombres 17, 18, 19 s'énoncent en faisant une **concaténation** (juxtaposition) de mots déjà utilisés antérieurement dans la suite des nombres : dix-sept, dix-huit, dix-neuf.

Ceci est un exemple qui illustre le fait que pour **écrire en lettres ou dire les nombres**, les règles sont changeantes.

Pour écrire en lettres ou dire les nombres, on utilise une numération qualifiée d'hybride.

Sur Lea.fr
1.5 Résolutions d'autres exemples

L'usage simultané de deux types de numérations différents, l'une pour écrire les nombres en chiffre et l'autre pour les écrire en lettre ou les dire, constitue un obstacle majeur pour les apprentissages du nombre au cycle 2.

◆ Écrire et lire les grands nombres

Pour faciliter la lecture des nombres, on organise leur écriture chiffrée, en classes.
Une classe comporte trois chiffres, un pour les centaines, un pour les dizaines et un pour les unités.
Par exemple le nombre 123456789 s'écrit 123 456 789.

Classe des millions			Classe des mille			Classe des unités simples		
1	2	3	4	5	6	7	8	9

Ainsi ce nombre se lit : 123 millions 456 mille 789 (unités).

Au-delà des millions, on trouve la classe des milliards (ou des billons pour les Anglo-saxons).
Au-delà, on utilise plutôt l'écriture scientifique des nombres en mobilisant les puissances de 10 (*cf.* Chapitre 2 sur grandeurs et mesures).

◆ Chiffre ou nombre ?

Considérons le nombre 234. Nous savons quel est son chiffre des dizaines, c'est 3. Mais quel est le nombre de dizaines de 234 ? Pour répondre à cette question nous pouvons utiliser la décomposition canonique de 234 :
$234 = 2 \times 100 + 3 \times 10 + 4 = 200 + 30 + 4$
Soit encore : $234 = 23 \times 10 + 4$
Ainsi il apparait **que le nombre de dizaines de 234 est 23**.

Quel est le nombre de centaines de 234 ?
$234 = 2 \times 100 + 34$
Le nombre de centaines de 234 est 2, comme son chiffre des centaines !

◆ Les chiffres sont-ils des nombres comme les autres ?

5 est-il un chiffre ou un nombre ?
5 est un chiffre si je le considère dans sa fonction d'écriture des nombres.
5 est un nombre lorsqu'il me sert à indiquer une quantité, une mesure, une valeur, etc.
5 est donc un chiffre et un nombre.

Sur Lea.fr
1.6 Numération en Asie

◆ Les numérations de position de base quelconque

La numération décimale de position utilise une **base dix** (on procède par groupements de dix ce qui est naturel puisque nous avons dix doigts de la main) et elle utilise pour écrire tous les nombres uniquement à dix chiffres.

On peut imaginer une numération de position qui n'utiliserait que cinq chiffres et procéderait par groupement de cinq.
Attention : les numérations de position, quelle que soit leur base, nécessitent l'utilisation d'un zéro (*cf.* l'histoire du zéro).

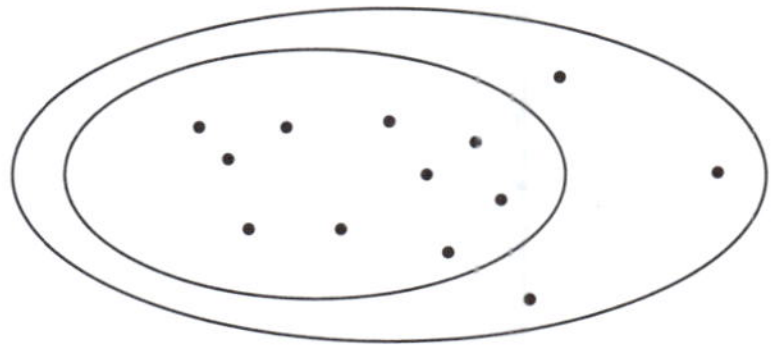

Ex : voici une collection de points.
Combien y en a t-il ?
Pour **dénombre**r la collection, on peut procéder par **comptage** en utilisant notre système décimal et on trouve 1 paquet de dix et trois et on écrit 13.

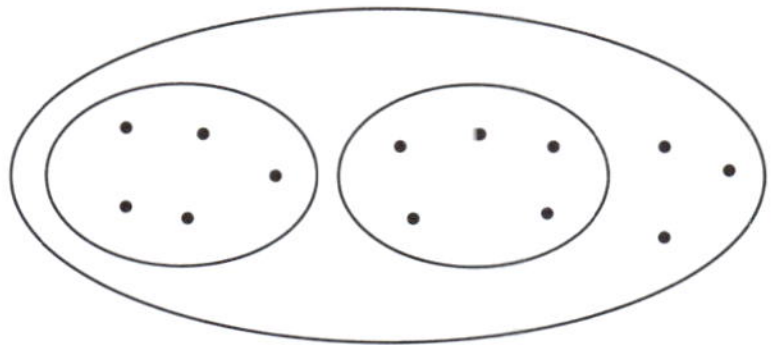

En base Cinq dans laquelle on utiliserait les cinq chiffres 0, 1, 2, 3, 4, on a 2 paquets de cinq et trois unités.

Paquets de cinq	Unités seules
2	3

La même quantité d'objets s'écrit donc en base 5 : $\overline{23}_5$

Lorsque la base n'est pas la base 10 (base habituelle) on l'indique en indice.

On a donc $13 = \overline{23}_5$
En effet : $\overline{23}_5 = 3 + 2 \times 5 = 3 + 10 = 13$

3. L'ENSEMBLE ℕ

◆ Les ensembles en mathématiques

En mathématiques, les ensembles sont représentés par des diagrammes de Venn (autrement appelés « patates »), chaque « patate » est nommée par une lettre majuscule :

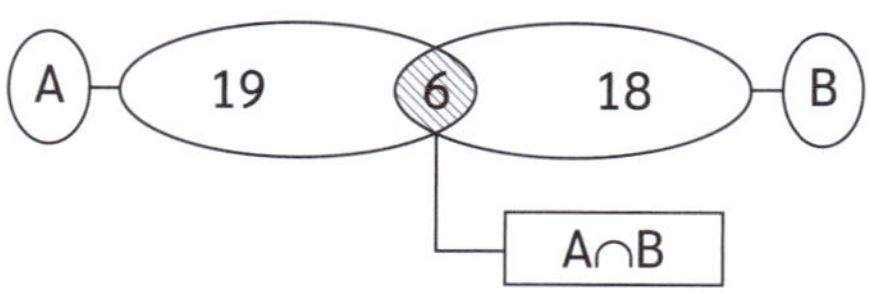

Sur Lea.fr
1.7 La base dix
1.8 Autres exemples de changement de bases

Ici, nous avons représenté deux ensembles et les avons appelés A et B. Ces deux ensembles ont une **intersection**.
$A \cup B$ désigne l'ensemble qui réunit tous les éléments de A ou de B (un ensemble ne peut pas comporter deux fois le même élément).
$A \cap B$ (on lit A inter B) désigne l'ensemble des éléments qui appartiennent à la fois à l'ensemble A et à l'ensemble B.
Ex : Dans un lycée tous les élèves étudient au moins une langue étrangère. Il y a 25 élèves qui étudient l'anglais et 24 qui étudient l'allemand et 6 élèves étudient l'allemand et l'anglais. Combien y a t-il d'élèves qui étudient l'anglais ou l'allemand ?
A est l'ensemble des élèves qui étudient l'anglais. B est l'ensemble des élèves qui étudient l'allemand. (*cf.* le schéma ci-dessus)
On écrit : Card A = 25 et Card B = 24
Card $A \cap B$ = 6

Cet exemple permet d'illustrer ce qui est une règle générale :

Card $A \cup B$ = Card A + Card B – Card $A \cap B$

Il y a : (24 + 25 – 6) ou (19 + 6 + 18) soit 43 élèves qui étudient l'anglais ou l'allemand.

Card A signifie, cardinal de A ou encore nombre d'éléments de l'ensemble A.

◆ L'ensemble ℕ

L'ensemble des entiers naturels est nommé ℕ. Tout nombre entier naturel peut être comparé à n'importe quel autre et l'on peut décider lequel est supérieur. De ce fait, on dit que **l'ensemble des entiers naturels est totalement ordonné**.
Plutôt que de le représenter par un diagramme de Venn, on utilise une droite graduée :

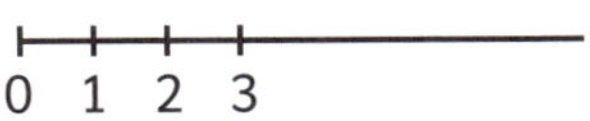

Les nombres sont nettement séparés les uns des autres.
Tout nombre a un successeur et un prédécesseur (sauf zéro).
L'ensemble des entiers naturels constitue **un univers discret**.

◆ Les opérations dans ℕ

(*cf.* chapitre arithmétique)

B – LES NOMBRES RATIONNELS

1. LES FRACTIONS PROPORTIONS

Dans l'Égypte antique, la fraction apparait sous la forme $\frac{1}{n}$. L'unité qui était une entité non sécable devient partageable. On peut partager 1 en autant de parts que l'on souhaite. Les fractions égyptiennes sont dites fractions unitaires.
Le hiéroglyphe en forme de bouche ouverte qui signifie *partie*, était utilisé pour représenter le numérateur 1 :

Les fractions étaient écrites avec ce hiéroglyphe dessus et le dénominateur en dessous.
Ainsi $\frac{1}{3}$ était écrit :

Puis les égyptiens écrivirent tout type de fraction en les décomposant en somme de fractions unitaires :

Par exemple $\frac{2}{5} = \frac{1}{3} + \frac{1}{15}$

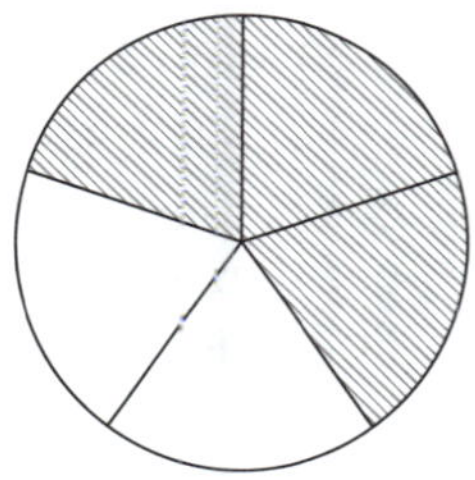

À l'origine, la fraction n'est pas un nombre mais une proportion d'une entité qui peut être inférieure ou supérieure à l'entité même.

Ex : J'ai mangé les $\frac{3}{5}$ de la tarte (entité).

Ou bien : j'ai mangé $\frac{4}{3}$ de pizzas.

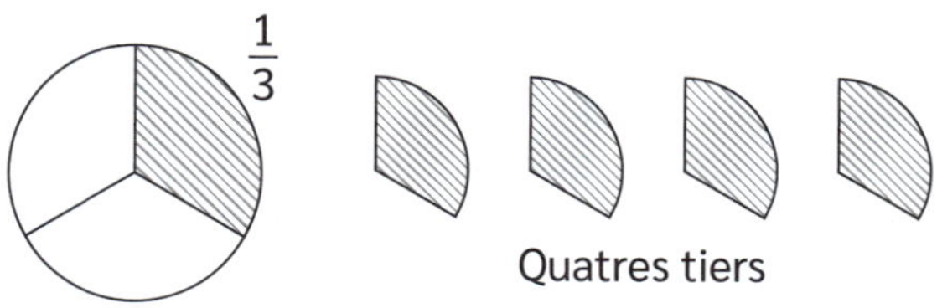

Quatres tiers

ou

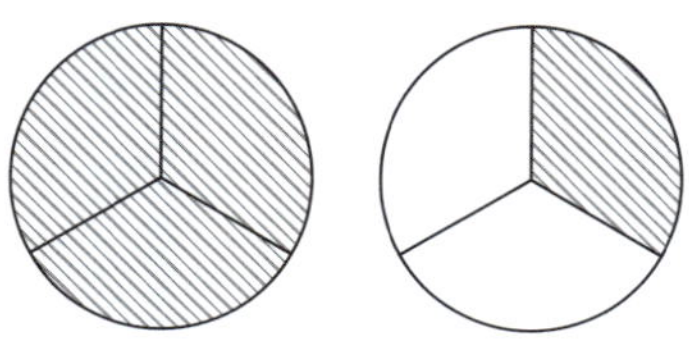

1 pizza et un tiers

Sur Lea.fr
1.9 L'œil d'Horus

Ou la fraction peut être aussi un opérateur sur une quantité.

Ex : J'ai mangé les $\frac{3}{5}$ de la plaque de chocolat. Combien ai-je mangé de carrés de chocolat ?

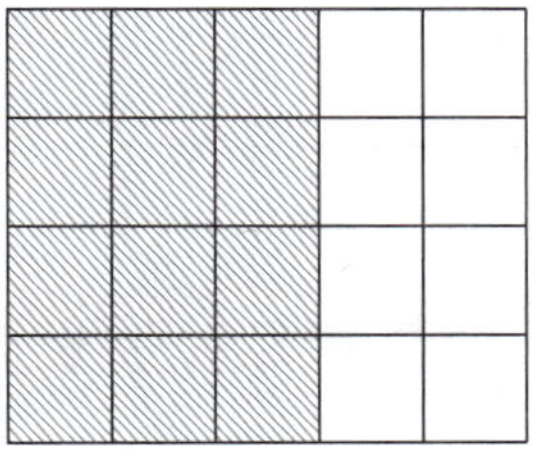

J'ai donc mangé 12 carrés de chocolat.

Des fractions différentes peuvent être **équivalentes** : elles représentent la même proportion.

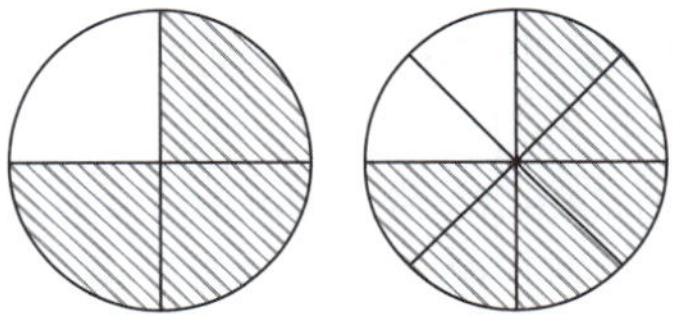

$\frac{3}{4}$ $\frac{6}{8}$

Les proportions $\frac{3}{4}$ et $\frac{6}{8}$ sont équivalentes.

Par commodité, dans les calculs, on utilisera de préférence les fractions irréductibles, il est alors nécessaire de savoir simplifier les fractions :

Ex : $\frac{6}{8} = \frac{2 \times 3}{2 \times 4} = \frac{3}{4}$

La fraction $\frac{3}{4}$ est irréductible. (Pour plus de précisions, *cf.* chapitre 3)

2. LES FRACTIONS NOMBRES

L'ensemble des fractions est un ensemble totalement ordonné.

Les fractions peuvent être comparées l'une l'autre.

Ex. : $\frac{3}{4}$ est supérieur à $\frac{5}{7}$

En effet $\frac{5}{7} = \frac{20}{28}$

$\frac{3}{4} = \frac{21}{28}$

La proportion $\frac{21}{28}$ est supérieure à la proportion $\frac{20}{28}$.

Donc $\frac{3}{4} > \frac{5}{7}$

Les fractions équivalentes qui représentent la même proportion deviennent des **fractions égales.**
On prolonge l'ensemble N et on place les fractions sur la droite numérique.

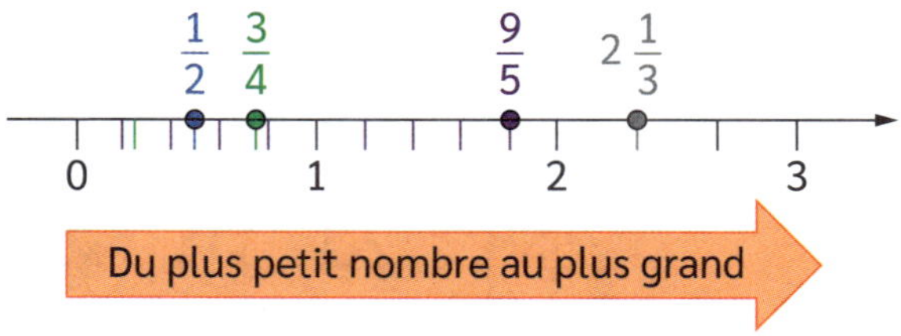

3. LES FRACTIONS DÉCIMALES, LE SYSTÈME MÉTRIQUE

Parmi toutes ces fractions, au cours de l'histoire, certaines vont prendre une importance toute particulière avec la large utilisation du système métrique pour les mesures des grandeurs en lien avec la numération décimale de position.

1. On appelle fraction décimale, une fraction dont le dénominateur est 10, 100, 1 000, etc.

Numérateur ↓

$\frac{3}{10}$ $\frac{8}{10}$ $\frac{10}{9}$ $\frac{15}{10}$ $\frac{54}{100}$ $\frac{100}{50}$ $\frac{368}{1\,000}$

↑ Dénominateur

2. Lecture des fractions décimales :

$\frac{1}{10}$	$\frac{5}{10}$	$\frac{19}{10}$	$\frac{1}{100}$	$\frac{1}{1\,000}$
Un dixième	Cinq dixièmes	Dix-neuf dixièmes	Un centième	Un millième

3. Graduer une droite avec des fractions :

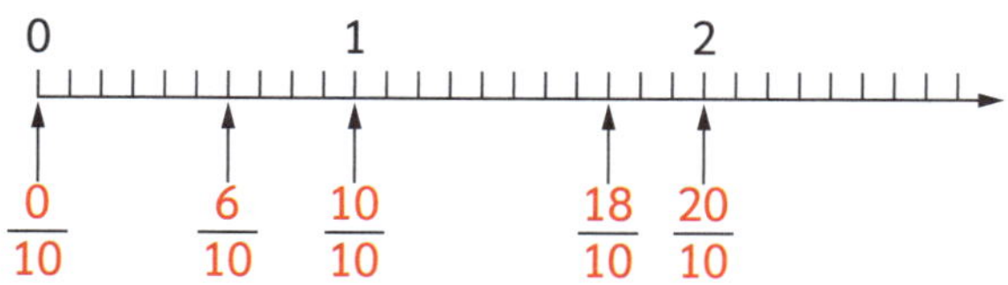

Égalités à connaître par coeur

$0 = \frac{0}{10}$ $1 = \frac{10}{10}$ $2 = \frac{20}{10}$ $3 = \frac{30}{10}$ $4 = \frac{40}{10}$ $5 = \frac{50}{10}$

Ex : Une pièce métallique a une épaisseur de 1 cm et 3 dixièmes de cm et 2 centièmes de cm.

Elle mesure : $1\text{ cm} + \frac{3}{10}\text{ cm} + \frac{2}{100}\text{ cm}$

Sur Lea.fr
1.10 Le guide âne

4. LES NOMBRES DÉCIMAUX

Dans son court traité, *La Disme*, Simon Stevin (1548-1620) s'adresse aux utilisateurs de mathématiques pour leur proposer une nouvelle écriture décimale des nombres qu'ils manipulent afin de **faciliter leurs calculs**.
Ce faisant, les techniques de calcul sont ramenées à celles des entiers. **On peut donc voir en Stevin le véritable créateur des nombres décimaux.**
Il propose à chaque corps de métier d'utiliser des unités formant un système décimal : idée novatrice qui ne commencera à être généralisée que deux siècles plus tard ! Néanmoins cet opuscule eut un grand succès auprès des praticiens.

Number: 184.54290
Simon Stevin's notation: 184⓪5①4②2③9④0

Vers 1615, Neper, l'inventeur des logarithmes, propose pour l'écriture décimale des nombres, de séparer la partie entière de la partie décimale par un point ou une virgule, comme nous le faisons aujourd'hui.

Tableau de numération des nombres décimaux

PARTIE ENTIÈRE				PARTIE DÉCIMALE		
1 000	100	10	1	0,1 ou $\frac{1}{10}$	0,01 ou $\frac{1}{100}$	0,001 ou $\frac{1}{1\,000}$
milliers	centaines	dizaines	unités	dixièmes	centièmes	millièmes
		5	6,	0	7	4
			,			
			,			

Un seul chiffre par case !

La virgule se place toujours entre le chiffre des unités et les dixièmes

La mesure de l'épaisseur de la pièce métallique passe de l'écriture $1\text{ cm} + \frac{3}{10}\text{cm} + \frac{2}{100}\text{cm}$ à l'écriture : 1,32 cm

5. LES NOMBRES RATIONNELS

◆ L'ensemble $\mathbb{Q}$

Nous avons vu précédemment que les fractions forment un ensemble totalement ordonné. Comme on peut définir dans cet ensemble les mêmes opérations que dans l'ensemble des entiers naturels, l'addition, la soustraction, la multiplication et la division, on peut donc dire que les fractions sont des nombres.

Deux tiers n'est plus seulement une proportion d'entité, c'est un nombre. L'écriture $\frac{2}{3}$ doit être vue comme un nombre.

Tout nombre qui peut s'écrire sous la forme du quotient de deux entiers est appelé nombre rationnel.
L'ensemble des nombres rationnels est noté $\mathbb{Q}$ (comme quotient).

Comme nous l'avons vu précédemment :
Tous les entiers sont des rationnels :

Ex : $4 = \frac{4}{1} = \frac{8}{2}$

Tous les décimaux sont des rationnels :

Ex. : $2{,}35 = 2 + \frac{3}{10} + \frac{5}{100} = \frac{235}{100}$

◆ Les rationnels non décimaux : écriture décimale périodique illimitée

Mais attention, **tous les rationnels ne sont pas des décimaux ou des entiers**. C'est-à-dire qu'il existe des nombres rationnels que l'on ne peut pas écrire avec une partie entière et une partie décimale comportant un nombre fini de chiffres après la virgule.

Ex : $\frac{1}{3}$ n'est pas un nombre décimal. Son écriture décimale à virgule peut être obtenue en faisant la division décimale de 1 par trois :

$\frac{1}{3} = 0{,}33333...$

La division est sans fin, il y a toujours un reste non nul.

Par convention, on écrit ce genre de nombres avec une partie décimale périodique illimitée (ici période 3) de la façon suivante : $1{,}\overline{3}$.

Ex. : $2{,}\overline{45} = 2{,}4545454545...$

Ces écritures n'étant pas pratiques, on doit savoir transformer une écriture décimale périodique en écriture fractionnaire irréductible.
Ex. : Soit le nombre $2{,}\overline{45}$
Appelons ce nombre x.
On a :

$X = 2{,}\overline{45}$

$100x = 245{,}\overline{45}$

D'où $100x - x = 245{,}\overline{45} - 2{,}\overline{45}$
Soit $99x = 243$

Et donc $x = \frac{243}{99}$

Le nombre qui s'écrit $2{,}\overline{45}$ peut aussi s'écrire $\frac{243}{99}$.

Sur Lea.fr
1.11 Autres exemples en vidéo

Additionner et soustraire des nombres rationnels

– **Les fractions ont le même dénominateur :**

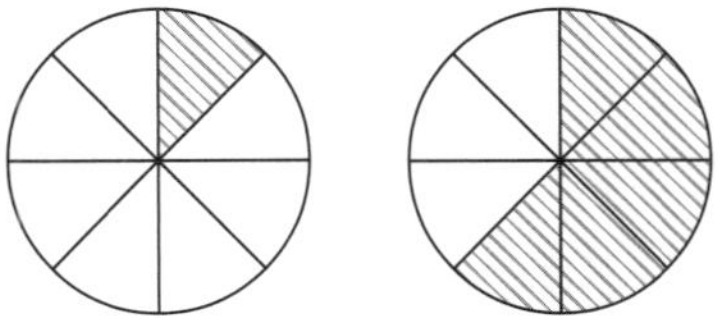

$$\frac{1}{8}+\frac{5}{8}=\frac{6}{8}$$

$$\frac{6}{8}=\frac{3}{4}$$

On garde le même dénominateur on additionne les numérateurs.

– **Les fractions n'ont pas le même dénominateur :**

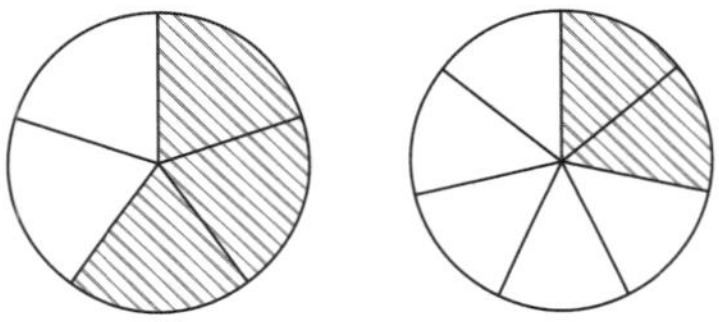

$$\frac{3}{5}+\frac{2}{7}=$$

$$\frac{21}{35}+\frac{10}{35}=\frac{31}{35}$$

Pour additionner ou soustraire des fractions qui n'ont pas le même dénominateur, il faut d'abord réduire toutes les fractions au même dénominateur, et ensuite procéder comme précédemment.

Ex :

$$\frac{7}{8}+\frac{3}{4}=$$

1re étape : recherche du dénominateur commun le plus simple.
C'est un multiple commun de 8 et de 4.
Autant choisir le plus petit.
Le plus petit commun multiple (ppcm) de 4 et 8 est 8.

Transformer les équations qui doivent l'être : $\frac{3}{4}=\frac{6}{8}$

$$\frac{7}{8}+\frac{3}{4}=\frac{7}{8}+\frac{6}{8}=\frac{13}{8}$$

Multiplier et diviser les nombres rationnels :

– La multiplication de nombres rationnels :

$\frac{3}{4}$ $\qquad$ $\frac{2}{3}$ de $\frac{3}{4}$ $\qquad$ $\frac{3}{4}$

$$\frac{2}{3} \times \frac{3}{4} = \frac{1}{2}$$

Cet exemple illustre ce qui va devenir la règle pour multiplier deux fractions entre elles : effectuer le produit de deux fractions, c'est prendre successivement les deux proportions représentées par ces fractions.
En pratique : on multiplie les numérateurs entre eux, on multiplie les dénominateurs entre eux, on simplifie.
Plutôt que d'effectuer tous les produits, il est préférable d'anticiper les simplifications à venir.

Ex. : $\frac{5}{12} \times \frac{3}{25} = \frac{3 \times 5}{12 \times 25} = \frac{3 \times 5}{3 \times 4 \times 5 \times 5} = \frac{1}{4 \times 5} = \frac{1}{20}$

– La division de nombres rationnels :

Pour diviser par une fraction on multiplie par son inverse.

Ex. : $\frac{\frac{2}{5}}{\frac{3}{4}} = \frac{2}{5} \times \frac{4}{3} = \frac{8}{15}$

C – LES NOMBRES IRRATIONNELS

1. LES GRANDEURS INCOMMENSURABLES

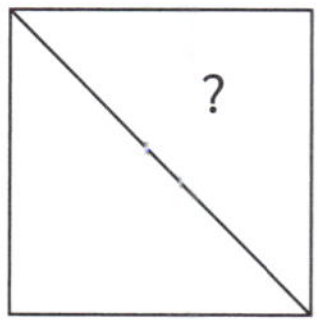

Parmi les nombres irrationnels, $\sqrt{2}$ fut le premier à être découvert.

Si un carré mesure 1 m de côté, combien mesure sa diagonale ?

La résolution de ce problème a longtemps posé difficulté. Aucun nombre rationnel ne

Sur Lea.fr
1.12 Calcul avec les fractions

faisait l'affaire. Les Grecs disaient que la diagonale et le côté du carré sont des grandeurs incommensurables (qui ne peuvent être mesurées avec la même unité aussi petite soit-elle.).
Pythagore vint apporter sa pierre :
La mesure de la diagonale est le nombre dont le carré est 2.

Notons le provisoirement $\sqrt{2}$.

Il fut ensuite montré que ce nombre $\sqrt{2}$ n'était pas rationnel, on le qualifia d'irrationnel et on continua de le noter $\sqrt{2}$.
On venait de découvrir de nouveaux nombres qui devaient trouver leurs places sur la droite numérique déjà densément peuplée.

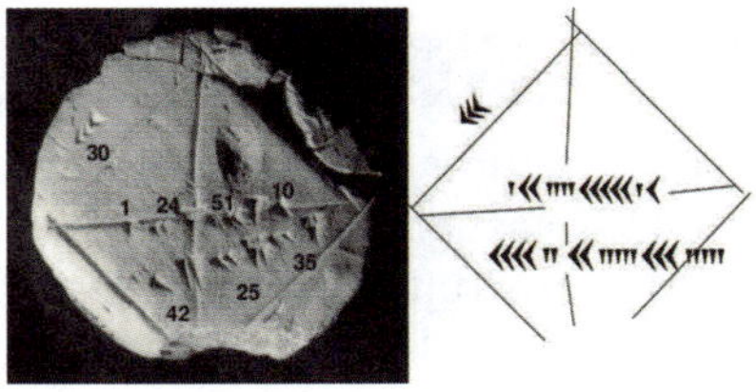

On trouve dans des temps très anciens des approximations de ce nombre, par exemple à Babylone, en base 60 :

$$1 + \frac{24}{60} + \frac{51}{60^2} + \frac{10}{60^3} = 1{,}4142129$$

La pièce date de 1700 av. J.-C. à un siècle près.
Elle représente un carré avec ces deux diagonales, accompagnées d'une longue série de nombres marqué avec le sceau de Babylone, en base 60. Les chercheurs affirment que ces données numériques correspondent à une **approximation de $\sqrt{2}$ avec les six premières décimales**.

2. LES RADICAUX

On appelle racine carrée de a (a ≥ 0) le nombre positif ou nul tel que son carré est égal à a.

$$(\sqrt{a})^2 = a$$

Le signe $\sqrt{\ }$ ne doit pas être considéré comme un opérateur qui signifierait que l'on peut calculer le nombre dont le carré est 2, mais comme un signe de numération qui permet d'écrire des nombres que les seuls chiffres ne permettent pas d'écrire.

On peut écrire $\sqrt{4}$ mais écrire simplement 2, c'est mieux.
En revanche, il n'y a pas moyen d'écrire autrement le nombre dont le carré est 3 qu'en utilisant un nouveau signe, le radical $\sqrt{\ }$

Radical → $\sqrt{3}$ ← Radicande

On lit : racine carrée de TROIS ou plus simplement racine de trois.

Mais il existe des racines de tous ordres, par exemple :

L'écriture $\sqrt[3]{3}$ désigne le nombre dont le cube est 3, on le lit racine cubique de trois.

Pour certains nombres, le symbole $\sqrt{\ }$ placé devant représente une surcharge d'écriture souvent inutile. On préfère écrire 15 plutôt que $\sqrt{225}$. Ces nombres sont appelés des carrés parfaits :
Ce sont les carrés des nombres entiers (liste à connaitre par cœur !)

1, 4, 9, 16, 25, 36, 49, 64, 81, 100, 121, 144, 196, 225, 256, etc.
Les conventions : pour faciliter les calculs, on cherche toujours à simplifier le plus possible les écritures des nombres irrationnels et pour cela on utilise les carrés parfaits dans des décompositions multiplicatives des nombres.

Ex : $\sqrt{32} = \sqrt{16 \times 2} = \sqrt{16} \times \sqrt{2} = 4 \times \sqrt{2} = 4\sqrt{2}$

$\sqrt{75} = \sqrt{25 \times 3} = \sqrt{25} \times \sqrt{3} = 5\sqrt{3}$

3. TRACER DES SEGMENTS DE MESURES IRRATIONNELLES

Les mesures irrationnelles ne peuvent pas être tracées avec la règle graduée puisque celle-ci est graduée en utilisant les nombres décimaux. Les mesures irrationnelles doivent être construites géométriquement.
Voici un outil dont l'usage en la circonstance se révèle bien pratique : le colimaçon.

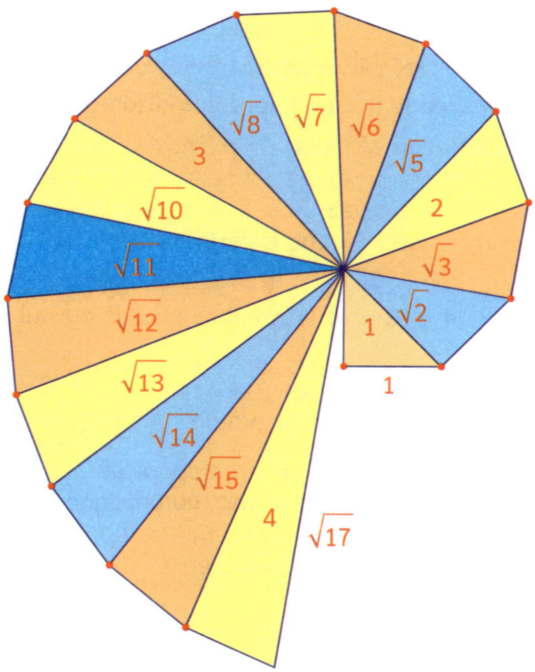

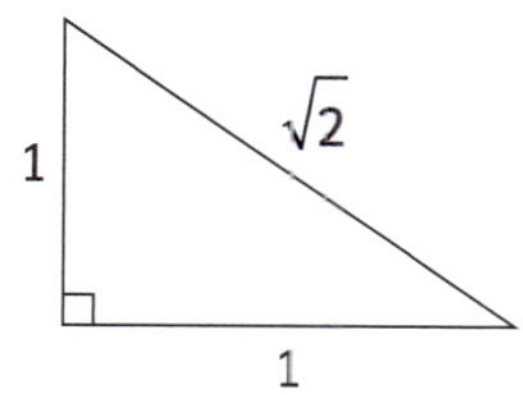

On commence par tracer un triangle rectangle de côté 1.
Sa diagonale mesure $\sqrt{2}$.

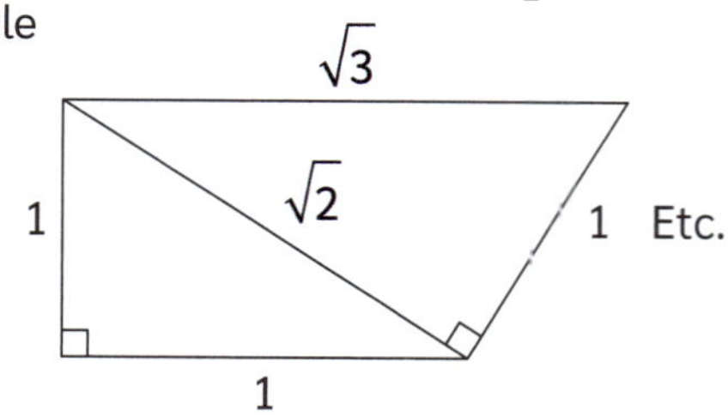

À partir de cette diagonale, on trace un triangle rectangle dont le deuxième côté mesure 1, ainsi sa diagonale mesure $\sqrt{3}$.

Et ainsi de suite, la figure ci-dessus a été tracée jusqu'à obtenir un segment dont la mesure est $\sqrt{17}$.

4. OPÉRATIONS AVEC LES NOMBRES IRRATIONNELS

◆ Multiplication

On démontre et nous pouvons admettre que le produit d'un rationnel par un irrationnel est un irrationnel.

Des exemples que l'on peut généraliser :

$2 \times \sqrt{3} = 2\sqrt{3}$

$\sqrt{2} \times \sqrt{3} = \sqrt{2 \times 3} = \sqrt{6}$

$\sqrt{6} \times \sqrt{3} = \sqrt{6 \times 3} = \sqrt{18} = \sqrt{9} \times \sqrt{2} = 3\sqrt{2}$

◆ Addition soustraction

Lorsque les nombres ont le même radicande, l'addition a un sens très simple : une racine de trois plus une racine de trois égale deux racines de trois. On écrit :

$\sqrt{3} + \sqrt{3} = 2\sqrt{3}$

Mais qu'en est-il lorsque les radicandes des deux nombres sont différents ?

$\sqrt{2} + \sqrt{3} = ?$

D'abord remarquons que $\sqrt{2} + \sqrt{3} \neq \sqrt{5}$

Pour le vérifier, on peut utiliser le colimaçon, on peut aussi, mais c'est moins rigoureux si l'écart est infime, utiliser les approximations décimales :

Il est utile de connaître les approximations décimales à 10^{-3} des nombres $\sqrt{2}$ et $\sqrt{3}$:

$\sqrt{2} = 1{,}414$ à 10^{-3} près

$\sqrt{3} = 1{,}732$ à 10^{-3} près

$1{,}414 + 1\,732 = 3{,}146$ or $\sqrt{5}$ est nécessairement plus petit que 3.

$\sqrt{2} + \sqrt{3} = \sqrt{2} + \sqrt{3}$, voilà tout.

D'autres exemples :

$\sqrt{75} + \sqrt{27} = ?$

Doit-on laisser cela en l'état ? Pour sûr non !

$\sqrt{75} = 5\sqrt{3}$

$\sqrt{27} = 3\sqrt{3}$

Donc : $\sqrt{75} + \sqrt{27} = 5\sqrt{3} + 3\sqrt{3} = 8\sqrt{3}$

La connaissance de la liste des carrés parfaits qui permet de simplifier les nombres irrationnels est une connaissance indispensable.

Sur Lea.fr
Tutoriel 1

◆ Division par un nombre irrationnel

Calculer avec des nombres rationnels signifie bien souvent simplifier ou adopter une écriture conventionnelle :

Convention : ne jamais laisser un radical au dénominateur d'un quotient (toujours dans le but de faciliter les calculs ou les approximations).

1er cas fréquent :

Pour les cas les plus simples :

$$\frac{2}{\sqrt{3}} = \frac{2 \times \sqrt{3}}{\sqrt{3} \times \sqrt{3}} = \frac{2\sqrt{3}}{3}$$

Dans ce cas, on multiplie numérateur et dénominateur par le même nombre, ce qui ne change pas la valeur du quotient et qui permet d'éliminer le radical dans l'écriture du dénominateur.

2e cas assez fréquent :

$$\frac{1}{1+\sqrt{2}} = \frac{1-\sqrt{2}}{(1+\sqrt{2})(1-\sqrt{2})} = \frac{1-\sqrt{2}}{1-2} = \frac{1-\sqrt{2}}{-1} = \sqrt{2}-1$$

Dans ce cas, on multiplie le dénominateur et le dénominateur la quantité conjuguée du dénominateur.

Lorsque le dénominateur se présente sous la forme $a + \sqrt{b}$, sa quantité conjuguée est $a - \sqrt{b}$ et inversement.

Lorsque le dénominateur se présente sous la forme $\sqrt{a} - \sqrt{b}$ sa quantité conjuguée est $\sqrt{a} + \sqrt{b}$ et inversement.

Ses deux quantités multipliées entre elles font apparaitre une identité remarquable du type $(a + b)(a - b) = a^2 - b^2$

Ainsi les radicaux sont éliminés de l'écriture du dénominateur, la valeur du quotient reste inchangée.

Sur Lea.fr
Compléments tutoriel 2

D. LES NOMBRES RÉELS

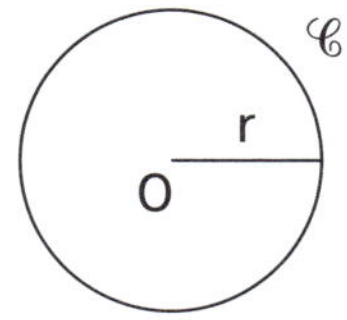

Le nombre π, parfois appelé constante d'**Archimède**, est le **rapport constant** de la circonférence d'un cercle à son diamètre. C'est aussi le rapport de l'aire d'un disque par le carré de son rayon.
Soit C la mesure de la circonférence du cercle et A l'aire du disque de centre O, de rayon r et de diamètre d, on a :

$$C = 2\Pi r = \Pi d$$

$$A = \Pi r^2$$

En calculant le rapport entre le périmètre d'un cercle et son diamètre, Archimède s'aperçut qu'on trouvait toujours le même nombre, à quelques décimales près.
La notation π correspond à la 16e lettre de l'alphabet grec par laquelle Archimède désignait la longueur de la circonférence « περιμετροε » (périmètre).
Le nombre π s'écrit avec un nombre infini de décimales sans suite logique, c'est un nombre irrationnel.

Les différentes valeurs approximatives de π
Dans la pratique, le nombre 3,14 est souvent utilisé comme valeur de π. C'est une valeur approchée par défaut à 10^{-2} près.
Il est parfois plus aisé de retenir la fraction $\frac{22}{7}$ ou $\sqrt{10}$ comme valeurs approchées de Π.

VRAI OU FAUX ?

On entend parfois dire qu'une valeur approchée de π est « trois quatorze cent seize ».

Il existe de nombreux autres nombres qui comme Π ont des écritures décimales illimitées non périodiques dont le célèbre nombre de Néper noté e.

Tous ces nombres irrationnels réunis aux nombres rationnels forment l'ensemble des nombres réels noté R.

Sur Lea.fr
1.13. Histoire de π
1.14 Histoire, le nombre d'or

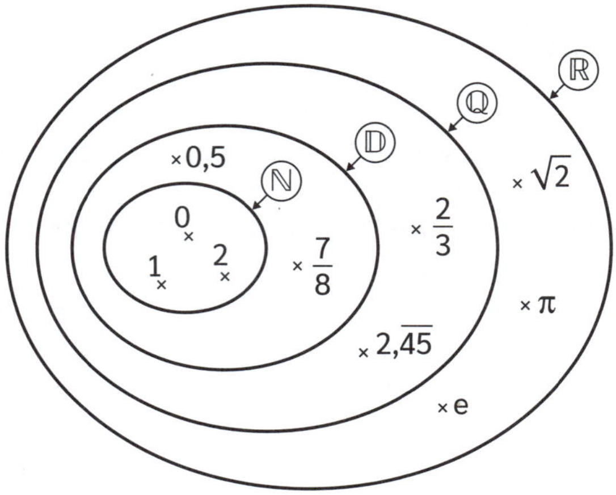

L'AI-JE BIEN LU ?

20 questions supplémentaires pour vérifier que j'ai bien révisé.

Sur Lea.fr

1.15 Fiches vrai/faux révisions

JE M'ENTRAINE

ÉNONCÉS

◆ Exercice 1 (CRPE 2022 GRPT 3)

Pour chacune des questions, une seule des quatre réponses proposées est exacte. Donner la bonne réponse en la justifiant.

Questions :	A	B	C	D
4. $\frac{4}{25}$ est...	un nombre réel mais n'est pas un nombre rationnel.	un nombre rationnel mais n'est pas un nombre décimal.	un nombre décimal mais n'est pas un nombre entier.	un nombre entier.
5. Le quart de $\frac{4}{12}$ est...	$\frac{1}{3}$	$\frac{4}{3}$	$\frac{16}{48}$	$\frac{4}{48}$
6. $\frac{2}{3} \times 5 + 5 \times \frac{1}{3}$ est égal à	5	$\frac{20}{9}$	$\frac{15}{15}$	$\frac{20}{90}$

◆ Exercice 2

1. Existe-t-il un entier naturel à deux chiffres qui soit égal au double de la somme de ses chiffres ?
2. Existe-t-il un entier naturel à deux chiffres qui soit égal à la somme de ses chiffres ?

◆ Exercice 3

Écrire le nombre rationnel $4,\overline{45}$ sous la forme d'une fraction irréductible.

◆ Exercice 4

Écrire en base 5 le nombre 392.

Écrire dans le système décimal le nombre $\overline{342}_5$

◆ Exercice 5

Parmi les nombres suivants quels sont ceux qui sont des nombres décimaux :

$\frac{7}{8}$; $2,\overline{9}$. ; 3π ; 35,4. ; $\frac{7}{25}$; 2

CORRIGÉS

◆ Exercice 1

4. $\frac{4}{25}$ est un nombre décimal mais n'est pas un nombre entier car le dénominateur est de la forme $2^n \times 5^p$.

En effet $\frac{4}{25} = \frac{4}{2^0 \times 5^2}$.

La bonne réponse est C.

5. Le quart de $\frac{4}{12}$ est égal à $\frac{1}{4} \times \frac{4}{12} = \frac{1 \times 4}{4 \times 12} = \frac{4}{48}$

La bonne réponse est D.

6. $\frac{2}{3} \times 5 + 5 \times \frac{1}{3} = \frac{10}{3} + \frac{5}{3} = \frac{15}{3} = 5$

La bonne réponse est A.

◆ Exercice 2

1. $\overline{ab} = 10a + b = 2\,(a + b)$

$18 \quad 2 \times (1 + 8)$

2. $10a + b = (a + b)$

$9a = 0$

Impossible

◆ Exercice 3

Soit $x = 4,\overline{45}$

$100\,x = 445,\overline{45}$

$99x = 441$

$X = \frac{441}{99}$

◆ Exercice 4

Écrire en base 5 le nombre 392.

$392 = \overline{3032}_5$

392	5			
42	78	5		
2	28	15	5	
	3	0	3	5
			3	0

Écrire dans le système décimal le nombre $\overline{342}_5$

$\overline{342}_5 = 2 + 4 \times 5 + 3 \times 5^2 = 2 + 20 + 75 = 97$

◆ Exercice 5

Parmi les nombres suivants quels sont ceux qui sont des nombres décimaux :

$\frac{7}{8}$; $2,\overline{9}$. ; 3π ; 35,4. ; $\frac{7}{25}$; 2

$\frac{7}{8}$ – 35,4, $\frac{7}{25}$ et 2 sont des nombres décimaux.

Sur Lea.fr

Corrigés développés et exercices complémentaires

2. Arithmétique : Les opérations dans $\mathbb{N}$

JE M'ÉVALUE

VRAI OU FAUX ?

1. 27 est un nombre premier.

2. 1 est le plus petit des nombres premiers.

3. Le produit du ppcm et du pgcd de deux nombres est égal au produit de ces deux nombres.

4. Diviser par un demi revient à multiplier par deux.

5. Dans une division euclidienne le reste est toujours strictement inférieur au dividende.

6. Le carré d'un nombre est toujours supérieur à ce nombre.

7. Le carré du carré, c'est le cube.

8. 111111111 est divisible par 11.

9. Si le reste de la division euclidienne d'un nombre par 9 est égal à 8 alors le nombre (a + 1) est un multiple de 9.

10. Le double de 2^n est égal à 2^{n+1}.

Réponses : 1.F – 2.F – 3.V – 4.V – 5.F – 6.F – 7.F – 8.F – 9.V – 10.V

JE RÉVISE

A – LES OPÉRATIONS DANS ℕ

Dans l'ensemble des entiers naturels, on peut définir les 3 opérations suivantes :
- l'addition,
- la soustraction,
- la multiplication.

La division est définie dans N privé de 0 et le résultat associé n'est pas nécessairement un nombre entier.

1. L'ADDITION

L'addition est une relation qui a tout couple d'entiers, appelés termes, associe l'entier naturel appelé somme.

$(a\,;b) \rightarrow a + b$

◆ **Propriétés**

– **La commutativité :** on peut permuter l'ordre des termes dans une addition, cela ne change pas la somme.

$a + b = b + a$

– **L'associativité :** les parenthèses sont des symboles de priorité de calcul. Quelle que soit la façon dont on mène le calcul on aboutit toujours à la même somme :

$a + (b + c) = (a + b) + c = a + b + c$

– **L'élément neutre :**
Le nombre 0 est l'élément neutre pour l'addition :

$a + 0 = 0 + a = a$

2. LA SOUSTRACTION

La soustraction est une relation qui à tout couple d'entiers (a, b) tels que $a \geqslant b$ associe le nombre entier naturel $a - b$ appelé écart ou différence.
Les nombres a et b sont aussi appelés les termes de la soustraction.

Sur Lea.fr
2.1 Table de Pythagore
2.2 0 Chiffre ou nombre ?
2.3 Les deux sens de la soustraction

- **Propriétés**

La soustraction ne possède pas les mêmes propriétés que l'addition.
Elle n'est ni commutative ni associative.
Ce qu'il faut retenir :

Si $a - b = c$ alors $a = b + c$

Ex :
$8 - 3 = 5$ d'où $8 = 5 + 3$

ASTUCE

Au cycle 2, pour effectuer des calculs de soustraction on utilise parfois cette propriété :
Calculer 8 – 5 =
revient à déterminer le nombre tel que : 5 + . = 8
On parle d'addition à trou.

3. LA MULTIPLICATION

La multiplication est une relation qui à tout couple d'entiers appelés facteurs, associe le nombre entier appelé produit.
$(a, b) \rightarrow a \times b$

Le produit peut être lu : *a* multiplié par *b*, ou *a* fois *b*.
L'expression *a* fois *b* renvoie à l'égalité :

$$a \times b = \underbrace{b + b + \ldots + b}_{a \text{ fois}}$$

b est appelé le multiplicande et *a* le multiplicateur.

- **Propriétés**

– **Commutativité :** la multiplication est commutative, le produit ne change pas si on permute l'ordre des facteurs :
$a \times b = b \times a$

$$\underbrace{a + a + \ldots + a}_{b \text{ fois}} = \underbrace{b + b + \ldots + b}_{a \text{ fois}}$$

– **Associativité :** les parenthèses sont des symboles de priorité de calcul. Quelle que soit la façon dont on mène le calcul, on aboutit au même produit :
$(a \times b) \times c = a \times (b \times c)$

Ex. :
$(3 \times 2) \times 4 = 6 \times 4 = 24$
Et $3 \times (2 \times 4) = 3 \times 8 = 24$

D'où l'égalité : $(3 \times 2) \times 4 = 3 \times (2 \times 4)$

Sur Lea.fr
2.4 Pour le sens de multi-plié

– **L'élément neutre 1 :** pour tout nombre entier naturel a :
$a \times 1 = 1 \times a = a$

Le nombre 1 est appelé élément neutre de la multiplication.

– **L'élément absorbant le zéro :**
$a \times 0 = 0 \times a = 0$

Le nombre zéro est appelé l'élément absorbant de la multiplication et cette propriété conduit à l'énoncé d'un théorème utile dans de nombreuses situations :

N'OUBLIONS PAS !

Un produit de facteurs est nul si et seulement si l'un des facteurs est nul :
$a \times b = 0$ ssi $a = 0$ ou $b = 0$

– **Distributivité de la multiplication par rapport à l'addition :** les parenthèses sont des symboles de priorité de calcul. Quelle que soit la façon dont on mène le calcul, on aboutit au même produit :
$a \times (b + c) = (a \times b) + (a \times c) = a \times b + a \times c$

Cette propriété de la multiplication est également valide pour la soustraction dans $\mathbb{N}$:
$a \times (b - c) = (a \times b) - (a \times c) = a \times b - a \times c$

◆ Puissance d'un nombre

Lorsqu'un produit est composé de facteurs tous égaux on utilise les puissances (ou la notation « puissance »).

Ex :
$3 \times 3 \times 3 \times 3 = 3^4$

Nombre de facteurs (exposant 4)

Facteurs répétés (3)

On lit 3 puissance 4.

Deux cas particulier :
– la puissance 2 se dit « au carré » : 3^2 se lit 3 puissance 2 ou 3 au carré ;
– la puissance 3 se dit « au cube ».

4. LA DIVISION EUCLIDIENNE

La division euclidienne est la relation qui à tout couple d'entiers (a, b) tels que $b \neq 0$ associe les nombres entiers q et r tels que :
$a = b \times q + r$ avec $r < b$

a est appelé le dividende.
b est appelé le diviseur.
q est appelé le quotient.
r est appelé le reste.

On utilise différents signes pour écrire la division euclidienne :

$a : b$ ou $a \div b$ voire a/b ou $\frac{a}{b}$

B – LES DIFFÉRENTS MODES DE CALCUL

1. LE CALCUL AUTOMATISÉ, LE CALCUL INSTRUMENTÉ

Tout type de calcul un peu complexe nécessite l'utilisation d'une mémoire de certains faits numériques de manière automatique.
Je sais de manière automatique que $2 \times 3 = 6$
Cette mémoire doit au minimum contenir les faits numériques organisés que sont les « tables » : table d'addition, table de multiplication.
Ceci doit être su par cœur et constitue un mode de calcul automatisé.

En cas de défaut de cette mémoire, on peut utiliser un autre mode de calcul automatisé, le calcul instrumenté.
Les outils de calcul, comme la calculette, ont en mémoire les tables et d'autres faits numériques qui permettent d'effectuer de nombreux types de calculs plus complexes de manière automatisée.

2. LE CALCUL RÉFLÉCHI

Le calcul réfléchi est un mode de calcul qui utilise **une mémoire plus ou moins étendue** et automatisée de faits numériques, ainsi que les **propriétés des opérations** à utiliser dans le calcul.

- **Le calcul réfléchi mental ou calcul mental**

Ex : Pour effectuer mentalement le calcul : 24×13.
On constate d'abord que ce calcul ne fait pas partie de la mémoire dite des « tables ».
On pourra procéder de diverses manières, en voici une :
$24 \times 13 = (25 - 1) \times 13 = 25 \times 13 - 13$
On a remplacé 25 par un fait numérique simple et connu $24 = 25 - 1$.
On utilise la distributivité de la multiplication par rapport à la soustraction.
Ensuite on utilise la décomposition additive de $13 = 10 + 3$.
D'où $25 \times 13 = 25 \times (10 + 3) = 250 + 75 = 325$
Puis $325 - 13 = 312$
Tout ce calcul peut être effectué mentalement sans aucune trace écrite.

◆ Le calcul réfléchi en ligne ou calcul en ligne

Pour ce même calcul, si nous écrivons les étapes successives que nous avons utilisé pour notre calcul mental, cela donne :
$24 \times 13 = (25 - 1) \times 13 = 25 \times 13 - 13 = 25\,(10 + 3) - 13 = 250 + 75 - 13 = 325 - 13 = 312$

Ces deux lignes de calcul constituent un calcul réfléchi en ligne ou plus simplement calcul en ligne.

3. LES TECHNIQUES OPÉRATOIRES LES PLUS USITÉES À L'HEURE ACTUELLE

◆ Addition

Les techniques opératoires sont des algorithmes, c'est-à-dire des méthodes toujours identiques qui permettent d'effectuer tout calcul.

Les différentes techniques opératoires sont fondées sur des principes de numération.

Elles nécessitent l'utilisation d'une mémoire de faits numériques qui se limite aux « tables ».

La plus simple est la technique opératoire de l'addition.
On utilise de manière implicite un tableau de numération qui met en correspondance les chiffres des mêmes unités de numération : les unités, les dizaines, les centaines.
Ensuite chaque groupement possible de dix unités de n'importe quel rang est transformé en une unité du rang supérieur (c'est le principe de la retenue).

Ex. :

$$\begin{array}{r} {}^{1}44 \\ +\ \ 17 \\ \hline 61 \end{array}$$

◆ Soustraction

Méthode par compensation
C'est la technique la plus répandue en France.
Elle utilise les principes de numération et la propriété de la soustraction :
$a - b = (a + c) - (b + c)$, avec $b \leqslant a$

L'égalité ci-dessus s'énonce : « la différence entre deux nombres ne change pas si l'on ajoute la même quantité à chacun de ces deux nombres ».

Ici on utilise successivement c = 10, 100 ou 1 000, etc., mais on n'écrit que des 1, qui ont des valeurs différentes selon les colonnes dans lesquelles ils figurent.

Sur Lea.fr
2.5 Histoire des techniques opératoires

Ex :
Calculer 567 – 389 par un calcul posé.

$$\begin{array}{r} 5\;{}_{1}6\;{}_{1}7 \\ -\;\underset{\textcircled{1}}{3}\;\underset{\textcircled{1}}{8}\;9 \\ \hline 1\;7\;8 \end{array}$$

Oralisation de l'opération (manière de dire en faisant)
1. On commence par les unités :
7 moins 9, on ne peut pas ; et 9 ôté de 7, on ne peut pas non plus.
2. On met une retenue :
le 1 devant le 7 pour former le nombre 17, qui est égal à 10 + 7.
Pour compenser cet ajout, on met une retenue de 1 sous le 8, le 1 dans cette colonne ayant la valeur 10.
3. On calcule la différence des « unités » : 17 – 9 = 8.
4. On passe ensuite aux dizaines : on cumule 8 et la retenue apportée par le calcul portant sur les unités, 8 et 1 font 9 ; 9 ôté de 6 on ne peut pas.
5. On met donc une retenue : on écrit 1 devant le 6, cela devient 16 et on compense cet ajout de 10 à 6 en ajoutant 1 à 3.
6. On calcule la différence des « dizaines » : 16 – 9 = 7.
7. On passe aux centaines de la même manière.

Méthode anglo-saxonne
Elle est fondée sur les principes de la numération de position et utilise différentes décompositions additives d'un même nombre.

Ex :
Calculer 567 – 389.
Étapes de calcul
1. On décompose les deux termes de la soustraction :
567 = 500 + 60 + 7
= 500 + 50 + 17
= 400 + 150 + 17
389 = 300 + 80 + 9.
2. On soustrait les deux décompositions en les combinant pour avoir des termes faciles à calculer :
567 – 389 = (500 + 60 + 7) – (300 + 80 + 9)
= (500 + 50 + 17) – (300 + 80 + 9)
= (400 + 150 + 17) – (300 + 80 + 9)
= (400 – 300) + (150 – 80) + (17 – 9)
= 100 + 70 + 8
= 178.
3. Cela conduit à l'écriture technique en colonnes :

$$\begin{array}{r} 4\;\;5\;\;\; \\ \not{5}\;{}_{1}\not{6}\;{}_{1}7 \\ -\;3\;8\;9 \\ \hline 1\;7\;8 \end{array}$$

Oralisation de l'opération
Pour les unités : 7 moins 9, on ne peut pas ; 9 ôté de 7, on ne peut pas.
On prend une dizaine aux 6 de 567, il en reste 5, et on transfère cette dizaine prise, dans la colonne des unités, en écrivant 1 devant le 7, on obtient 17, qui est égal à une dizaine plus sept.
Le même principe est répété colonne après colonne.

◆ **Multiplication**

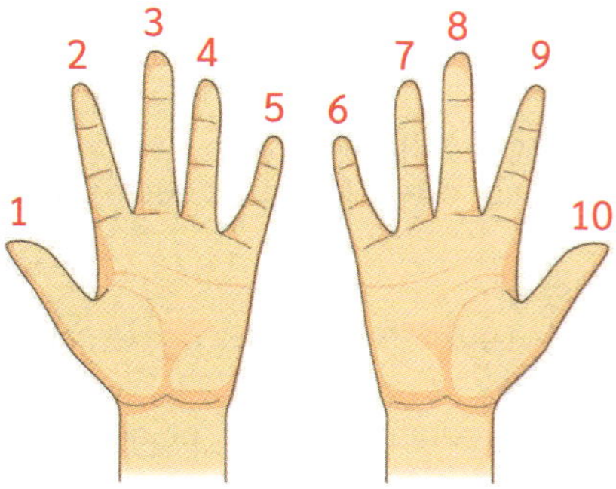

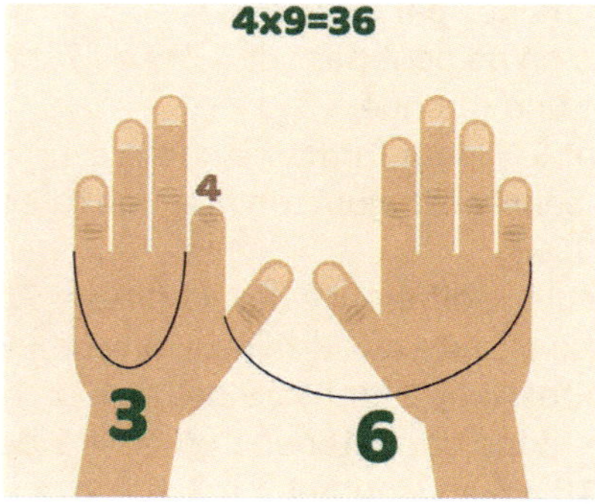

La technique usuelle actuelle :

Ex. : 3 254 × 259

3 2 5 4	
× 2 5 9	
2 9 2 8 6	(= 9 × 3 254)
1 6 2 7 0	(= 5 × 3 254)
6 5 0 8	(= 2 × 3 254)
8 4 2 7 8 6	

Dans cette opération posée, les résultats intermédiaires sont écrits successivement les uns sous les autres, décalés à chaque fois d'un rang, puisque le premier nombre est un nombre d'unités, le deuxième un nombre de dizaines, le troisième un nombre de centaines, etc.

◆ **Division euclidienne**

La technique usuelle actuelle est la division posée en potence. Cette méthode est la plus aboutie :

Soit à diviser 2 586 par 12.
On pose la division en potence :

①2 5 8 6	12
②1 8	①2 ②1 ③5
②6 6	
6	

Sur Lea.fr
2.6 Histoire des techniques opératoires

Justification : on procède aux divisions euclidiennes successives.
• 2 586 contient 2 « mille ». On ne peut pas partager 2 en parts de 12.
On considère alors le nombre de centaines de 2 586, soit 25.
En 25, combien de fois 12 ? Réponse : 2 fois, 2 × 12 = 24.
On soustrait 24   25, mais on écrit uniquement le résultat, le calcul est mené mentalement.
Le 1 restant est 1 centaine, soit 10 dizaines, qui ajoutées aux 8 déjà présentes dans 2 586 donnent 18.
• Ce résultat (18) est en fait obtenu en disant simplement : « j'abaisse le 8 ». On divise alors 18 par 12.
• On répète ainsi le procédé jusqu'à la division par 12 d'un nombre d'unités (ici 66).

C – MULTIPLES ET DIVISEURS

N'OUBLIONS PAS !

Attention, ces deux notions (multiples, diviseurs) sont réciproques l'une de l'autre.
Les deux propositions « 2 est un diviseur de 24 » et « 24 est un multiple de 2 » sont les deux faces d'une même médaille.

En bonne logique : si 2 est un **diviseur** de 24 alors 24 est un **multiple** de 2.

1. LES MULTIPLES

• Un nombre entier N est *multiple* d'un nombre entier n si et seulement si il existe un entier k tel que $N = k \times n$.

• Un nombre entier n est un *diviseur* de N si et seulement si N est un multiple de n.

Remarque : Les nombres 0 et 1 sont deux facteurs particuliers :

• Tout nombre est un multiple de 1.

• 1 est un diviseur de tout entier naturel.

• 0 est un multiple de tout entier naturel, en effet : pour tout entier naturel n, on a $n \times 0 = 0 \times n = 0$.

Attention : 0 est multiple de tout entier naturel comme nous venons de le voir, cependant lorsque l'on dresse la liste des multiples d'un nombre n, on néglige la plupart du temps l'écriture de 0 et on commence la liste des multiples de n par n lui-même : $\{n, 2n, 3n, ...\}$

• 0 n'est diviseur d'aucun nombre entier naturel n non nul, en effet :
il n'existe pas d'entier naturel k non nul pour lequel on ait $0 \times k = n$.
Ces particularités ont une conséquence pour tout entier n.

Tout nombre entier naturel n non nul est **multiple** et **diviseur** de lui-même, en effet : pour tout entier naturel n, on a $1 \times n = n \times 1 = n$.

2. LES DIVISEURS

Il est simple de déterminer de très nombreux *multiples* d'un nombre donné, il suffit pour cela de multiplier ce nombre par des entiers naturels pris au hasard.

Ex : Trouver des multiples de 6.
$6 \times 0 = 0$; $6 \times 1 = 6$; $6 \times 2 = 12$; $6 \times 3 = 18$; etc. la liste est infinie.

Mais il est moins simple de déterminer l'ensemble de tous les diviseurs d'un nombre donné.

S'il est facile de déterminer l'ensemble des diviseurs de 6, {1, 2, 3, 6}, déterminer la liste complète des diviseurs de 3 582 est plus ardu, c'est pourquoi il faut se doter d'outils.

3. LES CRITÈRES DE DIVISIBILITÉ

Ce sont des critères qui vont nous permettre de reconnaitre assez rapidement si des nombres donnés sont des multiples de certains nombres couramment rencontrés dans les calculs.

Les critères fondamentaux pour reconnaitre :

– Les nombres pairs :
Divisibilité par 2 : un nombre entier naturel est un multiple de 2 (est divisible par 2) si et seulement si il est pair, c'est-à-dire si et seulement si son chiffre des unités est un chiffre pair.

ASTUCE

Pour représenter un nombre pair quelconque, il est souvent pratique de l'écrire sous la forme $2k$, k entier naturel.
En conséquence un nombre impair s'écrit sous la forme $2k + 1$ ou $2k - 1$.

– Les nombres multiples de 3 :
Divisibilité par 3 : un nombre entier naturel est divisible par 3 si et seulement si la somme de ses chiffres est un multiple de 3.
Ex. :
6 492 est un multiple de 3 car $6 + 4 + 9 + 2 = 21$
Et 21 est un multiple de 3.

– Les nombres multiples de 4 :
Divisibilité par 4 : Un nombre entier naturel est divisible par 4 si et seulement si le nombre formé par ces deux derniers chiffres de droite (dizaine, unité) est un multiple de 4.
Ex. :
953 296 est divisible 4 car 96 (24×4) est un multiple de 4.

– Les nombres multiples de 5 :
Critère de divisibilité par 5 : un nombre entier naturel est divisible par 5 si et seulement si son chiffre des unités est 0 ou 5.

Ex. :
3 475 est un multiple de 5.
870 est un multiple de 5.

– Les nombres multiples de 9 :
Critère de divisibilité par 9 : Un nombre entier est divisible par 9 si et seulement si la somme de ses chiffres est un multiple de 9.

Ex. :
3 492 est un multiple de 9 car $3 + 4 + 9 + 2 = 18$
Et 18 est un multiple de 9.

– Les nombres multiples de 11 :
Critère de divisibilité par 11 : Un nombre entier naturel est divisible par 11 si et seulement si la somme de ses chiffres de rangs pairs (à partir de la droite) diminuée de la somme de ses chiffres de rangs impairs est un multiple de 11 (sans oublier que 0 est un multiple de 11).

D'autres critères de divisibilité peuvent être déterminés en combinant ces quelques critères fondamentaux :

– Les nombres multiples de 10, 100,1 000... (critère de divisibilité par une puissance de 10) :
Critère de divisibilité par 10 : $= 2 \times 5$
Donc pour être divisible par 10 un nombre entier doit être divisible par 2 et par 5.
Il doit donc se terminer par 0.
Par extension un nombre entier est divisible par 100 si et seulement si, il se termine par 00.

– Les nombres multiples de 6 (critère de divisibilité par 6) :
Critère de divisibilité par 6 : $6 = 2 \times 3$
Donc pour être divisible par 6 un nombre entier naturel doit être multiple de 2 et de 3.
Son chiffre des unités est un nombre pair, la somme de ses chiffres est un multiple de 3.

Ex. :
3 492 est un multiple de 6 car son chiffre des unités (2) est pair et la somme de ses chiffres (18) est un multiple de 3.

– Les nombres multiples de 12 (critère de divisibilité par 12) :
Critère de divisibilité par 12 : $= 4 \times 3$
Donc un nombre entier naturel est un multiple de 12 si et seulement si il est multiple de 3 et de 4.
C'est-à-dire si et seulement si la somme de ses chiffres est un multiple 3 et ses deux derniers chiffres forment un nombre multiple de 4.

Ex. :
149 616 est un multiple de 12 car :
16 est un multiple de 4 et $1 + 4 + 9 + 6 + 1 + 6 = 27$
Et 27 est un multiple de 3.

4. LES NOMBRES PREMIERS

Les plus anciennes traces des nombres premiers ont été trouvées près du lac Edouard, au Zaïre, sur un os (de plus de 20 000 ans), l'os d'Ishango, recouvert d'entailles marquant les nombres premiers 11, 13, 17 et 19.

Les os d'Ishango, également appelés bâtons d'Ishango, sont des artéfacts archéologiques découverts au Congo et datés de peut-être 20 000 ans. Selon certains auteurs, il pourrait s'agir de **la plus ancienne attestation de la pratique de l'arithmétique dans l'histoire de l'humanité**.

Les nombres premiers tiennent une place à part dans l'ensemble des entiers naturels, en effet ces nombres « produisent » tous les autres nombres, c'est pourquoi il est indispensable de les connaître. De plus, ils s'avèrent être des outils très efficaces dans de nombreuses situations.

N'OUBLIONS PAS !

Un entier naturel n est un nombre premier s'il admet exactement **deux** diviseurs : 1 et lui-même.
Attention : Le nombre 1 admet comme diviseur 1 et lui-même, c'est-à-dire 1, donc il n'a qu'un seul diviseur, il n'est donc pas premier.

Les critères de divisibilité que nous venons d'énoncer vont nous servir à établir la liste des nombres premiers inférieurs à 100. Dans la grille qui suit ont été barrés tout d'abord les nombres pairs à partir de 4, puis les multiples de 3 à partir de $3 \times 2 = 6$, puis les multiples de 5 à partir de $5 \times 2 = 10$ et ainsi de suite avec 7, 9, 11, 13, 17, etc.

Nous obtenons ainsi (en rouge, non barré) la liste des nombres premiers inférieurs à 100.

~~0~~	~~1~~	2	3	~~4~~	5	~~6~~	7	~~8~~	~~9~~
~~10~~	11	~~12~~	13	~~14~~	~~15~~	~~16~~	17	~~18~~	19
~~20~~	~~21~~	~~22~~	23	~~24~~	~~25~~	~~26~~	~~27~~	~~28~~	29
~~30~~	31	~~32~~	~~33~~	~~34~~	~~35~~	~~36~~	37	~~38~~	~~39~~
~~40~~	41	~~42~~	43	~~44~~	~~45~~	~~46~~	47	~~48~~	~~49~~
~~50~~	~~51~~	~~52~~	53	~~54~~	~~55~~	~~56~~	~~57~~	~~58~~	59
~~60~~	61	~~62~~	~~63~~	~~64~~	~~65~~	~~66~~	67	~~68~~	~~69~~
~~70~~	71	~~72~~	73	~~74~~	~~75~~	~~76~~	~~77~~	~~78~~	79
~~80~~	~~81~~	~~82~~	83	~~84~~	~~85~~	~~86~~	~~87~~	~~88~~	89
~~90~~	~~91~~	~~92~~	~~93~~	~~94~~	~~95~~	~~96~~	97	~~98~~	~~99~~

Vous devez retenir au moins cette courte liste : **2, 3, 5, 7, 11, 13, 17, 19, 23, 29, 31**, et savoir retrouver les autres nombres premiers grâce au crible d'Eratosthène par exemple.

Sur Lea.fr
2.7 Le crible d'Eratosthène

◆ La décomposition en produits de facteurs premiers

Tout nombre entier naturel non nul, sauf 1, peut être écrit de manière unique sous la forme d'un produit dont les facteurs sont tous des nombres premiers.
Déterminer ce produit, c'est déterminer la décomposition du nombre en produit de facteurs premiers.

• Procédé

1. Écrivez le nombre *n* en haut de la colonne de gauche, testez sa divisibilité par 2.
– **Si oui :** alors écrivez 2 à droite du nombre *n* et sous le nombre *n* le facteur qui, multiplié par 2, donne *n*.

Ex :

96	2
48	

– **Si non :** testez sa divisibilité par le nombre premier immédiatement supérieur à 2 dans la liste des nombres premiers, c'est-à-dire 3, et procédez de même (si le test de divisibilité donne encore « non » avec 3, essayer 5, 7, etc.).

2. Répétez l'opération de test avec le nombre écrit sous *n*.

Ex :

96	2
48	2
24	

3. Et ainsi de suite jusqu'à obtenir 1 dans la colonne de gauche. La décomposition en produit de facteurs premiers du nombre n est le produit de tous les nombres de la colonne de droite.

Ex : Soit $n = 96$

96	2	étape 1
48	2	étape 1
24	2	⋮
12	2	⋮
6	2	⋮
3	3	⋮
1		étape 3

On peut écrire : $96 = 2 \times 2 \times 2 \times 2 \times 2 \times 3$ ou encore $96 = 2^5 \times 3$.

◆ Liste des diviseurs, nombre de diviseurs d'un entier naturel

Nous pouvons également utiliser nos outils pour déterminer simplement et sûrement la liste exhaustive des diviseurs d'un entier et même déterminer son nombre de diviseurs sans avoir à en dresser la liste.

Soit un nombre *n* égal à 60.

1. Déterminons la décomposition en produit de facteurs premiers de 60.

60	2
30	2
15	3
5	5
1	

On obtient : 60 = 22 3 5.

2. Déterminons la liste des diviseurs de 60.

Ce sont :

– les nombres premiers de la décomposition : 2, 3, 5 ;

– les produits de deux nombres premiers de la décomposition :

$$2 \times 2 = 4 \,;\, 2 \times 3 = 6 \,;\, 2 \times 5 = 10 \,;\, 3 \times 5 = 15 \,;$$

– les produits de trois nombres premiers de la décomposition :

$$2 \times 2 \times 3 = 12 \,;\, 2 \times 2 \times 5 = 20 \,;\, 2 \times 3 \times 5 = 30 \,;$$

– et ainsi de suite, le produit de quatre nombres, puis cinq, etc., tant que cela est possible : pour 60, le produit le plus long est de quatre nombres $2 \times 2 \times 3 \times 5 = 60$.

On constate que la liste des diviseurs de 60 est :

1, 2, 3, 4, 5, 6, 10, 12, 15, 20, 30, 60.

On constate également que 60 admet exactement 12 diviseurs, ce que nous aurions pu anticiper en utilisant la règle suivante :

– on augmente de 1 chacun des exposants des nombres premiers de la décomposition $60 = 2^2 \times 3^1 \times 5^1$, les exposants de la décomposition sont 2, 1, 1 ; on obtient : 3, 2, 2 ;

– on multiplie ces nombres entre eux : $3 \times 2 \times 2 = 12$;

– on conclut : 60 admet exactement 12 diviseurs.

N'OUBLIONS PAS !

Si un nombre n admet pour décomposition en produit de facteurs premiers a, b, c, etc., c'est-à-dire $n = a^m \times b^p \times c^q \times \ldots$ alors, il admet exactement :

$(m + 1)(p + 1)(q + 1)$… diviseurs.

Ex : Déterminer le nombre de diviseurs de 120

En utilisant les critères de divisibilité on constate aisément que 120 est divisible par 2 par 3 par 4 par 5 ou encore par 10.

Pour obtenir le nombre total de diviseurs de 120 on utilise la décomposition en produits de facteurs premiers :

$120 = 2^3 \times 3^1 \times 5^1$

Nombre de diviseurs de 120 : $4 \times 2 \times 2 = 16$

Il est dès lors plus simple d'établir la liste des diviseurs de 120 sans peur d'en oublier.

Diviseurs de 120 : (1, 120, 2, 60, 3, 40, 4 ,30, 5, 24, 6, 20, 8, 15, 10, 12)

Et dans l'ordre croisssant : (1, 2, 3, 4, 5 , 6 , 8, 10, 12, 15, 20, 24, 30, 40, 60, 120).

5. PPCM ET PGCD

◆ PPCM

Le PPCM de deux nombres est leur Plus Petit Commun Multiple, c'est-à-dire le plus petit nombre entier multiple des deux nombres à la fois.
0 pourrait être considéré comme le plus petit commun multiple de tout couple de nombres, mais ce cas n'a aucun intérêt pour le calcul, aussi n'en tient-on pas compte.

Le PPCM de deux nombres est alors de fait leur plus petit multiple commun non nul.

On sait que pour additionner deux fractions il est nécessaire qu'elles aient le même dénominateur : pour pouvoir additionner

$\frac{7}{96}$ et $\frac{11}{60}$

il faut donc déterminer un multiple commun à 96 et 60.
Les multiples de 60 sont : $60(= 60 \times 1)$, $120(= 60 \times 2)$, $180(= 60 \times 3)$ etc.
Les multiples de 96 sont : $96(= 96 \times 1)$, $192(= 96 \times 2)$, $288(= 96 \times 3)$ etc.
Pour que les calculs soient les plus simples possible, déterminons le plus petit commun multiple (PPCM) de 60 et 96.
1. Décomposons chacun des nombres sous forme de produit de facteurs premiers :
$60 = 2^2 \times 3 \times 5$ et $96 = 2^5 \times 3$.
2. Pour calculer le PPCM, il suffit alors :
– d'écrire le produit comportant comme facteurs chacun des nombres premiers entrant dans l'une ou l'autre des décompositions, ici : $2 \times 3 \times 5$;
– d'affecter chacun des nombres premiers du produit du plus grand exposant dont il est affecté dans l'une ou l'autre des décompositions, ici : $2^5 \times 3 \times 5 = 480$;
– de conclure : le PPCM de 60 et 96 est égal à 480.
Vérification : on a bien $480 = 60 \times 8 = 96 \times 5$.
Les multiples communs de 60 et 96 sont les multiples de leur PPCM, soit 480, 960, etc.
Nous pouvons maintenant additionner les deux fractions :

$$\frac{7}{96} = \frac{35}{480} \text{ et } \frac{11}{60} = \frac{88}{480} \text{ ; } \textit{et donc } \frac{7}{96} + \frac{11}{60} = \frac{35}{480} + \frac{88}{480} = \frac{123}{480}$$

Le PPCM est un outil intervenant dans la résolution de nombreux autres problèmes.

Ex :
Deux voitures partent en même temps de la ligne de départ un dimanche à 9 h et font plusieurs tours d'un même circuit. La voiture A fait le tour du circuit en 36 minutes et la voiture B en 30 minutes. Les deux voitures roulent pendant 24 h. Trouver à quels moments les deux voitures se trouvent ensemble sur la ligne de départ.

Résolution :
Les voitures se retrouvent ensemble sur la ligne de départ si la mesure en minutes de la durée depuis le départ est un multiple de 30 et 36.
Déterminons le plus petit de ces multiples.
$30 = 2 \times 3 \times 5$
$26 = 2^2 \times 3^2$
PPCM $(30, 36) = 2^2 \times 3^2 \times 5 = 180$

Les voitures se trouvent ensemble sur la ligne de départ toutes les 3 heures.
C'est-à-dire à 9 h puis 12 h puis 15 h, 18 h, 21 h, 24 h, 3 h du matin, 6 h du matin puis enfin 9 h.

◆ PGCD

On appelle PGCD de deux nombres leur Plus Grand Commun Diviseur, c'est-à-dire le plus grand nombre entier pouvant les diviser tous les deux.

Ex :
Soient les deux nombres 120 et 80.
On peut écrire facilement : $120 = 12 \times 10 = 3 \times 4 \times 10$ et $80 = 2 \times 4 \times 10$
On retrouve dans les deux écritures les facteurs 4 et 10, donc 40 ; le plus grand diviseur de 80 est 40 qui est un diviseur de 120. Le PGCD est donc 40.

Vérification : $\frac{80}{40} = 2$ et $\frac{120}{40} = 3$

Il existe plusieurs façons de calculer le PGCD quels que soient les deux nombres en présence, en voici deux.

a) L'algorithme d'Euclide

Algorithme est un procédé de calcul que l'on reproduit à l'identique plusieurs fois de suite.

L'algorithme d'Euclide est un procédé qui permet de déterminer le PGCD de deux nombres en utilisant des divisions successives jusqu'à obtenir un reste nul.

Ex :
1. Déterminons par ce procédé le PGCD de 45 et 60.
1. On écrit la division euclidienne de 60 par 45 (division du plus grand nombre par le plus petit) : $60 = 45 \times 1 + 15$, avec 45 le diviseur, 1 le quotient et 15 le reste.
2. On écrit la division euclidienne du diviseur précédent, 45, par le reste de la division précédente, 15 : $45 = 15 \times 3 + 0$, le diviseur ici est 15, le quotient 3 et le reste 0.
3. On détermine le PGCD, c'est le dernier reste non nul (reste de l'avant-dernière division) : le PGCD de 60 et 45 est donc 15.

2. Déterminons le PGCD de 142 et 72.
1. Division du plus grand des nombres en présence par le plus petit, $\frac{142}{72}$:
$142 = 72 \times 1 + 70$, 72 est le diviseur, 1 le quotient et 70 le reste.
2. Division du diviseur précédent, 72, par le reste précédent 70 :
$72 = 70 \times 1 + 2$, diviseur 70, quotient 1 et reste 2.
3. Division du diviseur de la deuxième division, 70, par son reste 2 :
$70 = 35 \times 2 + 0$, diviseur 35, quotient 2 et reste nul.
4. La recherche est terminée, le PGCD de 142 et 72 est le dernier reste non nul, 2.

b) La décomposition en produit de facteurs premiers

Pour déterminer le PGCD de deux nombres, on peut aussi utiliser la décomposition en produits de facteurs premiers de chacun de ces deux nombres.

Sur Lea.fr
2.8 Autres problèmes

Ex :
Reprenons nos deux nombres 45 et 60. Décomposons-les en produits de nombres premiers : $45 = 3 \times 3 \times 5 = 3^2 \times 5$ et $60 = 2 \times 2 \times 3 \times 5 = 2^2 \times 3 \times 5$.

Le produit de l'ensemble des facteurs communs aux deux décompositions est 3×5 ; le PGCD est donc 15.

Pour déterminer le PGCD par la méthode de la décomposition en produits de facteurs premiers :
– écrivez le produit dont les facteurs sont les nombres premiers communs aux deux décompositions : 3×5 dans l'exemple précédent ;
– affectez chacun de ces nombres du plus petit exposant dont il est affecté dans l'une ou l'autre des décompositions : les deux facteurs dans l'exemple ci-dessus sont à la puissance 1, le PGCD de 45 et 60, que l'on peut noter PGCD (45, 60), est donc égal à $3 \times 5 = 15$.

Exemple d'utilisation du PGCD :
On veut recouvrir une surface rectangulaire de 4,75 m sur 3,61 m avec des dalles carrées dont le côté mesure un nombre entier de centimètres. Quelle est la taille maximale de ces dalles ?

Résolution :
La mesure du côté d'une dalle est un diviseur de 475 et 361.
Comme on veut que les dalles aient une taille maximale alors il faut choisir le plus grand diviseur commun de 475 et 361.
Utilisons la décomposition en produits de facteurs premiers :
$475 = 5^2 \times 19$
$361 = 19^2$
PGCD (475 ; 361) = 19
Les dalles doivent mesurer 19 cm.

◆ Nombres premiers entre eux

On dit que deux nombres sont premiers entre eux si leur PGCD est égal à 1.
Deux nombres premiers entre eux ont 1 pour seul diviseur commun.
« Premiers entre eux » ne veut pas dire « premiers » tout court !

Ex :
Soient deux nombres 8 et 21.
$8 = 2 \times 2 \times 2$ et $21 = 3 \times 7$, aucun facteur premier commun n'apparait dans les deux décompositions, donc 8 et 21 sont premiers entre eux.

N'OUBLIONS PAS !

Si l'on a $8a = 21b$ avec 8 et 21 premiers entre eux, on peut alors affirmer que l'on a nécessairement : a multiple de 21 (et donc de 3 et 7) et b multiple de 8.
Cette démonstration est utile pour certains exercices d'arithmétique.

Ex :
Déterminer tous les couples d'entiers (a, b) tels que : $7a - 8b = 0$
$7a - 8b = 0$
$7a = 8b$
PGCD (7, 8) = 1
Donc 7 et 8 sont premiers entre eux.
D'où $a = 8k$ et $b = 7k$
Les couples solutions sont : (8, 7) (16, 14) (24, 21) etc.

JE M'ENTRAINE

ÉNONCÉS

◆ Exercice 1

Indiquer si les affirmations sont vraies ou fausses en justifiant la réponse.
Une réponse exacte, mais non justifiée, ne rapporte aucun point. Une réponse fausse n'enlève pas de point.

1. Affirmation : « 117 est un nombre premier. »

2. a. Affirmation : « pour n'importe quel nombre entier n, $(n + 2)^2 - (n - 2)^2$ est un multiple de 8. »

b. Affirmation : « pour n'importe quel nombre entier n, $(n + 2)^2 - (n - 2)^2$ est un multiple de 32. »

3. Affirmation : « il existe au moins un nombre entier pair supérieur à 7, divisible par 3 mais divisible ni par 9 ni par 4. »

4. Affirmation : « 6 est l'unique solution de l'équation $(x - 7)(x + 4) = (x - 7)(16 - x)$. »

5. Affirmation : « pour tout nombre entier naturel n le nombre $(n + 1)^2 - (n - 1)^2$ est un multiple de 4. »

6. Affirmation : « pour tout nombre entier naturel n le nombre $(n + 1)(n - 1) - 1$ est le carré d'un nombre entier. »

◆ Exercice 2

Le but de cet exercice est de déterminer un nombre entier a. Ce nombre s'écrit avec 4 chiffres, il est supérieur à 7 000, il est multiple de 45, il est impair et le chiffre des milliers est le double de celui des centaines. Quel est ce nombre ?
Les lettres a et a' représentent des nombres entiers naturels. Dans la division euclidienne de a par 11, le reste est r. Dans la division euclidienne de a' par 11, le reste est r'. Déterminer le reste : a) dans la division euclidienne de $a + a'$ par 11, b) dans la division euclidienne de $3a$ par 11.

◆ Exercice 3

Trouver tout entier naturel à un chiffre, égal au chiffre des unités de son carré.

◆ Exercice 4

Donner sans justification un entier naturel B à trois chiffres tel que B et B^2 aient à la fois le même chiffre des unités, le même chiffre des dizaines et le même chiffre des centaines.

CORRIGÉS

◆ Exercice 1

1. F
2. a. V
b. F
3. 42
4. F
5. V
6. V

◆ Exercice 2

8 415

a. $r + r'$ si $r + r'$ strictement inférieur à 11

b. $r + r' - 11$ si $r + r'$ strictement inférieur à 22 est supérieur à 11

◆ Exercice 3

1 ; 5 ; 6 ; 0

◆ Exercice 4

625

Sur Lea.fr

Corrigés développés et exercices complémentaires

3. Grandeurs et mesures

JE M'ÉVALUE

VRAI OU FAUX ?

1. L'aire d'un losange dont les diagonales mesurent 3,6 cm et 9 cm est égale à 64,8 cm.

2. 4,3 dm^2 = 43 cm^2.

3. 0,74 m^2 = 7 400 cm^2.

4. 2,52 ha = 2 520 m^2.

5. 17,2 L = 17 200 cm^3.

6. L'expression en fraction d'heure de 15 min est $\frac{1}{3}$ h.

7. L'expression en fraction d'heure de 3 h 10 min est $\frac{19}{6}$ h.

8. L'expression en heure décimale de 12 min 27 s est 0,1227 h.

9. 1,18 h = 1 h 10 min 48 sec.

10. La conversion de 90 km/h en m/s est 25 m/s.

11. La conversion de 15 m/s en km/h est 45 km/h.

12. Un coureur a parcouru 4 km à la vitesse de 10 km/h et les 6 km restants à la vitesse de 12 km/h. Sa vitesse moyenne est exactement égale à 11 km/h.

Réponses : 1.F – 2.F – 3.V – 4.F – 5.V – 6.F – 7.V – 8.F – 9.V – 10.V – 11.F – 12.F

JE RÉVISE

A – LES GRANDEURS FONDAMENTALES

On peut associer à des objets aussi divers qu'une feuille de papier, une boite métallique ou une boule de pétanque différentes grandeurs : longueur, aire, volume et masse.
Ces objets peuvent avoir des grandeurs égales. Par exemple, la hauteur de la boite a une longueur égale au rayon de la boule.

Longueur, aire, volume et masse sont des grandeurs mesurables. On peut sommer, comparer des grandeurs de même nature, les multiplier ou les diviser par un nombre strictement positif. La somme de deux longueurs est une longueur.

La température, grandeur repérable, n'est pas sommable. En effet, si on mélange deux liquides ayant la même température, on obtiendra un mélange dont la température ne sera pas le double de celle des liquides.

Il faut d'ores et déjà retenir qu'une grandeur n'est pas un nombre : 8 ne désigne pas une grandeur, mais 8 cm est la classe d'équivalence de tous les segments de longueur égale à 8 fois 1 cm.
Il est possible d'associer diverses grandeurs à un même objet. Par exemple pour la boite métallique, on peut associer une longueur, une aire, un volume ou une masse.

On distingue deux types de grandeurs, les grandeurs simples et les grandeurs composées.

Grandeurs simples

Les grandeurs simples appartenant à la géométrie sont les longueurs et les angles.
Les grandeurs simples appartenant à la physique sont les masses et les durées.

Grandeurs composées

Une grandeur composée est le produit ou le quotient de grandeurs simples comme l'aire, le volume, la masse volumique, la vitesse et le débit.

$$\text{Aire} = \text{Longueur} \times \text{Longueur} = \text{Longueur}^2$$

$$\text{Volume} = \text{Longueur} \times \text{Longueur} \times \text{Longueur} = \text{Longueur}^3$$

$$\text{Vitesse} = \frac{\text{Longueur}}{\text{Durée}}$$

$$\text{Masse volumique} = \frac{\text{Masse}}{\text{Volume}}$$

$$\text{Débit} = \frac{\text{Volume}}{\text{Volume}}$$

Sur Lea.fr
3.1 Point Histoire

B – MESURER UNE GRANDEUR

1. UNITÉ DE MESURE

Pour mesurer une grandeur, on choisit une grandeur de référence appelée **étalon** qui sert à définir l'unité de mesure u.

La mesure d'une grandeur G est un nombre *n* qui exprime le nombre de fois où la grandeur G contient l'unité u. Ce qui peut être traduit par : $G = n$ u, qui se lit : « la mesure de G est n unités ». Autrement dit, mesurer une grandeur revient à déterminer le rapport entre cette grandeur et une grandeur de même nature, choisie comme unité.

N'OUBLIONS PAS !

Une grandeur n'est pas un nombre : 5 ne désigne pas une grandeur, mais 5 cm est la mesure de tous les segments de longueur égale à 5 fois 1 cm.

C – GRANDEURS SIMPLES

1. LONGUEUR

À chaque ligne composée de segments ou de courbes est associée une grandeur appelée **longueur**.
Le **périmètre** est la longueur d'une ligne fermée.

Le mètre est l'unité de longueur du système métrique. Il est défini comme étant la longueur du trajet parcouru dans le vide par la lumière pendant une durée de 1/299 792 458 de seconde.

On passera du mètre à ses multiples ou à ses sous-multiples à l'aide de puissances de 10.
Liste des unités du système métrique :

Kilomètre	km	1 000 m	10^3 m
Hectomètre	hm	100 m	10^2 m
Décamètre	dam	10 m	10 m
Mètre	m	1 m	1 m
Décimètre	dm	0,1 m	10^{-1} m

Sur Lea.fr
3.2 Opérations sur les unités : démonstrations
3.3 Point Histoire

Centimètre	cm	0,01 m	10^{-2} m
Millimètre	mm	0,001 m	10^{-3} m
Micromètre (micron)	µm (µ)	0,000 001 m	10^{-6} m
Nanomètre	nm	0,000 000 001 m	10^{-9} m
Picomètre	pm	0,000 000 000 001 m	10^{-12} m

En changeant d'unités pour mesurer une longueur, ce n'est pas la longueur que l'on change mais sa mesure.

Tableau de conversion des unités longueur

km	hm	dam	m	dm	cm	mm

On place un chiffre par colonne. **On commence par placer le chiffre des unités et la virgule**, s'il y en a une, dans la colonne de l'unité dans laquelle la mesure est exprimée. Puis les autres chiffres à gauche de l'unité dans les colonnes de gauche et les chiffres après la virgule dans les colonnes de droite. On complète les colonnes vides par des zéros.

Ex : Convertir 387,15 m

km	hm	dam	m	dm	cm	mm
0	**3**	**8**	**7,**	**1**	**5**	0

Pour effectuer une conversion, il suffit de déplacer la virgule dans la colonne de l'unité choisie.

Convertir 387,15 m en km

km	hm	dam	m	dm	cm	mm
0,	**3**	**8**	**7**	**1**	**5**	0

On a donc 387,15 m = 0,38715 km

Convertir 387,15 m en cm

km	hm	dam	m	dm	cm	mm
0	**3**	**8**	**7**	**1**	**5,**	0

On a donc 387,15 m = 38 715 cm
On lit donc 387,15 m = 0,38715 km = 3,8715 hm = 38, 715 dam = 3 871,5 dm = 38 715 cm = 387 150 mm

Conversions en utilisant les puissances de 10

387,15 m = $387{,}15 \times 10^{-3}$ km, soit 0,38715 km
387,15 m = $387{,}15 \times 10^{2}$ cm, soit 38 715 cm

N'OUBLIONS PAS !

Le système métrique, ou système international d'unités (SI), est le système d'unités de référence. Au fil des siècles, son usage est devenu universel, et permet aujourd'hui une harmonisation pour la mesure des grandeurs usuelles.

2. MASSE

À chaque « quantité de matière » est associée une grandeur appelée **masse**.
Le kilogramme est l'unité de masse du système métrique.

Liste des unités du système métrique :

Kilogramme	kg	1 000 g	10^3 g
Hectogramme	hg	100 g	10^2 g
Décagramme	dag	10 g	10 g
Gramme	g	1 g	1 g
Décigramme	dg	0,1 g	10^{-1} g
Centigramme	cg	0,01 g	10^{-2} g
Milligramme	mg	0,001 g	10^{-3} g

On peut aussi utiliser la tonne (t), le quintal (q) :
1 t = 10 q   1 t = 1 000 kg   1 q = 100 kg

Tableau de conversion des unités de masse :

tonne t	quintal q		kg	hg	dag	g	dg	cg	mg

On place un chiffre par colonne. On répète la même procédure que pour la conversion des unités de longueur.

Ex : Convertir 758,29 g

tonne t	quintal q		kg	hg	dag	g	dg	cg	mg
0	0	0	0	**7**	**5**	**8,**	**2**	**9**	0

Convertir 758,29 g en kg

tonne t	quintal q		kg	hg	dag	g	dg	cg	mg
0	0	0	**0,**	**7**	**5**	**8**	**2**	**9**	0

On a donc 758,29 g = 0,75829 kg

Convertir 758,29 g en mg

tonne t	quintal q		kg	hg	dag	g	dg	cg	mg
0	0	0	0	**7**	**5**	**8**	**2**	**9**	**0,**

On a donc 758,29 g = 758 290 mg
On lit donc 758,29 g = 0,00075829 t = 0,0075829 q = 0,075829 kg = 75,829 dag = 7 582,9 dg= 75 829 cg

Ex :
La Tour Eiffel, entièrement constituée de fer, a une masse de 8 000 tonnes pour une hauteur de 300 m.
On veut construire un modèle réduit dans la même matière, de masse 1 kg. Quelle sera alors la hauteur de cette mini Tour Eiffel ?

Remarque : Dans ce cas, la masse n'est pas proportionnelle à la hauteur.
Si k est le rapport de proportionnalité des longueurs, alors les volumes sont dans un rapport de proportionnalité égal à k^3.
Comme la masse est proportionnelle au volume, alors si k est le rapport de proportionnalité des longueurs, les masses sont dans un rapport de proportionnalité égal à k^3.

On a alors $k^3 = \dfrac{1 \text{ kg}}{8\,000 \text{ t}} = \dfrac{1 \text{ kg}}{8\,000\,000 \text{ kg}} = \dfrac{1}{8\,000\,000}$

$k^3 = \dfrac{1}{8\,000\,000}$

comme $\dfrac{1}{8\,000\,000} = \left(\dfrac{1}{200}\right)^3$ alors $k^3 = \left(\dfrac{1}{200}\right)^3$

d'où $k = \dfrac{1}{200}$

On en déduit que la hauteur de la mini Tour Eiffel est de : $300 \text{ m} \times \dfrac{1}{200} = \boxed{1{,}5 \text{ m}}$.

3. DURÉE

La **durée** est une grandeur dont la mesure est basée sur le système sexagésimal, système de numération à base 60. Le préfixe *sexa-* signifie « soixante » : un sexagénaire est une personne ayant entre 60 et 69 ans.

L'unité de base pour la mesure des durées est la seconde.

N'OUBLIONS PAS !

Une seconde est la durée de 9 192 631 770 périodes de la radiation correspondant à une transition entre deux niveaux d'énergie de l'atome de césium 133 dans son état fondamental.

Une minute est égale à 60 secondes. Une heure est égale à 3 600 secondes.
Le jour dure 24 heures, soit 24 × 3 600 = 86 400 secondes.
En dessous de la seconde, on utilise le système décimal :

– 1 milliseconde = 1 ms = 0,001 s = 10^{-3} s ;
– 1 microseconde = 1 µs = 0,000 001 s = 10^{-6} s ;
– 1 nanoseconde = 1 ns = 0,000 000 001 s = 10^{-9} s.

Exemples de conversion :
– Convertir 1 h 5 min 12 s en secondes : 1 h 5 min 12 s = 1 × 3 600 + 5 × 60 + 12 = 3 912 s

– Convertir 7 859 secondes en heures, minutes et secondes :
On effectue la division euclidienne de 7 859 par 3 600.
On obtient 7 859 = 2 × 3 600 + 659
On a donc 7 859 s = 2 h + 659 s
On effectue la division euclidienne de 659 par 60.
On obtient 659 = 60 × 10 + 59
On a donc 659 s = 10 min 59 s
On en déduit que 7 859 s = 2 h 10 min 59 s

– Convertir en minutes et secondes une durée **exprimée sous forme décimale** 7,15 min :
7,15 min = 7 min + 0,15 min = 7 min + 0,15 × 60 s = 7 min 9 s

– Convertir en heures, minutes et secondes une durée **exprimée sous forme décimale** 2,39 h :
2,39 h = 2 h + 0,39 h = 2h + 0,39 × 60 min = 2 h + 23, 4 min = 2 h + 23 min + 0,4 × 60 s = 2 h 23 min 24 s

– Calculer la durée d'une manifestation qui a débuté à 9 h 39 min et qui s'est achevée à 11 h 27 min :
La durée de la manifestation est la différence entre l'horaire final et l'horaire initial. On a donc (11 h 27 min) – (9 h 39 min) = (10 h 87 min) – (9 h 39 min) = 1 h 48 min.
La manifestation a duré 1 h 48 min.

4. ANGLE

À chaque secteur angulaire est associée une grandeur appelée **angle**.
L'unité de mesure d'angle utilisée à l'école primaire est le **degré**.
L'angle est une grandeur dont la mesure est basée sur le système sexagésimal.

N'OUBLIONS PAS !

Il existe d'autres unités de mesure d'angle : le grade et le radian. Le radian est utilisé notamment dans l'enseignement secondaire.

On a donc 1 degré = 60 minutes et 1 minute = 60 secondes.
1 degré = 1°
1 minute = 1′
1 seconde = 1″

Ex : Pour un angle de 20 degrés 40 minutes et 30 secondes, on écrira 20° 40′ 30″.

Exemple de conversion :

Convertir 35,42° en degrés, minutes et secondes.
$35{,}42° = 35° + 0{,}42° = 35° + 0{,}42 \times 60' = 35° + 25{,}2' = 35° + 25' + 0{,}2 \times 60'' = 35°\ 25'\ 12''$

D – GRANDEURS COMPOSÉES

1. AIRE

À chaque surface ou région du plan délimitée par une courbe fermée est associée une grandeur appelée **aire** dont l'unité légale est le m^2.

Remarque : Le « m^2 » fait référence à l'aire d'un carré de côté égal à 1 m, mais d'autres figures ont la même aire. Par exemple, un triangle rectangle dont les côtés de l'angle droit ont pour longueurs 1 m et 2 m a aussi une aire de 1 m^2.

Unités d'aire du système métrique :

Kilomètre carré	km^2	1 000 000 m^2	10^6 m^2
Hectomètre carré	hm^2	10 000 m^2	10^4 m^2
Décamètre carré	dam^2	100 m^2	10^2 m^2
Mètre carré	m^2	1 m^2	1 m^2
Décimètre carré	dm^2	0,01 m^2	10^{-2} m^2
Centimètre carré	cm^2	0,000 1 m^2	10^{-4} m^2
Millimètre carré	mm^2	0,000 001 m^2	10^{-6} m^2

Sur Lea.fr
3.4 Informations complémentaires sur le radian

Autres unités d'aire :

Hectare	ha	100 a	10 000 m^2 = 1 hm^2
Are	a	1 a	100 m^2 = 1 dam^2
Centiare	ca	0,01 a	1 m^2

Tableau de conversions des unités d'aire :

		ha		a		ca							
km^2		hm^2		dam^2		m^2		dm^2		cm^2		mm^2	

Les unités agraires : hectare, are et centiare s'écrivent avec les abréviations respectives ha, a, ca.
1 ha = 1 hm^2 1 a = 1 dam^2 1 ca = 1 m^2
On lit 1 ha = 100 a = 10 000 ca = 1 hm^2 = 100 dam^2 = 10 000 m^2
1 a = 100 dam^2 = 10 000 m^2

Pour les autres conversions

On place un seul chiffre par colonne, chaque unité comportant deux colonnes.

On commence par placer le chiffre des unités et la virgule, s'il y en a une, dans la colonne de l'unité dans laquelle la mesure est exprimée. Puis les autres chiffres à gauche de l'unité dans les colonnes de gauche et les chiffres après la virgule dans les colonnes de droite. On complète les colonnes vides par des zéros.

Ex. :
– Convertir 1 739,168 m^2

km^2		hm^2		dam^2		m^2		dm^2		cm^2		mm^2	
0	0	0	0	1	7	3	9,	1	6	8	0	0	0

Pour effectuer une conversion, il suffit de déplacer la virgule dans la colonne de l'unité choisie.

– Convertir 1 739,168 m^2 en hm^2

km^2		hm^2		dam^2		m^2		dm^2		cm^2		mm^2	
0	0	0	0,	1	7	3	9	1	6	8	0	0	0

1 739,168 m^2 = 0,1739168 hm^2

On lit donc 1 739,168 m^2 = 0,001739168 km^2 = 17,39168 dam^2 = 173 916,8 dm^2 = 17 391 680 cm^2 = 1 739 168 000 mm^2

– Conversions en utilisant les puissances de 10 :
1 739,168 m^2 = 1 739,168 $\times$ 10^{-6} km^2, soit 0,001739168 km^2
1 739,168 m^2 = 1 739,168 $\times$ 10^4 cm^2, soit 17 391 680 cm^2

Voici les aires de figures usuelles :

Rectangle	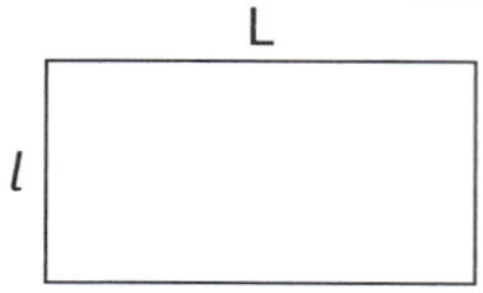	$A = L \times l$
Carré	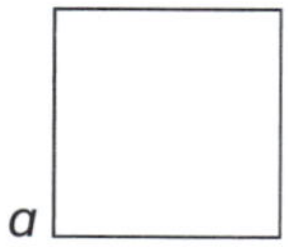	$A = a^2$
Parallélogramme	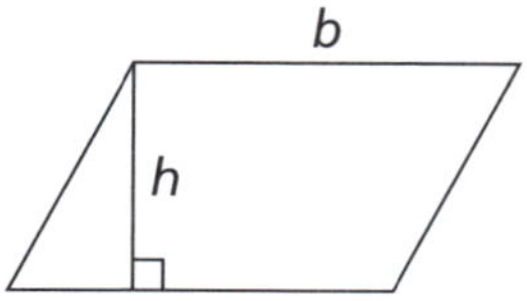	$A = b \times h$
Losange	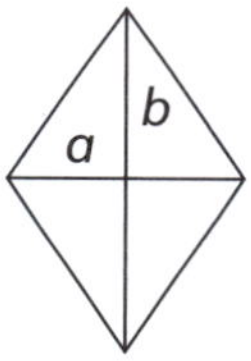	$A = \dfrac{a \times b}{2}$
Triangle	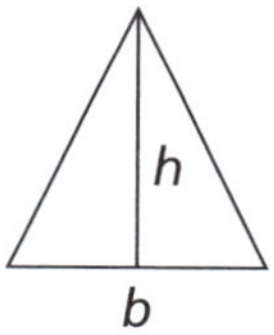	$A = \dfrac{b \times h}{2}$
Trapèze	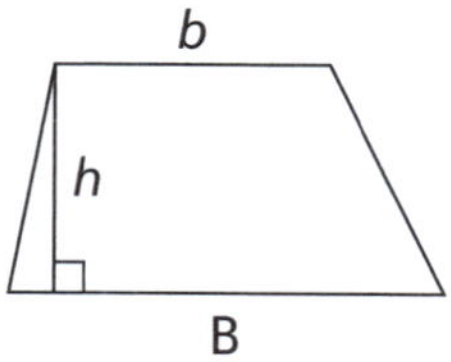	$A = \dfrac{(B + b) \times h}{2}$
Disque	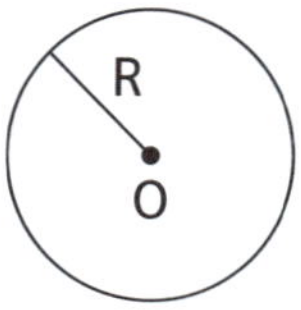	$A = \pi R^2$

2. VOLUME

À chaque partie de l’espace à trois dimensions limitée par une surface est associée une grandeur appelée volume.

Unités de volume du système métrique :

Mètre cube	m^3	1 m^3	1 m^3
Décimètre cube (L)	dm^3	0,001 m^3	10^{-3} m^3
Centimètre cube	cm^3	0,000 001 m^3	10^{-6} m^3
Millimètre cube	mm^3	0,000 000 001 m^3	10^{-9} m^3

Remarque : 1 L = 1 dm_3.

Volume de solides usuels :

<table>
<tr><td>Parallélépipède rectangle</td><td>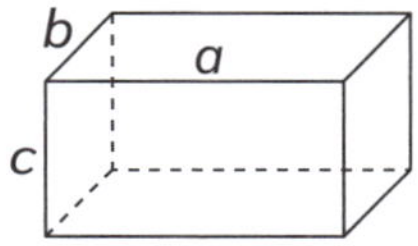
</td><td>$V = abc$</td></tr>
<tr><td>Cube</td><td>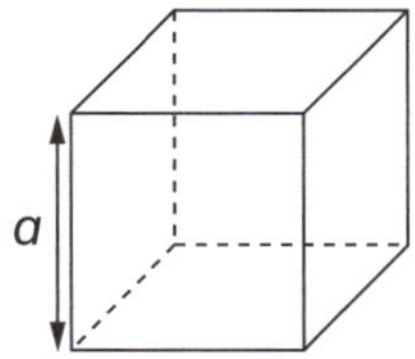
</td><td>$V = a^3$</td></tr>
<tr><td>Cylindre</td><td>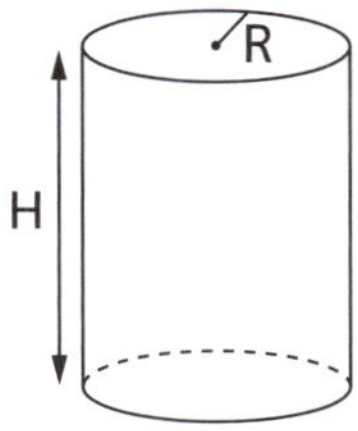
</td><td>$V = \pi R^2 H$</td></tr>
<tr><td>Prisme droit</td><td>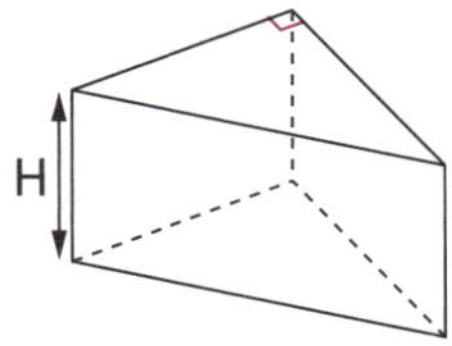
</td><td>$V = B \times H$ (B : aire de la base)</td></tr>
<tr><td>Pyramide</td><td>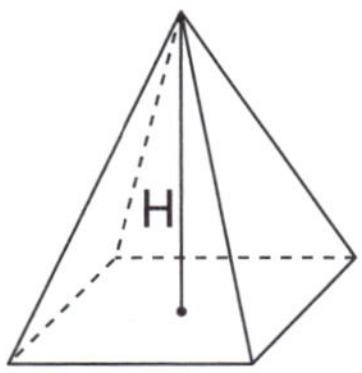
</td><td>$V = \frac{1}{3} B \times H$
(B : aire de la base)</td></tr>
</table>

Cône	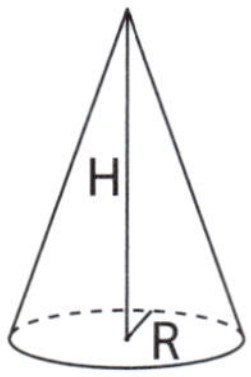	$V = \frac{\pi}{3} R^2 H$
Boule	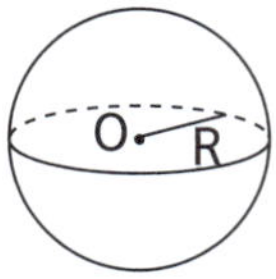	$V = \frac{4}{3} \pi R^3$

Tableau de conversion des unités de volume et de capacité :

		hl	dal	l	dl	cl
km^3	**hm^3**	**dam^3**	**m^3**	**dm^3**	**cm^3**	**mm^3**

Conversions capacité volume :
1 hl = 10 dal = 100 l
1 hl = 1 000 m^3 1 m^3 = 1 000 dm^3 = 1 000 l 1 l = 1 dm^3 = 10 dl = 1 000 cm^3

Ex. :
– Convertir 5 031 278,49 m^3

km^3			hm^3			dam^3			m^3			dm^3			cm^3			mm^3		
0	0	0	0	0	5	0	3	1	2	7	8,	4	9	0	0	0	0	0	0	0

Pour effectuer une conversion, il suffit de déplacer la virgule dans la colonne de l'unité choisie.

– Convertir 5 031 278,49 m^3 en dam^3

km^3			hm^3			dam^3			m^3			dm^3			cm^3			mm^3		
0	0	0	0	0	5	0	3	1,	2	7	8	4	9	0	0	0	0	0	0	0

5 031 278,49 m^3 = 5031,27849 dam^3 0,00503127849 km^3 = 5 031 278 490 dm^3 = 5 031 278 490 000 cm^3

– Conversions en utilisant les puissances de 10 :
5 031 278,49 m^3 = 5 031 278,49 $\times 10^{-9}$ km^3 = 5 031 278,49 $\times 10^3$ dm^3 = 5 031 278,49 $\times 10^6$ cm^3

Remarque :

Agrandissement ou réduction : si on agrandit ou on réduit les longueurs d'une figure ou d'un solide d'un coefficient k, alors son périmètre est multiplié par k, son aire est multipliée par k^2 et son volume est multiplié par k^3. On a une réduction si $0 < k < 1$ et un agrandissement si $k > 1$.

Cas particulier :

Si dans un cylindre par exemple, on multiplie le rayon par *k* en gardant la hauteur inchangée alors le volume est multiplié par k^2 et si on multiplie seulement la hauteur par *k* en gardant le rayon inchangé alors le volume est multiplié par *k*.

3. VITESSE

La vitesse est une grandeur composée. Elle est égale au rapport de deux grandeurs, la distance parcourue sur la durée du parcours.

On a

$v = \frac{d}{t}$; $d = v \times t$; $t = \frac{d}{t}$ où *d* est la distance parcourue, *v* la vitesse et *t* la durée.

Si la distance parcourue est exprimée en km et la durée en heures, alors la vitesse est exprimée en km/h ou km.h^{-1}.

Pour effectuer une conversion, il suffit de convertir la distance et la durée.

Ex. : 1 km/h = 1 000 m/h = $\frac{1\,000 \text{ m}}{3\,600 \text{ s}} = \frac{5}{18}$ m/s.

Ex. : Convertir une vitesse de 90 km/h en m/s.

$$90 \text{ km/h} = \frac{90 \text{ km}}{1 \text{ h}} = \frac{90 \times 1\,000 \text{ m}}{1 \times 3\,600 \text{ s}}$$

$$90 \text{ km/h} = \frac{90\,000 \text{ m}}{3\,600 \text{ s}} = 25 \frac{\text{m}}{\text{s}}$$

On a donc 90 km/h = 25 m/s = 25 m.s^{-1}.

4. MASSE VOLUMIQUE

La masse volumique est une grandeur composée.

Elle est égale au quotient de deux grandeurs, la masse d'un corps solide ou liquide sur le volume occupé par ce corps :

$$\rho = \frac{M}{V}$$

Remarque : La lettre grecque ρ se lit « rhô ».

L'unité de mesure de la masse volumique est le kilogramme par mètre cube : kg/m^3 ou kg.m^{-3}.

Par exemple, 1 kg/m^3 = $\frac{1\,000 \text{ g}}{1\,000 \text{ dm}^3}$ = 1 g/dm^3.

On peut l'exprimer dans une autre unité en appliquant les règles de conversion.

Par exemple, 1 kg/m^3 = $\frac{1\,000 \text{ g}}{1\,000 \text{ dm}^3}$ = 1 g/dm^3

E – NOTATION SCIENTIFIQUE DES MESURES DE GRANDEURS

1. NOTATION SCIENTIFIQUE

Écrire un nombre en **notation scientifique**, c'est le mettre sous la forme $a \times 10^n$ avec a est un nombre décimal tel que $1 \leqslant a < 10$ et n est un entier relatif.

Ex. :

$4{,}8352 \times 10^4$	est la notation scientifique de 48 352
$1{,}87 \times 10^3$	est la notation scientifique de 0,00187
7×10^{-2}	est la notation scientifique de 0,07
$2{,}54 \times 10^0$	est la notation scientifique de 2,54

2. APPROXIMATION DÉCIMALE

◆ Troncature

La troncature d'un nombre décimal à 10^{-n} est obtenue en ne conservant que les n premiers chiffres après la virgule.

Ex. :
12,51 est la troncature à 10^{-2}, ou au centième de 12,5176.
12,517 est la troncature à 10^{-3}, ou au millième de 12,5176.

◆ Arrondi

Pour arrondir un nombre décimal à 10^{-n}, on prend la troncature à 10^{-n} et :
- si le chiffre suivant est 0,1,2,3 ou 4, l'arrondi à 10^{-n} est égal à la troncature ;
- si le chiffre suivant est 5,6,7,8 ou 9, l'arrondi s'obtient en augmentant de 1 le dernier chiffre de la troncature.

Ex. :
– 12,5 est l'arrondi à 10^{-1}, ou au dixième de 12,5176 ; le premier chiffre suivant la troncature étant 1, l'arrondi est égal à la troncature.

– 12,52 est l'arrondi à 10^{-2}, ou au centième de 12,5176 ; le premier chiffre suivant la troncature étant 7, on augmente de 1 le dernier chiffre de 12,51, et on obtient 12,52.

– Arrondir 75π cm^3
On a $75\pi \approx 235{,}619449$ cm^3
236 cm^3 est l'arrondi de 75π cm^3 au cm^3 près.
235,6 cm^3 est l'arrondi de 75π cm^3 au dixième de cm^3.
235,62 cm^3 est l'arrondi de 75π cm^3 au centième de cm^3.

236,619 cm^3 est l'arrondi de 75π cm^3 au mm^3 près.
75π cm^3 $\approx$ 235,619449 cm^3 $\approx$ 0,235619449 dm^3 $\approx$ 0,235619449 l $\approx$ 2,35619449 dl $\approx$ 23,5619449 cl
2 dl est l'arrondi de 75π cm^3 au dl près.
2,4 dl est l'arrondi de 75π cm^3 au dixième de dl près.
24 cl est l'arrondi de 75π cm^3 au cl près.

Ex. :

En divisant 47 par 13, on obtient $\frac{47}{13} \approx 3,6153846$

	à l'unité	au dixième à 10^{-1}	au centième à 10^{-2}	au millième à 10^{-3}
Troncature de $\frac{47}{13}$	3	3,6	3,61	3,615
Arrondi de $\frac{47}{13}$	4	3,6	3,62	3,615

◆ **Valeur approchée**

Soit a et x deux nombres. On dit que a est une **valeur approchée** du nombre x à 10^{-n} près **par défaut**, lorsque $a \leqslant x \leqslant a + 10^{-n}$.
On dit que a est une **valeur approchée** du nombre x à 10^{-n} près **par excès**, lorsque $a - 10^{-n} \leqslant x \leqslant a$.

Ex. :
Comme $3,14 \leqslant \pi \leqslant 3,15$, alors 3,14 est la valeur approchée de π à 10^{-2} près par défaut et 3,15 est la valeur approchée de π à 10^{-2} près par excès.
En effet

$3,14 \leqslant \pi \leqslant 3,14 + 10^{-2}$; $a = 3,14$ est la valeur aprochée de π à 10^{-2} près par défaut
$3,15 - 10^{-2} \leqslant \pi \leqslant 3,15$; $a = 3,15$ est la valeur aprochée de π à 10^{-2} près par défaut

3. ENCADREMENTS

Soient trois nombres a, b et x. On dit que les nombres a et b encadrent x lorsque $a \leqslant x \leqslant b$, on dit aussi que x appartient à l'intervalle $[a ; b]$.

Encadrement d'une somme

Si ($a \leqslant x \leqslant b$ et $c \leqslant y \leqslant d$) alors $a + c \leqslant x + y \leqslant b + d$

Encadrement d'un produit de nombres positifs

Si ($a \leqslant x \leqslant b$ et $c \leqslant y \leqslant d$) alors $a \times c \leqslant x \times y \leqslant b \times d$

Ex. :
La longueur L et la largeur l d'un rectangle au dixième de cm près sont :
$3,2 \leqslant l \leqslant 3,3$ et $6,5 \leqslant L \leqslant 6,6$

Donner un encadrement du périmètre P et de son aire A.
On a $P = 2 \times (L + l)$ et $A = L \times l$

On a donc $2 \times (3,2 + 6,5) \leqslant P \leqslant 2 \times (3,3 + 6,6)$ d'où $19,4 \leqslant P \leqslant 19,8$
et $3,2 \times 6,5 \leqslant A \leqslant 3,3 \times 6,6$ d'où $20,8 \leqslant A \leqslant 21,78$

JE M'ENTRAINE

ÉNONCÉS

◆ Exercice 1 (CRPE 2019 GRPT 2)

Le propriétaire d'une maison décide de créer un appentis pour stocker du bois de chauffage. Un schéma de ce qu'il souhaite réaliser est donné ci-dessous :
– Le rectangle ABFE représente une dalle de béton.
– Le quadrilatère ABCD est un trapèze rectangle.
– Les contraintes de sa maison et de son terrain lui imposent les dimensions suivantes : AE = 4,8 m, AB = 1,5 m, AD = 2,4 m et BC = 3,2 m.
– Le volume utile de cet appentis est la partie dans laquelle il pourra stocker son bois sachant que, pour rester au sec, il devra se trouver sur la dalle de béton et sous le toit.
– Le volume utile représente donc un prisme droit dont la base est le trapèze rectangle ABCD.

1. Dans le cadre de sa déclaration préalable de travaux le propriétaire doit déterminer la surface au sol de l'appentis. Calculer l'aire du rectangle ABFE.

2. a. On appelle I le point du segment [BC] tel que ABID est un rectangle. Calculer la longueur CD.

b. En déduire la surface du toit CDHG.

c. Calculer l'angle CDI, correspondant à la pente du toit. Arrondir la réponse au degré.

3. a. Construire A′B′C′D′ une représentation du quadrilatère ABCD à l'échelle 1/50 en précisant les calculs qui ont permis cette construction.

b. Calculer l'aire du trapèze ABCD.

c. Pour être sûr de passer l'hiver au chaud, le propriétaire doit disposer de 15 stères de bois. Le stère est une unité de mesure, utilisée pour le bois de chauffage, valant 1 m^3. Aura-t-il assez de place pour stocker ces 15 stères de bois ?

◆ Exercice 2

Je dispose d'un minerai A qui pèse 11 kg et dont le volume est de 2,5 dm^3.
Je dispose aussi d'un minerai B dont la densité est de 8 (c'est-à-dire : qu'il pèse 8 kg par dm^3).

1. Quelle est la densité du minerai A ?

2. Je voudrais fabriquer un mélange de ces deux minerais pour obtenir un minerai C dont la densité soit égale a 7.
Je voudrais aussi fabriquer la plus grosse quantité possible de minerai C donc utiliser les 11 kg de minerai A.

a. Trouver la masse de minerai B que je vais utiliser.

b. Si je voulais n'utiliser que 6,6 kg du minerai A pour obtenir un mélange C dont la densité soit encore égale à 7, quelle quantité de minerai B devrais-je utiliser ?

◆ Exercice 3

Un bureau d'études a réalisé un prototype de cornet à glace qui a la forme d'un cône de révolution.

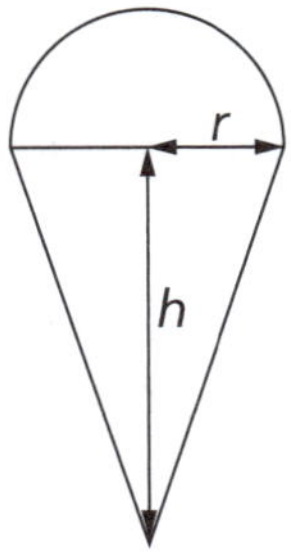

Ses dimensions répondent à la contrainte suivante : lorsque le cornet est complètement rempli de glace et surmonté d'une demi-boule de diamètre 4 cm, le volume de glace du cône rempli à ras doit être égal à celui de la demi-boule qui le surmonte.

1. Quelle est, en cm, la hauteur h du cône ?

Rappel : Volume du cône : $\frac{1}{3}\pi r^2 h$	Volume de la boule : $\frac{4}{3}\pi r^3$

2. Lors d'une deuxième étude, en gardant la même forme du cône (le même angle du cône), on décide de doubler sa hauteur.
a. Combien ce nouveau cône rempli à ras peut-il contenir d'équivalent de boules de 4 cm de diamètre ? (*le terme équivalent signifie que tout le volume est occupé par de la glace*).
b. Le calcul du nombre équivalents de boules de 4 cm de diamètre que pourrait contenir un cône en fonction de sa hauteur relève-t-il d'une situation de proportionnalité ?
c. Le nouveau cornet vérifie-t-il la même contrainte que le premier, à savoir : égalité du volume du cône et du volume de la demi-boule qui le surmonte ?

◆ Exercice 4

On considère une sphère de centre O et de rayon R. On note $\mathscr{C}$ le cercle intersection de cette sphère et d'un plan P.
La droite perpendiculaire au plan P et passant par O coupe ce plan en I et la sphère en A et B, comme indique sur la figure ; M un point du cercle.
On remarquera que le triangle OIC est rectangle. On a IA = 2 cm et IM = 4 cm.
La partie inférieure (en grise sur la figure) est une calotte sphérique dont le volume V est donne par la formule :
$V = \frac{\pi h^2}{3}(3R - h)$ ou R est le rayon de la sphère et h la hauteur de la calotte sphérique égale a IA.
Calculer le volume, a 1 cm³ près par défaut de la calotte sphérique.

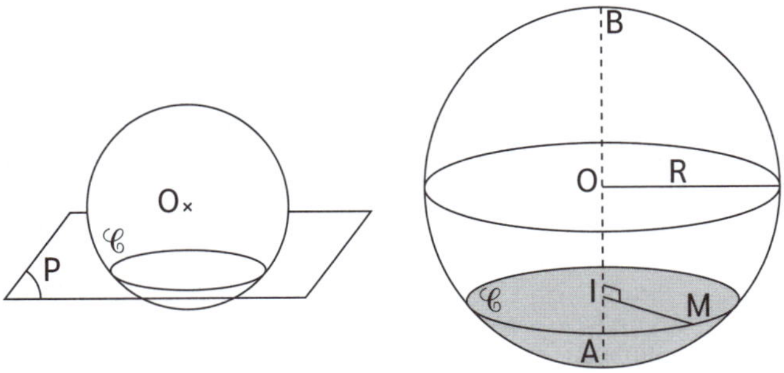

◆ Exercice 5

Depuis ce matin, un magasinier range sans interruption des caisses dans un entrepot. Il a calculé que, s'il range 50 caisses à l'heure, il aura fini à 11 h 30. Si par contre, il en range 60 à l'heure, il aura fini à 11 h 15.
À quelle heure a-t-il commencé son travail ? Justifier la réponse.

CORRIGÉS

◆ Exercice 1

1. Aire(ABFE) = AB × AE = 4,8 × 1,5, soit Aire (ABFE) = 7,2 m².

2. a. CD = $\sqrt{2{,}89}$, soit CD = 1,7 m.

b. Aire(CDHG) = 8,16 m²

c. mes $(\widehat{CDI}) = \tan^{-1}\dfrac{CI}{DI} = \tan^{-1}\dfrac{0{,}8}{1{,}5}$, soit mes $(\widehat{CDI}) = 28°$.

3. a.

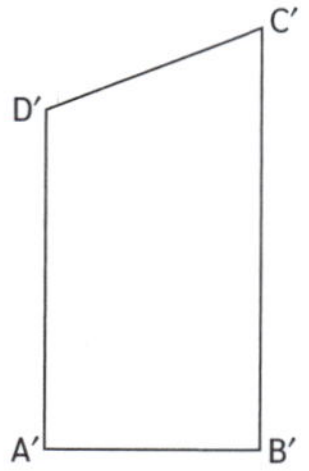

b. Aire(ABCD) = $\dfrac{AD + BC}{2} \times AB = \dfrac{2{,}4 + 3{,}2}{2} \times 1{,}5$, soit Aire(ABCD) = 4,2 m².

c. Le propriétaire aura donc suffisamment de place pour stocker 15 stères de bois soit l'équivalent de 15 m³.

◆ Exercice 2

1. Densité d du minerai A : $d = \dfrac{4{,}4 \text{ kg/dm}^3}{1 \text{ kg/dm}^3} = 4{,}4$.

2. a. Le minerai B a une masse de 52 kg.
b. ***x* = 31,2 kg**.

◆ Exercice 3

1. $h = \dfrac{\dfrac{16\pi}{3}}{\dfrac{4\pi}{3}} = \dfrac{16\pi}{3} \times \dfrac{3}{4\pi}$ (cm)

Après simplification, on obtient $h = 4$ cm.
2. a. Il pourra donc contenir à ras deux demi-boules de diamètre 4 cm, soit l'quivalent d'une boule entière.
b. Le calcul du nombre équivalent de boules de diamètre 4 cm que pourrait contenir un cône en fonction de sa hauteur relève bien d'une situation de proportionnalité, car le volume d'un cône est proportionnel à sa hauteur.
c. Non, le volume du cône n'est pas égale au volume de la demi-boule qui le surmonte.

◆ Exercice 4

V = 54 cm³ à 1 cm³ près par défaut.

◆ Exercice 5

Le magasinier a commencé son travail à 11 h 30 min – 1 h 30 min, soit à 10 h.

Sur Lea.fr

Corrigés développés et exercices complémentaires

4. Calcul algébrique, équations et inéquations

JE M'ÉVALUE

VRAI OU FAUX ?

1. $2x^2 = (2x)^2$.

2. $3x^2 - 4 = (3x + 2)(3x - 2)$.

3. $3(2 - 3x)^2 - 5(x + 4)^2 = 22x^2 - 76x - 68$.

4. $x^2 - 2x + 1 + (3x - 3)(5x + 1) = 2(x - 1)(8x + 1)$.

5. 7 est l'unique solution de l'équation $(x - 7)(x + 4) = (x - 7)(16 - x)$.

6. L'équation $(5x - 3)^2 = 0$ est une équation du second degré elle admet deux solutions.

7. La solution de l'équation $\dfrac{3x-2}{2} - \dfrac{x-5}{6} = \dfrac{2x-1}{3}$ est $-\dfrac{1}{8}$.

8. Jean dépense les $\dfrac{3}{8}$ de son salaire. Il lui reste alors 1 000 €. Le salaire de Jean est de 1 600 €.

9. On peut trouver trois entiers naturels consécutifs dont la somme est 329.

10. Si l'on augmente la longueur du côté d'un carré de 4 cm, alors son aire augmente de 56 cm².

La longueur du côté du carré initial est de 5 cm.

Réponses : 1.F – 2.F – 3.V – 4.V – 5.F – 6.F – 7.F – 8.V – 9.F – 10.V

JE RÉVISE

A – CALCUL ALGÉBRIQUE

Les problèmes de l'école élémentaire correspondent assez fréquemment à des situations concrètes que tout un chacun peut rencontrer dans la vie courante.

Le mode de résolution de ces problèmes enseignés à l'école s'appelle **méthode arithmétique** :

- elle procède par déduction logique, émission d'hypothèses, validation ou non de ces hypothèses, recherche de questions intermédiaires, etc. ;
- elle utilise les calculs relevant des quatre opérations définies dans les différents ensembles de nombres : entiers, décimaux, fractions.

La **méthode algébrique de résolution de ces problèmes** est enseignée dès le collège, elle consiste à travailler en quatre grandes étapes :

- choix des inconnues,
- mise en équations ou inéquations algébriques,
- résolution des équations ou inéquations,
- interprétation des solutions.

Cette méthode, particulièrement efficace, s'appuie sur des connaissances et compétences en algèbre.

1. CALCUL LITTÉRAL

En algèbre, les lettres remplacent des nombres qui peuvent être inconnus et/ou variables. On utilise avec ces lettres les mêmes opérations qu'avec les nombres.

Le signe multiplié est souvent remplacé par un point ou même aucun signe :
$3 \times X = 3.X$ ou $3X$

Une ligne de calcul comme par exemple : $3x - 5xy + 2y + 5$ est appelée une **expression algébrique**.

Si les lettres viennent à prendre des valeurs connues, alors on peut les remplacer par ces valeurs et effectuer un calcul ordinaire.
Par exemple, dans l'expression précédente, si $x = 2$ et $y = 1$ on obtient : $3 \times 2 - 5 \times 2 \times 1 + 2 \times 1 + 5 = 3$

Sur Lea.fr
4.1 Histoire sur l'origine du mot algèbre

2. PRIORITÉS OPÉRATOIRES

Une expression algébrique peut comporter des opérations entre parenthèses, ces opérations sont alors à effectuer en priorité.

En présence de parenthèses imbriquées (parenthèses encadrant des opérations elles-mêmes entre parenthèses), il faut commencer par effectuer les calculs dans les parenthèses les plus internes.

Ex : avec seulement des nombres.

Calculer $A = 5 \times (2 - (7 + 6) + 3 \times (5 - 2) + 4)$.
Les parenthèses les plus internes sont : $(7 + 6)$ et $(5 - 2)$. Ces deux calculs sont donc prioritaires.

Leur calcul séparé donne respectivement 13 et 3.
On a alors $A = 5 \times (2 - 13 + 3 \times 3 + 4)$.

Dans une parenthèse, la multiplication est prioritaire par rapport à l'addition et la soustraction.
Il faut donc calculer $3 \times 3 = 9$ en priorité.
On a alors $A = 5 \times (2 - 13 + 9 + 4)$.

En effectuant une simplification, on obtient $A = 5 \times (15 - 13)$.
Puis $A = 5 \times 2$, soit $A = 10$.

En l'absence de parenthèses, on effectue les opérations dans l'ordre suivant :
1. le calcul des puissances ;
2. les multiplications et les divisions, opérations présentant le même degré de priorité ;
3. les additions et les soustractions, opérations présentant le même degré de priorité.

3. SUPPRESSION DES PARENTHÈSES DANS UNE EXPRESSION ALGÉBRIQUE

On peut supprimer les parenthèses précédées d'un signe « + ». Elles sont dans ce cas considérées comme superflues :
- $a + (b + c) = a + b + c$
- $a + (b - c) = a + b - c$
- $a + (-b + c) = a - b + c$
- $a + (-b - c) = a - b - c$

On peut supprimer les parenthèses précédées d'un signe « – » en changeant le signe de chaque terme à l'intérieur de celles-ci :
- $a - (b + c) = a - b - c$
- $a - (b - c) = a - b + c$
- $a - (-b + c) = a + b - c$
- $a - (-b - c) = a + b + c$

4. DISTRIBUTIVITÉ DE LA MULTIPLICATION PAR RAPPORT À L'ADDITION (ET À LA SOUSTRACTION)

Considérons le problème suivant :
On dispose de 6 sacs contenant chacun 8 bonbons rouges et 5 bonbons jaunes. De quel nombre total de bonbons dispose-t-on ?

Ce problème peut être modélisé par deux types de calculs en lignes différents.

1re possibilité :
• Calcul du nombre de bonbons d'un sac puis du nombre total de bonbons dans les six sacs :
- nombre de bonbons d'un sac : $(8 + 5)$;
- nombre total de bonbons : $6 \times (8 + 5) = 6 \times 13 = 78$.

2e possibilité :
• Calcul du nombre de bonbons rouges, du nombre de bonbons jaunes puis du nombre total de bonbons :
- nombre de bonbons rouges : 6×8 ;
- nombre de bonbons jaunes : 6×5 ;
- nombre total de bonbons : $6 \times 8 + 6 \times 5 = 48 + 30 = 78$.

En conclusion : $\mathbf{6 \times (8 + 5) = 6 \times 8 + 6 \times 5}$

Les deux calculs conduisent au même résultat : on dit que la multiplication est distributive par rapport à l'addition.
On a distribué le facteur 6 aux deux termes de l'addition contenue dans les parenthèses.

◆ La distributivité dans les expressions algébriques

Distribuer un nombre à une somme

Soit le produit $k(a + b)$ avec k, a et b des nombres.
On distribue k à la somme $(a + b)$ on a alors : $k \times (a + b) = k \times a + k \times b$;
on peut omettre le signe « × » et écrire : $k(a + b) = ka + kb$.

Ex :
$3(x + 5) = 3 \times x + 3 \times 5 = 3x + 15$.

Distribuer un nombre à une différence

Soit le produit $k(a - b)$ avec k, a et b des nombres.
On distribue k à la différence $(a - b)$: $k \times (a - b) = k \times a - k \times b$;
on peut omettre le signe « × » et écrire : $k(a - b) = ka - kb$.

Ex :
$2(5x - 6) = 2 \times 5x - 2 \times 6 = 10x - 12$.

La double distributivité

Soit le produit $(a + b)(c + d)$ avec a, b, c et d des nombres.
En posant $k = (a + b)$ et en appliquant la règle de la distributivité, on peut écrire :

$(a + b)(c + d) = k(c + d)$, $(a + b)(c + d) = kc + kd$,

$(a + b)(c + d) = (a + b)c + (a + b)d$ d'où $(a + b)(c + d) = ac + ad + bc + bd$.

Ex :
$(3x + 2)(5x - 6) = 3x \times 5x - 3x \times 6 + 2 \times 5x - 2 \times 6$
$= 15x^2 - 18x + 10x - 12,$
après réduction : $(3x + 2)(5x - 6) = 15x^2 - 8x - 12$.

◆ Développement d'une expression algébrique

Dans les calculs algébriques, on est souvent amené à utiliser la distributivité et à transformer un produit en somme ou différence.
Dans ce cas, on dit que l'on développe l'expression algébrique :

développement

$a(b + c) \longrightarrow ab + ac$

Ex :
Développer cette expression algébrique comportant un produit de deux facteurs :
$A = (2x - 5)(x - 1)$.
$(2x - 5)(x - 1)$ est un produit de facteurs qui peut être développé par application des règles de distributivité.

Son développement donne :
$(2x - 5)(x - 1) = 2x^2 - 2x - 5x + 5$ soit $(2x - 5)(x - 1) = 2x^2 - 7x + 5$,
d'où $A = 2x^2 - 7x + 5$.

◆ Factorisation d'une expression algébrique

C'est le procédé inverse du précédent : il consiste à transformer une somme ou une différence en un produit de facteurs.

factorisation

$ab + ac \longrightarrow a(b + c)$

Il est important d'être expert dans cette pratique de factorisation pour bien mener les calculs et résoudre plus aisément de nombreuses équations ou inéquations.

Ex :
– **Quand le facteur commun est un nombre :**
$A = 5x + 45$
$A = 5x + 5 \times 9$, 5 est un facteur commun aux deux termes de l'addition.
En mettant 5 en facteur : $A = 5(x + 9)$ on obtient un produit de deux facteurs.

– **Quand le facteur commun est une lettre :**
$B = 7x^2 + 2x$, x est un facteur commun aux deux termes de l'addition.
En mettant x en facteur, on obtient : $B = x(7x + 2)$.

– **Quand le facteur commun est une expression :**
$C = (5x + 1)(x - 3) - 2(x + 5)(x - 3)$
En mettant $(x - 3)$ en facteur, il vient : $C = (x - 3)((5x + 1) - 2(x + 5))$,
après développement des parenthèses internes : $C = (x - 3)(5x + 1 - 2x - 10)$
et simplification : $C = (x - 3)(3x - 9)$.

On remarque que l'expression $(3x - 9)$ admet 3 comme facteur commun, on a alors $C = 3(x - 3)(x - 3)$ ou $C = 3(x - 3)^2$.

– **Quand le facteur commun n'est pas apparent :**
Quand le facteur commun n'est pas immédiatement repérable, il faut essayer de le mettre en évidence avant de l'isoler.
$D = 4x^2 - 12x + 9 + (10x - 15)(x + 1)$.

Il faut transformer les deux termes afin de dégager un facteur commun.
La première expression, $4x^2 - 12x + 9$ est une identité remarquable.

Dans la deuxième expression, $(10x - 15)(x + 1)$, on peut mettre 5 en facteur.
On a alors $4x^2 - 12x + 9 = (2x - 3)^2$ et $(10x - 15) = 5(2x - 3)$,
d'où $D = (2x - 3)^2 + 5(2x - 3)(x + 1)$.
$(2x - 3)$ est un facteur commun.

Après développement et simplification à l'intérieur des parenthèses :
$D = (2x - 3)((2x - 3) + 5(x + 1))$
$D = (2x - 3)(2x - 3 + 5x + 5)$ soit $D = (2x - 3)(7x + 2)$.

◆ Les identités remarquables

Certains calculs, développement ou factorisation, sont très fréquemment rencontrés dans les expressions algébriques ; il est donc très utile de savoir les repérer et de mémoriser quelques formules qui permettent de gagner du temps en allégeant les calculs.

Ces formules s'appellent « les identités remarquables ».
- $(a + b)^2 = a^2 + 2ab + b^2$
- $(a - b)^2 = a^2 - 2ab + b^2$
- $(a - b)(a + b) = a^2 - b^2$

À gauche du signe égal se situe la forme factorisée (n'oublions pas que $(a + b)^2 = (a + b)(a + b)$) et à droite du signe égal la forme développée.

On utilise ces formules comme des structures à repérer dans les expressions algébriques.

Ex :
- $(x + 5)^2 = x^2 + 2 \times x \times 5 + 5^2$
  $= x^2 + 10x + 25$ (identité utilisée : $(a + b)^2$).
- $(2x - 6)^2 = (2x)^2 - 2 \times (2x) \times 6 + 6^2$
  $= 4x^2 - 24x + 36$ (identité utilisée : $(a - b)^2$).
- $(3x - 4)(3x + 4) = (3x)^2 - 4^2$
  $= 9x^2 - 16$ (identité utilisée : $(a - b)(a + b)$).

Sur Lea.fr
4.2 Autres exemples d'identités remarquables

B – ÉQUATIONS

L'algèbre, comme nous l'avons rappelé au début du chapitre, sert avant toute chose à résoudre des problèmes.
Pour résoudre ces problèmes, il faut les mettre en équation, c'est-à-dire choisir une ou des inconnues et « transcrire » les données du problème en utilisant une expression algébrique et une égalité, on dit aussi modéliser le problème en utilisant des écritures mathématiques.

Il ne faut pas confondre égalité et équation.
La valeur de vérité d'une égalité est établie : $3 + 2 = 5$ est une égalité.
Les deux membres de cette égalité représentent la même quantité (ou mesure etc.).

Dans une équation, la valeur de vérité n'est pas établie. Elle ne le sera que pour une ou des valeurs de l'inconnue. Chercher ces nombres, c'est résoudre l'équation.

1. ÉQUATION DU PREMIER DEGRÉ À UNE INCONNUE

Le degré d'une équation est donné par la plus grande puissance de x de l'équation (les deux membres étant développés).
L'équation $3x^2 - 5x + 2 = 0$ est une équation du second degré à une inconnue x.
L'équation $2x - 5 = 3$ est une équation du premier degré à une inconnue x.
Le nombre 2 est l'unique solution de l'équation $2x - 4 = 0$.

Propriétés sur les égalités

Propriété 1. On obtient une égalité équivalente à une égalité donnée en ajoutant ou en retranchant le même nombre aux deux membres de cette égalité (on notera cette propriété **P1** dans la suite du chapitre).
$a = b$ équivaut à $a + c = b + c$; $a = b$ équivaut à $a - c = b - c$

Propriété 2. On obtient une égalité équivalente à une égalité donnée en multipliant ou en divisant les deux membres de cette égalité par le même nombre non nul (on notera cette propriété **P2** dans la suite du chapitre).
Si $c \neq 0$, $a = b$ équivaut à $a \times c = b \times c$; $a = b$ équivaut à $\frac{a}{c} = \frac{b}{c}$

Ex : résoudre une équation du premier degré à une inconnue.
$2x - 4 = 0$ est une équation dont la valeur de vérité dépend de la valeur de x.
Si $x = 1$, $2 - 4 \neq 2$, l'égalité n'est pas vérifiée.
Déterminons les valeurs de x pour lesquelles l'égalité est vérifiée (résolvons l'équation) :
On part de l'équation $2x - 4 = 0$
Utilisons **P1** : $2x - 4 + 4 = 0 + 4$
On a donc $2x = 4$
Utilisons **P2** : $\frac{2x}{2} = \frac{4}{2}$
d'où $x = 2$
Le nombre 2 est l'unique solution de l'équation $2x - 4 = 0$.

Toute équation du premier degré à une inconnue x peut être ramenée à une équation de la forme : $ax + b = 0$

Résoudre l'équation $ax + b = 0$, c'est déterminer la ou les valeurs de x pour lesquelles $ax + b = 0$ est une égalité. La ou les valeurs de x en question sont dites solutions de l'équation.

Pour cela, il suffit d'utiliser les propriétés **P1** et **P2** énoncées plus haut. $ax + b = 0$ équivaut à $ax + b - b = 0 - b$ (d'après la propriété **P1**).

Après simplification, on obtient l'équation équivalente : $ax = -b$.
À ce stade il faut distinguer trois cas.

– **Premier cas** : si $a \neq 0$

On a alors $\frac{ax}{a} = -\frac{b}{a}$ (d'après la propriété **P2**), d'où $x = -\frac{b}{a}$

Si on désigne par S l'ensemble des solutions, on peut alors aussi écrire : $S = \left\{-\frac{b}{a}\right\}$

Ex :
Résoudre l'équation $3x - 9 = 0$
En utilisant la propriété **P1**, on a : $3x - 9 = 0$ équivaut à $3x = 9$
En utilisant **P2**, on trouve : $x = \frac{9}{3}$ soit $x = 3$

– **Deuxième cas** : si $a = 0$ et $b = 0$
On a alors $0x = 0$; dans ce cas, tout nombre réel est solution de l'équation.
On peut aussi écrire : $S = \mathbb{R}$ (avec $\mathbb{R}$ l'ensemble des réels).

– **Troisième cas** : si $a = 0$ et $b \neq 0$
On a alors $0x = -b$; l'équation n'admet alors aucune solution, ce que l'on peut traduire par $S = \varnothing$ (l'ensemble vide).

2. ÉQUATION PRODUIT

On appelle **équation produit** toute équation se présentant sous la forme d'un produit de facteurs de deux expressions algébriques du premier degré avec une inconnue x : $(ax + b)(cx + d) = 0$
Pour résoudre ce type d'équation, on peut la ramener à la résolution de deux équations du premier degré.
En effet, on sait qu'un produit de facteurs est nul si et seulement si l'un des facteurs est nul (*cf.* chapitre Les nombres).
Donc : $(ax + b)(cx + d) = 0$ si et seulement si $ax + b = 0$ ou $cx + d = 0$.

Ex :
$(2x - 3)(4x + 8) = 0$
Cette égalité est vraie si $2x - 3 = 0$, donc si $x = \frac{3}{2}$ ou si $4x + 8 = 0$, donc si $x = -2$
D'où $S = \left\{-2 ; \frac{3}{2}\right\}$

3. ÉQUATION DU SECOND DEGRÉ À UNE INCONNUE

Toute équation du second degré à une inconnue peut être ramenée à une équation de la forme : $ax^2 + bx + c = 0$

La fonction $f(x) = ax^2 + bx + c$ est appelée fonction trinôme (*cf.* chapitre sur les fonctions).

Résoudre l'équation, c'est aussi chercher les abscisses des points de la courbe représentative de f d'ordonnée nulle.

On peut cependant donner deux exemples simples d'équations du second degré se ramenant aisément à une équation produit.

Exemple 1 : cas où $c = 0$
$2x^2 - 8x = 0$ (on peut mettre x en facteur)
$x(2x - 8x) = 0$
On a donc $x = 0$ ou $2x - 8 = 0$
D'où $x = 0$ ou $x = 4$

Exemple 2 : cas où $b = 0$
$9x^2 - 4 = 0$ (on reconnait l'identité remarquable $a^2 - b^2 = (a - b)(a + b)$)
$(3x^2 - 2)(3x + 2) = 0$
On a donc $3x + 2 = 0$ ou $3x + 2 = 0$
D'où $x = \frac{2}{3}$ ou $x = -\frac{2}{3}$

C – INÉQUATION DU PREMIER DEGRÉ À UNE INCONNUE

Une inégalité est soit vraie ($3 < 5$), soit fausse ($2 > 8$).
L'inégalité $x + 3 > 7$, par exemple, est vraie pour tous les nombres réels x strictement supérieurs à 4, soit $x > 4$, et fausse pour tous les nombres réels x inférieurs ou égaux à 4, soit $x \leqslant 4$.
$x + 3 > 7$ est une inéquation du premier degré à une inconnue : il n'y a qu'une seule inconnue x dont la puissance la plus élevée est 1.

Propriétés sur les inégalités :

Propriété 1

On ne change pas le sens d'une inégalité en ajoutant ou en retranchant le même nombre aux deux membres de cette inégalité (on notera cette propriété **P1**).
$a < b$ équivaut à $a + c < b + c$; $a < b$ équivaut à $a - c < b - c$.

Sur Lea.fr
4.3 Résoudre ces équations avec un algorithme
4.4 D'autres exemples

Ex :

• $x - 2 < 7$ équivaut à $x - 2 + 2 < 7 + 2$, en utilisant **P1**
$x - 2 < 7$ équivaut à $x < 9$
$x + 5 < 1$ équivaut à $x < -4$
• $x + 5 < 1$ équivaut à $x + 5 - 5 < 1 - 5$, en utilisant **P1**

Propriété 2

On ne change pas le sens d'une inégalité en multipliant ou en divisant ses deux membres par le même nombre positif non nul (on notera cette propriété **P2**).

Soit c un nombre positif non nul :
$a < b$ équivaut à $a \times c < b \times c$; $a < b$ équivaut à $\frac{a}{c} < \frac{b}{c}$

Ex. :

• $\frac{1}{2}x < 3$ équivaut à $2 \times \frac{1}{2}x < 2 \times 3$ en utilisant **P2**
$\frac{1}{2}x < 3$ équivaut à $x < 6$. Le sens de l'inégalité n'a pas changé.
• $4x < 12$ équivaut à $\frac{4x}{4} < \frac{12}{4}$ en utilisant **P2**
$4x < 12$ équivaut à $x < 3$. Le sens de l'inégalité n'a pas changé.

Propriété 3

On change le sens d'une inégalité en multipliant ou en divisant ses deux membres par le même nombre négatif non nul (on notera cette propriété **P3**).
Soit c un nombre négatif non nul :
$a < b$ équivaut à $a \times c > b \times c$; $a < b$ équivaut à $\frac{a}{c} > \frac{b}{c}$

Ex :

• $-\frac{1}{2}x < 3$ équivaut à $(-2) \times \left(-\frac{1}{2}\right)x > (-2) \times 3$ en utilisant **P3**.
$-\frac{1}{2}x < 3$ équivaut à $x > -6$. Le sens de l'inégalité a changé car on a multiplié ses deux membres par un nombre négatif.
• $-4x < 12$ équivaut à $\frac{-4x}{-4} > \frac{12}{-4}$ en utilisant **P3**.
$-4x < 12$ équivaut à $x > -3$. Le sens de l'inégalité a changé car on a multiplié ses deux membres par un nombre négatif.

Toute inéquation du premier degré à une inconnue peut être ramenée à une inéquation du type :
$ax + b < 0$ ou $ax + b > 0$ ou $ax + b \leqslant 0$ ou $ax + b \geqslant 0$

Résoudre une inéquation, c'est déterminer l'ensemble des valeurs de x pour lesquelles l'inégalité est vérifiée. Cet ensemble est appelé ensemble de solutions de l'inéquation.

Pour résoudre une inéquation et obtenir une inéquation équivalente :
– développer et simplifier les deux membres ;
– utiliser les propriétés **P1** et **P2** ou **P3** énoncées plus haut.

Ex :
Résoudre l'inéquation $3(2x - 5) + 10 < 8x - 13$.
Après développement et réduction du premier membre, on obtient une inéquation équivalente.
$3(2x - 5) + 10 < 8x - 13$ équivaut à $6x - 5 < 8x - 13$
$3(2x - 5) + 10 < 8x - 13$ équivaut à $6x - 8x - 5 < 8x - 8x - 13$ en utilisant **P1**.
$3(2x - 5) + 10 < 8x - 13$ équivaut à $-2x - 5 < -13$ après réduction.
$3(2x - 5) + 10 < 8x - 13$ équivaut à $-2x - 5 + 5 < -13 + 5$ en utilisant **P1**.
$3(2x - 5) + 10 < 8x - 13$ équivaut à $-2x < -8$ après réduction.
$3(2x - 5) + 10 < 8x - 13$ équivaut à $\frac{-2x}{-2} > \frac{-8}{-2}$ en utilisant **P3**.

Remarque : La division des deux membres par un nombre négatif explique le changement de sens de l'inégalité.
$3(2x - 5) + 10 < 8x - 13$ équivaut à $x > 4$ après simplification.
Les solutions de l'inéquation $3(2x - 5) + 10 < 8x - 13$ appartiennent à l'intervalle $]4 ; +\infty[$.
On peut représenter cet ensemble de solutions sur une droite graduée.

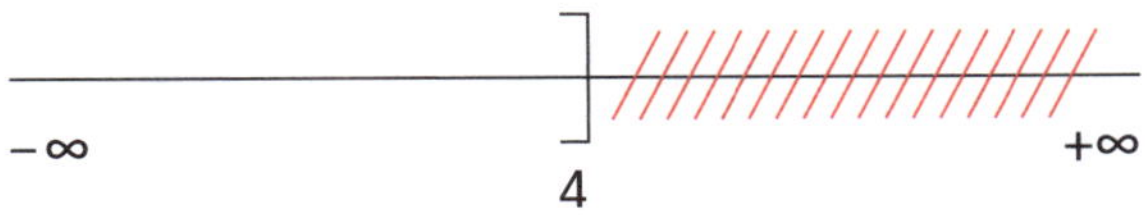

Les solutions de l'inéquation $x + 3 > 7$ sont donc $x > 4$, solutions qui peuvent s'écrire $S =]4 ; +\infty[$.

D'une manière générale, pour résoudre une inéquation du premier degré à une inconnue :
L'inéquation d'inconnue x, $ax + b < 0$ équivaut à $ax < -b$
En effet, en utilisant la propriété **P1** il vient : $ax + b - b < -b$, soit $ax < -b$

Il faut distinguer deux cas :
– 1er cas : Si $a > 0$ alors l'inéquation $ax < -b$ équivaut à $x < -\frac{b}{a}$.

En effet, en utilisant la propriété **P2** il vient : $\frac{ax}{a} < -\frac{b}{a}$, soit $x < -\frac{b}{a}$.

Les solutions appartiennent à l'intervalle $\left]-\infty ; -\frac{b}{a}\right[$.

– 2e cas : Si $a < 0$ alors l'inéquation $ax < -b$ équivaut à $x > -\frac{b}{a}$.

En effet, en utilisant la propriété **P3**, il vient : $\frac{ax}{a} > -\frac{b}{a}$, soit $x > -\frac{b}{a}$

Les solutions appartiennent à l'intervalle $\left]-\frac{b}{a} ; +\infty\right[$.

ASTUCE

Pour bien écrire les ensembles de solutions (intervalles) des inéquations, il faut garder en mémoire :
Plusieurs symboles sont utilisés pour « écrire » les ensembles de nombres que sont les intervalles, il vous faut les connaitre :
[*a* : indique « limite inférieure *a* incluse » dans l'ensemble ;
]*a* : indique « limite inférieure *a* non incluse » dans l'ensemble ;
b] : indique « limite supérieure *b* incluse » dans l'ensemble ;
b[: indique « limite supérieure *b* non incluse » dans l'ensemble ;
+∞ : indique une limite abstraite – c'est pourquoi le crochet sera toujours ouvert de son côté (... ; ∞ +[) – se situant a l'infini des nombres positifs qui, par définition, est inatteignable.
– ∞ : indique une limite abstraite comme + ∞ mais du côté de l'infini des nombres négatifs
(] –∞ ; ...).

D – SYSTÈME DE DEUX ÉQUATIONS DU PREMIER DEGRÉ À DEUX INCONNUES

Un système de deux équations du premier degré à deux inconnues est un système de la forme $\begin{cases} ax + by = c \\ a'x + b'y = c' \end{cases}$

où a, b, c, a', b', c' sont des nombres réels et x, y sont les inconnues.
Le couple $(x ; y)$ est solution du système s'il vérifie simultanément ces deux équations.
Ce couple $(x ; y)$ correspond aux coordonnées du point d'intersection des deux droites associées aux équations du système. (*cf.* chapitre sur les fonctions).

Ex :

Le couple (2 ; 5) est solution du système $\begin{cases} 2x + y = 9 \\ 3x + 2y = 16 \end{cases}$

car il vérifie simultanément les deux équations : $2x + y = 9$ et $3x + 2y = 16$.
En effet, en remplaçant x par 2 et y par 5, on a bien : $2 \times 2 + 5 = 9$ et $3 \times 2 + 2 \times 5 = 16$.

Sur Lea.fr

4.5 D'autres exemples sur la resolution d'inéquations du premier degré

ASTUCE

Un système de deux équations à deux inconnues peut être résolu selon deux méthodes : la méthode par substitution et la méthode par combinaison linéaire.

1. RÉSOLUTION D'UN SYSTÈME PAR LA MÉTHODE DE SUBSTITUTION

Résolvons un système de deux équations à deux inconnues x et y. La **méthode de résolution par substitution** consiste à exprimer une inconnue en fonction de l'autre dans la première équation du système, exprimer y en fonction de x par exemple, puis à remplacer y par sa valeur en fonction de x dans la seconde équation du système.
On obtient ainsi une équation du premier degré à une inconnue x, que l'on résout pour déterminer la valeur de x.
Puis on remplace x par la valeur trouvée dans la première équation afin de calculer la valeur de la seconde inconnue y. Le système est ainsi résolu.

Ex :

Soit le système à résoudre $\begin{cases} x - y = 3 \\ 3x + 2y = 14 \end{cases}$

D'après la première équation du système $x - y = 3$, soit $x = 3 + y$.
En remplaçant x par cette valeur dans la deuxième équation, on obtient :
$3(3 + y) + 2y = 14$, d'où $5y + 9 = 14$ et $y = \dfrac{14 - 9}{5} = 1$.
$x = 3 + y$, donc $x = 3 + 1 = 4$.
La solution du système est donc le couple (4 ; 1).

2. RÉSOLUTION D'UN SYSTÈME PAR LA MÉTHODE DE COMBINAISON LINÉAIRE

Reprenons le système précédent.
La **méthode de résolution par combinaison linéaire** consiste à éliminer une inconnue du système en effectuant une addition membre à membre des deux équations.

Pour cela, choisir l'inconnue que l'on souhaite éliminer et multiplier les deux membres de chacune des deux équations par des nombres afin d'obtenir des coefficients opposés de cette inconnue dans les deux équations.

Après une addition membre à membre des deux équations, on obtiendra une équation à une inconnue dont la résolution donnera la valeur de l'une des inconnues du système.
Puis on remplace la valeur trouvée dans l'une des deux équations pour déterminer la valeur de l'autre inconnue.

Sur Lea.fr
4.6 Autres exercices

Ex :

Reprenons le système précédent $\begin{cases} x - y = 3 & (1) \\ 3x + 2y = 14 & (2) \end{cases}$

On choisit l'inconnue à éliminer par une addition membre à membre des deux équations (1) et (2).

– Si on souhaite éliminer x, multiplier les deux membres de l'équation (1) par – 3 et ceux de l'équation (2) par 1.

On obtient alors le système équivalent suivant : $\begin{cases} -3x + 3y = -9 \\ 3x + 2y = 14 \end{cases}$

Une addition membre à membre donne : $3y + 2y = -9 + 14$, soit $5y = 5$, d'où $y = 1$.
Puis remplacer y par sa valeur dans (1) par exemple et il vient : $x - 1 = 3$, d'où $x = 4$.

– Si on souhaite éliminer y, multiplier les deux membres de l'équation (1) par 2 et ceux de l'équation (2) par 1.

On obtient alors le système équivalent suivant : $\begin{cases} 2x - 2y = 6 \\ 3x + 2y = 14 \end{cases}$

Une addition membre à membre donne : $2x + 3x = 6 + 14$, soit $5x = 20$, d'où $x = 4$.
Puis remplacer x par sa valeur dans (1) par exemple et il vient : $4 - y = 3$, d'où $y = 1$.

La solution du système est donc le couple (4 ; 1).

E – LA MISE EN ÉQUATION DES PROBLÈMES

Nous partirons d'un exemple et vous en trouverez de nombreux autres sur Lea.fr.

Problème : la somme de quatre nombres entiers consécutifs est égale à 286. Trouver ces quatre nombres.

Résolution algébrique :
– Que cherche-t-on ? Autrement dit quelles sont les inconnues du problème ?
Nous cherchons quatre nombres, on serait tenté de choisir quatre inconnues, soient x, y z et t.
Mais ce n'est pas la bonne démarche car comme il faut autant d'équations que d'inconnues on aurait à résoudre ce système : $\begin{cases} y = x + 1 \\ z = y + 1 \\ t = z + 1 \\ x + y + z + t = 286 \end{cases}$ équivalent à $\begin{cases} y = x + 1 \\ z = x + 2 \\ t = x + 3 \\ x + y + z + t = 286 \end{cases}$

On peut simplifier cette démarche en raisonnant ainsi :
comme les nombres sont consécutifs, il est judicieux de prendre pour inconnue le plus petit de ces nombres x, le suivant sera $x + 1$ puis $x + 2$ et enfin $x + 3$ pour le quatrième.

Sur Lea.fr
4.7 Autres exercices

– Mise en équation (modélisation du problème) : elle est ici très simple, il suffit de traduire directement en langage mathématique le texte du problème :

$$x + (x + 1) + (x + 2) + (x + 3) = 286$$

– Résolution de l'équation :

$x + x + 1 + x + 2 + x + 3 = 286$
$4x + 6 = 286$
$4x = 280$
$x = 70$

– Interprétation du résultat :
les quatre nombres cherchés sont : 70, 71, 72, 73 (on vérifiera que $70 + 71 + 72 + 73 = 286$)

JE M'ENTRAINE

ÉNONCÉS

◆ Exercice 1

Développer puis réduire l'expression suivante en utilisant les identités remarquables.
$A = 3(x + 2)^2 - 4(2x - 1)^2 + (3x - 5)(3x + 5)$.

◆ Exercice 2

Résoudre pour $x \neq 2$ l'équation suivante : $\dfrac{3x - 1}{x - 2} = 5$.

◆ Exercice 3

Vous allez de A à B en motocyclette à la vitesse de 30 km/h. Vous revenez à la vitesse moyenne de 20 km/h. La durée totale du parcours est de 2 h 30 min. Quelle est la distance de A à B ?

◆ Exercice 4

Un propriétaire souhaite engazonner 520 m² de son jardin, le restant étant un potager.
Il contacte un paysagiste qui propose, pour l'ensemencement du gazon, un tarif de 5 euros le m². Il offre une remise sur le prix total et ne facture que 1 950 euros.
1. Quel est le pourcentage de la remise accordée ?
2. Pour débuter son potager, le propriétaire a acheté 75 plants de salade et 50 pieds de tomates. Il se souvient que le prix d'un plant de salade était de 22 centimes et qu'il a payé, en tout, entre 50 et 55 euros. En déduire un encadrement, le plus précis possible, du prix d'un pied de tomates.

Sur Lea.fr
4.8 Autres exemples

◆ Exercice 5

En roulant à 90 km/h, j'arriverai à destination à 19 h En roulant à 120 km/h, j'arriverai à destination à 17 h À quelle heure dois-je partir ?

CORRIGÉS

◆ Exercice 1

$A = -4x^2 + 28x - 17$

◆ Exercice 2

$x = \frac{9}{2}$ est solution de l'équation proposée.

◆ Exercice 3

La distance de A à B est de 30 km.

◆ Exercice 4

1. La remise accordée est donc de 25 %.
2. Le prix d'un pied de tomate est donc compris entre 0,67 et 0,77 €.

◆ Exercice 5

Je dois donc partir à 11 h.

Sur Lea.fr

Corrigés développés

5. Fonctions numériques et suites

JE M'ÉVALUE

VRAI OU FAUX ?

1. La fonction f est linéaire et $f(2) = 3$. On a $f(6) = 7$.

2. La fonction f est affine. Si on a $f(0) = 5$ et $f(2) = 6$ alors $f(8) = 9$.

3. L'antécédent du réel 12 par la fonction affine définie par $f(x) = 3x + 7$ est $\frac{5}{3}$.

4. La fonction f définie par $f(x) = -(x-2)^2 + 13$ admet un minimum égal à 13.

5. On considère la fonction f définie par $f(x) = 8x - \frac{4}{3}x^2$ sur l'intervalle $[0 ; 6]$ et dont sa représentation graphique est donnée ci-contre : 4 a pour antécédent un nombre compris entre 10 et 11.

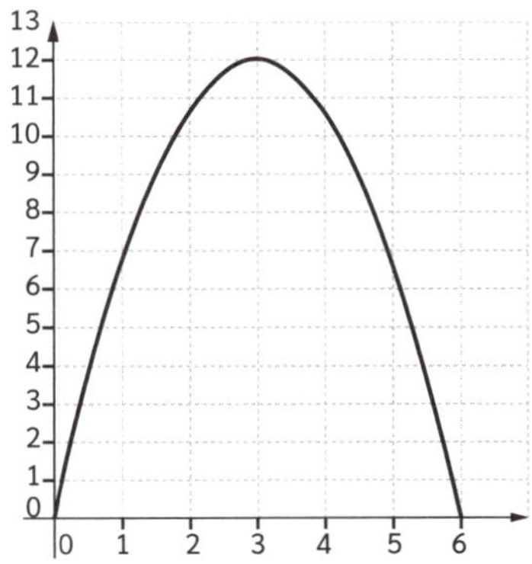

6. La fonction f définie par $f(x) = (2x-3)^2 + 1 - 4x^2$ est une fonction affine.

7. La fonction affine f telle que $f(3) = 4$ et $f(1) = \frac{8}{3}$ est définie par $f(x) = \frac{2}{3}x + 2$.

8. La fonction f telle que $f(6) = 2$ et $f(0) = 4$ est une fonction linéaire.

9. Soit la fonction f définie par $f(x) = (x-3)^2 - 1$. 0 admet 4 pour seul antécédent.

10. Les courbes représentatives des fonctions affines f et g définies par $f(x) = \frac{2}{3}x + 3$ et $g(x) = x + 2$ se coupent au point d'abscisse 3.

Réponses : 1.F – 2.V – 3.V – 4.F – 5.F – 6.V – 7.V – 8.F – 9.F – 10.V

JE RÉVISE

A – FONCTIONS NUMÉRIQUES

Une fonction est une espèce de machine qui reçoit en entrée une quantité, une valeur (la matière première), qui la transforme par un procédé toujours identique, et donne un produit fini.
La machine est nommée par une lettre minuscule, f et les suivantes dans l'alphabet.
L'entrée (la matière première) est nommée x.
Le produit fini est nommé y.
Pour indiquer le fonctionnement de la machine, on écrit par exemple :
$f(x) = 2x + 3$
Cela signifie que quellle que soit la valeur d'entrée, la machine la multipliera par 2 et ajoutera 3 à ce premier résultat, ainsi le produit fini $y = f(x) = 2 \times + 3$.
Par exemple, si on entre la valeur 5, la machine « sortira » la valeur $2 \times 5 + 3 = 13$.
On écrit $f(5) = 13$.
En langage mathématique, 5 est appelé l'antécédent et 13 l'image.

1. NOTION DE FONCTION

Soit deux ensembles E et F. Une fonction f de E dans F est une relation qui à tout élément de E associe au plus un élément de F.
Si les ensembles E et F sont des ensembles de nombres, alors f est une fonction numérique.
Notation :
$f : \text{E} \to \text{F}$
$x \mapsto f(x)$
On dit que $f(x)$ est l'image de x par f et que x est l'antécédent de $f(x)$ par f.

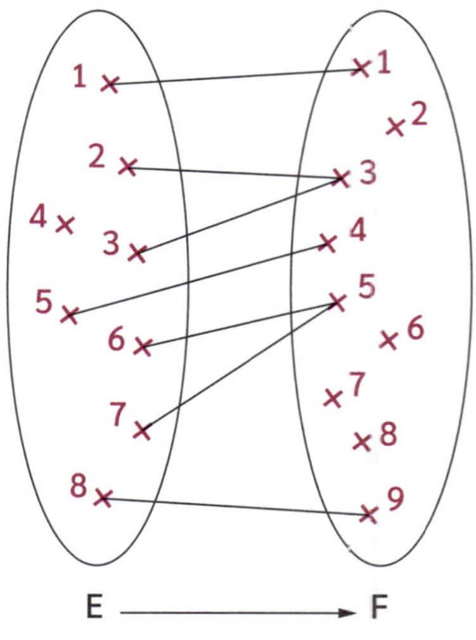

Ex :
L'image de 1 est 1.
L'image de 2 est 3.
4 n'a pas d'image.
L'antécédent de 9 est 8.
5 a deux antécédents qui sont 6 et 7.
6 n'a pas d'antécédent.

N'OUBLIONS PAS !

Ne pas confondre f qui désigne une fonction et $f(x)$ qui désigne un nombre réel.

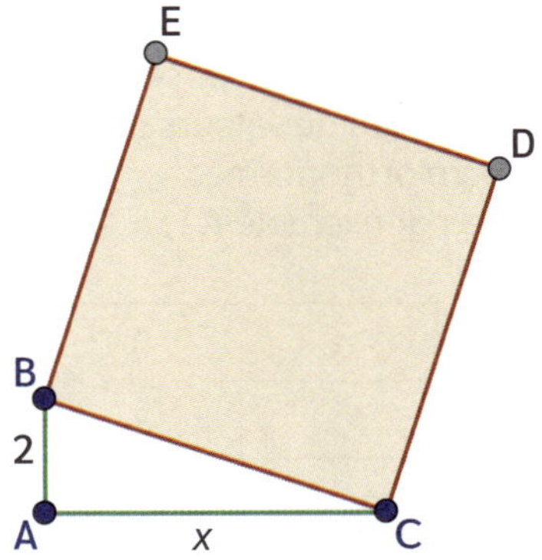

Ex :

ABC est un triangle rectangle en A et BCDE un carré construit comme indiqué sur la figure ci-contre.

1. Exprimer la longueur BC en fonction de x.
2. En déduire l'expression de l'aire $f(x)$ et du périmètre $g(x)$ du carré BCDE en fonction de x.
3. Déterminer l'image de 1 par f et g.
4. Pour quelle valeur de x l'aire du carré BCDE est-elle égale à 125 ?

Réponses :

1. D'après le théorème de Pythagore appliqué au triangle ABC rectangle en A, on a $BC^2 = AC^2 + AB^2$, soit $BC^2 = x^2 + 4$, d'où $BC = \sqrt{x^2 + 4}$.
2. Comme l'aire du carré BCDE est égale à $BC \times BC = BC^2$, alors $f(x) = x^2 + 4$.

Comme le périmètre du carré BCDE est égal à $4 \times BC$, alors $g(x) = 4\sqrt{(x^2 + 4)}$

3. $f(1) = 1^2 + 4 = 5$ et $g(1) = 4\sqrt{1^2 + 4} = 4\sqrt{5}$.
4. La valeur de x pour laquelle l'aire du carré BCDE est égale à 125 est l'antécédent de 125 par f. Pour déterminer la valeur de x il suffit de résoudre l'équation $f(x) = 125$.

On a donc $x^2 + 4 = 125$, $x^2 = 121$, $x = \sqrt{121}$, d'où $x = 11$.

2. REPRÉSENTATION GRAPHIQUE D'UNE FONCTION

◆ Repère du plan

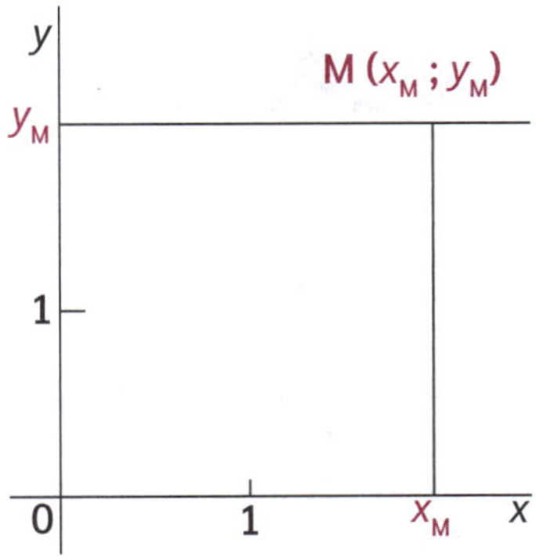

Le repère (ci-contre) est constitué de deux axes :

- l'axe des abscisses (sur lequel figurent les valeurs x) ;
- l'axe des ordonnees (sur lequel figurent les valeurs y).

Ces deux axes sont orthogonaux.

Leur point d'intersection est le point O, appelé origine du repère.

Les axes sont gradués à partir de l'origine O :

- graduations positives à droite de O et au-dessus de O ;
- graduations négatives à gauche de O et au-dessous de O.

L'unité est la même sur l'axe des abscisses et des ordonnées.

Un point M(x ; y) du plan est le point dont la projection orthogonale sur l'axe des abscisses est x_M et dont la projection orthogonale sur l'axe des ordonnees est y_M.

◆ Tracé de la courbe représentative d'une fonction

Dans un repère plan, on appelle représentation graphique ou courbe représentative de la fonction f notée C_f, l'ensemble des points M du plan de coordonnées (x ; y) tels que $y = f(x)$. Autrement dit, l'ordonnée de tout point de la courbe C_f est l'image par f de l'abscisse de ce point.

Ex. : donner une représentation graphique de la fonction f définie par $f(x) = x^2 - 4x + 3$ pour x appartenant à l'ensemble $\{0, 1, 2, 3, 4, 5\}$.
Un tableau de valeurs permet de placer les points représentatifs de cette fonction dans un repère orthonormé.
On a par exemple $f(1) = 1^2 - 4 \times 1 + 3 = 0 \quad f(5) = 5^2 - 4 \times 5 + 3 = 8$

x	0	1	2	3	4	5
$f(x)$	3	0	−1	0	3	8

Placer dans le repère ci-dessous :
{(0 ; 3), (1 ; 0), (2 ; – 1), (3 ; 0), (4 ; 3), (5 ; 8)}

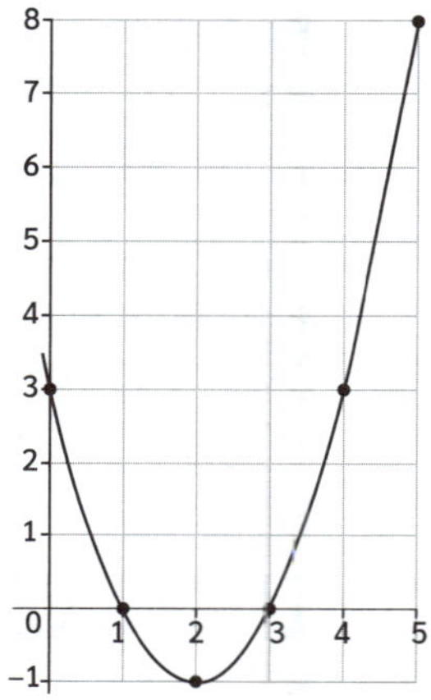

Pour tracer la représentation graphique de la fonction pour x appartenenant à l'intervalle [0 ; 5], on procède par interpolation en supposant (ce qui est exact) que la courbe relie les points directement sans aberration et finit par tracer une courbe plus ou moins harmonieuse.

On relie les points entre eux pour obtenir la courbe $\mathscr{C}_f$ représentative de la fonction f dans l'intervalle [0 ; 5].

Nous verrons au paragraphe suivant que selon la « forme » de la fonction on peut anticiper la « forme » ou la nature de sa représentation graphique. Par exemple, il doit devenir évident pour chacun que la courbe représentative d'une fonction de la forme $ax^2 + bx + c$ est une parabole.

3. LECTURES GRAPHIQUES

Le graphique ci-contre représente le volume, en mètre cube, d'une piscine en fonction de sa largeur, en mètre.

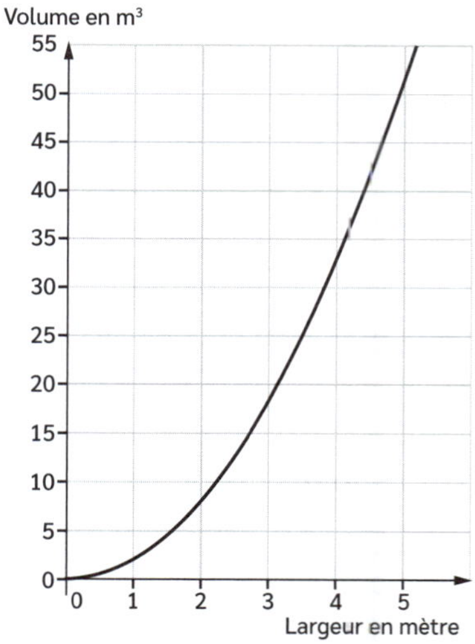

Ex. : répondre par lecture graphique aux questions suivantes :
1. Quel est le volume, en mètre cube, de la piscine si sa largeur vaut 3 m ? Arrondir à l'unité.
2. Quelle est la largeur, en mètre, de la piscine si son volume est 27 m³ ? Arrondir au dixième.
3. Donner un encadrement du volume, en mètre cube, de la piscine si sa largeur est comprise entre 4 m et 5 m. Arrondir les valeurs utilisées à l'unité.

Réponses :
1. Pour déterminer graphiquement, le volume en mètre cube, de la piscine si sa largeur vaut 3 m, il faut déterminer l'image de 3, soit l'ordonnée du point de la courbe d'abscisse 3. Pour cela, tracer la droite d'équation $x = 3$. Elle coupe la courbe au point d'ordonnée 18,73, arrondi à l'unité. Ce qui correspond à un volume de 19 m³.

2. Pour déterminer graphiquement, la largeur, en mètre, de la piscine si son volume est 27 m^3, il faut déterminer l'antécédent de 27, soit l'abscisse du point de la courbe d'ordonnée 27. Pour cela, tracer la droite d'équation $y = 27$. Elle coupe la courbe au point d'abscisse 3,6, arrondi au dixième. Ce qui correspond à une largeur de 3,6 m.
3. Pour déterminer un encadrement du volume, en mètre cube, de la piscine si sa largeur est comprise entre 4 m et 5 m, il faut déterminer l'encadrement délimité par l'ordonnée du point de la courbe d'abscisse 4 et l'ordonnée du point de la courbe d'abscisse 5.
Ces valeurs arrondies à l'unité sont respectivement 33 et 52.
Ce qui correspond à un volume compris entre 33 m^3 et 52 m^3.

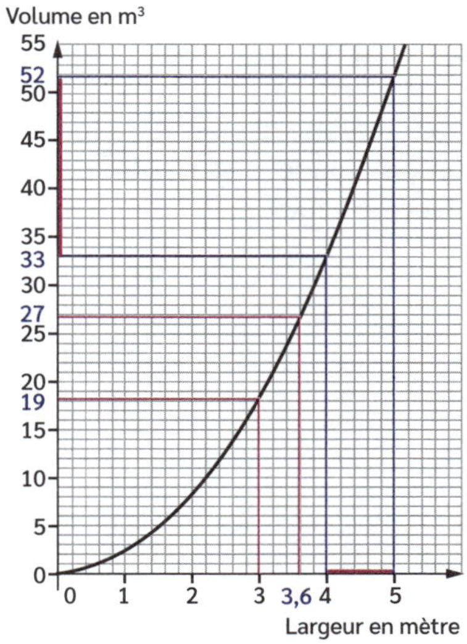

B – LES FONCTIONS NUMÉRIQUES LES PLUS USITÉES

Pour chacun de ces types de fonctions, il faut être capable de donner la nature de la courbe représentative.

1. LES FONCTIONS LINÉAIRES

- **Forme algébrique**

Une fonction linéaire est une relation qui à tout nombre x associe le nombre ax où a est un nombre non nul.
Le nombre ax est l'image de x par f, que l'on note $\boldsymbol{f(x) = ax}$.
Le nombre a est le coefficient linéaire de f.

- **Représentation graphique d'une fonction linéaire**

Une fonction linéaire est représentée par une droite d'équation $y = ax$ passant par l'origine du repère. a est le coefficient directeur de cette droite.

Ex. :
Un verre cylindrique de diamètre 6 cm, et 8 cm de hauteur, contient un liquide sur une hauteur x (cm) inférieure ou égale à 8.
Soit f la fonction qui à tout nombre x de l'intervalle [0 ; 8] associe le volume du liquide en cm^3. Montrer que f est une fonction linéaire. En donner une représentation graphique.
Le volume du cylindre est donné par la formule : V = aire de base x hauteur = $\pi r^2 h$.

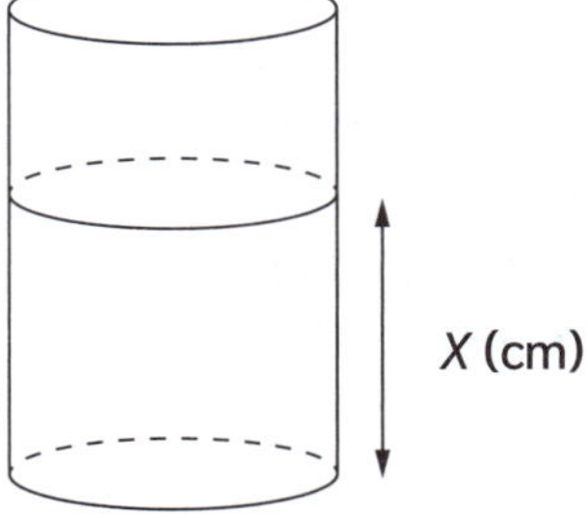

Sur Lea.fr
5.1 Démonstration de la représentation graphique d'une fonction linéaire

Le volume du liquide en fonction de x est défini par $f(x) = \pi \times \left(\frac{6}{2}\right)^2 x$, soit $f(x) = 9\pi x$.

La fonction f est bien une fonction linéaire de coefficient 9π. Le volume du liquide est donc proportionnel à sa hauteur.
Avec un tableur :

hauteur	volume
0	0,00
1	28,27
2	56,55
3	84,82
5	141,37
5	141,37
6	169,65
7	197,92
8	226,19

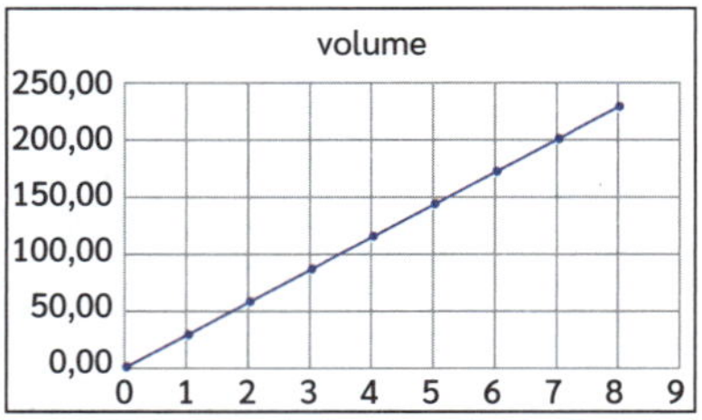

Comme il s'agit d'une fonction linéaire : $f(x) = 9\pi x$
On peut affirmer que sa représentation graphique est une droite qui passe par l'origine.
Un seul point nous aurait permis de tracer toute la représentation graphique sur l'intervalle, par exemple si $x = 8$ alors $y = 72\pi$.

2. LES FONCTIONS AFFINES

◆ Forme algébrique

Soit a et b deux nombres réels.
Une fonction affine f est une relation qui à tout nombre x associe le nombre $ax + b$.
Le nombre $ax + b$ est l'*image de x par f*, que l'on note **$f(x) = ax + b$**.

◆ Représentation graphique d'une fonction affine

Une *fonction affine* est représentée par une droite d'équation $y = ax + b$ où a est le coefficient directeur et b l'ordonnée à l'origine car la droite passe par le point de coordonnées $(0 ; b)$.

Ex : Pour assurer l'entretien annuel d'une chaudière, une commune sollicite deux entreprises.
• La société ***F*** propose un forfait annuel de 700 € pour les déplacements puis toute intervention est facturée 350 €.
• La société ***G*** propose également un forfait annuel pour les déplacements au tarif de 500 € puis toute intervention est facturée 450 €.

On note x le nombre d'interventions annuelles.

Le montant annuel $f(x)$ à payer à la société ***F***, en fonction de x, est donné par l'expression $f(x) = 350x + 700$.

Le montant annuel $g(x)$ à payer à la société ***G***, en fonction de x, est donné par l'expression $g(x) = 450x + 500$.

f et g sont des fonctions affines car de la forme $x \mapsto ax + b$.

Pour représenter graphiquement ces deux fonctions dans un repère orthogonal, il nous faut au moins deux points pour chaque droite.

La droite D_1 représentant la fonction f passe par les points de coordonnées $(0 ; 700)$ et $(2 ; 1\,400)$.

La droite D_2 représentant la fonction g passe par les points de coordonnées (0 ; 500) et (4 ; 2 300).

À partir du graphique on peut lire que le montant de la facture sera le même pour les deux sociétés pour 2 interventions.

On peut retrouver ce résultat par le calcul en résolvant l'équation : $f(x) = g(x)$, soit $350x + 700 = 450x + 500$ d'où $x = 2$.

Choisir la société ***F*** est plus avantageux pour plus de 2 interventions. Par le calcul on a bien $f(x) < g(x)$ si et seulement si $x > 2$.

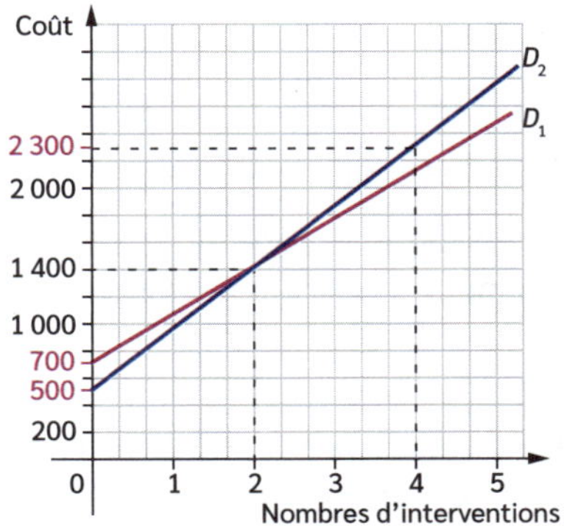

3. LES FONCTIONS TRINÔMES DU SECOND DEGRÉ

◆ Forme algébrique

On appelle fonction trinôme du second degré ou fonction polynôme du second degré, toute fonction f définie sur $\mathbb{R}$ par $f(x) = ax^2 + bx + c$ où a, b et c sont des nombres avec $a \neq 0$.

Ex. :

– $f(x) = 5x^2 - 2x + 1$ $(a = 5, b = -2, c = 1)$.

– $g(x) = (2x - 3)(x - 5)$ est un trinôme car en développant, on obtient
$g(x) = 2x^2 - 10x - 3x + 15 = 2x^2 - 13x + 15$ $(a = 2, b = -13, c = 15)$

– $h(x) = -2(x - 1)^2 + 5$ est un trinôme car en développant, on obtient
$h(x) = -2(x^2 - 2x + 1) + 5 = -2x^2 + 4x - 2 + 5 = -2x^2 + 4x + 3$ $(a = -2, b = 4, c = 3)$

– La fonction carrée, $f(x) = x^2$ en est la fonction de référence. $(a = 1, b = 0, c = 0)$.

◆ Représentation graphique d'une fonction trinôme

La courbe représentative d'une fonction trinôme est une parabole dont le sommet S a pour abscisse $-\dfrac{b}{2a}$.

Si $a > 0$, ses branches sont tournées vers le haut et elle admet un minimum en $x = -\dfrac{b}{2a}$.

Ex. :

$f(x) = 3x^2 - 12x + 13$. L'abscisse du minimum est $x = -\dfrac{b}{2a} = -\dfrac{-12}{2 \times 3} = 2$. D'où les coordonnées du sommet S(2 ; 1).

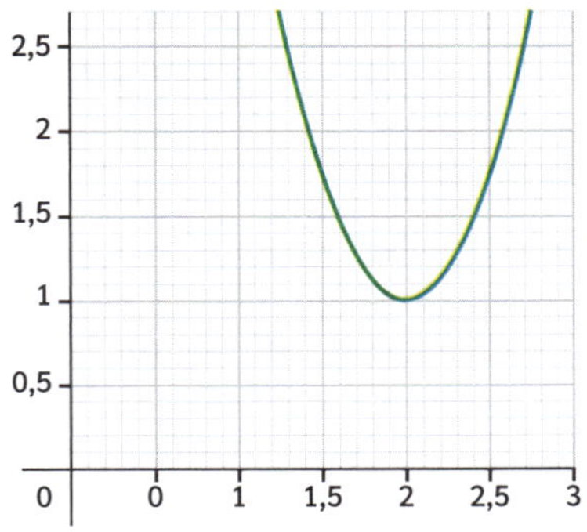

Si $a < 0$, ses branches sont tournées vers le bas et elle admet un maximum en $x = -\dfrac{b}{2a}$.

Ex. :

$f(x) = -2x^2 + 12x - 13$. L'abscisse du maximum est $x = -\dfrac{b}{2a} = -\dfrac{12}{2 \times (-2)} = 3$.

D'où les coordonnées du sommet S(3 ; 5)

Remarque : On admettra que tout trinôme $f(x) = ax^2 + bx + c$ peut s'écrire sous forme canonique, $f(x) = a(x-\alpha)^2+\beta$ avec $\alpha = -\dfrac{b}{2a}$.

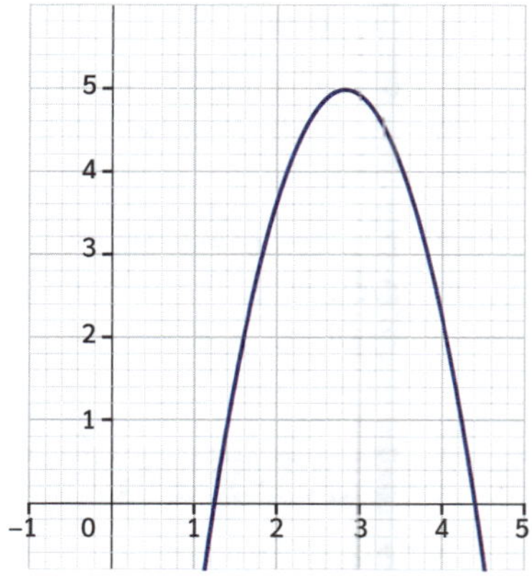

Cette écriture est souvent utilisée au concours car très pratique pour lire directement les coordonnées du sommet S : S(α ; β).

Reprenons les deux exemples précédents :

– $f(x) = 3x^2 - 12x + 13 = 3(x-2)^2 + 1 \Rightarrow S(2;1)$

comme $a = 3 > 0$, alors f admet un minimum en 2 et ce minimum vaut 1.

– $f(x) = -2x^2 + 12x - 13 = -2(x-3)^2 + 5 \Rightarrow S(3;5)$

comme $a = -2 < 0$, alors f admet un minimum en 3 et ce minimum vaut 5.

C – LES SUITES

Une suite est une liste ordonnée de manière rationnelle de nombres, de formes géométriques etc. Cette partie C est hors concours mais entre dans le cadre du PPPE (Parcours préparatoires au professorat des écoles)

1. LES SUITES NUMÉRIQUES

Vocabulaire et notations

Une suite (u_n) est une liste infinie et ordonnée de nombres réels.
Les termes successifs de la suite sont indicés à partir du premier d'entre eux.
Le choix du premier terme de la suite (u_n) n'est pas nécessairement u_0, mais peut être u_1 par exemple.
On a donc la suite de termes $u_0, u_1, u_2, \ldots.. u_{20}, u_{21}, \ldots. u_{p-1}, u_p, u_{p+1}, \ldots\ldots\ldots u_n$ ou la suite des termes $u_1, \ldots, U_n$.
Le successeur de U_n est le terme u_{n+1}. Le prédécesseur de u_n est le terme u_{n-1}.

◆ Les suites définies sur un mode direct

On appelle ainsi les suites pour lesquelles on peut calculer le terme de rang n sans avoir à connaitre les termes précédents.
Ces suites sont assimilables à des fonctions définies sur ℕ ou une partie de ℕ.
On écrit alors : $u_n = f(n)$

Le terme général u_n est fonction de n.

Ex. :

– Soit la suite (u_n) définie par $u_n = \dfrac{3n+5}{n+1}$

On a $u_0 = \dfrac{3\times0+5}{0+1} = 5$, $u_1 = \dfrac{3\times1+5}{1+1} = \dfrac{8}{2} = 4$, $u_{10} = \dfrac{3\times10+5}{10+1} = \dfrac{35}{11}$

– Soit la suite (v_n) définie par $v_n = 2^{n+1} - 3$

On a $v_0 = 2^{0+1} - 3 = 2 - 3 = -1$, $v_1 = 2^{1+1} - 3 = 2^2 - 3 = 1$, $v_5 = 2^{5+1} - 3 = 2^6 - 3 = 61$.

◆ Les suites définies par une relation de récurrence

Une suite (u_n) dont on connait le premier terme et telle que le terme suivant est fonction du ou de termes précédents sont appelées des suites récurrentes ou suites définies par une relation de récurrence.

Ex. :
Soit la suite (u_n) définie par son premier terme $u_0 = 2$ et par la relation de récurrence : $u_{n+1} = 3u_n - 2$.
On a
$u_1 = 3u_0 - 2 = 3\times2 - 2 = 4$

$u_2 = 3u_1 - 2 = 3\times4 - 2 = 10$

$u_3 = 3u_2 - 2 = 3\times10 - 2 = 28$

Pour calculer u_6 par exemple, il nous faut calculer tous les termes précédents soit, u_4 et u_5. Comme on le voit, le calcul des termes successifs peut s'avérer très fastidieux et il est souvent intéressant de passer pour une même suite d'un mode de définition par récurrence à un mode définition « direct » lorsque cela est possible.

Deux types de suites définies par récurrence sont à connaître ainsi que le passage à leur définition sur un mode direct.

◆ Les suites arithmétiques

On dit qu'une suite (u_n) est arithmétique s'il existe un réel r non nul appelé raison de la suite tel que, pour tout entier naturel n, $u_{n+1} = u_n + r$.

Ex. : Soit la suite (u_n) définie par son premier terme $u_0 = 2$ et par la relation de récurrence : $u_{n+1} = u_n + 3$
(u_n) est suite arithmétique de raison 3 et de premier terme $u_0 = 2$.
2, 5, 8, 11, 14,... sont les cinq premiers termes de la suite.

Calcul direct du terme de rang n

$u_n = u_0 + n \times \mathrm{r}$ $\quad u_n = u_1 + (n-1)\times r$

Somme des termes d'une suite arithmétique

$$S_n = u_0 + u_1 + \dots\dots + u_n = \frac{(n+1)(u_0+u_n)}{2} \text{ ou } S_n = u_1 + u_2 \dots\dots + u_n = \frac{n(u_1+u_n)}{2}$$

$$\text{Somme} = \frac{\text{nombre de termes} \times (\text{premier terme} + \text{dernier terme})}{2}$$

Sur Lea.fr
5.2 Démonstration et exemples
5.3 Démonstration et exemples

2. LES SUITES GÉOMÉTRIQUES

On dit qu'une suite (u_n) est géométrique s'il existe un réel non nul q appelé raison de la suite tel que, pour tout entier naturel n, $u_{n+1} = qu_n$.

Ex. :
Soit la suite (u_n) définie par son premier terme $u_0 = 2$ et par la relation de récurrence : $u_{n+1} = 3u_n$
(u_n) est suite géométrique de raison 3 et de premier terme $u_0 = 2$.
2, 6, 18, 54, 162,..... sont les cinq premiers termes de la suite.

Calcul direct du terme de rang n

$u_n = u_0 q^n \quad u_n = u_1 q^{n-1}$

Somme des termes d'une suite géométrique

$S_n = u_0 + u_1 + \ldots\ldots + u_n = u_0 \times \dfrac{1-q^n}{1-q}$ ou $S_n = u_1 + \ldots\ldots + u_n = u_1 \times \dfrac{1-q^{n-1}}{1-q}$ avec $q \neq 1$

$$\text{Somme} = \text{premier terme} \times \frac{1 - \text{raison}^{\text{nombre de termes}}}{1 - \text{raison}}$$

◆ Des suites célèbres : la suite de Fibonacci

La suite de Fibonacci est la suite définie par la relation de récurrence suivante :
$u_{n+1} = u_n + u_{n-1}$ avec $u_0 = 0$ et $u_1 = 1$
Les premiers termes de cette suite sont donc : 0, 1, 1, 2, 3, 5, 8, 13, 21, 34, 55, 89, 144, ...
Chaque nombre est la somme des deux précédents.
Par exemple : 13 = 5 + 8, 55 = 21 + 34, 144 = 55 + 89.

◆ Des suites célèbres : la suite de Syracuse

Expliquons par une démonstration.
Soit la suite (u_n) définie par son premier u_0 entier strictement positif et par la relation de récurrence : $u_{n+1} = \begin{cases} \dfrac{u_n}{2} \text{ si } u_n \text{ est pair} \\ 3u_n + 1 \text{ si } u_n \text{ est impair} \end{cases}$

Ex. :
– Premier terme pair

si $u_0 = 12$ alors $u_1 = \dfrac{12}{2} = 6$, $u_2 = \dfrac{6}{2} = 3$, $u_3 = 3 \times 3 + 1 = 10$, $u_4 = \dfrac{10}{2} = 5$, $u_5 = 3 \times 5 + 1 = 16$,

$u_6 = \dfrac{16}{2} = 8$, $u_7 = \dfrac{8}{2} = 4$, $u_8 = \dfrac{4}{2} = 2$, $u_9 = \dfrac{4}{2} = 2$, $u_{10} = \dfrac{2}{2} = 1$, $u_{11} = 3 \times 1 + 1 = 4$

Sur Lea.fr
5.4 Démonstration et exemples
5.5 Démonstration et exemples
5.6 Histoire de la suite de Fibonacci
5.7 Histoire de la suite de Syracuse

Les termes successifs de la suite sont : 12, 6, 3, 10, 5, 16, 8, 4, 2, 1, 4, 2, 1, 4, 2, 1.....

– Premier terme impair

Si $u_0 = 11$ alors $u_1 = 3 \times 11 + 1 = 32$, $u_2 = \frac{32}{2} = 16$, $u_3 = \frac{16}{2} = 8$, $u_4 = \frac{8}{2} = 4$, $u_5 = \frac{4}{2} = 2$, $u_6 = \frac{2}{2} = 1$

La conjecture de Syracuse (ou conjecture de Collatz) affirme que quel que soit l'entier u_0, il existe un rang n tel que $u_n = 1$. On obtient donc à partir d'un certain rang la période 1, 4, 2.

JE M'ENTRAINE

ÉNONCÉS

◆ Exercice 1 (CRPE 2021)

L'entreprise AMP'OUL travaille avec deux sociétés de livraison, qui lui proposent des tarifs adaptés à ses besoins.

Société	Tarif par palette (€)	Frais de gestion
Société A	12	284
Société B	29	115

On définit les fonctions f et g par les expressions algébriques suivantes :

– $f(x) = 12x + 284$

– $g(x) = 29x + 115$

Ainsi, si f désigne un nombre de palettes alors $f(x)$ et $g(x)$ désignent respectivement le prix à payer pour la livraison de ces x palettes par les sociétés A et B.
On a tracé les courbes correspondant à f et g dans le repère ci-dessous.

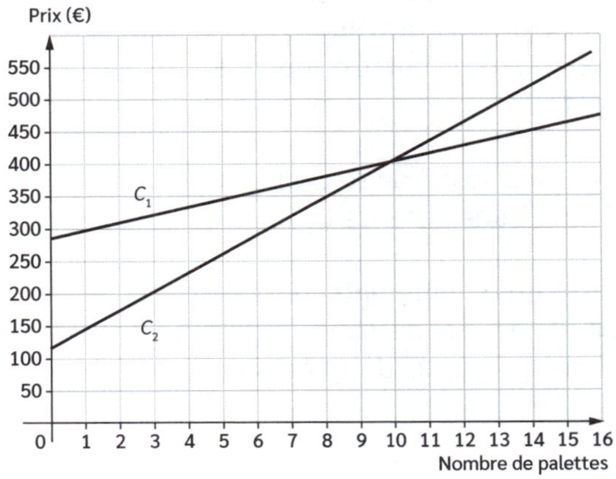

Sur Lea.fr
5.8 Algorithme
5.9 Explication du paradoxe d'Achille et de la tortue (Zénon d'Elée)
5.10 Sens de variation, limite d'une suite et exercices corrigés

1. Répondre, en vous aidant du graphique, aux questions suivantes :
  a. Identifier la courbe qui correspond à chaque fonction.
  b. Quelle société de livraison sera la plus économique pour une commande de 6 palettes ?
  c. Pour une commande donnée, quelle société de livraison sera la plus économique en fonction du nombre de palettes ?

2. Résoudre l'équation $f(x) = g(x)$. Utiliser cette résolution pour affiner la réponse à la question 1.c.

◆ Exercice 2 (CRPE 2020)

Dans l'avion, l'écran du passager indique les infomrations du vol en direct, en différentes langues et unités. Monsieur Piti compare les données en anglais et en espagnol au même moment :

Anglais	Espagnol	Traduction de M. Piti
Outside air temperature **–58 °F**	Temperatura exterior **–50 °C**	Température extérieure

Monsieur Piti a traduit les mots en français (dernière colonne), mais les unités sont différentes.
Soit f la fonction qui à la mesure t, en degré Fahrenheit (°F), d'une température associe la mesure $f(t)$, en degré Celsius (°C), de cette température. On admet que f est une fonction affine dont une expression est de la forme $f(t) = \frac{5}{9}t + b$, où b est une constante.

1. Montrer que la valeur de la constante b est égale à $-\frac{160}{9}$.
2. Pour quelles températures les mesures en dégré Celsius et en degré Fahrenheit sont-elles égales ?
3. Les mesures en degré Celsius et en degré Fahrenheit sont-elles proportionnelles ?
4. Trouver une formule pour convertir les degrés Celsius t_C en degré Fahrenheit t_F.

◆ Exercice 3 (CRPE 2021)

Romain souhaite étudier quelques caractéristiques d'un terrain de rugby.
Romain veut frapper du pied dans le ballon pour le faire passer au-dessus de la barre transversale et entre les poteaux de but. On suppose que le ballon se déplace dans un plan orthogonal au plan du but.

1. Au moment du coup de pied, le ballon se trouve au sol, au point O, face aux poteaux à une distance de 40 m de la ligne de but.
Romain tape trois coups de pied différents illustrés par les trajectoires de ballon données ci-dessous.
Le ballon se déplace dans un plan orthogonal au plan des buts.

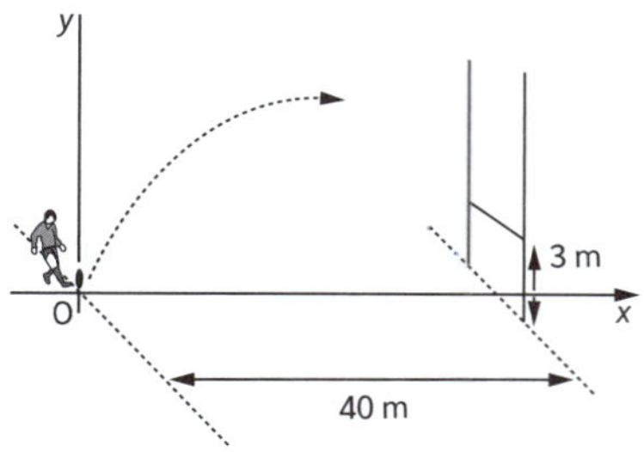

Coup de pied A

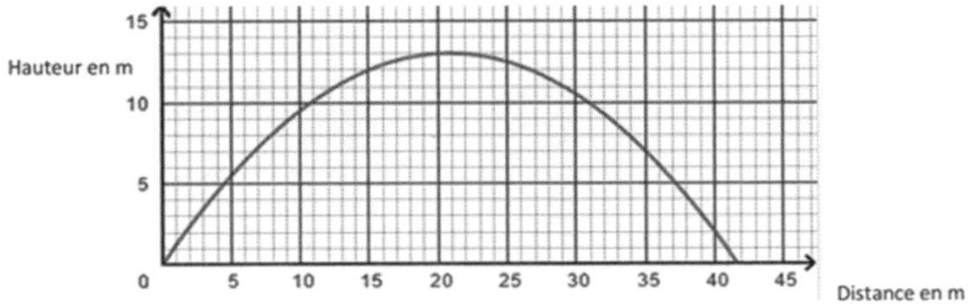

Coup de pied B

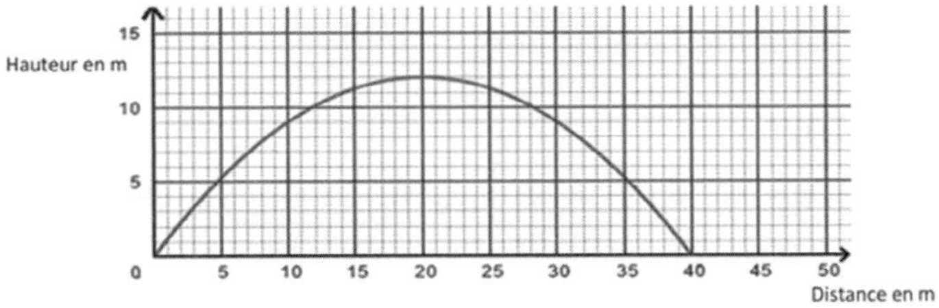

Coup de pied C

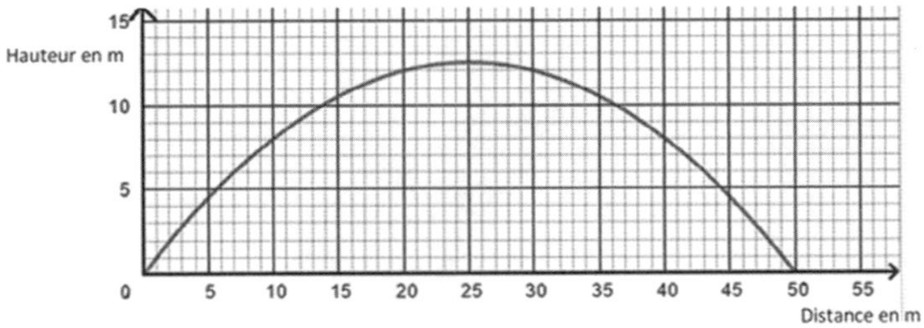

Quel(s) coup(s) de pied permet(tent) à Romain de faire passer le ballon au-dessus de la barre transversale ? Justifier.

2. Romain se trouve maintenant à une distance de 55 m face au but.
Il tente un coup de pied illustré par la trajectoire de ballon donnée ci-dessous.

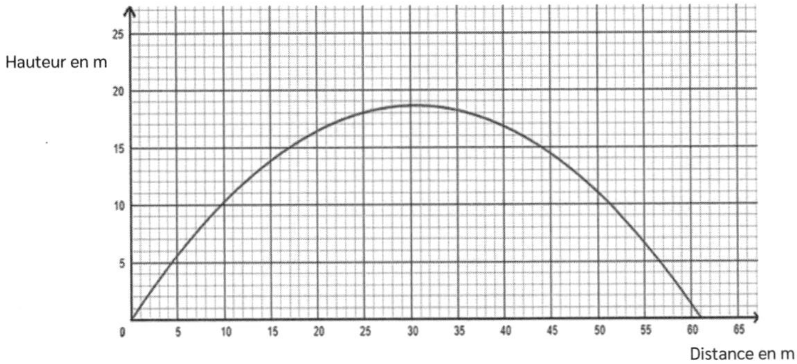

Répondre aux questions suivantes par lecture graphique :

a. Romain a-t-il réussi à faire passer le ballon au-dessus de la barre transversale ? Justifier.

b. À quelle hauteur maximale le ballon s'est-il élevé ?

c. À quelle distance, derrière la ligne de but, le ballon est-il retombé à terre ? Justifier.

Pour la suite du problème, on admet que le ballon suit la trajectoire donnée par la courbe représentative de la fonction f définie par $f(x) = -0{,}02x^2 + 1{,}22x$ où $f(x)$ représente la hauteur du ballon en mètre pour une longueur au sol x en mètre.

3. Romain étudie cette fonction f grâce à une feuille de calcul d'un tableur ; voici un extrait du travail obtenu :

	A	B	C	D	E	F	G	H	I	J
1	x	1	4	12	20	25	38	40	45	55
2	$f(x)$	1,2	4,56	11,76	16,4		17,48	16,8	14,4	6,6

b. Quelle valeur devrait-il obtenir dans la cellule F2 ? Justifier.
c. Quelle cellule permet de confirmer que le ballon est bien passé au-dessus de la barre transversale ? Justifier.
4. Utiliser l'expression algébrique de la fonction f pour déterminer à quelle distance derrière la ligne de but le ballon est retombé à terre.

◆ Exercice 4 (CRPE 2021)

Dans ce problème, les figures qui sont dessinées ne sont pas représentées en vraie grandeur.

Partie A

On souhaite partager un carré ABCD de 10 cm de côté en trois parties comme indiqué sur le schéma ci-dessous.

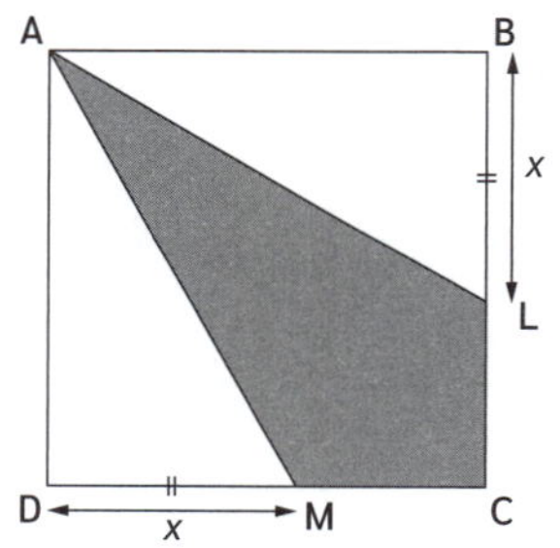

L est un point du segment [BC] et M est le point du segment [CD] tel que DM = BL. On note x la longueur, en centimètre, du segment [BL].

1. Expliquer pourquoi $0 \leqslant x \leqslant 10$.
2. Vérifier que si $x = 2$, alors l'aire du quadrilatère grisé AMCL est égale à 80 cm^2.
3. Calculer l'aire du quadrilatère grisé AMCL si $x = \frac{3}{5}$.
4. Montrer que l'aire du quadrilatère grisé AMCL, exprimée en centimètre carré, en fonction de x, est égale à $100 - 10x$.
5. Déterminer x pour que les trois parties aient la même aire.

Partie B

Dans cette partie, le triangle hachuré a été supprimé pour obtenir trois triangles ADM, AML et ALB.

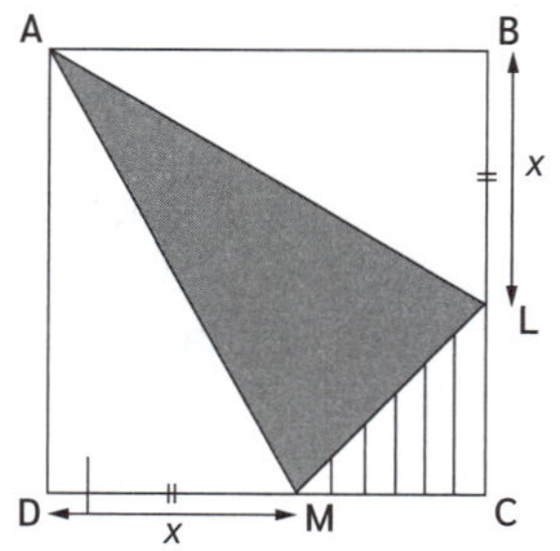

1. a. Vérifier que si $x = 2$, alors l'aire du traingle hachuré MCL est égale à 32 cm^2.

b. Exprimer l'aire, en centimètre carré, de la partie hachurée MCL en fonction de x.

c. Montrer que l'aire du triangle grisé AML, exprimée en centimètre carré, est égale à $50 - \frac{x^2}{2}$.

2. On a représenté dans le repère ci-dessous les fonctions f, g et h définies pour x entre 0 et 10 par :

$f(x) = 5x$, $\quad g(x) = 100 - 10x$, $\quad h(x) = 50 - \frac{x^2}{2}$.

On obtient les courbes C_1, C_2 et C_3.

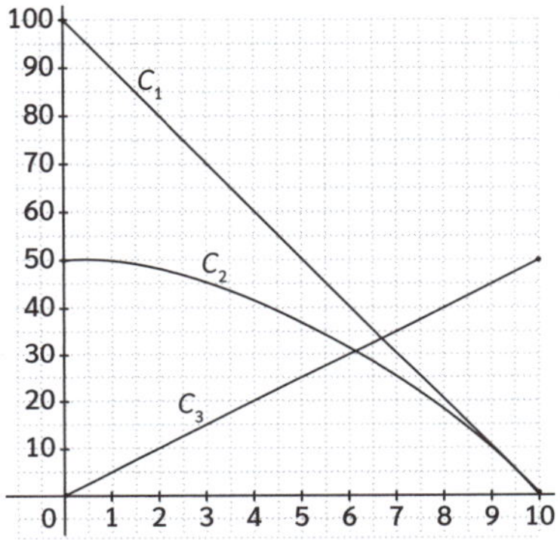

a. Chacune des fonctions f, g et h permet de déterminer, en fonction de x, l'aire d'un des polygones ADM, AMCL et AML de la figure précédente. Associer à chaque fonction le polygone dont elle permet de déterminer l'aire. Justifier.

b. Associer chaque courbe C_1, C_2 et C_3 à la fonction qu'elle représente. Justifier.

c. Déterminer graphiquement l'aire du triangle grisé AML pour $x = 3$.

d. Déterminer graphiquement la valeur de x pour laquelle l'aire du quadrilatère grisé AMCL de la partie A est égale à 25 cm^2.

e. Déterminer graphiquement la valeur de x pour que les trois triangles ABL, ADM et AML de la partie B aient la même aire. Justifier.

◆ Exercice 5 (CRPE 2014)

Partie A : Chez les Indiens

On dit qu'un quadrilatère est inscriptible dans un cercle si ses quatre sommets sont des points de ce cercle.
C'est le cas du quadrialtère ci-dessous.

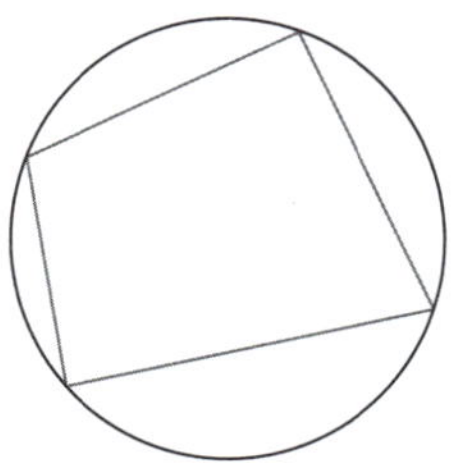

Brahmagupta, mathématicien indien du VIIe siècle, a établi une formule donnant l'aire d'un tel quadrilatère lorsqu'il est non croisé.

$S = \sqrt{(p - a)(p - b)(p - c)(p - d)}$

où a, b, c et d sont les longueurs des côtés du quadrilatère et p est son demi-périmètre.

1. Étude d'une configuration particulière

a. Construire un cercle Γ et deux point A et C diamétralement opposés sur ce cercle.
Placer un point B sur le cercle Γ distinct des points A et C.
Construire le point D, symétrique du point B par rapport à la droite (AC).
Laisser apparents les traits de construction.

b. Justifier que le quadrilatère ABCD est inscriptible dans le cercle Γ.

c. Exprimer l'aire du quadrilatère ABCD en fonction des longueurs AB et BC en utilisant la formule de Brahmagupta. *On admettra que le quadrilatère ABCD est non croisé.*

d. Retrouver l'expression précédente de l'aire du quadrilatère ABCD par une autre méthode.

2. Étude d'une autre configuration particulière : le rectangle

a. Justifier qu'un rectangle est inscriptible dans un cercle.

b. À l'aide de la formule de Brahmagupta, retrouver l'expression usuelles de l'aire d'un rectangle de longueur L et de largeur l.

Partie B : À l'ère du tableur

On s'intéresse à l'aire des rectangles dont le périmètre est 14 cm.
On note x la mesure en cm d'un des côtés d'un tel rectangle. La fonction A qui à x associe l'aire A(x) en cm^2 du rectangle est représentée ci-dessous.

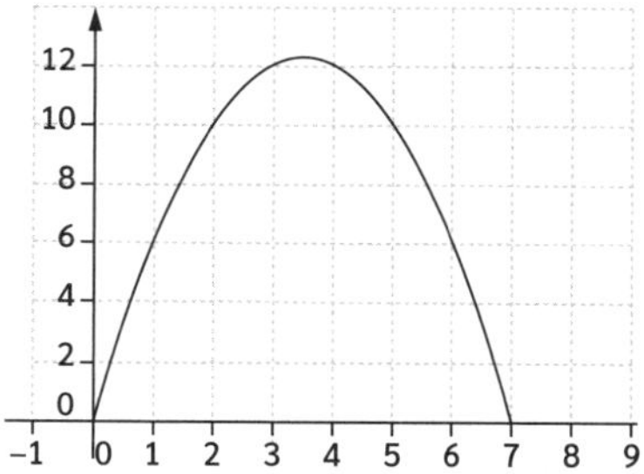

1. Pourquoi se limite-t-on à des valeurs de x comprises entre 0 et 7 ?

2. Étude graphique

Répondre aux questions suivantes, par lecture de la représentation graphique de la fonction A.

a. Quelles sont les dimensions d'un rectangle de périmètre 14 cm et d'aire 10 cm^2 ?

b. Encadrer par deux nombres entiers consécutifs la valeur de x pour laquelle l'aire du rectangle semble maximale.

c. Encadrer par deux nombres entiers consécutifs la valeur de l'aire maximale du rectangle.

3. Poursuite de l'étude à l'aide d'un tableur

	A	B	C	D	E	F	G	H	I	J	K	L
1	x	3	3,1	3,2	3,3	3,4	3,5	3,6	3,7	3,8	3,9	4
2	A(x)	12	12,09	12,16	12,21	12,24	12,25	12,24	12,21	12,16	12,09	12

a. Proposer une formule qui, entrée dans la cellule B2 et recopiée vers la droite, a permis d'obtenir les valeurs de A(*x*) sur la ligne 2.

b. À partir du tableau ci-dessus, améliorer l'encadrement de la valeur de *x* obtenu par lecture graphique à la question 2.b.. Donner alors une estimation de la valeur maximale.

4. Détermination des valeurs exactes

a. Justifier que pour tout *x* de l'intervalle [0 ; 7], on a $A(x) = \frac{49}{4} - \left(x - \frac{7}{2}\right)^2$

b. Pour quelle valeur de *x* l'aire A(*x*) est-elle maximale ? Justifier.
Quelle est la valeur maximale de A(*x*) ?

c. Que peut-on dire du rectangle de périmètre 14 cm et d'aire maximale ?

CORRIGÉS

◆ Exercice 1

1. a. Les fonctions *f* et *g* sont des fonctions affines représentées respectivement par les droites C_1 et la droite C_2.

b. La société B est plus économique que la société A.

c. La société B est plus économique que la société A pour un nombre de commandes inférieur ou égal à 9 palettes et inversement la société A est plus économique que la société B pour un nombre de commandes supérieur ou égal à 10 palettes.

2. $f(x) = g(x)$ équivaut à $12x + 284 = 29x + 115$

◆ Exercice 2

1. $f(t) = \frac{5}{9}t - \frac{160}{9}$.

2. −40° F = −40° C

3. Les mesures en degré Celsius et en degré Farenheit ne sont pas proportionnelles.

4. Pour trouver une formule pour convertir les degré Celsius t_C en degré Fahrenhiet t_F, il suffit d'exprimer t_F en fonction de t_C.

◆ Exercice 3

1. Le coup de pied C permet de faire passer le ballon au-dessus de la transversale.

2. a. Romain a réussi à faire passer le ballon au-dessus de la transversale car à la distance de 55 m le ballon est à une hauteur de 6,5 m soit 3,5 m au-dessus de la transversale.

b. Le ballon s'est élevé à une hauteur maximale de 18,6 m approximativement, ordonnée du sommet de la parabole.

c. Le ballon est retombé à une distance derrière la ligne égale à 61 – 55, soit 6 m.

3. a. Romain a entré dans la cellule B2, la formule suivante : =–0,02*B1^2+1,22*B1 ou =–0,02*B$1^2+1,22*B$1.

b. Il devrait obtenir 18 comme valeur dans la cellule F2.

c. La cellule J2 permet de confirmer que le ballon est passé au-dessus de la transversale.

4. Comme les poteaux sont à une distance de 55 m alors le ballon retombe à terre à 61 – 55, soit à 6 m derrière la ligne de but.

◆ Exercice 4

Partie A

1. M est un point du segment [DC] avec DC = 10 et DM = x. Si le point M est en D alors $x = 0$ et si le point M est en C alors DM = 10, on en déduit que $0 \leqslant x \leqslant 10$.
2. Aire(AMCL) = 10 × 10 – 2 × 10, soit 80 cm².
3. Aire(AMCL) = 10 × 10 – 2 × 3, soit 96 cm².
4. Aire(AMCL) = 10 × 10 – 2 × (5x), d'où Aire (AMCL) = 100 – 10x cm².
5. $15x = 100$, soit $x = \dfrac{100}{15}$ ou $x = \dfrac{20}{3}$ cm.

Partie B

1. a. Aire(MCL) = $\dfrac{8 \times 8}{2}$ cm², d'où Aire(MCL) = 32 cm².

b. Aire(MCL) = $\dfrac{(10-x)^2}{2}$

c. On a Aire(AML) = Aire(AMCL) – Aire(MCL) d'où Aire(AML) = $100 - 10x - \dfrac{(10-x)^2}{2}$

2. a. Comme l'aire du triangle AML est égale à $50 - \dfrac{x^2}{2}$ alors la fonction h qui permet de déterminer cette aire est définie par $h(x) = 50 - \dfrac{x^2}{2}$.

b. L'aire du triangle ADM est représentée par la courbe C_3, représentation graphique de la fonction linéaire f définie par $f(x) = 5x$.
L'aire du quadrilatère AMCL est représentée par la courbe C_1, représentation graphique de la fonction affine g définie par $g(x) = 100 - 10x$.
L'aire du triangle AML est représentée par la courbe C_2, représentation graphique de la fonction polynôme du second degré h définie par $h(x) = 50 - \dfrac{x^2}{2}$.

c. On lit approximativement 45,5 cm².
d. On lit $x = 7{,}5$ cm.
e. On lit $x \approx 6{,}2$ cm.

◆ Exercice 5

PARTIE A : Chez les Indiens

1. Étude d'une configuration particulière

a.

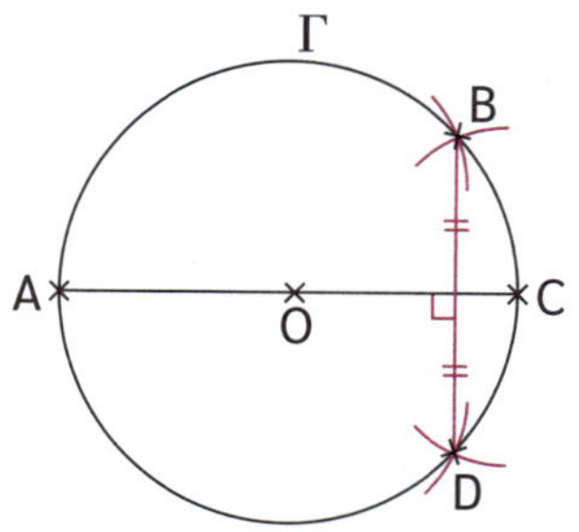

b. On en déduit que le quadrilatère ABCD est inscriptible dans le cercle Γ.
c. Appliquons la formule de Brahmagupta. Il vient :

$$S = \sqrt{(AB+BC-AB)(AB+BC-BC)(AB+BC-AB)(AB+BC-BC)}$$

$$S = \sqrt{(BC)(AB)(BC)(AB)} = \sqrt{AB^2 \times BC^2}$$

D'où $S = AB \times BC$

d. Aire(ABCD) = 2 × Aire(ABC) = $2 \times \dfrac{AB \times BC}{2}$

2. Étude d'une autre configuration particulière : le rectangle

a. Les diagonales d'un rectangle ont même longueur et même milieu. Ce point milieu étant équidistant des sommets de ce rectangle est le centre du cercle circonscrit au rectangle. Donc un rectangle est inscriptible dans un cercle.

b. Appliquer la formule de Brahmagupta avec $a = c = L$, $b = d = l$ et $p = L + l$.

On a donc $S = \sqrt{(p-L)(p-l)(p-L)(p-l)}$

PARTIE B : À l'ère du tableur

1. Si x est la mesure d'un des côtés du rectangle alors la mesure de l'autre côté est $7 - x$, 7 étant égal au demi-périmètre du rectangle.

2. Étude graphique

a. l'aire maximale du rectangle est comprise entre 3 et 4.

b. L'aire maximale du rectangle est comprise entre 12 cm² et 13 cm².

3. a. On peut donc entrer dans la cellule B2 une des formules suivantes :
= B1*(7 – B1) ou = 7*B1 – B1^2 ou B$1*(7 – B$1) ou = 7*B$1 – B$1^2

b. La valeur maximale de $A(x)$ serait approximativement de 12,25 cm².

4. Détermination des valeurs exactes.

a. Développer l'identité remarquable

b. $x = \frac{3}{2}$

Aire maximale $\frac{49}{4}$

c. C'est un carré.

Sur Lea.fr

Corrigés développés et exercices complémentaires

6. TICE – Scratch et tableur

JE M'ÉVALUE

VRAI OU FAUX ?

1. La formule =**A1+B1**, stockée en C3, est recopiée jusqu'à F3. F3 contiendra la formule : **=D2+E2**.

2. La formule =**A1+B1**, stockée en C3, est recopiée jusqu'à C6. C6 contiendra la formule : **=A4+B4**.

3. La formule =**A$1+B1**, entrée en C3, est recopiée jusqu'à C4. C4 contiendra la formule : =**A$1+B2**.

4. La fonction f est définie par $f(x) = \dfrac{x-1}{x^2+3}$. On entre les valeurs de x dans la colonne A dont la première dans la cellule A2. Quelle formule saisir avec recopie vers le bas dans la cellule B2 pour calculer $f(x)$? = (A2–1/A^2+3).

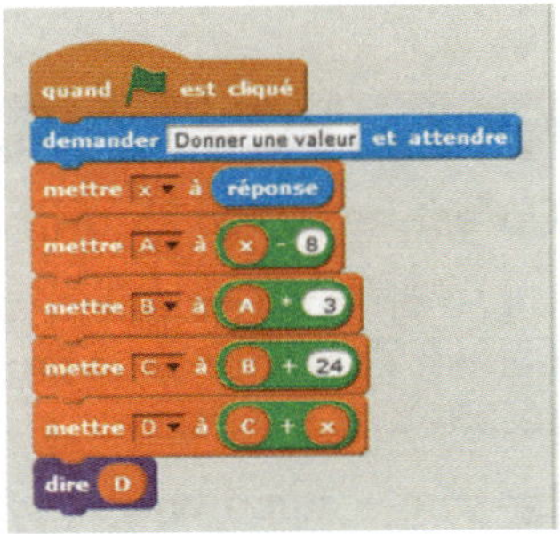

5. La formule =**A1+B1**, stockée en C3, est recopiée jusqu'à F3. F3 contiendra la formule : **=D1+E1**.

6. a prend la valeur 2, b prend la valeur $3a + 4$, c prend la valeur $2b - a$. La valeur prise par c prend la valeur 18.

7. On applique ce programme de calcul au nombre 10. Le résultat affiché à la fin est 30.

8. 

9. On utilise le programme ci-contre.
On choisit : 7. Résultat = 38

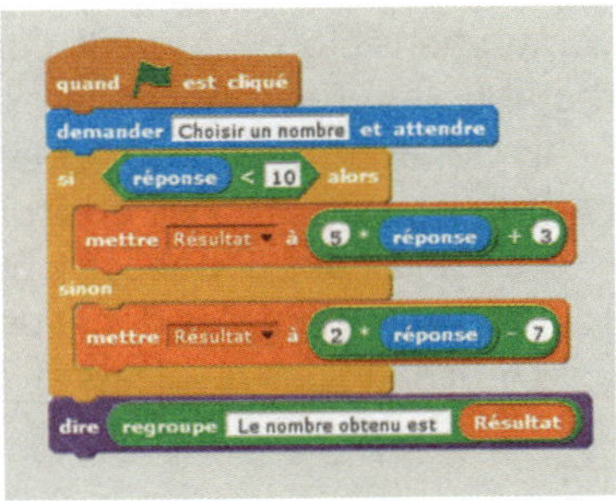

Réponses : 1.F – 2.V – 3.V – 4.F – 5.V – 6.V – 7.F – 8.F – 9.V

JE RÉVISE

Pour être capable de répondre aux exercices du concours, il faut au préalable s'être familiarisé avec ces outils TICE en les ayant manipulés. C'est pourquoi nous vous proposons dans ce chapitre un parcours de lecture particulier où vous suivrez les tutoriels vidéo et, en parallèle, les étapes de découverte et d'utilisation ci-après.

A – SCRATCH

1. PRÉSENTATION DU LOGICIEL SCRATCH

Cette présentation propose un parcours « utilisateur » au cours duquel sont expliqués les outils et démarches nécessaires pour répondre aux problématiques posées dans un sujet type concours.

Scratch est un logiciel **dynamique** dont l'interface graphique facilite la programmation. En effet, il est beaucoup plus facile de programmer avec Scratch qu'avec tout autre langage de programmation traditionnel. Un programme est composé d'instructions simples se présentant sous la forme d'un assemblage de blocs (Mouvement, Données, Contrôles, Capteurs, Opérateurs…).

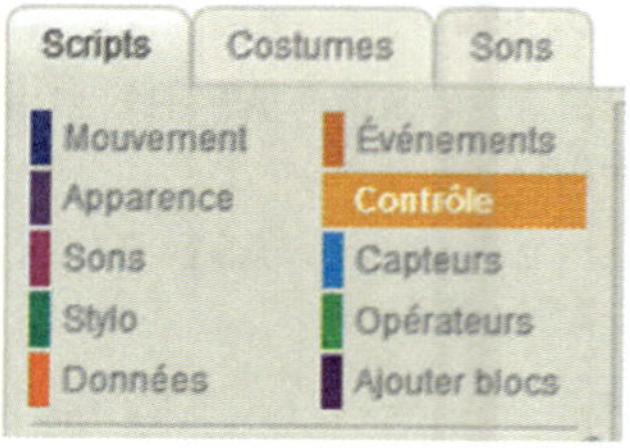

2. ALGORITHMIQUE AVEC SCRATCH

◆ Qu'est-ce qu'un algorithme ?

Un algorithme est une suite finie d'instructions appliquées dans un ordre déterminé, qui permet de résoudre un problème, de construire une figure géométrique ou de trouver un résultat.

Le nom « algorithme », vient de Al-Khwarizmi, mathématicien, géographe, astronome perse du IXe siècle décrivant les étapes pour la résolution d'équations…

Un algorithme est exprimé dans une langue naturelle, concrète, littérale et donc compréhensible de tous. Il permet, à partir d'un événement ou d'un problème défini, d'établir les étapes nécessaires pour résoudre ce problème et enfin en exprimer le résultat final. Un algorithme décrit/développe une succession d'étapes qui suivent une situation initiale. Il se décompose en **trois phases** :

- La saisie des données : « **Entrées** ».
- Le traitement des données : « **Instructions** ».
- Affichage des résultats : « **Sorties** ».

Sur Lea.fr

6.1 Le tutoriel « Présentation de Scratch » pour une première vue globale du logiciel

6.2 L'histoire du mot « algorithme »

Tous les algorithmes traités dans ce chapitre seront implémentés sur Scratch, c'est-à-dire traduits dans le langage de programmation du même nom.

Ex. :
Choisir un nombre, lui soustraire la somme de ses chiffres, diviser le résultat obtenu par 9. Que remarquez-vous ? On obtient toujours un multiple de 9.

◆ Entrées et sorties

Lors du déroulement du programme, l'utilisateur peut avoir besoin de rentrer une valeur à la main. Pour cela, le programme doit afficher à l'écran la demande de saisie (ce qui équivaut à faire « parler son lutin »), il pourra ensuite entrer une valeur ou un/plusieurs caractères.

Lorsque l'utilisateur saisit manuellement (sur le clavier) une donnée, on parle d'**entrée**. Lorsqu'une donnée s'affiche à l'écran, on parle de **sortie**.

• Pour **entrer** une valeur (au clavier) : on utilisera le bloc 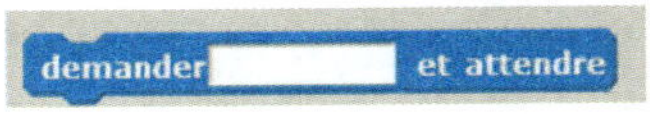

de la catégorie **Capteurs**.

Dans la même catégorie **Capteurs** le bloc 

prend toujours la valeur qui aura été saisie au clavier.

• Pour **sortir** une valeur (à l'écran) : c'est-à-dire afficher la valeur ou le texte saisi, on utilisera le bloc 

de la catégorie **Apparence**.

◆ Variables et affectation

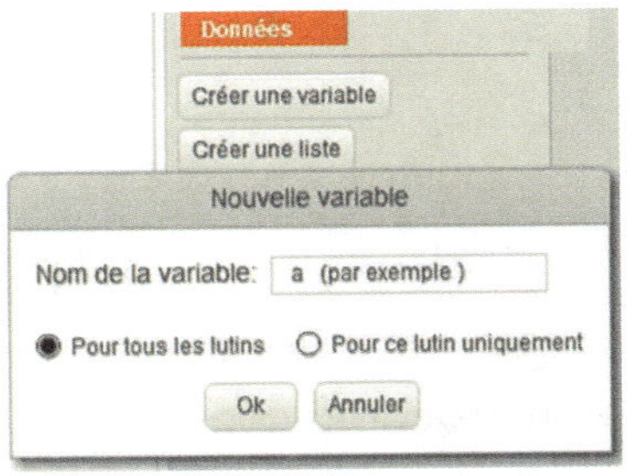

Pour chaque nouveau programme toutes les variables qui vont être utilisées doivent être créées et nommées à partir de la catégorie **Données :**
Une valeur ou une expression est alors à affecter à cette variable grâce au bloc « **mettre variable à** » :

On parle de « **variable** » car son contenu peut changer pendant l'exécution du programme. Une variable ne peut contenir qu'une seule valeur, la dernière valeur enregistrée écrasera toujours l'ancienne.

Exemple : Que vaut a après l'exécution de l'algorithme suivant :
a prend la valeur 5
a prend la valeur a^2
a prend la valeur $a + 8$
Après exécution, a vaut 33 : En effet, a prend la valeur 5, puis $5^2 = 25$ et enfin $25 + 8 = 33$.

Sur Lea.fr

6.3 Le tutoriel « entrées et sorties » pour valider la bonne compréhension

6.4 Le tutoriel : apprenez à nommer des variables et à les initialiser

Exemple d'algorithme de calcul :
Choisir un nombre, lui soustraire 3, multiplier le résultat par 2, ajouter 6, afficher le résultat.

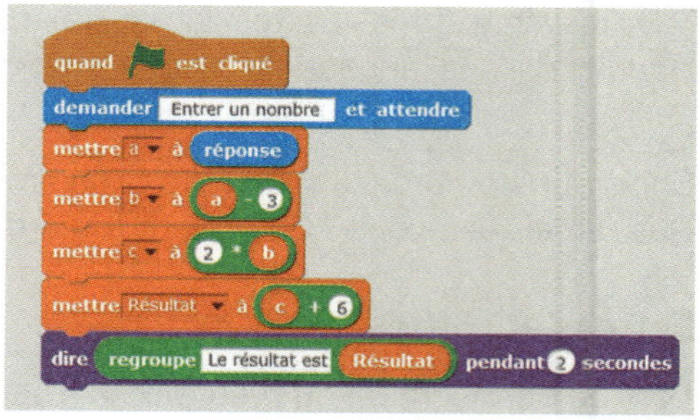

<u>Algorithme :</u>
Entrée : Demander un nombre
Traitement :
Soustraire 3
Multiplier le résultat par 2
Ajouter 6
Sortie : Afficher le résultat

On remarque que le résultat affiché est toujours égal au double du nombre choisi au départ. En effet, si on exécute cet algorithme en choisissant un nombre x quelconque, on a le traitement suivant des instructions : $x - 3$, $2(x - 3)$, $2(x - 3) + 6$.
On a bien $2(x - 3) + 6 = 2x$, soit le double de x.

◆ Les opérateurs

Dans la même catégorie **Opérateurs :**
Pour effectuer les quatre opérations $a + b$, $a - b$, $a \times b$, a/b, utiliser les blocs :

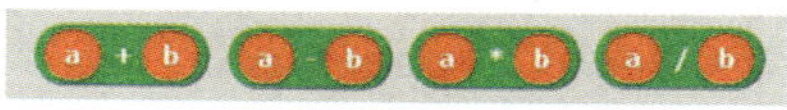

Pour effectuer des comparaisons $a < b$, $a = b$, $a > b$, utiliser les blocs :

Pour traduire $a \leqslant = b$, $b < a < c$, utiliser les blocs :

◆ Les instructions conditionnelles

2.5.1 « Si......alors...... »

Si la condition est vérifiée, on exécute le bloc d'instructions, sinon on passe à la suite du programme.
Exemple : Le prix d'une entrée au cinéma est de 12 €. Une réduction de 20 % sur le prix total à payer est accordée pour tout achat supérieur ou égal à 3 billets.

Si $n = 2$ alors le prix à payer est de 24 € et si $n = 3$ le prix à payer est de 28,80 €.

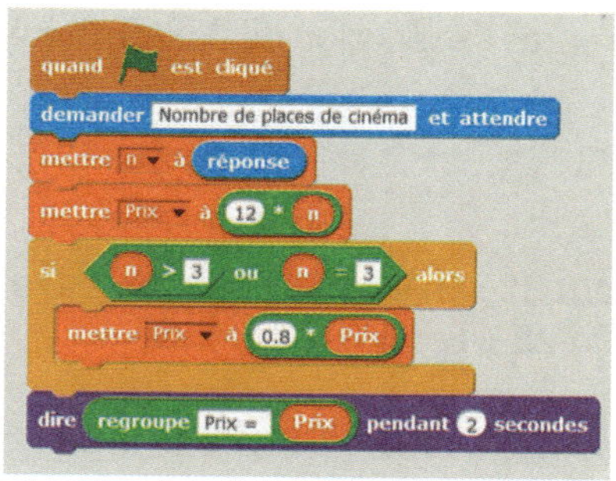

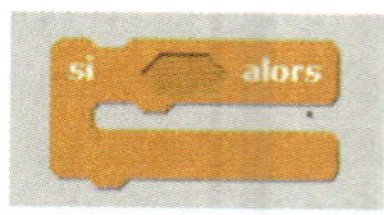

Sur Lea.fr

6.5 Le tutoriel sur les opérateurs qui utilisent les variables (cf. paragraphe précédent), pour valider la bonne compréhension

6.6 Le tutoriel pour valider la bonne compréhension des différentes conditions

« Si......alors... Sinon... »

Si la condition est vérifiée, on exécute le premier bloc d'instructions, sinon on exécute le deuxième bloc d'instructions.
Entrer un nombre, si ce nombre est divisible par 2 alors afficher « ce nombre est pair », sinon afficher « ce nombre est impair ».

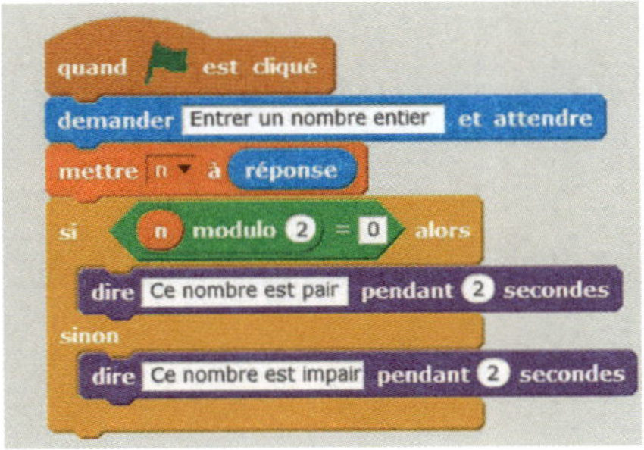

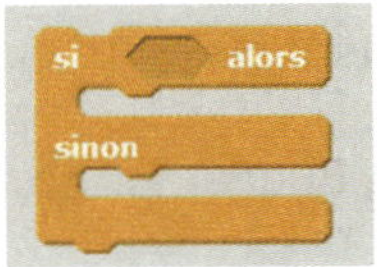

Comme *a* modulo *b* retourne le reste de la division euclidienne de *a* par *b* alors équivaut à *a* est divisible par *b*.

◆ Les boucles

Boucle « répéter *n* fois »

Dans ce bloc, 

on choisit le nombre de fois où l'on souhaite répéter une action ou d'une série d'actions.

Ex. :
Un pays compte 10 millions d'habitants en 2021. Le nombre d'habitants croit tous les ans de 5 %.
Écrire un programme qui affichera le nombre d'habitants 2021 + *n*, soit dans *n* années.
Le nombre d'habitants en 2022 sera donc de $10 \times 1{,}05$, en 2023 de $10 \times 1{,}05 \times 1{,}05 = 10 \times 1{,}05^2$ et ainsi de suite.

Posons *NH* = Nombre d'habitants

Algorithme calculant le nombre d'habitants en 2021 + *n*

Saisir *n*
NH prend la valeur 10
Pour *i* allant de 1 à *n*
NH prend la valeur *NH* × 1,05
FinPour
Afficher *NH* (arrondi à l'entier)

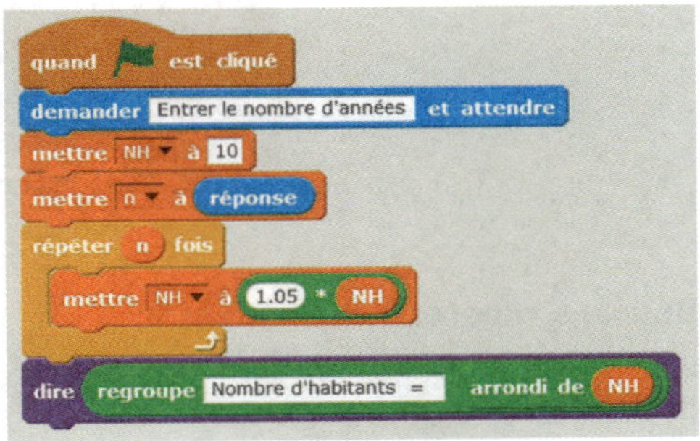

Boucle « répéter jusqu'à »

Dans ce bloc 

on répète une même action ou une série d'actions, jusqu'à ce qu'une condition soit satisfaite. On ne connait pas à l'avance le nombre d'itérations.

Sur Lea.fr

6.7 Le tutoriel pour valider la bonne compréhension des différentes boucles

Ex. :
On dispose d'un certain budget pour creuser une fosse. Le coût du forage pour le premier mètre est de 500 €. Ce coût augmentera de 150 € tous les mètres.
Déterminer la profondeur maximale atteignable avec ce budget.

<u>Algorithme pour la résolution d'un problème :</u>
Entrée : Saisir le montant Budget
Initialisation :
n prend la valeur 0
Coût prend la valeur 500
Traitement :
Tant que Coût ⩽ Budget (on sortira de la boucle lorsque Coût > Budget)
n prend la valeur *n* + 1
Coût prend la valeur Coût + 150
Fin Tant que
Sortie : Afficher *n* (profondeur de la fosse)

Exécution de l'algorithme avec un budget de 1 000 €

n	1	2	3	4	**5**
Coût	500	650	800	950	**1 100**
Coût ⩽ 1 000	Vrai	Vrai	Vrai	Vrai	**Faux**

La profondeur atteinte avec un budget de 1 000 € est donc de 4 mètres.

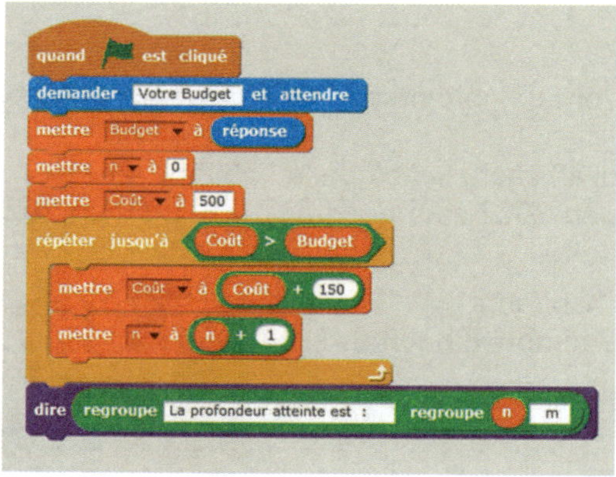

Boucle « répéter indéfiniment »

Dans ce bloc, 

on répète une même action ou une série d'actions indéfiniment car aucune condition de sortie de la boucle n'a été fixée.

Ex. :

Le lutin suivra indéfiniment le mouvement de la souris.

◆ Constructions géométriques

Sur Scratch, le lutin est, par défaut, un chat placé initialement au centre de la scène. Il est possible à l'aide de la bibliothèque d'en changer.
Il peut se déplacer, tracer des traits, émettre des sons ou afficher des bulles de texte.
Dans l'icône information, on peut changer le nom du lutin, le repositionner ou le masquer de la scène.

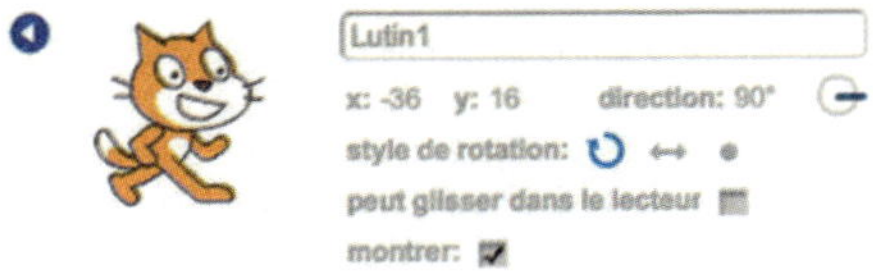

La position et l'orientation du Lutin sont des points importants pour la construction de figures géométriques.
Dans le programme suivant, le **stylo en position d'écriture** permet de tracer un trait dont la longueur en pixels est donnée par l'instruction « **avancer de** », et bien distinguer les quatre orientations du Lutin.

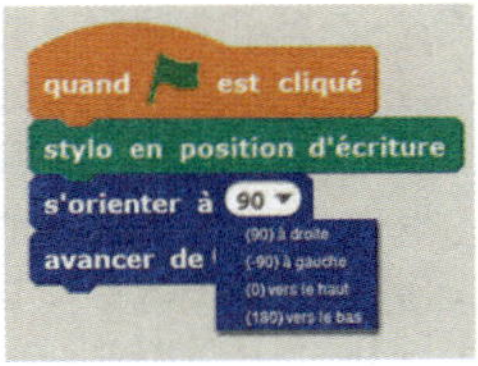

Ex. 1 : Dessiner un carré de 80 pixels de côté.

Algorithme 1
Instruction1. Tracer un segment de longueur 80 pixels,
Instruction2. Tourner de 90° dans le sens horaire,
Instruction3. Tracer un segment de longueur 80 pixels,
Instruction4. Tourner de 90° dans le sens horaire,
Instruction5. Tracer un segment de longueur 80 pixels,
Instruction6. Tourner de 90° dans le sens horaire,
Instruction7. Tracer un segment de longueur 80 pixels,
Instruction8. Tourner de 90° dans le sens horaire.

Algorithme 2
On remarque que pour réaliser ce carré, on a répété 4 fois les instructions 1 et 2.
On peut donc optimiser l'algorithme 1 en introduisant une boucle « répéter 4 fois ces deux instructions ». On a donc l'algorithme amélioré suivant :
Instruction : Répéter **quatre** fois instruction1 et instruction2 dans cet ordre,
Instruction1. Tracer un segment de longueur 80 pixels,
Instruction2. Tourner de 90 ° dans le sens horaire.
Fin Répéter.

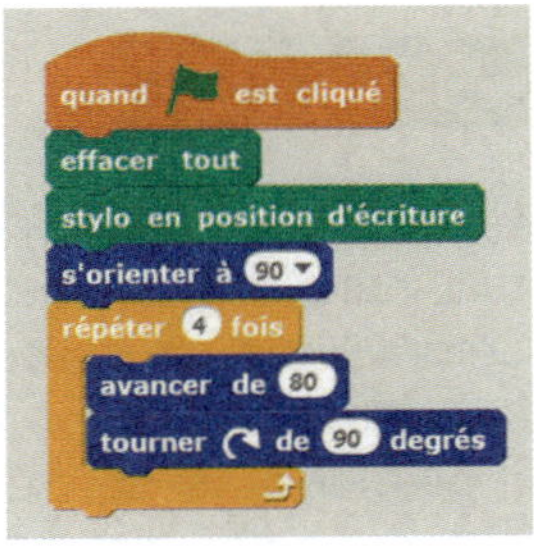

◆ Sous-programme

Pour une lecture et une exploitation plus aisées, on a souvent recours à des sous-programmes que l'on crée avec Ajouter blocs et que l'on va insérer dans le corps du programme principal.

Sur Lea.fr

6.8 Le tutoriel expliquant les préalables à toute construction géométrique

6.9 Le tutoriel pour comprendre comment améliorer ces constructions

6.10 Le tutoriel pour comprendre l'utilité des blocs et apprendre à construire d'autres motifs, à effectuer des transformations générales (translation, rotation...)

Ex. : On souhaite réaliser le motif suivant :

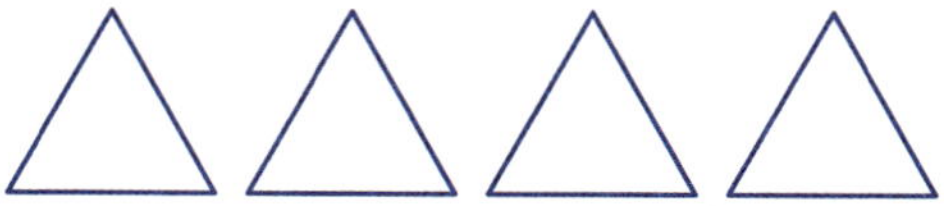

On a une répétition de quatre triangles équilatéraux obtenus par translation.
On va dans un premier temps écrire un sous-programme l'on va nommer « TRIANGLE ».

On va ensuite écrire notre programme principal qui appellera le sous-programme « TRIANGLE » et effectuant une translation. On souhaite des triangles de 60 pixels de côté. Lorsque le premier triangle sera dessiné il faudra lever le stylo et effectuer une translation de 70 pixels afin que tous les triangles soient espacés de 10 pixels. Si on ne relève pas le stylo on aura un segment visible entre chaque triangle.
On obtient donc le programme suivant, dont le tracé va débuter au point de coordonnées (– 100 ; 0) obtenu avec l'instruction :

B – TABLEUR

Un tableur est un logiciel qui permet, sur des **feuilles de calcul composées de cellules**, de manipuler des données numériques, d'effectuer un certain nombre d'opérations de façon automatisée en utilisant des fonctions prédéfinies (somme, moyenne, médiane, écart-type, etc.).
Il permet aussi de créer des **représentations graphiques** à partir des données saisies : histogrammes, diagrammes en secteurs, courbes représentatives de fonctions, etc.

1. SAISIE D'UNE FORMULE DANS UNE CELLULE

Pour saisir une formule dans une cellule, il faut commencer par le signe = pour indiquer qu'il s'agit d'un calcul numérique ou d'une formule mathématique.
Ex. :
Un tableur peut être utilisé comme calculatrice et effectuer les quatre opérations :
$2*7-\frac{24}{3}+2^3$ s'écrit dans la cellule : =2*7-24/3+2^3

Sur Lea.fr
6.11 La présentation du tableur

$\dfrac{1+2\times5^3}{7-3^2}$ s'écrit dans la cellule : `=(1+2*5^3)/(7-3^2)`

Exemple de formule mathématique : Calcul du volume d'un cylindre de rayon entré en cellule **A4** et de hauteur constante entrée en cellule **C2** : $V(x) = \pi r^2 h$ `=PI()*A4^2*C$2`
$\pi = PI()$.

2. RECOPIE D'UNE FORMULE ET ADRESSAGE

Avant de commencer à entrer une formule et à la recopier, il faut impérativement maîtriser la notion d'adressage qui est souvent source d'erreur.
Lorsque vous entrez une formule dans une cellule et que cette formule fait référence à d'autres cellules dans votre feuille de calcul et que vous souhaitez effectuer une recopie verticale ou horizontale de cette formule, alors le résultat obtenu dépendra du type d'adressage aloué aux cellules présentes dans votre formule.
Le mieux est de nous appuyer sur quelques exemples afin de déjouer les pièges éventuels.
Il faut savoir que dans un tableur il y a trois types d'adressage :

- l'adressage relatif,
- l'adressage absolu,
- l'adressage semi-absolu.

◆ Adressage relatif

Si en détaillant à un passant le chemin à suivre pour se rendre à une adresse par exemple :
Allez tout droit, prenez la première rue à gauche puis la deuxième rue à droite.
Cet adressage est relatif à l'endroit où vous vous trouvez.
Si vous aviez rencontré ce même passant la première rue à gauche plus loin, vous lui auriez dit c'est la deuxième rue à droite.
Dans un tableur le principe est identique.

Si vous entrez par exemple dans la cellule **B2** la formule suivante : `=3*A1`
À l'aide de la poignée de recopie si vous tirez la formule horizontalement vers la droite alors vous aurez dans la cellule adjacente **C2** la formule suivante : `=3*B1`
puis dans la cellule **D2** la formule suivante : `=3*C1` et ainsi de suite.

	A	B	C	D
1	2	4	6	8
2		=3*A1	=3*B1	=3*C1

La formule entrée en **B2** fait référence à la celllule **A1**, alors la recopie à droite de **B2** va effectuer ce même décalage à droite de **A1**, ce qui explique **B1** dans la cellule **C2** et ainsi de suite.
On remarquera que seul le numéro de colonne change.
On peut aussi copier et coller une formule dans une cellule. Le principe est le même sauf que cette fois-ci les cellules intermédiaires peuvent être vides ou contenir d'autres formules qui font référence à d'autres cellules.
Si on copie dans **D2** la formule contenue dans **B2** le décalage à droite se fait comme pour la recopie. On a pu ainsi entrer une autre formule dans **C2**.

	A	B	C	D
1	2	4	6	8
2		=3*A1	=5*B2	=3*C1

Sur Lea.fr

6.12 Le tutoriel pour valider la bonne compréhension des différents adressages

On peut de la même manière effectuer une recopie verticalement. Cette fois-ci c'est le numéro de ligne qui change.

	A	B
1	2	4
2	4	=3*A1
3	6	=3*A2
4	8	=3*A3

◆ Adressage absolu

L'adresse d'un théâtre dans une ville, par exemple, est une adresse absolue qui ne change pas quel que soit l'endroit où l'on se trouve.
On parle d'adressage absolu chaque fois qu'une formule fait référence au contenu figé d'une cellule.
On peut figer une cellule en ligne et en colonne, pour cela on mettra le signe $ devant le numéro de colonne et le numéro de ligne (appuyer sur la touche F4, raccourci clavier).

Ex. : Calculer le volume d'un cylindre dont la hauteur fixée à 10 cm.

	A	B	C	D	E	F	G
1	Hauteur (cm)	10					
2							
3	Rayon (cm)	1	2	3			
4		4	5	6			
5		7	8	9	$V(x) = \pi r^2 h$		
6							
7	Volume du cylindre (cm³)	31,416	125,66	282,74			
8		502,65	785,4	1131			
9		1539,4	2010,6	2544,7			

Entrer dans la cellule **B3** la formule suivante :
On a figé la cellule B1 hauteur constante du cylindre, en ligne et en colonne **(B1)** car la formule saisie dans B3 a été recopiée horizontalement et verticalement.

	A	B	C	D
1	Hauteur (cm)	10		
2				
3	Rayon (cm)	1	2	3
4		4	5	6
5		7	8	9
6				
7	Volume du cylindre (cm³)	=PI()*B3^2*B1	=PI()*C3^2*B1	=PI()*D3^2*B1
8		=PI()*B4^2*B1	=PI()*C4^2*B1	=PI()*D4^2*B1
9		=PI()*B5^2*B1	=PI()*C5^2*B1	=PI()*D5^2*B1

◆ Adressage semi-absolu

Le meilleur exemple pour comprendre l'adressage absolu est la table de multiplication.

	A	B	C	D	E	F	G	H	I
1		2	3	4	5	6	7	8	9
2	2	4	6	8	10	12	14	16	18
3	3	6	9	12	15	18	21	24	27
4	4	8	12	16	20	24	28	32	36
5	5	10	15	20	25	30	35	40	45
6	6	12	18	24	30	36	42	48	54
7	7	14	21	28	35	42	49	56	63
8	8	16	24	32	40	48	56	64	72
9	9	18	27	36	45	54	63	72	81

	A	B	C	D	E	F	G	H	I
1		2	3	4	5	6	7	8	9
2	2	=$A2*B$1	=$A2*C$1	=$A2*D$1	=$A2*E$1	=$A2*F$1	=$A2*G$1	=$A2*H$1	=$A2*I$1
3	3	=$A3*B$1	=$A3*C$1	=$A3*D$1	=$A3*E$1	=$A3*F$1	=$A3*G$1	=$A3*H$1	=$A3*I$1
4	4	=$A4*B$1	=$A4*C$1	=$A4*D$1	=$A4*E$1	=$A4*F$1	=$A4*G$1	=$A4*H$1	=$A4*I$1
5	5	=$A5*B$1	=$A5*C$1	=$A5*D$1	=$A5*E$1	=$A5*F$1	=$A5*G$1	=$A5*H$1	=$A5*I$1
6	6	=$A6*B$1	=$A6*C$1	=$A6*D$1	=$A6*E$1	=$A6*F$1	=$A6*G$1	=$A6*H$1	=$A6*I$1
7	7	=$A7*B$1	=$A7*C$1	=$A7*D$1	=$A7*E$1	=$A7*F$1	=$A7*G$1	=$A7*H$1	=$A7*I$1
8	8	=$A8*B$1	=$A8*C$1	=$A8*D$1	=$A8*E$1	=$A8*F$1	=$A8*G$1	=$A8*H$1	=$A8*I$1
9	9	=$A9*B$1	=$A9*C$1	=$A9*D$1	=$A9*E$1	=$A9*F$1	=$A9*G$1	=$A9*H$1	=$A9*I$1

En partant de la cellule **B2**, on doit recopier la formule horizontalement et verticalement : figer pour la recopie horizontale la colonne de la cellule **A** et comme il faut recopier la formule verticalement il faut figer la ligne de la cellule de la ligne **B**.

Reprenons l'exemple du cylindre et du calcul du volume :

	A	B	C	D
1	Hauteur (cm)	10		
2				
3	Rayon (cm)	1	2	3
4	Volume (cm^3)	31,416	125,66	282,74

Dans la cellule **B4** on a entré la formule suivante avec recopie vers la droite : =PI()*$B1*B3^2

	A	B	C	D
1	Hauteur (cm)	10		
2				
3	Rayon (cm)	1	2	3
4	Volume (cm^3)	=PI()*$B1*B3^2	=PI()*$B1*C3^2	=PI()*$B1*D3^2

Comme on a effectué une recopie vers la droite et que la hauteur en cellule **B1** est fixe alors on a figé la colonne **B**, d'où **$B1**.
On aurait obtenu la même réponse avec ces trois autres formules saisies en **B4**.

=PI()*B1*B$3^2 ou =PI()*$B1*B$3^2 ou =PI()*$B$1*B$3^2

3. TABLEUR ET FONCTIONS

Une entreprise fabrique un modèle de meuble en bois. Elle peut produire au maximum 100 meubles par jour. Pour x meubles fabriqués et vendus, le coût de production journalier (exprimé en euros), noté $C(x)$, est donné par : $C(x) = 2{,}25x^2 - 6x + 20$.
Chaque meuble est vendu 299 €. L'entreprise est ouverte cinq jours par semaine. Le chef d'entreprise a réalisé la feuille de calcul suivante :

	A	B	C	D
1	x	Recette	Coût	Bénéfice
2	0	0	20	-20
3	10	2990	185	2805
4	20			
5	30			
6	40			
7	50			
8	60			
9	70			
10	80			
11	90			
12	100			

Sur Lea.fr

6.13 Le tutoriel pour valider la bonne compréhension de la saisie d'une fonction

1. Donner une formule qui, saisie dans la cellule A3, permet d'obtenir par recopie vers le bas, le nombre de meubles.
2. Donner une formule qui, saisie dans la cellule B2, permet d'obtenir par recopie vers le bas, la recette en fonction du nombre de meubles fabriqués et vendus chaque jour.
3. Donner une formule qui, saisie dans la cellule C2, permet d'obtenir, par recopie vers le bas, le coût en fonction du nombre de meubles fabriqués et vendus chaque jour.
4. Donner une formule qui, saisie dans la cellule D2, permet d'obtenir, par recopie vers le bas, le bénéfice en fonction du nombre de meubles fabriqués et vendus chaque jour.

1. Dans la cellule A3, saisir la formule : =A2+10
2. Dans la cellule B2, saisir la formule : =299*A2
3. Dans la cellule C2, saisir la formule : =2,25*A2^2-6*A2+20
4. Dans la cellule D2, saisir la formule : =B2-C2

4. TABULER ET REPRÉSENTER UNE FONCTION

Générer une table de valeurs et représenter la fonction trinôme du second degré f définie sur l'intervalle [0 ; 5] par $f(x) = -x^2 + 4x + 5$.

Pour créer la table de valeurs entrer dans la cellule A2 la valeur minimale de x, ici 0.

Les valeurs suivantes sont incrémentées de 0,5.

Dans la cellule A3 saisir la formule : = A2 + 0,5 puis la recopier vers le bas.

On peut aussi sélectionner les deux cellules adjacentes A2 et A3 et à l'aide de la poignée de recopie tirer le groupe de cellules vers le bas.

En B2 on entre l'expression de $f(x)$ en remplaçant x par A2. Attention à la gestion du signe (–) devant x. On entre donc en B2 la formule suivante : =-(A2^2)+4*A2+5

Puis on recopie la formule jusqu'à la cellule B12.

Pour représenter la fonction *f*, sélectionner la plage de cellules de A1 à B12, aller dans l'onglet insertion « Graphiques » puis « Nuage de points ». On choisit ensuite le type de graphique.

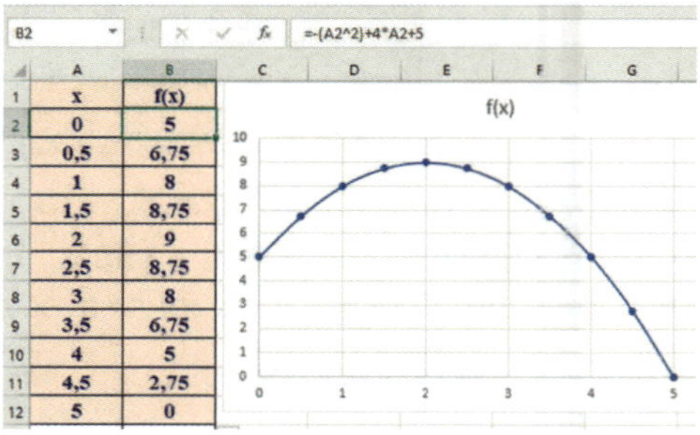

	A	B
1	x	f(x)
2	0	5
3	0,5	6,75
4	1	8
5	1,5	8,75
6	2	9
7	2,5	8,75
8	3	8
9	3,5	6,75
10	4	5
11	4,5	2,75
12	5	0

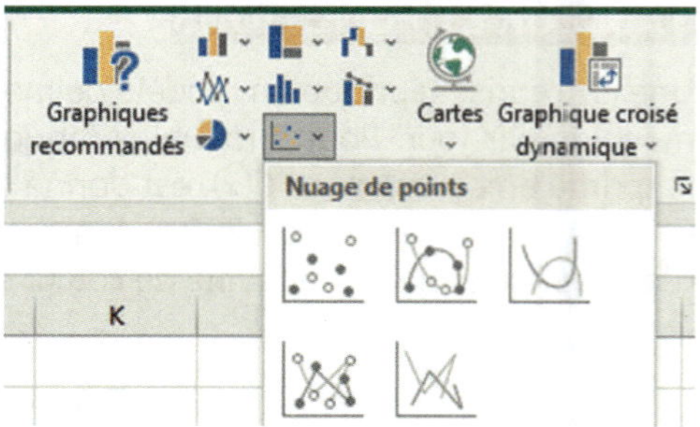

Sur Lea.fr

6.14 Le tutoriel pour valider la bonne compréhension d'une table de valeur et d'une représentation graphique

5. FORMULES SUR DES DONNÉES STATISTIQUES NON PONDÉRÉES

On a relevé les données suivantes :

17	8	15	27	3	8	19	43	15	9	12	17	32	19	20

Calculons le nombre de valeurs, le minimum, le maximum, la somme, la moyenne, la médiane et l'écart-type.
On peut ordonner cette série dans l'ordre croissant ou décroissant en utilisant la fonction « Trier les données ».

	A	B	C	D	E	F	G	H	I	J	K	L	M	N	O
1	17	8	15	27	3	8	19	43	15	9	12	17	32	19	20

			Formule
3	Effectif	15	=NB(A1:O1)
5	Minimum	3	=MIN(A1:O1)
7	Maximum	43	=MAX(A1:O1)
9	Somme	264	=SOMME(A1:O1)
11	Moyenne	17,6	=MOYENNE(A1:O1)
13	Médiane	17	=MEDIANE(A1:O1)
15	Écart-type	9,89141	=ECARTYPE.PEARSON(A1:O1)

Sur Lea.fr

6.15 Le tutoriel pour valider la bonne compréhension des formules ci-dessus. Un autre tutoriel traite de séries statistiques pondérées

6.16 Bonus : tutoriel pour représenter graphiquement une série statistique : graphiques en secteurs, en barres ou histogramme

JE M'ENTRAÎNE

ÉNONCÉS

◆ Exercice 1 (CRPE 2022 GRPT 2)

1. Adam a réalisé le programme ci-contre à l'aide du logiciel Scratch.

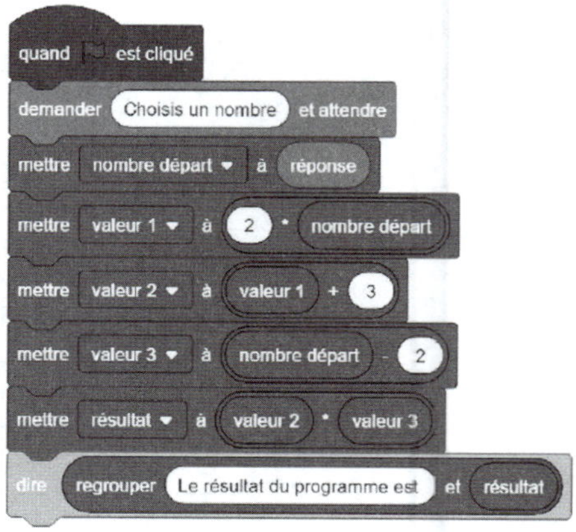

a. Montrer que si le nombre de départ est 3, le résultat est égal à 9.
b. Quel est le résultat donné par le programme si le nombre de départ est 2,4 ?
c. Soit x le nombre de départ. Montrer que le programme d'Adam retourne le nombre $2x^2 - x - 6$.

2. Pauline propose le programme de calcul suivant.

> *Choisis un nombre.*
> *Élève-le au carré*
> *Soustrais 3.*
> *Multiplie par 2.*
> *Soustrais le nombre de départ.*

a. Montrer que si le nombre de départ est 3, le résultat obtenu est égal à 9.

b. Quel est le résultat donné par le programme si le nombre de départ est $\frac{7}{3}$?

3. Montrer que, pour un même nombre de départ, les programmes de calcul d'Adam et Pauline donnent le même résultat.
4. Déterminer le ou les nombres de départ possibles pour que les résultats des programmes de calcul soient nuls. Justifier.
5. Adam souhaite automatiser les calculs de son programme pour les entiers naturels. Il utilise un tableur dont la copie d'écran est donnée ci-dessous.
Quelle formule doit-il saisir dans la case B2 pour qu'il puisse l'étirer vers le bas sur l'ensemble de la colonne ?

	A	B
1	**Nombre de départ**	**Résultat du programme**
2	1	-5
3	2	0
4	3	9
5	4	22
6	5	39

◆ Exercice 2 (CRPE 2020 GRPT 1)

Voici deux programmes de calcul, le premier est codé avec le logiciel Scratch :

Programme A

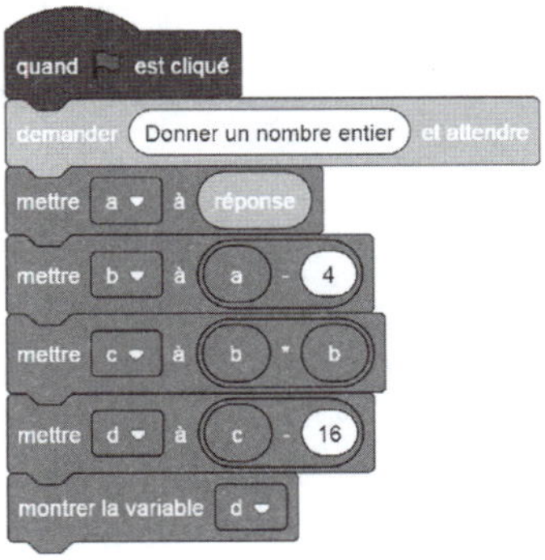

Programme B

– Choisir un nombre.
– Ôter 4 à ce nombre.
– Effectuer le produit du résultat obtenu par le double du nombre de départ.

1. Vérifier que le nombre 10, appliqué au programme A, permet d'obtenir 20.
2. Quel résultat obtient-on, en appliquant le nombre 5,2 au programme B ?
3. En appliquant un même nombre de départ, les programmes A et B peuvent-ils donner un résultat identique ?
4. Déterminer le ou les nombre(s) que l'on doit choisir au départ pour obtenir 0 comme résultat avec le programme A.

◆ Exercice 3 (CRPE 2021 GRPT 1)

Voici deux programmes de calcul écrits avec le logiciel Scratch :

Programme A

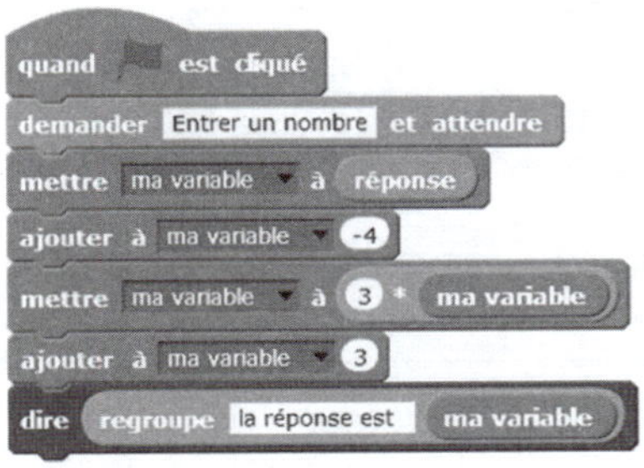

Programme B

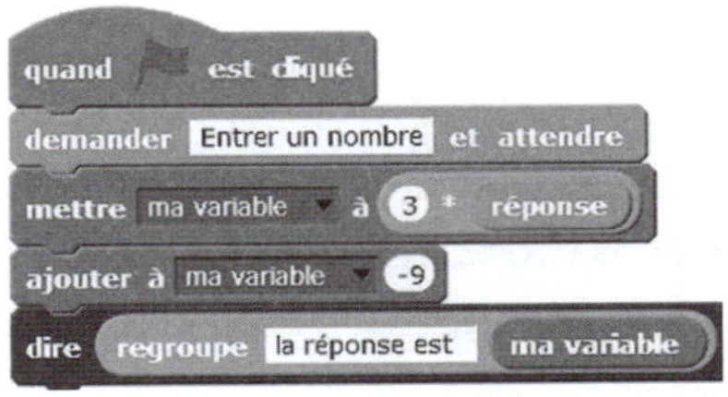

Dans les deux programmes, le nombre entré par l'utilisateur est stocké dans la variable « réponse ».
1. On entre différents nombres dans les deux programmes.
a. Avec le programme A, montrer que si on entre le nombre 5, on obtient 6.
b. Quel est le nombre obtenu si on entre le nombre 5 avec le programme B ?
c. Calculer le nombre obtenu avec les programmes A et B si on entre le nombre 5,2.
d. Quelle conjecture pouvez-vous émettre ? Valider ou rejeter votre conjecture par une démonstration.
2. Quel nombre faut-il entrer avec le programme B pour obtenir la réponse 14 ?
3. Montrer que le résultat obtenu avec le programme B est divisible par 3 quel que soit le nombre entier entré dans le programme.

◆ Exercice 4 (CRPE 2020 GRPT 2)

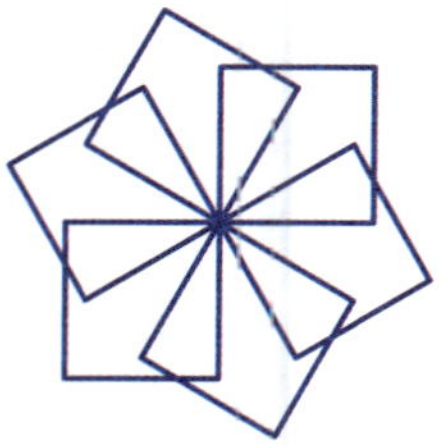

Pour réaliser la rosace ci-contre, on a défini un motif « Carré » et on a utilisé le programme ci-dessous.

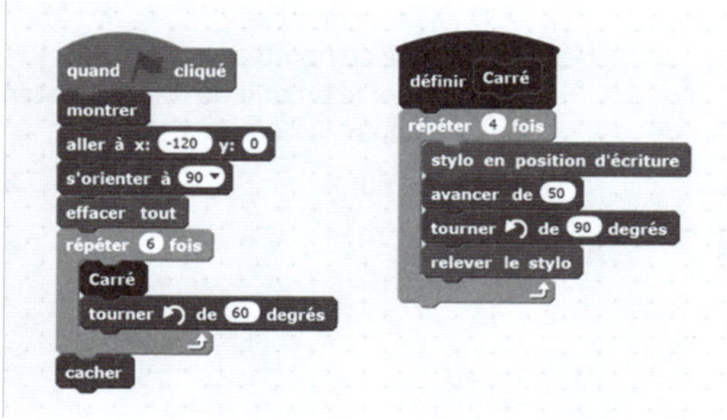

1. Combien de motifs « Carré » composent la rosace ?

2. Quelle transformation géométrique permet de passer d'un motif « Carré » au motif « Carré » suivant ?

3. Clément souhaite modifier le programme pour que la rosace soit composée de 10 motifs comme ci-dessous.
Quelles modifications doit-il apporter au programme ?

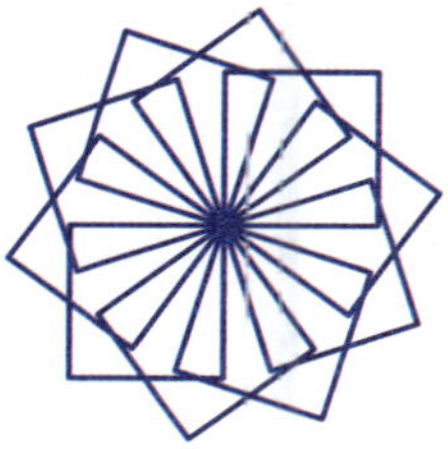

4. Iness souhaite obtenir la figure ci-dessous où chaque motif est espacé de 10 pixels.

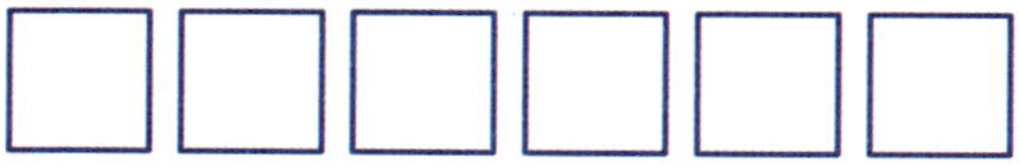

Par quelle instruction doit-elle remplacer l'instruction `tourner ↺ de 60 degrés` pour obtenir cette nouvelle figure ?

◆ Exercice 5 (CRPE 2020 GRPT 1)

Rappel du volume d'un cylindre : *V = Aire de la base × hauteur*

Dans tout cet exercice, on négligera l'épaisseur du métal.

Minimisation du coût de fabrication d'une boite de conserve

Le fabricant doit produire des boites de conserve cylindriques de volume fixé 908 cm^3. Il souhaite minimiser le coût du métal, pour cela il cherche à minimiser l'aire totale A de la boite ; celle-ci correspond à la somme de l'aire des disques de base et de l'aire de la surface latérale du cylindre. Il étudie l'évolution de l'aire de métal totale A, en centimètre carré, en fonction du rayon r, en centimètre, du disque de base.

1. Sachant que le volume de la boite est de 908 cm^3, donner l'expression de la hauteur h, exprimée en centimètre, de la boite en fonction du rayon r.

2. Pour calculer l'aire totale des cylindres de rayons différents, on a construit à l'aide d'un tableur la feuille de calcul suivante :

	A	B	C	D	E
1	Rayon r (cm)	Hauteur h (cm)	Aire d'un disque de base (cm²)	Aire latérale (cm²)	Aire totale du cylindre (cm²)
2	1	289,0	3,1	1816,0	1822,3
3	2	72,3	12,6	908,0	933,1
4	3	32,1	28,3	605,3	661,9
5	4	18,1	50,3	454,0	554,5
6	5	11,6	78,5	363,2	520,3
7	6	8,0	113,1	302,7	528,9
8	7	5,9	153,9	259,4	567,3
9	8	4,5	201,1	227,0	629,1
10	9	3,6	254,5	201,8	710,7
11	10	2,9	314,2	181,6	809,9
12	11	2,4	380,1	165,1	925,4
13	12	2,0	452,4	151,3	1056,1
14	13	1,7	530,9	139,7	1201,6
15	14	1,5	615,8	129,7	1361,2
16	15	1,3	706,9	121,1	1534,8
17	16	1,1	804,2	113,5	1722,0
18	17	1,0	907,9	106,8	1922,7
19	18	0,9	1017,9	100,9	2136,6
20	19	0,8	1134,1	95,6	2363,8
21	20	0,7	1256,6	90,8	2604,1

a. Sans justifier, parmi les cinq propositions données ci-dessous, recopier celle qui a été saisie dans la cellule C2 et étirée vers le bas jusqu'à la cellule C21.
Proposition 1 : = PI()*A1*A1
Proposition 2 : = PI()*A2*A2
Proposition 3 : = PI()*49,5*49,5
Proposition 4 : = PI()*1*1
Proposition 5 : = PI()*B2*B2

Rappel : *« PI() » correspond à la valeur du nombre π.*

b. On suppose que les colonnes A, B, C et D sont déjà remplies. Proposer une formule à saisir dans la cellule E2 et copiée par glissement vers le bas jusqu'à la cellule E21, donnant l'aire totale du cylindre.
c. En utilisant la feuille de calcul ci-dessus, conjecturer un encadrement d'amplitude minimale du rayon, correspondant au coût minimal de métal pour la fabrication de cette boite de conserve.

CORRIGÉS

◆ Exercice 1

1. a. Si le nombre de départ est 3 :
valeur 1 = 2 × nombre de départ = 2 × 3 = 6
valeur 2 = valeur 1 + 3 = 6 + 3 = 9
valeur 3 = nombre départ – 2 = 3 – 2 = 1
résultat = valeur 2 × valeur 3 = 9 × 1 = 9
Le résultat est donc 9.
b. Si le nombre de départ est 2,4, on a successivement :
valeur 1 = 2 × nombre de départ = 2 × 2,4 = 4,8
valeur 2 = valeur 1 + 3 = 4,8 + 3 = 7,8
valeur 3 = nombre départ – 2 = 2,4 – 2 = 0,4
résultat = valeur 2 × valeur 3 = 7,8 × 0,4 = 3,12
Le résultat est donc 3,12.

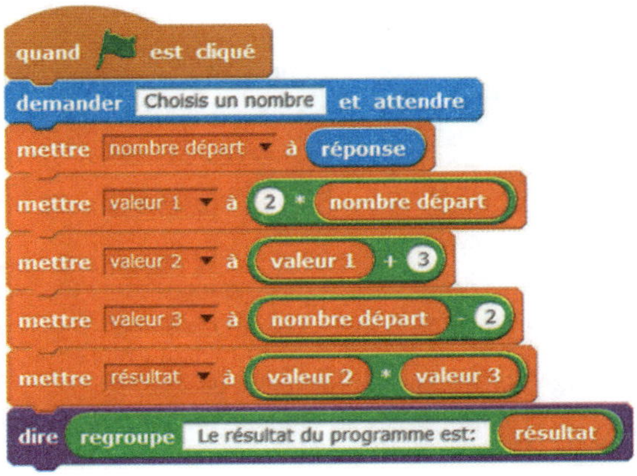

c. nombre départ = x
valeur 1 = $2 \times x = 2x$
valeur 2 = valeur 1 + 3 = $2x + 3$
valeur 3 = nombre départ − 2 = $x - 2$
résultat = valeur 2 × valeur 3 = $(2x + 3)(x - 2)$
En développant $(2x + 3)(x - 2)$, on obtient : $2x^2 - 4x + 3x - 6$, soit $2x^2 - x - 6$.
2. a. Si le nombre choisi est 3 :
Élever ce nombre au carré donne 9.
Soustraire 3 donne 6.
Multiplier par 2 donne 12.
Soustraire le nombre de départ donne 9.
b. Si le nombre de départ est $\frac{7}{3}$ on obtient successivement :

$$\left(\frac{7}{3}\right)^2$$

$$\left(\frac{7}{3}\right)^2 - 3$$

$$2 \times \left[\left(\frac{7}{3}\right)^2 - 3\right]$$

$$2 \times \left[\left(\frac{7}{3}\right)^2 - 3\right] - \frac{7}{3}$$

$$2 \times \left[\left(\frac{7}{3}\right)^2 - 3\right] - \frac{7}{3} = 2 \times \left(\frac{49}{9} - 3\right) - \frac{7}{3}$$

$$2 \times \left[\left(\frac{7}{3}\right)^2 - 3\right] - \frac{7}{3} = \frac{98}{9} - 6 - \frac{7}{3}$$ après réduction au même dénominateur

$$2 \times \left[\left(\frac{7}{3}\right)^2 - 3\right] - \frac{7}{3} = \frac{98}{9} - \frac{54}{9} - \frac{21}{9} = \frac{23}{9}$$

3. Si on prend x comme nombre de départ et que l'on applique les quatre instructions du programme de Pauline on obtient successivement $x^2 \rightarrow x^2 - 3 \rightarrow 2 \times (x^2 - 3) \rightarrow 2 \times (x^2 - 3) - x$
En développant et en simplifiant le résultat final, il vient : $2 \times (x^2 - 3) - x = 2x^2 - 6 - x$, soit $2x^2 - x - 6$ égal au résultat obtenu par Adam.
4. Pour déterminer le ou les nombres de départ possibles qui renvoient un résultat nul il suffit de résoudre l'équation $2x^2 - x - 6 = 0$.
Dans la question **1. c** on a établi que $(2x + 3)(x - 2) = 2x^2 - x - 6$
On a donc $2x^2 - x - 6 = 0$ si et seulement si $(2x + 3)(x - 2) = 0$
On est en présence d'une équation produit.
Or un produit de facteurs est nul si et seulement si l'un de ces facteurs est nul.
On a donc $2x + 3 = 0$ ou $x - 2 = 0$
$2x + 3 = 0 \Leftrightarrow 2x = -3$
$2x + 3 = 0 \Leftrightarrow x = -\frac{3}{2} = -1,5$
ou $x - 2 = 0 \Leftrightarrow x = 2$
Les nombres de départ possibles conduisant à un résultat nul sont donc −1,5 ou 2.
5. Dans la cellule B2, saisir la formule suivante : = 2*A2^2–A2–6 puis l'étirer vers le bas.

	A	B
1	Nombre départ	Résultat du programme
2	1	=2*A2^2-A2-6
3	2	0
4	3	9
5	4	22
6	5	39

◆ Exercice 2

1. En remplaçant a par 10, on obtient 20.
2. Résultat 12,48.
3. Les programmes A et B donnent des résultats identiques pour un nombre de départ égal à 0.
4. Pour obtenir 0 au résultat avec le programme A, choisir 0 ou 8 comme nombre de départ.

◆ Exercice 3

1. a. Ma variable prend la valeur 5, puis 5 – 4, soit 1, puis 3×1, soit 3, puis 3 + 3, donc la réponse est 6.
b. La réponse est 6.
c. Si on entre 5,2 avec les programmes A et B, on obtient un résultat égal à 6,6.
d. On peut conjecturer que les programmes A et B donnent le même résultat.
2. Il faut donc entrer $\frac{23}{3}$ dans le programme B pour obtenir la réponse 14.
3. La réponse donnée par le programme B est $3x - 9 = 3(x - 3)$, nombre divisible par 3.

◆ Exercice 4

1. La rosace est composée de 6 motifs « Carré ».
2. Rotation de 60° dans le sens direct.
3. Répéter le motif « Carré » 10 fois et une rotation de 36°.

4. Pour obtenir cette nouvelle figure il faut remplacer l'instruction `tourner ↺ de 60 degrés` par l'instruction `avancer de 60`.

◆ Exercice 5

1. $h = \frac{908}{\pi r^2}$.
2. a. La formule saisie dans la cellule C2 est la proposition 2 : PI()*A2*A2.
b. La formule donnant l'aire totale à saisir dans la cellule 2 est : = 2*C2+D2.
c. L'encadrement d'amplitude minimale du rayon est : $5 < r < 6$.

Sur Lea.fr

Corrigés développés et exercices complémentaires

7. La proportionnalité

JE M'ÉVALUE

VRAI OU FAUX ?

1. $\frac{1}{5}$ et 5 % représentent la même proportion.

2. La taille et le poids d'un individu tout au long de sa vie sont des grandeurs proportionnelles.

3. Une augmentation en pourcentage ne peut excéder 100 %.

4. $\frac{3}{4}$ = 0,75 %.

5. Si j'augmente un prix de 20 % il suffira de baisser ce nouveau prix du même pourcentage pour revenir au prix initial.

6. 30 % d'une population donnée, c'est le tiers de cette population.

7. 50 % de 50 % c'est 25 %.

8. Si une population augmente régulièrement de 10 % par an alors au bout de dix ans cette population aura été multipliée par $(1,1)^{10}$.

9. Diminuer une quantité successivement de trois fois 20 % revient à diminuer cette quantité de 60 %.

10. Le tiers de la moitié du quart représente un vingt-quatrième.

Réponses : 1.F – 2.F – 3.F – 4.F – 5.F – 6.F – 7.V – 8.V – 9.F – 10.V

JE RÉVISE

A - LA PROPORTIONNALITÉ SIMPLE

1. QU'EST-CE QU'UNE PROPORTION ?

Une proportion est une indication quantitative relative.

Ex. : La moitié est une proportion.

L'expression : « J'ai mangé la moitié » ne donne d'indication sur la quantité mangée qu'à la condition d'ajouter l'information supplémentaire « la moitié de quoi ».

« J'ai mangé la moitié de la tarte » est une indication quantitative précise.

2. QU'EST-CE QU'UNE SITUATION DE PROPORTIONNALITÉ SIMPLE ?

- **Contextes et modèles mathématiques**

Les pratiques marchandes sont la plupart du temps sous-tendues par une situation de proportionnalité, c'est-à-dire une situation dans laquelle le prix unitaire des marchandises ne varie pas en fonction de la quantité achetée ou vendue.

Ex :
Problème : dans une boulangerie trois croissants coûtent 3,60 €, combien paiera-t-on pour cinq croissants ?

Résolution et commentaires :
Dans cette situation on considère que les croissants sont tous au même prix et que la quantité achetée n'a pas d'incidence sur le prix.

On calcule aisément le prix d'un croissant : 3,60 : 3 = 1,20 €

Appelons x le nombre de croissants achetés et y le prix à payer.

On a $y = 1{,}20\,x$, pour tout x entier naturel.

On dit que le nombre de croissants achetés et le prix à payer sont des grandeurs proportionnelles.
Dans cette situation le coefficient de proportionnalité est 1,20.

Le prix à payer pour cinq croissants est : $1{,}20 \times 5 = 6$ €

Nombre de croissants	1	3	5
Prix à payer	1,20 €	3,60	6 €

Certaines découvertes scientifiques font aussi apparaitre le modèle mathématique de la proportionnalité.

Ex :
On sait depuis Archimède que la mesure C, de la longueur de la circonférence d'un cercle, et la mesure D de la longueur de son diamètre, sont liées par la formule :

$$\mathbf{C = \Pi \times D}$$

Ce qui signifie que :

1. pour obtenir la longueur C de la circonférence d'un cercle, il suffit de multiplier son diamètre D par le nombre Π ;
2. pour obtenir le diamètre D d'un cercle en connaissant sa circonférence C, il suffit de diviser cette dernière par Π ;
3. lorsqu'on calcule, pour n'importe quel cercle, le quotient $\frac{C}{D}$ le résultat est toujours égal au nombre Π ;
4. la proportion $\frac{C}{D}$ est toujours égale au nombre Π.

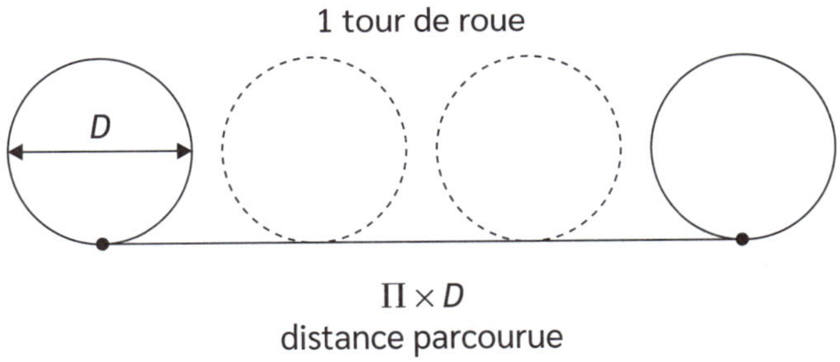

On dit que les grandeurs **<u>C et D sont des grandeurs proportionnelles</u>**, elles varient de la même manière : par exemple si on double le diamètre, on double également la circonférence.

N'OUBLIONS PAS !

On rappelle que le nombre π est un nombre réel dont l'écriture décimale est illimitée et non périodique.
Une approximation usuelle rationnelle non décimale de π est $\frac{22}{7}$.
Une approximation décimale usuelle de π est 3,14 à 10^{-2} près (3,14159 à 10^{-5} près).

Sur Lea.fr
7.1 Archimède

Mathématiquement :

Soit *f* la fonction (*cf.* paragraphe suivant) qui modélise cette situation, on a :

$f(D) = C = \Pi \times D$

On peut présenter les données dans un tableau :

$\times \pi$

Diamètre du cercle	1	2
Circonférence du cercle	π	2π

Le coefficient de proportionnalité Π est indiqué comme opérateur entre les deux lignes dans une bulle à gauche du tableau.

◆ Grandeurs proportionnelles

Soient x et y deux mesures de deux grandeurs.
Si pour toute valeur de x, la valeur de y correspondante est telle que $y = ax$, on dit que x et y sont des mesures **de grandeurs proportionnelles**.
Le nombre a est appelé **coefficient de proportionnalité**.

3. LES FONCTIONS LINÉAIRES

◆ Notation et vocabulaire mathématiques (voir chapitre sur les fonctions)

Une fonction linéaire est une relation qui à tout nombre x d'un ensemble de départ associe le nombre $y = ax$ d'un ensemble d'arrivée.
x est appelé l'antécédent.
y est appelé l'image.
La fonction peut être notée : $f : x \to y \,;\, y = ax$
ou, plus simplement, $f(x) = ax$, en précisant quel est l'ensemble de départ.

Le nombre a est appelé coefficient directeur de la fonction.

Ex :
Les fonctions définies dans $\mathbb{R}$, l'ensemble des nombres réels, par :
$f(x) = 3x$

$g(x) = \frac{5}{4}x$

$h(x) = x\sqrt{2}$

sont des fonctions linéaires.

Sur Lea.fr
7.2 Un tour de roue sur un vélo

N'OUBLIONS PAS !

Toute situation qui peut être modélisée par une fonction linéaire est une situation de proportionnalité.

◆ Représentation graphique et coefficient de proportionnalité

La représentation graphique d'une fonction linéaire $f(x) = ax$ est une droite qui passe par l'origine du repère.
Pour tracer cette droite, il suffit donc de connaitre un deuxième point (autre que O) faisant partie de cette représentation graphique.
Le plus souvent, on utilise le point de coordonnées (1 ; a), mais tout autre point peut convenir.

Le nombre a est appelé coefficient directeur de la droite représentative de la fonction f ; c'est également le coefficient de proportionnalité.

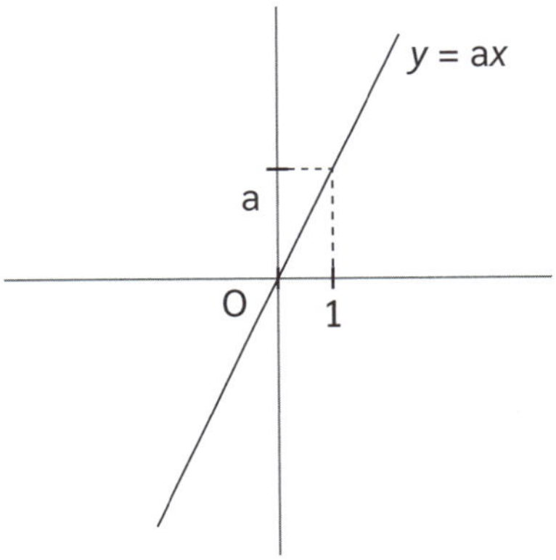

Remarque : Pour résoudre les problèmes de proportionnalité, on recourt souvent à l'utilisation du nombre a.

Ex :
5 m de ruban coûtent 6 €. Combien coûtent 7 m de ce même ruban ?

On calcule le coût d'un mètre de ruban $\frac{6}{5} = 1{,}20$ €.
Le prix de 7 m est $7 \times 1{,}20 = 8{,}40$ €.

Pour ce faire, on a considéré que le problème était une situation de proportionnalité (le prix du ruban au mètre ne dépend pas de la quantité achetée), que le modèle mathématique est :
$f(x) = 1{,}20x$
Et donc $f(7) = 1{,}20 \times 7 = 8{,}40$
Selon le contexte, cette procédure peut être qualifiée de **« retour à l'unité »** (On détermine l'image de 1, ce qui revient à rechercher le coefficient de proportionnalité).

En utilisant un tableau :

($\times \frac{1}{2}$)

Métrage	5	7
Prix	6	8,40

◆ Propriétés des fonctions linéaires

Les fonctions linéaires possèdent deux propriétés essentielles :
– **La propriété de linéarité additive :** pour tout x_1 et x_2 de l'ensemble de départ on a :
$f(x_1 + x_2) = f(x_1) + f(x_2)$
– **La propriété de linéarité multiplicative :** pour tout x de l'ensemble de départ et tout nombre λ (appelé scalaire) on a :
$f(\lambda x) = \lambda f(x)$

Ces deux propriétés fondamentales des fonctions linéaires sont très souvent utilisées pour résoudre des problèmes de proportionnalité (surtout à l'école élémentaire, au cycle 3, au début de l'apprentissage de cette notion).
Mais ce sont aussi dans la vie courante des procédures très pratiques qui nécessitent des calculs souvent simples pour résoudre des problèmes de proportionnalité.

Ex :
Utilisation de la propriété de linéarité additive
5 m de ruban coûtent 6 €. 7 m du même ruban coûtent 8,40 €. Combien coûtent 12 m de ce ruban ?
Pour résoudre ce problème qui relève de la proportionnalité, on peut calculer le prix du ruban au mètre et ensuite calculer le prix de 12 mètres en multipliant le prix trouvé par 12.
Mais on peut aussi remarquer que 12 = 5 + 7.
Et d'en conclure que le prix à payer pour 12 m de ruban est : 6 + 8,40 = 14,40 €.

Pour ce faire, nous utilisons la propriété de linéarité additive de la fonction linéaire qui modélise cette situation.
Soit f cette fonction, on a :
$f(12) = f(5+7) = f(5) + f(7) = 6 + 8,40 = 14,40$

En utilisant un tableau :

(+ : 5 + 7 → 12 ; 6 + 8,40 → 14,40)

Métrage de ruban	5	7	12
Prix à payer	6	8,40	14,40

Ex :
Utilisation de la propriété de linéarité multiplicative
7 m de ruban coûtent 8,40 €. Combien coûtent 21 m de ce même ruban ?
On peut là aussi penser à calculer le prix d'un mètre de ruban, mais n'est-il pas plus simple là encore de remarquer que 21 = 3 × 7 et donc que le prix à payer pour 21 m est :
3 × 8,40 = 25,20 € ?

Pour ce faire, nous utilisons la propriété de linéarité multiplicative :
$f(21) = f(3 \times 7) = 3 \times f(7) = 3 \times 8{,}40 = 25{,}20$

On a utilisé le scalaire 3.

En utilisant un tableau :

$\times 3$ (de 7 vers 21)

Métrage de ruban	7	21		
Prix à payer	8,40	25,50		

$\times 3$ (de 8,40 vers 25,50)

Remarque : Attention à ne pas confondre le scalaire multiplicatif et le coefficient de proportionnalité !

◆ Coefficient directeur, pente, tangente

Coefficient directeur

On considère uniquement les cas où a > 0, ce sont ceux qui peuvent intervenir dans la modélisation de situations de proportionnalité simple rencontrées à l'école élémentaire.

Le nombre a, **appelé coefficient directeur**, rend compte de **l'orientation de la droite** représentative de la fonction.

Plus a est proche de zéro, plus la droite tend vers l'horizontal (axe des abscisses). Plus a est grand, plus la droite tend vers la verticale (axe des ordonnées).

Voici deux exemples pour illustrer ce fait :

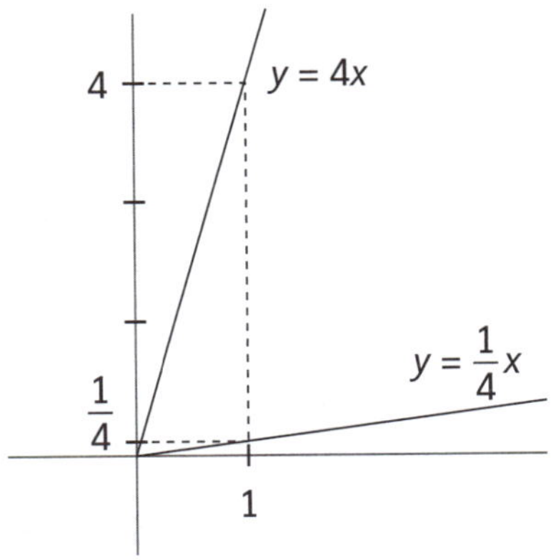

Tangente

« L'orientation » d'une droite peut être indiquée par l'angle qu'elle fait avec l'horizontale.

Par exemple, voici une droite représentative d'une fonction linéaire qui forme avec l'horizontale un angle de 45° :

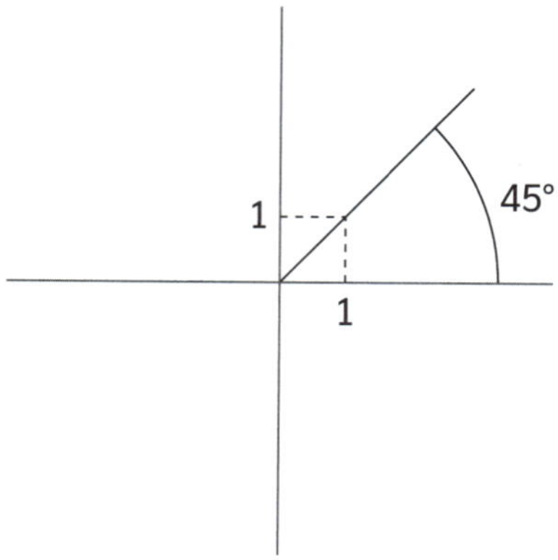

On peut aussi indiquer cette orientation de droite par la tangente de cet angle.

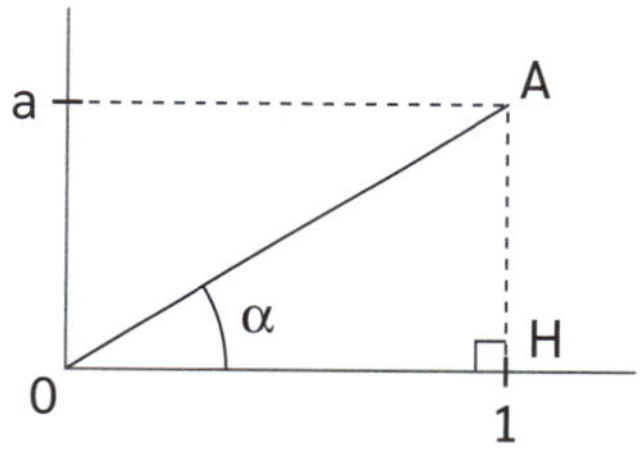

$$\textbf{Tan}\alpha = \frac{\textbf{AH}}{\textbf{OH}} = \frac{\textbf{a}}{\textbf{1}} = \textbf{a}$$

À SAVOIR

Le nombre a (coefficient de proportionnalité, coefficient directeur) est également **la tangente de l'angle** que la droite forme avec l'horizontale (l'axe des abscisses).

Remarques :

– Dans le cas d'une droite à 45 ° la tangente est égale à 1. La droite représente la fonction linéaire $f(x) = 1.x = x$

– Si le nombre a est égal à $\frac{1}{2}$, l'angle correspondant est égal à 26,56° à 10^{-2} près. Cela permet aussi de tracer la droite si on dispose d'un rapporteur.

Pente
Une autre façon d'indiquer l'orientation d'une droite est d'indiquer sa pente.

C'est la mesure du dénivelé effectué pour un parcours horizontal de 100 unités (mètres).

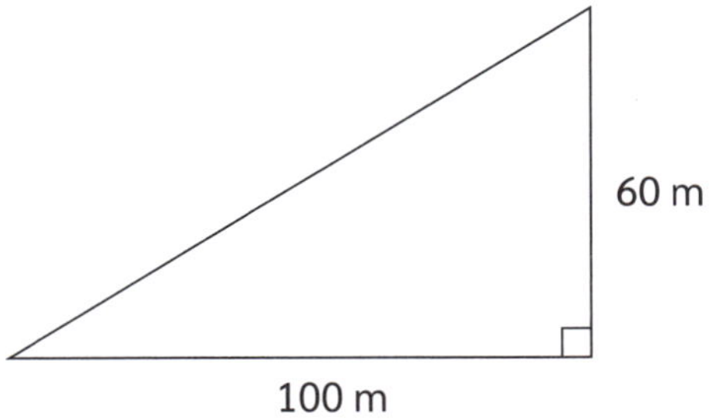

Ci-dessus la pente est de 60 pour cent.
Ce qui s'écrit 60 %.

Fonction linéaire et pente
Soit la fonction linéaire $f(x) = ax$
Sa représentation graphique est :

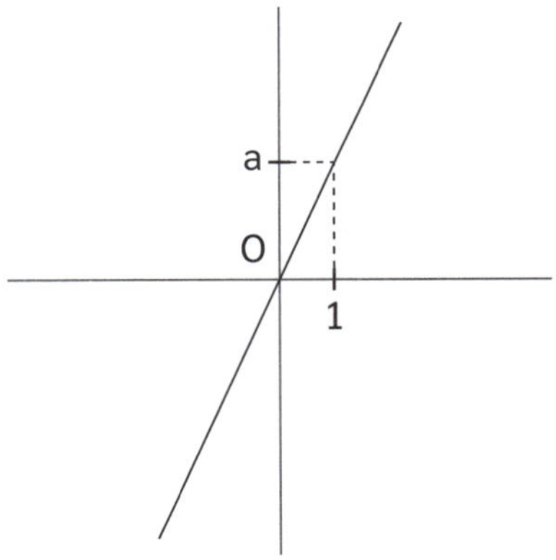

La pente de la droite représentative de la fonction linéaire $f(x) = ax$ est égale à 100a pour cent (100a %).

Ex :
Pour la fonction linéaire $f(x) = 2x$, la pente de la droite est 200 %.
Pour la fonction $g(x) = x$ la pente de la droite est 100 %.

4. RECONNAITRE ET TRAITER UNE SITUATION DE PROPORTIONNALITÉ

◆ Reconnaitre

La fonction linéaire n'apparait pas toujours de façon évidente dans l'énoncé d'un problème relevant de la proportionnalité.

Souvent, le contexte du problème semble suffire pour justifier qu'il relève de la proportionnalité (c'est le cas des pratiques marchandes) mais il est toujours intéressant de s'assurer que la situation relève de la proportionnalité en :
– vérifiant que le modèle mathématique est bien une fonction linéaire ;
– utilisant un tableau pour s'assurer que pour chaque valeur de la ligne du haut (les antécédents), on obtient les valeurs de la ligne du bas (les images) en multipliant toujours par le même nombre (le coefficient de proportionnalité) ;
– vérifiant que les données du problème sont bien représentées par des points alignés avec l'origine du repère.

◆ Traiter

Nous avons vu précédemment quelques-unes de procédures de résolution des problèmes relevant de la proportionnalité :
– utilisation d'un tableau de proportionnalité,
– procédure du retour à l'unité ou utilisation du coefficient de proportionnalité,
– utilisation de la propriété de linéarité additive,
– utilisation de la propriété de linéarité multiplicative.

Pour déterminer une quatrième proportionnelle, d'autres procédures peuvent être utilisées :
– **la règle de trois :** cette procédure est une généralisation de la procédure de « retour à l'unité » pour les contextes ou cette expression n'a pas de sens.
L'image de 3 est 5 donc l'image de 4 est :

$$\frac{5}{3} \times 4$$

– **le produit en croix :** cette procédure est une généralisation de « la règle de trois » et « du retour à l'unité ».
Si deux proportions sont équivalentes, les deux fractions qui les représentent sont égales :

$$\frac{a}{b} = \frac{c}{d}$$

Et alors : $a \times d = b \times c$
Par exemple, le tableau ci-dessous est un tableau de proportionnalité ; on cherche la quatrième proportionnelle x :

N'OUBLIONS PAS !

Quatrième proportionnelle : valeur de x qui fera de ce tableau un tableau de proportionnalité.

Sur Lea.fr
7.3 Exemple de pratiques marchandes qui ne sont pas des situations de proportionnalité
7.4 Exemple et contre exemple
7.5 Exemple et contre exemple

3	4
5	x

Ce tableau est un tableau de proportionnalité si et seulement si : $\frac{3}{5} = \frac{4}{x}$

D'où : $3x = 4 \times 5$

$X = \frac{4 \times 5}{3} = \frac{20}{3}$

On remarquera que selon les procédures, les calculs conduisent au même résultat mais les écritures utilisées ne sont pas exactement les mêmes :
Dans un cas on écrit :

$$\frac{5}{3} \times 4$$

Dans l'autre cas on écrit :

$$\frac{4 \times 5}{3}$$

– **la méthode graphique :**

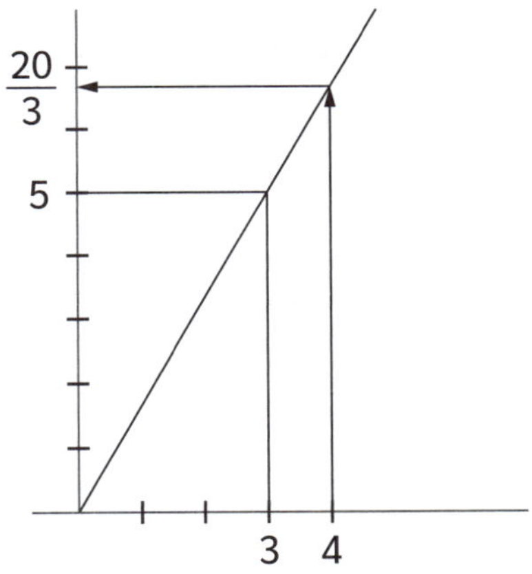

5. LES SUITES PROPORTIONNELLES

Partons d'un exemple familier :
Pour faire des crêpes pour 4 personnes, il faut :

240 g de farine, 80 g de sucre, 4 œufs, $\frac{1}{2}$ litre de lait.

Donnez la liste des ingrédients nécessaires pour faire des crêpes pour 12 Personnes.
La liste à dresser pour faire les mêmes crêpes pour 12 que pour 4 doit respecter les proportions.

La modélisation mathématique est ici moins simple que dans nos exemples précédents.

On peut modéliser à partir de chaque couple de grandeurs :
Nombre de personnes / quantité de farine : $f(x) = 60x$
Nombre de personnes / quantité de sucre etc. $g(x) = 20x$

Quantité de farine / quantité de sucre $h(x) = \frac{1}{3}x$

Ou bien encore considérer que la liste des ingrédients doit être proportionnelle à la précédente.
Comme il y a trois fois plus de personnes, il faut trois fois plus d'ingrédients.

La recette pour 12 personnes sera :
720 g de farine, 240 g de sucre, 12 œufs, 1,5 litre de lait

$$\frac{720}{240} = \frac{240}{80} = \frac{12}{4} = \frac{1{,}5}{\frac{1}{2}}$$

Ces quotients sont égaux entre eux et égaux à 3.

Les suites (240, 80, 4, $\frac{1}{2}$) et (720, 240, 12, 1, 5) sont des suites proportionnelles.

Ainsi, deux suites de nombres (a, b, c...) et (a′, b′, c′...) sont dites proportionnelles si on passe des valeurs successives de l'une aux valeurs successives de l'autre, dans le même ordre, en multipliant par le même nombre.

6. POURCENTAGES

Une proportion peut être exprimée de différentes manières. Par exemple, on peut dans une recette donner les indications :
Un demi-litre de lait

$\frac{1}{2}$ litre de lait

La moitié d'un litre de lait

Exprimées de trois manières différentes, ces quantités de lait sont identiques.
On utilise cette manière de faire lorsque les proportions relèvent de fractions usuelles : un quart, un tiers, trois-quarts etc.

Lorsque les proportions sont moins usuelles, il est pratique de recourir aux pourcentages.
Le pourcentage est une proportion ramenée à une quantité théorique toujours identique : 100.

Sur Lea.fr
7.6 Autres exemples et contre exemples de suites proportionnelles

Ex :
La moitié

La moitié peut être représentée par la fraction $\frac{1}{2}$. Ce qui signifie que si la quantité totale théorique est 2 alors on en prendra 1 qui est la moitié de 2.
Pour déterminer le pourcentage qui représentera cette proportion, il suffit de trouver la valeur de x dans l'équation suivante : $\frac{1}{2} = \frac{X}{100}$

En utilisant le produit en croix on obtient : $2x = 100$ ou $x = 50$
Le pourcentage qui représente la proportion moitié est 50 pour cent et on écrit 50 %.

Ex :

$\frac{3}{4} = 75\ \%$

$\frac{1}{4} = 25\ \%$

◆ Calcul de pourcentages

Les problèmes de pourcentage, selon ce que l'on connait, conduisent à calculer divers éléments de la situation.

◆ Calcul du pourcentage en connaissant les quantités (ou valeur ou mesure)

Ex :
Dans un lycée qui comporte 1 200 élèves en tout, on sait que 630 sont des filles.
Quel est le pourcentage de garçons dans cet établissement scolaire ?
Réponse :
1 200 – 630 = 570
Il y a 570 garçons dans ce lycée.
En pourcentage :

$$\frac{570}{1200} = \frac{x}{100}$$

$$X = 570 \times \frac{100}{1200} = 47{,}5\ \%$$

◆ Calcul d'une quantité (ou valeur ou mesure connaissant le pourcentage)

Ex :
Dans un autre lycée, il y a 1 500 élèves et il y a 47 % de garçons.
Combien y a t-il de garçons ?

$$\frac{47}{100} \times 1500 = 705$$

◆ Taux d'évolution

Les problèmes de pourcentage sont souvent des problèmes d'augmentation de diminution (d'évolution) :

– Calcul de la valeur finale (ou quantité ou mesure) après augmentation

Augmenter ou diminuer une valeur donnée d'un pourcentage.

Pour augmenter une valeur de pourcentage *t* % :
Multiplier cette valeur par le coefficient multiplicateur $\left(1+\frac{t}{100}\right)$.

Ex : si le prix d'un article de 150 € augmente de 12 %, combien coûtera cet article ?

Le prix final est de : $150 \times \left(1+\frac{12}{100}\right) = 150 \times 1{,}12$, soit 168 €

L'article coûtera après augmentation : 168 €

– Calcul de la valeur finale (ou quantité ou mesure) après diminution :

Pour diminuer une valeur de pourcentage *t* % :
Multiplier cette valeur par le coefficient multiplicateur $\left(1-\frac{t}{100}\right)$

Ex :
Si le prix d'un article de 150 € diminue de 12 %, quel sera le nouveau prix de cet article ?

Le prix final est de : $150 \times \left(1-\frac{12}{100}\right) = 150 \times 0{,}88$, soit 132 €

L'article coûtera 132 € après remise.

– Calcul de la quantité (ou valeur ou mesure) initiale connaissant la valeur finale après une augmentation ou une diminution

Après une augmentation de 25 %, un objet coûte 200 €. Quel était son prix avant cette augmentation ?

Ancien prix = $\frac{200}{\left(1+\frac{25}{100}\right)} = \frac{200}{1{,}25} = 160$ €.

L'objet coûtait au départ 160 €.

Quand l'évolution est une diminution.

Pour retrouver une valeur initiale, connaissant la valeur finale et le taux de diminution t % :
– appliquer la formule :

$$\text{valeur initiale} = \frac{\text{valeur finale}}{\left(1 - \frac{t}{100}\right)}.$$

Ex :
Après une baisse de 15 %, un objet coûte 153 €. Quel était son prix ?

$$\text{Ancien prix} = \frac{153}{\left(1 - \frac{15}{100}\right)} = \frac{153}{0{,}85} = 180\ €.$$

L'objet coûtait au départ 180 €.

◆ Cumul de pourcentages

Les problèmes de pourcentages sont souvent des problèmes de cumuls de variations, deux augmentations ou deux diminutions successives, ou bien l'une, puis l'autre.
Dans le domaine de la finance, les problèmes relatifs aux hausses ou baisse de prix, ou à l'épargne et aux emprunts, conduisent à des cumuls successifs de nombreuses fois.

– **Calcul du taux global après des évolutions successives**

Après plusieurs augmentations
Pour calculer un taux d'évolution globale après des augmentations successives de t_1 % et t_2 % :
– calculer les coefficients multiplicateurs de chaque augmentation :

$\left(1 + \frac{t_1}{100}\right)$ et $\left(1 + \frac{t_2}{100}\right)$;

– faire le produit de ces coefficients multiplicateurs $\left(1 + \frac{t_1}{100}\right) \times \left(1 + \frac{t_2}{100}\right)$ pour avoir le coefficient multiplicateur global ;

– retrancher 1 au coefficient multiplicateur global trouvé et multiplier le résultat par 100, ce qui donnera le taux d'évolution global.

Ex :
Un article subit successivement des hausses de 8 %, de 11 % puis de 5 %. Quel est le taux d'évolution global du prix de cet article ?
1,08 ; 1,11 et 1,05 sont les coefficients multiplicateurs associés respectivement à 8 %, 11 %, et 5 % de hausse.

Le coefficient multiplicateur global est égal à 1,08 × 1,11 × 1,05, soit 1,25874.
Le taux d'évolution global est de 25,874 %.
((1,25874 – 1) × 100).

Après plusieurs diminutions
Pour calculer une grandeur après des diminutions successives de t_1 % et t_2 % :
– calculer les coefficients multiplicateurs de chaque diminution :

$\left(1-\frac{t_1}{100}\right)$ et $\left(1-\frac{t_2}{100}\right)$;

– faire le produit des coefficients multiplicateurs $\left(1-\frac{t_1}{100}\right)\times\left(1-\frac{t_2}{100}\right)$ pour avoir le coefficient multiplicateur global ;

– retrancher 1 à ce coefficient et multiplier le résultat par 100 pour avoir le taux d'évolution global.

B – DIFFÉRENTS TYPES DE PROBLÈMES RELEVANT DE LA PROPORTIONNALITÉ

1. LES ÉCHELLES

On utilise les échelles (en géographie notamment) pour représenter des objets réels de manière réduite, afin qu'ils tiennent dans l'espace d'une feuille par exemple.
L'échelle est le rapport entre la dimension sur le plan et la dimension réelle :

l'échelle $\frac{1}{1000}$ signifie que 1 cm sur le plan représente 1 000 cm sur le terrain réel.

On lit échelle au 1 millième.

Le modèle mathématique des problèmes d'échelle étant le suivant :

$$\text{Échelle} = \frac{\text{dimension sur plan}}{\text{dimension réelle}}$$

On conçoit de suite qu'il s'agit d'une situation de proportionnalité entre les deux longueurs (plan, terrain) et que le nombre échelle $\left(\frac{1}{1000}\text{ dans notre exemple}\right)$ est le coefficient de proportionnalité.

Comme dans tous les problèmes de proportionnalité, on peut être amené à calculer l'échelle, la dimension réelle, la dimension sur le plan, connaissant les deux autres.

Dimension réelle	1 000	2 000
Dimension sur plan	1	2

($\times \frac{1}{1000}$)

Sur Lea.fr
7.7 Autres exemples/calcul du taux global après des évolutions successives
7.8 Méthode

Ex :
Quel est le périmètre d'un champ qui sur un plan au 1/5 000 est représenté par un rectangle dont le périmètre est 20 cm ?
Le périmètre réel sera :
$20 \times 5\,000 = 10\,000$ cm soit 100 mètres

2. LA VITESSE

La vitesse est une grandeur quotient : $\text{vitesse} = \dfrac{\text{distance}}{\text{temps}}$.

Un mobile est animé d'un mouvement uniforme si sa vitesse v est constante.
Cela se traduit par la relation : $\boldsymbol{d = v \times t}$.

On en déduit : $v = \dfrac{d}{t}$, la vitesse v étant alors le coefficient de proportionnalité.

À vitesse constante, si la distance d du parcours double alors le temps t mis à la parcourir double également. On dit que d et t sont des grandeurs proportionnelles.

À RETENIR

Si la vitesse v d'un mobile est constante, alors la distance d parcourue par ce mobile est proportionnelle au temps t de ce parcours.

Ex :
Louis met 15 minutes pour rejoindre son domicile, distant de 10 km de son lieu de travail.
À quelle vitesse roule-t-il ?

La vitesse de Louis peut être donnée en m/s ou en km/h. Transformons 15 minutes en heure : 15 minutes = $\dfrac{1}{4}$ d'heure, d'où $v = \dfrac{10}{1/4} = 10 \times 4 = 40$.

Louis roule à 40 km/h.

3. LE DÉBIT

Le débit est modélisé par la formule : $\text{débit} = \dfrac{\text{volume}}{\text{temps}}$

Si le débit est constant les grandeurs volume (ou capacité) et temps sont proportionnelles.
Le débit exprimé par exemple en L/min est le coefficient de proportionnalité.

Sur Lea.fr
7.9 Autres exemples / les échelles

Ex. :
Un évier se remplit en 40 s avec un débit de 15 l/min. Quelle est sa contenance en litres ? en cm³ ?

Il faut d'abord veiller à bien accorder entre elles les unités choisies dans le problème.

Le temps de la question est exprimé en secondes : soit on le convertit en minutes soit on convertit le débit en L par seconde :

$$40 \text{ s} = \frac{40}{60} \text{ min} = \frac{2}{3} \text{ min}$$

On peut modéliser la situation en utilisant un tableau :

$\times 15$

Temps écoulé en minutes	$\frac{2}{3}$	
Capacité remplie en litres	10	

La contenance de l'évier en litres est :
10 litres
1 litre = 1 dm³ = 1000 cm³
Donc la capacité de l'évier est 10 000 cm³.

4. LA MASSE VOLUMIQUE ET DENSITÉ

La masse volumique est modélisée par la formule : $\text{masse volumique} = \frac{\text{masse}}{\text{volume}}$.

Les grandeurs masse et volume sont des grandeurs proportionnelles et la masse volumique (souvent exprimée en kg/m³) est le coefficient de proportionnalité.

Ex :
1,6 m³ de laiton a une masse de 13 440 kg. Calculer sa masse volumique.
La masse volumique du laiton est :
13 440 : 1,6 = 8 400 kg/m³

5. AGRANDISSEMENT ET RÉDUCTION

En géométrie, de nombreux problèmes traitent de questions d'agrandissement ou de réduction de figures. Dans ces problèmes les dimensions des figures changent mais ni la forme ni les rapports des mesures entre elles.

Ex :

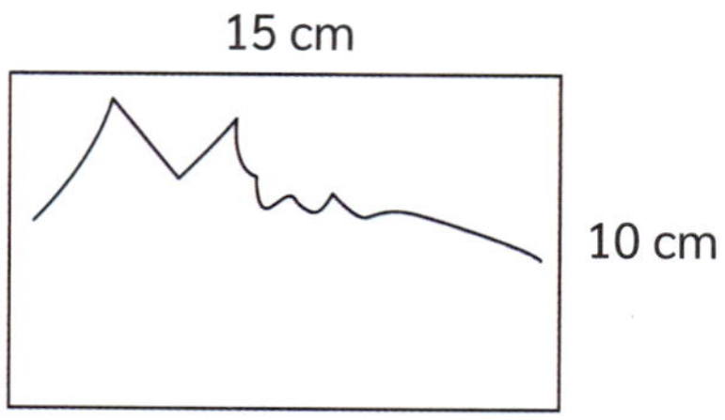

Sur Lea.fr

7.10 Autres exemples/le débit

7.11 Autres exemples/masse volumique et densité

Le format normal d'une photo est 10 cm × 15 cm.
On propose des « agrandissements » :
13 × 19 ; 20 × 30 ; 30 × 45 ; 50 × 75.

1. L'un des formats proposés n'est pas un agrandissement proportionnel au format initial, lequel ?
2. On souhaite faire un agrandissement dont la longueur est 90 cm. Quelle devra être sa largeur ? Donner le coefficient d'agrandissement.
3. On propose des formats réduits de la photo dont les longueurs seront 10 et 5. Quelles devront être leurs largeurs ?

C – LA PROPORTIONNALITÉ MULTIPLE, LES PARTAGES PROPORTIONNELS

1. LA PROPORTIONNALITÉ MULTIPLE

Certains problèmes de proportionnalité ne se réduisent pas au modèle mathématique habituel.

Un problème célèbre résume à lui seul la situation :

Sachant que 6 poules pondent 6 œufs en 6 jours, combien 12 poules pondent-elles d'œufs en 12 jours ?
Si on avait demandé combien 12 poules pondent d'œufs en 6 jours, nous serions face à un problème de proportionnalité simple. La réponse serait : le double soit 12 œufs.

Mais dans cette situation il y a une double proportionnalité : nombre d'œufs, nombre de poules mais aussi nombre d'œufs, nombre de jours.

Donc ici il faut doubler deux fois le nombre d'œufs de départ.
12 poules pondront en 12 jours 24 œufs.

2. LES PARTAGES PROPORTIONNELS

Répartir une quantité proportionnellement à une suite de nombres

Pour répartir une quantité S proportionnellement aux nombres a, b et c :
– écrire que l'on cherche les nombres x, y et z tels que

$$\frac{x}{a}=\frac{y}{b}=\frac{z}{c}=\frac{x+y+z}{a+b+c} \text{ avec } S = x + y + z$$

– calculer $\frac{x+y+z}{a+b+c}$, soit $\frac{S}{(a+b+c)}$;

Sur Lea.fr
7.12 Autre exemple / Agrandissement et réduction
7.13 Autres exemples / proportionnalité multiple

– calculer x sachant que $\frac{x}{a}=\frac{x+y+z}{a+b+c}$

– calculer y et z de la même manière ;
– vérifier que les trois nombres obtenus x, y et z sont bien tels que $x + y + z = S$.

Ex :
Partager une prime de 2 400 € entre trois salariés proportionnellement à leur ancienneté respective de 3, 5 et 8 ans.

Soient x, y et z la part de chacun.

On a donc $x + y + z = 2\,400$ et $\frac{x}{3}=\frac{y}{5}=\frac{z}{8}$

On a aussi $\frac{x}{3}=\frac{y}{5}=\frac{z}{8}=\frac{x+y+z}{3+5+8}=\frac{2\,400}{16}=150$

On peut donc calculer la part de chacun :

$\frac{x}{3}=150$, soit $x = 450$ € ; $\frac{y}{5}=150$, soit $y = 750$ € ; $\frac{z}{8}=150$, soit $z = 1\,200$ €.

Vérification : 450 + 750 + 1 200 = 2 400 €.

JE M'ENTRAÎNE

ÉNONCÉS

◆ Exercice 1

Un cycliste parcourt un même trajet à l'aller et au retour sans s'arrêter.
Sa vitesse est 20 km/h en montée et 40 km/h en descente.
L'aller se compose d'une montée et d'une descente dont la longueur est deux fois plus courte que celle de la montée.

1. Calculez sa vitesse moyenne sur le parcours aller.
2. Calculez sa vitesse moyenne sur le parcours retour.
3. Calculez sa vitesse moyenne sur le parcours aller- retour.

◆ Exercice 2

1. Au 10 janvier 2000, le Napoléon (pièce de 20 francs or) cote 330,60 francs français. Calculer sa valeur en marks allemands (au centième) en utilisant le tableau suivant.

PARITÉS EUROS	
1 EURO	
1,95583	mark (Allemagne)
40,3399	francs bel (Belgique)
166,386	pesetas (Espagne)
6,55957	francs (France)
1936,27	lires italiennes (Italie)

2. Le tableau ci-dessous représente les fluctuations du dollar par rapport à l'euro. La dernière ligne du tableau représente cette évolution en pourcentage. Reproduire et compléter ce tableau (la présentation des calculs est exigée).
Les valeurs du dollar seront arrondies au dix millième et les pourcentages seront arrondis au centième, par excès ou par défaut, au choix du candidat.

Dates	07/01	10/01	11/01	12/01	13/01	14/01
Dollar ($)	0,9713		0,9689	0,9737		0,9866
Euro (€)	1	1	1	1	1	1
Évolution en % par rapport à la date précédente		+ 0,40 %			– 0,01 %	+ 1,33 %

◆ Exercice 3

Cinq verres, de même contenance, remplissent un pichet. Pour remplir un jéroboam, il faut neuf pichets et trois verres.
Quelles sont les contenances d'un verre et du pichet ?
Il est rappelé qu'un jéroboam contient six litres et que les réponses sont demandées en centilitres.

CORRIGÉS

◆ Exercice 1

1. 24 km/h
2. 30 km/h
3. 26,67 km/h à 10^{-2} près

◆ Exercice 2

1. 98,57 DM à 10^{-2} près
2. 11/01 : –0,65 % ; 12/01 = 0,50 %

◆ Exercice 3

12,5 cl pour le verre et 62,5 pour le pichet.

Sur Lea.fr

Corrigés développés et exercices complémentaires

8. Statistiques

JE M'ÉVALUE

VRAI OU FAUX ?

1. Patrick a relevé les températures moyennes journalières du mois d'avril :

Température moyenne en °C	10	12	17	19
Nombre de jours	6	8	12	5

Ce tableau est valable pour les 3 premières questions.
a. La température moyenne du mois d'avril (tableau ci-dessus) est égale à : 14,85.
b. La température médiane du tableau ci-dessus est égale à : 17.
c. L'écart interquartile du tableau ci-dessus est égal à : 4.

2. La moyenne arithmétique de 8 nombres est 13. En retirant l'un de ces nombres, la moyenne est alors égale à 12. Le nombre retiré est égal à : 20.

3. La moyenne à un devoir d'une classe de 15 élèves présents était de 12/20. Un élève absent ayant composé le lendemain a relevé la moyenne de la classe à 12,25/20. La note obtenue par le 16e élève est égale à : 15.

4. L'étendue de la série de nombres 6 ; 7 ; 15 ; 3 ; 10 ; 12 ; 11 ; 9 est égale à : 3.

5. En augmentant toutes les notes des élèves d'une classe de 1 point, la note médiane de la classe augmentera de 1 point.

6. Soit les valeurs rangées dans l'ordre croissant : 2 ; 4 ; 4 ; 6 ; 7 ; 7 ; 8 ; 9 ; 9 ; 10 ; 10 ; 10 ; 10 ; 11 ; 11 ; 12 ; 13 ; 13 ; 13 ; 14 ; 15.
Le troisième quartile Q_3 est égal à : 12 V

7. Un professeur a donné un contrôle commun à trois de ses classes. Avant de rendre les copies à ses élèves, il a fait quelques calculs statistiques à partir de leurs notes.
Pour la classe A qui compte 24 élèves, il a relevé les informations suivantes :

Note minimale	Médiane	Moyenne	Étendue
5	11	12	14

Dire si chacune des affirmations ci-dessous est vraie ou fausse.
a. « La note maximale est 20. »
b. « Si on enlève une copie avec la note maximale et une copie avec la note minimale, la moyenne des notes restantes augmente. »
c. « Au moins la moitié des élèves ont une note de 12 ou plus. »

Réponses : 1a.F – 1b.V – 1c.F – 2.V – 3.F – 4.F – 5.V – 6.V – 7a. F – 7b. F – 7c. F

JE RÉVISE

La statistique est une méthode scientifique qui **recueille, ordonne, analyse et interprète** des données quantitatives ou qualitatives. Souvent pour une meilleure lisibilité et pour faciliter l'analyse et l'interprétation, ces données sont présentées à l'aide de graphiques. La statistique est aujourd'hui largement utilisée et ce dans des domaines aussi variés que la biologie, l'économie, l'agronomie...

Nous nous limitons ici aux **statistiques descriptives**, mais la statistique, c'est aussi **l'inférence statistique**, ensemble de techniques qui permettent d'induire les caractéristiques d'un groupe à partir de celles d'un échantillon, tout en fournissant une mesure de l'erreur possible de la prédiction.

A – VOCABULAIRE

L'ensemble sur lequel porte l'étude statistique est appelé : **population**.
Les éléments la composant sont appelés **individu** ou **unité statistique**.

Par exemple, l'ensemble des candidats au CRPE une année donnée est une **population**.
Chaque candidat est un individu ou unité statistique.
À chacune de ces unités statistiques peut être associé un **caractère** ou une **variable statistique**, mesurable ou pas.
Ex. : la note obtenue en mathématiques, l'âge, la série au bac...
Les valeurs prises par la variable statistique sont appelées : **modalités**.
Une variable statistique est soit **qualitative** soit **quantitative**.

1. CARACTÈRE OU VARIABLE STATISTIQUE

- **Caractère qualitatif**

Une variable qualitative est une variable qui n'est pas mesurable.

Ex. : sexe, département de naissance, mention obtenue au bac...
Une variable est **qualitative ordinale** lorsque les modalités qui lui sont associées peuvent être hiérarchisées.

Ex. : appréciation d'une prestation par les modalités : « mauvaise, moyenne, bonne ».

Une variable est **qualitative nominale** lorsque les modalités qui lui sont associées ne peuvent pas être hiérarchisées.

Ex. : couleur des yeux : « bleus, marrons, verts, noirs... »

- **Caractère quantitatif**

Une **variable quantitative** est une variable qui est mesurable.

Ex. : nombre de frères et sœurs, note obtenue au bac, âge, taille...
Une variable est **quantitative discrète** si elle peut prendre des valeurs isolées.

Ex. : nombre d'enfants par foyer, 0, 1, 2, 3...

Une variable est **quantitative continue**, si elle peut prendre toutes les valeurs d'un intervalle appelé **classe**.
Ex. : âge, taille, salaire...

2. EFFECTIFS ET FRÉQUENCES

- **Effectif**

Lors d'un relevé statistique, le nombre de fois où une modalité apparait est appelé **effectif** de cette modalité.

Ex. : On a relevé les notes de mathématiques obtenues par 20 élèves d'une classe : 10, 9, 15, 9, 10, 13, 9, 12, 9, 12, 9, 16, 9, 10, 15, 12, 10, 9, 13, 10.

Cette série statistique compte 6 modalités : 9, 10, 12, 13, 15, 16.

7 élèves ont obtenu la note 9.

7 est donc l'effectif de cette modalité. L'effectif total de cette série statistique est égal à la somme de tous les effectifs, 7 + 5 + 3 + 2 + 2 + 1, soit 20. Comme il n'y a pas d'absent on dira que 20 est l'effectif total de la classe.
En regroupant ces données dans un tableau, on aura une meilleure vision de la répartition des notes dans cette classe.

Note	9	10	12	13	15	16	**Total**
Effectif	7	5	3	2	2	1	**20**

- **Fréquence**

La fréquence est égale au rapport de l'effectif d'une modalité sur l'effectif total.

La fréquence f de la note 10 par exemple est égale à $\frac{5}{20}$, soit $f = 0{,}25$.

On dira aussi que 25 % des élèves de cette classe ont obtenu la note 10.

Il apparait clairement que la somme totale des fréquences est toujours égale à 1.

On a : fréquence d'une modalité = $\frac{\text{effectif de cette modalité}}{\text{effectif total}}$.

Note	9	10	12	13	15	16	**Total**
Effectif	7	5	3	2	2	1	**20**
Fréquence	0,35	0,25	0,15	0,1	0,1	0,05	**1**

◆ Effectifs cumulés croissants. Fréquences cumulées croissantes

Pour calculer les quantiles (*cf.* pages suivantes de ce chapitre), on aura à calculer les effectifs cumulés croissants (**EEC**) ou les fréquences cumulées croissantes (**FCC**).

Note	9	10	12	13	15	16	**Total**
Effectif	7	5	3	2	2	1	**20**
ECC	7	12	15	17	19	20	
Fréquence	0,35	0,25	0,15	0,1	0,1	0,05	**1**
FCC	0,35	0,60	0,75	**0,85**	0,95	1	

On peut lire par exemple sur ce tableau que 85 % des élèves ont obtenu une note inférieure ou égale à 13.

B – SÉRIE STATISTIQUE ET SES PARAMÈTRES

1. PARAMÈTRES DE POSITION

◆ Le mode

Le **mode** d'une série statistique est la valeur de la variable associée au plus grand effectif ou à la plus grande fréquence.
Dans l'exemple précédent le mode est 10 car à cette note est associé le plus grand effectif 7.

Dans le cas d'une variable continue dont les classes sont de même amplitude, la classe associée au plus grand effectif est appelée **classe modale**. Le mode est le centre de cette classe.

◆ Les moyennes

La moyenne arithmétique

La moyenne arithmétique notée $\overline{x}$ des *n* observations, est le quotient de la somme des modalités par l'effectif total.

Ex. :
Les âges des sept joueurs d'une équipe de handball sont : 18, 19, 20, 21, 22, 25 et 29 ans.

L'âge moyen de l'équipe est égal à : $\dfrac{18 + 19 + 20 + 21 + 22 + 25 + 29}{7}$ soit $\overline{x} = 22$ ans.

La moyenne arithmétique pondérée

La moyenne arithmétique notée $\overline{x}$ est la moyenne des valeurs observées pondérées par leurs effectifs respectifs.

Ex. :
Les notes obtenues dans une classe de 20 élèves sont :

Notes	4	7	10	12	15	Total
Effectifs	6	4	7	1	2	**20**

La moyenne est :

$\overline{x} = \dfrac{6 \times 4 + 4 \times 7 + 7 \times 10 + 1 \times 12 + 2 \times 15}{20}$ Soit $\overline{x} = 8{,}2$.

On peut aussi calculer la fréquence des notes. La fréquence par exemple de la note 10 est égale à $\dfrac{7}{20}$, soit 0,35. Autrement, on peut dire aussi que 35 % des élèves de la classe ont une note égale à 10.

◆ Les quantiles

Les quantiles sont les valeurs du caractère qui partagent la série statistique en n séries de même effectif.
Selon la valeur de n, les quantiles sont appelés :
- Médiane, M_e si $n = 2$
- Quartiles, Q_1, Q_2, Q_3 si $n = 4$
- Déciles, D_1, D_2,……, D_9 si $n = 10$
- Centiles, C_1, C_2,……, C_{99} si $n = 100$

Pour calculer un quantile, il suffit de suivre la même méthode que celle développée plus bas pour le calcul de la médiane.

La médiane

Les modalités x_1, x_2, x_3,………..x_p doivent être rangées dans un ordre croissant.

La médiane M_e est la valeur du caractère qui partage la série statistique en deux séries de même effectif. Il y a donc autant de valeurs inférieures à la médiane que de valeurs supérieures à la médiane.
Si le caractère est discret, on peut déterminer la médiane de la manière suivante :
– si l'effectif total N est impair, la médiane est la valeur du caractère x_i située au rang $\dfrac{N+1}{2}$

Ex.
Un élève a obtenu les notes suivantes : 6 ; 7 ; 8 ; 10 ; 15.
La médiane est la valeur située au rang 3, soit $M_e = 8$.
– Si l'effectif total N est pair, la médiane est la moyenne arithmétique des 2 valeurs de rang $\dfrac{N}{2}$ et de rang $\dfrac{N}{2} + 1$.

Un élève a obtenu les notes suivantes : 5 ; 8 ; 8 ; 10 ; 12 ; 12 ; 13 ; 16.

La médiane est la moyenne des valeurs situées au rang 4 et au rang 5, soit $M_e = \dfrac{10+12}{2} = 11$.

ASTUCE

On peut aussi définir la médiane comme étant la modalité du caractère pour laquelle au moins 50 % de la population est associée à une modalité supérieure et au moins 50 % associée à une modalité inférieure.

Dans le cas de la série des notes par exemple, la médiane est 10 : 50 % des élèves a au moins une note inférieure ou égale à 10 et au moins 50 % des élèves a une note supérieure ou égale à 10.

Les quartiles

Les quartiles d'une série statistique sont les trois valeurs Q_1, Q_2 et Q_3 du caractère qui partagent la série statistique en quatre parties de même effectif :

- 25 % au moins de l'effectif total a une valeur inférieure à Q_1 ;
- 75 % au moins de l'effectif total a une valeur inférieure à Q_3.

Le deuxième quartile Q_2 est égal à la médiane M_e.

– Si l'effectif total N n'est pas un multiple de 4, alors les quartiles Q_1 et Q_3 sont les termes de rang immédiatement supérieurs à $\frac{N}{4}$ et à $\frac{3N}{4}$ respectivement.

Ex. :

Un élève a obtenu les 10 notes suivantes : 5 ; 6 ; 8 ; 10 ; 11 ; 13 ; 14 ; 15 ; 17 ; 18.

Comme $\frac{10}{4} = 2{,}5$ alors $Q_1 = 8$ (note de rang 3)

Comme $\frac{3 \times 10}{4} = 7{,}5$ alors $Q_3 = 15$ (note de rang 8).

– Si l'effectif total N est un multiple de 4, alors les quartiles Q_1 et Q_3 sont les termes de rang $\frac{N}{4}$ et $\frac{3N}{4}$ respectivement.

Ex. :

Un élève a obtenu les 8 notes suivantes : 3 ; 5 ; 7 ; 10 ; 12 ; 13 ; 15 ; 18

Comme $\frac{8}{4} = 2$, alors $Q_1 = 5$ (note de rang 2)

Comme $\frac{3 \times 8}{4} = 6$, alors $Q_3 = 13$ (note de rang 6).

2. PARAMÈTRES DE DISPERSION

◆ Étendue

L'étendue d'une série statistique, notée e est la différence entre la plus grande valeur x_{max} et la plus petite valeur x_{min} du caractère.

$e = x_{max} - x_{min}$

Ex. :
On a relevé dans une classe les dix notes suivantes : 4 ; 12 ; 7 ; 12 ; 10 15 ; 12 ; 8 ; 12 ; 8
L'étendue $e = 15 - 4$, soit $e = 11$.

◆ Intervalle interquartile

$[Q_1 ; Q_2]$ est appelé **intervalle interquartile** d'une série statistique. Il contient au moins 50 % de l'effectif total.
$Q_3 - Q_1$ est appelé **écart interquartile**. Il mesure la dispersion des valeurs du caractère autour de la médiane.
Plus cet écart est petit, plus les valeurs appartenant à l'intervalle interquartile sont proches de la médiane.

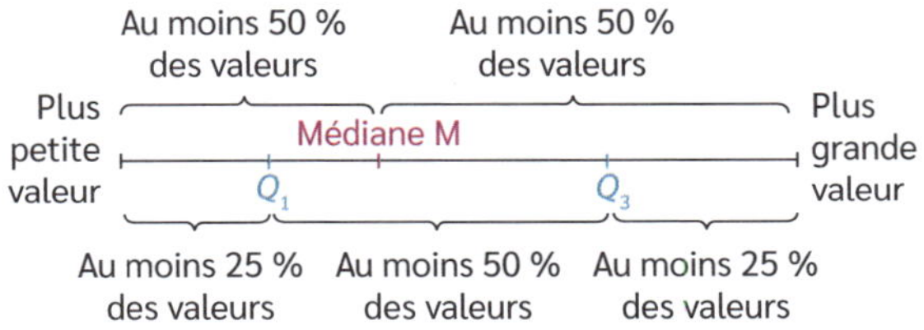

C – REPRÉSENTATION GRAPHIQUE

Il existe plusieurs types de graphique dont la nature est liée à la qualité de la variable statistique.

1. VARIABLES QUALITATIVES

◆ Diagramme à secteurs

On construit un tableau de proportionnalité liant l'effectif et la mesure de l'angle qui lui est proportionnelle.
À un effectif total de 500 correspond un angle de 360°. Le coefficient de proportionnalité pour passer d'un effectif donné à la mesure de l'angle correspondant est $\frac{360}{500}$, soit 0,72.

Produit	A	B	C	D	E	Total
Quantité vendue	120	180	70	50	80	500
Angle	86°	130°	50°	36°	58°	360°

× 0,72

La mesure du secteur A est donc égale à $120 \times 0{,}72$ soit 86° arrondi à l'unité. Les mesures des secteurs B, C, D et E sont respectivement de 130°, 50°, 36° et 58°.

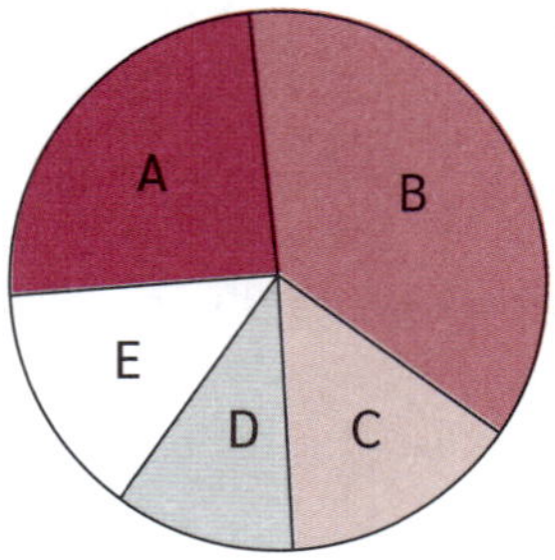

- **Diagramme à bandes**

Le diagramme à bandes représente les modalités par des bandes dont la hauteur est proportionnelle aux effectifs.

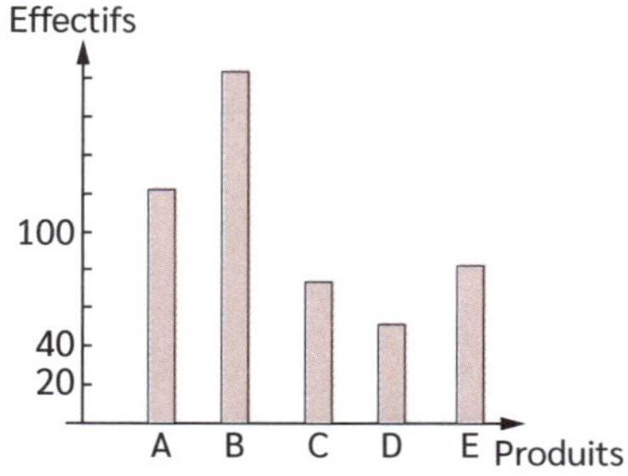

2. VARIABLE QUANTITATIVE DISCRÈTE

On a relevé les notes d'un élève sur un trimestre.

Notes	4	6	8	10	14	16
Effectifs	2	7	10	15	8	4

Diagramme en bâtons

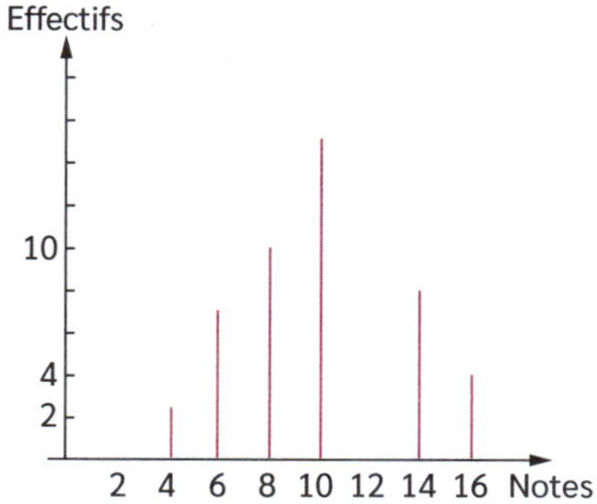

3. VARIABLE QUANTITATIVE CONTINUE

L'histogramme est un diagramme composé de rectangles contigus dont l'aire est proportionnelle à l'effectif de chaque classe.

◆ Classes d'amplitudes égales

La répartition des employés d'une entreprise selon l'âge est la suivante.

Âges	[20 ; 25[	[25 ; 30[	[30 ; 35[	[35 ; 40[	[40 ; 45[	[45 ; 50[
Effectifs	10	16	38	28	18	6

Les classes sont toutes d'amplitudes égales à 5.

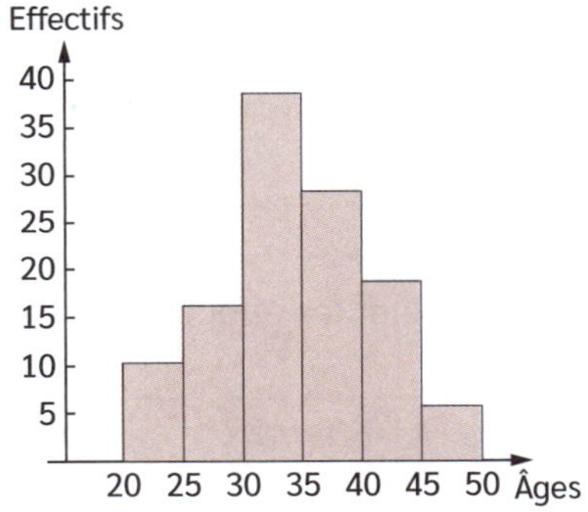

D – APPLICATION

◆ Variable discrète

On a relevé les notes de mathématiques obtenues par les élèves de troisième lors d'un examen :

Notes	2	4	5	8	10	11	12	14	15	17
Effectifs	10	27	48	60	74	88	46	29	10	8

◆ Calcul de la moyenne

Pour calculer la moyenne, présenter les calculs dans un tableau.

Note	Effectifs	Note *x* Effectifs
2	10	20
4	27	108
5	48	240
8	60	480

Note	Effectifs	Note x Effectifs
10	74	740
11	88	968
12	46	552
14	29	406
15	10	150
17	8	136
Total	**400**	**3 800**
	Moyenne	$\frac{3\,800}{400} = 9{,}5$

Pour calculer les quantiles, il faut calculer les effectifs cumulés croissants, ECC.

Note	Effectifs	ECC
2	10	10
4	27	37
5	48	85
8	60	145
10	74	219
11	88	307
12	46	353
14	29	382
15	10	392
17	8	400
Total	**400**	

◆ Mode

Le mode ou dominante de cette série statistique est la note associée à l'effectif le plus élevé, 88. Le mode est donc égal à 11.

◆ Calcul de la médiane

Comme l'effectif total est pair, alors la médiane est la moyenne des notes de rang $\frac{400}{2}$ et $\frac{400}{2}+1$ soit la moyenne de la 200e et de la 201e note. D'après les ECC on lit que toutes les notes à partir du rang 146 au rang 219 sont égales à 10. Les 200e et 201e notes sont donc égales à 10. Leur moyenne donc la médiane est égale à 10.

◆ Calcul des quartiles et de l'intervalle interquartile.

Le premier quartile est la note de rang $\frac{400}{4}$ soit la 100e note qui est égale à 8.

On a donc $Q_1 = 8$.

Le troisième quartile est la note de rang $3 \times \frac{400}{4}$ soit la 300e note qui est égale à 11.

On a donc $Q_3 = 11$.

[8 ; 11] est l'intervalle interquartile contenant au moins 50 % des notes. Il a l'avantage d'éliminer l'influence des valeurs extrêmes, souvent marginales.
$Q_3 - Q_1 = 11 - 8 = 3$ est l'écart interquartile.

◆ Calcul de l'étendue

L'étendue est égale à la différence entre la note maximale et la note minimale.
Soit 17 – 2 = 15

◆ Calcul des déciles

Pour déterminer le premier décile, D_1, il suffit de lire la plus petite note associée à la fréquence cumulée croissante au moins égale à 10 % (21,25 % étant la valeur cherchée). La note associée à cette fréquence est 5. Donc $D_1 = 5$.
Pour déterminer le neuvième décile, D_9, il suffit de lire la plus petite note associée à la fréquence cumulée croissante au moins égale à 90 % (95,50 % étant la valeur cherchée). La note associée à cette fréquence est 14. Donc $D_9 = 5$.

◆ Diagramme en boite

Pour tracer un diagramme en boite :
- calculer le premier quartile Q_1, la médiane M_e et le troisième quartile Q_3 ;
- tracer au-dessus d'une droite graduée un rectangle délimité par le premier quartile Q_1, le troisième quartile Q_3 et coupé par la médiane M_e. Ce rectangle constitue le diagramme en boite ;
- tracer ensuite deux segments délimités par les valeurs extrêmes.

Note minimale 2, note maximale 17, $Q_1 = 8$, $M_e = 10$ et $Q_3 = 11$.

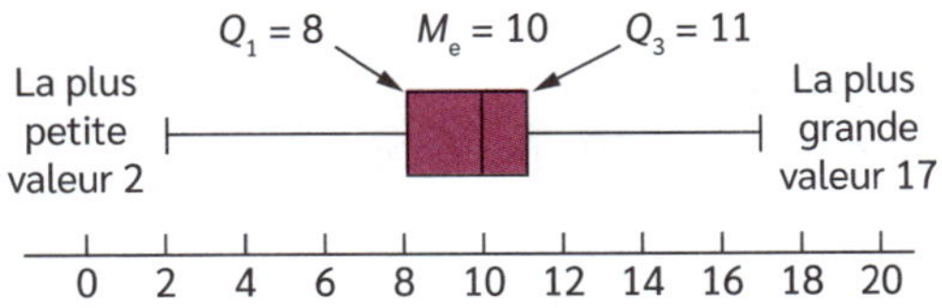

Sur Lea.fr
8.2 Variable continue Application

JE M'ENTRAINE

ÉNONCÉS

◆ Exercice 1 CRPE 2021 GRPT1

L'entreprise AMP'OUL emploie treize personnes : 8 pour la chaine de fabrication, 3 pour l'emballage et l'organisation des livraisons (dont les salaires sont identiques), 2 pour la comptabilité et la gestion (dont les salaires sont identiques).

Les salaires nets suivants, en euros, ont été reçus par les salariés en février 2020 :

Chaine de fabrication			
1 938,36	1 488,11	1 994,38	2 048,37
2 192,48	1 998,93	1 539,45	1 948,37

Emballage et organisaton des livraisons	1 864,37	Comptabilité et gestion	1 593,38

1. Quelle est l'étendue de cette série ?
2. Déterminer le salaire médian de cette entreprise.
3. Calculer le salaire moyen dans cette entreprise.
4. Le coût global d'un salarié en février 2020 est donné par la formule suivante pour cette entreprise :

$$\text{Coût global d'un salarié} = \frac{\text{salaire net}}{0,78} \times 1,45$$

Quel est le coût global en euros, pour un salarié de l'emballage et de l'organisation des livraisons ?

◆ Exercice 2 CRPE 2021 GRPT2

La cheffe d'une entreprise a commandé à son gestionnaire une étude sur les salaires de ses employés pour l'année 2020.
L'entreprise est installée sur deux sites :
- le site de Toulouse où travaillent 19 employés ;
- le site de Montauban où travaillent 12 employés.

La répartition des salaires nets des employés du site de Toulouse est représentée par le diagramme en barres ci-dessous, les salaires étant rangés dans l'ordre croissant.
Une tasse de café est renversée sur le document réalisé par le gestionnaire et une tache vient masquer certaines informations concernant le site de Toulouse.

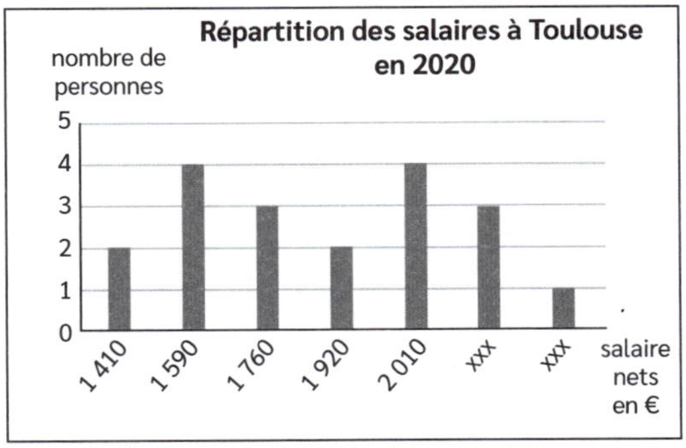

Information sur les salaires à Montauban en 2020 :

Salaire moyen : 1 520 €
12 employés
Salaire maximum : 2 300 €
Salaire minimum : 1 410 €

1. La cheffe d'entreprise affirme que plus de 40 % des personnes travaillant à Toulouse gagnent plus de 2 000 €. Est-ce vrai ? Justifier la réponse.
2. Sur le site de Toulouse, l'étendue des salaires est égale à 1 890 € et le salaire moyen est de 1 935 €.
a. Déterminer la valeur du plus haut salaire de Toulouse.
b. Déterminer la valeur des salaires correspondant à l'avant-dernière barre du graphique présentant la répartition des salaires à Toulouse en 2020.
3. Déterminer le salaire médian des employés de Toulouse.
4. Calculer le salaire moyen en 2020 de l'ensemble du personnel de cette entreprise. Arrondir à l'unité.

◆ Exercice 3

Un directeur de supermarché décide d'étudier le temps d'attente aux caisses de son établissement pour ajuster le nombre de caisses ouvertes à la demande. Pour cela, il interroge le lundi et le vendredi cent clients et note les temps d'attente approximatifs en minutes entières.
Le lundi, il obtient la répartition suivante :

Temps d'attente en caisse (en min)	1	2	3	4	5	6	7	8	9	10
Nombre de clients	14	13	23	9	14	8	12	4	1	2

1. Calculer le temps moyen d'attente aux caisses du supermarché pour l'échantillon étudié.
2. Déterminer la médiane et les quartiles de la série statistique des temps d'attente.
3. Construire le diagramme en boite de cette série.

◆ Exercice 4

Dans une classe de 20 élèves, les filles ont 11,4 de moyenne et les garçons 9,5. La moyenne de la classe est 10,64.
Combien y a-t-il de filles dans la classe ?

◆ Exercice 5

Un jeu consiste à lancer un dé un certain nombre de fois et à calculer la moyenne des résultats obtenus. Est déclaré gagnant le joueur ayant la plus grande moyenne à l'issue des deux parties.

Partie 1

Julie lance le dé 8 fois et obtient un résultat moyen égal à 4,12.
Pierre lance le dé 13 fois et obtient un résultat moyen égal à 4,05.

Partie 2

Julie lance le dé 7 fois et obtient un résultat moyen égal à 3,75.
Pierre lance le dé 5 fois et obtient un résultat moyen égal à 3,73.
Quel est le gagnant à ce jeu ?

CORRIGÉS

◆ Exercice1 CRPE 2021 GRPT1

1. 704,37 €
2. Le salaire médian est donc **1 864,37 €**.
3. 1 840,64 €
4. 3 465,82 €.

◆ Exercice 2 2021 GRPT2

1. L'affirmation de la cheffe d'entreprise est vraie.
2. a. 3 300 €.
b. $x = 2\,375$ €.
3. Le salaire médian des salariés de Toulouse est de **1 920 €**.
4. 1 774 €.

◆ Exercice 3

1. 4,08 min.
2. $Q_1 = 2$.
$Q_3 = 6$.
3. Diagramme en boite.

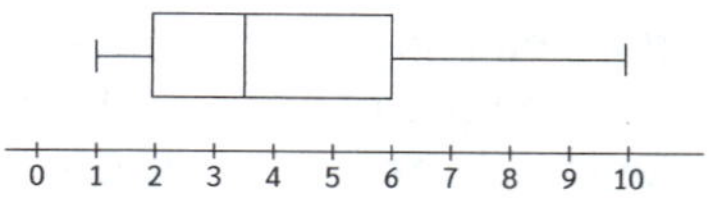

◆ Exercice 4

Si n est le nombre de filles alors $20 - n$ est le nombre de garçons.

Comme $\dfrac{11{,}4n + 9{,}5(20 - n)}{20}$ est la moyenne de la classe alors $\dfrac{11{,}4n + 9{,}5(20 - n)}{20} = 10{,}64$

On a donc $11{,}4n + 9{,}5(20 - n) = 20 \times 10{,}64$
Il suffit de résoudre l'équation, il vient : $11{,}4n + 190 - 9{,}5n = 212{,}8$
Ce qui équivaut à $1{,}9n = 212{,}8 - 190$, soit $1{,}9n = 22{,}8$
D'où $n = 12$. Il y a 12 filles et 8 garçons dans cette classe.

◆ Exercice 5

C'est à l'issue des deux parties que le vainqueur sera connu.

Le résultat moyen obtenu par Julie est égal à $\dfrac{8 \times 4{,}12 + 7 \times 3{,}75}{15} = \dfrac{59{,}21}{15}$
Soit 3,95 à 10^{-2} près.

Le résultat moyen obtenu par Pierre est égal à $\dfrac{13 \times 4{,}05 + 5 \times 3{,}73}{18} = \dfrac{71{,}3}{18}$
Soit 3,96 à 10^{-2} près.
Le gagnant est Pierre car 3,96 > 3,95.

Sur Lea.fr

Corrigés développés et exercices complémentaires

9. Probabilités

JE M'ÉVALUE

VRAI OU FAUX ?

1. Une urne contient 6 boules rouges et 9 boules bleues indiscernables au toucher. Nous avons 2 chances sur 5 d'obtenir une boule rouge.

2. Soit A et B deux événements incompatibles. Sachant que $P(A) = 0{,}5$ et $P(B) = 0{,}3$ alors $P(A \cap B) = 0{,}15$.

3. Un article peut présenter de manière indépendante deux types de défauts notés A et B. Sachant que $P(A) = 0{,}1$ et $P(B) = 0{,}04$, alors la probabilité que l'article ait au moins un défaut vaut 0,136.

4. Si $P(A) = 0{,}7$, $P(B) = 0{,}2$ et $P(A \cap B) = 0{,}1$ alors $P(A \cup B) = 0{,}9$.

5. Nous avons un jeu de 32 cartes comportant 4 dames et 8 cœurs. La probabilité de tirer une dame ou un cœur vaut $\frac{3}{8}$.

6. On lance deux fois de suite une pièce de monnaie truquée, la probabilité d'avoir « face » à chaque lancer est égale à 0,4. La probabilité d'obtenir au moins une fois « face » après deux lancers est égale à 0,8.

7. Lors d'un référendum, deux questions étaient posées. 65 % des personnes ont répondu « oui » à la première question, 51 % ont répondu « oui » à la seconde question, et 46 % ont répondu « oui » aux deux questions.
La probabilité qu'une personne ait répondu non aux deux questions est égale à 0,3.

8. On lance deux équilibrés à 6 faces et on note la somme des deux faces obtenues. On a plus de chances d'obtenir une somme égale à 6 qu'une somme égale à 7.

9. Un QCM comporte trois questions. À chacune des questions il y a 4 réponses possibles dont une seule est la bonne. La probabilité que toutes les réponses soient justes est $\frac{1}{64}$.

10. Une urne contient 6 boules blanches et 4 boules noires. On effectue deux tirages successifs sans remise. La probabilité de tirer deux boules de la même couleur est 0,6.

Réponses : 1.V – 2.F – 3.V – 4.F – 5.F – 6.F – 7.V – 8.F – 9.V – 10.F

JE RÉVISE

A – PROBABILITÉS ET STATISTIQUES

On lance 20 fois de suite un dé numéroté de 1 à 6 et on note le nombre d'apparitions de ces numéros. On a relevé les résultats suivants :

Numéro	1	2	3	4	5	6	Total
Effectif	2	4	6	3	2	3	20
Fréquence	0,1	0,2	0,3	0,15	0,1	0,15	1
Probabilité	0,1	0,2	0,3	0,15	0,1	0,15	1

Il apparait que la sortie du numéro 3 est deux fois plus fréquente que la sortie du numéro 6 par exemple. On peut aussi dire que l'on a eu deux fois plus de chances d'obtenir le numéro 3 que le numéro 6. On peut aussi dire naïvement que la probabilité d'avoir le 6 est égale à la fréquence de l'apparition du 6, soit 0,15.
Si on répète cette épreuve une nouvelle fois, les résultats ne seront pas nécessairement identiques.
Mais si au lieu de lancer ce dé 20 fois, on le lançait un très grand nombre voire un nombre infini de fois (simulation avec un tableur par exemple), alors avec un dé équilibré on obtiendrait des fréquences très proches et ces dernières tendront vers $\frac{1}{6}$.

On peut alors dire que l'on est devant une situation d'équiprobabilité, c'est-à-dire une probabilité égale pour la sortie du 1, 2, 3, 4, 5 ou du 6. Cette probabilité étant égale à $\frac{1}{6}$.

Probabilité et fréquence en lien avec les statistiques

Dans une approche « fréquentiste », si on répète cette expérience un très grand nombre de fois N (loi des grands nombres) et si on observe le nombre de fois où l'événement A se produit, alors la fréquence d'apparition de A est :

$$F(A) = \frac{\text{Nombre d'occurences de } A}{\text{Nombre } N\text{, d'expériences}}$$

Lorsque le nombre d'expériences N tend vers l'infini, alors la fréquence d'apparition de l'événement A tend vers la probabilité de A.
Exemple illustrant le lien entre statistiques et probabilités :
Une population de 100 individus compte 55 femmes et 45 hommes. 80 % des femmes et 60 % des hommes pratiquent un sport.
1. Représenter les données dans un tableau.
2. On choisit une personne au hasard. Calculer la probabilité de choisir une femme pratiquant un sport.
3. Calculer la probabilité de choisir une personne pratiquant un sport.

4. On choisit une personne parmi celles pratiquant un sport. Quelle est la probabilité que ce soit une femme ?
5. On choisit un homme au hasard. Quelle est la probabilité qu'il pratique un sport ?

1.

	Femmes	Hommes	Total
Sport	80 % × 55 44	60 % × 45 27	71
Pas sport	11	18	29
Total	55	45	100

2. La probabilité de choisir une femme pratiquant un sport est égale à $\frac{44}{100}$, soit 0,44.

3. La probabilité de choisir une personne pratiquant un sport est égale à $\frac{71}{100}$, soit 0,71.

4. La probabilité de choisir une femme parmi les personnes pratiquant un sport est égale à $\frac{44}{71}$, soit 0,62 environ.

5. La probabilité de choisir une personne pratiquant un sport sachant que c'est un homme est égale à 0,6 réponse tirée de l'énoncé. On peut le vérifier à l'aide du tableau $\frac{27}{45}$, soit 0,6.

B – VOCABULAIRE DES PROBABILITÉS

Pour plus de simplicité, nous définirons les termes utilisés en probabilités à partir d'exemples.
Une **épreuve aléatoire** est une expérience dont l'issue n'est pas connue par avance.

Ex. : Lancer d'un dé, tirage d'une carte dans un jeu de 32 cartes.

Dans la suite, les exemples portent sur « le lancer d'un dé équilibré dont les faces sont numérotées de 1 à 6 ».
L'univers noté Ω est l'ensemble de tous les résultats possibles.
Ω = {1 ; 2 ; 3 ; 4 ; 5 ; 6}

Un **événement** est une partie ou un sous-ensemble de tous les résultats possibles, donc une partie de l'univers Ω.

Un **événement élémentaire** est un événement ne contenant qu'un seul élément, c'est donc une partie à un seul élément.
Considérons l'événement A : « obtenir un résultat pair ».
On a alors A = {2 ; 4 ; 6}
Les événements : {1} ; {2} ;........ ; {5} ; {6} sont des événements élémentaires.
Un événement égal à Ω est appelé : événement certain.

Sur Lea.fr

9.1 Développement mathématique relatif à chacune des notions présentées ci-dessous

Ex. :
Soit l'événement B : « obtenir un résultat inférieur à 8 ».
L'événement B est certain car B = Ω.
Un événement ne contenant aucun élément noté ∅ est appelé : événement impossible.
Soit l'événement C : « obtenir un résultat supérieur à 7 ».
L'événement C étant impossible, donc C = ∅.
Soit A et B deux événements.
L'événement « A ou B », noté $A \cup B$, est réalisé si l'un au moins des deux événements est réalisé, c'est-à-dire soit A, soit B, soit les deux.

L'événement « A et B », noté $A \cap B$, est réalisé si A et B sont réalisés simultanément.

Deux événements A et B sont **incompatibles** si leur réalisation simultanée est impossible.
Les événements A et B sont incompatibles si et seulement si $A \cap B = \varnothing$.

Ex. : En lançant un dé, si A est l'événement : « obtenir un résultat pair » et B l'événement : « obtenir un diviseur de 5 », alors les événements A et B sont incompatibles. En effet, comme $A = \{2, 4, 6\}$ et $B = \{1,5\}$ alors $A \cap B = \varnothing$.

L'événement contraire de A, noté $\overline{A}$ est l'événement réalisé lorsque A ne l'est pas.
Exemple. Si l'événement A est : « obtenir un résultat pair » alors $\overline{A}$ est l'événement contraire : « obtenir un résultat impair ». Soit $\overline{A} = \{1 ; 3 ; 5\}$
On a donc : $A \cup \overline{A} = \Omega$ et $A \cap \overline{A} = \varnothing$.

A et B étant deux événements quelconques, un tableau peut être utile pour interpréter les événements suivants :

	A	$\overline{A}$
B	$A \cap B$	$\overline{A} \cap B$
$\overline{B}$	$A \cap \overline{B}$	$\overline{A} \cap \overline{B}$

On verra plus bas la nécessité de construire un arbre pondéré.

Ex. :
Dans un lycée, on étudie deux langues : l'anglais A et l'espagnol E.
Traduire les événements suivants :
« L'élève étudie les deux langues » : $A \cap E$
« L'élève étudie au moins une langue » : $A \cup E$
« L'élève n'étudie aucune langue » : $\overline{A} \cap \overline{E}$
« L'élève étudie seulement l'anglais » : $A \cap \overline{E}$
« L'élève étudie une et une seule langue » : $(A \cap \overline{E}) \cup (\overline{A} \cap E)$

C – PROPRIÉTÉS DES PROBABILITÉS

Soit un univers Ω et un événement A, une partie de Ω.
La probabilité de A notée $P(A)$ est un nombre compris entre 0 et 1, tel que :
1. $P(A) \geqslant 0$
2. $P(\Omega) = 1$
3. $P(A \cup B) = P(A) + P(B)$ si $A \cap B = \varnothing$
4. Si les événements A_1, A_2, ... A sont deux à deux incompatibles, alors $P(A_1 \cup A_2 \cup ...... \cup A_n) = P(A_1) + P(A_1) + ... + P(A_n)$

Conséquences :

– Comme $A \cup \overline{A} = \Omega$ alors $P(A \cup \overline{A}) = P(\Omega)$

On en déduit que : $P(A) + P(\overline{A}) = 1$ car $A \cap \overline{A} = \varnothing$

D'où $P(\overline{A}) = 1 - P(A)$

– Comme l'événement certain Ω et l'événement impossible ∅ sont des événements contraires, alors $P(\varnothing) = 1 - P(\Omega)$, d'où $P(\varnothing) = 0$.

Ex. 1 : On lance un dé truqué. Si la probabilité d'obtenir un résultat pair est égale à 0,45, alors la probabilité d'obtenir un résultat impair est égale à 0,55. En effet, obtenir un résultat pair et impair sont des événements contraires.

Ex. 2 : Dans un lycée, si la probabilité qu'un élève pratique au moins un sport est de 0,85, alors la probabilité qu'un élève ne pratique aucun sport est de 0,15. En effet, pratiquer au moins un sport et ne pratiquer aucun sport, sont des événements contraires.

D – CALCUL D'UNE PROBABILITÉ SIMPLE

Reprenons l'exemple du dé et notons, p_i la probabilité d'amener le résultat i.
Comme $\Omega = \{1 ; 2 ; 3 ; 4 ; 5 ; 6\}$ alors $\text{Card}(\Omega) = 6$
On a aussi $\Omega = \{1\} \cup \{2\} \cup \{3\} \cup \{4\} \cup \{5\} \cup \{6\}$
Donc $P(\Omega) = P(\{1\}) + P(\{2\}) + P(\{3\}) + P(\{4\}) + P(\{5\}) + P(\{6\})$
Ou plus simplement, $p_1 + p_2 + p_3 + p_4 + p_5 + p_6 = 1$ car $P(\Omega) = 1$

Dans le cas d'une équiprobabilité, tous les événements élémentaires ont la même probabilité. On a donc $p_1 = p_2 = p_3 = p_4 = p_5 = p_6 = p$.

Soit $6p = 1$ d'où $p = \frac{1}{6}$.

Calculons la probabilité de l'événement A : « obtenir un résultat pair ».
Comme $A = \{2 ; 4 ; 6\}$ alors $\text{Card}(A) = 3$.
On a aussi $A = \{2\} \cup \{4\} \cup \{6\}$.
Donc $P(A) = P(\{2\}) + P(\{4\}) + P(\{6\})$.

Soit $P(A) = p_2 + p_4 + p_6$ or $p_2 = p_4 = p_6 = \frac{1}{6}$.

Donc $P(A) = \frac{3}{6}$, soit $P(A) = \frac{1}{2}$.

On a alors $P(A) = \dfrac{\text{Card}(A)}{\text{Card}(\Omega)}$ ou $P(A) = \dfrac{\text{nombre de cas favorables}}{\text{nombre de cas possibles}}$

Cas général :
Soit l'univers Ω comportant n événements élémentaires équiprobables dont la probabilité de réalisation est égale à p. Comme la somme des événements élémentaires vaut 1, alors $np = 1$ d'où $p = \dfrac{1}{n}$

Soit l'événement A comportant k événements élémentaires, $P(A)$ est la somme des probabilités de ces événements.

On a donc $P(A) = kp$, soit $P(A) = \dfrac{k}{n}$

Ou encore $P(A) = \dfrac{\text{Card}(A)}{\text{Card}(\Omega)} = \dfrac{k}{n}$

On a établi plus haut que : $\text{Card}(A \cup B) = \text{Card}(A) + \text{Card}(B) - \text{Card}(A \cap B)$ (1).
En divisant les deux membres de l'égalité (1) par $Card(\Omega)$, il vient :

$$\frac{\text{Card}(A \cup B)}{\text{Card}(\Omega)} = \frac{\text{Card}(A)}{\text{Card}(\Omega)} + \frac{\text{Card}(B)}{\text{Card}(\Omega)} - \frac{\text{Card}(A \cap B)}{\text{Card}(\Omega)}$$

D'où, quels que soient les événements A et B :
$P(A \cup B) = P(A) + P(B) - P(A \cap B)$.

E – DÉNOMBREMENT

Pour calculer une probabilité simple, il faut déterminer le nombre de cas favorables et le nombre de cas possibles. Les problèmes de dénombrement sont parfois difficiles. On se limitera aux cas simples pour commencer et on introduira des formules qui pourraient intéresser les étudiants inscrits au PPPE.

1. CONSTRUIRE UN DIAGRAMME DE VENN

Dans un lycée, on compte 100 élèves de 1re étudiant l'anglais, l'espagnol ou l'allemand dont certains en sont dispensés. 60 élèves étudient l'anglais, 50 étudient l'espagnol, 29 étudient l'allemand, 20 étudient l'anglais et l'espagnol, 12 étudient l'anglais et l'allemand, 18 étudient l'espagnol et l'allemand et 8 étudient les trois langues. On désigne une personne au hasard. Chaque personne a la même probabilité d'être choisie.

1. Calculer la probabilité de choisir une personne :
   – étudiant seulement l'anglais,
   – dispensée des langues.
2. On choisit un(e) élève étudiant l'espagnol. Calculer la probabilité que l'élève étudie l'allemand.

Il y a bien entendu 100 cas possibles. Pour dénombrer le nombre de cas favorables, on va s'aider d'un diagramme de Venn en renseignant successivement chacune des parties à l'aide des données de l'exercice.

On commence par repérer l'ensemble des élèves étudiant les trois langues, puis ceux étudiants deux langues et enfin compléter avec ceux étudiant une langue. On va ainsi constituer des parties deux à deux disjointes.

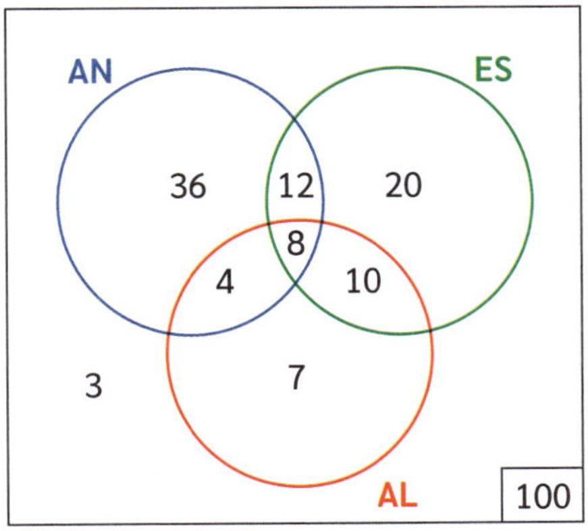

1. La probabilité que l'élève étudie seulement l'anglais est égale à $\frac{36}{100}$, soit 0,36.

La probabilité que l'élève soit dispensé des langues est égale à $\frac{3}{100}$, soit 0,03.

2. 50 élèves étudient l'espagnol et parmi eux 18 étudient l'allemand, donc la probabilité que l'élève étudie l'allemand sachant qu'il étudie l'espagnol est égale à $\frac{18}{50}$, soit 0,36.

2. CONSTRUIRE UN TABLEAU À DOUBLE ENTRÉE

Pour calculer la probabilité d'une expérience à deux épreuves :
- lister les résultats possibles de la première épreuve en ligne ;
- lister les résultats possibles de la deuxième épreuve en colonne ;
- écrire le résultat attendu à l'intersection de chaque ligne et chaque colonne.

Ex. :
On lance deux dés tétraédriques équilibrés. Le dé rouge est numéroté 1, 2, 3, 4 et le dé noir est numéroté 2, 4, 6, 8. On lance les deux et on fait la somme des chiffres visibles. Calculer la probabilité que la somme obtenue soit un multiple de 3.

On dresse un tableau en portant sur la ligne le résultat possible du dé rouge et sur la colonne le résultat possible du dé noir. On écrit dans chaque case la somme correspondante.

	1	**2**	**3**	**4**
2	3	4	5	6
4	5	6	7	8
6	7	8	9	10
8	9	10	11	12

On a 4×4, soit 16 cas possibles. On a 6 multiples de 3 soit 6 cas favorables.

Donc la probabilité que la somme obtenue soit un multiple de 3 est : $\frac{6}{16} = \frac{3}{8}$.

3. CONSTRUIRE UN ARBRE DE CHOIX

Soit une épreuve aléatoire qui comporte par exemple deux étapes : supposons que l'on ait p choix pour la première étape et que chaque choix pour cette première étape donne q choix pour la seconde.
On montrera à l'aide d'un arbre de choix que l'épreuve aléatoire compte p fois q choix possibles.

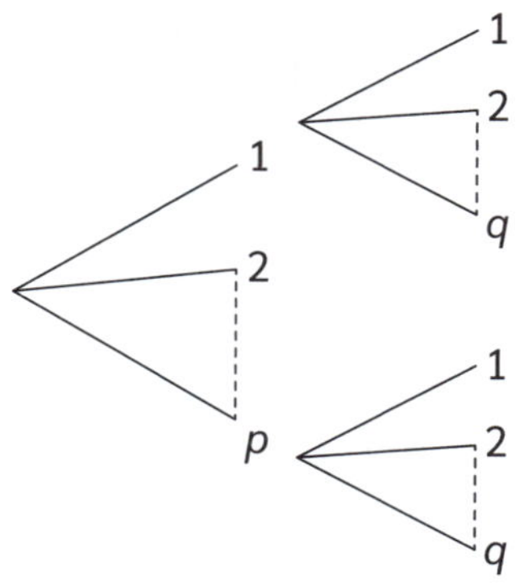

$p \times q$

Ex. :
Le porte-monnaie d'une personne comporte une pièce de 1 €, une pièce de 2 €, une pièce de 5 € et une pièce de 10 €. La personne effectue deux tirages successifs et sans remise d'une pièce de son porte-monnaie. On suppose les tirages équiprobables.

Quelle est la probabilité pour que la somme tirée soit au plus égale à 7 € ?

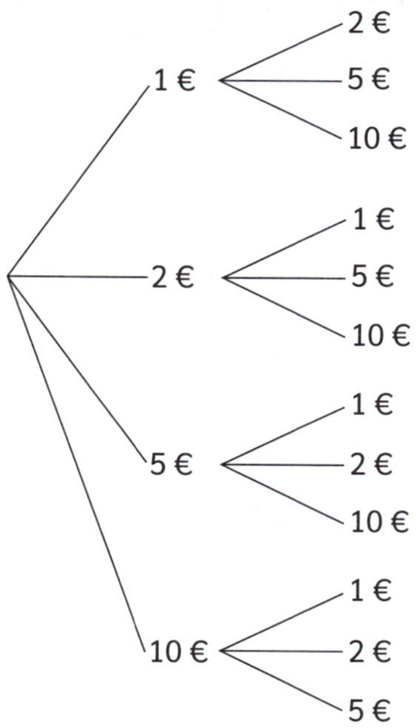

On a 4×3 soit 12 cas possibles.
Listes des cas favorables : (1,2) ; (1,5) ; (2,1) ; (2,5) ; (5,1) ; (5,2), soit 6 cas favorables.

La probabilité de tirer une somme au plus égale à 7 vaut $\frac{6}{12}$, soit 0,5.

4. CONSTRUIRE UN ARBRE PONDÉRÉ

Pour construire un arbre pondéré :

- depuis la racine de l'arbre, tracer les branches primaires terminant chacune par un nœud et correspondant chacune à un événement ;
- affecter à chacune de ces branches la probabilité correspondante ;
- tracer à partir de chaque nœud les branches secondaires ;
- affecter à chacune de ces branches la probabilité correspondante ;
- la somme des probabilités des branches primaires doit être égale à 1 ;
- la somme des probabilités des branches secondaires issues d'un même nœud doit être égale à 1.
- la somme des probabilités des branches primaires doit être égale à 1 ;
- la somme des probabilités des branches secondaires issues d'un même nœud doit être égale à 1.

Tout chemin allant de la racine au dernier événement est appelé trajet. La probabilité d'un événement est égale au produit des probabilités sur les branches du chemin qui mène à cet événement.

Ex. :

Une urne contient 3 boules rouges, 2 boules blanches et 5 boules vertes. Une deuxième urne contient 4 boules noires et 1 boule jaune.

On tire une boule de la première urne puis une boule de la seconde.

Construire un arbre pondéré.

Calculer la probabilité de tirer une boule noire.

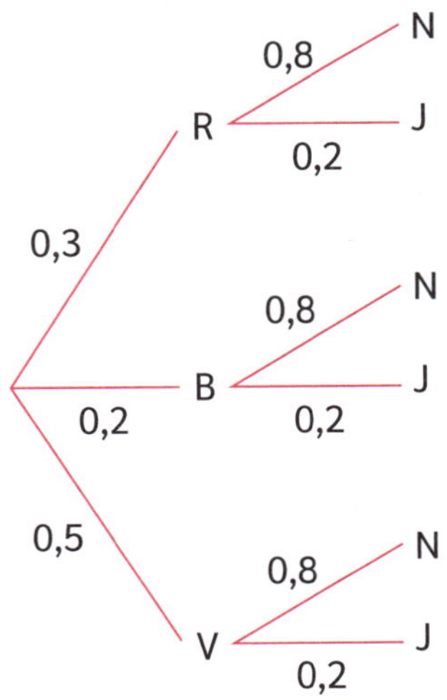

Tirer une boule noire est la réunion des trajets RN, BN et VN.

On a donc :

$P(N) = P(R \cap N) + P(B \cap N) + P(V \cap N)$

$P(N) = 0{,}3 \times 0{,}8 + 0{,}2 \times 0{,}8 + 0{,}5 \times 0{,}8$

Soit $P(N) = 0{,}8$

Comme J est l'événement contraire de N alors $P(J) = 1 - P(N) = 0{,}2$.

F – DES FORMULES POUR DÉNOMBRER

Cette partie F est hors concours mais entre dans le cadre du PPPE (Parcours préparatoires au professorat des écoles).

1. LISTES AVEC RÉPÉTITION

Soit l'ensemble $\Omega = \{1 ; 2 ; 3 ; 4 ; 5\}$ le nombre de codes de trois chiffres avec répétitions formés à partir des éléments de Ω est $5 \times 5 \times 5 = 5^3$ soit 125 codes possibles.
En effet, on a cinq choix pour le premier chiffre, puis cinq choix pour le second chiffre et enfin cinq choix pour le troisième chiffre.
Plus généralement le nombre des listes ordonnées avec répétition de p éléments choisis parmi n est égal à n^p.

2. ARRANGEMENTS

Dans une course de 12 chevaux, on s'intéresse aux trois premiers : il n'y a pas d'ex aequo. Combien y a-t-il de tiercés dans l'ordre possibles ?
Le premier arrivé est choisi parmi les 12, le second parmi les 11 restants et le troisième parmi les 10 restants. On a donc au total $12 \times 11 \times 10$ soit 1 320 tiercés dans l'ordre possibles.
On établit toutes les listes ordonnées de trois chevaux choisis parmi 12 : c'est ce qu'on appelle le nombre d'arrangements de 3 éléments pris parmi 12, que l'on note $A_{12}^3 = 12 \times 11 \times 10$.

Plus généralement, soit Ω un ensemble à n éléments et p un entier inférieur ou égal à n.
On appelle arrangement de p éléments pris parmi n toute suite ordonnée sans répétition de ces p éléments choisis parmi n.
Le nombre de ces arrangements est :

$A_n^p = n(n-1)(n-2)\dots\dots\dots(n-p+1)$ (p facteurs)

On peut expliquer cette formule ainsi :
On a n choix pour le premier élément, puis $n - 1$ choix pour le second, il reste $n - (p - 1)$, soit $n - p + 1$ choix pour le p^e élément.

3. PERMUTATIONS

Soit le mot « AMIES », le nombre d'anagrammes de ce mot est égal à $A_5^5 = 5 \times 4 \times 3 \times 2 \times 1$, soit 120 anagrammes.

Dans le cas où $n = p$; $A_n^n = P_n = n(n-1)(n-2)\dots\dots 3 \times 2 \times 1 = n!$ ce qui se lit « factorielle n ».
Ces arrangements de n éléments pris parmi n sont aussi appelés permutations de ces n éléments.

On peut aussi montrer que $A_n^p = \dfrac{n(n-1)(n-2)\dots\dots\dots(n-p+1) \times (n-p)!}{(n-p)!}$

Soit $A_n^p = \dfrac{n!}{(n-p)!}$ avec $0! = 1$

4. COMBINAISONS

Soit l'ensemble $\Omega = \{1 ; 2 ; 3 ; 4\}$, on dénombre 4 parties à trois éléments extraites de Ω : $\{1 ; 2 ; 3\}$, $\{1 ; 2 ; 4\}$, $\{2 ; 3 ; 4\}$, $\{1 ; 3 ; 4\}$, chacune de ces parties peut-être permutée de 3! façons.
Le nombre de parties à 3 éléments d'un ensemble contenant 4 éléments est donc égal à $\frac{A_4^3}{3!} = \frac{4 \times 3 \times 2}{3!} = 4$.

Plus généralement, soit Ω un ensemble fini non vide contenant n éléments et p un entier naturel inférieur ou égal à n. On appelle combinaison de p éléments de Ω, toute partie (ou sous-ensemble) de Ω contenant p éléments.

Le nombre de combinaisons de p éléments pris parmi n est noté C_n^p.

À partir d'une combinaison de p éléments pris parmi n, on peut en déduire tous les arrangements contenant ces p éléments par permutation. Comme il y a $p!$ permutations possibles alors il y a $p!$ fois plus d'arrangements de p éléments pris parmi n que de combinaisons p éléments pris parmi n.

On a donc $C_n^p = \frac{A_n^p}{p!}$.

De plus comme $A_n^p = \frac{n!}{(n-p)!}$ alors $C_n^p = \frac{n!}{p!(n-p)!}$

G – EVÉNEMENTS INDÉPENDANTS

Soit A et B deux événements d'un même univers Ω.
A et B sont indépendants si la réalisation de A (resp. B) n'est pas conditionnée par celle de B (resp. A).
Autrement dit, la probabilité de l'événement A (resp. B) n'est pas modifiée par le fait que l'événement B (resp. A) soit réalisé.
On retiendra :
Les événements A et B sont indépendants si et seulement si $P(A \cap B) = P(A) \times P(B)$.

Ex. 1 :
Un article peut présenter de manière indépendante deux défauts de fabrication A et B. Sachant que $P(A) = 0{,}1$ et $P(B) = 0{,}04$, calculer la probabilité des événements suivants :
E : « l'article présente les deux défauts ».
F : « l'article présente au moins un défaut ».
G : « l'article ne présente aucun défaut ».
H : « l'article ne présente que le défaut A ».

Comme les événements A et B sont indépendants, on a alors :
$P(E) = P(A \cap B) = P(A) \times P(B) = 0{,}1 \times 0{,}04 = 0{,}004$
$P(F) = P(A \cup B) = P(A) + P(B) - P(A \cap B) = 0{,}1 + 0{,}04 - 0{,}004 = 0{,}136$
$P(G) = P(\overline{A} \cap \overline{B}) = P(\overline{A}) \times P(\overline{B}) = 0{,}9 \times 0{,}96 = 0{,}864$

Sur Lea.fr
9.2 Autres exemples d'utilisation

ou $P(G) = 1 - P(A \cup B) = 1 - 0,136 = 0,864$
$P(H) = P(A \cap \overline{B}) = P(A) \times P(\overline{B}) = 0,1 \times 0,96 = 0,096$

Ex. 2 :
Dans un lycée, la probabilité qu'un élève étudie l'anglais (A) est 0,75, celle d'étudier l'espagnol (E) est 0,64 et celle d'étudier au moins une langue est 0,91. Les événements A et E sont-ils indépendants ?
On a : $P(A) = 0,75$ $P(E) = 0,64$ et $P(A \cup E) = 0,91$
Pour montrer que les événements A et E sont indépendants, il suffit de montrer que :
$P(A \cap E) = P(A) \times P(E)$
On sait que : $P(A \cup E) = P(A) + P(E) - P(A \cap E)$
Soit $P(A \cap E) = P(A) + P(E) - P(A \cup E)$
D'où $P(A \cap E) = 0,75 + 0,64 - 0,91 = 0,48$
De plus $P(A) \times P(E) = 0,75 \times 0,64 = 0,48$
Comme $P(A \cap E) = P(A) \times P(E)$, alors les événements A et E sont indépendants.

H – PROBABILITÉ CONDITIONNELLE

Approche par un exemple

Reprenons le tableau de données précédent.

	Femmes	Hommes	Total
Sport	44	27	71
Pas sport	11	18	29
Total	55	45	100

On choisit une personne au hasard avec la même probabilité d'être choisie.
On définit les événements suivants :
F, l'événement : « la personne choisie est une femme ».
H, l'événement : « la personne choisie est un homme ».
S, l'événement : « la personne choisie pratique un sport ».
$F \cap S$, l'événement : « la personne choisie est une femme pratiquant un sport ».
On a $P(F) = \dfrac{55}{100}$ $P(H) = \dfrac{45}{100}$ $P(F \cap S) = \dfrac{44}{100}$.

La probabilité de choisir une personne pratiquant un sport sachant que c'est une femme est égale à $\dfrac{44}{55}$. Nous avons cette fois-ci restreint l'univers à l'ensemble des femmes, soit 55 cas possibles et parmi elles 44 pratiquent un sport correspondant au nombre de cas favorables.
La probabilité de S sachant F est une probabilité conditionnelle avec pour condition choisir une personne parmi les femmes et non plus parmi la totalité des 100 personnes.
Cette probabilité conditionnelle est notée $P_F(S)$ ou $P(S/F)$.
On a donc $P_F(S) = \dfrac{44}{55}$, $P_F(S) = 0,8$.

On remarque que $P_F(S) = \dfrac{44}{55} = \dfrac{\frac{44}{100}}{\frac{55}{100}} = \dfrac{P(F \cap S)}{P(F)}$.

On peut maintenant énoncer la définition suivante :
soit l'univers Ω, A et B deux événements tel que $P(B) \neq 0$, on appelle la probabilité conditionnelle de A sachant B le nombre noté $P_B(A)$ défini par $P_B(A) = \dfrac{P(A \cap B)}{P(B)}$.
On en déduit que $P(A \cap B) = P_B(A) \times P(B)$.
Si les événements A et B sont indépendants, alors $P_B(A) = P(A)$ car la réalisation de A n'est pas conditionnée par celle de B.
On a donc $P(A \cap B) = P(A) \times P(B)$.

JE M'ENTRAINE

ÉNONCÉS

◆ Exercice 1

On utilise une roulette (de type casino) avec 5 cases numérotées 1 ; 2 ; 3 ; 4 ; 5. Cette roulette est truquée. Le tableau ci-dessous précise la probabilité d'obtenir chacun des numéros (où p est un nombre positif).

Nombre obtenu	1	2	3	4	5
Probabilité	$\frac{1}{4}$	p	p	$\frac{3}{8}$	p

A-t-on autant de chances d'obtenir un nombre pair qu'un nombre impair ?

◆ Exercice 2 (CRPE 2022 GRPT 2)

Un enseignant de grande section propose à ses élèves un jeu pour travailler la décomposition et la recomposition de nombres. Le jeu se compose de deux dés cubiques équilibrés et de corps de fourmis à compléter avec des pattes comme sur le dessin ci-dessous.

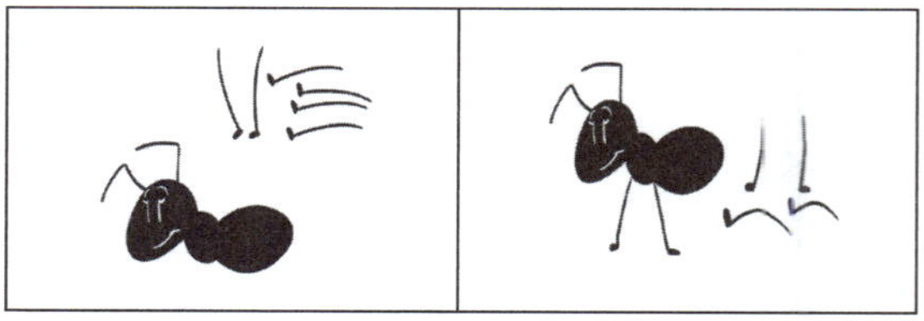

Sur les six faces du premier dé sont inscrits les nombres suivants : 1 ; 1 ; 2 ; 3 ; 4 et 5. Sur les six faces du deuxième dé sont inscrits les nombres suivants : 1 ; 2 ; 3 ; 4 ; 5 et 5. On donne à chaque élève un corps de fourmi et 6 pattes à fixer sur le corps.

Au début de la partie, chaque élève choisit un nombre compris entre 2 et 10. Ce nombre reste le même durant toute la partie. À tour de rôle, chaque élève joue. Il lance les deux dés :

- si la somme des nombres inscrits sur les faces supérieures des deux dés est égale au nombre choisi par cet élève, alors celui-ci fixe une patte à sa fourmi et relance les dés.
- sinon, c'est au joueur suivant de lancer les dés. Il donne ensuite les dés au joueur suivant.

La partie se termine lorsqu'un élève a gagné, en fixant les six pattes de sa fourmi.

1. Un élève choisit un nombre et lance les dés.

a. Quelles sont les différentes sommes qu'il peut obtenir ?

b. Montrer que la probabilité qu'il obtienne 8 est égale à $\frac{4}{36}$.

2. Un autre élève choisit le nombre 6 et lance les dés.

a. Quelle est la probabilité qu'il gagne une patte pour sa fourmi dès son premier lancer ?

b. Quelle est la probabilité qu'il gagne deux pattes pour sa fourmi en 2 lancers ?

3. Eden et Axelle commencent une partie. Eden choisit le nombre 6 et Axelle choisit un autre nombre.

a. Qui a le plus de chance de gagner la partie ? Justifier.

b. Eden est-il sûr de gagner la partie ? Justifier.

◆ Exercice 3

On joue à un jeu nécessitant deux dés différents. Le premier dé est un tétraèdre régulier à 4 faces ; une face est rouge, une est bleue et les deux autres sont jaunes. Le deuxième est un dé cubique à 6 faces numérotées de 1 à 6. On suppose les deux dés bien équilibrés. On lance en premier le dé tétraédrique et on note la couleur de la face sur laquelle il repose. Puis on lance le dé à 6 faces et on note le numéro porté sur la face de dessus. 1. Calculer la probabilité d'obtenir la couleur rouge sur le dé tétraédrique et 4 sur l'autre dé. 2. Calculer la probabilité d'obtenir la couleur jaune sur le dé tétraédrique et un nombre impair sur l'autre dé.

◆ Exercice 4

Une urne contient des boules de couleurs différentes indiscernables au toucher. Le nombre de boules de chaque couleur dans cette urne est indiqué sur le diagramme ci-dessous :

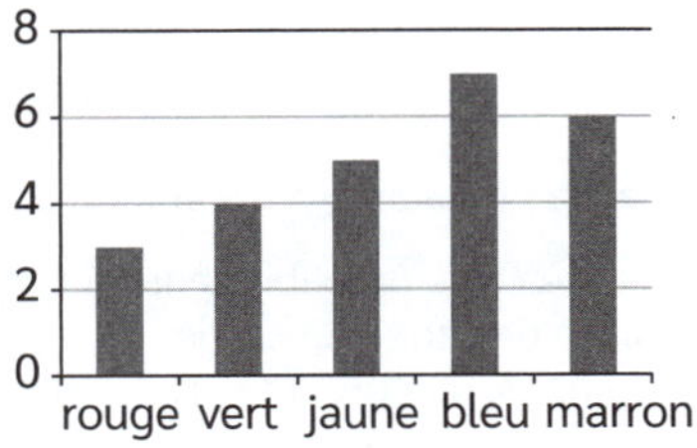

1. On tire au hasard une boule dans l'urne. On regarde sa couleur et on la remet dans l'urne. Quelle est la probabilité que la boule tirée soit bleue ?
2. On souhaite que la probabilité de tirer une boule bleue soit supérieure ou égale à 0,4. Combien de boules bleues doit-on ajouter au minimum dans l'urne avant le tirage pour qu'il en soit ainsi ?
3. On considère à nouveau l'urne dont la composition est donnée par le diagramme ci-dessus. Combien de boules rouges doit-on ajouter au minimum dans l'urne avant le tirage pour que la probabilité d'obtenir une boule bleue à l'issue d'un tirage au hasard d'une boule soit inférieure ou égale à 0,2 ?

CORRIGÉS

◆ Exercice 1

$p = \frac{1}{8}$.

On a autant de chances d'obtenir un nombre pair qu'un nombre impair.

◆ Exercice 2

Sur les six faces du premier dé sont inscrits les nombres suivants : 1 ; 1 ; 2 ; 3 ; 4 et 5.
Sur les six faces du second dé sont inscrits les nombres suivants : 1 ; 2 ; 3 ; 4 ; 5 et 5.
Le jeu consiste à lancer les deux dés et à faire la somme des nombres inscrits sur la face supérieure des deux dés.
On dresse un tableau à double entrée.
Sur la 1re ligne du tableau on inscrit les nombres possibles pour le premier dé et sur la 1re colonne on inscrit les nombres possibles pour le second dé.
On effectue la somme des nombres se trouvant à l'intersection de la ligne et de la colonne.
On obtient le tableau suivant :

	1	1	2	3	4	5
1	2	2	3	4	5	6
2	3	3	4	5	6	7
3	4	4	5	6	7	8
4	5	5	6	7	8	9
5	6	6	7	8	9	10
5	6	6	7	8	9	10

1. a. Les différentes sommes que l'élève peut obtenir sont : 2, 3, 4, 5, 6, 7, 8, 9, 10.
b. Comme il y a 36 sommes possibles et 4 sommes égales à 8 alors la probabilité d'obtenir 8 est égale à $\frac{4}{36}$, soit $\frac{1}{9}$.
2. a. Comme la somme 6 apparait 8 fois dans le tableau alors la probabilité qu'il gagne une patte pour sa fourmi dès son premier lancer est égale à : $\frac{8}{36}$, soit $\frac{2}{9}$.
b. Pour gagner deux pattes pour sa fourmi en deux lancers il doit obtenir 6 au premier lancer et 6 au second lancer.
Comme on en est en présence de deux événements indépendants alors la probabilité qu'il gagne deux pattes est égale au produit de la probabilité d'avoir 6 au premier lancer soit $\frac{2}{9}$ et d'avoir 6 au second lancer soit $\frac{2}{9}$.
La probabilité de gagner deux pattes est donc égale à : $\frac{2}{9} \times \frac{2}{9} = \frac{4}{81}$.
3. a. La probabilité d'obtenir un 6 est égale $\frac{8}{36}$, soit $\frac{2}{9}$.
Comme cette probabilité est supérieure à toutes les autres alors Eden qui a choisi le nombre 6 a plus de chance de gagner la partie.
En effet, si on note p_i la probabilité d'obtenir une somme égale à i alors on a :
$p_2 = \frac{2}{36}$; $p_3 = \frac{3}{36}$; $p_4 = \frac{4}{36}$; $p_5 = \frac{5}{36}$;
$p_7 = \frac{5}{36}$; $p_8 = \frac{4}{36}$; $p_9 = \frac{3}{36}$; $p_{10} = \frac{2}{36}$
On a bien $p_6 > p_i$.
b. Eden a peut-être plus de chance de gagner la partie mais il n'est pas sûr de la gagner.
Prenons le cas extrême où Eden en six lancers n'obtient aucune somme égale à 6, alors qu'Axelle réussit ses six lancers en choisissant le 8 par exemple.

◆ Exercice 3

1. La probabilité d'obtenir la couleur rouge sur le dé tétraédrique et 4 sur le dé cubique est égale à $\frac{1}{24}$.

2. La probabilité d'obtenir la couleur jaune sur le dé tétraédrique et un nombre impair sur le dé cubique est égale à $\frac{6}{24}$, soit $\frac{1}{4}$ ou 0,25.

◆ Exercice 4

1. La probabilité de tirer une boule bleue est égale à $\frac{7}{25}$, soit 0,28.
2. Il faut ajouter un minimum de 5 boules bleues.
3. Il faut ajouter un minimum de 10 boules rouges.

10. La géométrie plane euclidienne

JE M'ÉVALUE

VRAI OU FAUX ?

1. Dans l'espace, deux droites non sécantes ne sont pas nécessairement parallèles.

2. Dans le langage mathématique « le segment AB » s'écrit (AB).

3. Si le point I est tel que IA = IB alors I est le milieu du segment [AB].

4. L'écriture [AB) désigne la demi-droite d'origine A, passant par le point B.

5. Les trois angles d'un triangle sont complémentaires.

6. La bissectrice d'un segment partage ce segment en deux segments égaux.

7. Si AB = CD alors les deux segments [AB] et [CD] sont égaux.

8. Deux droites perpendiculaires à une même troisième sont parallèles entre elles.

9. Trois points sont toujours cocycliques.

10. Dans un triangle le point de concours des médiatrices est le centre du cercle inscrit du triangle.

Réponses : 1.V – 2.F – 3.F – 4.V – 5.F – 6.F – 7.F – 8.V – 9.V – 10.F

JE RÉVISE

Le terme géométrie dérive du grec de γεωμέτρης (*geômetrês*) qui signifie « géomètre, arpenteur » et vient de γῆ (*gê*) « terre » et μέτρον (*métron*) « mesure ». Ce serait donc « la science de la mesure du terrain ».
La géométrie euclidienne est l'étude de l'espace usuel avec les notions de distance et d'angle. Il existe aujourd'hui de nombreuses géoémétries (affine, projective, sphérique etc.).

A – PREMIERS ÉLÉMENTS DE GÉOMÉTRIE PLANE EUCLIDIENNE

La géométrie euclidienne étudie les figures du plan et de l'espace.
Les figures géométriques sont des tracés qui représentent des objets complexes conçus à partir de divers éléments simples dont le plus fondamental est le point.
L'objet de la géométrie est de tracer, mesurer et **démontrer** des propriétés des figures.

Les démonstrations sont des déductions logiques effectuées à partir de faits connus et de connaissances outils (théorèmes, propriétés, etc. qui ne sont pas redémontrés chaque fois que nécessaire mais utilisés comme des vérités intangibles).
Une des propositions les plus fondamentales qui sert d'assise à toute la géométrie euclidienne est ce qu'on appelle l'axiome ou postulat d'Euclide.

Ainsi formulé par le mathématicien Proclus :
Par un point donné, on peut mener une et une seule parallèle à une droite donnée.

Démontrer en géométrie, c'est raisonner en s'appuyant sur des représentations des concepts manipulés.

Voici les principaux éléments ou concepts utilisés en géométrie euclidienne :

1. LE POINT ET LA DROITE

- **Le point**

Le point est une localisation sans dimension dans le plan (ou dans l'espace).
On nomme les points en utilisant de préférence les premières lettres de l'alphabet en majuscules.
Le point est souvent symbolisé par une petite croix pour signifier qu'il est aussi le lieu de concours de deux droites sécantes.

Sur Lea.fr

10.1 Aperçu des géométries non euclidiennes

10.2 Histoire sur les éléments d'Euclide

◆ **La droite**

N'OUBLIONS PAS !

La droite passant par les points A et B est notée (AB) : lire droite (AB).

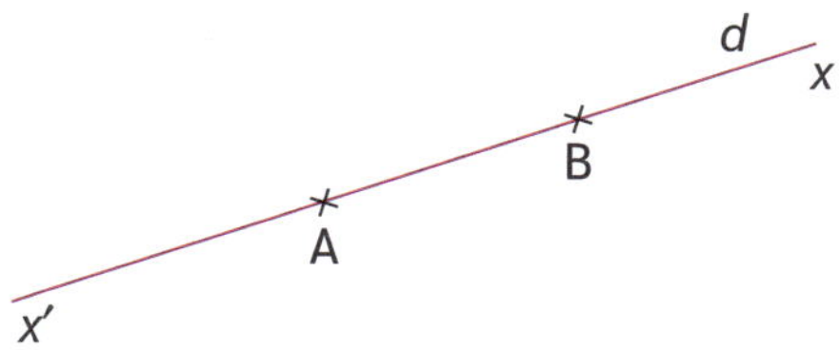

On peut aussi nommer une droite par une lettre minuscule souvent mise entre parenthèse : la droite (*d*) ou une lettre majuscule grecque Δ.

Les lettres *x* et *x′* écrites aux extrémités de la droite permettent d'indiquer un sens sur la droite (on va vers *x* ou vers *x′*). On peut alors nommer la droite (*xx′*).

La droite peut être conçue comme un ensemble infini de points. Alors le tracé géométrique d'une droite est la représentation du concept de droite.

◆ **La demi-droite**

Sur la figure ci-dessous, le point A partage la droite d en deux demi-droites [A*x*) et [A*x′*).

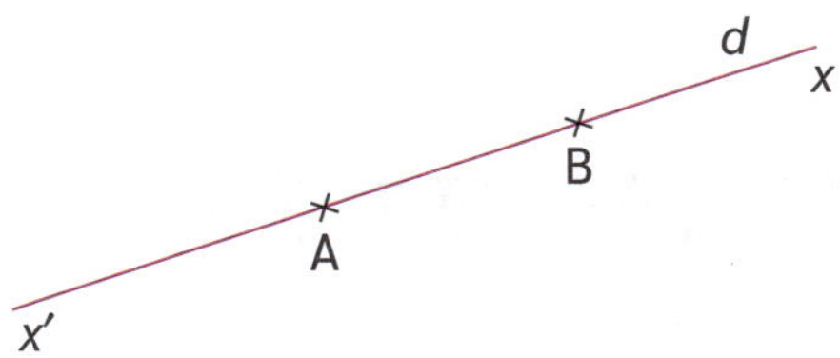

N'OUBLIONS PAS !

La demi-droite d'origine A et passant par le point B est aussi notée [AB).

◆ **Le segment de droite**

Deux points pris n'importe où dans le plan déterminent un segment. C'est l'ensemble de tous les points appartenant à la droite (AB) et compris entre A et B.

Le segment d'extrémités A et B est noté [AB] et il a pour longueur AB.
Si l'unité de longueur choisie est le cm, on écrira alors AB = 6,2 cm (par exemple).

N'OUBLIONS PAS !

La distance entre deux points A et B est égale à la longueur du segment [AB]. M est le milieu du segment [AB] si et seulement si MA = MB et M ∈ [AB] (ou M est sur [AB]).

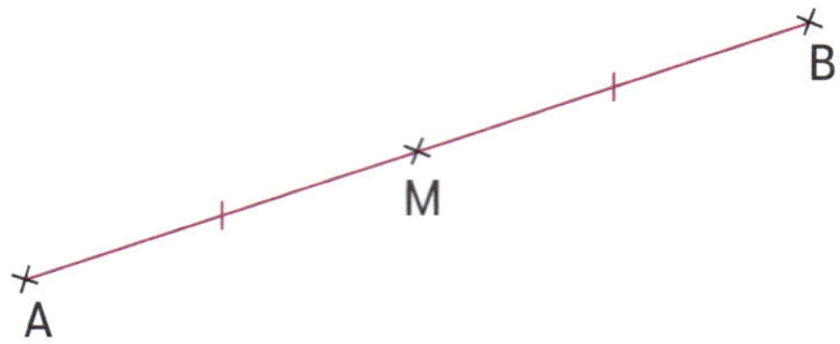

◆ Points alignés et inégalité triangulaire

Pour tous points A, B, C du plan on a : $AB \leqslant AC + BC$
Autrement dit, le plus court chemin d'un point à un autre est la ligne droite.

Si AB = AC + CB alors le point C appartient au segment [AB].

Et donc les points A, B et C sont alignés.

2. POSITIONS RELATIVES DE DEUX DROITES DANS LE PLAN

◆ Droites sécantes

Deux droites sont **sécantes** si elles ont un seul point commun. Les droites *d* et *d′* sont sécantes en I.
Le point I est appelé **point d'intersection** des droites *d* et *d′*.

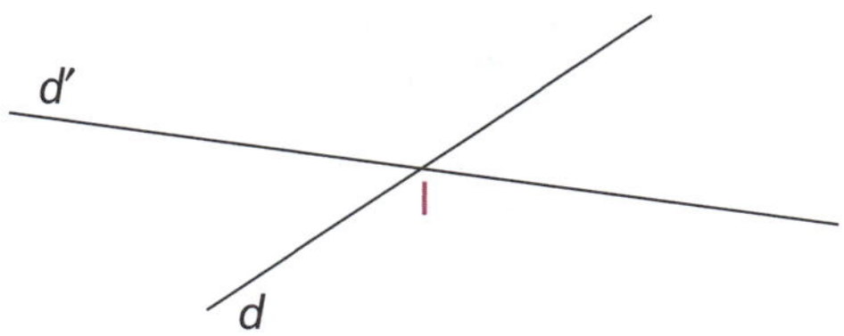

Si deux droites ont au moins deux points communs, alors elles sont confondues.
Deux droites sécantes sont coplanaires : elles sont contenues dans le même plan.

◆ Droites parallèles

Dans l'espace deux droites peuvent n'avoir aucun point commun et n'être pas parallèles.

N'OUBLIONS PAS !

Deux droites sont *parallèles* si et seulement si elles sont coplanaires et n'ont aucun point commun.

« Les droites d et d' sont parallèles » s'écrit mathématiquement : $d // d'$.

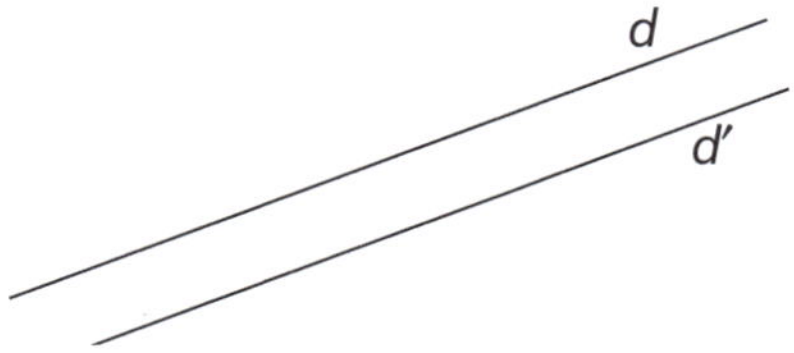

◆ **Droites perpendiculaires**

N'OUBLIONS PAS !

Deux *droites perpendiculaires* sont deux droites sécantes qui forment un angle droit.

« Les droites d et d' sont perpendiculaires » s'écrit mathématiquement : $d \perp d'$.

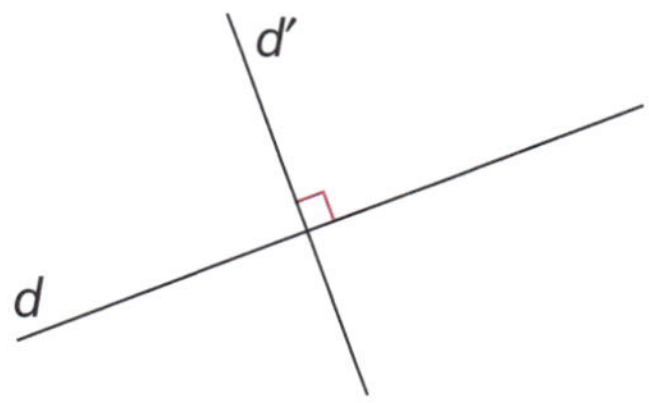

3. PROPRIÉTÉS DES DROITES PARALLÈLES ET PERPENDICULAIRES

Voici les énoncés de quelques outils fondamentaux pour démontrer que des droites sont parallèles ou perpendiculaires :

– Si deux droites sont parallèles à une même troisième, alors elles sont parallèles entre elles.

Si $d_1 // d_2$ et $d_2 // d_3$, alors $d_1 // d_3$.

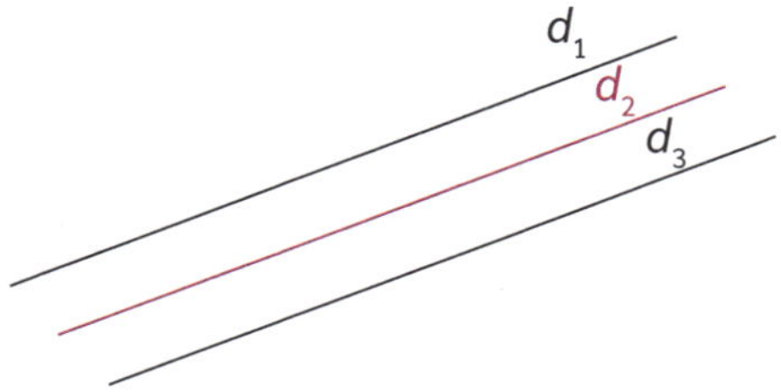

– Si deux droites sont parallèles, toute perpendiculaire à l'une est perpendiculaire à l'autre.

Si $d_1 // d_2$ et $d_1 \perp d_3$, alors $d_2 \perp d_3$.

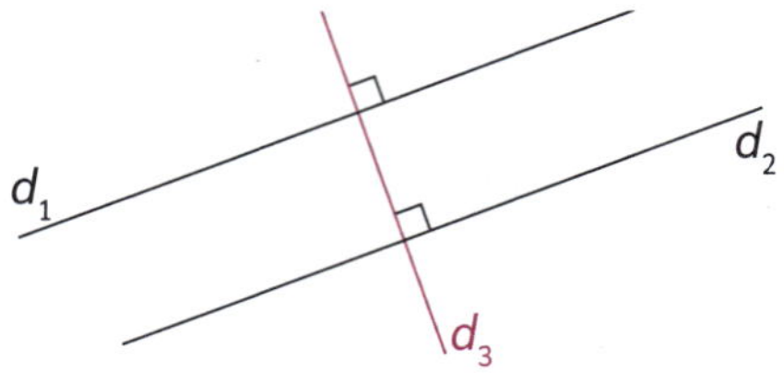

– Si deux droites sont perpendiculaires à une même troisième, alors ces deux droites sont parallèles.

Si $d_1 \perp d_3$ et $d_2 \perp d_3$, alors $d_1 // d_2$.

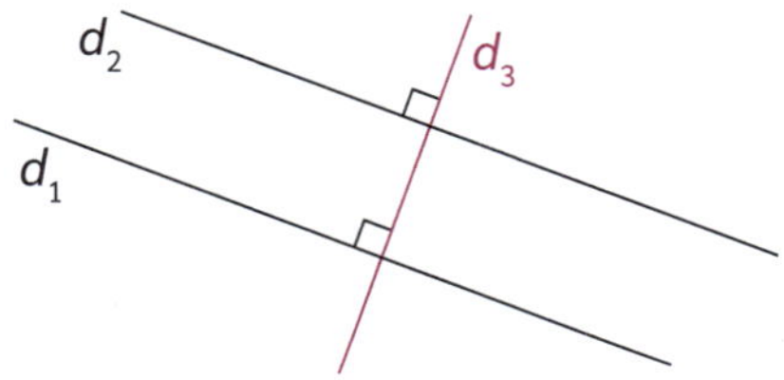

Ex :
A, B et C sont trois points non alignés.
Tracer la droite (d_1) parallèle à la droite (BC) passant par A.
Tracer la droite (d_2) perpendiculaire à la droite (BC) passant par A, elle coupe (BC) en D.
Démontrer que les droites (AD) et (d_1) sont perpendiculaires.

Tracé

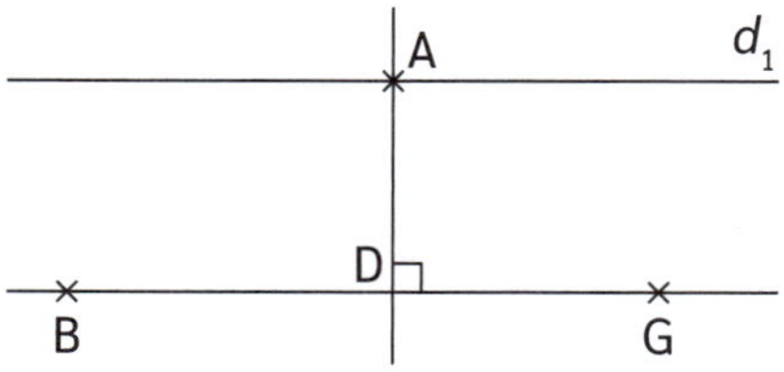

On sait que la droite (AD) est perpendiculaire à la droite (BC).
Or la droite (BC) est parallèle à la droite (d_1).
Donc d'après la propriété « si deux droites sont parallèles alors toute perpendiculaire à l'une est perpendiculaire à l'autre », les droites (d_1) et (AD) sont perpendiculaires.

Mathématiquement, on écrira beaucoup plus simplement :
$(AD) \perp (BC)$ et $(BC) // (d1)$ donc $(AD) \perp (d1)$

On remarque qu'on ne cite pas la propriété utilisée comme outil dans le raisonnement, elle est censée être connue de tout un chacun.
Il reste très important de faire citer cette propriété par les élèves au moment de son apprentissage.

B – LES ANGLES

Un angle est une portion de plan délimitée par deux demi-droites. On dit également secteur angulaire. La notion d'angle est alors le concept associé à tous les secteurs angulaires isométriques (superposables).
L'intersection des deux demi-droites s'appelle le **sommet** de l'angle et les demi-droites, les **côtés** de l'angle.

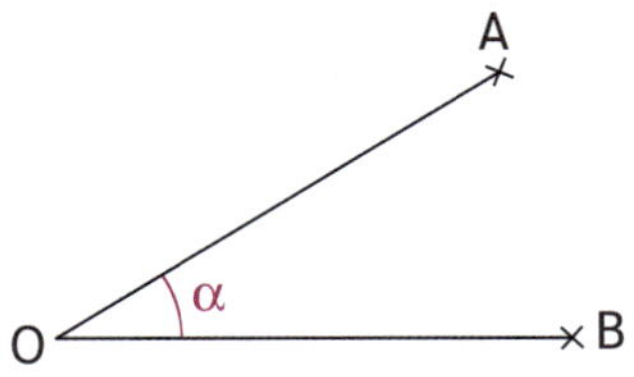

O est le sommet de l'angle $\widehat{AOB}$, les demi-droites [OA) et [OB) en sont les côtés.

1. ANGLE PLAT

L'unité de mesure des angles est soit le degré, soit le radian, plus rarement le grade.
Pour chacune de ces unités on peut prendre comme référence l'angle plat : il mesure 180° ou π radians ou 200 grades.

En effectuant des subdivisions, on obtient chacune des unités :
Par exemple pour le degré, on part de :
$\widehat{xOy} = 180°$.

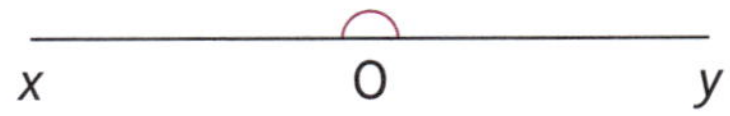

Puis on divise en 180 parts égales et on obtient l'unité degré :

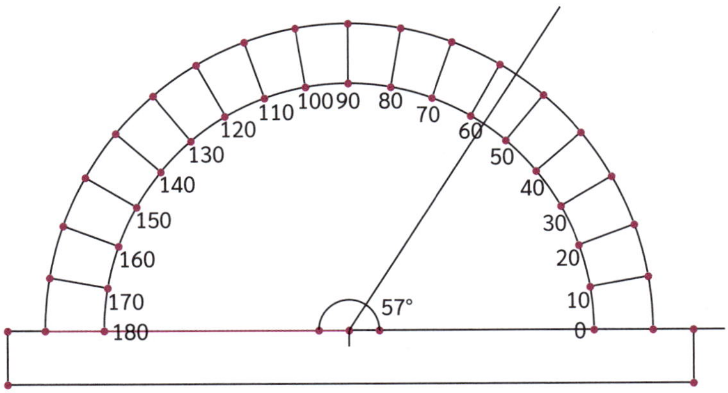

Un *angle plat* est un angle dont la mesure est égale à 180° (ou π radians).

2. ANGLE DROIT

Un **angle droit** est un angle dont la mesure est égale à 90° (ou $\frac{\pi}{2}$ radians).

$\widehat{xOy} = 90°$.

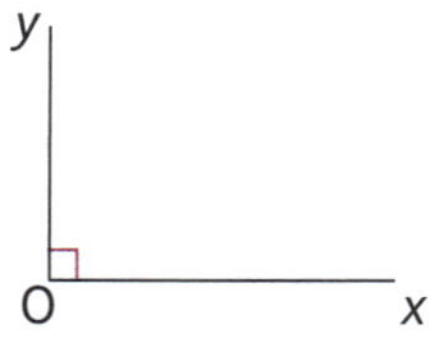

3. ANGLE AIGU

Un angle aigu est un angle dont la mesure est inférieure à 90°.

$\widehat{xOy} < 90°$.

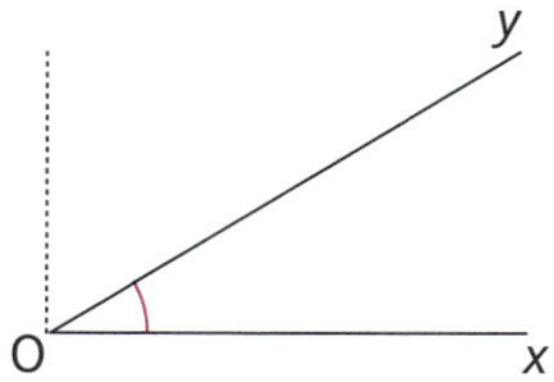

4. ANGLE OBTUS

Un angle obtus est un angle dont la mesure est comprise entre 90° et 180°.

$90° < \widehat{xOy} < 180°$.

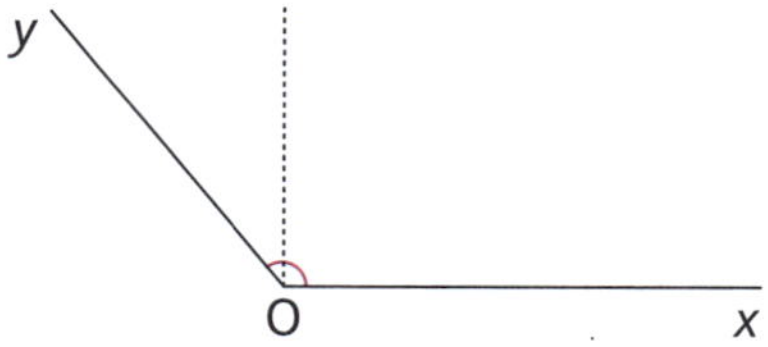

5. ANGLE SAILLANT

Un angle saillant est un angle dont la mesure est comprise entre 0° et 180°.

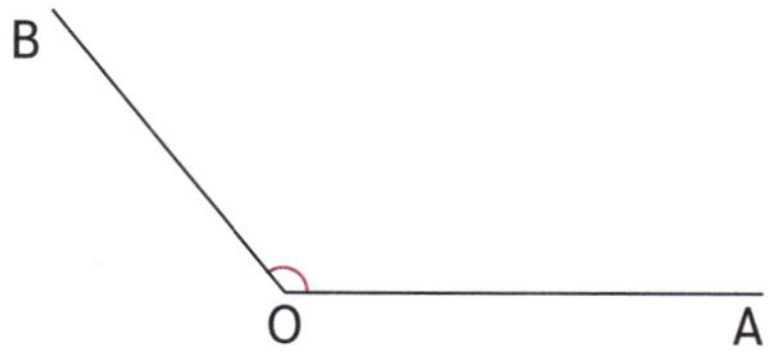

6. ANGLE RENTRANT

Un angle rentrant est un angle dont la mesure est comprise entre 180° et 360°.

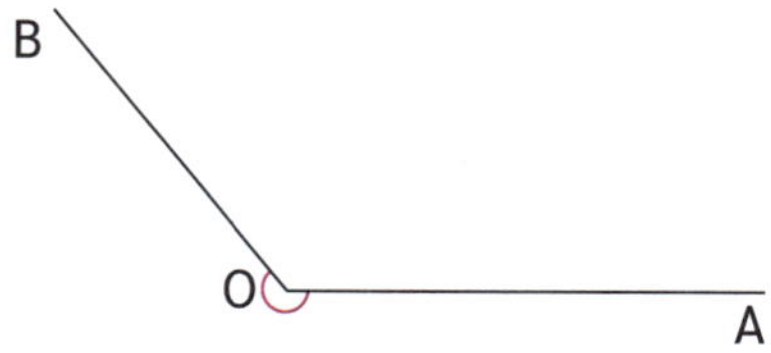

7. ANGLES ADJACENTS

Deux angles sont adjacents lorsqu'ils :
- ont le même sommet ;
- ont un côté commun ;
- sont situés de part et d'autre de ce côté commun.

$\widehat{xOy}$ et $\widehat{yOz}$ sont adjacents.

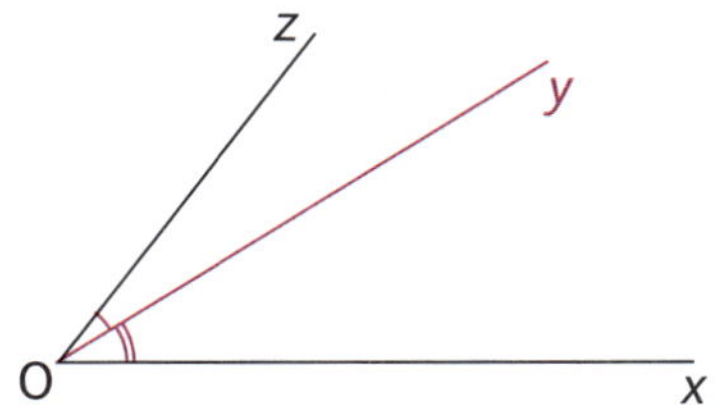

8. ANGLES COMPLÉMENTAIRES

Deux angles sont complémentaires lorsque la somme de leurs mesures est égale à 90°.

$\widehat{xOy} + \widehat{zOx} = 90°$.

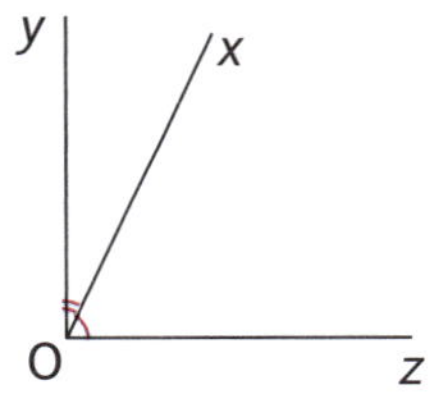

9. ANGLES SUPPLÉMENTAIRES

Deux angles sont supplémentaires lorsque la somme de leurs mesures est égale à 180°.

$\widehat{xOy} + \widehat{zOy} = 180°$.

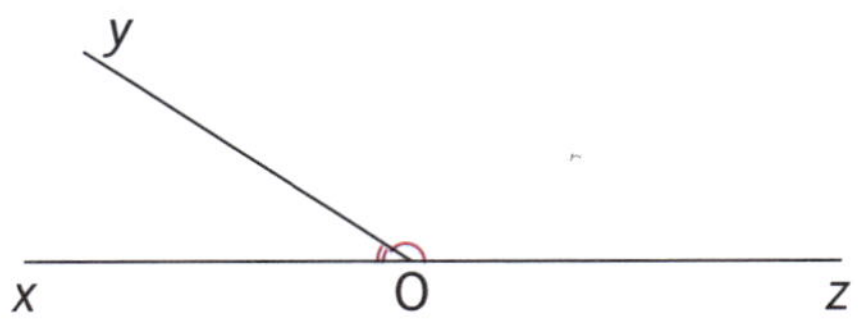

La somme des trois angles d'un triangle est égale à 180°.

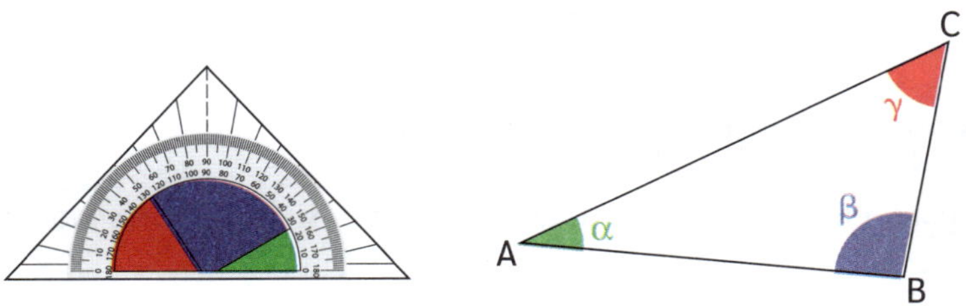

Ex :
Dans un triangle ABC, l'angle BAC mesure 35° et l'angle BCA mesure 55°.
Quelle est la nature du triangle ABC ?

Tracé

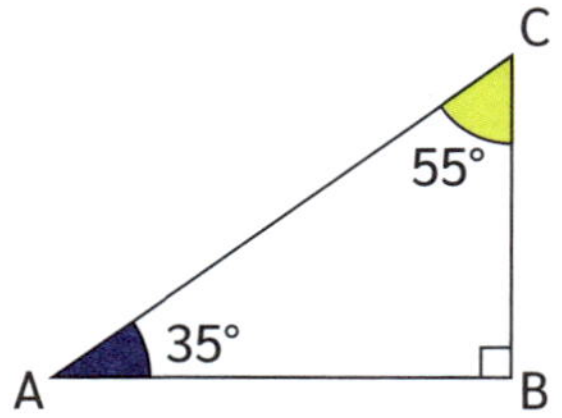

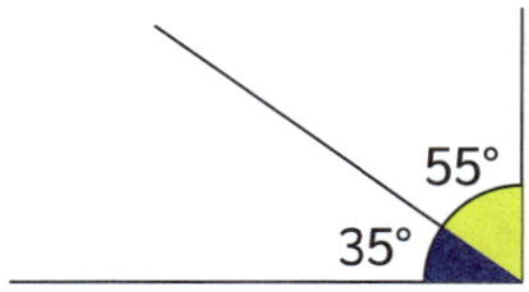

ABC + CAB + CBA = 180°
ABC + 35 + 55 = 180°
ABC = 180 – 35 – 55 = 90°
Le triangle ABC est rectangle en B.

C – ANGLES ET DROITES PARALLÈLES

1. ANGLES OPPOSÉS PAR LE SOMMET

Deux angles opposés par le sommet ont même mesure.

Hypothèses
$\widehat{xOy}$ et $\widehat{x'Oy'}$ sont opposés par le sommet
Conclusion
$\widehat{xOy} = \widehat{x'Oy'}$

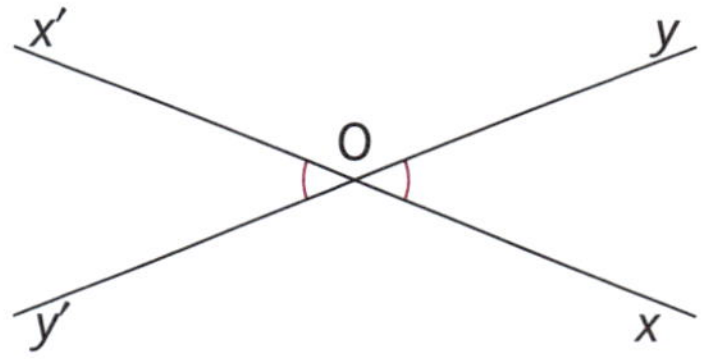

2. ANGLES ALTERNES INTERNES

Deux droites parallèles et une sécante déterminent des angles alternes internes de même mesure.

Hypothèses
(xx')//(yy') et (xx')∦(zz')
Conclusion
$\widehat{xOz} = \widehat{y'O'z'}$

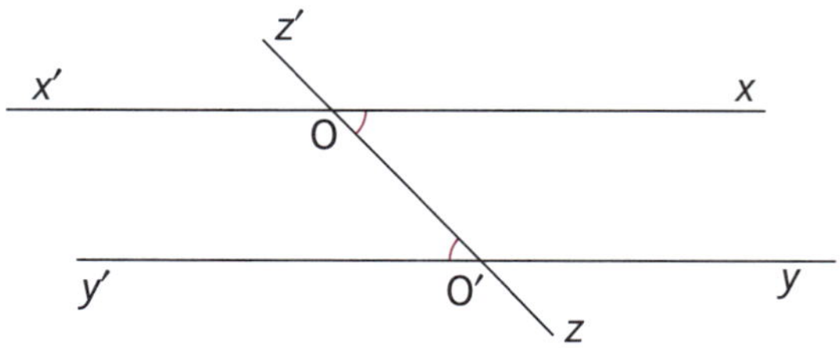

3. ANGLES CORRESPONDANTS

Deux droites parallèles et une sécante déterminent des angles correspondants de même mesure.

Hypothèses
(xx')//(yy') et (xx')∦(zz')
Conclusion
$\widehat{x'Oz'} = \widehat{y'O'z'}$

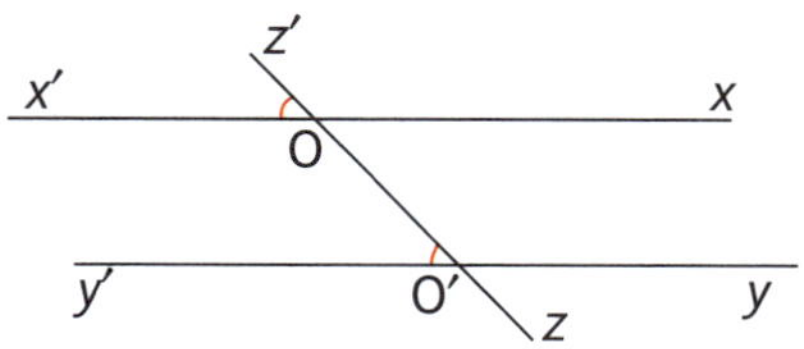

4. DROITES PARALLÈLES

Deux angles alternes internes (ou correspondants) de même mesure déterminent des droites parallèles.

Hypothèses

$\widehat{xOz} = \widehat{y'O'z'}$

Conclusion

$(xx')//(yy')$

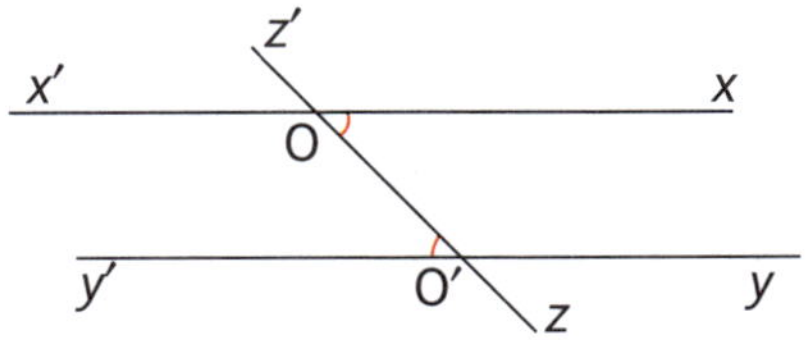

Ex :

Cette figure à main levée représente un rectangle ABCD. De plus, les points A, B, M sont alignés ainsi que les points D, B, N. Quelle est la nature du quadrilatère BCMN ? Expliquer la réponse.

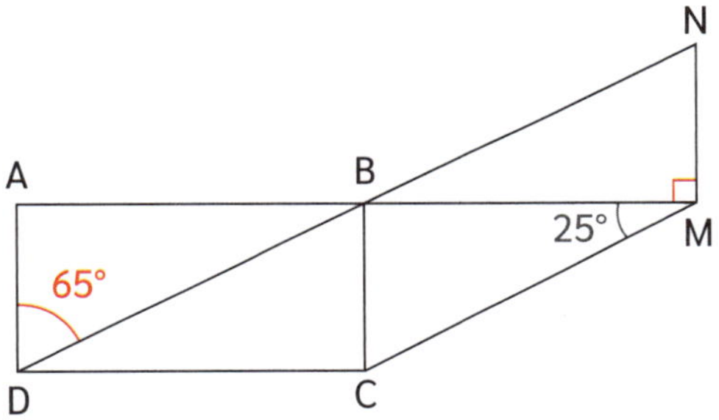

ABCD est un rectangle donc (AB) (BC).
Or (MN) (AB) donc (MN) (BC).

De plus :
ABC est un triangle rectangle en A donc les angles ADB et ABD sont complémentaires.
Donc ABD mesure 25°.
Comme ABCD est un rectangle, les droites (AM) et (DC) sont parallèles.
Les angles ABD et BMC sont des angles correspondants et ils sont égaux donc les droites (BN) et (CM) sont parallèles.
Donc le quadrilatère BCMN est un parallèlogramme (il a des côtés opposés parallèles).

D – DROITES PARTICULIÈRES ET TRACÉS ÉLÉMENTAIRES À LA RÈGLE NON GRADUÉE ET AU COMPAS

1. MÉDIATRICE D'UN SEGMENT

La médiatrice du segment [AB] est l'ensemble des points M du plan équidistants des extrémités de ce segment, autrement dit tels que MA = MB.
On dit aussi que la médiatrice est le lieu géométrique des points équidistants des extrémités du segment [AB].

La médiatrice du segment [AB] est la perpendiculaire à la droite (AB) qui passe par le milieu de AB.

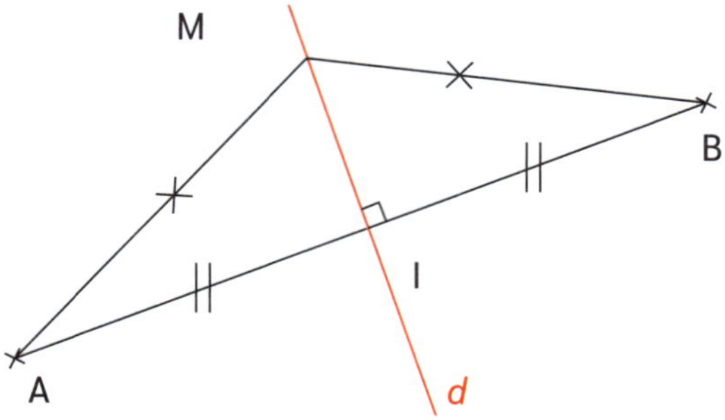

2. BISSECTRICE D'UN ANGLE

Soit trois points A, O, B.

La bissectrice de l'angle $\widehat{AOB}$ est la demi-droite passant d'origine le sommet O et qui partage l'angle $\widehat{AOB}$ en deux angles adjacents de même mesure.

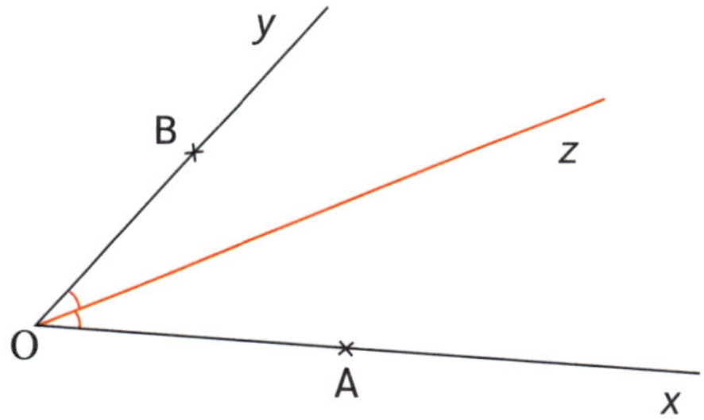

La demi-droite droite [Oz) est la bissectrice de l'angle $\widehat{AOB}$.
On a alors $\widehat{xOz} = \widehat{zOy}$.

Tout point M de la bissectrice (Oz) est équidistant des demi-droites [OA) et [OB). Si I est le point d'intersection de la perpendiculaire passant par M à la demi-droite [OA) et J le point d'intersection de la perpendiculaire passant par M à la demi-droite [OB), alors MI = MJ.
La bissectrice est le lieu géométrique des points équidistants des deux côtés d'un angle.

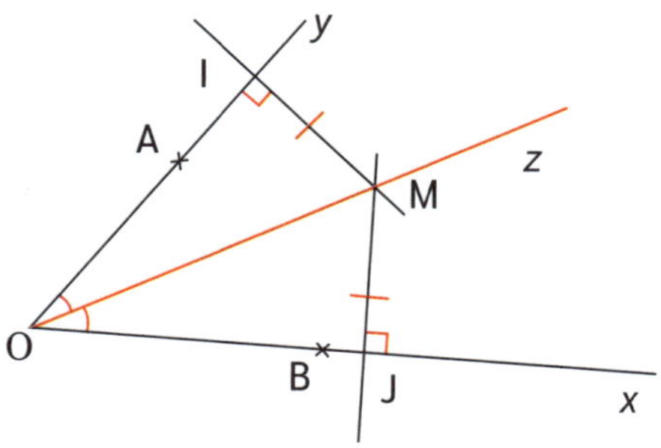

Sur Lea.fr

10.3 Tracé de la médiatrice tutoriel

10.4 Tracé de l'angle $\widehat{xOy}$ tutoriel

10.5 Tracés fondamentaux, règle compas

E – PROPRIÉTÉ DE THALÈS

1. LES CONFIGURATIONS DE THALÈS

On appelle configuration de Thalès les figures qui requièrent les conditions nécessaires à l'application du théorème de Thalès.

Une configuration de Thalès est constituée de deux droites sécantes elles-mêmes coupées de plusieurs droites parallèles.

On distingue deux types de configurations de Thalès :

- **Les configurations simples**

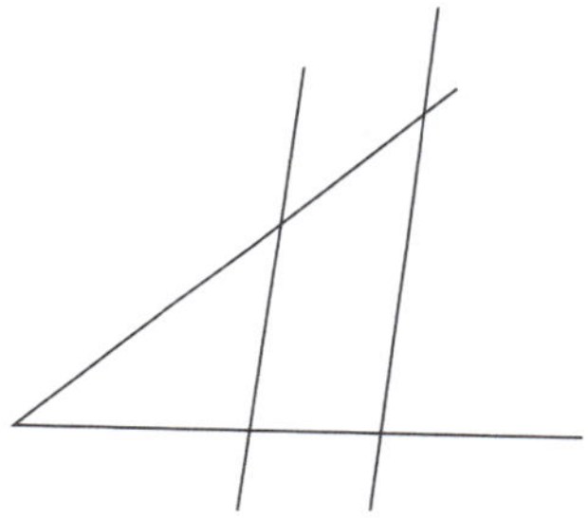

- **Les configurations « papillon »**

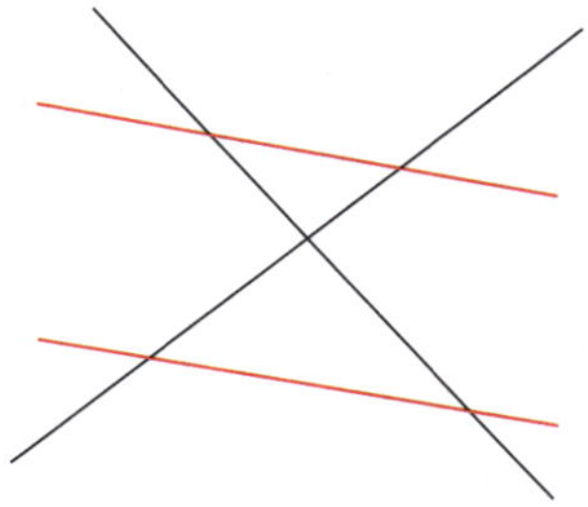

2. PROJECTION D'UN POINT

Soit deux droites Δ et *d*.
La projection d'un point M sur une droite *d* selon la direction Δ est le point M′ appartenant à la droite *d* tel que (MM′) // Δ.
On dit aussi que M′ est l'image de M dans la projection de direction Δ sur la droite *d*.

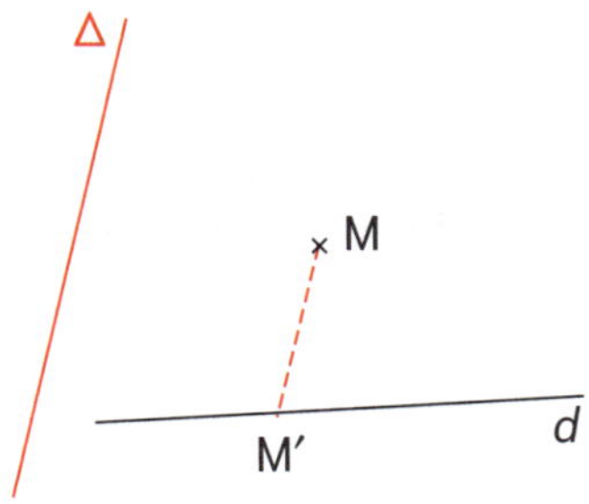

3. PROPRIÉTÉ DE THALÈS

◆ Première formulation

Si A, B et C sont trois points d'une droite d_1 et A′, B′ et C′ leurs images respectives dans la projection de direction Δ sur une droite d_2, on a alors :

$$\frac{AB}{A'B'} = \frac{BC}{B'C'} = \frac{AC}{A'C'}$$

On peut aussi obtenir d'autres égalités comme : $\frac{AB}{BC} = \frac{A'B'}{B'C'}$ ou $\frac{BC}{AC} = \frac{B'C'}{A'C'}$

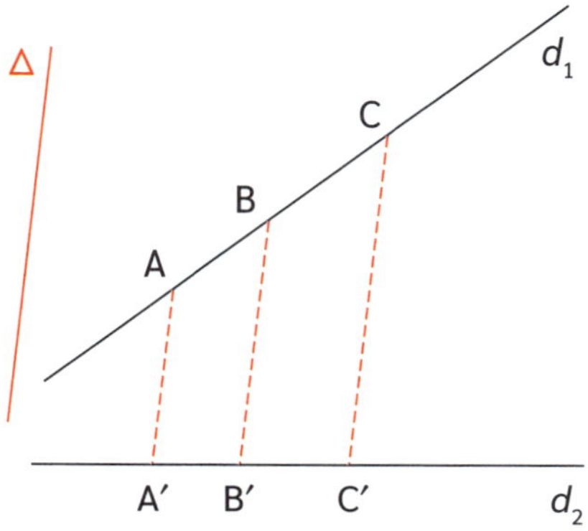

◆ Deuxième formulation

Soit deux droites d_1 et d_2 sécantes en A ; B et C deux points de d_1 distincts de A ; B′ et C′ deux points de d_2 distincts de A.

Si les droites (BB′) et (CC′) sont parallèles, alors : $\frac{AB}{AC} = \frac{AB'}{AC'} = \frac{BB'}{CC'}$

On a deux configurations possibles :

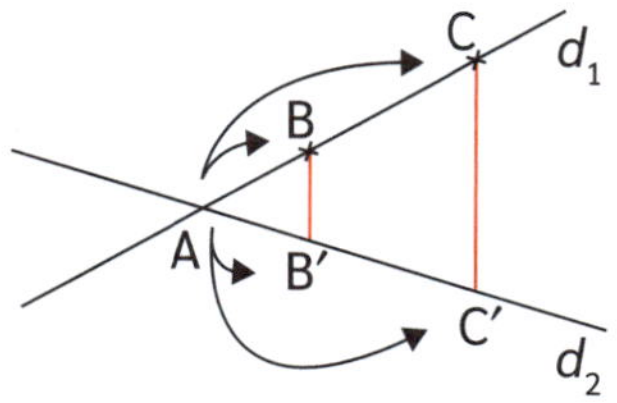

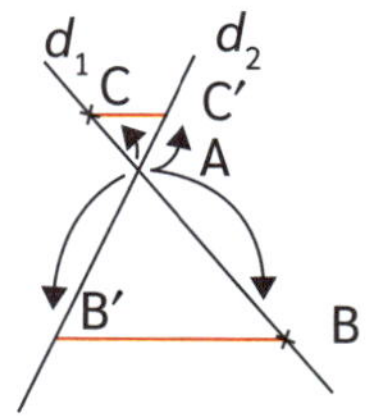

Pour bien écrire les égalités propres à une configuration de Thalès :
Première configuration, écrire impérativement :
Les droites d_1 et d_2 sont sécantes en A.
Les droites (BB′) et (CC′) sont parallèles.
Les points A, B, C et les points A, B′, C′ sont alignés dans cet ordre.
Ensuite partir du point de concours des droites d_1 et d_2 et parcourir chacune d'entre elles en revenant au point de départ :
AB sur AC
AB′ sur AC′

$$\frac{AB}{AC} = \frac{AB'}{AC'} = \frac{BB'}{CC'}$$

Deuxième configuration :
Les droites d_1 et d_2 sont sécantes en A.
Les droites (BB′) et (CC′) sont parallèles.
Les points B, A, C et B′, A, C′ sont alignés dans cet ordre :

$$\frac{AB}{AC} = \frac{AB'}{AC'} = \frac{BB'}{CC'}$$

4. RÉCIPROQUE DE LA PROPRIÉTÉ DE THALÈS

Si les points A, B, C d'une part et A, D, E d'autre part sont alignés dans cet ordre sur 2 droites sécantes en A et que $\frac{AB}{AC} = \frac{AD}{AE}$, alors les droites (BD) et (CE) sont parallèles.

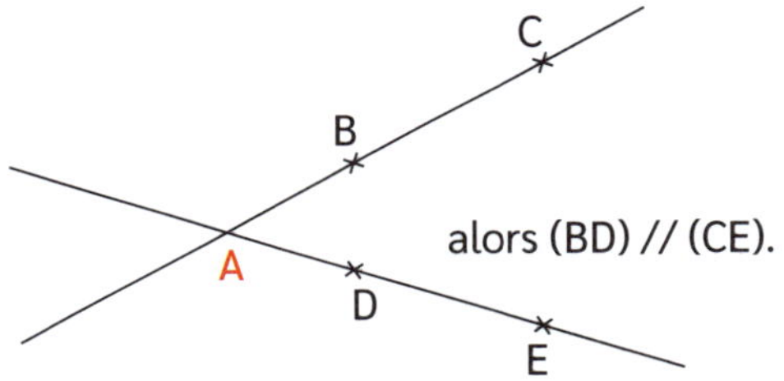

Ex 1 :
Dans la figure suivante, les droites (BM) et (PC) sont sécantes en A. On sait que :
AB = 7 cm ; AM = 4 cm ; AP = 6 cm ; AC = 8 cm
Les droites (BC) et PM) sont-elles parallèles ?

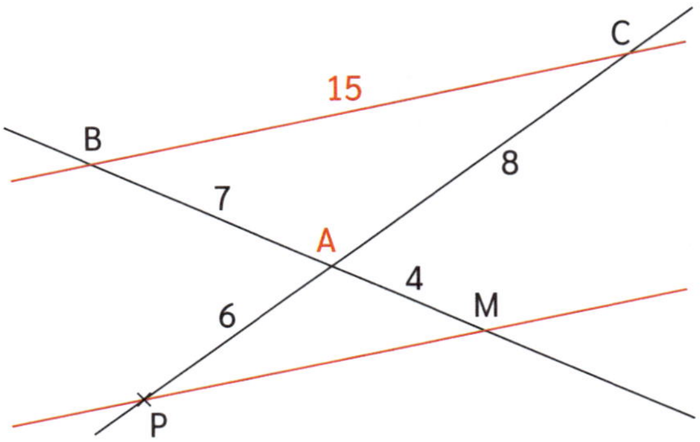

Les droites (BM) et (PC) sont sécantes en A.
Les points B, A, M sont alignés dans cet ordre.
Les points C, A, P sont alignés dans cet ordre.

Par ailleurs :

$$\frac{AB}{AM} = \frac{7}{4}$$

$\frac{CA}{AP} = \frac{8}{6}$

$\frac{7}{4} = \frac{21}{12}$

$\frac{8}{6} = \frac{16}{12}$

Donc les quotients $\frac{AB}{AM}$ et $\frac{CA}{CP}$ ne sont pas égaux, donc d'après la réciproque du théorème de Thalès les droite (BC) et (PM) ne sont pas parallèles.

Ex 2 :

Sur la figure ci-dessous, qui n'est pas en vraie grandeur, les droites (AB) et (DE) sont parallèles.
De plus, on sait que CD = 3 cm, AC = 8 cm, CE = 4 cm et AB = 9 cm.

1. Calculer la longueur BC.
2. Calculer la longueur DE.

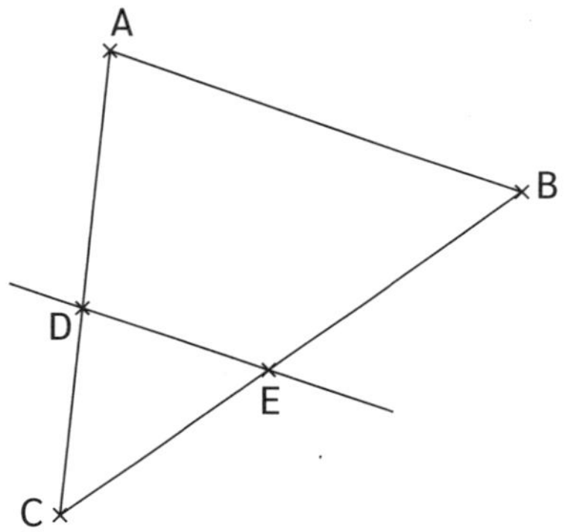

Les droites AC et BC sont sécantes en C.
Les points C, D, A sont alignés dans cet ordre.
Les points C, E, B sont alignés dans cet ordre.
Par ailleurs les droites AB et DE sont parallèles.
Donc d'après le théorème de Thalès on a :

$\frac{DC}{CA} = \frac{CE}{CB} = \frac{DE}{AB}$

D'où

$\frac{3}{8} = \frac{4}{CB} = \frac{DE}{9}$

$\frac{3}{8} = \frac{DE}{9}$ donc $DE = \frac{27}{8}$

$\frac{3}{8} = \frac{4}{CB}$ donc : $CB = \frac{32}{3}$

◆ Théorème de la droite des milieux

Soit un triangle ABC, I est le milieu du côté AB et J est le milieu du côté AC.

Tracé :

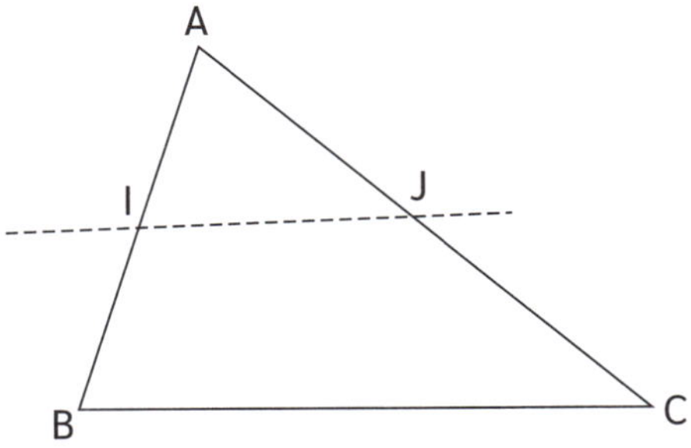

I est le milieu de AB donc AI = $\frac{1}{2}$ AB.

J est le milieu de AC donc AJ = $\frac{1}{2}$ AC.

D'où l'égalité : $\frac{AI}{AB} = \frac{AJ}{AC} = \frac{1}{2}$

D'après la réciproque du théorème de Thalès, on peut en déduire que :

(IJ) est parallèle à (BC).

Énoncé du théorème de la droite des milieux (qui est un cas particulier de la réciproque du théorème de Thalès) : Dans un triangle, la droite qui passe par les milieux de deux des côtés du triangle est parallèle au troisième côté.

◆ Réciproque du théorème de la droite des milieux

N'OUBLIONS PAS !

Dans un triangle la droite qui passe par le milieu d'un des côtés et qui est parallèle à un autre côté passe par le milieu du troisième côté.

Tracé :

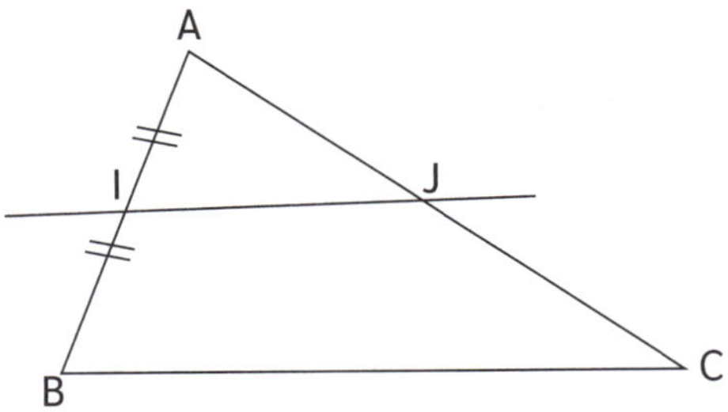

(*d*) est parallèle à (BC)
J est le point d'intersection des droites (*d*) et (AC).

Écriture mathématique :
I est le milieu de [AB].
La droite (d) passe par I et est parallèle à (BC) donc J est le milieu de [AC].

Ex 1 :
Soit ABC un triangle. Soit D le milieu de [BC]. Soit M le milieu de [AD].
Les parallèles à la droite (CM) passant par D et C coupent la droite (AB) respectivement en E et F.

1. Faire une figure.
2. Montrer que E est milieu de [BF].
3. Montrer que F est milieu de [AE].
4. En déduire que BE = EF = FA.

Tracé :

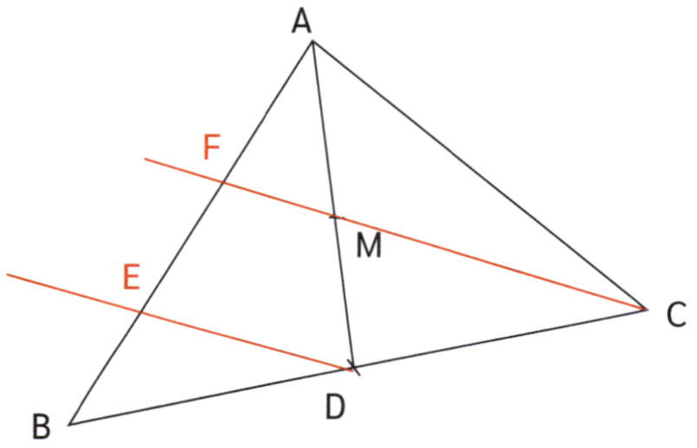

Dans le triangle BCF, on sait que ED est parallèle à FC et que D est le milieu de BC.
Donc d'après la réciproque du théorème de la droite des milieux, E est le milieu de BF.

Dans le triangle ADE, on sait que FM est parallèle à ED et que M est le milieu de AD, donc d'après la réciproque du théorème de la droite des milieux F est le milieu de AE.

F est le milieu de AE donc AF = FE.
E est le milieu de BF donc BE = EF.
Et donc BE = EF = FA.

Ex 2 :
Soit ABC un triangle. Soient I et J les milieux respectifs des côtés [AB] et [AC]. Soit M un point quelconque du plan distinct de I et de J. Soit D le symétrique de M par rapport au point I et soit E le symétrique de M par rapport au point J. Montrer que les droites (BC) et (ED) sont parallèles.

Tracé :

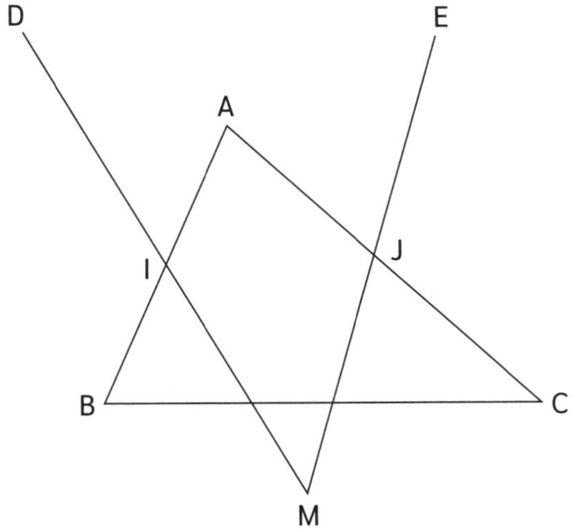

Dans le triangle ABC, I est le milieu de AB et J le milieu de AC, donc d'après le théorème de la droite des milieux (IJ) parallèle à (BC).
Dans le triangle MDE, I est le milieu de MD et J le milieu de ME, donc d'après le théorème de la droite des milieux, (IJ) parallèle à (DE).

Propriété utilisée : Si deux droites sont parallèles à une même troisième alors elles sont parallèles entre elles.
On en déduit que (DE) est parallèle à (BC).

JE M'ENTRAÎNE

ÉNONCÉS

◆ Exercice 1

Sur la figure ci-après, les points A, M, B d'une part et A, N, C d'autre part sont alignés. La figure n'est pas à l'échelle. On donne :
AM = 1, 000001 ; AB = 1,000002 ; AC = 1,000001 et AN = 1

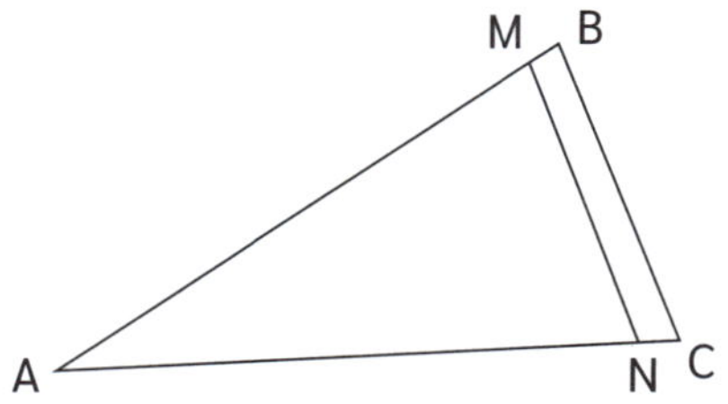

On voudrait savoir si les droites (MN) et (BC) sont parallèles. Deux élèves réfléchissent à la question. L'un prétend que les droites sont parallèles, l'autre affirme le contraire. Lequel a raison ?

◆ Exercice 2

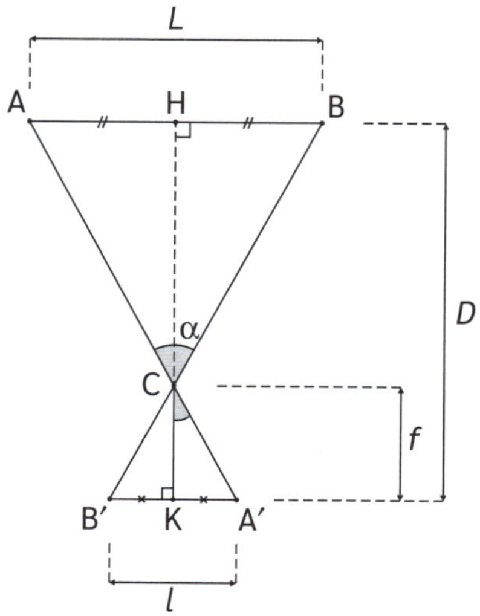

1. À l'aide des informations portées sur la figure :
a. Justifier que les droites (AH) et (A'K) sont parallèles.
b. Démontrer que la droite (HK) est un axe de symétrie de la figure.
2. Justifier l'égalité.

$\frac{CH}{CK} = \frac{AH}{A'K}$

En déduire la relation : $\frac{D}{F} = \frac{L}{l} + 1$.

◆ **Exercice 3**

On considère la figure ci-contre.
On sait que :

M ∈ [IJ]	IL = 1,6
L ∈ [IK]	LK = 2,4
IM = 0,8	IJ = 2

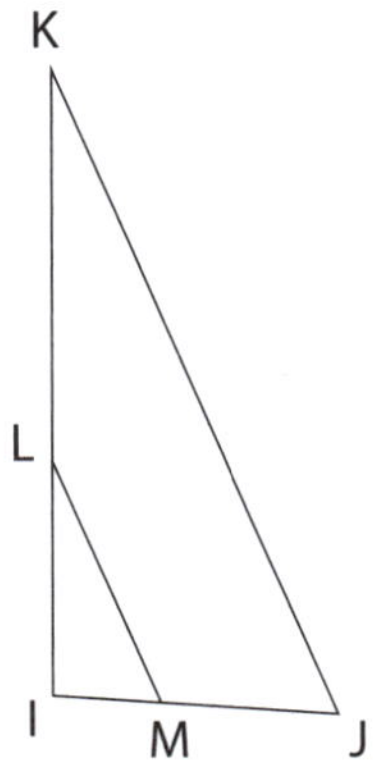

Affirmation : les droites (ML) et (KJ) sont parallèles.

◆ **Exercice 4**

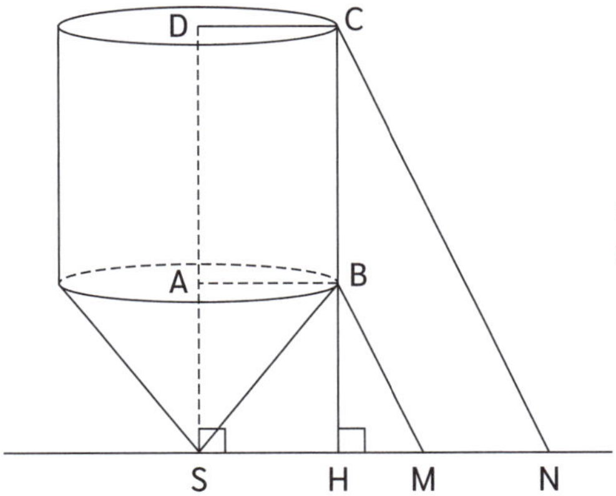

Cette figure n'est pas à l'échelle.

Un éleveur possède un silo à farine formé de deux solides de révolution : un cône et un cylindre, comme représenté sur la figure ci-dessus.

Ces deux solides ont le même axe de révolution.
Les centres D et A des bases sont alignés avec le sommet S du cône.
On donne : AS = 1,60 m ; DA = 2,40 m ; AB = 1,30 m.

Pour réaliser des travaux, deux échelles ont été posées contre le silo. Elles sont représentées sur la figure par des segments [BM] et [CN].
On donne SM = 2,1 m et SN = 3,3 m.
On note H le pied de la hauteur issue de B dans le triangle SBM.
Les points S, H, M et N sont alignés.
Les points C, B et H sont alignés.
Les deux échelles sont-elles parallèles ? Justifier la réponse.

CORRIGÉS

◆ Exercice 1

Elles ne sont pas parallèles.

◆ Exercice 2

1) Elles sont perpendiculaires à une même troisième.
2) La droite (HK) est la médiatrice des segments [AB] et [A′B′], c'est un axe de symétrie de la figure.
3) Les droites (AA′) et (HK) sont sécantes en C, configuration de Thalès « papillon ».
4) CH = D – f, etc.

◆ Exercice 3

Affirmation vraie.

◆ Exercice 4

Réciproque du théorème de Thalès.

Sur Lea.fr

Corrigés développés et exercices complémentaires

11. Triangles et cercles

JE M'ÉVALUE

VRAI OU FAUX ?

1. Si dans un triangle rectangle l'hypoténuse mesure 5 alors les deux autres côtés mesurent nécessairement 3 et 4.

2. Un triangle isocèle qui a un angle qui mesure 60° est un triangle équilatéral.

3. Les hauteurs d'un triangle équilatéral de côté a mesure $a\frac{\sqrt{2}}{2}$.

4. Dans un triangle le point de concours des médianes est le centre du cercle circonscrit.

5. $\sin 60° = \cos 30°$.

6. La somme de deux angles complémentaires est égale à 180°.

7. L'aire d'un quart de cercle de rayon r est égale à l'aire d'un demi-cercle de rayon $\frac{r}{2}$.

8. Trois points pris n'importe où dans l'espace sont coplanaires et forment un triangle.

9. Dans un triangle ABC rectangle en A, la médiane issue de A mesure la moitié de l'hypoténuse.

10. Dans un triangle quelconque, la droite qui passe par les milieux de deux des côtés est parallèle au troisième côté.

Réponses : 1.F – 2.V – 3.F – 4.F – 5.V – 6.F – 7.F – 8.V – 9.V – 10.V

JE RÉVISE

A – LE CERCLE

Un cercle est le lieu géométrique de tous les points du plan équidistants d'un point donné appelé centre du cercle (O sur la figure ci-dessous).
Pour tracer un cercle, on utilise un compas mais on peut également tracer un cercle en utilisant une corde, un bâton etc.

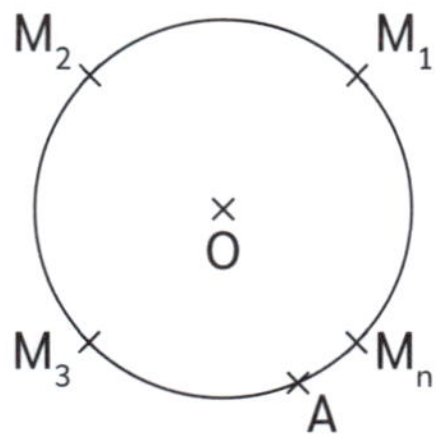

$OM_1 = OM_2 = OM_3 = ... = OM_n$

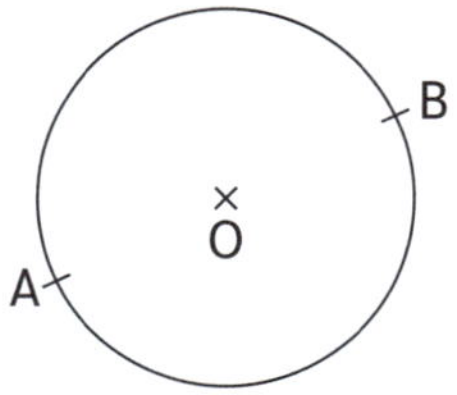

Le segment [OA] est **un** rayon du cercle.
La mesure de la distance OA est **le** rayon du cercle.

Le segment AB est **un** diamètre du cercle.
La mesure de la distance AB est **le** diamètre du cercle.

1. CERCLE ET DISQUE

• On appelle *cercle* de centre O et de rayon R, $\mathscr{C}$ (O ; R), l'ensemble des points M du plan tels que OM = R.

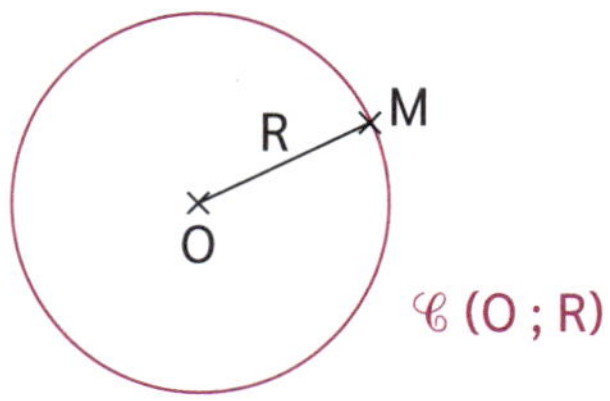

• On appelle *disque* de centre O et de rayon R, $\mathcal{D}$ (O ; R), l'ensemble des points M du plan tels que OM ⩽ R.

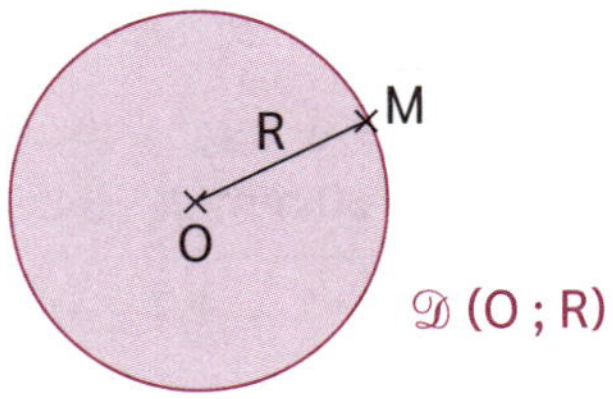

• Le segment qui joint deux points d'un cercle est appelé *corde* de ce cercle.
• Un *diamètre* d'un cercle est une corde qui passe par le centre de ce cercle.

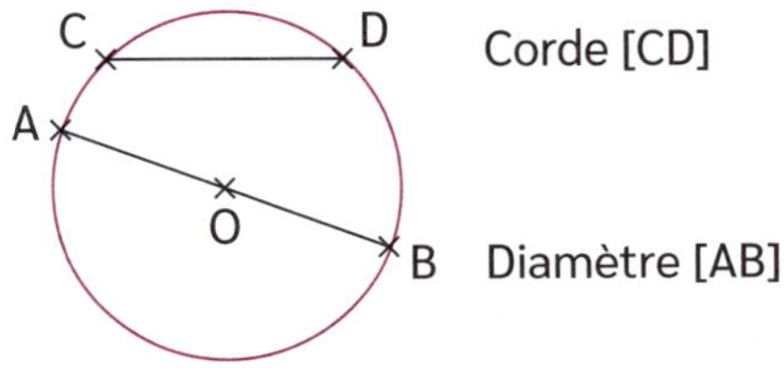

Ex :

Situation A

La figure ci-dessous a été construite en suivant l'une de ces trois fiches. Laquelle ?
Pourquoi en suivant les consignes des deux autres fiches, on n'obtient pas cette figure ?

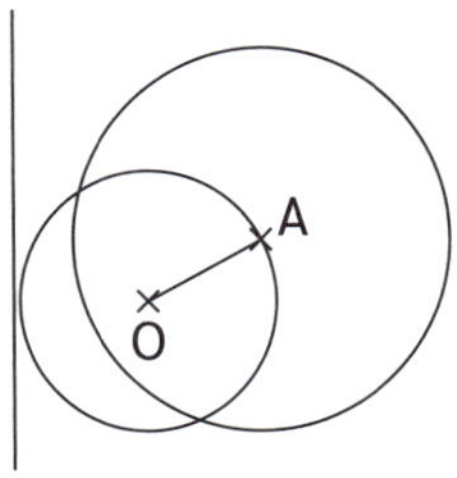

Fiche 1
1. Trace [AO] = 20 mm. 2. Trace un cercle de centre A et de rayon 60 mm. 3. Trace un cercle de centre O et de rayon 40 mm.

Fiche 2
1. Trace un cercle de centre O et de rayon 20 mm. 2. Place un point A sur ce cercle. 3. Trace [OA]. 4. Trace un cercle de centre A et de rayon 30 mm.

Fiche 3
5. Trace un cercle de centre O et de rayon 20 mm. 6. Place un point A à l'intérieur de ce cercle. 7. Trace [OA]. 8. Trace un cercle de centre A et de rayon 30 mm.

Fiche 1 :
Le cercle de centre A devrait avoir un rayon égal à trois fois la mesure du segment [OA], ce qui n'est manifestement pas le cas sur la figure.

Fiches 2 et 3 :
Elles ne diffèrent que par la seconde instruction : A sur le cercle ; A à l'intérieur du cercle. Cette deuxième expression n'est pas usitée. On aurait pu écrire à l'intérieur du disque mais cela n'aurait pas pu être sur le cercle.
Donc la fiche qui correspond à la figure est la fiche 2.

2. POSITIONS RELATIVES DE CERCLES ET DROITES

Soit un cercle $\mathscr{C}$ de centre O et de rayon R, $\mathscr{C}$ (O ; R), et une droite D.
d est la distance du point O à la droite D.

• Si d < R, alors la droite D est sécante au cercle $\mathscr{C}$.

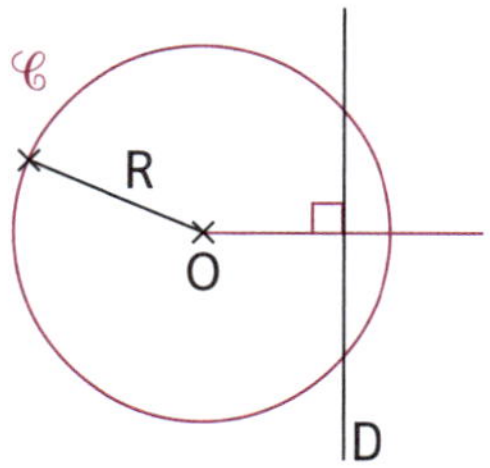

• Si *d* = R, alors la droite D est tangente au cercle $\mathscr{C}$.

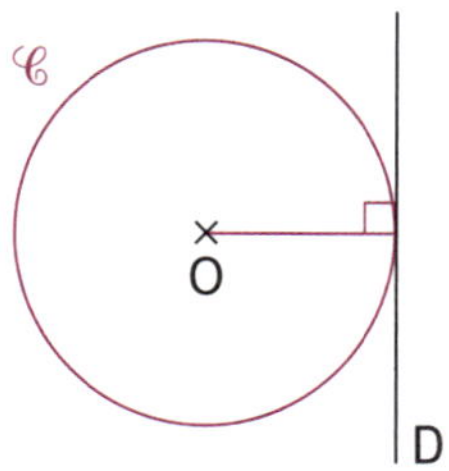

• Si *d* > R, alors la droite D est extérieure au cercle $\mathscr{C}$.

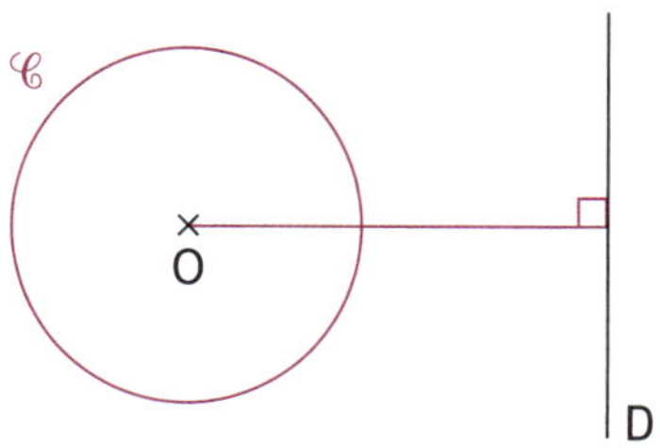

3. POSITIONS RELATIVES DE DEUX CERCLES

Soit deux cercles $\mathscr{C}_1$ $(O_1 ; R_1)$ et $\mathscr{C}_2$ $(O_2 ; R_2)$ tels que $[O_1O_2] = d$.

- Si $R_1 - R_2 = d$, alors les cercles $\mathscr{C}_1$ et $\mathscr{C}_2$ sont tangents intérieurement.

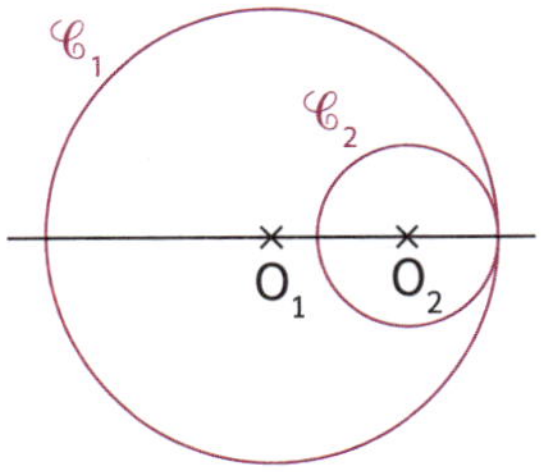

- Si $d = R_1 + R_2$, alors les cercles $\mathscr{C}_1$ et $\mathscr{C}_2$ sont tangents extérieurement.

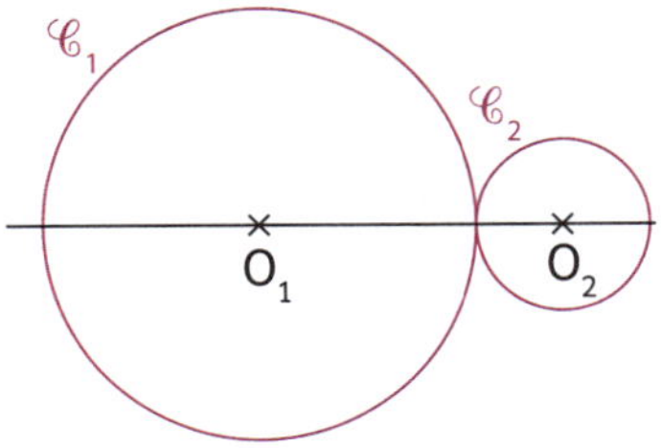

- Si $d = 0$, alors les cercles $\mathscr{C}_1$ et $\mathscr{C}_2$ sont concentriques.

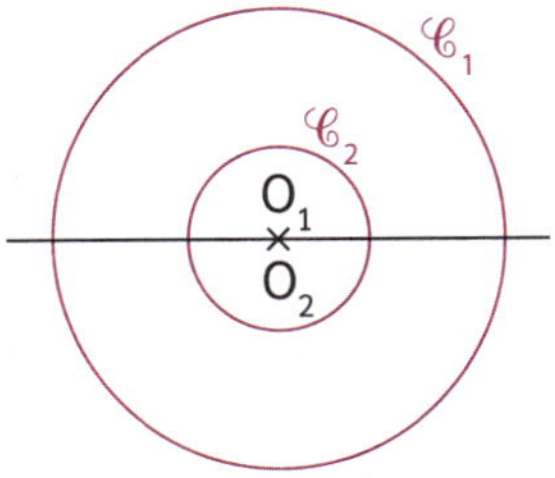

- Si $R_2 < d < R_1 + R_2$, alors les cercles $\mathscr{C}_1$ et $\mathscr{C}_2$ sont sécants.

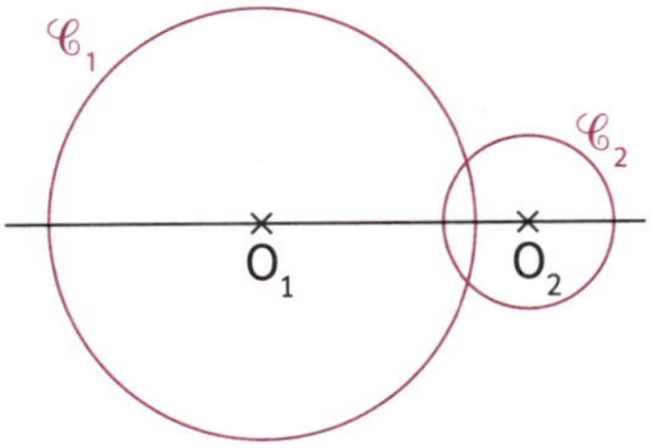

Sur Lea.fr
11.1 Définitions

- Si $d > R_1 + R_2$, alors les cercles $\mathcal{C}_1$ et $\mathcal{C}_2$ sont extérieurs.

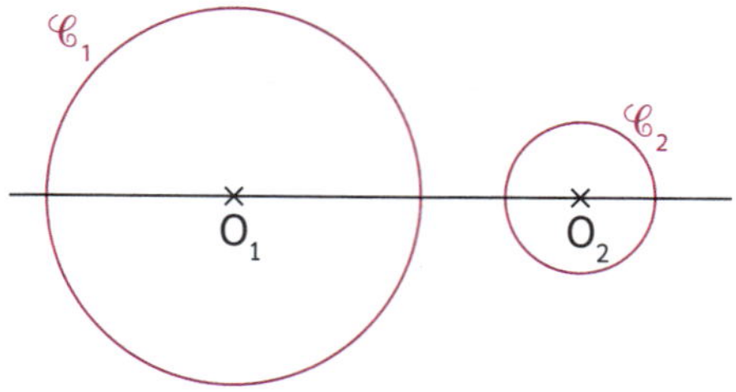

4. CERCLES ET ANGLES

◆ Angles inscrits

Un angle inscrit est un angle dont le sommet est un point du cercle et les côtés des cordes issus de ce sommet.

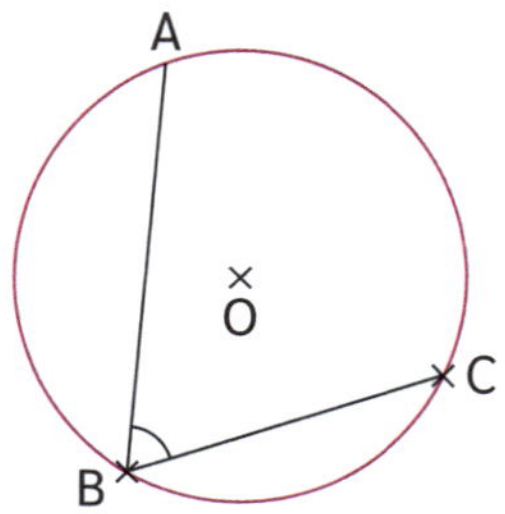

L'angle inscrit $\widehat{ABC}$
intercepte l'arc $\overset{\frown}{AC}$.

Dans un même cercle, les angles inscrits qui interceptent le même arc sont égaux (ils ont la même mesure).
Sur la figure ci-dessous, les trois angles inscrits de sommets O_1, O_2, O_3 interceptent le même arc AB.

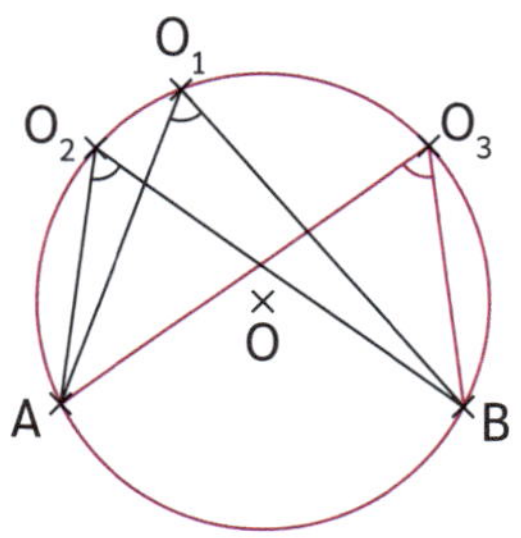

$\widehat{AO_1B} = \widehat{AO_2B} = \widehat{AO_3B}$

◆ Angles au centre

Un angle au centre est un angle qui a pour sommet le centre du cercle, les côtés de l'angle sont des rayons du cercle.

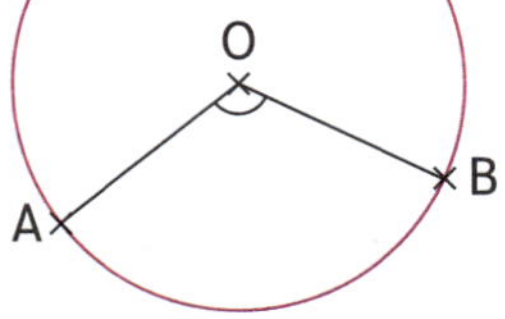

L'angle au centre $\widehat{AOB}$ intercepte l'arc $\overset{\frown}{AB}$.

◆ Angles au centre et angles inscrits

Dans un cercle, un angle au centre qui intercepte le même arc qu'un angle inscrit, a une mesure égale au double de la mesure de l'angle inscrit.

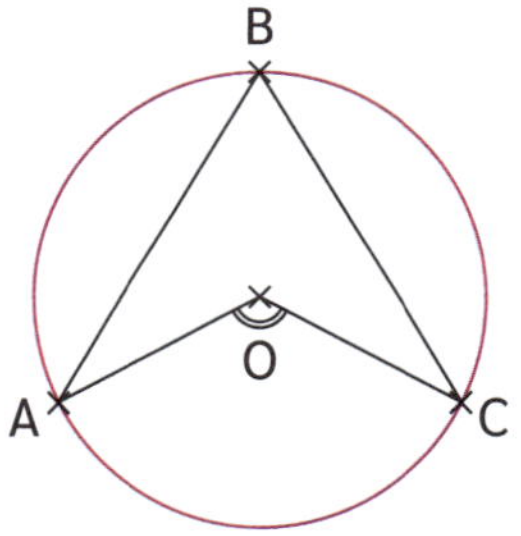

$\widehat{AOC} = 2\widehat{ABC}$

Remarque
Dans le cas où [AC] est un diamètre, on retrouve un résultat déjà établi.

$\widehat{ABC} = \dfrac{\widehat{AOC}}{2} = \dfrac{180°}{2} = 90°$

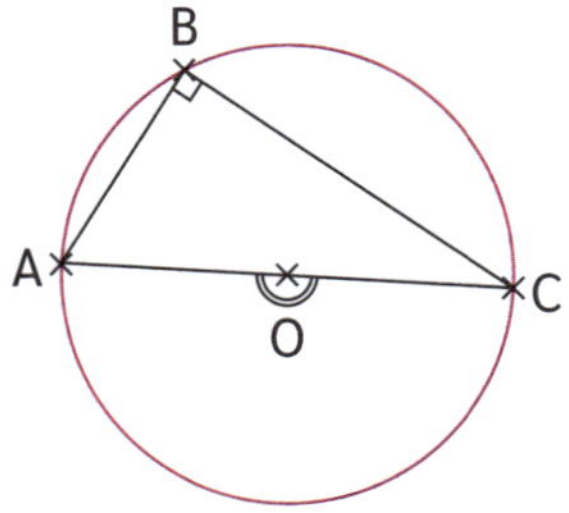

Sur Lea.fr
11.2 Démonstration de $\widehat{AOC} = 2\widehat{ABC}$

B – LES TRIANGLES

Trois points pris n'importe où dans l'espace forment un triangle. Ils sont coplanaires.

1. TRIANGLES QUELCONQUES – DROITES PARTICULIÈRES

Les triangles possèdent de nombreuses propriétés en relation avec les droites particulières du triangle.

◆ Les médiatrices d'un triangle – le centre du cercle circonscrit

Si on trace les trois médiatrices des trois côtés d'un triangle on constate qu'elles se coupent en un seul point. On dit qu'elles sont concourantes.

Comme la médiatrice est le lieu géométrique des points équidistants des extrémités du segment, on peut en déduire que le point de concours des médiatrices dans un triangle est à égale distance des trois sommets du triangle.
Ce point est appelé **centre du cercle circonscrit du triangle**.
Il peut être intérieur ou extérieur au triangle.

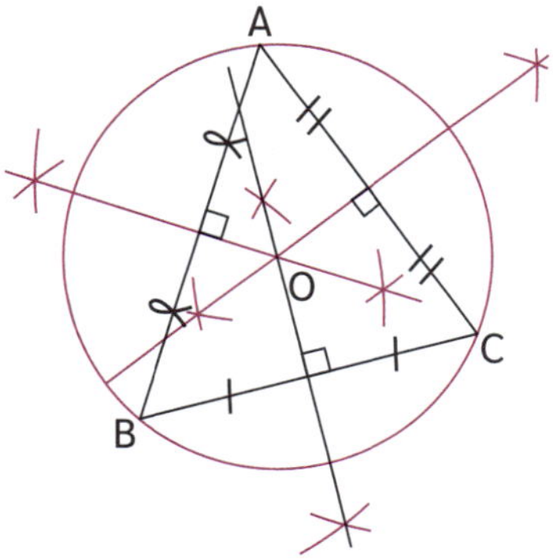

Angles $\widehat{ABC}$ aigus

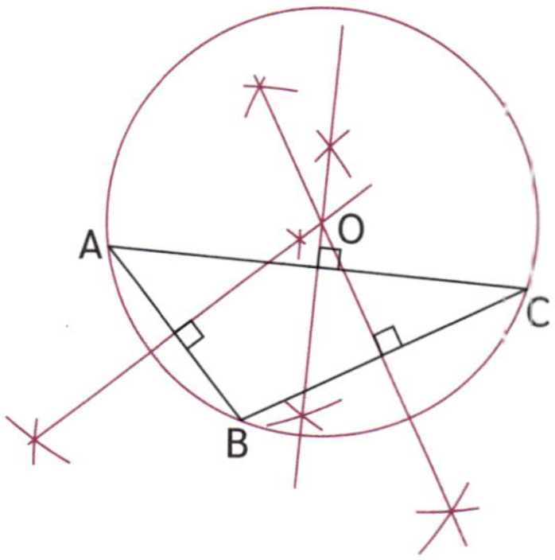

Angles $\widehat{ABC}$ obtus

◆ Les bissectrices d'un triangle – Le centre du cercle inscrit

Si on trace les 3 bissectrices des trois angles d'un triangle, on constate qu'elles sont concourantes.
Leur point de concours est appelé le centre du cercle inscrit du triangle.
Il est tangent à chacun des trois côtés.

Sur Lea.fr

11.3 Démonstration

11.4 Démonstration : les trois médiatrices se coupent en un seul

11.5 Démonstration : les trois bissectrices se coupent en un même point

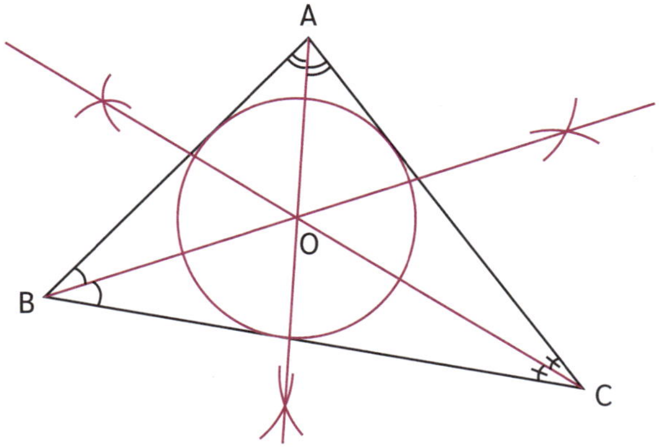

- **Les médianes d'un triangle et centre de gravité du triangle**

Dans un triangle, une médiane joint un sommet au milieu du côté opposé.
Si on trace les trois médianes, on constate qu'elles sont concourantes.

Leur point de cours est appelé centre de gravité.
Il est un point d'équilibre pour le triangle.

(AA′) est la médiane relative au côté [BC].

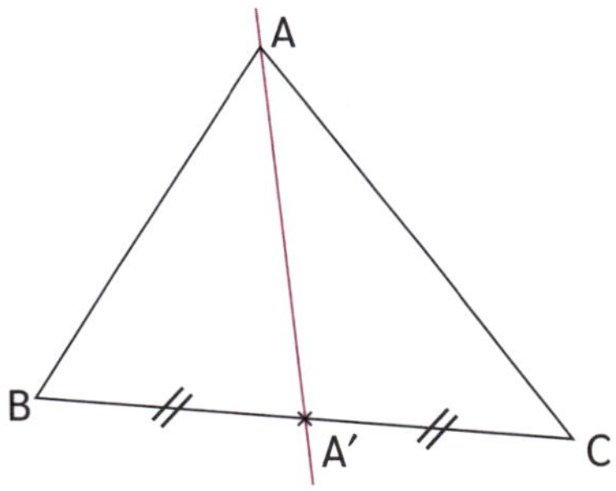

Le point G est tel que :

$AG = \frac{2}{3}AA'$

$BG = \frac{2}{3}BB'$

$CG = \frac{2}{3}CC'$

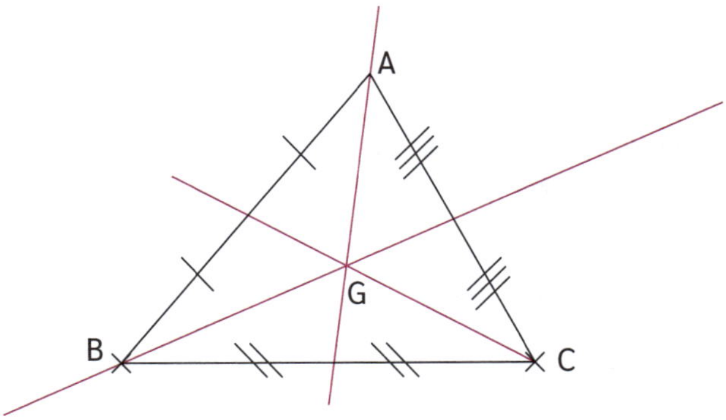

Sur Lea.fr

11.6 Démonstration : il se situe au deux tiers – un tiers de chacune des médianes

◆ Les hauteurs d'un triangle – L'orthocentre du triangle

Dans un triangle, une hauteur joint un sommet du triangle et son projeté orthogonal sur le côté opposé.
Si on trace les trois hauteurs d'un triangle on constate **qu'elles sont concourantes.**

Leur point de concours est appelé orthocentre du triangle.

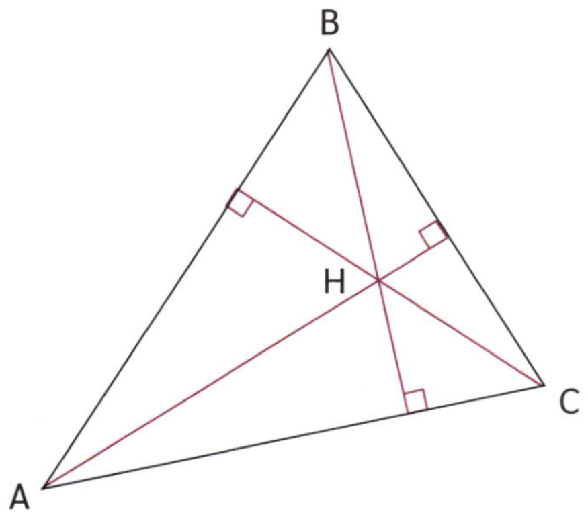

Angles $\widehat{BAC}$ aigu

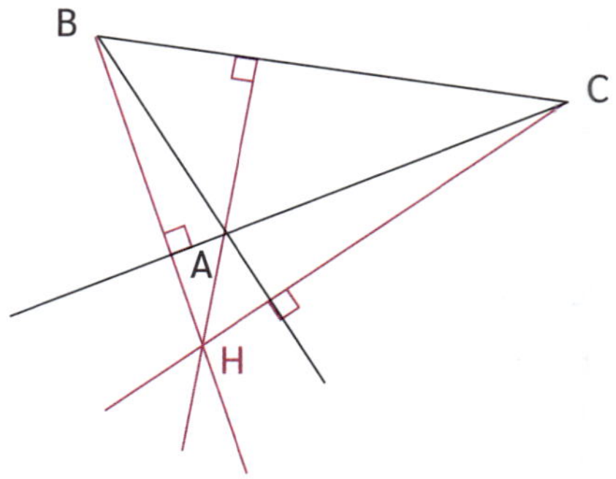

Angles $\widehat{BAC}$ obtu

◆ Médianes et hauteurs

Chaque médiane a cette particularité de partager le triangle en deux triangles de même aire :

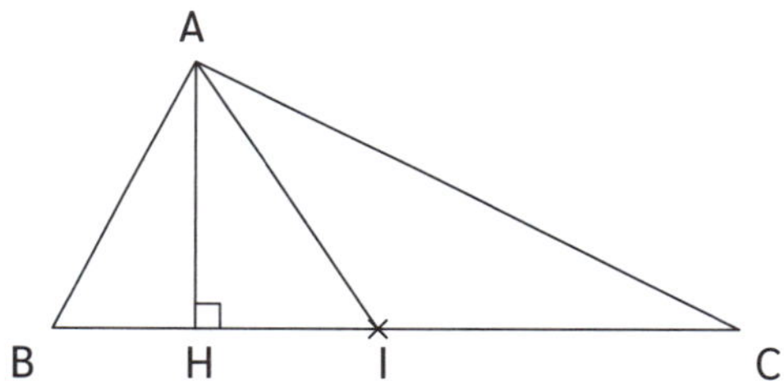

I est le milieu du côté BC.
AI est une médiane du triangle ABC.
AH est la hauteur du triangle ABC issue de A.

Aire ABI $= \frac{1}{2}$ AH $\times$ BI

Aire AIC $= \frac{1}{2}$ AH $\times$ IC

Or IC = IB

Donc Aire ABI = Aire AIC

Sur Lea.fr

11.7 Démonstration : les trois hauteurs se coupent en un même point

2. TRIANGLES PARTICULIERS

◆ Triangle isocèle

Dans un triangle isocèle :
– deux côtés ont la même longueur ;
– deux angles ont la même mesure ;
– la hauteur issue du sommet principal est aussi médiane, médiatrice, bissectrice et axe de symétrie.

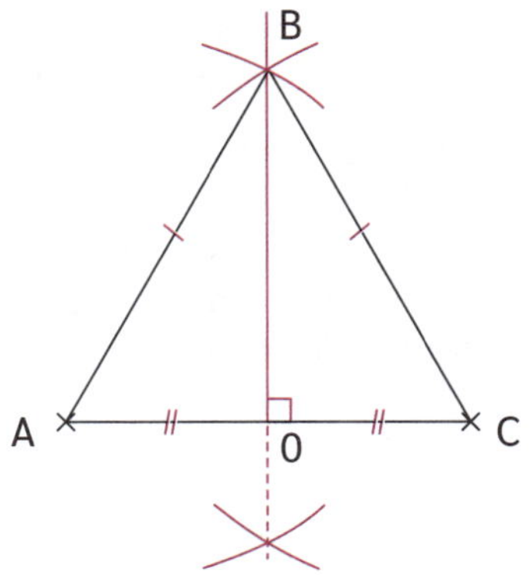

AB = BC

$\widehat{CAB} = \widehat{ACB}$

B est le sommet principal.
La droite (OB) est à la fois hauteur, médiane, médiatrice et bissectrice.

◆ Triangle équilatéral

Dans un triangle équilatéral :
– les trois côtés ont la même longueur ;
– les trois angles ont la même mesure (60°) ;
– les hauteurs sont aussi médianes, médiatrices, bissectrices et axes de symétrie.

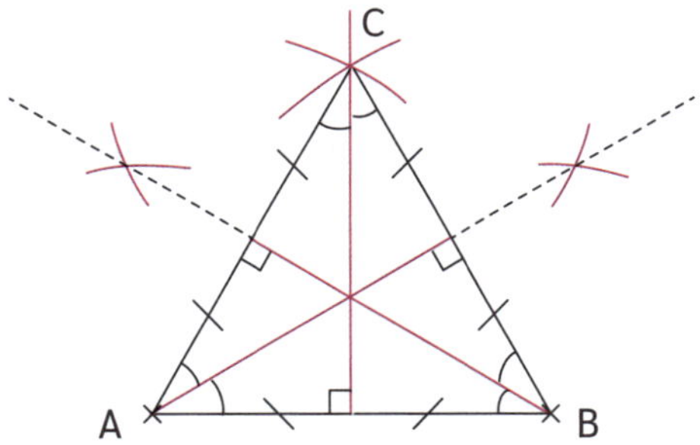

◆ Triangle rectangle

Tout triangle inscrit dans un demi-cercle est un triangle rectangle.

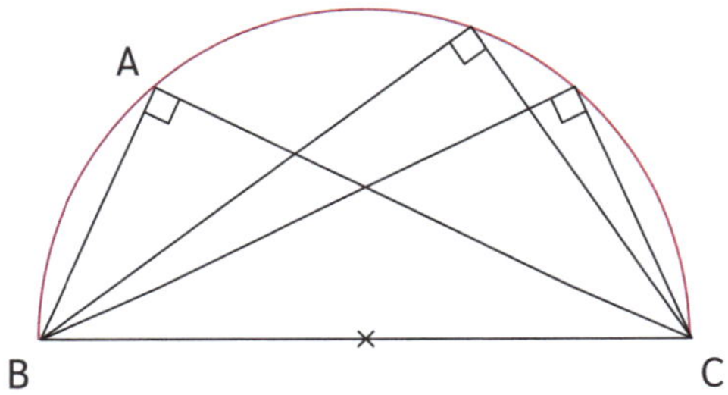

Pour tracer un triangle rectangle sans utiliser l'équerre mais seulement la règle et le compas :

1. On trace un segment.
2. On détermine son milieu.

3. On trace le demi-cercle de centre le milieu du segment et de rayon la moitié de la mesure du segment.
4. On place un point sur ce demi-cercle.

Avec les deux extrémités du triangle il forme un triangle rectangle (l'angle inscrit est égal à 90°).
La médiane issue de A est un rayon du cercle.
Dans un triangle rectangle, la médiane relative à l'hypoténuse a une longueur égale à la moitié de celle de l'hypoténuse.

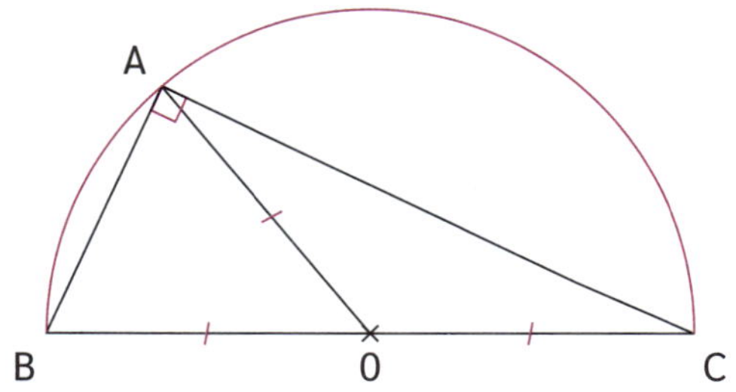

Angles d'un triangle rectangle

Les deux angles aigus d'un triangle rectangle sont complémentaires.

$\widehat{ABC} + \widehat{ACB} = 90°$

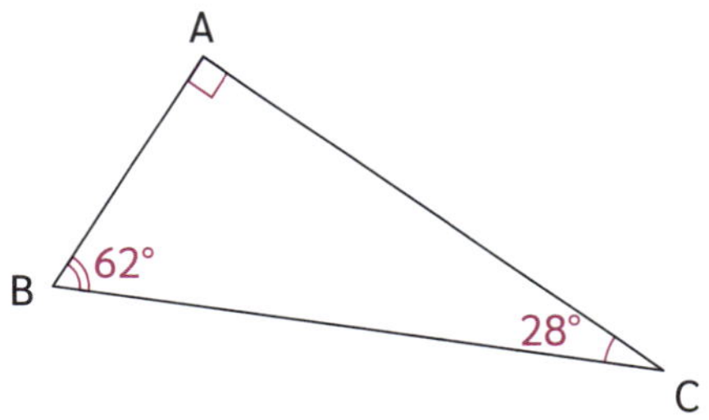

- **Propriété de Pythagore et sa réciproque**

Si un triangle est rectangle, alors le carré de la longueur de l'hypoténuse est égal à la somme des carrés des longueurs des deux autres côtés.

Ex :
Si ABC est un triangle rectangle en A, alors $BC^2 = AB^2 + AC^2$.

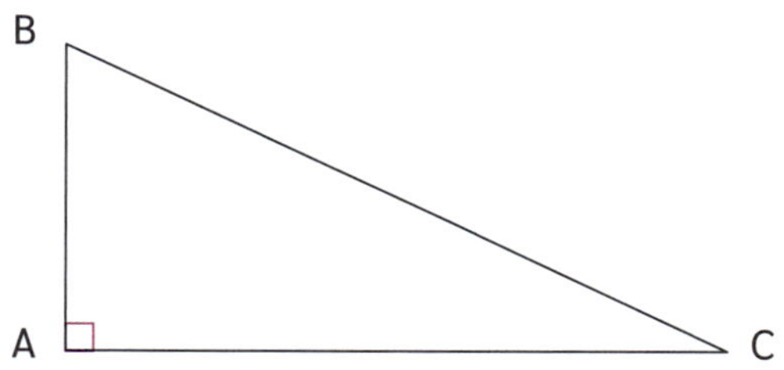

Réciproque de la propriété de Pythagore

Si la somme des carrés des longueurs de deux côtés d'un triangle est égale au carré de la longueur du troisième côté, alors ce triangle est rectangle.

Ex :
Soit le triangle ABC tel que :
AB = 5 cm, AC = 3 cm et BC = 4 cm.
Quelle est la nature du triangle ABC ?
$AB^2 = 5^2 = 25$; $AC^2 + BC^2 = 3^2 + 4^2 = 25$.
Comme $AB^2 = AC^2 + BC^2$, alors le triangle ABC est rectangle en C.

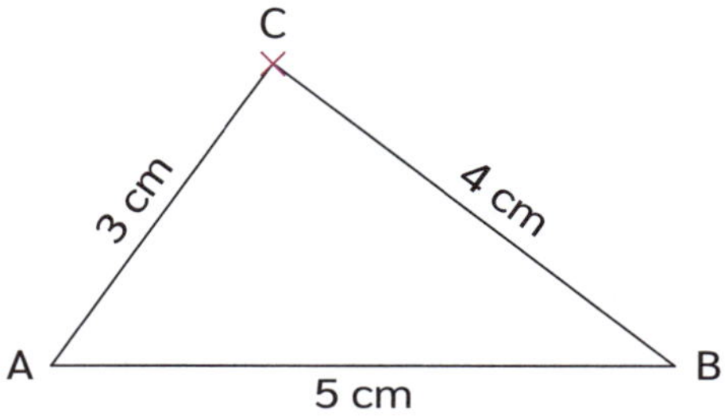

Remarque : Avec une hypoténuse égale à 5 on peut tracer de nombreux triangles rectangles

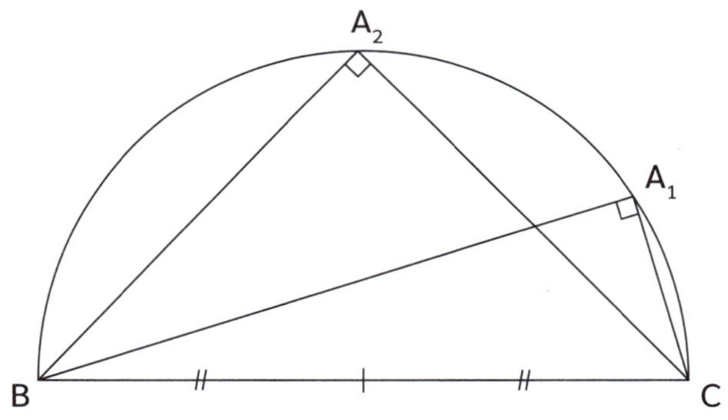

BC = 5

Exemple 1 : calcul de la mesure de l'hypoténuse.
ABC est un triangle rectangle en A.
AB = 2 et AC = 6.
Déterminer la distance BC.

Résolution :
Si le triangle est rectangle en A alors [BC] est son hypoténuse.
Donc d'après le théorème de Pythagore on a :
$BC^2 = AB^2 + AC^2$
$BC^2 = 4 + 36 = 40$
D'où $BC = \sqrt{40} = \sqrt{4} \times 10 = 2\sqrt{10}$

Exemple 2 : calcul de la mesure d'un côté autre que l'hypoténuse.
ABC est un triangle rectangle en B.
On sait que AC = 10 et AB = 4.
Déterminer la distance BC.
Si le triangle ABC est rectangle en B alors [AC] est son hypoténuse.
Donc d'après le théorème de Pythagore on a :
$AC^2 = AB^2 + BC^2$
D'où $100 = 16 + BC^2$
Et donc $BC^2 = 100 - 16 = 84$
$BC = \sqrt{84} = \sqrt{4} \times 21 = 2\sqrt{21}$

- **Trigonométrie**

La trigonométrie est une partie des mathématiques qui établit des relations entre angles et mesures des côtés dans un triangle.

Trigonométrie dans le triangle rectangle

La trigonométrie permet de déterminer les angles d'un triangle rectangle lorsque l'on connait la mesure de ses côtés et inversement.

Le sinus d'un angle :

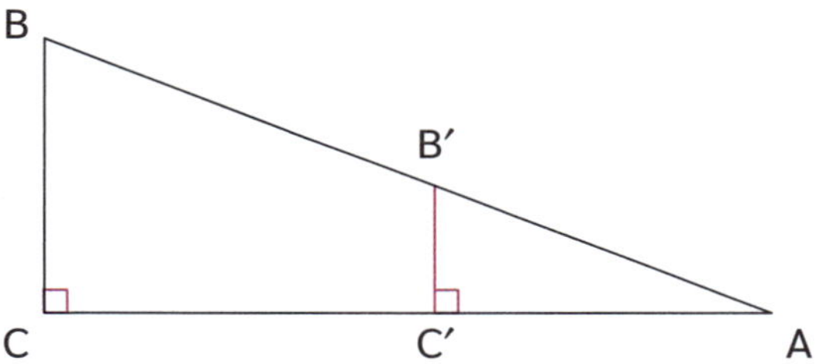

ABC est un triangle rectangle en C.
La droite (B'C') est perpendiculaire à (AC).
Cette figure est une configuration de Thalès et en appliquant le théorème on obtient l'égalité :

$$\frac{BC}{AB} = \frac{B'C'}{AB'}$$

Si on décompose la figure initiale en deux triangles :

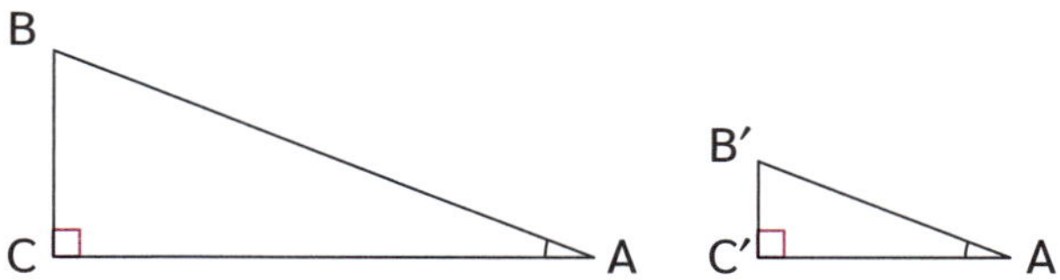

Sur Lea.fr
11.8 Histoire de la trigonométrie
11.9 Les applications de la trigonométrie

Les angles $\widehat{ABC}$ et $\widehat{B'AC'}$ sont égaux ainsi que les rapports entre leurs côtés opposés et l'hypoténuse.

En généralisant ce résultat on obtient le fait que pour un angle donné dans un triangle rectangle, le rapport entre le côté opposé d'un angle et l'hypoténuse est invariable.

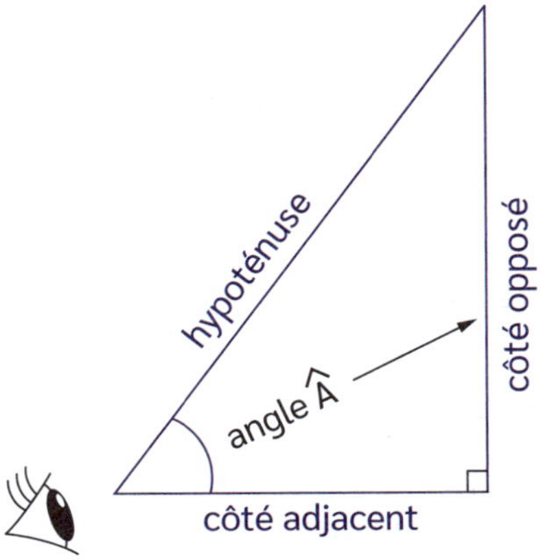

On appelle ce rapport sinus de l'angle et on écrit : sin BAC ou sin de la mesure de l'angle, sin 60° par exemple.
Dès le début de notre ère des mathématiciens grecques et indiens établirent des tables faisant correspondre ces rapports et la mesure des angles.
On utilisa longtemps des tables format papier :

Mais à l'heure, actuelle ces résultats sont mis en mémoire dans les calculettes.
Leur usage nécessite un petit apprentissage.

Ex :
– Déterminer la valeur du rapport (sinus) connaissant la mesure de l'angle.
Mettre la calculatrice en mode degré.
Si la mesure de l'angle est 30°, on tape sin 30 = la machine indique le résultat 0,5.
Donc si par exemple l'hypoténuse mesure 10 cm le côté opposé mesurera 5 cm (la moitié, rapport $\frac{1}{2}$ = 0,5).
– Déterminer la mesure d'un angle connaissant la valeur du rapport (sinus).
Par exemple sinus = 0,545
On tape Arcsin 0,545 = la machine indique le résultat 33°.
Ou 0,545 $\sin^{-1}$ =

Exemple d'exercice : calcul d'un angle
ABC est un triangle rectangle en A.
AB = 3 ; AC = 4 et BC = 5
Quelle est la mesure de l'angle ABC ?

Sur Lea.fr
11.10 Exemple de table au format papier

Tracé :

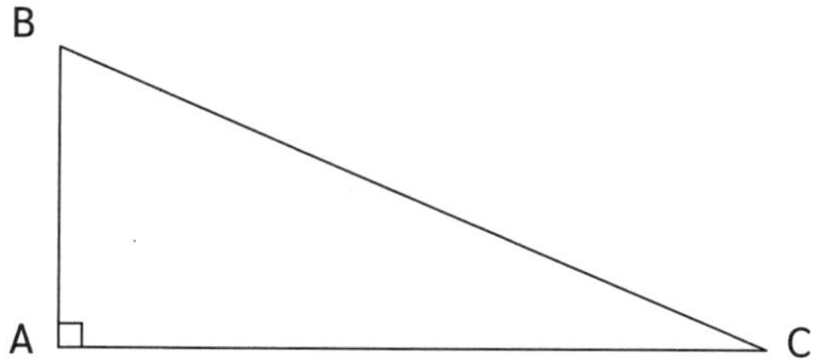

On écrit :

$$\sin\widehat{ABC} = \frac{AC}{BC} = \frac{4}{5} = 0,8$$

On tape sur la calculatrice Arcsin (ou $\sin^{-1}$) 0,8 et on obtient ABC = 59° à un degré près.

Le cosinus d'un angle

De la même manière que pour le sinus d'un angle, on montre que pour la valeur donnée d'un angle, le rapport entre le côté adjacent de l'angle et l'hypoténuse est toujours le même. On l'appelle le *cosinus* de l'angle et on dresse de la même manière une table de valeurs.

Ex :

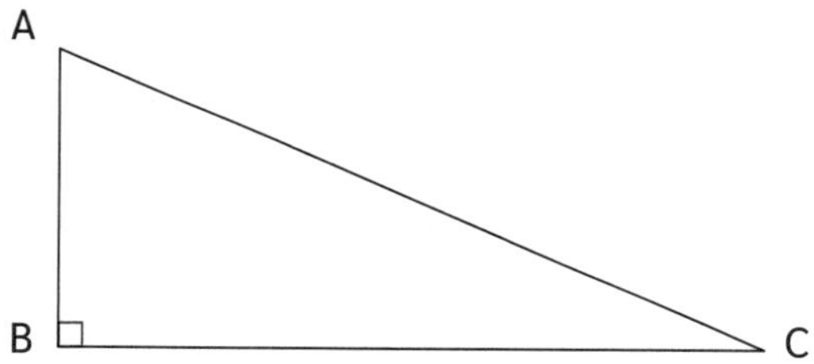

Le triangle ABC est rectangle en B.
On sait que mes $(\widehat{ACB})$ = 28° et que AC = 9.
Déterminer BC.

L'utilisation du sinus ne permet pas de résoudre le problème de manière directe.
Il serait nécessaire de déterminer d'abord AB pour ensuite déterminer BC.
On peut contourner cette difficulté en utilisant le cosinus de l'angle.

En effet, on peut écrire $\cos\widehat{ACB} = \frac{\text{côté adjacent}}{\text{hypoténuse}} = \frac{BC}{AC}$

ou encore $\cos 28° = \frac{BC}{9}$

En tapant sur la calculatrice $\boxed{\cos}$ $\boxed{28}$, celle-ci affiche 0,883.
On a donc BC = 9 × 0,883 = 7,95 à 10^{-2} près.

La tangente d'un angle

La **tangente** d'un angle est égale, dans un triangle rectangle, au rapport entre le côté opposé de l'angle et son côté adjacent.

Le triangle ABC est rectangle en C.
On sait que AC = 3 cm et BC = 7 cm.

Quelle est la mesure de l'angle $\widehat{ABC}$?

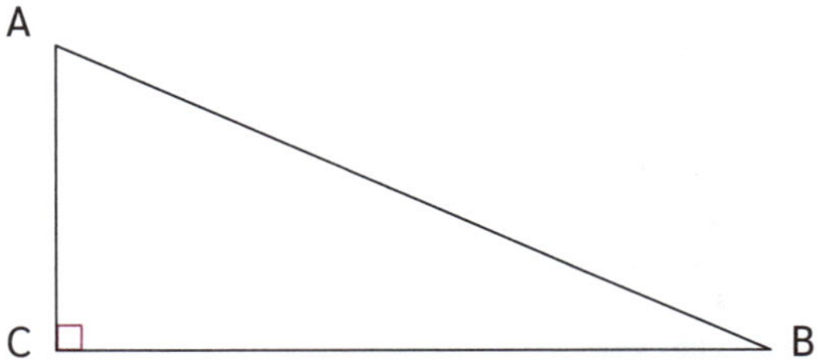

Pour utiliser le sinus ou le cosinus de l'angle, il est nécessaire de connaitre la mesure de l'hypoténuse du triangle.

On pourrait utiliser la propriété de Pythagore, mais pour déterminer directement la mesure de l'angle $\widehat{ABC}$ on peut plus simplement utiliser la tangente, puisque l'on connaît les mesures des côtés opposé et adjacent.

On a donc $\tan\widehat{ABC} = \dfrac{\text{côté opposé}}{\text{côté adjacent}} = \dfrac{AC}{BC}$ d'où $\tan\widehat{ABC} = \dfrac{3}{7} = 0{,}428$.

Sur la calculatrice, on tape [Arc tan] [0,428] et on obtient la mesure de l'angle, soit 23° à 1° près.

Tangente $\widehat{ACB} = \dfrac{\text{côté opposé}}{\text{côté adjacent}} = \dfrac{AB}{BC}$.

En abrégé, on écrit $\tan\widehat{ACB} = \dfrac{\text{côté opposé}}{\text{côté adjacent}} = \dfrac{AB}{BC}$.

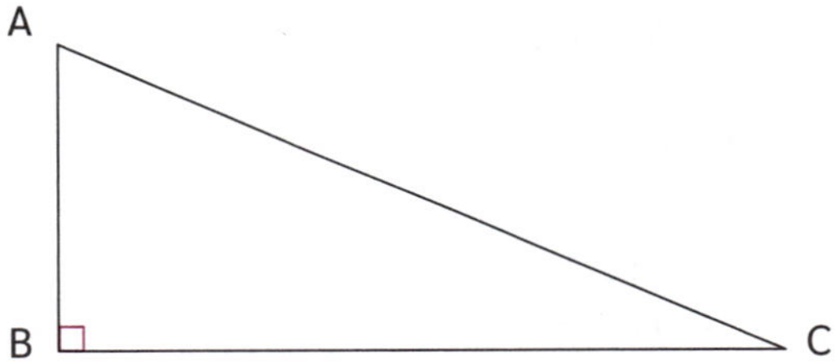

Quelques propriétés simples

Une relation entre sinus cosinus et tangente :

$\sin = \dfrac{\text{côté opposé}}{\text{hypoténuse}}$ et $\cos = \dfrac{\text{côté adjacent}}{\text{hypoténuse}}$.

Si on calcule le rapport $\dfrac{\sin}{\cos}$ pour un angle donné, on obtient $\dfrac{\text{côté opposé}}{\text{côté adjacent}}$, soit la tangente de l'angle.

On a donc tangente $= \dfrac{\text{sinus}}{\text{cosinus}}$.

Sinus et cosinus sont des rapports de longueurs de côtés sur l'hypoténuse.
Or l'hypoténuse dans un triangle rectangle est nécessairement le côté le plus long.
Donc pour tout angle de mesure a on a :
$\sin \alpha < 1$ et $\cos \alpha < 1$.

Moyen mnémotechnique

Pour mémoriser les formules des sinus, cosinus, tangente on peut retenir : SINOPIP (**sin**us = **op**posé sur **hyp**oténuse) ;
COSADJIP (**cos**inus = **adj**acent sur **hyp**oténuse) ;
TANGOPADJ (**tang**ente = **op**posé sur **adj**acent).

JE M'ENTRAÎNE

ÉNONCÉS

◆ Exercice 1

L'objectif de cet exercice est de construire, sans aucun calcul, avec la règle graduée, le compas et l'équerre, un triangle ABC connaissant AB, BC et la hauteur issue de A.
On sait que AB = 5,5 cm, BC = 5 cm et que la hauteur issue de A mesure 4 cm.
Deux méthodes de construction seront mises en œuvre :
1re méthode. L'étape initiale est le tracé de la hauteur.
Vous détaillerez et expliquerez les étapes de la construction.
Combien de triangles non superposables avez-vous pu construire ?
2e méthode. L'étape initiale est le tracé du côté [BC]. Tracer un triangle solution.
Vous détaillerez et expliquerez les étapes de la construction.

◆ Exercice 2

On considère le cercle ($\mathscr{C}$) de centre O et de rayon R et deux diamètres [AC] et [BD] perpendiculaires de ce cercle. M et N sont les milieux respectifs des segments [AO] et [OC]. La droite perpendiculaire à la droite (AC) passant par N coupe le cercle ($\mathscr{C}$) en R et S (le point R est situé sur l'arc BC).

1. Faire une figure.
2. Calculer la longueur du segment [DM] en fonction de R.
3. Calculer la longueur du segment [NS] en fonction de R et démontrer que le triangle OSC est un triangle équilatéral.

◆ Exercice 3

On considère la figure ci-dessous qui n'est pas représentée à l'échelle.

On sait que :
BC = 8 cm
AB = 6 cm
AC = 10 cm
AD = 8 cm
D appartient aux segments [AE] et [BC].
Les droites (BC) et (CE) sont perpendiculaires.
Le but de l'exercice est de déterminer l'aire du triangle ACE.

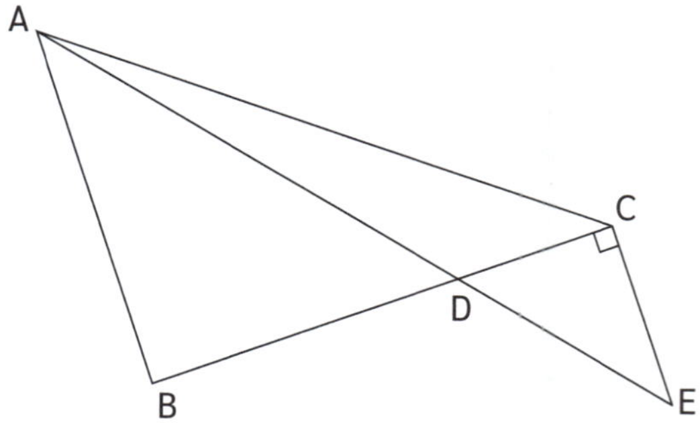

1. Montrer que les droites (AB) et (BC) sont perpendiculaires.
2. En déduire la longueur BD.
3. Déterminer la longueur CE.
4. Déterminer l'aire du triangle ACE.

◆ Exercice 4 (CRPE 2022 GRPT 3)

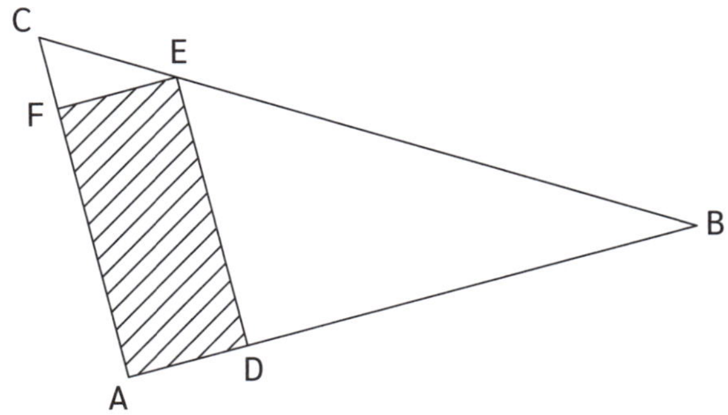

Dans ce problème, les figures qui sont dessinées ne sont pas représentées à l'échelle.

Partie A : Installation du potager

Une enseignante a le projet d'installer un potager rectangulaire ADEF sur une parcelle de forme triangulaire ABC dans l'enceinte de l'école.

Les points A, B, C, D, E et F sont tels que :

- AB = 24 m, AC = 10 m et BC = 26 m ;
- D ∈ [AB], E ∈ [BC] et F ∈ [AC].

1. Montrer que le triangle ABC est rectangle en A.

Dans la suite de cette partie, on souhaite déterminer où positionner le point D sur [AB] pour que l'aire du rectangle hachuré ADEF soit la plus grande possible.

2. Dans cette partie on considère que AD = 4,8 m.

a. Montrer que la longueur DE est égale 8 m.

b. En déduire l'aire du rectangle ADEF en m^2.

On note x la longueur, exprimée en mètre, du segment [AD].

3. a. Montrer que DE = $10 - \dfrac{5}{12}x$.

b. En déduire l'aire du rectangle ADEF en fonction de x.

4. Le graphique ci-dessous représente l'aire, exprimée en mètre carré, du rectangle ADEF en fonction de la longueur x en mètre.

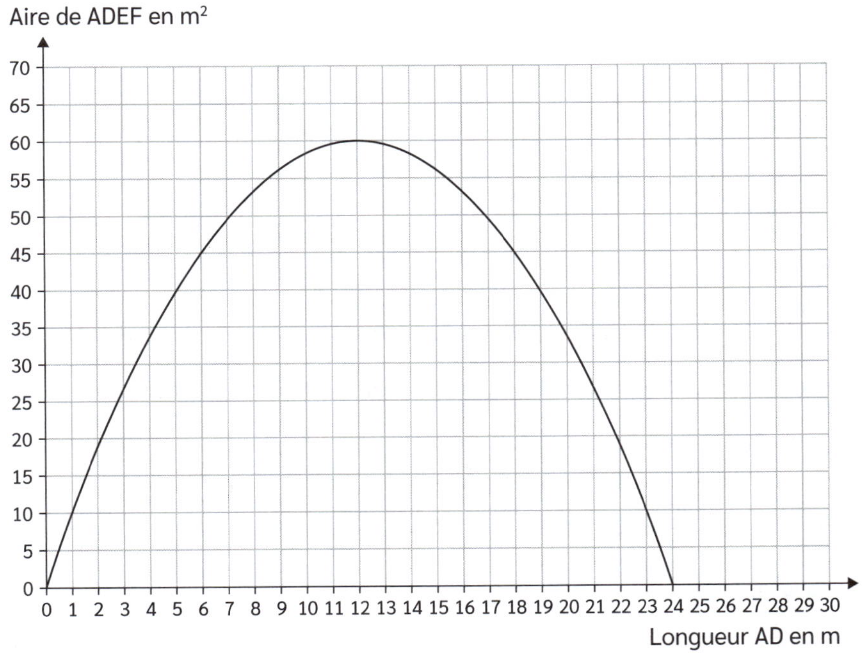

À l'aide du graphique, répondre aux questions suivantes :

a. Quelle est l'aire du potager si la longueur AD vaut 5 m ?

b. Pour quelle(s) valeur(s) de la longueur AD l'aire du potager est-elle égale à 45 m^2 ?

c. Pour quelle(s) valeur(s) de la longueur AD l'aire du potager est-elle supérieure ou égale à 50 m^2 ?

d. Quelle est l'aire maximale du potager ? Donner la longueur et la largeur du rectangle ADEF correspondant.

CORRIGÉS

◆ Exercice 1

1re méthode : tracer une perpendiculaire à la hauteur, tracer des arcs de cercle de centre A et de rayon 5,5 et 5. On peut tracer deux configurations différentes.
2e méthode : tracer [BC], puis cercle de centre B rayon 5 etc.

◆ Exercice 2

2. $DM = r\dfrac{\sqrt{3}}{2}$

3. $NS = r\dfrac{\sqrt{3}}{2}$

◆ Exercice 3

1. Réciproque du théorème de Pythagore
2. Théorème de Pythagore
3. Théorème de Thalès
4. [AB] est une hauteur du triangle ADC

◆ Exercice 4

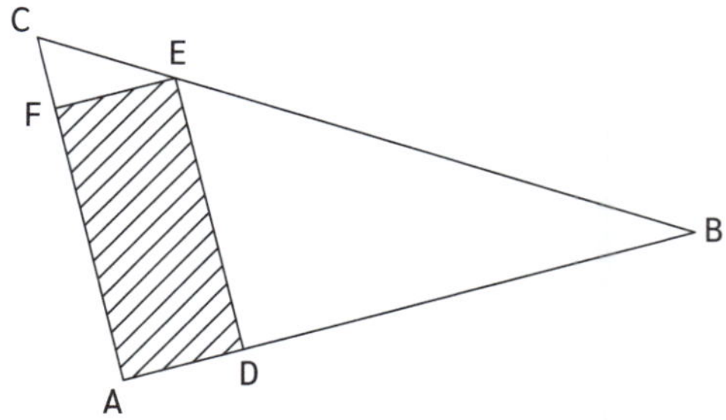

ADEF est un potager rectangulaire.
Les points A, B, C, D, E et F sont tels que :
- AB = 24 m, AC = 10 m et BC = 26 m ;
- D ∈ [AB], E ∈ [BC] et F ∈ [AC]

1. On a
$BC^2 = 26^2 = 676$
$AB^2 + AC^2 = 24^2 + 10^2 = 576 + 100 = 676$

Comme $AB^2 + AC^2 = BC^2$ alors d'après la réciproque du théorème de Pythagore, le triangle ABC est rectangle en A.

2. a. Comme les droites (AC) et (DE) sont perpendiculaires à une même troisième droite (AB) alors elles sont parallèles.
Comme les points B, D, A d'une part et B, E, C d'autre part sont alignés dans cet ordre et que les droites (AC) et (DE) sont parallèles alors d'après le théorème de Thalès on a : $\dfrac{BD}{BA} = \dfrac{BE}{BC} = \dfrac{DE}{AC}$

Donc : $\dfrac{DE}{AC} = \dfrac{BD}{BA} \Rightarrow DE = \dfrac{BD}{BA} \times AC$ avec $BD = AB - AD = 24 - 4{,}8 = 19{,}2$ m

On en déduit que $DE = \dfrac{19{,}2}{24} \times 10$, d'où DE = 8 m.

b. L'aire du rectangle ADEF est égale à AD × DE = 4,8 × 8 m², soit 38,4 m².

3. a. On a AD = x, donc BD = AB – AD = 24 – x

Or $DE = \frac{BD}{BA} \times AC$. On a donc $DE = \frac{24 - x}{24} \times 10$

$$DE = \frac{240 - 10x}{24}$$

$$DE = \frac{240}{24} - \frac{10x}{24}$$

d'où $DE = 10 - \frac{5}{12}x$

b. L'aire du rectangle ADEF est donc égale à $AD \times DE = x \times \left(10 - \frac{5}{12}x\right)$

D'où Aire (ADEF) $= 10x - \frac{5}{12}x^2$.

4. Aire de ADEF en m²

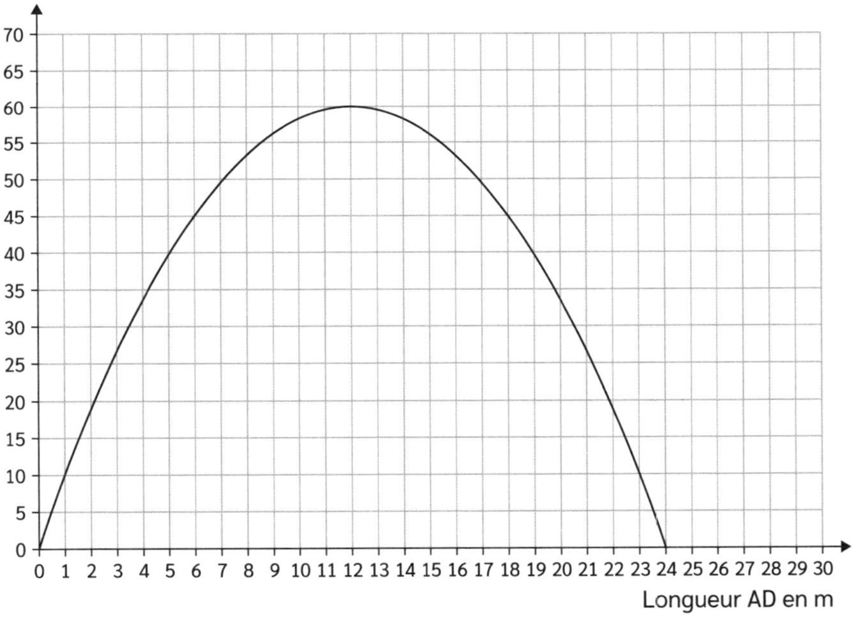

a. Pour déterminer graphiquement l'aire du potager si sa longueur AD vaut 5 m, il suffit de lire l'ordonnée du point de la courbe d'abscisse 5.
On lit approximativement 39 m².
b. Les valeurs de la longueur de AD pour lesquelles l'aire du potager est égale à 45 m² sont les abscisses des points de la courbe d'ordonnée 45 m².
On lit AD = 6 m ou AD = 18 m.
c. Les valeurs de la longueur de AD pour lesquelles l'aire du potager est supérieure ou égale à 50 m² sont les abscisses des points de la courbe dont les ordonnées sont supérieures ou égales à 50 m².
AD est compris entre 7,1 m et 16,9 m environ.
d. L'aire maximale du potager est l'ordonnée du sommet de la parabole soit une aire égale à 60 m².
On lit AD = 12 m, soit une longueur de 12 m et une largeur de $\frac{60}{12} = 5$ m.

On retrouve ce même résultat à partir de l'expression de DE.

En effet $DE = 10 - \frac{5}{12}x$

Comme $AD = x = 12$ m on en déduit $DE = 10 - \frac{5}{12} \times 12 = 10 - 5 = 5$.

Sur Lea.fr

Corrigés développés et exercices complémentaires

12. Les polygones, les quadrilatères

JE M'ÉVALUE

VRAI OU FAUX ?

1. Un carré est un trapèze.

2. Un rectangle est un losange.

3. Un triangle isocèle est un polygone régulier.

4. Un polygone régulier possède un centre de symétrie.

5. Un rectangle possède 4 axes de symétrie.

6. L'angle au centre d'un hexagone mesure 45°.

7. Un losange est un cerf-volant.

8. Un polygone à n côtés possèdent $(n - 1)$ diagonales.

9. Un hexagone possède six axes de symétrie.

10. La diagonale d'un carré de côté $\sqrt{2}$ cm mesure 2 cm.

Réponses : 1.V – 2.F – 3.F – 4.V – 5.F – 6.F – 7.V – 8.F – 9.V – 10.V

JE RÉVISE

A – LES POLYGONES

1. POLYGONE CROISÉ OU NON CROISÉ

Un polygone est une ligne brisée fermée :

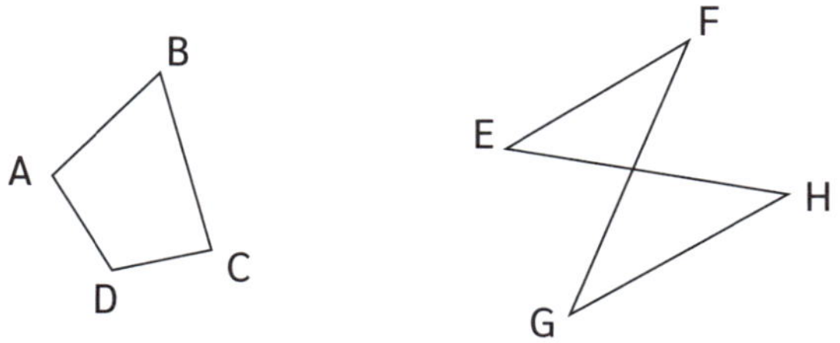

ABCD est un polygone **non croisé**. EFGH est un polygone **croisé**, il a deux côtés sécants.

Pour nommer un polygone non croisé, on nomme ses sommets par des lettres majuscules.
L'ordre des lettres suit le pourtour du polygone : polygone non croisé ABCD.
Seuls les polygones non croisés font l'objet d'un classement et d'une étude détaillée.

2. POLYGONE CONVEXE OU CONCAVE

Un polygone est concave si l'un de ses angles est un angle rentrant :

Ex :

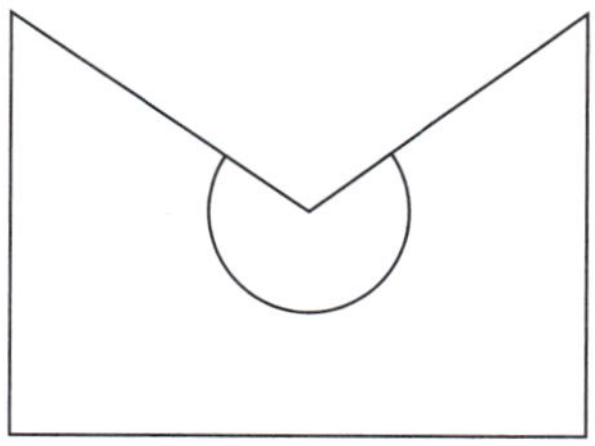

Dans un polygone convexe, tous les angles sont saillants (inférieurs à 180°).
Seuls les polygones convexes non croisés font l'objet d'un classement et d'une étude détaillée.

3. POLYGONE RÉGULIER (CONVEXE NON CROISÉ)

Un polygone est dit régulier si tous ses côtés ont la même longueur **et** tous ses angles la même mesure.

Sur Lea.fr
12.1 Complément

Un polygone régulier est inscriptible dans un cercle, il possède un centre (du cercle circonscrit) qui est aussi un centre de symétrie.
Nous classerons les polygones réguliers en fonction de leurs nombres de côtés.

Ex :
Un dodécagone régulier

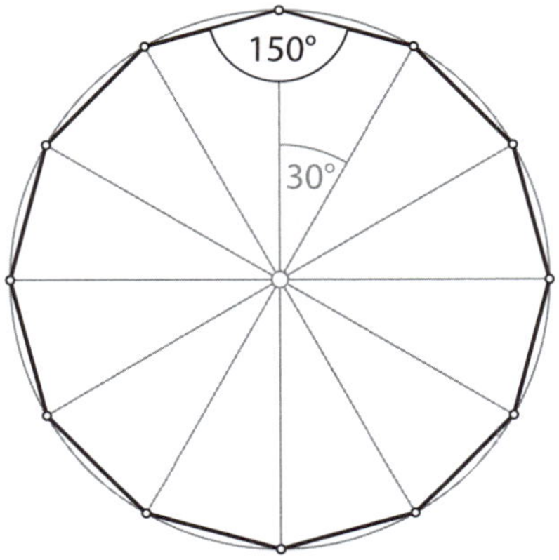

Nous établirons un classement de ces polygones à la fin de ce chapitre.

B – LES TRIANGLES

Les triangles sont des polygones à trois côtés.
Les triangles ont fait l'objet d'une étude détaillée dans le précédent chapitre.

C – LES QUADRILATÈRES (CONVEXES NON CROISÉS)

L'enjeu est d'apprendre à reconnaitre les quelques figures princeps que nous allons passer en revue, dans des figures qui peuvent être plus complexes, en dépassant la seule vision directe et la mesure, mais en utilisant un argumentaire rigoureux.

Cet argumentaire rigoureux doit aussi nous permettre de démontrer quelle est la nature d'une figure et particulièrement d'un quadrilatère.

Aussi utiliserons nous pour chacun des polygones suivants la rubrique « reconnaître et démontrer » plutôt que « définition » et « propriétés ».

1. LES TRAPÈZES

Reconnaitre et démontrer :
un quadrilatère est un trapèze :
Un trapèze est un quadrilatère qui a **deux côtés parallèles**.

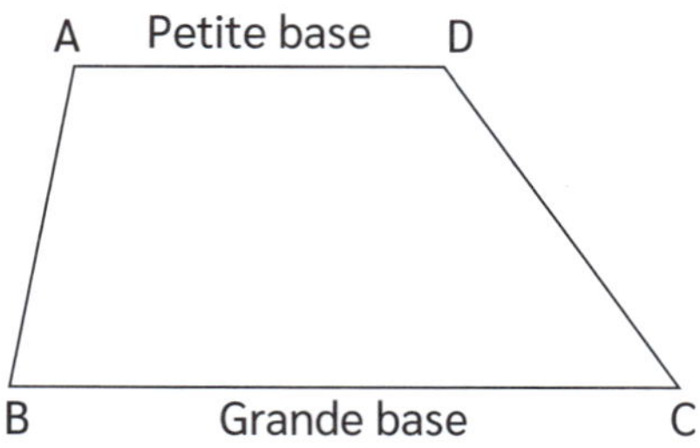

- **Les trapèzes isocèles**

Reconnaitre et démontrer :
- Un trapèze isocèle a deux côtés opposés de même longueur.
- Il a deux angles égaux.

Trapèze isocèle

- **Les trapèzes rectangles**

Reconnaitre et démontrer :
Un trapèze rectangle a un angle droit.
On en déduit qu'il en a nécessairement deux.

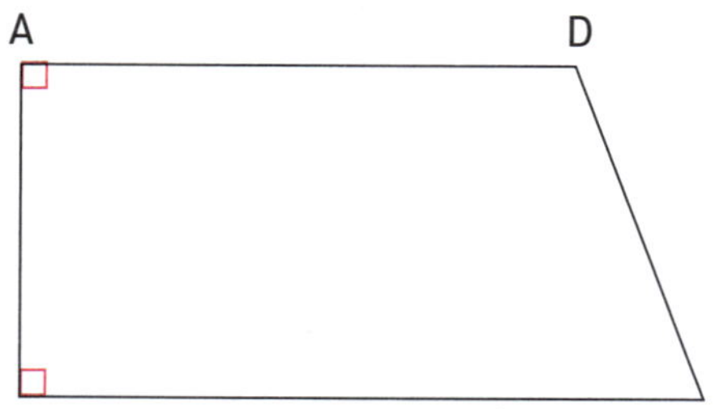

Trapèze rectangle

Ex :
On considère le rectangle ABCD, avec AB = 12 cm et AD = 9 cm.
Sur [AB] on place les points M et N tels que AM = MN = 3 cm et sur [AD], les points P et Q tels que AP = PQ = 3 cm.
Quelle est la nature du quadrilatère MNPQ ?

Sur Lea.fr
12.2 Plus d'exercices

Tracé :

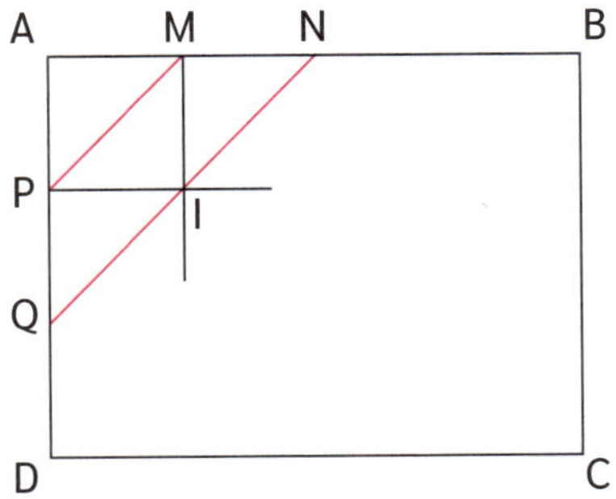

Comme les points M et P sont les milieux respectifs des segments [AN] et [AQ] alors d'après le théorème de la droite des milieux appliqué au triangle ANQ, les droites (MP) et (NQ) sont parallèles.
Donc le quadrilatère MNQP qui a deux côtés parallèles est un trapèze.
De plus, comme MN = PQ alors **le quadrilatère MNQP est un trapèze isocèle.**

2. LES PARALLÉLOGRAMMES

Un parallélogramme est un quadrilatère dont les côtés opposés sont parallèles deux à deux.

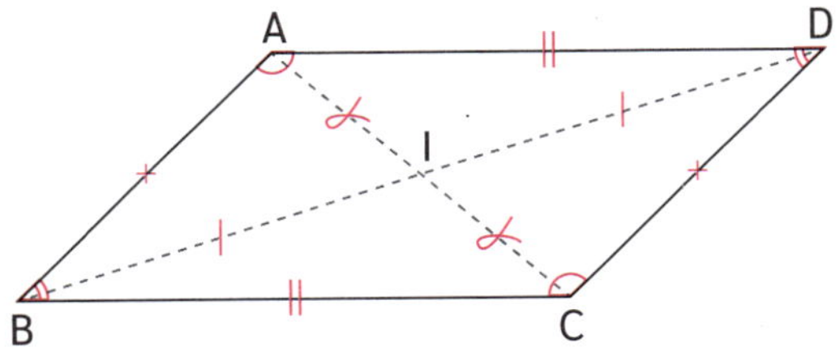

Dans cette figure, (AB) // (DC) et (AD) // (BC)

Reconnaitre et démontrer :
un quadrilatère est un parallélogramme :
- les côtés opposés sont parallèles deux à deux ;
- les côtés opposés sont de même longueur ;
- deux côtés opposés parallèles et de même longueur ;
- ses diagonales se coupent en leur milieu ;
- ses angles opposés sont égaux.

Ex :
Soit un triangle quelconque ABC.
I est le milieu de BC et D est le symétrique de A par rapport à I.
Faire une figure.
Quelle est la nature du quadrilatère ABDC ?

Sur Lea.fr
12.3 Plus de propriétés et démonstration
12.4 Plus d'exercices

Tracé :

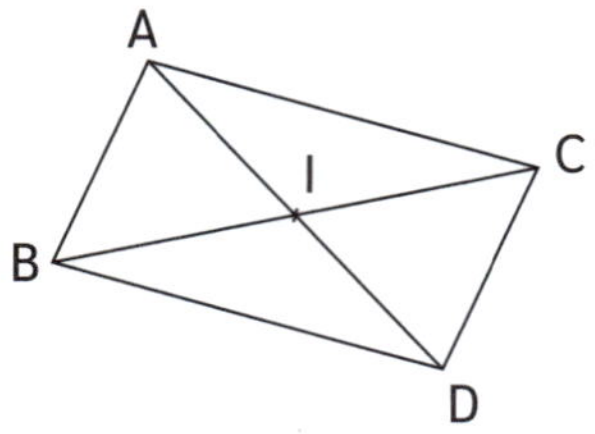

Nature du quadrilatère (démonstration) :
D est le symétrique de A par rapport à I donc IA = ID, D est le milieu de [AD].
Or I est le milieu de [BC].
[AD] et [BC] ont le même milieu donc le quadrilatère ABDC est un parallélogramme.

3. LES LOSANGES

Un losange est un quadrilatère qui a quatre côtés égaux.

Dans cette figure, AB = BC + CD = DA.

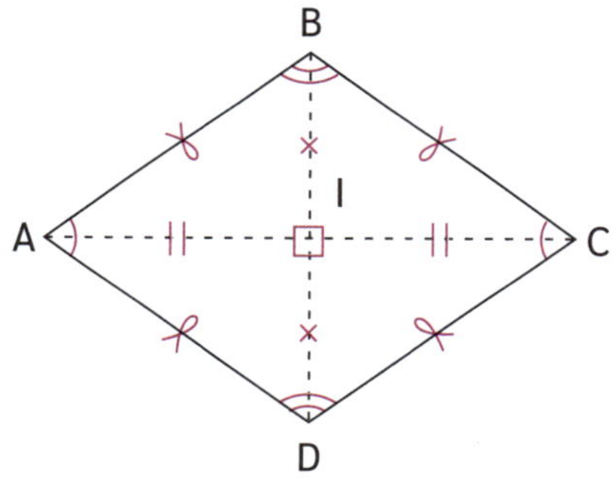

Reconnaitre et démontrer :
un quadrilatère est un losange :
- les quatre côtés sont égaux ;
- c'est un parallélogramme qui a deux côtés consécutifs égaux ;
- c'est un parallélogramme dont les diagonales sont perpendiculaires.

Ex :
Sur la figure ci-dessous, qui n'est pas dessinée en vraie grandeur, $\mathscr{C}$ est un cercle de centre O et de rayon 5 cm. Le segment [AB] est un diamètre de ce cercle. Les points M et N sont les intersections du cercle $\mathscr{C}$ avec la médiatrice du segment [OB]. Le point S est le symétrique du point M par rapport au point O.

Sur Lea.fr
12.5 Plus de propriétés et démonstration
12.6 Plus d'exercices

1. Quelle est la nature du triangle OMB ? Justifier.
2. Démontrer que le quadrilatère EMBS est un rectangle.
3. Démontrer que le quadrilatère OMBN est un losange.

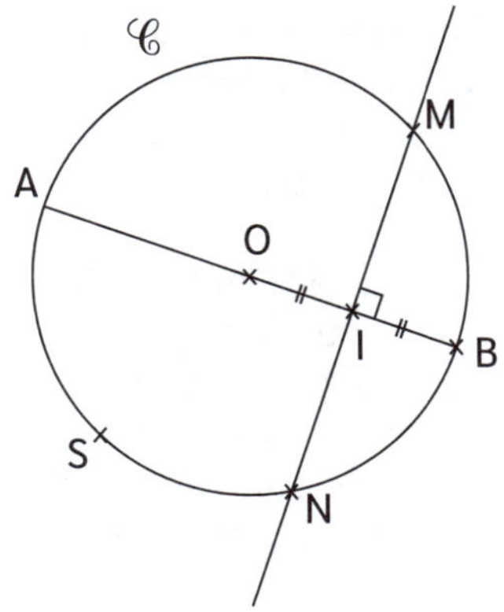

Cette figure n'est pas dessinée en vraie grandeur.

1. M est sur la médiatrice du segment OB donc OM = OB, le triangle OMB est un triangle isocèle de sommet principal O.
2. M est le symétrique de M par rapport à O, donc O est milieu de MS.
Or M est le milieu de AB.
Le quadrilatère AMBS a ses diagonales qui ont le même milieu donc c'est un parallélogramme.
Ces diagonales sont des diamètres du cercle donc elles ont la même longueur.
Donc le quadrilatère AMBS est un rectangle.
3. Le quadrilatère OMBN a ses diagonales qui se coupent en leur milieu et elles sont perpendiculaires donc c'est un losange.

4. LES CERFS-VOLANTS

Ce quadrilatère ne figure pas dans la classification classique des quadrilatères, mais il est utile à connaitre pour les activités de l'école primaire.
Un cerf-volant est un quadrilatère ayant deux paires de côtés consécutifs de la même longueur.

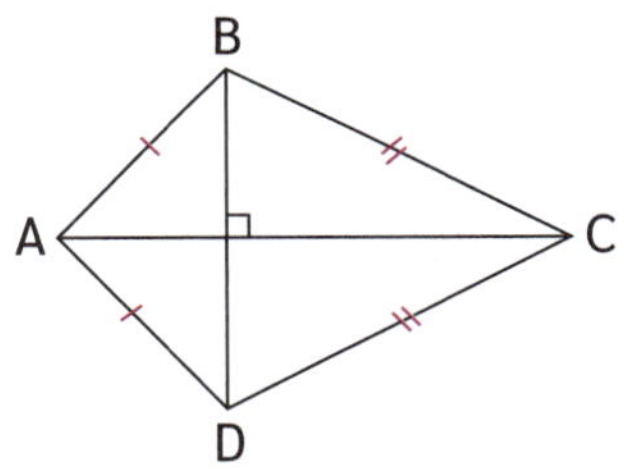

Reconnaitre un cerf-volant :
- c'est un quadrilatère dont les diagonales sont perpendiculaires ;
- c'est un quadrilatère dont une des deux diagonales est un axe de symétrie.

5. LES RECTANGLES

Un rectangle est un quadrilatère qui a quatre angles droits.

Dans cette figure, $\hat{A}=\hat{B}=\hat{C}=\hat{D}=90°$.

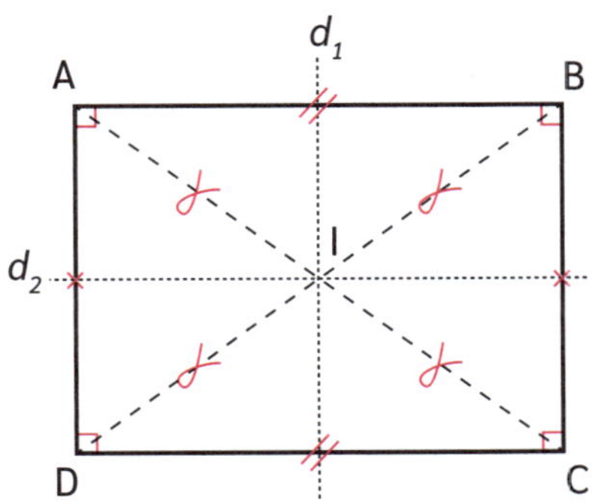

Reconnaitre et démontrer :
un quadrilatère est un rectangle :
- c'est un parallélogramme qui a un angle droit ;
- c'est un parallélogramme dont les diagonales ont la même longueur.

Ex : (extrait CRPE 2019)
ABC est un triangle rectangle en A.
Dans cette partie, trois points I, K, J sont définis de la façon suivante :
– I est un point du segment [AB] ;
– K est le point du segment [BC] tel que [KI] est perpendiculaire à (AB) ;
– J est le point du segment [AC] tel que [KJ] est perpendiculaire à (AC).

Démontrer que AIKJ est un rectangle.

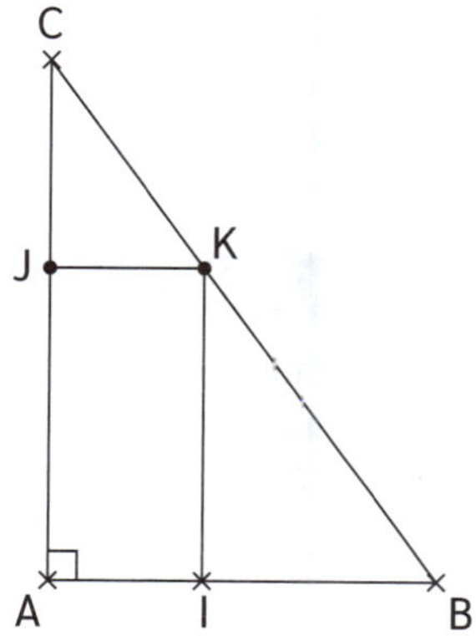

ABC est un triangle rectangle en A donc (AC) ⊥ (AB).
Or (IK) ⊥ (AB)
Donc (AC) // (IK)
J est sur (AC) donc (AJ) (IK)
De plus (JK) ⊥ (AC) donc (JK) ⊥ (AJ)
Et (AI) ⊥ (AJ)
Donc (IK) // (AJ)

Le quadrilatère AIKJ a ses côtés opposés parallèles deux à deux, c'est un parallélogramme.

De plus l'angle $\widehat{AIJ}$ est droit donc le quadrilatère AIKJ est un rectangle.

6. LES CARRÉS

Un carré est un quadrilatère qui a quatre côtés égaux et quatre angles droits.

Dans cette figure,
AB = BC = CD = DA
et $\hat{A}$=90°.

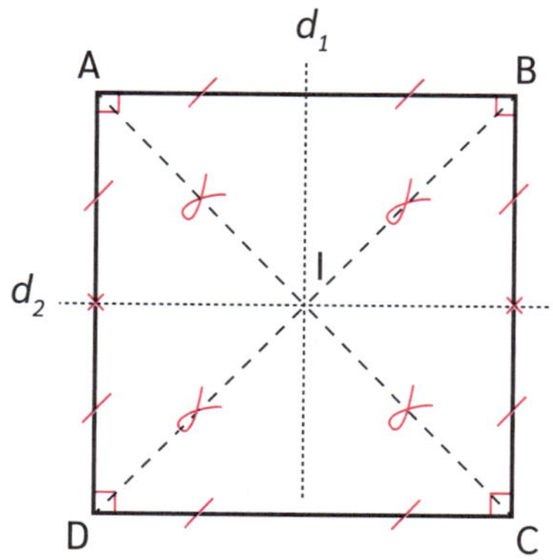

Sur Lea.fr
12.7 Plus de propriétés et démonstration
12.8 Tutoriel vidéo
12.9 Plus d'exercices

Reconnaitre et démontrer :
un quadrilatère est un carré :

- c'est un parallélogramme qui a deux côtés consécutifs égaux et un angle droit ;
- c'est un rectangle qui a deux côtés consécutifs égaux ;
- c'est un losange dont les diagonales ont la même longueur ;
- c'est un rectangle dont les diagonales sont perpendiculaires.

Ex :
ABC est un triangle rectangle isocèle en A.
D est le symétrique de A par rapport à la droite (BC).

Démontrez que le quadrilatère ACBD est un carré.

Tracé :

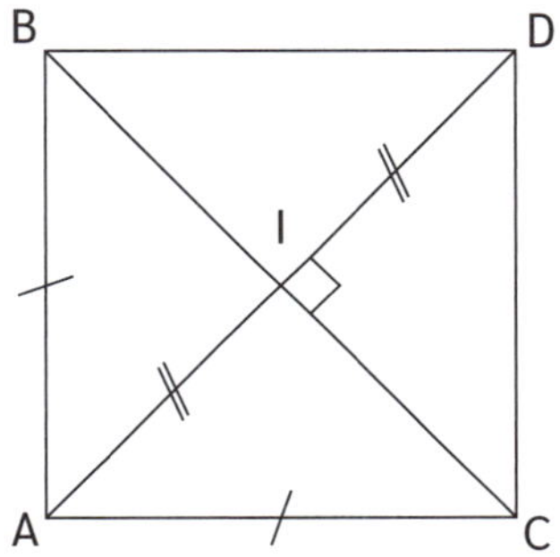

Comme D est le symétrique de A par rapport à la droite (BC) alors (AD) ⊥ (BC) et I milieu de AD est sur (BC).
Le triangle ABC est isocèle en A donc la hauteur issue de A est également la médiane donc I milieu de [BC].
Le quadrilatère ABDC a des diagonales qui se coupent en leur milieu c'est donc un parallélogramme.
Comme l'angle $\widehat{BAC}$ est droit c'est donc un rectangle et comme AB = BC, le quadrilatère ABDC a deux côtés consécutifs égaux, c'est un losange et donc c'est un carré.

D – LES POLYGONES RÉGULIERS

1. LE TRIANGLE ÉQUILATÉRAL

Dans un triangle équilatéral, le centre du cercle circonscrit, le centre du cercle inscrit, l'orthocentre, le centre de gravité sont confondus.

Sur Lea.fr

12.10 Plus de propriétés et démonstration
12.11 Tutoriel vidéo
12.12 Plus d'exercices

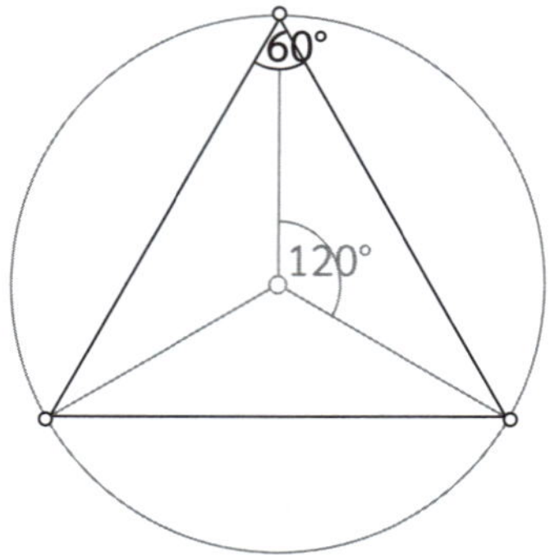

Chaque angle mesure 60°.
Les angles au centre mesurent 120°.

2. LE CARRÉ

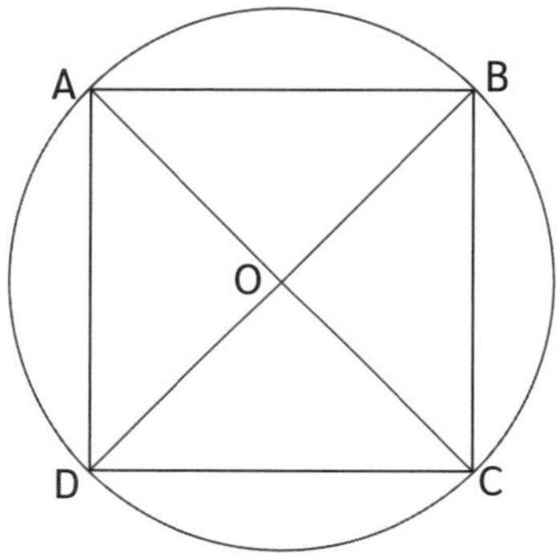

Les angles et les angles au centre sont des angles droits.

ASTUCE

Le problème de la quadrature du cercle est un problème très ancien.
Il consiste à trouver un carré de même aire qu'un cercle donné.

Ce problème n'a pas de solution, ce qui fut démontré seulement en 1882 par le mathématicien Carl Von Lindemann (1852–1939).

3. LE PENTAGONE

Un pentagone est un polygone à cinq côtés.
Un pentagone régulier a des angles au centre égaux à 72° ou $2\pi/5$ rds.

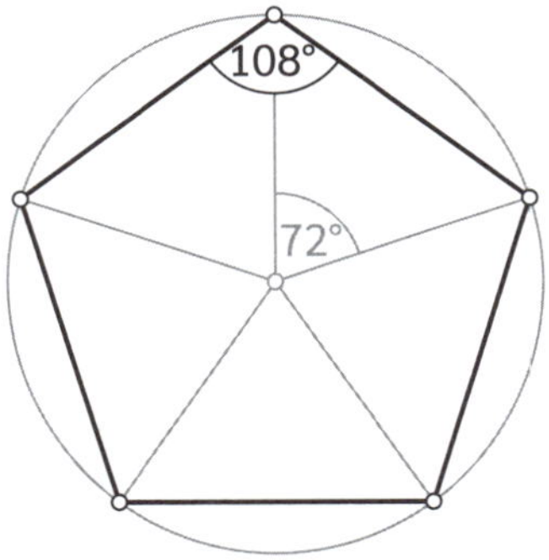

◆ Le pentagone régulier et le nombre d'or

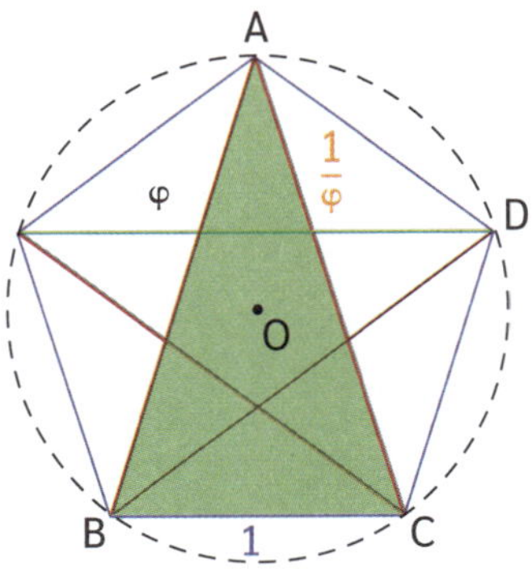

Sur Lea.fr

12.13 Démonstration

12.14 Construction d'un pentagone régulier règle compas niveau

4. L'HEXAGONE

Un hexagone est un polygone à six côtés.
Un hexagone régulier a des angles égaux à 120° et des angles au centre égaux à 60° ou π/3 rds.

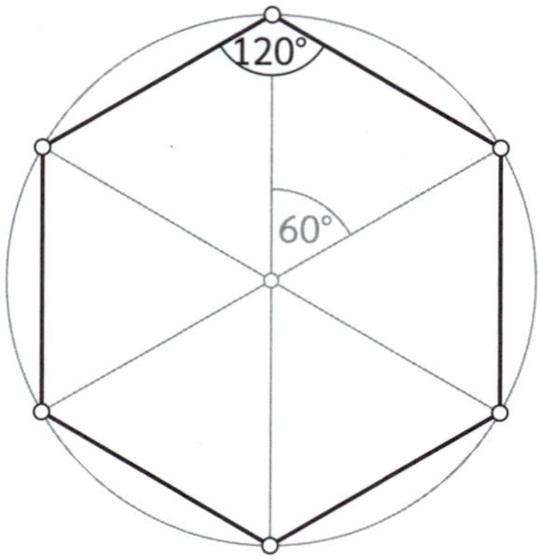

Chacun des six triangles composant l'hexagone est un triangle équilatéral.
On en déduit que les côtés de l'hexagone ont la même longueur que le rayon du cercle circonscrit.

5. L'OCTOGONE

Un octogone est un polygone qui a huit côtés.
Un octogone régulier a des angles égaux à et des angles au centre égaux à 45° ou π/4 rds.

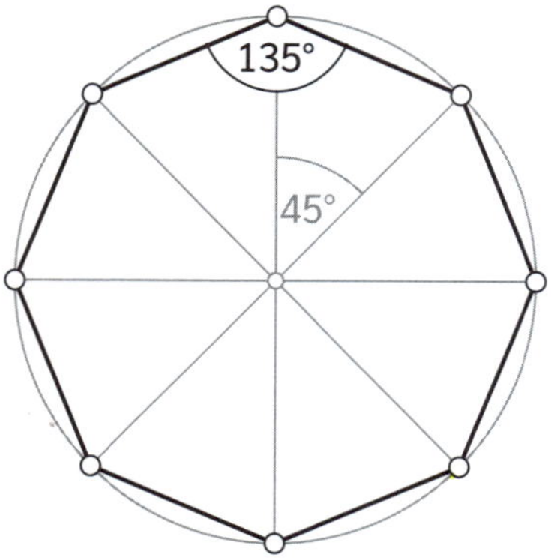

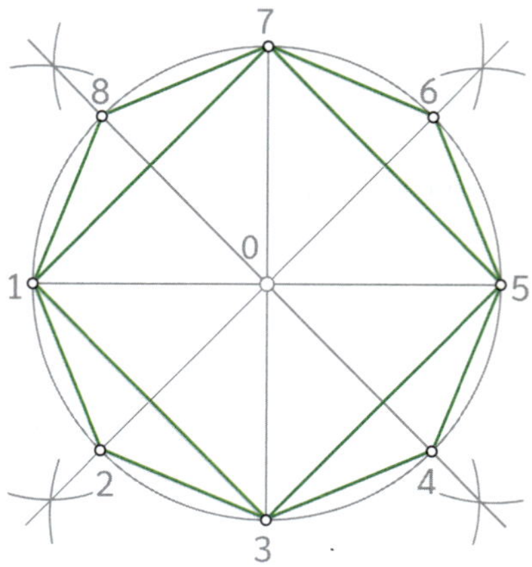

Sur Lea.fr

12.15 Tracé et compléments

12.16 Tracé et compléments

6. LE DÉCAGONE

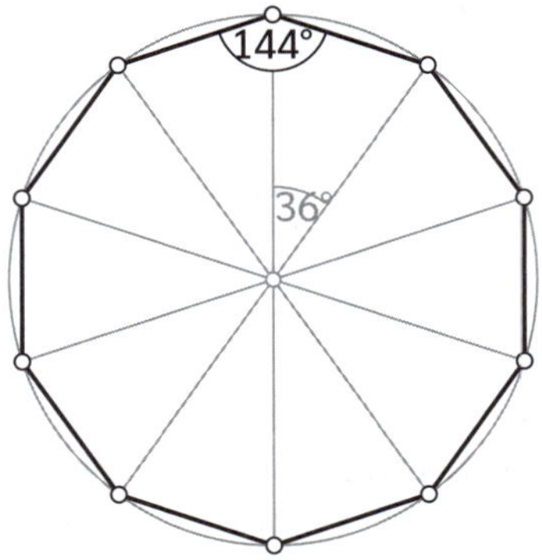

7. LE DODÉCAGONE

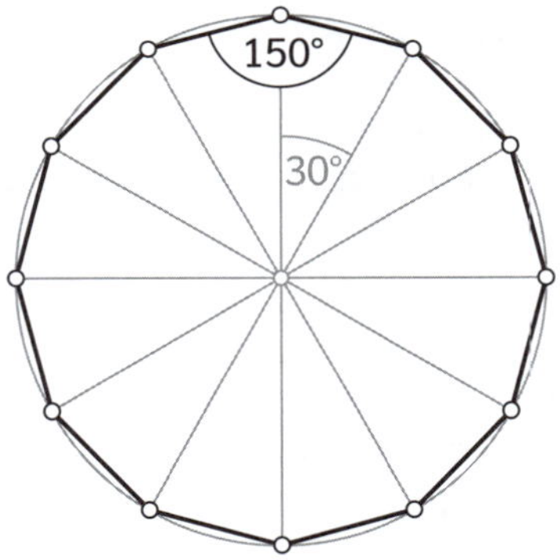

Sur Lea.fr

12.17 Tracé et compléments

12.18 Tracé et compléments

JE M'ENTRAINE

ÉNONCÉS

◆ Exercice 1

Soit ABCD un parallélogramme de centre O et Δ_1 et Δ_2 deux droites parallèles qui passent respectivement par A et C. Les droites Δ_1 et Δ_2 coupent respectivement la droite (BD) en M et N.

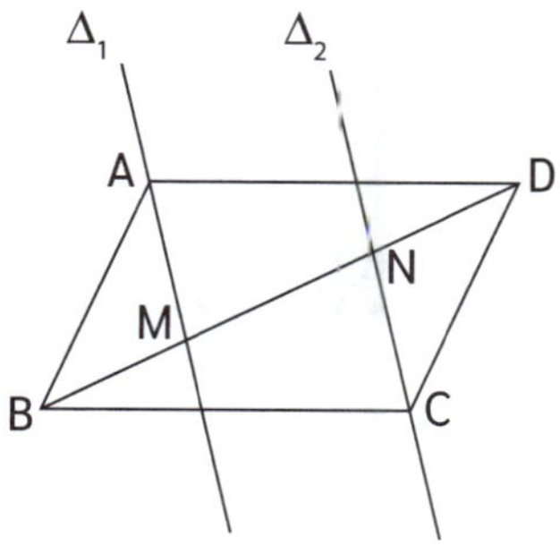

1. Préciser la nature du quadrilatère AMCN. Justifier la réponse.
2. Prouver qu'il existe une position des droites Δ_1 et Δ_2, pour laquelle AMCN est un rectangle. Donner, dans ce cas, le programme de construction du rectangle AMCN.
Le construire dans deux cas :
1er cas : $AC < BD$ 2e cas : $AC > BD$
3. Le quadrilatère AMCN peut-il être un losange ? Pourquoi ? Modifier les données de l'énoncé pour que AMCN soit un losange.

◆ Exercice 2

Pour tout l'exercice, les constructions seront faites en utilisant la règle non graduée et le compas. On laissera apparent les traits de construction. On sera amené à reproduire deux fois sur la copie la figure ci-dessous :

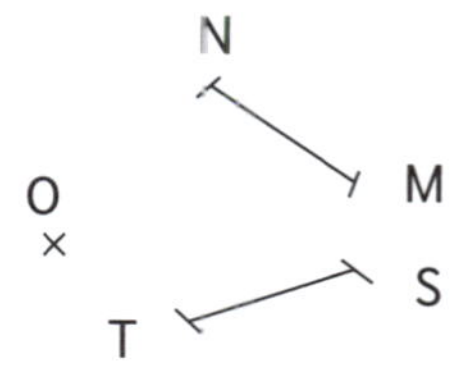

On veut construire un quadrilatère convexe ABCD tel que :
– les points M et N appartiennent au côté [AB] ;
– les points S et T appartiennent au côté [BC] ;
– le point O soit à l'intérieur du quadrilatère et appartienne à une de ses diagonales.

1. En respectant ces contraintes, construire :
a) Un parallélogramme (non rectangle, non losange) ABCD ;
b) Un losange ABCD.
2. Pour chacun de ces quadrilatères, préciser le programme de construction mis en œuvre.
3. Quelles sont les propriétés des figures (parallélogramme, losange) qui justifient la possibilité ou l'impossibilité de chaque construction ?

◆ Exercice 3

On considère le quadrilatère ABCE représenté par la figure ci-dessous.
On sait que :
– les droites (AB) et (CE) sont parallèles ;
– le triangle EBC est rectangle en B ;
– le triangle EAB est isocèle en A ; le côté [AB] mesure 4,5 cm et l'angle $\widehat{EAB}$ mesure 130°.

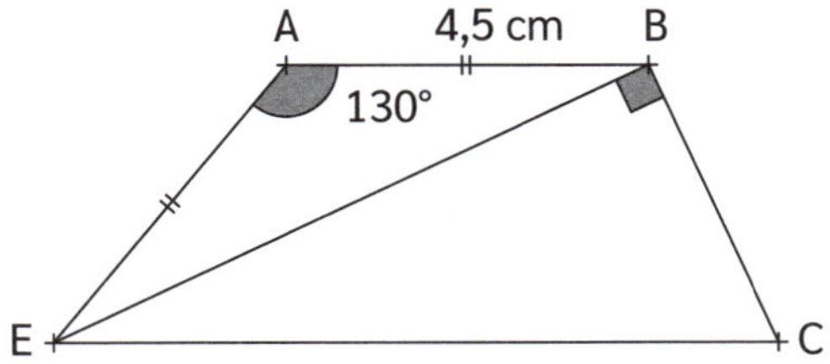

1. Justifier que la droite (EB) est la bissectrice de l'angle $\widehat{AEC}$.

2. Calculer la mesure de l'angle $\widehat{BEC}$.

3. Soit K le milieu du segment [EC]. Justifier que le triangle EBK est isocèle en K.

4. Prouver que ABKE est un losange.

5. Quelle est la longueur du segment [EC] ?

◆ Exercice 4

ABC est un triangle rectangle en A, AB = 3 et AC = 4.
Dans cette partie, quatre points I, P, R, Q sont définis de la façon suivante :
– I est un point du segment [AB] ;
– P est le point du segment [BC] tel que (PI) est perpendiculaire à (BC) ;
– R est le point du segment [AC] tel que (RI) est parallèle à (BC) ;
– Q est le point du segment [BC] tel que (RQ) est perpendiculaire à (BC).

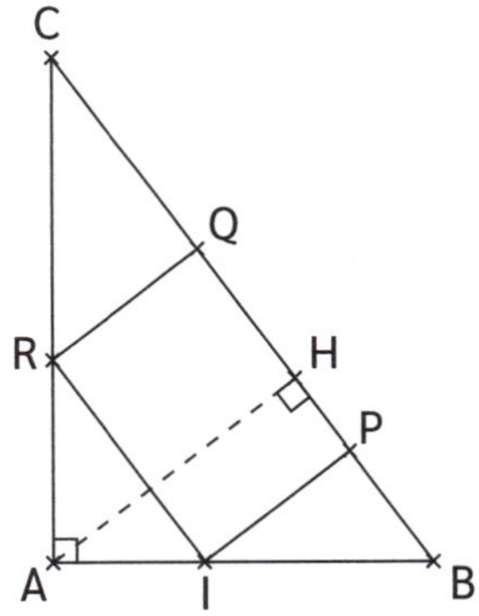

1. Démontrer que IPR est un rectangle.

2. Calculer BC.

3. Soit H le pied de la hauteur issue de A dans le triangle ABC.

a. Expliquer pourquoi :

$$\frac{AH \times BC}{2} = \frac{AC \times AB}{2}$$

b. En déduire AH.

◆ Exercice 5

Un jardinier veut réaliser un parterre circulaire composé de différentes parties comme l'indique le dessin ci-dessous.

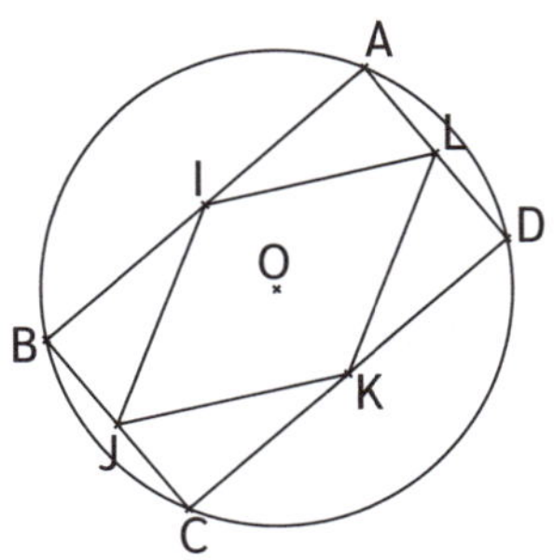

Une plate-bande est représentée par le rectangle ABCD, inscrit dans un disque, et le quadrilatère IJKL représente un massif aménagé à l'intérieur de la plate-bande.

Construire le parterre.

Le disque que constitue le parterre a pour centre O et pour rayon *r*.

1. Prouver que AC = BD = 2*r*.

2. Les points I, J, K et L sont les milieux respectifs des côtés AB, BC, CD et DA. Déterminer la longueur des côtés de IJKL en fonction de *r*. Justifier la réponse.

3. En déduire la nature du quadrilatère IJKL.

CORRIGÉS

◆ Exercice 1

Indications

1. Parallélogramme

2. Placer I milieu de AC et MN tracer les droites de telle sorte que IM = IN = $\frac{1}{2}$ AC.

3. Pour que AMCN soit un losange il faudrait que ses diagonales soient perpendiculaires.

◆ Exercice 2

Indications

1. Tracer les droites MN et ST.

2. Les diagonales ont le même milieu.

◆ Exercice 3

Indications

1. Triangle isocèle et angles alternes internes.

2. Somme des angles dans un triangle rectangle.

3. Propriété de la médiane dans un triangle rectangle.

4. Diagonales perpendiculaires.

5. EC = 9

◆ Exercice 4

Indications

1. Parallélogramme avec un angle droit.

2.

3.

a. Aire d'un triangle rectangle.

b. L'égalité précédente est une équation d'inconnue AH.

◆ Exercice 5

Indications

2. IJ = *r*

3. Les quatre côtés ont la même longueur, c'est un losange.

Sur Lea.fr

Corrigés développés et exercices complémentaires

---

13. Volumes, Patrons

JE M'ÉVALUE

VRAI OU FAUX ?

1. Une pyramide est un prisme.

2. Un cône est un volume de révolution.

3. Pour un même cube il existe 9 patrons différents.

4. Un tétraèdre est une pyramide.

5. La hauteur d'une pyramide s'appelle l'apothème.

6. Pour un cylindre, si on double le rayon de sa base sans changer sa hauteur alors on double son volume.

7. Les faces d'un polyèdre régulier sont nécessairement des polygones réguliers.

8. Un heptaèdre est un polyèdre à 7 faces.

9. Une pyramide à base carrée a quatre faces latérales triangulaires isométriques.

10. La diagonale d'un cube d'arête a cm mesure $a\sqrt{3}$ cm.

Réponses : 1.F – 2.V – 3.F – 4.V – 5.F – 6.F – 7.V – 8.V – 9.F – 10.V

JE RÉVISE

A – ESPACE ET PLAN

L'objectif est de vous permettre :
– de vous approprier le langage simple de la géométrie dans l'espace ;
– de développer une « bonne vision » dans l'espace.

1. POINTS COPLANAIRES

Voici une représentation dans l'espace de deux points A et B, d'une droite *d*, et d'un plan (P) :

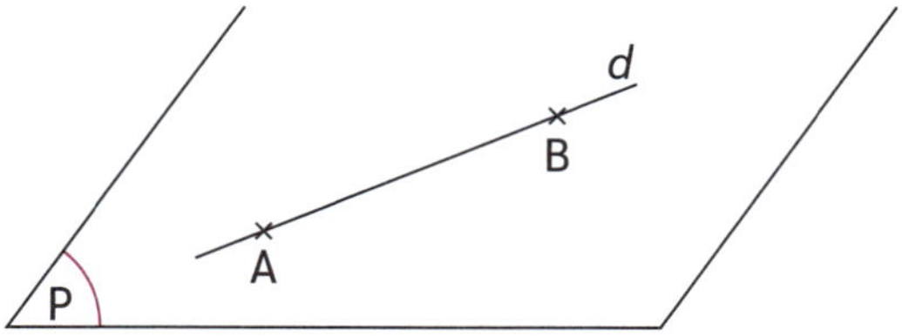

• Deux points non confondus pris n'importe où dans l'espace définissent une droite unique.

• Trois points pris n'importe où dans l'espace, déterminent un plan unique.
Ils appartiennent à un même plan, on dit qu'ils sont **coplanaires**.

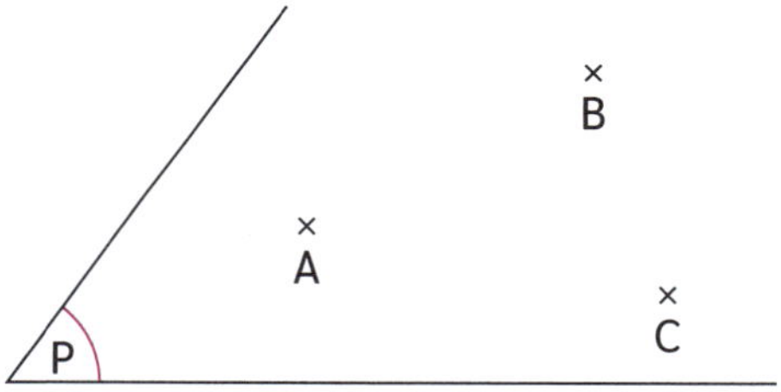

Trois points non alignés de l'espace définissent une droite unique et un point qui n'appartient pas à cette droite :
Par exemple ci-dessous :
– la droite (AB) et le point C ;

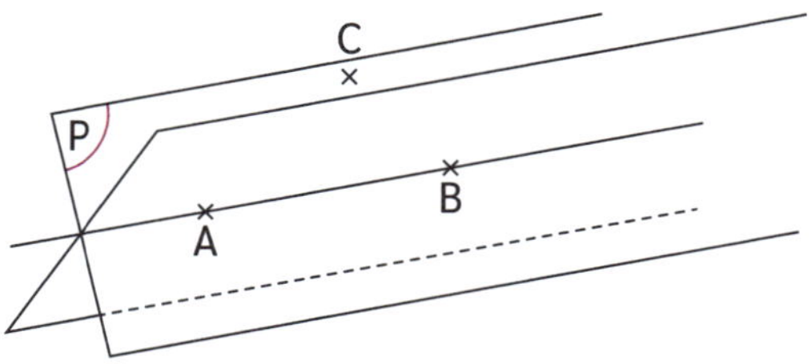

Une droite est génératrice d'une infinité de plans, un seul contient les trois points.

• Quatre points non alignés ne sont pas nécessairement coplanaires.

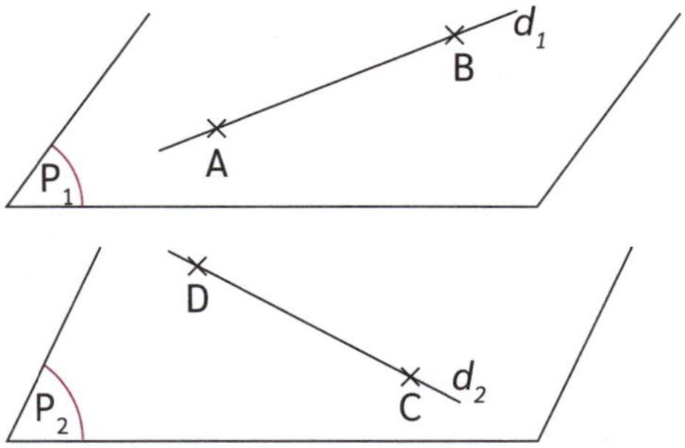

Quatre points peuvent déterminer deux droites n'appartenant pas au même plan.
Dans la représentation ci-dessus, les droites d_1 passant par A et B et d_2 passant par C et D sont contenues dans les plans P_1 et P_2 qui sont des plans parallèles. d_1 et d_2 ne sont pas coplanaires, les points A, B, C et D n'appartiennent pas au même plan.

2. POSITIONS RELATIVES DE DEUX PLANS

Dans l'espace deux plans peuvent être confondus, parallèles ou sécants.

• Deux plans parallèles ont une intersection vide.

• L'intersection de deux plans distincts non parallèles, de l'espace est une droite :

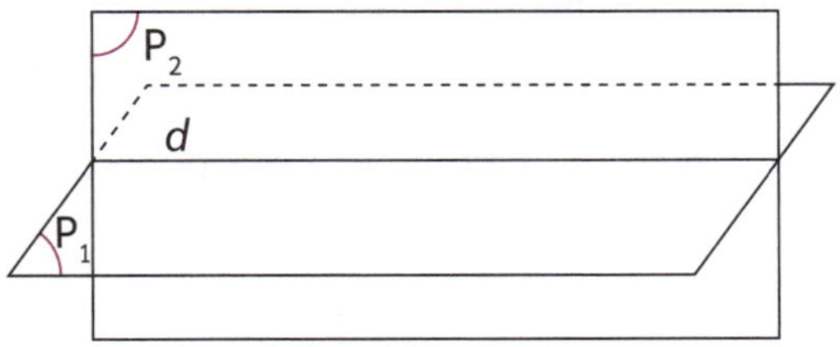

• Deux plans sont orthogonaux s'ils sont sécants en formant un angle droit.

3. POSITIONS RELATIVES DE DEUX DROITES DANS L'ESPACE

– Dans l'espace deux droites peuvent être :

– **sécantes :**
elles sont alors coplanaires ;
si elles sont sécantes en formant un angle droit, elles sont perpendiculaires.

– **non sécantes :**
si elles sont parallèles alors elles sont coplanaires ;
si elles ne sont pas parallèles, alors elles ne sont pas coplanaires.

Deux droites d_1 et d_2 sont **orthogonales** dans l'espace si leurs parallèles d'_1, et d'_2, menées par un point donné O sont perpendiculaires dans le plan défini par d'_1, et d'_2.

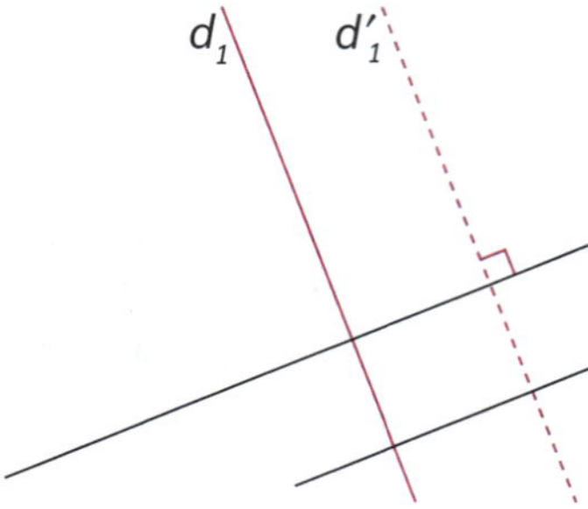

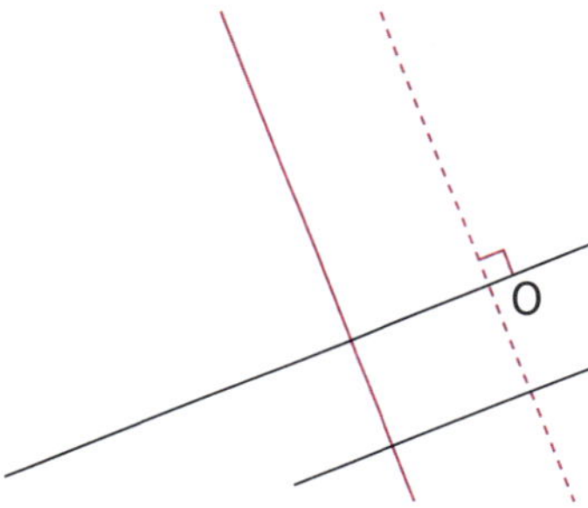

N'OUBLIONS PAS !

Des droites sont perpendiculaires si elles sont orthogonales et sécantes.

Sur la figure ci-dessous, les plans P_1 et P_2 sont orthogonaux, les droites d_1 et d_2 sont orthogonales :

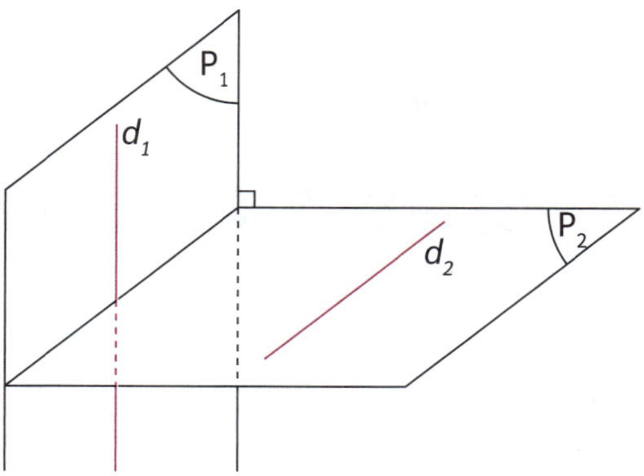

N'OUBLIONS PAS !

Si une droite est orthogonale à un plan, alors elle est orthogonale à toute droite de ce plan.

Ex : Bien distinguer orthogonales et perpendiculaires :

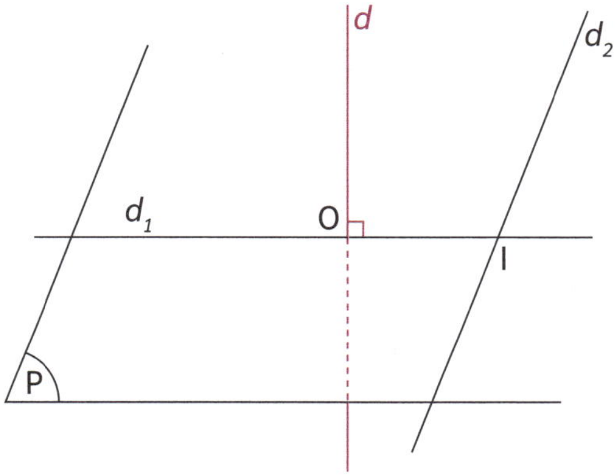

Les droites d_1 et d_2 sont sécantes en I et déterminent le plan P.
La droite d est orthogonale au plan P donc :

- La droite d et la droite d_1 sont orthogonales ;
- La droite d et la droite d_2 sont orthogonales ;

De plus, la droite d et la droite d_1 sont sécantes en O donc elles sont perpendiculaires.

4. DISTANCE DANS L'ESPACE

◆ Distance d'un point à un plan

La distance d'un point A de l'espace à un plan P est la longueur du segment [AA'] avec A' l'intersection de la droite orthogonale au plan P passant par A.

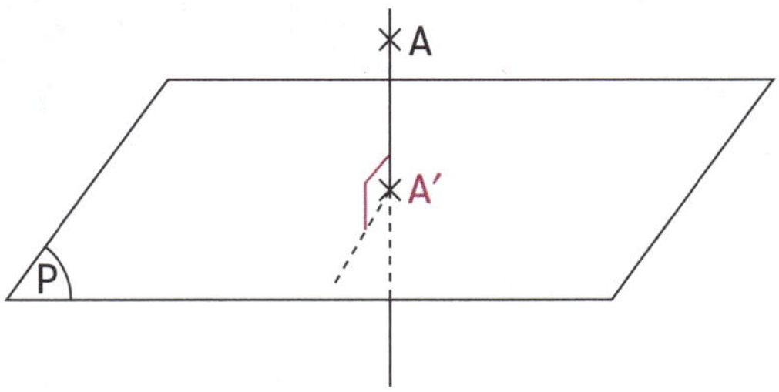

◆ Distance entre deux plans parallèles

Soit les deux plans parallèles P et P' et une droite orthogonale commune à ces deux plans qui coupe P en M et P' en N. La distance entre les deux plans parallèles P et P' est la longueur du segment [MN].

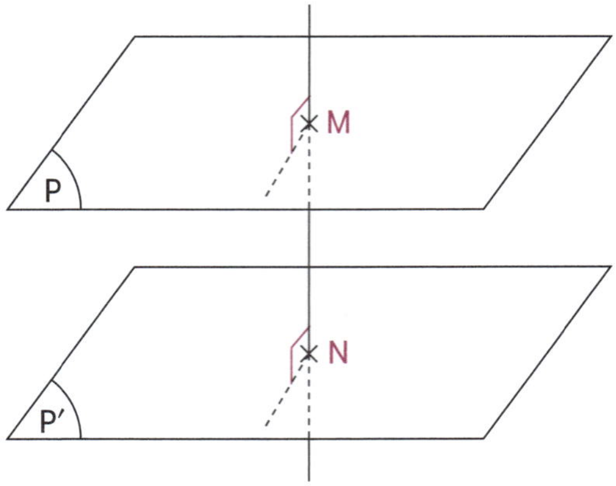

B – LES POLYÈDRES

On appelle polyèdre tout volume de l'espace dont les faces planes sont des polygones.

Les côtés des polygones sont les arêtes du polyèdre.

Si toutes les faces d'un polyèdres sont des polygones réguliers superposables, alors on dit que le polyèdre est régulier, il est inscriptible dans une sphère.
En géométrie euclidienne, un solide de Platon est un polyèdre régulier et convexe.
Il existe seulement cinq solides de Platon :

Les cinq polyèdres réguliers convexes (solides de Platon)				
Tétraèdre	Hexaèdre ou Cube	Octaèdre	Dodécaèdre	Icosaèdre
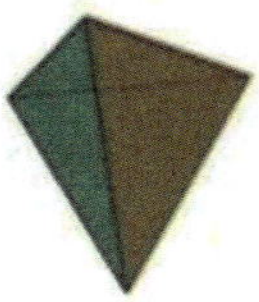	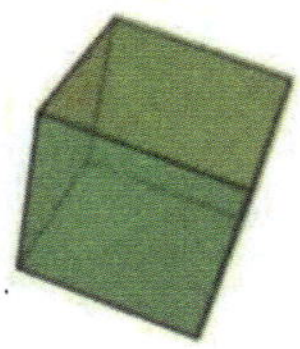	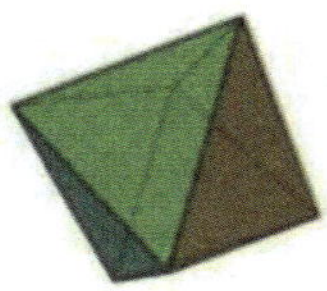	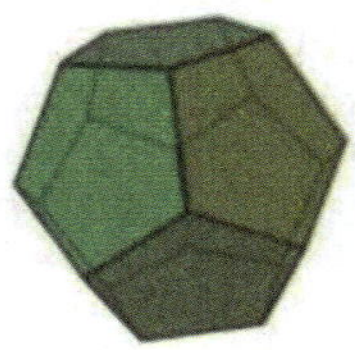	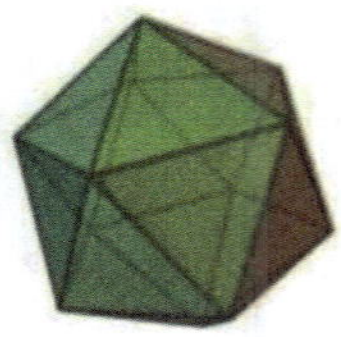

1. REPRÉSENTER LES POLYÈDRES

La perspective est une représentation plane d'un solide qui donne l'impression de volume.
Le type de perspective le plus utilisé est la **perspective cavalière** dans laquelle :
– les représentations de deux droites parallèles sont deux droites parallèles ;
– le rapport de longueur de deux segments parallèles est conservé.

Sur Lea.fr
13.1 Les solides de Platon
13.2 Art et perspectives

Ex :

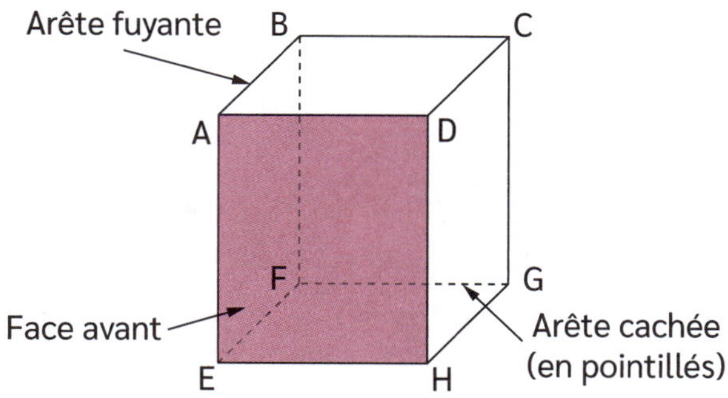

Démontrer que la longueur de la diagonale d'un cube de côté *a* est égale à $a\sqrt{3}$.

Pour démontrer que la longueur de la diagonale d'un cube de côté *a* est égale à $a\sqrt{3}$:
- utiliser les propriétés de droites orthogonales dans le plan ;
- appliquer le théorème de Pythagore (*cf.* chapitre 11) ;
- savoir que la diagonale d'un carré de côté *a* est égale à $a\sqrt{2}$.

Ex :

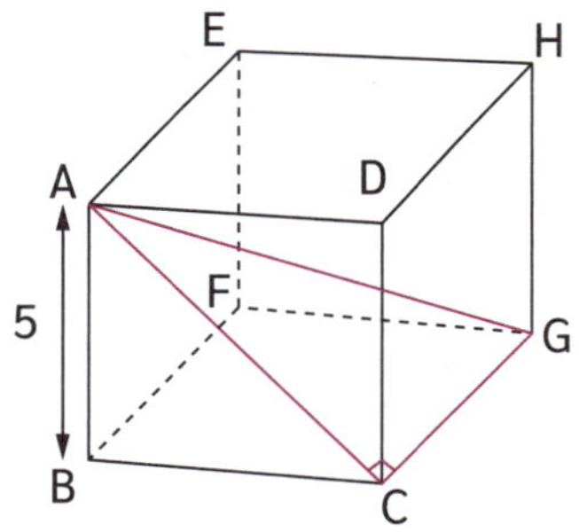

Soit *a* la longueur de l'arête du cube ci-dessus avec a = 5 cm.
La droite (GC) est orthogonale au plan (ABCD).
Les droites (GC) et (AC) sont sécantes en C.
Donc les droites (GC) et (AC) sont perpendiculaires et le triangle AGC est rectangle en C.
D'après la propriété de Pythagore, on a :
$AG^2 = AC^2 + GC^2$
or GC = 5 cm et AC = $5\sqrt{2}$ cm.

N'OUBLIONS PAS !

La diagonale d'un carré de côté a est égale à $a\sqrt{2}$.

On a donc $AG^2 = 5^2 + 2 \times 5^2 = 3 \times 5^2$
et donc $AG = 5\sqrt{3}$.
La longueur de la diagonale AG est de $5\sqrt{3}$ cm.
Plus généralement, la longueur de la diagonale d'un cube de côté a est égale à $a\sqrt{3}$.

ASTUCE

La longueur de la diagonale d'un cube est égale à la longueur de l'arête multipliée par $\sqrt{3}$.

2. CLASSER LES POLYÈDRES

◆ Les prismes

Un prisme est un polyèdre dont deux faces de base sont des polygones superposables situés dans des plans parallèles.

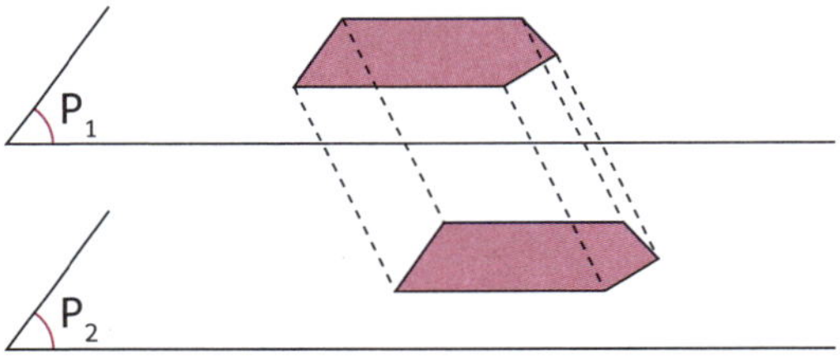

Les faces latérales d'un prisme sont des parallélogrammes.
Les arêtes latérales ont la même longueur.

Un prisme droit est un prisme dont les arêtes latérales sont orthogonales aux plans de base.

Les faces latérales des prismes droits sont des parallélogrammes possédant un angle droit, ce sont des rectangles.

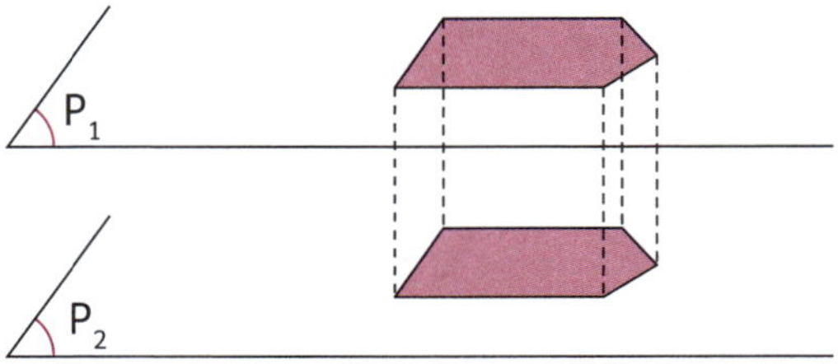

Sur Lea.fr
13.3 Autres perspectives
13.4 Exemples de prismes

Le cube et le parallélépipède rectangle (appelé aussi pavé droit) sont des prismes droits.

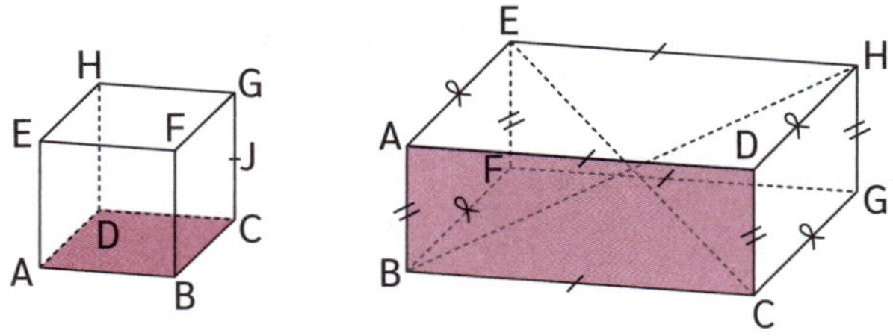

◆ Les pyramides

Une pyramide est un polyèdre dont la base est un polygone de nature diverse et les faces latérales des triangles qui ont un sommet commun : le sommet S de la pyramide.

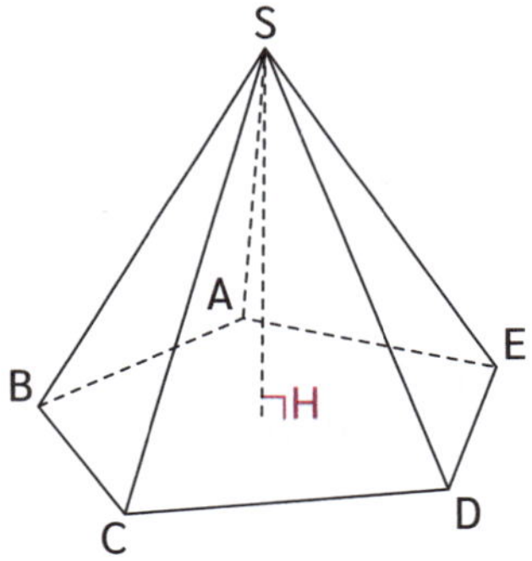

Les pyramides à base triangulaire : le tétraèdre

Un tétraèdre possède six arêtes et quatre faces triangulaires, dont chaque face peut être considérée comme la base du tétraèdre.

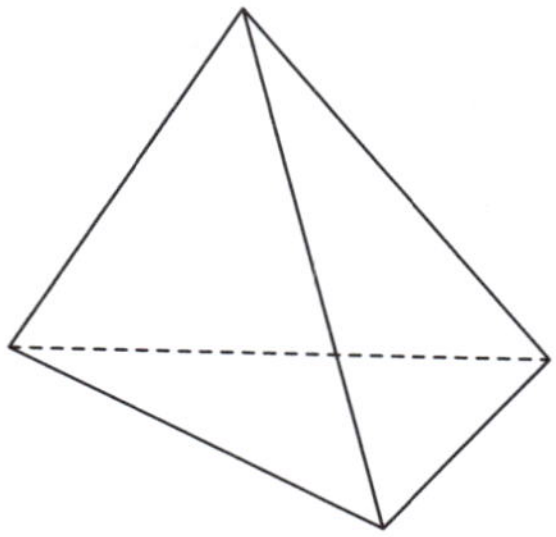

Les pyramides à base carrée

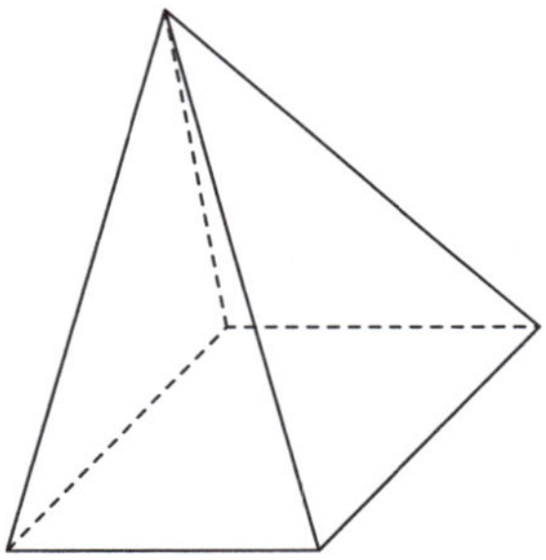

◆ Les pyramides régulières

Une pyramide régulière est une pyramide dont la base est un polygone régulier et dont la hauteur passe par le centre du cercle circonscrit au polygone de base.

Les pyramides régulières à base carrée

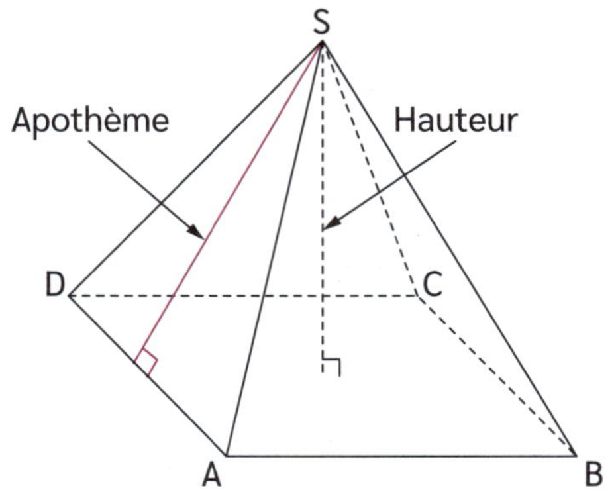

Le tétraèdre régulier

Un tétraèdre régulier est un tétraèdre dont les faces sont des triangles équilatéraux. Toutes ses faces sont superposables il est inscriptible dans une sphère :

Calculer l'apothème d'un tétraèdre régulier.
Pour calculer l'apothème d'un tétraèdre régulier :
– savoir que l'apothème sépare une face en deux triangles rectangles ;
– appliquer ensuite le théorème de Pythagore dans l'un de ces triangles.

Ex :
Soit le tétraèdre régulier représenté ci-dessous, avec AC = 6 cm.
Calculer la longueur du segment [AN].

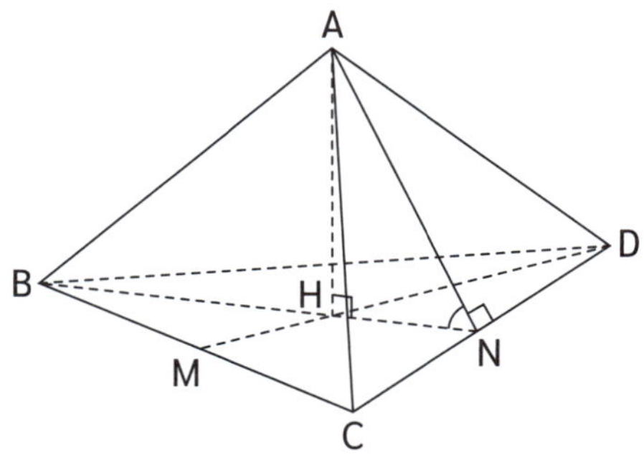

[AN] est l'apothème issue du sommet A qui coupe perpendiculairement le segment [CD] au point N.

Sur Lea.fr
13.5 Pyramides égyptiennes

Donc le triangle ACN est rectangle en N et CN = ND.
D'après le théorème de Pythagore, on a :

$AC^2 = AN^2 + CN^2$

Or $CN = \frac{AC}{2}$ (comme le triangle ACD est équilatéral)

donc $AN^2 = AC^2 - \left(\frac{AC}{2}\right)^2$

$AN^2 = 36 - 9$

$AN^2 = 27$

d'où $AN = \sqrt{27} = 3\sqrt{3} \approx 5,2$ cm à 10^{-1} près.

◆ Les solides de révolution

On appelle solide de révolution tout solide engendré par la rotation d'une surface plane fermée tournant autour d'un axe frontière situé dans son plan.

Le cylindre droit

Le cylindre droit est engendré par la révolution (tour complet) du rectangle O_1ABO_2 autour de l'axe de révolution (O_1O_2).

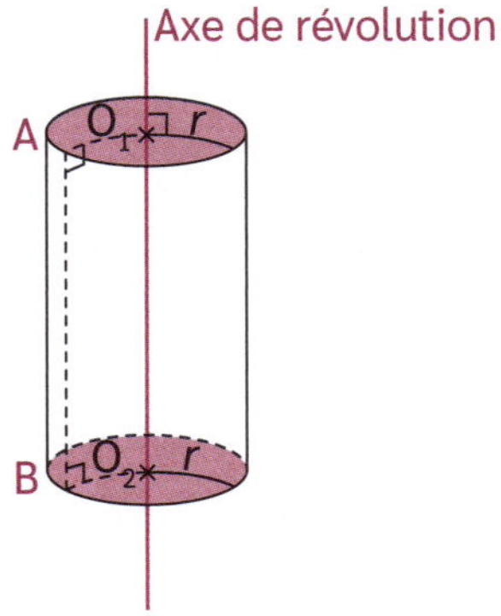

Le cône droit (appelé aussi cône de révolution)

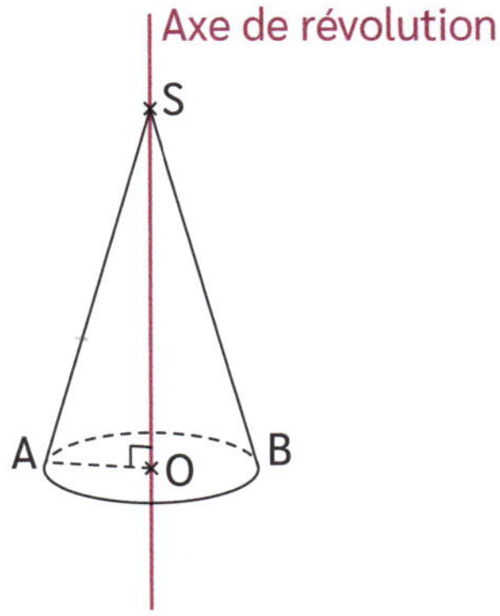

La boule, la sphère

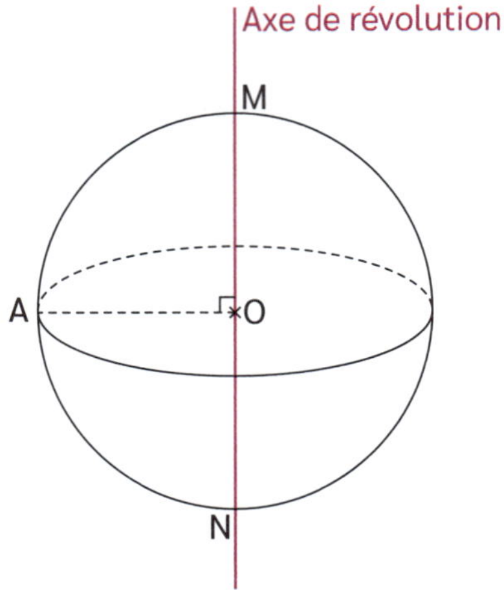

La sphère est une surface constituée de tous les points de l'espace situés à égale distance d'un point appelé centre de la sphère. Cette distance est appelée rayon de la sphère.

C – LES PATRONS DE POLYÈDRES

Un patron est la représentation d'un solide « déplié » dans un plan. En conséquence, le patron est un assemblage de surfaces planes qui permet de construire un solide. Il doit donc respecter :

- le nombre de faces,
- la forme des faces ;
- les dimensions des faces ;
- l'ordonnancement des faces du solide afin que, reconstitué, il n'y ait ni vide ni chevauchement de deux faces.

1. PARALLÉLÉPIPÈDE RECTANGLE

Toutes les faces sont rectangulaires.

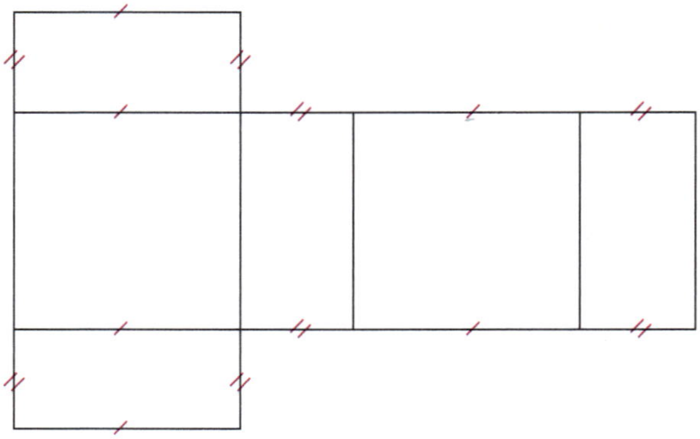

2. CUBE

Les six faces sont des carrés.

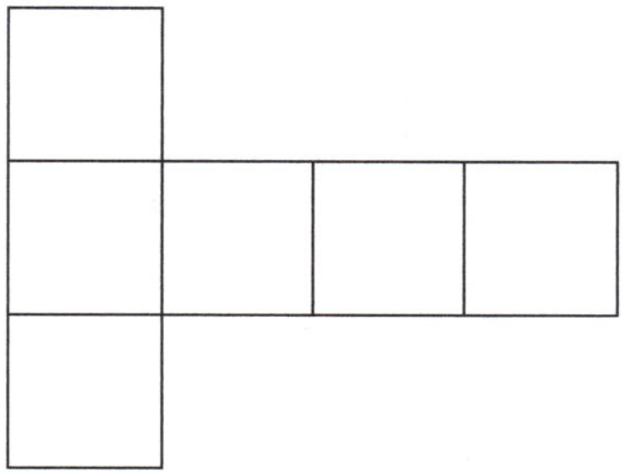

3. PYRAMIDE

Construire le patron d'une pyramide à base triangulaire

Pour construire le patron d'une pyramide à base triangulaire :

– dessiner d'abord la base triangulaire (au compas ou à la règle graduée et à l'équerre) connaissant les longueurs de ses trois côtés ;

– à l'aide du compas, construire sur chacun des côtés de la base les triangles représentant les faces latérales.

Ex :

Réaliser le patron de la pyramide à base triangulaire EFGH représentée ci-dessous :

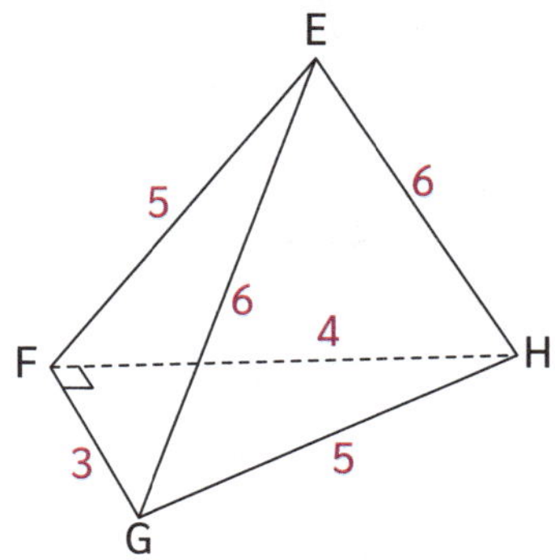

Étape 1 : construire le triangle FGH à la règle et à l'équerre.

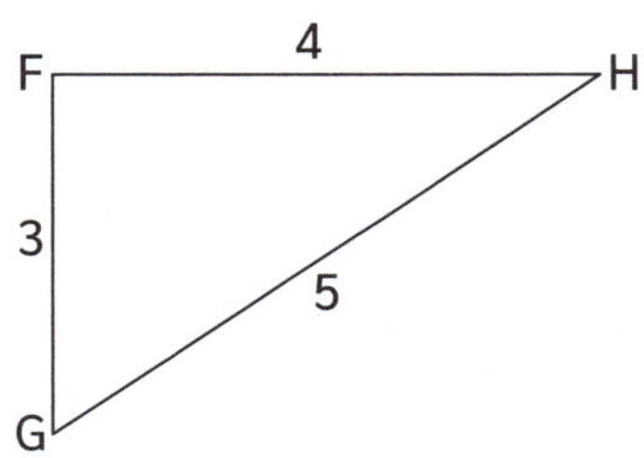

Sur Lea.fr
13.6 Les onze patrons différents d'un même cube

Étape 2 : construire les faces latérales EFG, EFH et EGF à la règle et au compas.

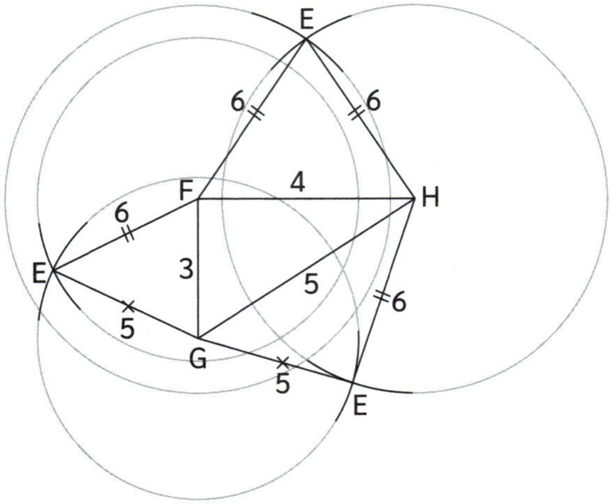

Si on plie le patron ainsi obtenu, alors on obtient la pyramide EFGH.

4. PYRAMIDE RÉGULIÈRE À BASE CARRÉE

Les quatre faces latérales sont des triangles isocèles superposables.

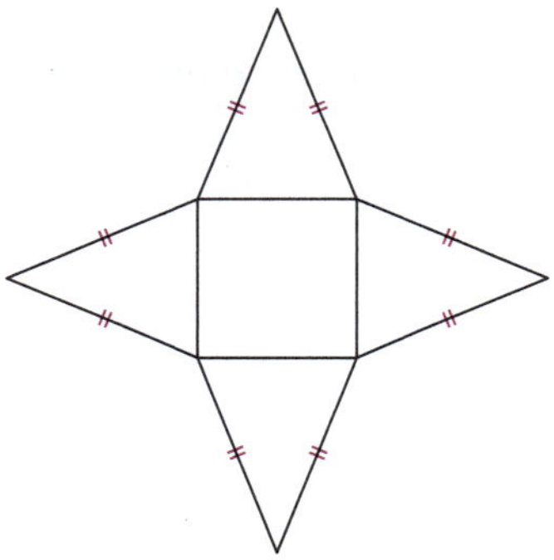

5. CYLINDRE DROIT (OU DE RÉVOLUTION)

La face latérale est un rectangle. Le périmètre de la base est égal à la longueur du rectangle.

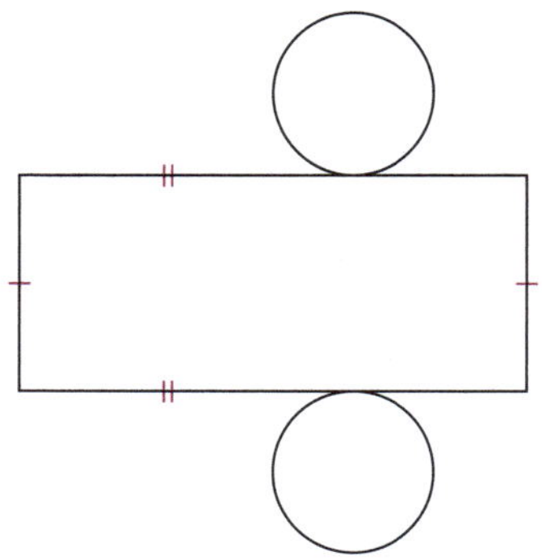

6. CÔNE DROIT (OU DE RÉVOLUTION)

La face latérale est une portion de disque.

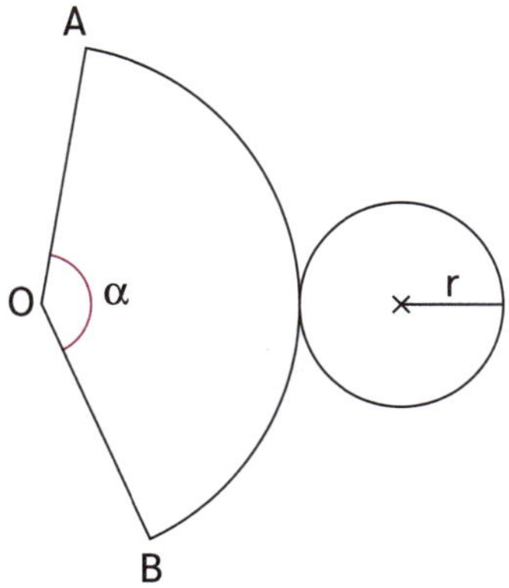

$$\widehat{AB} = 2\pi r$$

$$\frac{\alpha}{360} = \frac{\widehat{AB}}{2\pi \times OA}$$

Sur Lea.fr
13.7 Exemple de calcul de l'angle

JE M'ENTRAÎNE

ÉNONCÉS

◆ Exercice 1

Soit le cube ci-dessous d'arête a.
En coupant le cube suivant le plan (BED), on obtient deux polyèdres.
L'exercice ne concerne que le polyèdre ne contenant pas le sommet A.

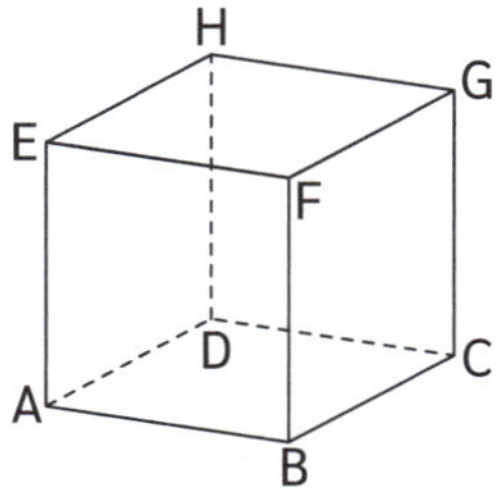

1. Donner le nombre d'arêtes et le nombre de sommets de ce polyèdre.
2. Nommer chacune des faces triangulaires de ce polyèdre en précisant sa nature géométrique particulière éventuelle.
3. Tracer le patron du polyèdre en prenant a = 5 cm.

◆ Exercice 2 (CRPE 2022 GRPT 2)

On considère un pavé droit ABCDA'B'C'D' avec DD' = 5 cm ; DC = 6 cm et DA = 7 cm. On note L le point d'intersection des diagonales [AC] et [BD].
On souhaite creuser ce pavé, en retirant une pyramide OABCD de hauteur [OL].

Partie A
Dans cette partie, on suppose que OL = 4 cm.
1. Montrer que AL ≈ 4,6 cm.
2. Construire le triangle ALO en vraie grandeur.
3. a. Calculer le volume de la pyramide OABCD.
On rappelle que le volume d'une pyramide est égal au tiers du produit de l'aire de sa base par sa hauteur.
b. Calculer le volume du pavé creusé.

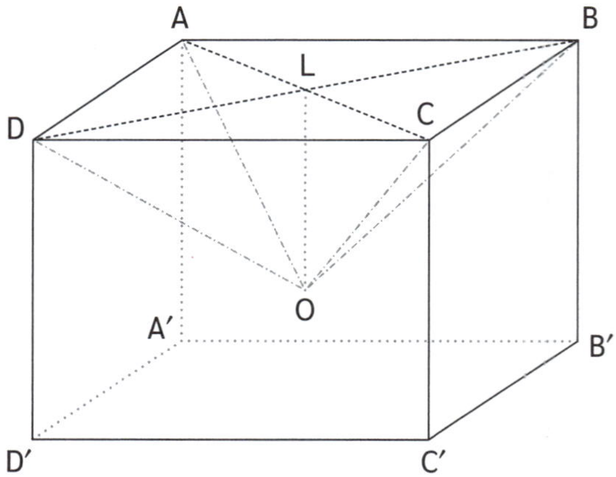

◆ Exercice 3

Dounia et Yanis ont acheté un coffret contenant des sachets de thé. Ces sachets ont une forme que l'on peut modéliser par un tétraèdre régulier.
On rappelle qu'un tétraèdre régulier est une pyramide dont les trois faces latérales et la base sont des triangles équilatéraux.
De plus, on rappelle que pour un tétraèdre régulier ayant ses côtés de longueur notée a :

– la hauteur h correspond à la base d'air A_{base} est donnée par la formule $h = \frac{a\sqrt{6}}{3}$

– le volume V est donnée par la formule $V = \frac{A_{Base} \times h}{3}$

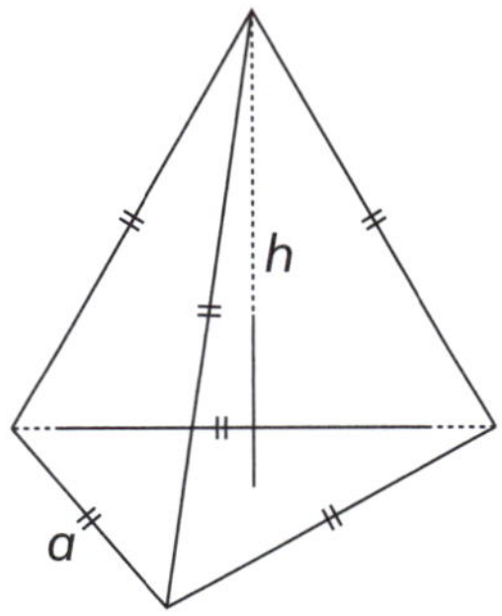

1. Le sachet de thé de Yanis à la forme d'un tétraèdre régulier ABCD de côté 5,5 cm et est fabriqué en gaze de papier. On note K le pied de la hauteur issue de A dans le triangle ABC.

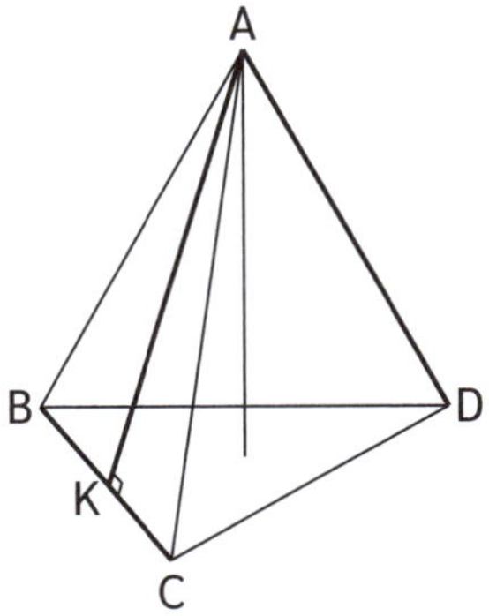

Yanis remarque que seuls trois « bords » sont collés (en gras sur le dessin : [AK], [BC] et [AD]). Il découpe la gaze le long de ces segments [AK], [BC] et [AD], puis il met à plat. Il obtient un rectangle.

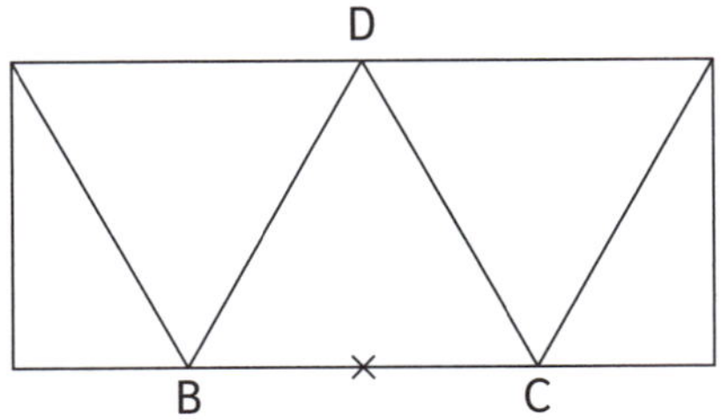

Ce dessin n'est pas à l'échelle.

a. Déterminer les dimensions de ce rectangle.
b. Calculer le volume du sachet de thé de Yanis. On donnera une valeur arrondie au dixième de centimètre cube.
2. La marque pense proposer des sachets « grand format », présentés aussi sous la forme d'un tétraèdre régulier, mais d'un volume au moins deux fois plus grand que le sachet de thé choisi par Yanis.
Dounia pense qu'en multipliant par 1,3 les longueurs des côtés du tétraèdre ABCD, les conditions de la marque pour obtenir un sachet « grand format » seront satisfaites.
Justifier l'affirmation de Dounia.

CORRIGÉS

◆ Exercice 1

1. 12
2. 3 faces sont des carrés ; 4 faces sont des triangles.
3.

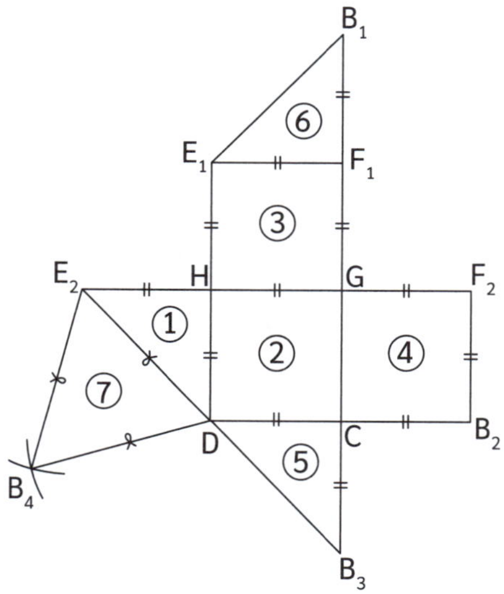

◆ Exercice 2

Partie A

On a DD′ = 5 cm ; DC = 6 cm et DA = 7 cm.
Comme le point L est le point d'intersection des diagonales [AC] et [BD] du rectangle ABCD c'est donc le milieu du segment [AC].

On a donc $AL = \frac{AC}{2}$.

On a d'après le théorème de Pythagore appliqué au triangle ADC rectangle en D : $AC^2 = DA^2 + DC^2$, soit $AC^2 = 7^2 + 6^2 = 49 + 36 = 85$.

On a donc $AC = \sqrt{85}$.

On en déduit que $AL = \frac{\sqrt{85}}{2} \approx 4{,}6$ cm.

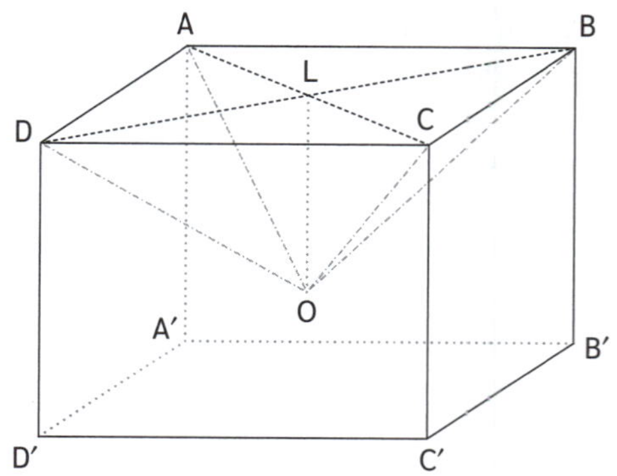

1. Tracer le triangle rectangle ADC avec DC = 6 cm et DA = 7 cm, puis tracer la médiatrice du segment [AC]. Elle coupe [AC] en L. Puis placer le O sur la médiatrice tel que OL = 4 cm.

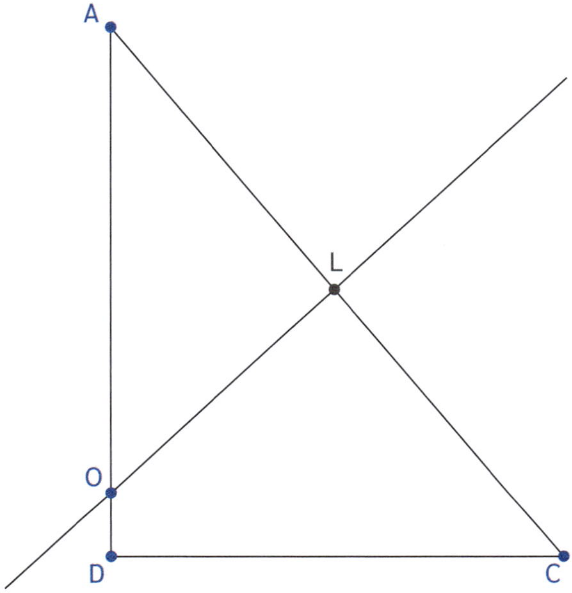

2. a. Calcul du volume de la pyramide OABCD :

$V(OABCD) = \frac{1}{3}$ Aire (ABCD) $\times$ OL

$V(OABCD) = \frac{1}{3} \times DA \times DC \times OL$

$V(OABCD) = \frac{1}{3} \times 7 \times 6 \times 4$

V(OABCD) = 56 cm^3

b. Le volume du pavé creusé est égal à la différence entre le volume du pavé droit ABCDA′B′C′D′ et le volume de la pyramide OABCD, soit $7 \times 6 \times 5 - 56 = 210 - 56$.
Le volume du pavé creusé est donc égal à 154 cm^3.

◆ Exercice 3

1. a. 11 cm sur $\sqrt{22{,}6875}$ cm.
b. 19,4 cm^3
2. Dounia a raison.

Sur Lea.fr

Corrigés développés et exercices complémentaires

14. Les transformations planes

JE M'ÉVALUE

VRAI OU FAUX ?

1. Une translation est une isométrie.
2. Les symétries axiales conservent les angles.
3. Dans la rotation d'une figure, il n'y a aucun point invariant.
4. L'image d'une droite par une symétrie centrale est une droite.
5. La composition de deux symétries est une translation.
6. La composition de deux rotations d'angle α est une rotation d'angle 2α.
7. Une symétrie centrale est une rotation d'angle π.
8. Une symétrie axiale orthogonale est aussi appelée réflexion.
9. Les rotations ne conservent pas toujours les angles.
10. Un triangle équilatéral possède trois axes et un centre de symétrie.

Réponses : 1.V – 2.V – 3.F – 4.V – 5.F – 6.F – 7.V – 8.V – 9.F – 10.F

JE RÉVISE

A – LES TRANSFORMATIONS PLANES

En géométrie euclidienne, une transformation plane est une application du plan dans lui-même qui à tout point du plan (l'antécédent) fait correspondre un point image unique, selon une règle établie.

Une transformation du plan peut simplement déplacer une figure dans le plan en lui gardant toutes ses caractéristiques : par exemple, les figures des cartes à jouer sont des images construites par symétrie, on peut ainsi les voir de la même manière dans un sens ou l'autre.

Mais une transformation du plan peut également déformer les figures initiales :

Dans ce tableau célèbre de Holbein, intitulé *Les Ambassadeurs*, la forme oblongue qui est en bas du tableau, au premier plan, est l'anamorphose d'un crâne. Manière pour le peintre d'opposer à la vanité des deux personnages le destin qui leur sera commun, la mort.

Sur Lea.fr

14.1 Complément anamorphose

Plus simplement, les frises réalisées par les jeunes enfants ne sont que des répétitions d'une figure initiale déplacée de manière linéaire dans le plan :

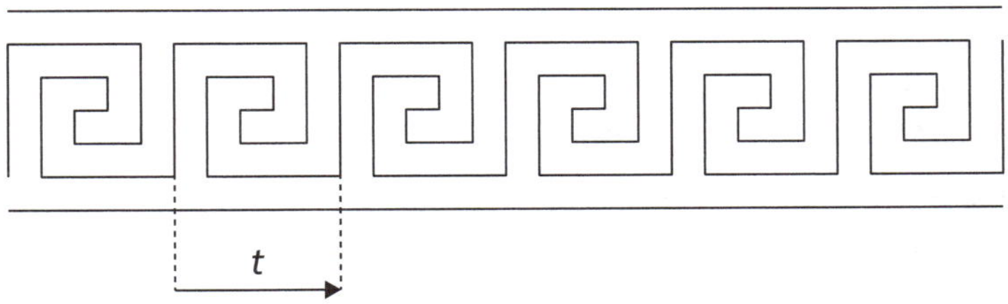

B – LES MODÈLES MATHÉMATIQUES

L'exemple de l'anamorphose nous montre la grande complexité (mais aussi la grande richesse artistique) que peut recouvrir une transformation du plan.

Nous n'étudierons ici que quelques transformations simples : celles qui conservent les distances et les angles (autrement dit aussi les formes).
Nous les appelons des isométries (mêmes mesures).

On peut établir un catalogue à la Prévert : rotation, translation, symétrie...
Mais on peut également les classer selon leurs nombres de points invariants.
On appelle point invariant par une transformation plane les points qui ne sont pas déplacés par la transformation.

Ex :
Considérons la rotation de centre A et d'angle $\frac{\pi}{2}$ dans le sens contraire des aiguilles d'une montre du carré ABCD.
D vient en D′
C vient en C′
B vient en D

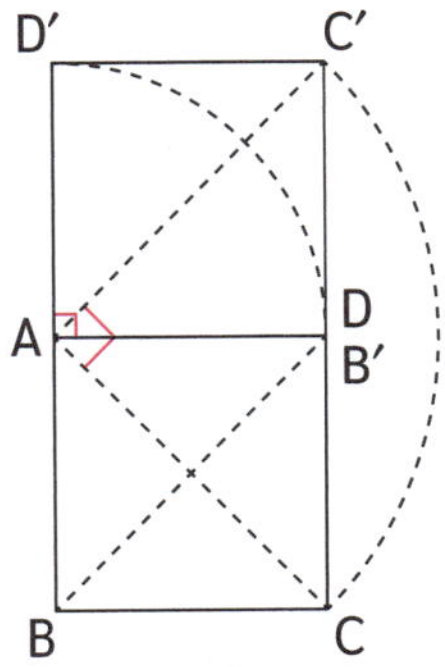

L'image par cette rotation du carré ABCD est le carré AB′C′D′.
Tous les points de la figure sont déplacés sauf un, le point A.
Le point A est un point invariant.

N'OUBLIONS PAS !

Mathématiquement, un point invariant est à lui-même sa propre image.
Les translations n'ont aucun point invariant.
Les rotations ont un point invariant.
Les symétries centrales ont un point invariant.
Les symétries axiales ont une infinité de points invariants, ils constituent l'axe de symétrie.

C – LES TRANSLATIONS

Une translation est un déplacement par un glissement rectiligne d'un point A donné vers un point B donné.
Si on note *t* la translation qui transforme A en B, on écrit *t*(M) = M′
M′ est l'image de M par la translation qui transforme A en B et on a :

MM′ = AB et les droites (MM′) et (AB) sont parallèles.
En résumé, pour tout point M on a : (MABM′) est un parallélogramme.

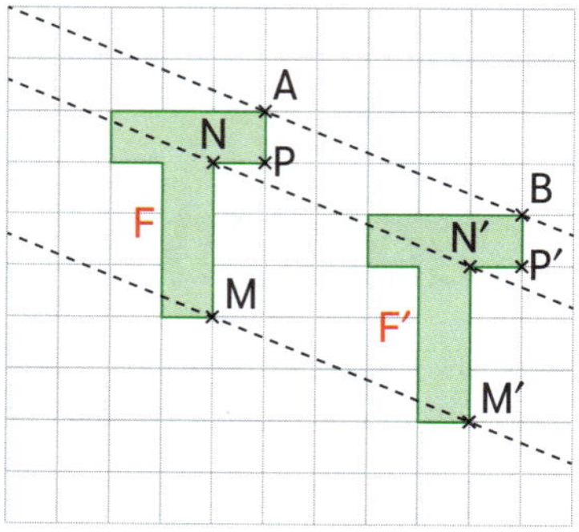

Il n'y a aucun point invariant.

1. IMAGES DES PRINCIPAUX ÉLÉMENTS PAR UNE TRANSLATION

Soit la translation qui transforme A en B.

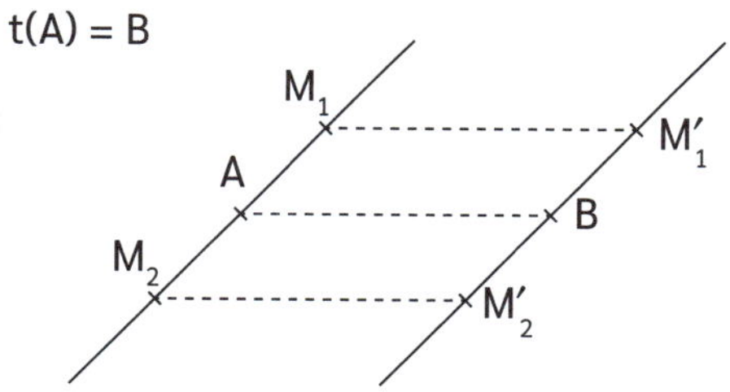

L'image d'une droite est une droite.

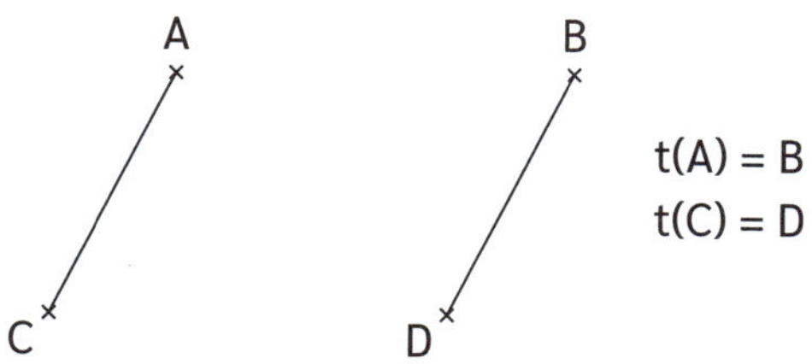

L'image d'un segment est un segment de même longueur.

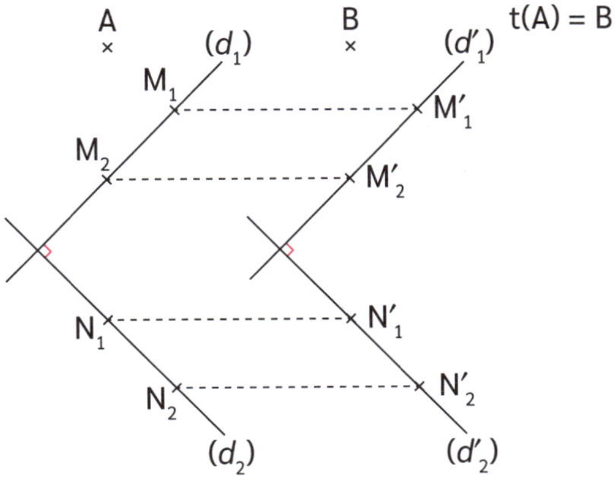

L'image d'un angle est un angle de même mesure.
Les images de deux droites perpendiculaires sont deux droites perpendiculaires.

2. IMAGE D'UNE FIGURE PAR UNE TRANSLATION

Les translations sont des isométries, elles conservent les mesures des angles et des longueurs.
L'image d'un triangle est un triangle isométrique (superposable).

Ex :
Soit un triangle ABC.
Soit la translation t qui transforme le point A en le point B.
B est l'image de A par la translation t, ce qui se note T(A) = B.
On cherche à déterminer l'image du point C, il faut imaginer le déplacement rectiligne (suivant une ligne droite) qui a permis de passer du point A au point B et appliquer le même type de déplacement à partir du point C.

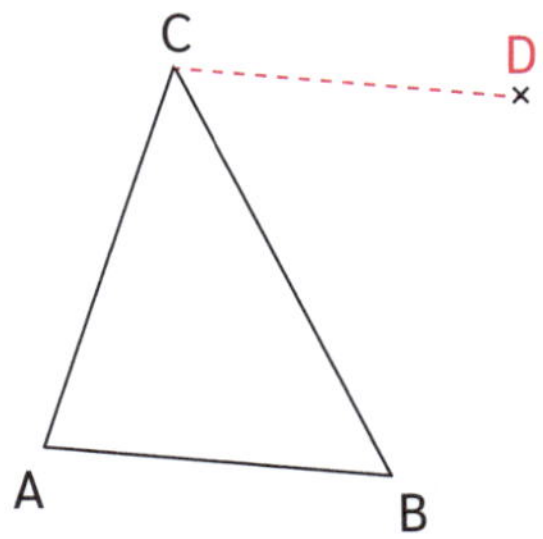

Les « chemins » qui vont de A à B et de C à D sont identiques :
- Ils sont **rectilignes** ;
- Les droites (AB) et (CD) sont **parallèles** ;
- Pour aller de A vers B et pour aller de C vers D, on parcourt le chemin rectiligne dans **le même sens** (de gauche à droite sur la figure ci-dessus) ;
- Les distances AB et CD sont **égales**.

Nous pouvons résumer ces quatre caractéristiques en affirmant que le **quadrilatère ABCD est un parallélogramme**.

On peut ainsi déterminer l'image de tous les points du plan.
La translation est donc une transformation du plan.

◆ Transformation d'une figure du plan par une translation

Ex :
Cherchons quelles est l'image du triangle ABC par la translation t qui transforme A en B.
Le point B est l'image du point A.
Le point D est l'image du point C.
Le point E est l'image du point B.
A, B et C forment un triangle dans le plan ; les points B, E et D également.
Le triangle BED est l'image du triangle ABC par la translation t qui transforme A en B.

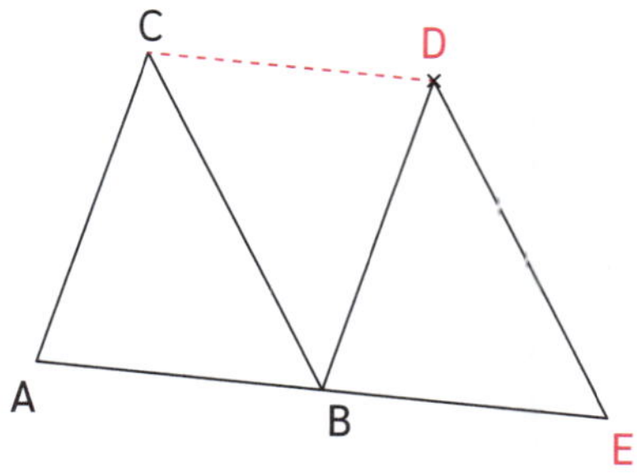

D – LES ROTATIONS

Une rotation est définie par un centre, un angle et un sens de rotation.
On appelle sens direct le sens contraire des aiguilles d'une montre.
Sans autre précision, le sens direct est le sens par défaut.

Rotation de centre I et d'angle α :

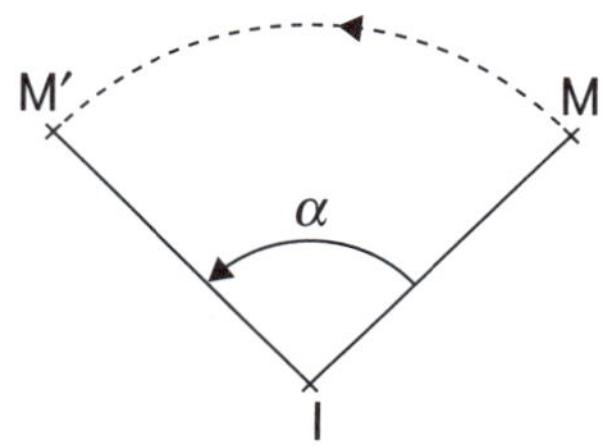

Soit *r* « le nom » de cette rotation, on écrit *r*(M) = M′
Ceci signifie que l'image de M par la rotation *r* est le point M′.
Si O est son centre et α, son angle, on a :

OM = OM′ et l'angle $\widehat{MOM'} = \alpha$

Ex :
Soit ABCD un carré de centre O.
1. Déterminons l'image du carré ABCD par la rotation *r* de centre O et d'angle 90°.

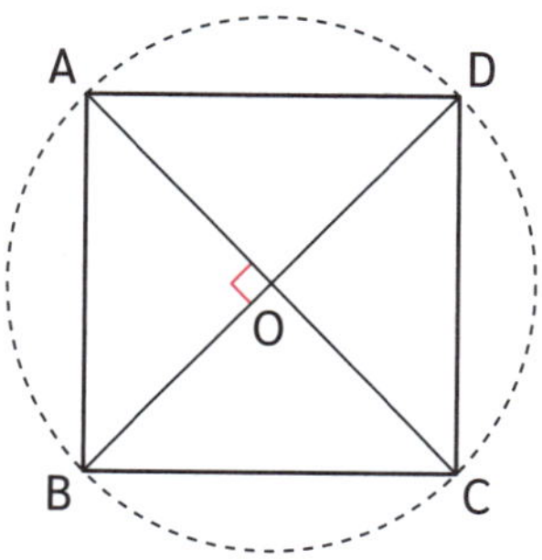

La rotation étant une isométrie, l'image d'un carré est un carré.

On a OA = OB et $\widehat{AOB} = 90°$
Donc l'image de A par la rotation r est B : $r(A) = B$
De même :

OB = OC et $\widehat{BOC} = 90°$

OC = OD et $\widehat{COD} = 90°$

OD = OA et $\widehat{DOA} = 90°$

Donc : $r(B) = C$, $r(C) = D$, $r(D) = A$.
L'image du carré ABCD n'est autre que le carré ABCD lui-même (on dit que le carré ABCD est globalement invariant par la rotation r).

E – LES SYMÉTRIES CENTRALES

Les symétries centrales ne sont que des rotations particulières. Ce sont des rotations d'angle 180°.
La symétrie centrale possède donc les mêmes propriétés que les rotations :
- un seul point invariant le centre de la symétrie.
- c'est une isométrie, elle conserve les mesures des distances et des angles.
- si on donne le nom de s_A à la symétrie de centre A, on écrit $s_A(M) = M'$.
- cela signifie que M′ est l'image de M par la symétrie centrale de centre A.

Donc A est le milieu du segment [MM′].

A, M et M′ sont alignés et $AM = AM' = \frac{1}{2} MM'$

Ex :
Soit un triangle ABC.
Déterminer l'image du triangle ABC par la symétrie centrale de centre A.

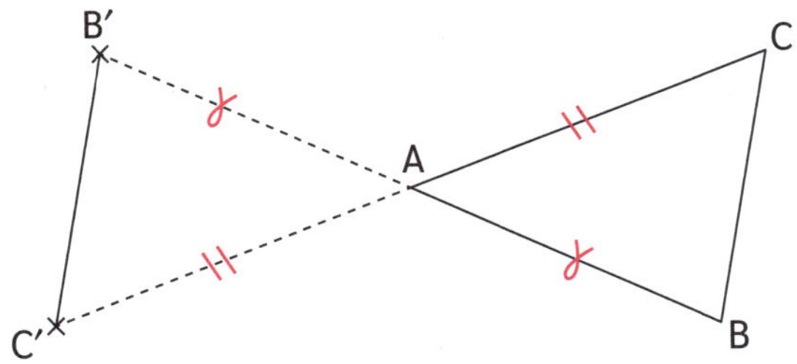

La symétrie centrale est une isométrie, donc l'image d'un triangle est un triangle.
On a :
C′ = s(C) ; A milieu de [CC′]

L'image du triangle ABC par la symétrie centrale est le triangle AB′C′.
A = s(A) (car A, centre de la symétrie, est invariant).
B′ = s(B) ; A milieu de [BB′]

Sur Lea.fr
14.2 Autres exercices
14.3 Autres exercices

F – SYMÉTRIE AXIALE ORTHOGONALE, RÉFLEXION

1. IMAGE D'UN POINT

Une symétrie axiale orthogonale, appelée aussi réflexion, est définie par son axe.
Si on appelle S_d la symétrie axiale d'axe la droite (*d*), on écrit $S_d(M) = M'$ et cela signifie que M′ est l'image de M dans la symétrie d'axe *d*.

C'est-à-dire que pour tout point M du plan, la droite (*d*), axe de la symétrie, est la médiatrice du segment [MM′].
Tous les points de l'axe de symétrie sont à eux-mêmes leurs propres images, ils sont invariants.

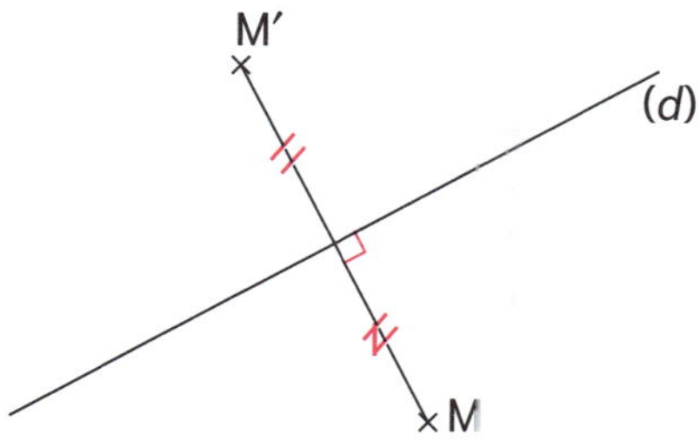

On a (MM′) perpendiculaire à (*d*), et I, milieu de [MM′], appartient à (*d*).

2. AXES DE SYMÉTRIE D'UNE FIGURE

L'axe de symétrie d'une figure est un axe de pliage qui fait se recouvrir exactement deux parties de la figure.

• Le triangle isocèle

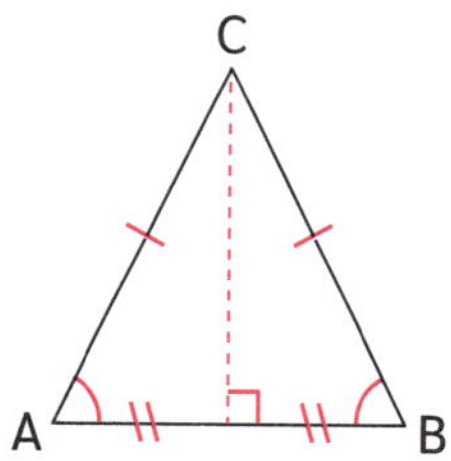

La hauteur issue du sommet principal du triangle est axe de symétrie.

• Le triangle équilatéral

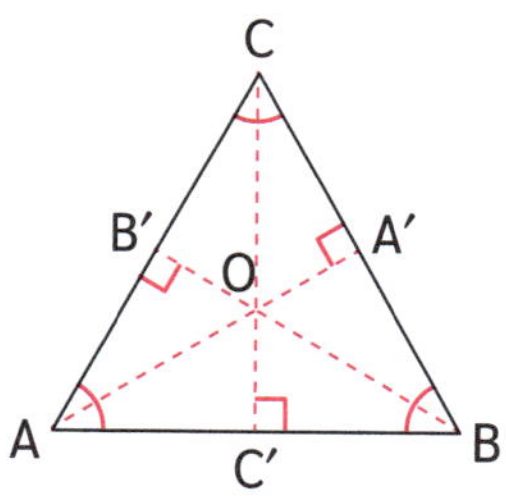

Les trois hauteurs (médiatrices, bissectrices, médianes tout à la fois) sont des axes de symétrie de la figure.

Sur Lea.fr
14.4 Tracé compas (tutoriel) et exercices

• Le trapèze isocèle

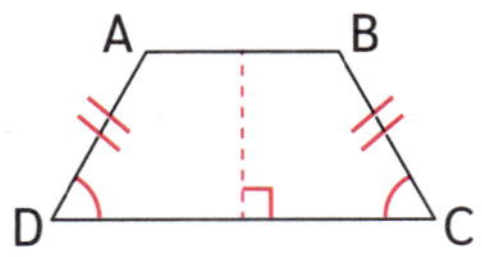

Un trapèze isocèle possède un axe de symétrie.

◆ Le losange

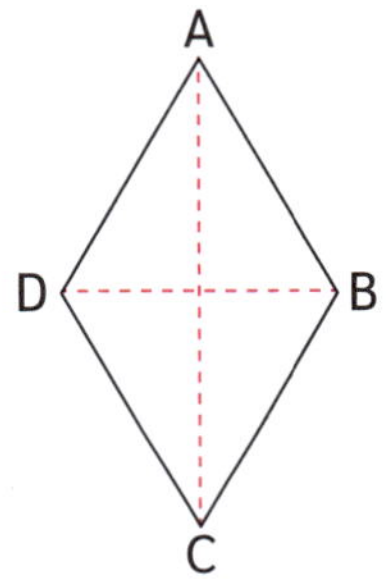

Les deux diagonales du losange sont des axes de symétrie de cette figure.

• Le rectangle

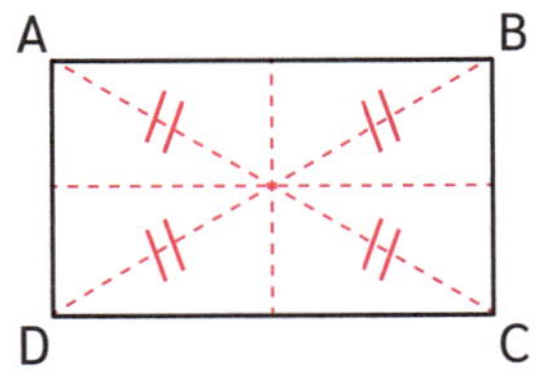

Le rectangle a deux axes de symétries (on dit les axes médians).

• Le carré

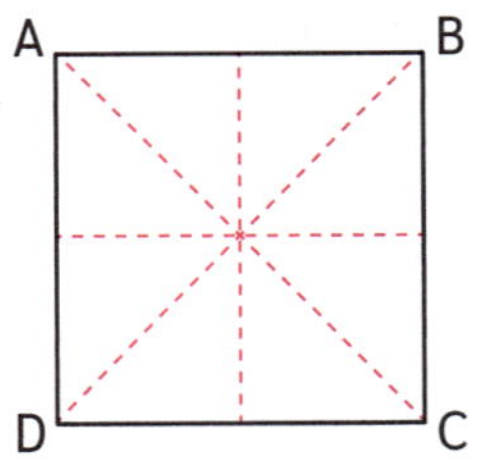

Le carré, qui est un losange rectangle, cumule les axes de symétrie de ces figures, les axes médians et les diagonales.
Le carré est une figure à 4 axes de symétrie.
• Le cercle
Dans un cercle tout diamètre est un axe de symétrie ; le cercle est une figure qui possède une infinité d'axes de symétrie.

G – COMPOSITION DE TRANSFORMATIONS PLANES

Lorsqu'on effectue successivement plusieurs transformations planes, de même nature ou de natures différentes, on dit que l'on effectue **une composition de transformations planes.**

1. EXEMPLE DE COMPOSITION DE DEUX TRANSFORMATIONS PLANES

◆ Composition d'une translation puis d'une rotation

Soit ABC un triangle équilatéral, t la translation qui transforme B en C, r la rotation de centre C, d'angle 60° dans le sens direct.

On cherche à déterminer l'image A′B′C′ du triangle équilatéral ABC par la translation qui transforme B en C, puis à déterminer l'image de A′B′C par la rotation de centre C et d'angle 60°.
– La translation transforme B en C.
Soit A′ l'image de A par cette translation, BCA′A est un parallélogramme. Soit C′ l'image de C, CC′A′A est un parallélogramme.
L'image du triangle ABC par la translation est le triangle A′CC′.

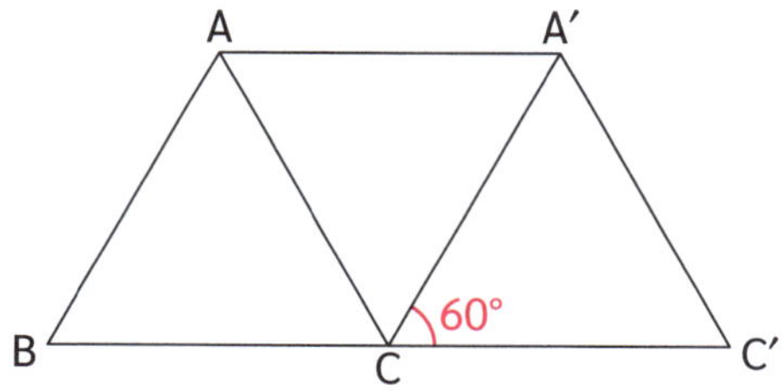

– La rotation r a pour centre le point C.
On a donc r(C) = C.
De plus CA = CA′. En effet, les triangles ABC et A′CC′ sont isométriques donc :
CA′ = BA, et BA = CA car ABC est équilatéral.

Comme ABC est équilatéral, $\widehat{ABC} = \widehat{BCA} = \widehat{CAB} = 60°$. Comme ABC et A′CC′ sont isométriques, $\widehat{A'CC'} = 60°$.
Les points B, C, C′ sont alignés car les droites (BC) et (CC′) sont parallèles à la même droite (AA′) et elles ont un point en commun. Donc $\widehat{BCC'} = 180°$.

Or $\widehat{BCC'} = \widehat{BCA} + \widehat{ACA'} + \widehat{A'CC'}$

Soit : $180° = 60° + \widehat{ACA'} + 60°$

D'où $\widehat{ACA'} = 60°$.

Nous avons montré que : CA = CA′ et $\widehat{ACA'} = 60°$.
Donc A est l'image de A′ par la rotation r de centre C et d'angle 60°. De même, A′ est l'image de C′ par la rotation r puisque :
- CC′ = CA′ (car CC′A′ est un triangle équilatéral) ;
- $\widehat{C'CA'} = 60°$ (pour la même raison).

Donc l'image de A′CC′ par la rotation r est le triangle équilatéral ACA′.

Sur Lea.fr
14.5 Autres polygones réguliers

Conclusion : on dira que le triangle ACA′ est l'image du triangle ABC lorsque l'on compose successivement et dans cet ordre les deux transformations planes suivantes :
- translation qui transforme B en C ;
- rotation de centre C et d'angle 60°.

Sur cet exemple, en regardant la figure, on constate, sans vouloir le démontrer, que finalement le triangle ACA′ est le symétrique du triangle ABC dans la symétrie axiale orthogonale (réflexion) d'axe (AC).
En sera-t-il de même pour toute figure du plan ? Pourrions-nous dire que, d'une façon générale la composition d'une translation puis d'une rotation revient à faire une symétrie ? Rien de moins sûr !
Néanmoins, dans certains cas, il est utile de savoir que certaines compositions reviennent à une seule transformation plane (*cf.* paragraphe suivant).

2. COMPOSITIONS DE DEUX SYMÉTRIES AXIALES ORTHOGONALES

Déterminons la nature de la transformation qui résulte de la composition de deux symétries axiales orthogonales.

◆ Les deux symétries ont le même axe

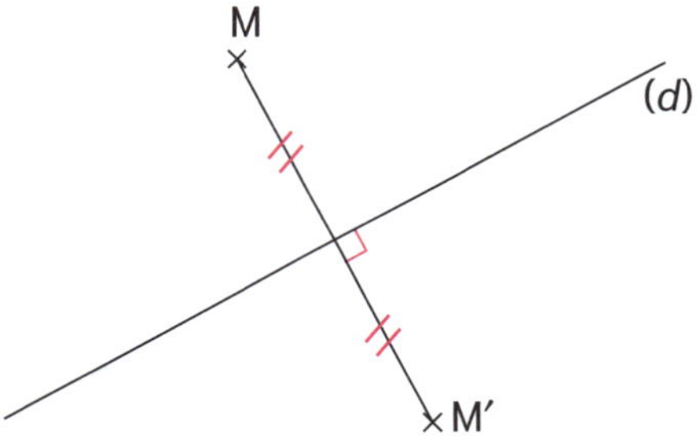

$s(M) = M'$
$s(M') = M$
$s[s(M)] = M$

Il s'agit de composer deux fois la même symétrie.
Soit s la symétrie d'axe (d).
Soit M′ l'image de M par la symétrie s.
(d) est la médiatrice de MM′ donc $s(M') = M$.
Et donc pour tout point du plan, on a : $M \to M' \to M$.

Conclusion : quand on compose deux symétries du même axe, on n'opére aucune transformation du plan.
Chaque point est à lui-même sa propre image.
On parle de **l'application identique**.

◆ Les axes des deux symétries sont parallèles

Soit s la symétrie d'axe (d_1) et s' la symétrie d'axe (d_2).
(d_1) est parallèle à (d_2).
Soit M un point du plan.
$M' = s(M)$
$M'' = s'(M')$
Donc M″ est l'image du point M lorsque l'on

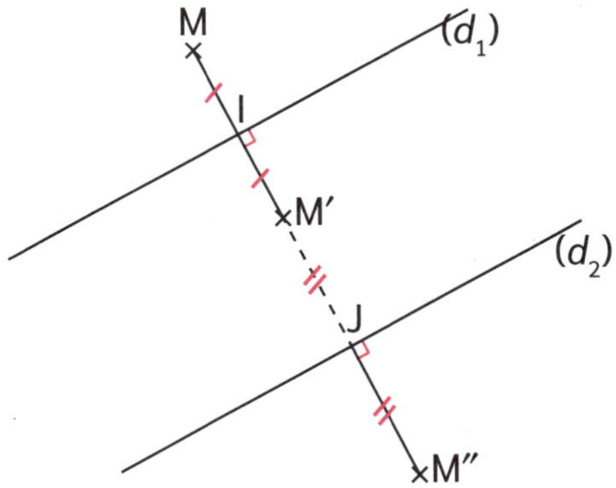

compose dans cet ordre les deux symétries *s et s′*.
Les droites (MM′) et (M′M″) sont perpendiculaires aux mêmes droites (d_1) et (d_2), elles sont donc parallèles, et comme elles possèdent le point M′ en commun, elles sont confondues ; les points M, M′ et M″ sont alignés.
Soit I le milieu de [MM′] et J le milieu de [M′M″].
On a MM′ = 2 IM′ et M′M″ = 2 M′J.
Or MM″ = MM′ + M′M″ (puisque les trois points sont alignés)
= 2 IM′ + 2 M′J
= 2(IM′ + M′J)
= 2 IJ.
Le point M″ s'obtient donc par une translation de point M de direction la droite (IJ), de distance 2 IJ et de sens I vers J.
Composer successivement les deux symétries *s et s'* d'axes respectifs parallèles (d_1) et (d_2) revient à effectuer une translation.
Cette translation peut être définie ainsi :
- **direction** : une droite perpendiculaire à (d_1) ou (d_2) ;
- **sens** : de (d_1) vers (d_2) (on commence par *s*) ;
- **distance** : deux fois la distance entre les droites (d_1) et (d_2).

◆ Les axes des deux symétries sont des droites sécantes en un point O

Soit *s* la symétrie d'axe (d_1) et *s′* la symétrie d'axe (d_2).(d_1) est aussi l'axe *x′*O*x*. (d_2) est aussi l'axe *y′*O*y*.
Soit M un point quelconque du plan.
M′ = *s*(M) M″ = *s′*(M′)
Donc M″ est l'image du point M lorsque l'on compose dans cet ordre les deux symétries *s* et *s′*.

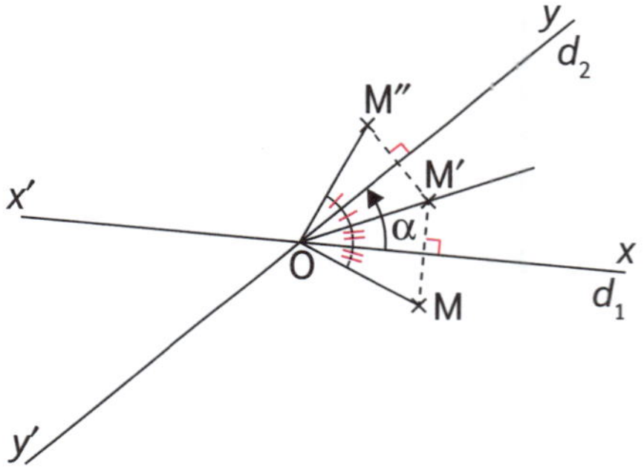

O est à égale distance de M et de M″.
En effet, O appartient à la médiatrice de [MM′] donc OM = OM′.
De la même manière, O appartient à la médiatrice de [M′M″] donc OM′ = OM″.

Et finalement, OM = OM″. Comme (d_1) est la médiatrice de [MM′], (d_1) est aussi la bissectrice de l'angle $\widehat{M'OM}$.
Comme (d_2) est la médiatrice de [M′M″], (d_2) est la bissectrice de l'angle $\widehat{M'OM''}$.

Soit α l'angle formé par les deux droites (*d*) et (*d*).

L'angle $\widehat{MOM''}$ est par conséquent égal à deux fois l'angle α (voir figure).
On a donc lorsque l'on compose les deux symétries :
$\widehat{MOM''} = 2\alpha$,
et OM″ = OM.
M″ est donc l'image de M par une rotation de centre O et d'angle 2α.

Lorsque l'on compose deux symétries d'axes sécants en un point O, et déterminants un angle α cela revient à effectuer une rotation de centre O et d'angle 2α.

JE M'ENTRAÎNE

ÉNONCÉS

◆ Exercice 1

Sur un quadrillage constitué de carrés, on a placé une droite (*d*), trois points (nommés A, B et M), une figure qui est en forme de fanion et numérotée 1.

1. a. Construire l'image de la figure 1 par la symétrie d'axe (*d*) ; numéroter 2 la figure obtenue.

b. Construire l'image de la figure 1 par la rotation de centre M et d'angle 90° dans le sens des aiguilles d'une montre ; numéroter 3 la figure obtenue.

c. Construire l'image de la figure 1 par la symétrie de centre A ; numéroter 4 la figure obtenue.

d. Construire l'image de la figure 4 par la symétrie de centre B ; numéroter 5 la figure obtenue.

2. Par quelle transformation géométrique peut-on passer directement de la figure 1 à la figure 5 ?
Préciser les éléments caractéristiques de cette transformation.

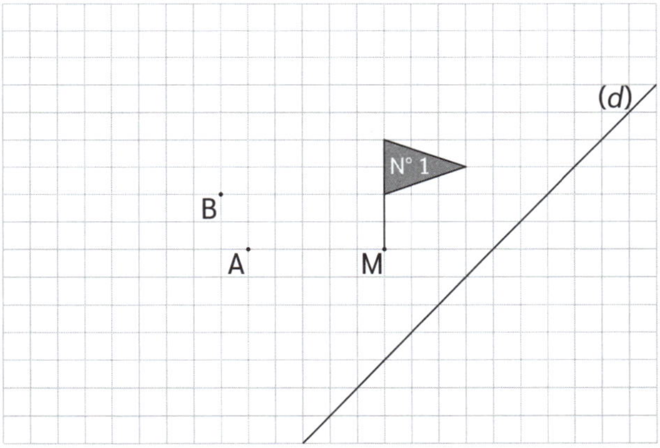

◆ Exercice 2

1. Pour cette question, tracer sur la copie une figure ressemblant à celle-ci-après.
Il ne s'agit pas de reproduire exactement cette figure mais d'en respecter la forme et la disposition.

– Construire à la règle et au compas les symétriques A′, B′ et C′ des points A, B et C pas rapport à la droite (OI) en laissent apparents les traits de construction.

– Construire à la règle et au compas les symétriques A″, B″ et C″ des points A′, B′ et C′ par rapport à la droite (OJ) en laissant apparents les traits de construction.

Sur Lea.fr
14.6 Prolongements : composition de deux rotations

2. À partir de l'observation de la figure obtenue, donner un argument montrant qu'il n'existe pas de symétrie axiale qui transforme les trois points A, B et C en A″, B″ et C″.

3. Montrer que l'angle $\widehat{BOB''}$ vaut le double de l'angle $\widehat{IOJ}$.

4. Quelle est la transformation du plan qui transforme le triangle ABC en A″B″C″ ? Justifier la réponse.

◆ Exercice 3

Soit EFG un triangle isocèle en E tel que FG = 4 cm et EG = 6 cm. Le cercle (C) de diamètre [EG] coupe [FG] en K.
1. Réaliser la figure en vraie grandeur.
2. Démontrer que EGK est un triangle rectangle.
3. Démontrer que K est le milieu de [FG].
4. Calculer la valeur exacte de EK.
5. Soit *S* le point image du point E par la translation qui transforme K en G.
En utilisant exclusivement compas et règle non graduée, placer le point s sur la figure, en expliquant cette construction. On laissera apparents les traits de construction.

CORRIGÉS

◆ Exercice 1

1.

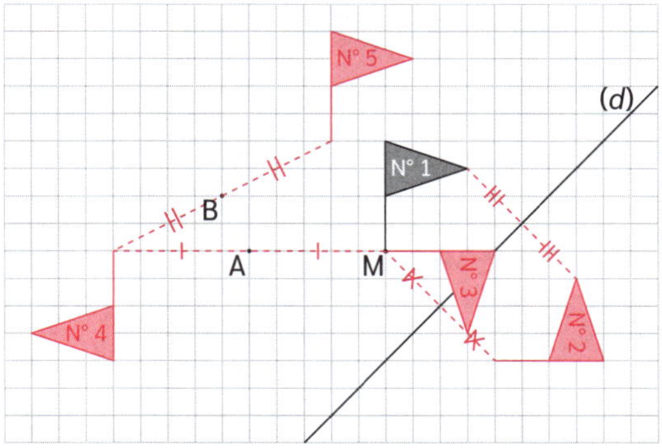

2. On peut passer de la figure 1 à la figure 5 par une translation :
- Direction : droite (AB) ;
- Sens : A vers B ;
- Distance : 2AB.

◆ Exercice 2

1.

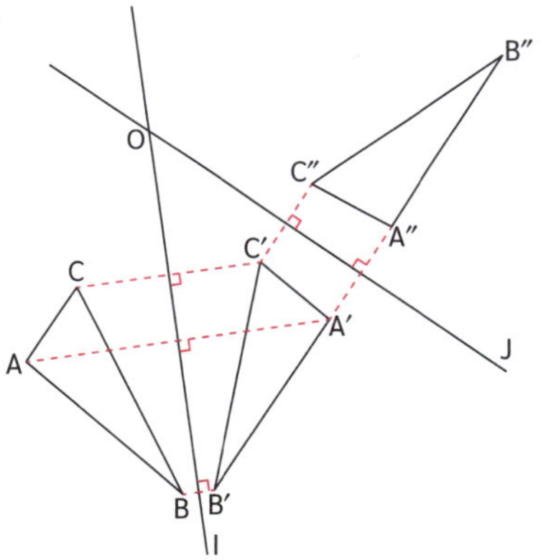

2. Sur la figure obtenue, on constate que les droites (AA″), (BB″) et (CC″) ne sont pas parallèles.
Or si A″B″C″ est le symétrique de ABC par rapport à une droite (*d*), on a alors (AA″) ⊥ (d) ; (BB″) ⊥ (d) et (CC″) ⊥ (d) et par conséquent (AA″) // (BB″) // (CC″).
Donc il n'existe pas de symétrie axiale qui transforme les trois points A, B, C en A″, B″ et C″.

3. B′ est le symétrique de B dans la symétrie d'axe (OI).
O est le symétrique de O, donc [OI] est la bissectrice de l'angle $\widehat{BOB'}$ et donc $\widehat{BOB'} = 2\widehat{IOB'}$.
De la même manière :
B″ est l'image de B′ dans la symétrie d'axe (OJ).
O est l'image de O
donc [OI) est la bissectrice de l'angle $\widehat{B'OB''}$ et donc $\widehat{B'OB''} = 2\,\widehat{B'OJ}$.

Les angles $\widehat{BOB''}$ et $\widehat{B'OB''}$ sont adjacents.

Donc $\widehat{BOB''} = \widehat{BOB'} + \widehat{B'OB''} = 2\,\widehat{IOB'} + 2\widehat{B'OJ} = 2(\widehat{IOB'} + \widehat{B'OJ})$

Ces deux angles sont adjacents donc $\widehat{BOB''} = 2\widehat{IOJ}$.

4. La symétrie est une isométrie.
Donc OB = OB′= OB″.

Les points B, B′, B″ sont situés sur le cercle de centre O et de rayon OB.

Par ailleurs, $\widehat{BOB''} = 2\widehat{IOJ}$.
On en conclut que, la transformation plane qui transforme A, B, C en A″, B″, C″ est une rotation de centre O et d'angle $2\widehat{IOJ}$.

◆ Exercice 3

1.

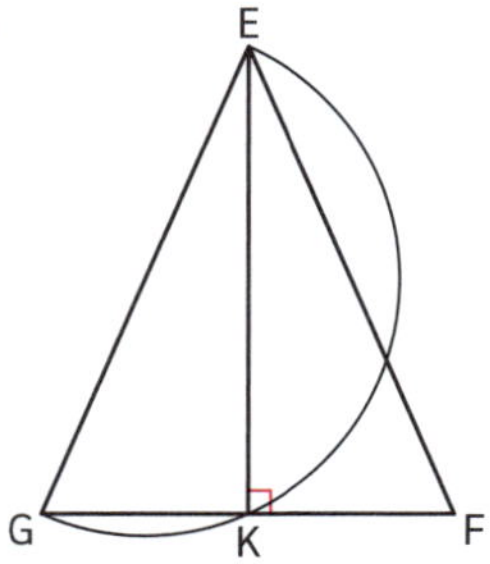

Note : la figure a été réduite.

2. Les points E, G et K sont situés sur le cercle de centre le milieu de [EG] et de rayon $\frac{1}{2}$EG.
[EG] est un diamètre de ce cercle : le triangle EGK est inscrit dans un demi-cercle.
Donc le triangle EGK est un triangle rectangle en K.

3. Nous pouvons en déduire que [EK] est une hauteur du triangle isocèle EFG issue du sommet principal E.
Donc la droite (EK) est également une médiatrice du côté [GF].
Donc K est le milieu du segment [GF].

4. Le triangle EGK est rectangle en K. D'après la propriété de Pythagore, on a :
$EG^2 = GK^2 + EK^2$
K est le milieu de [GF], donc GK = 2.
$EK^2 = 6^2 - 2^2$
$EK^2 = 36 - 4 = 32$
$EK = \sqrt{32}$
$EK = \sqrt{16} \times \sqrt{2} = 4\sqrt{2}$ cm.

5.

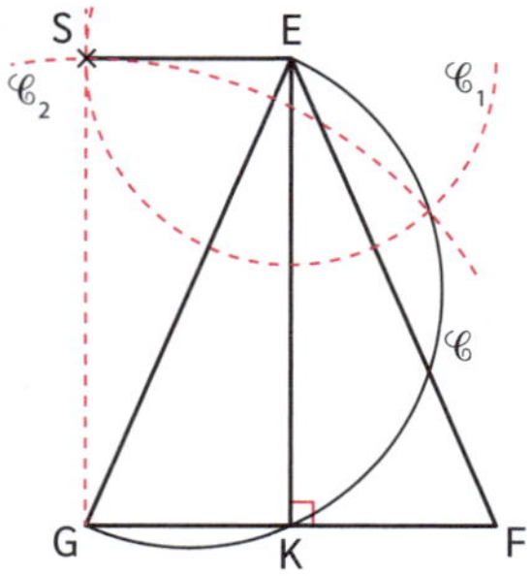

Si S est l'image de E par la translation qui transforme K en G, alors le quadrilatère ESGK est un parallélogramme ; ses côtés opposés sont égaux.
On a ES = GK et GS = EK.
On trace les cercles $\mathscr{C}_1$ de centre E et de rayon GK et $\mathscr{C}_2$ de centre G et de rayon EK.
S est le point d'intersection de ces deux cercles qui se situe dans le demi-plan de frontière (GE) qui ne contient pas K.

Sur Lea.fr

Corrigés développés et exercices complémentaires

Sujet CRPE 2022

ÉNONCÉS

◆ Exercice 1

Dans cette version adaptée du biathlon, les élèves ont à parcourir, en courant, 4 grands tours tracés avec des plots sur un stade comme dans la figure ci-dessous. À l'issue de chacun des 3 premiers tours, ils se présentent au pas de tir et lancent 3 balles sur des cibles. S'ils atteignent 3 fois leur cible, ils n'ont pas de pénalité et repartent pour le grand tour suivant. En revanche, pour chaque lancer manqué, ils doivent effectuer un petit tour avant de repartir sur le grand tour.
Pour chaque élève on mesure la durée mise pour faire un parcours complet (grands tours + lancers + petits tours de pénalité le cas échéant). L'objectif est de mettre le moins de temps possible pour effectuer le parcours complet.

D'après www.revue-eps.com janvier-février-mars 2016

Pas de tir

Partie 1

Dans cette partie, les élèves s'entrainent à la course sur le grand tour, sans effectuer de lancer de balles.

1. Pour un élève de CE1, la longueur du grand tour est de 250 m.

a. On considère un élève, qui effectue les 4 tours en 10 minutes. Quelle est sa vitesse moyenne de course, en mètre par minute ?

b. Un autre élève a couru les 4 tours à la vitesse moyenne de 150 m/min. Déterminer sa vitesse moyenne en kilomètre par heure.

2. Dans le tableau ci-dessous, les longueurs d'un grand tour pour des élèves de CM1 et de CM2 sont données, ainsi que les temps de course pour effectuer 4 grands tours, de deux élèves (un en CM1 et un en CM2).

Élève	Longueur de 1 grand tour	Temps de course pour 4 grands tours
Élève de CM1	400 m	9 minutes et 30 secondes
Élève de CM2	500 m	11 minutes et 8 secondes

Déterminer la vitesse moyenne (en mètre par minute, arrondie à l'unité) de chacun de ces deux élèves, lorsqu'ils ont réalisé les 4 grands tours.

Partie 2

Dans cette partie, des élèves de CE1 font l'épreuve de biathlon dans sa totalité :
Les 4 grands tours + les 3 épreuves de lancers de 3 balles + les éventuels tours de pénalité.
On rappelle que pour un élève de CE1, la longueur du grand tour est de 250 m.

1. La longueur du tour de pénalité est de 20 m.

a. Sachant que le tour de pénalité forme un cercle, déterminer son rayon. Arrondir au centimètre.

b. Un élève de CE1, qui court à la vitesse moyenne de 150 m/min, prend le départ de l'épreuve. On suppose que pour effectuer 3 lancers, il passe, à chaque fois, 30 secondes sur le pas de tir.
Quelle sera la durée totale que met cet élève pour réaliser le parcours complet, s'il ne rate aucune cible au premier tour et qu'il rate une cible au 2e tour puis deux cibles au 3e tour ? Donner la réponse en minutes et secondes.

2. Le professeur des écoles souhaite aider ses élèves à développer une stratégie pour améliorer leurs résultats. Il relève les performances d'un même élève de CE1 qui fait 3 fois l'épreuve de biathlon dans sa totalité en modifiant certains paramètres à chaque essai. Dans le tableau ci-dessous, V_{moy} est la vitesse moyenne de cet élève sur les périodes de course (4 grands tours + éventuels tours de pénalités).

	A	B	C	D	E	F	G	H	I	J	K
1	élève	tirs n°1		tirs n°2		tirs n°3		distance totale parcourue	temps de course (s)	V moy (m/min)	durée totale (min)
2		durée (s)	cibles manquées	durée (s)	cibles manquées	durée (s)	cibles manquées				
3	essai 1	30	0	30	1	30	2		418		
4	essai 2	30	0	32	0	35	0		300		
5	essai 3	19	3	21	3	21	3		341		

a. La formule saisie en H3 puis recopiée vers le bas est

=1000+(C3+E3+G3)*20.

Expliquer le terme (C3+E3+G3)*20 dans le contexte de l'exercice.

b. Donner une formule qui pourra être introduite dans la cellule J3, de telle sorte qu'elle puisse être recopiée vers le bas pour effectuer le calcul pour les autres essais.

c. Donner une formule qui pourra être introduite dans la case « durée totale » K3, de telle sorte qu'elle puisse être recopiée vers le bas pour effectuer le calcul pour les autres essais.

Après calculs, on obtient le tableau complet ci-dessous :

	A	B	C	D	E	F	G	H	I	J	K
1	élève	tirs n°1		tirs n°2		tirs n°3		distance totale parcourue	temps de course (s)	V moy (m/min)	durée totale (min)
2		durée (s)	cibles manquées	durée (s)	cibles manquées	durée (s)	cibles manquées				
3	essai 1	30	0	30	1	30	2	1060	482	132	9,53
4	essai 2	30	0	32	0	35	0	1000	469	128	9,43
5	essai 3	19	3	21	3	21	3	1180	566	125	10,45

d. Interpréter le tableau pour déterminer ce que l'élève a modifié entre l'essai 2 et l'essai 3.

e. Si on analyse les performances de l'élève aux essais 2 et 3, quelle hypothèse ce tableau permet-il de faire du point de vue des stratégies à adopter ?

◆ Exercice 2

On dispose d'un dé cubique non truqué dont les faces opposées sont identiques : deux faces numérotées 0, deux faces numérotées 1 et deux faces numérotées 2.

1. On effectue deux lancers et on lit, à chaque lancer, le chiffre inscrit sur la face supérieure. Les deux lancers permettent d'obtenir un nombre décimal : le résultat du premier lancer donne le chiffre des unités et celui du second lancer le chiffre des dixièmes.

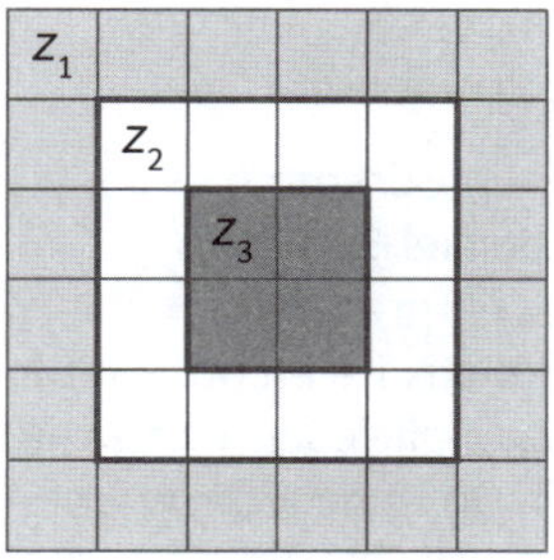

a. Donner la liste de tous les nombres que l'on peut obtenir.

b. Justifier que la probabilité d'obtenir 1,2 est égale à 1/9.

c. Quelle est la probabilité d'obtenir un nombre strictement inférieur à 1 ?

d. Quelle est la probabilité d'obtenir un nombre entier ?

e. Quelle est la probabilité d'obtenir un nombre décimal ?

2. Le tapis représenté ci-contre est constitué de 36 carrés de côté 10 cm. Ces carrés définissent trois zones Z_1, Z_2 et Z_3. repérées par des couleurs différentes. Avec le même dé que précédemment, on effectue un lancer sur ce tapis et on regarde la face supérieure. Si le dé tombe à cheval sur deux zones, on le relance.
On admet que la probabilité que le dé tombe dans une zone est proportionnelle à l'aire de la zone.

a. Quelle est la probabilité que le dé tombe dans la zone Z_2 ?

b. Quelle est la probabilité que le dé tombe en zone Z_2 et donne le nombre 1 ?

c. Quelle est la probabilité que le dé tombe en zone Z_2 et donne un nombre pair ?

◆ Exercice 3

Un enseignant d'une classe de CM2 a proposé ce problème à ses élèves.

> *Dans un bocal, un enfant a des billes vertes, des billes rouges et des billes bleues. Il a 4 fois plus de billes rouges que de billes vertes et il a 3 billes vertes de plus que de billes bleues. En tout il a 51 billes.*
> *Combien a-t-il de billes de chaque couleur ?*

D'après un problème du *Guide pour enseigner la résolution de problèmes au cours moyen*,
Ministère de l'Éducation nationale, 2021

1. Voici la réponse proposée par Samira, une élève de la classe de CM2 :

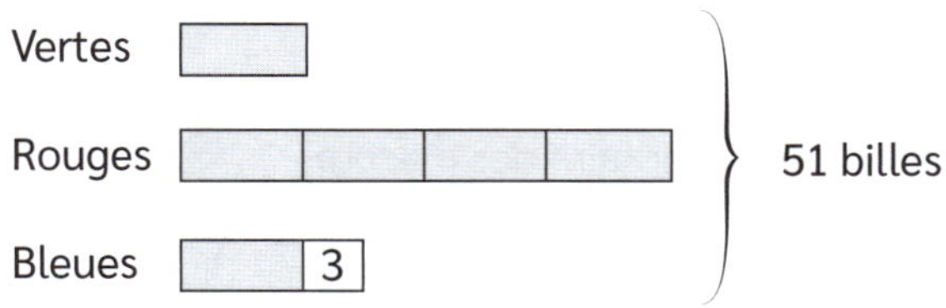

51 − 3 = 48

6 ☐ = 48

☐ = 8 $4 \times 8 = 32$

8 + 3 = 11

Il a 8 billes vertes, 32 billes rouges et 11 billes bleues, ça fait bien 51 billes.

Proposer une version corrigée du schéma utilisé par Samira pour résoudre le problème.

2. a. En notant v le nombre de billes vertes, déterminer, en fonction de v, le nombre de billes rouges et le nombre de billes bleues.

b. Mettre le problème en équation et la résoudre pour répondre algébriquement à la question posée dans l'énoncé.

◆ Exercice 4

Le programme ci-contre (*programme 1*) a été écrit avec le logiciel Scratch.

1. En prenant C = 50 et 1 cm pour 10 pixels, tracer la figure construite en utilisant le *Programme 1*.

2. Quelle est la nature de la figure tracée ? Justifier la réponse.

3. On écrit le *programme 2* en utilisant le bloc précédent, afin d'obtenir la figure représentée ci-après.

Programme 1

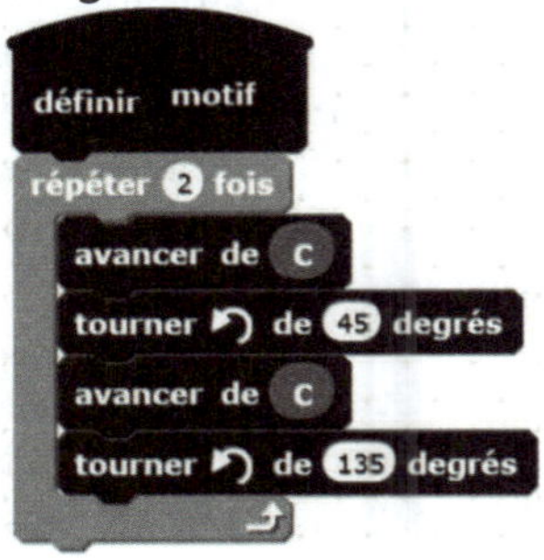

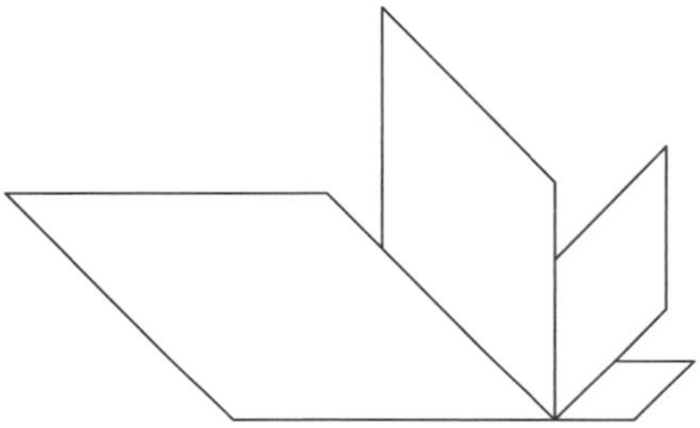

Programme 2

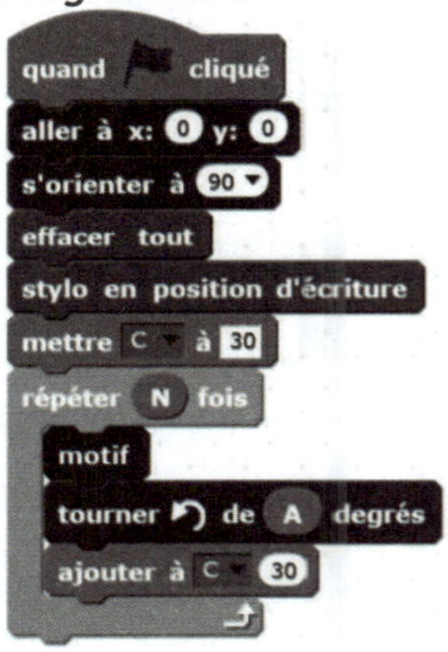

Rappel :

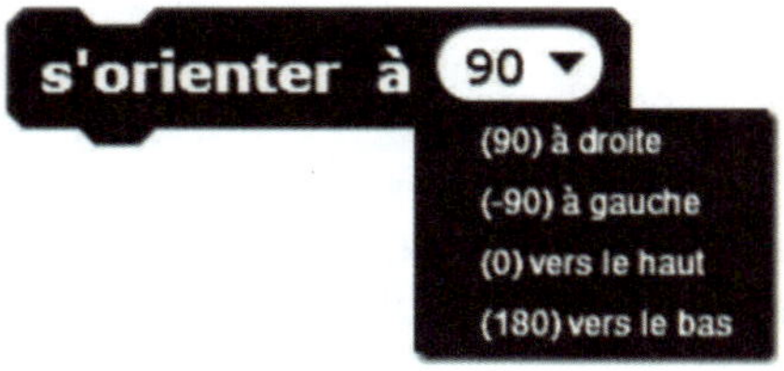

a. Quelles valeurs attribuer aux lettres A et N dans le programme 2 pour obtenir la figure correspondante ?

b. Quelle est la valeur de la variable C une fois le programme exécuté ?

4. Comment peut-on modifier le programme 2 pour obtenir la figure ci-contre pour laquelle chaque segment mesure 30 pixels ?

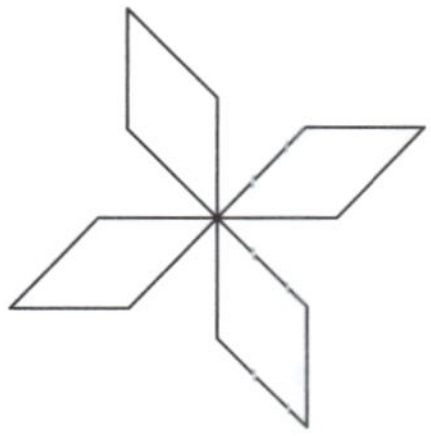

◆ Exercice 5

Un ballon-sonde est un ballon à gaz utilisé pour faire des mesures locales dans l'atmosphère.

Dans le cadre du projet scientifique qu'elle anime pour sa classe de CM2, une professeure des écoles a reçu un petit ballon-sonde, représenté ci-dessous.

Son enveloppe, composée de matières plastiques et de latex, a la forme, une fois gonflée, d'un cône de révolution surmonté d'une demi-sphère.

Les dimensions données sur la figure ci-contre sont celles du ballon-sonde au sol, sur le lieu du lâcher situé au niveau de la mer.

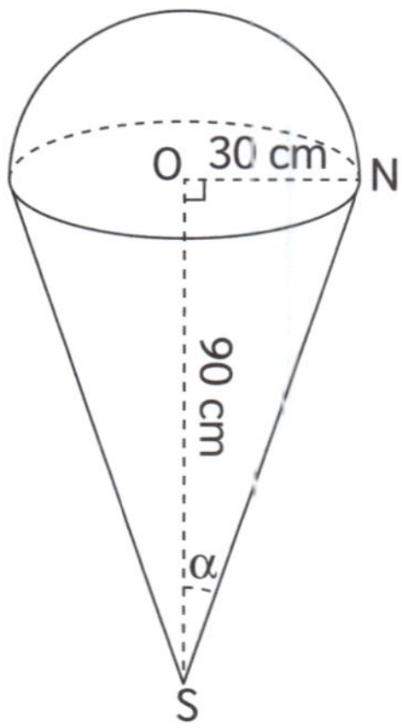

La pression atmosphérique diminuant avec l'altitude, le ballon se dilate en prenant de la hauteur et ses dimensions augmentent jusqu'à l'éclatement après une ascension de plus de vingt kilomètres.

On pourra, si nécessaire, utiliser le formulaire ci-dessous.

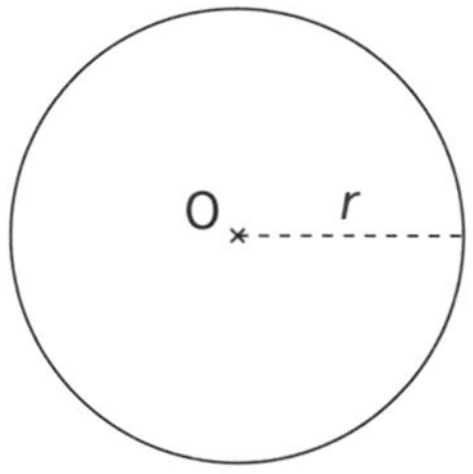	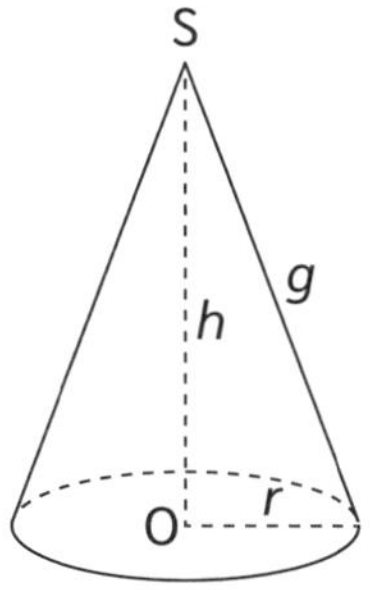 g est la longueur d'une génératrice du cône.	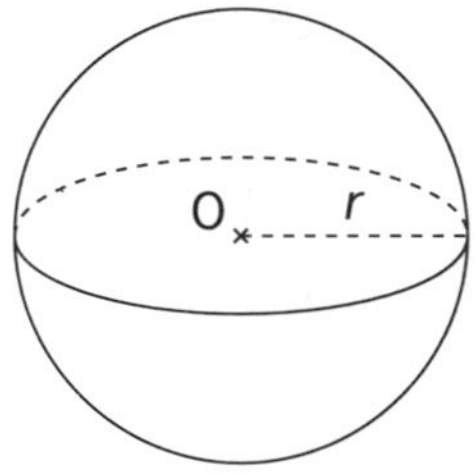
Périmètre du disque $2\pi r$	Volume du cône de révolution $\frac{1}{3}\pi r^2 h$	Volume de la boule $\frac{4}{3}\pi r^3$
Aire du disque πr^2	Aire de la surface latérale $\pi r g$	Aire de la sphère $4\pi r^2$

1. a. Montrer, en indiquant les étapes du calcul, que le volume exact du ballon-sonde au niveau de la mer, est égal à 45 000 π cm^3.

b. Donner le volume du ballon-sonde en litre, arrondi à l'entier.

2. Montrer qu'une génératrice du cône mesure $\sqrt{9\,000}$ cm.

3. En déduire que l'enveloppe totale du ballon-sonde, au niveau de la mer, a une aire d'environ 1,5 m^2 au dixième près.

4. Entre 0 mètre d'altitude et 4 500 mètres d'altitude, les longueurs du ballon-sonde augmentent de 25 %.

a. Par quel nombre les longueurs initiales sont-elles multipliées ?

b. Montrer que, à 4 500 mètres d'altitude, l'enveloppe totale du ballon-sonde a une aire d'environ 2,3 m^2 arrondie au dixième près.

c. Donner un arrondi, au litre près, du volume du ballon-sonde à 4 500 mètres d'altitude.

5. On lâche le ballon à 0 mètre d'altitude. On relève alors une température de 15 °C. À 4 500 mètres d'altitude, la température transmise est de –12 °C. Entre 0 et 12 000 m d'altitude, la température, en degré Celsius, en fonction de l'altitude x, en mètre, peut être modélisée par une fonction affine notée t.

Montrer que pour tout x entre 0 et 12 000, on a $t(x) = -0{,}006\,x + 15$.

6. À partir de quelle altitude la température devient-elle négative ? Justifier le résultat en résolvant une inéquation.

7. La professeure des écoles a réalisé, à l'aide d'un tableur, le calcul des températures en fonction de l'altitude du ballon-sonde.

	A	B	C	D	E	F	G	H	I	J	K	L	M	N	O	P	Q	R	S	T	U	V	W	X	Y	Z
1	altitude en mètre	0	500	1000	1500	2000	2500	3000	3500	4000	4500	5000	5500	6000	6500	7000	7500	8000	8500	9000	9500	10000	10500	11000	11500	12000
2	température en degrés	15	12	9	6	3	0	-3	-6	-9	-12	-15	-18	-21	-24	-27	-30	-33	-36	-39	-42	-45	-48	-51	-54	-57

En observant les données du tableau, sachant que le ballon part de 0 mètre d'altitude, à quelle altitude se trouve-t-il lorsque la température a baissé de 30 °C ?

CORRIGÉS

◆ Exercice 1

Partie 1

1. a. Un élève effectue 4 grands tours de 250 m chacun, donc 1 000 m (4 × 250 m) en 10 minutes, par conséquent sa vitesse moyenne est égale à 100 m/min $\left(\frac{1\,000\text{ m}}{10\text{ min}}\right)$.

b. La vitesse moyenne de cet élève est égale à 150 m/min, c'est-à-dire qu'il parcourt en moyenne 150 m en 1 min, soit 150 m × 60 en 60 min ; or 150 m × 60 = 9 000 m = 9 km en 1 heure ; sa vitesse moyenne est égale à 9 km/h.

2. L'élève de CM1 parcourt 4 grands tours de 400 m chacun, soit 1 600 m (4 × 400 m) en 9 min et 30 s, c'est-à-dire en 9,5 min ; sa vitesse moyenne v_1 sur ces 4 tours est égale à :

$$v_1 = \frac{1\,600\text{ m}}{9{,}5\text{ min}} = \frac{3\,200}{19}\text{ m/min} \approx 168{,}4\text{ m/min}$$

Sa vitesse moyenne est environ égale à 168 m/min (arrondie à l'unité).

L'élève de CM2 parcourt 4 tours de 500 m chacun, donc il parcourt 2 000 m.

$$11\text{ min }8\text{ s} = 11\text{ min} + \frac{8}{60}\text{ min} = \frac{11 \times 15}{15}\text{ min} + \frac{2}{15}\text{ min} = \frac{165+2}{15}\text{ min} = \frac{167}{15}\text{ min}$$

Il parcourt ces 2 000 m en $\frac{167}{15}$ min ; sa vitesse moyenne v_2 sur ces 4 tours est égale à :

$$v_1 = \frac{2\,000\text{ m}}{\frac{167}{15}\text{ min}} = 2\,000 \times \frac{15}{167}\text{ m/min} = \frac{30\,000}{167}\text{ m/min} \approx 179{,}6\text{ m/min}$$

Sa vitesse moyenne est environ égale à 180 m/min (arrondie à l'unité).

Partie 2

1. a. Le cercle a pour périmètre 20 m, donc son rayon est égal à $\frac{20\text{ m}}{2\pi} \approx 3{,}183\text{ m}$

Le rayon du cercle est environ égal à 3,18 m (arrondi au cm).

b. Cet élève parcourt 4 grands tours, soit 1 000 m (4 × 250 m) et 3 tours de pénalité, soit 60 m (3 × 20 m) ; il parcourt donc en tout 1 060 m (1 000 m + 60 m) à la vitesse moyenne de 150 m/min, son temps t_1 passé à courir est donc égal à :

$$t_1 = \frac{1\,060\text{ m}}{150\text{ m/min}} = \frac{106}{15}\text{ min} = \frac{7 \times 15 + 1}{15}\text{ min} = 7\text{ min} + \frac{1}{15} \times 60\text{ s} = 7\text{ min }4\text{ s}$$

Il effectue également 3 séries de lancers pendant une durée de temps t_2 égale à 1,5 min :

t_2 = 3 × 30 s = 1 min 30 s.

Son temps total de parcours est égal à :

$$t_1 + t_2 = 7\text{ min }4\text{ s} + 1\text{ min }30\text{ s} = 8\text{ min }34\text{ s}$$

Cet élève de CE1 a mis au total 8 min 34 s pour effectuer son parcours.

2. a. Dans les cellules C3, E3 et G3 on comptabilise les tirs qui n'ont pas touché la cible respectivement après le 1er tour, le 2nd tour et le 3e tour ; la somme (C3+E3+G3) correspond donc au nombre total de cibles manquées qui ont généré chacun un tour de pénalité de 20 m à effectuer, d'où la formule (C3+E3+G3)*20 qui permet de calculer la distance totale parcourue en raison des pénalités.

b. Dans la cellule J3, on souhaite avoir la vitesse moyenne en m/min, qui correspond à diviser la distance totale parcourue en m (présente dans la cellule H3) par le temps de course en secondes (présent dans la cellule I3) (on obtient alors la vitesse en m/s) et à multiplier ce quotient par 60 pour obtenir la vitesse moyenne en m/min.

La formule à entrer dans la cellule J3 est donc : =(H3/I3)*60

c. Pour obtenir la durée totale en minutes du parcours, il faut ajouter la durée en secondes de chacune des trois séries de tirs (présentes en cellules B3, D3 et F3) au temps de course en secondes (présent en cellule I3) et diviser cette somme par 60 pour avoir le résultat en minutes.

Dans la cellule K3, on entre donc la formule : =(B3+D3+F3+I3)/60

d. Entre l'essai 2 et l'essai 3, l'élève a diminué son temps de visée lors de chacune des trois séries de tirs ; mais de ce fait, il s'est moins appliqué et a manqué les cibles à chaque tir ; il a donc eu en tout, 9 tours de 20 m de pénalité à effectuer, ce qui l'a fatigué et a fait baisser sa vitesse moyenne sur l'ensemble de sa course (tout en parcourant une plus grande distance) ; globalement, le temps gagné lors des visées de cible a été perdu par une plus longue distance à parcourir à une plus faible vitesse, son temps total de parcours a donc été moins bon (il a mis 1 min et 2 s de plus pour effectuer son parcours à l'essai 3 par rapport à l'essai 2).

e. La stratégie à adopter semble être de prendre son temps (sans exagérer) lors des visées des cibles de façon à ne pas avoir de pénalités (qui ajoutent de la distance à parcourir et font abaisser la vitesse moyenne de course). Quelques secondes de plus pour viser correctement les cibles, permettent d'éviter davantage de secondes de course supplémentaires.

◆ Exercice 2

1. a. On peut obtenir les nombres suivants :

0,0 (=0) 0,1 0,2 1,0 (=1) 1,1 1,2 2,0 (= 2) 2,1 et 2,2

b. Pour obtenir le nombre 1,2 il faut obtenir le nombre 1 au premier lancer ; cet événement a une probabilité de $\frac{2}{6}$ soit $\frac{1}{3}\left(\frac{\text{2 cas favorables}}{\text{6 cas possibles}}\right)$.

Puis il faut obtenir le nombre 2 au second lancer (indépendant du 1er lancer) ; cet événement a une probabilité de $\frac{2}{6}$ soit $\frac{1}{3}\left(\frac{\text{2 cas favorables}}{\text{6 cas possibles}}\right)$.

Comme ces deux événements sont indépendants, leurs probabilités se multiplient, donc la probabilité d'obtenir 1 au 1er lancer et 2 au 2nd lancer est égale à $\frac{1}{3} \times \frac{1}{3} = \frac{1}{9}$.

<u>Autre méthode :</u>

		1er lancer correspondant au chiffre des unités du nombre					
		0	0	1	1	2	2
2nd lancer correspondant au chiffre des dixièmes du nombre	0	0,0	0,0	1,0	1,0	2,0	2,0
	0	0,0	0,0	1,0	1,0	2,0	2,0
	1	0,1	0,1	1,1	1,1	2,1	2,1
	1	0,1	0,1	1,1	1,1	2,1	2,1
	2	0,2	0,2	**1,2**	**1,2**	2,2	2,2
	2	0,2	0,2	**1,2**	**1,2**	2,2	2,2

P(obtenir 1,2) $= \frac{4}{36} = \frac{1}{9}\left(\frac{\text{4 cas favorables}}{\text{36 cas possibles}}\right)$.

c. De la même manière, la probabilité d'obtenir chacun des autres nombres est égale $\frac{1}{3}$.

Obtenir un nombre strictement inférieur à 1 revient à obtenir les nombres 0 ou 0,1 ou 0,2 ; chacun de ces événements est incompatible avec les autres (on ne pas avoir en même temps comme tirage les nombres 0,1 et 0,2 par exemple), donc leurs probabilités s'ajoutent :
Soit A l'événement « obtenir un nombre strictement inférieur à 1 ».
P(A) = P(obtenir 0,1 ou 0,2 ou 0,3)
= P(obtenir 0,1) + P(obtenir 0,2) + P(obtenir 0,3)
$= \frac{1}{9} + \frac{1}{9} + \frac{1}{9} + \frac{3}{9} = \frac{1}{3}$
La probabilité d'obtenir un nombre strictement inférieur à 1 est égale $\frac{1}{3}$.

Autre méthode :

		1er lancer correspondant au chiffre des unités du nombre					
		0	0	1	1	2	2
2nd lancer correspondant au chiffre des dixièmes du nombre	0	**0,0**	**0,0**	1,0	1,0	2,0	2,0
	0	**0,0**	**0,0**	1,0	1,0	2,0	2,0
	1	**0,1**	**0,1**	1,1	1,1	2,1	2,1
	1	**0,1**	**0,1**	1,1	1,1	2,1	2,1
	2	**0,2**	**0,2**	1,2	1,2	2,2	2,2
	2	**0,2**	**0,2**	1,2	1,2	2,2	2,2

Soit A l'événement « obtenir un nombre strictement inférieur à 1 ».

$P(A) = \frac{12}{36} = \frac{1}{3} \left(\frac{12 \text{ cas favorables}}{36 \text{ cas possibles}} \right)$

d. Les nombres entiers sont 0, 1 et 2.

P(obtenir un nombre entier) = P(0 ou 1 ou 2) = P(0) + P(1) + P(2) $= \frac{1}{9} + \frac{1}{9} + \frac{1}{9} = \frac{1}{3}$

Autre méthode :

		1er lancer correspondant au chiffre des unités du nombre					
		0	0	1	1	2	2
2nd lancer correspondant au chiffre des dixièmes du nombre	0	**0,0**	**0,0**	**1,0**	**1,0**	**2,0**	**2,0**
	0	**0,0**	**0,0**	**1,0**	**1,0**	**2,0**	**2,0**
	1	0,1	0,1	1,1	1,1	2,1	2,1
	1	0,1	0,1	1,1	1,1	2,1	2,1
	2	0,2	0,2	1,2	1,2	2,2	2,2
	2	0,2	0,2	1,2	1,2	2,2	2,2

P(obtenir un nombre entier) $= \frac{12}{36} = \frac{1}{3} \left(\frac{12 \text{ cas favorables}}{36 \text{ cas possibles}} \right)$

e. Les nombres entiers sont également des nombres décimaux ; quels que soient les lancers de dés, on obtiendra toujours un nombre décimal, donc l'événement « obtenir un nombre décimal » est un événement certain, sa probabilité est égale à 1.
P(obtenir un nombre décimal) = 1.

2. a. La zone Z_2 est constituée de 12 carrés ; le tapis est constitué de 36 carrés.

P(tomber dans la zone Z_2) $= \frac{12}{36} = \frac{1}{3}$.

b. La zone dans laquelle tombe le dé et la valeur du dé sont indépendants, donc : P(tomber dans la zone Z_2 et obtenir 1) = P(tomber dans la zone Z_2) × P(obtenir 1)

$$= \frac{1}{3} \times \frac{1}{3}$$

$$= \frac{1}{9}$$

c. Étant donné que les faces du dé sont 0, 1 et 2, les événements « obtenir 1 » et « obtenir un nombre pair » sont complémentaires (les nombres pairs sont 0 et 2), donc :

P(obtenir un nombre pair) 1 – *P*(obtenir 1) = $1 - \frac{1}{3} = \frac{2}{3}$.

On appelle B l'événement « tomber dans la zone Z_2 et obtenir un nombre pair ».
P(B) = P(tomber dans la zone Z_2) × P(obtenir un nombre pair)

$P(B) = \frac{1}{3} \times \frac{2}{3} = \frac{2}{9}$

La probabilité de tomber dans la zone 2 et d'obtenir un nombre pair est égale à $\frac{2}{9}$.

◆ Exercice 3

1.

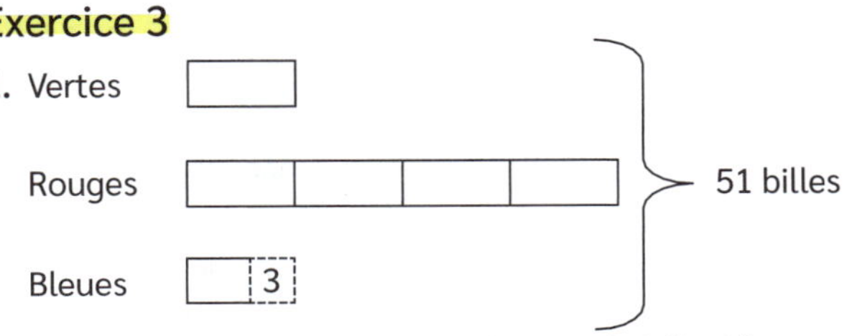

Comme il y a trois billes vertes de plus que de billes bleues, cela signifie qu'il y a 3 billes bleues de moins que de billes vertes.
Dans le dessin des billes bleues, Il faut donc retirer 3 billes au rectangle schématisant le nombre de billes vertes, pour obtenir le nombre de billes bleues (au lieu de les ajouter comme l'a fait Samira).

2. a. Nombre de billes vertes : v
Nombre de billes rouges : $4v$
Nombre de billes bleues : $v - 3$

b. Le nombre total de billes est égal à 51, donc on a :

$v + 4v + v - 3 = 51$
$6v - 3 = 51$
$6v = 51 + 3$
$6v = 54$
$v = \frac{54}{6} = 9$

Il y a donc 9 billes vertes, 36 billes rouges (4 × 9) et 6 billes bleues (9 – 3).

◆ Exercice 4

1. On doit faire deux fois : Avancer de 5 cm, tourner de 45° dans le sens trigonométrique direct, avancer de 5 cm, puis tourner de 135° :
En supposant que l'on soit orienté à 90°, c'est-à-dire horizontalement vers la droite.

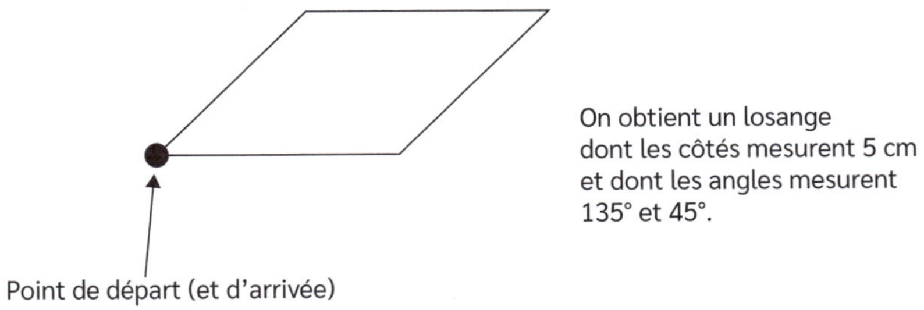

Étapes de la construction :

Étape initiale :

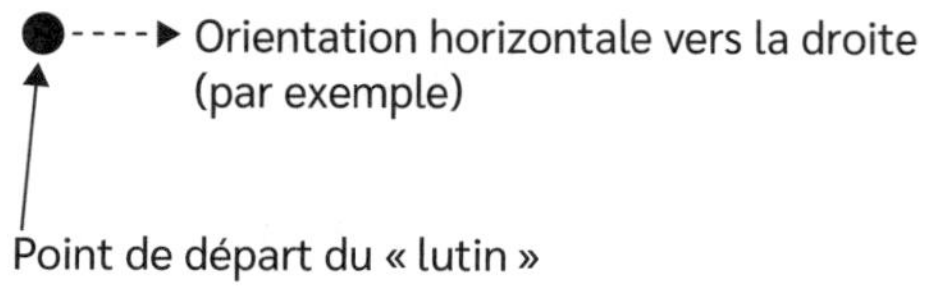

Étape 1 :

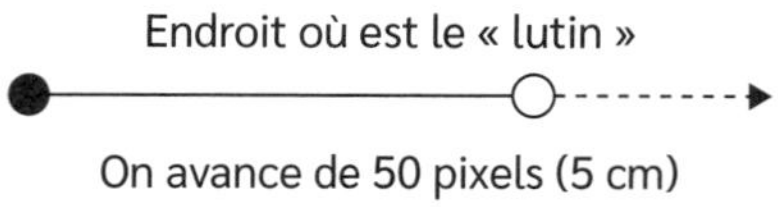

Étape 2 :

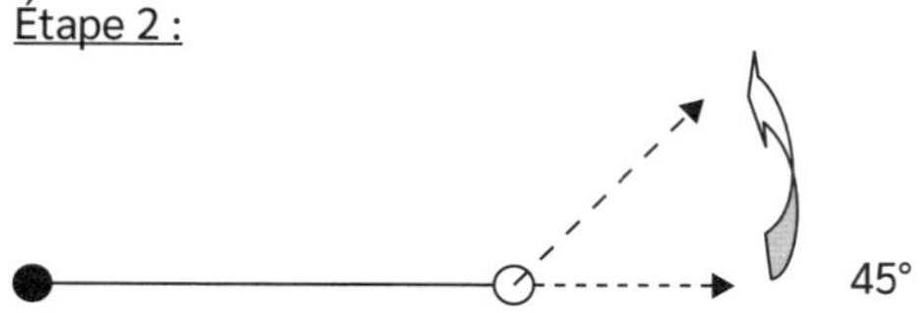

On tourne de 45° dans le sens trigonométrique direct

Étape 3 :

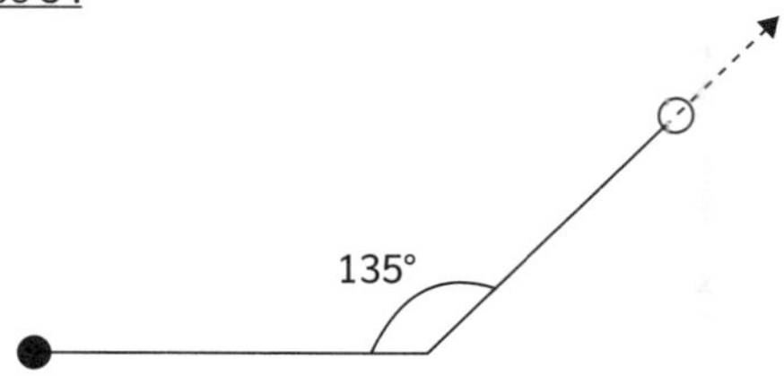

On avance de 50 pixels (5 cm)

Étape 4 :

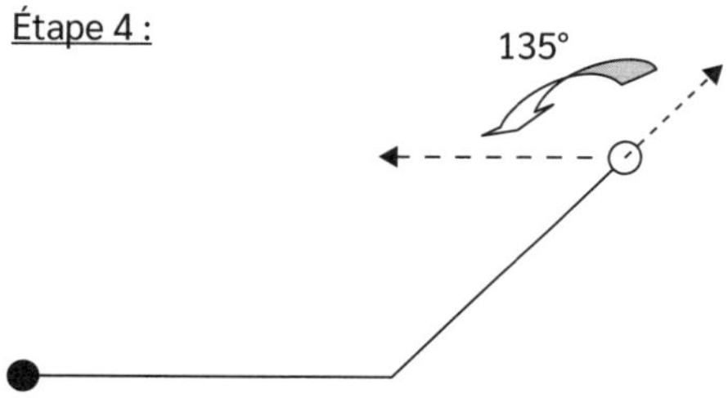

On tourne de 135° dans le sens trigonométrique direct

On se retrouve orienté dans le sens opposé de la position initiale (on a tourné de 180° en tout : 45° + 135°)
Ensuite on recommence ces 4 étapes pour former l'autre partie du losange.

2. La figure obtenue est un losange dont les côtés mesurent 50 pixels de long et dont les angles mesurent 135° et 45°, en effet :
– Montrons que la figure tracée est bien un polygone :
Pour passer du 1er segment tracé au 3e segment tracé, le « lutin » a tourné de 180° (45° + 135°), donc ces deux segments ont des supports parallèles. On se dirige donc dans une direction en parcourant 5 cm, puis on se dirige dans la direction opposée en parcourant 5 cm.
Pour passer du 2e segment tracé au 4e segment tracé, le « lutin » a également tourné de 180° (45° + 135°), donc ces deux segments ont des supports parallèles. On se dirige donc dans une direction en parcourant 5 cm, puis on se dirige dans la direction opposée en parcourant 5 cm.
De ce fait on revient au point de départ, la ligne brisée représentée est fermée, cela signifie que l'on obtient un polygone.
– Montrons que le polygone est un losange :
Ce polygone ayant 4 côtés égaux, c'est donc un losange (dont les côtés mesurent 50 pixels de long) et dont les angles mesurent 45° et 135°.
Remarque : On pourrait avoir un tracé qui ne serait pas un polygone tout en ayant des segments dont les supports sont parallèles si les longueurs des segments non consécutifs n'étaient pas égales deux à deux.

Par exemple :

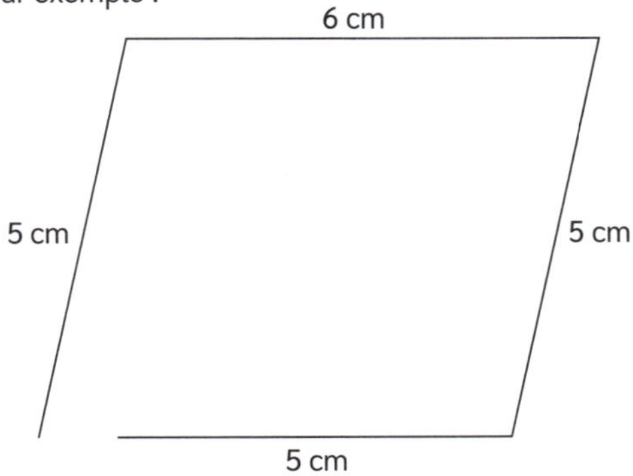

C'est pourquoi, nous avons montré dans un premier temps que le tracé obtenu est bien un polygone.

3. a. Les différents losanges tracés ont un sommet commun et des angles à ce sommet égaux à 45° ; à la fin du tracé d'un losange, le « lutin » est revenu en position de départ, pour que le losange suivant ait son 1er côté tracé en partie en commun avec le dernier côté du losange précédent, il faut que le lutin tourne de 45° (dans le sens trigonométrique direct), donc A = 45°.
Étant donné qu'il y a 4 losanges tracés, il faut que la boucle du programme 2 s'exécute 4 fois, donc N = 4.
b. Avant d'entrer dans la boucle du programme, la variable C a pour valeur 30 ; à chaque fois que la boucle s'exécute, la variable C augmente de 30 et ceci 4 fois de suite, donc la variable C vaut 30 + 4 × 30 = 150 une fois le programme exécuté.
Pour obtenir cette figure, il ne faut plus que les losanges s'agrandissent au fur et à mesure des tracés, donc il faut supprimer l'instruction « ajouter à C 30 ».
Entre 2 côtés qui se correspondent des losanges de la figure, il y a un angle de 90°, donc il faut tourner de 90° (dans le sens trigonométrique direct) pour passer d'un losange à un autre. Il faut donc modifier l'instruction « tourner de ↺ 45 degrés » et la remplacer par « tourner de ↺ 90 degrés ».

◆ Exercice 5

1. a. Volume V_1 de la demi-sphère de rayon 30 cm :

$V_1 = \frac{1}{2} \times \frac{4}{3} \times \pi \times 30^3 \text{ cm}^3 = 18\,000\pi \text{ cm}^3$

Volume V_2 du cône de 90 cm de hauteur et dont la base est un disque de rayon 30 cm :

$V_2 = \frac{1}{3} \times \pi \times 30^2 \times 90 \text{ cm}^3 = 27\,000\pi \text{ cm}^3$

Volume V du ballon sonde au niveau de la mer :

$V = V_1 + V_2 = 18\,000\pi \text{ cm}^3 + 27\,000\pi \text{ cm}^3 = 45\,000\pi \text{ cm}^3$

b. $1 \text{ L} = 1 \text{ dm}^3 = 1\,000 \text{ cm}^3$ donc $V = 45\,000\pi \text{ cm}^3 = 45\pi \text{ L} \approx 141{,}3 \text{ L}$
Le volume du ballon sonde est environ égal à 141 L (arrondi à l'entier).
2. Le triangle SON est rectangle en O, d'après le théorème de Pythagore, on a : $SN^2 = SO^2 + ON^2$
$SN^2 = (90 \text{ cm})^2 + (30 \text{ cm})^2$
$SN^2 = 8\,100 \text{ cm}^2 + 900 \text{ cm}^2$
$SN^2 = 9\,000 \text{ cm}^2$ $SN = \sqrt{9\,000}$ cm.
3. L'aire A de l'enveloppe du ballon sonde est composé de l'aire de la demi-sphère plus l'aire de la surface latérale du cône de révolution :

$A = \frac{1}{2} \times 4 \times \pi \times 30^2 + \pi \times 30 \times \sqrt{9\,000} \text{ cm}^2$

$A = 1\,800\pi + 30\sqrt{9\,000} \text{ cm}^2$

$A \approx 14\,596 \text{ cm}^2$

$A \approx 1{,}45 \text{ m}^2$

L'aire totale de l'enveloppe du ballon sonde, au niveau de la mer, est environ égale à 1,5 m² au dixième près.

4. a. Les longueurs initiales augmentent de 25 %, elles sont donc multipliées par 1,25 en effet : $100\ \% + 25\ \% = 125\ \% = \frac{125}{100} = 1{,}25$.

b. Si les longueurs sont multipliées par 1,25 alors les aires sont multipliées par $1{,}25^2$, c'est-à-dire par 1,5625. L'enveloppe totale du ballon a une aire égale à :

$(1\,800\pi + 30\sqrt{9\,000\,\pi}) \times 1{,}5625\ \text{cm}^2 \approx 22\,806\ \text{cm}^2 \approx 2{,}28\ \text{m}^2$

L'aire de l'enveloppe du ballon est environ égale à 2,3 m² (arrondie au dixième près) à 4 500 m d'altitude.

Autre méthode : On peut calculer les nouvelles dimensions du ballon sonde et ainsi recalculer l'aire de son enveloppe comme à la question 3.

c. Si les longueurs d'un solide sont multipliées par 1,25 alors son volume est multiplié par $1{,}25^3$ donc le volume du ballon sonde à 4 500 m d'altitude est égal à : $1{,}25^3 \times 45 \times \pi\ \text{L} \approx 276{,}1\ \text{L}$

Son volume est environ égal à 276 L (arrondi au litre près).

5. Vérifions si la fonction affine qui est proposée permet de vérifier les données du problème :

La fonction affine t que l'on cherche est de la forme $t(x) = ax + b$ et l'on détermine a et b en utilisant $t(0) = 15$ et $t(4\,500) = -12$.

$t(0) = a \times 0 + b = 15$ donc $b = 15$.

$t(4\,500) = a \times 4\,500 + 15 = -12$ donc :

$4\,500\,a = -12 - 15$

$a = \frac{-27}{4\,500} = -0{,}006$

On a donc bien $t(x) = -0{,}006x + 15$.

Autre méthode :

Méthode certainement moins appréciée des correcteurs, mais qui reste valable du fait que la fonction t est fournie dans l'énoncé consiste à vérifier uniquement que :

$t(0) = 15$ et $t(4\,500) = -12$.

$t(0) = -0{,}006 \times 0 + 15 = 15$ à 0 m d'altitude, il fait bien 15 °C.

$t(4\,500) = -0{,}006 \times 4\,500 + 15 = -27 + 15 = -12$ à 4 500 m d'altitude, il fait bien –12 °C.

Cette fonction affine t proposée dans l'énoncé correspond bien à la fonction affine qui modélise le problème.

6. On cherche à déterminer x tel que $t(x) < 0$ c'est-à-dire tel que :

$$-0{,}006x + 15 < 0$$
$$-0{,}006\,x < -15$$
$$x > \frac{-15}{0{,}006}$$
$$x > 2\,500$$

Les températures deviennent négatives au-dessus de 2 500 m d'altitude.

7. À 0 m d'altitude, il fait 15 °C, si la température baisse de 30 °C, il fait –15°, ce qui correspond à une altitude de 5 000 m d'après le tableur.

Réussir mon CRPE

FRANÇAIS

Introduction

A - PRÉSENTATION DE L'ÉPREUVE DE FRANÇAIS

La nouvelle épreuve de français du concours de recrutement de professeurs des écoles (CRPE) dure 3 heures et elle est notée sur 20 points ; ses modalités sont précisées en annexes de l'arrêté du 25 janvier 2021[1] :
« L'épreuve prend appui sur un texte (extrait de roman, nouvelle, de littérature d'idées, d'essai, etc.) d'environ 400 mots. Elle comporte trois parties :

- une partie consacrée à l'étude de la langue, permettant de vérifier les connaissances syntaxiques, grammaticales et orthographiques du candidat ;
- une partie consacrée au lexique et à la compréhension lexicale ;
- une partie consacrée à la réflexion suscitée par le texte à partir d'une question posée sur celui-ci et dont la réponse prend la forme d'un développement présentant un raisonnement rédigé et structuré ».

Le programme de l'épreuve est constitué du programme en vigueur de français du cycle 4, comme pour les concours précédents[2], et de la partie « L'étude de la langue au lycée » des programmes de français de seconde générale et technologique et de première des voies générale et technologique[3]. Une actualisation des informations liées à cette nouvelle épreuve de français sera effectuée sur Lea.fr. Vous pourrez y retrouver les corrigés des sujets 0.
La grammaire de référence pour le CRPE est la *Grammaire du français*[4] publiée en 2021 par le ministère de l'Éducation nationale. Son but est de proposer une base terminologique de référence pour les professeurs des 1er et 2nd degrés.

B - MÉTHODOLOGIE PAS À PAS

1. PREMIÈRE PARTIE : ÉTUDE DE LA LANGUE

a) Les compétences requises

Pour réussir cette partie de l'épreuve, vous devez :

- maitriser les savoirs grammaticaux et orthographiques ;
- être capable de repérer dans le texte ou les phrases supports les éléments pertinents ;
- être capable de répondre rapidement à une question, de manière rigoureuse, claire et organisée.

1. JORF n°0025 du 29 janvier 2021.
2. https://eduscol.education.fr/90/j-enseigne-au-cycle-4
3. BOEN spécial n° 1 du 22 janvier 2019.
4. https://cache.media.eduscol.education.fr/file/Programmes/52/6/Livre_Terminologie_grammaticale_web_1308526.pdf

CONSEIL MÉTHODO

Vous disposez de 45 à 60 minutes pour répondre aux questions de langue ; vous devez donc être rapide et efficace. Soyez méthodique dans votre recherche, clair, simple et structuré dans vos réponses.

Pour vous aider, vous disposez de trois outils dans cet ouvrage :

- les rappels des savoirs grammaticaux, orthographiques ;
- les évaluations et entrainements pour chaque notion grammaticale, orthographique et syntaxique ;
- les exercices complémentaires sur Lea.fr.

b) La méthodologie

Il faut d'abord lire attentivement le libellé du sujet, pour en circonscrire précisément le champ : grammaire de phrase, de texte ou de discours ; syntaxe ; nature et fonctions grammaticales ; morphologie, conjugaison ; orthographe, phonologie ; analyse de la phrase ; ponctuation... Une fois la notion repérée, vous pouvez noter au brouillon les principaux savoirs liés à la notion interrogée afin de ne pas oublier d'occurrences lors de votre relevé. Par exemple, si la question porte sur les compléments de verbe, vous notez au brouillon la liste de tous les compléments de verbe : COD, COI, attributs, compléments d'agent. Cette liste guidera efficacement votre relevé.
Au brouillon, vous pouvez ensuite commencer l'analyse demandée. N'hésitez pas à vérifier une seconde fois votre relevé afin d'être exhaustif.
Enfin, rédigez votre réponse directement au propre pour ne pas perdre de temps : privilégiez les réponses organisées sous forme de plans ou de tableaux.

2. DEUXIÈME PARTIE : LEXIQUE ET COMPRÉHENSION LEXICALE

a) Les compétences requises

Pour réussir cette partie de l'épreuve, vous devez :

- maitriser les savoirs lexicaux (morphologie et sémantique) ;
- être capable de dégager un effet de sens d'un emploi lexical ;
- être capable de répondre rapidement à une question, de manière rigoureuse, claire et organisée.

Pour vous aider, vous disposez de trois outils dans cet ouvrage :

- les rappels des savoirs lexicaux (morphologie et sémantique) ;
- les évaluations et entrainements pour chaque notion lexicale ;
- les exercices complémentaires sur Lea.fr.

CONSEIL MÉTHODO

Vous disposez de 20 à 30 minutes pour répondre aux questions de cette deuxième partie ; vous devez être précis dans vos réponses et vous appuyer sur votre compréhension du texte.

b) La méthodologie

Cette partie mêle des questions de morphologie lexicale et de sémantique lexicale. Il est donc recommandé d'avoir bien compris le texte pour y répondre. Il conviendra à nouveau de bien lire la consigne afin de déterminer quel champ du lexique est concerné. Comme dans la partie précédente, les réponses devront être claires et précises. Si l'on vous demande, par exemple, de définir un mot en contexte, il convient de donner une définition précise de ce mot, mais également de prendre en compte son emploi en contexte et la portée générale du texte afin d'expliquer pourquoi l'auteur a choisi ce terme en particulier.

3. TROISIÈME PARTIE : RÉFLEXION ET DÉVELOPPEMENT

a) Les compétences et connaissances requises

Cette nouvelle épreuve fait appel à de nombreuses connaissances et compétences. Vous devrez être capable de :

- lire finement un texte : en comprendre les enjeux ;
- reformuler fidèlement la pensée d'un auteur ;
- réfléchir sur un sujet donné, dégager une problématique, construire et développer une argumentation ;
- convoquer vos connaissances et votre culture personnelle et les utiliser dans une argumentation ;
- écrire un texte cohérent comprenant des articulations logiques montrant la progression du raisonnement ;
- écrire un texte respectant les normes suivantes : correction syntaxique et morphologique, précision lexicale, clarté de l'expression ;
- connaitre l'histoire littéraire, la théorie de la littérature et l'histoire des idées (avoir des repères et maitriser des exemples précis).

CONSEIL MÉTHODO

Vous disposez de 1h30 à 1h40 pour cette partie de l'épreuve en fonction du temps consacré aux deux premières parties.

Pour vous aider, vous disposez de trois outils dans cet ouvrage :

- un rappel des savoirs sur les types d'écrits, de textes et sur les genres littéraires (*cf.* Partie 7 : Analyser un texte, § A à E) ;
- une méthodologie pour analyser les procédés d'écriture dans un texte (*cf.* Partie 7 : Analyser un texte, § F - Les procédés d'écriture) ;
- un exemple rédigé de réflexion et développement.

b) La méthodologie

Nous vous proposons une méthodologie pas à pas en 7 étapes, destinée à optimiser votre temps et votre efficacité face à l'épreuve de réponse construite et rédigée à une question portant sur un texte.

5/10 min

Étape 1 : analyse du sujet

Il convient de définir les termes du sujet, d'analyser le type de question posée : une alternative, une question ouverte...

5 min

Étape 2 : identification de la source, de la date, du genre et du type de texte

Identifier la nature du texte vous permettra de mieux le comprendre et d'ajuster votre manière de le restituer.

15 min

Étape 3 : lecture détaillée et analyse des idées essentielles du texte

Cette étape comprend plusieurs phases distinctes : vous pouvez commencer par faire une première lecture du texte en diagonale, en vous focalisant sur la structure générale du texte (repérer les paragraphes, les connecteurs, les exemples...). Ensuite, faites une deuxième lecture plus approfondie, en reformulant les idées du texte : il s'agit ici de comprendre à la fois le détail des idées et la logique du texte. Pour ce faire, essayez de dégager la nature des idées : un constat, une définition, un exemple, une critique, une proposition de solution. S'il s'agit d'un texte littéraire, vous devrez vous appuyer sur la forme pour extraire les idées essentielles (*cf.* Partie 7 : Analyser un texte, § 3. Analyse d'un texte littéraire).

10 min

Étape 4 : convocation et précision des connaissances liées aux idées essentielles

Commencez par convoquer toutes les connaissances que vous pouvez avoir sur le sujet en balayant les différents domaines culturels : littérature, cinéma, théâtre, expositions, presse, faits de société, résultats de la recherche. Puis précisez cette connaissance par rapport au sujet.
Les étapes 3 et 4 peuvent être réalisées en même temps.

10 min

Étape 5 : élaboration d'un plan détaillé

Dans votre tableau associant les idées du texte et vos connaissances personnelles, soulignez en couleur les idées qui se recoupent en faisant apparaitre deux ou trois idées principales. Établissez alors un plan précis et structuré. Plus votre plan sera détaillé, plus vous gagnerez du temps lors de la phase de rédaction. Il est également conseillé de rédiger les transitions entre les différentes parties afin de s'assurer de la logique du plan.

35/45 min

Étape 6 : rédaction

Il ne reste plus qu'à rédiger votre développement en prêtant une attention minutieuse à la syntaxe (construction de vos phrases et utilisation de connecteurs logiques montrant la logique de votre raisonnement), au lexique utilisé (précision et variété), à l'orthographe.
Vous veillerez à bien faire apparaitre :

- une courte introduction qui comprend la présentation du texte, la problématique liée au sujet et l'annonce du plan ;
- un développement structuré comprenant deux ou trois parties. Chaque partie contiendra au moins deux paragraphes marqués par un retour à la ligne et un alinéa ;
- une transition entre chacune de vos parties comprenant le bilan de la partie précédente et l'amorce de la partie suivante ;
- une conclusion comprenant la réponse claire à la question posée dans le sujet et une ouverture.

5 min

Étape 7 : relecture

Pensez à vérifier les accents, la ponctuation de vos phrases, les accords dans le groupe nominal et dans le groupe verbal.

C - EXEMPLE : UN SUJET INÉDIT

Afin que vous puissiez comprendre en quoi consiste cette nouvelle épreuve, nous vous proposons un sujet inédit ainsi qu'un corrigé détaillé. Nous vous conseillons d'essayer de faire le sujet dans un premier temps (en suivant les 7 étapes ci-dessus pour la troisième partie) et de vous auto-corriger dans un second temps.

A - SUJET

En apparence j'ai lu n'importe comment, n'importe quoi. En fait, non. En fait, j'ai toujours lu des livres dont on m'avait dit qu'il fallait les lire, des gens, des amis, ou des lecteurs en qui je croyais. J'étais dans un milieu qui jamais ne s'en référait aux critiques littéraires pour savoir ce qu'il fallait lire. Lorsqu'il m'arrivait de lire après coup des critiques de livres que j'avais lus, je ne reconnaissais pas ma lecture. La fonction critique, surtout écrite, journalistique, tue le livre dont elle rend compte. Pour que le livre ne la gêne pas pendant qu'elle opère, la critique immobilise le livre, elle l'endort, le sépare d'elle et elle le tue sans le savoir et il reste tué à la lecture de son histoire. Toutes les critiques littéraires sont mortelles parce qu'il n'y a pas de lecture forcée. Ou on en reste alors dans les couloirs de la littérature. Mais le livre reste mort. Les gens qui, enfants, ont été forcés de lire, savent ce qu'il en est de cette dénaturation de la lecture. Celle-ci peut durer la vie entière. C'est terrible à penser : la vie entière, le livre interdit, inapprochable, tel un objet effrayant.
Il y a des gens qui ne lisent que des critiques littéraires, qui ne lisent jamais les livres dont il est question dans ces critiques. Ils croient avoir lu le livre. Ils en parlent. Ils restent contents d'eux-mêmes. Que faire pour ces gens-là ? Je crois qu'il faut les laisser continuer, non ?
Il ne faut pas intervenir, il ne faut pas se mêler des problèmes que chacun a avec sa lecture. Il ne faut pas souffrir pour les enfants qui ne lisent pas, perdre patience. Il s'agit de la découverte du continent de la lecture. Personne ne doit encourager ni inciter personne à aller voir ce qu'il en est. Il y a déjà beaucoup trop d'informations dans le monde de la culture. On doit partir seul vers le continent. Découvrir seul. Opérer cette naissance seul. Par exemple, de Baudelaire, on doit être le premier à découvrir la splendeur. Et on est le premier. Et si on n'est pas le premier, on ne sera jamais un lecteur de Baudelaire. Tous les chefs-d'œuvre du monde devraient être trouvés par les enfants dans des décharges publiques et être lus en cachette à l'insu des parents et des maîtres. Quelquefois de voir quelqu'un lire dans le métro avec une grande attention peut provoquer l'achat du livre. Mais pas pour les romans populaires. Là, personne ne se trompe sur la nature du livre. Les deux genres ne sont jamais ensemble dans les mêmes vitrines, dans les mêmes maisons, dans les mêmes mains. Les romans populaires se tirent à des millions d'exemplaires. Avec la même grille posée en principe depuis une cinquantaine d'années les romans populaires remplissent leur fonction de mise en identification sentimentale et érotique. Après les avoir lus, les gens les abandonnent sur les bancs publics, dans le métro, et ils sont ramassés par d'autres gens encore et encore lus. Est-ce lire, cela ? Oui, je pense que oui, c'est lire sa dose, mais c'est lire, c'est aller chercher de la lecture au-dehors de soi et la manger et la faire sienne et dormir et tomber dans le sommeil pour ensuite le lendemain aller travailler, rejoindre les milliers d'autres, la solitude matriculaire, l'écrasement.

Marguerite Duras, *Le Monde extérieur*, © Éditions P.O.L., 1993.

I. Étude de la langue

1. Indiquez la nature et la fonction des mots ou groupes de mots soulignés dans les extraits suivants :
a) « pour que le livre ne la gêne pas »
b) « La fonction critique [...] tue le livre dont elle rend compte »
c) « on ne sera jamais un lecteur de Baudelaire »
d) « Là, personne ne se trompe sur la nature du livre »
e) « les romans populaires remplissent leur fonction de mise en identification sentimentale et érotique »
f) « Mais le livre reste mort. »

2. Justifiez l'orthographe des mots soulignés dans les extraits suivants :
a) « Lorsqu'il m'arrivait de lire après coup des critiques de livres que j'avais lus »
b) « Il y a des gens qui ne lisent que des critiques littéraires »
c) « toutes les critiques littéraires sont mortelles »
d) « Mais pas pour les romans populaires »

3. Analysez les propositions de la phrase suivante : « Lorsqu'il m'arrivait de lire après coup des critiques de livres que j'avais lus, je ne reconnaissais pas ma lecture. »

4. Relevez les expansions du nom du passage suivant :
a) Précisez leur nature et leur fonction
b) Proposez deux autres expansions de nature différente pour le nom « livres ».

« J'étais dans un milieu qui jamais ne s'en référait aux critiques littéraires pour savoir ce qu'il fallait lire. Lorsqu'il m'arrivait de lire après coup des critiques de livres que j'avais lus, je ne reconnaissais pas ma lecture. »

5. Précisez le mode du verbe souligné dans la phrase suivante et justifiez son emploi : « Pour que le livre ne la gêne pas pendant qu'elle opère, la critique immobilise le livre [...] »

6. Commentez la structure de la phrase suivante : « Est-ce lire, cela ? »

II. Lexique et compréhension lexicale

1. Faites l'analyse morphologique du mot « inapprochable ».

2. Précisez le sens du mot « dénaturation » en contexte.

3. Expliquez l'expression « solitude matriculaire ».

4. Comment le lexique employé concourt-il à la dénonciation de la critique littéraire dans le premier paragraphe du texte ?

III. Réflexion et développement

Pour favoriser l'envie de lire, faut-il intervenir ou laisser une totale autonomie au lecteur ? Vous présenterez votre réponse de façon structurée et argumentée en vous appuyant sur le texte de Marguerite Duras ainsi que sur l'ensemble de vos connaissances personnelles et de vos lectures.

B - CORRIGÉ

I. Étude de la langue

1.

OCCURRENCES	NATURE	FONCTION
a) « la »	Pronom personnel	COD de « gêne »
b) « dont »	Pronom relatif	COI de « rend compte »
c) « de Baudelaire »	Groupe nominal prépositionnel	Complément du nom « lecteur »
d) « personne »	Pronom indéfini	Sujet de « ne se trompe »
e) « leur fonction de mise en identification sentimentale et érotique »	Groupe nominal	COD de « remplissent »
f) « mort »	Participe passé en emploi adjectival	Attribut du sujet « le livre »

2. a) « lus » : participe passé au masculin pluriel. Conjugué avec l'auxiliaire *avoir*, le participe passé s'accorde avec le COD si celui-ci est placé avant le verbe. « lus » s'accorde donc ici avec le COD « livres », nom au masculin pluriel.
b) « lisent » : verbe conjugué à la 3e personne du pluriel du présent de l'indicatif. Le verbe s'accorde en nombre avec le sujet du verbe, ici le pronom relatif « qui » ayant pour antécédent « les gens », groupe nominal pluriel.
c) « mortelles » : adjectif au féminin pluriel. L'adjectif en fonction d'attribut s'accorde en genre et en nombre avec le sujet, ici le groupe nominal féminin pluriel « toutes les critiques littéraires ».
d) « populaires » : adjectif au masculin pluriel. L'adjectif en fonction d'épithète s'accorde en genre et en nombre avec le nom auquel il se rapporte, ici le nom « romans » au masculin pluriel.

3. Cette phrase contient trois propositions :
- une proposition subordonnée conjonctive circonstancielle « Lorsqu'il m'arrivait de lire après coup des critiques de livres que j'avais lus », en fonction de complément circonstanciel de temps de la proposition principale ;
- une proposition principale : « je ne reconnaissais pas ma lecture » ;
- la proposition subordonnée circonstancielle contient elle-même une proposition subordonnée relative « que j'avais lus », en fonction d'épithète du nom « livres ».

4. a) « J'étais dans un milieu qui jamais ne s'en référait aux critiques littéraires pour savoir ce qu'il fallait lire. Lorsqu'il m'arrivait de lire après coup des critiques de livres que j'avais lus, je ne reconnaissais pas ma lecture. »

NATURE	OCCURRENCE	FONCTION
Proposition subordonnée relative	- « qui jamais ne s'en référait aux critiques littéraires pour savoir ce qu'il fallait lire » -« que j'avais lus »	Épithète de « milieu » Épithète de « livres »
Adjectif	« littéraires »	Épithète de « critiques »
Groupe prépositionnel nominal	« de livres »	Complément du nom « critiques »

b) Les deux autres expansions du nom que l'on peut ajouter au nom « livres » sont l'adjectif « vieux » et le groupe prépositionnel « de science-fiction » : « de vieux livres de science-fiction ».

5. Le mode du verbe « gêne » est le subjonctif. Il exprime la virtualité du procès du verbe dans une proposition subordonnée circonstancielle de but.

6. Cette phrase est interrogative avec une forme empathique : il y a un redoublement du pronom « ce » par le rejet en fin de phrase du pronom démonstratif « cela ». Cette structure vise à mettre en relief le pronom « cela » qui désigne une manière particulière de lire.

II. Lexique et compréhension lexicale

1. Le mot « inapprochable » est construit par dérivation. Au radical *approch-* sont adjoints le préfixe *in-*, qui signifie « le contraire de », et le suffixe *-able*, qui sert à former les adjectifs et qui signifie « qui peut être ».

2. « Dénaturation » signifie « l'action de modifier les qualités ou les caractéristiques d'un produit ou d'une chose jusqu'à les rendre impropre à la consommation ». Dans le texte, le mot signifie que la lecture perd son caractère personnel et enrichissant à cause de la critique littéraire qui ôte tout le plaisir et l'intérêt de la découverte d'un livre par soi-même et oriente sa compréhension.

3. L'expression « solitude matriculaire » signifie la solitude dans laquelle l'individu perd son identité et n'est plus qu'un numéro, qu'un matricule.

4. Le lexique employé concourt à la dénonciation de la critique littéraire de plusieurs façons :

- par le champ lexical de la mort : « tue », « tué », « mortelles », « mort » et de la mise à l'écart : « immobilise », « endort », « sépare », « inapprochable », « effrayant » ;
- par les figures de style :
  - la métaphore du meurtre : « La fonction critique, surtout écrite, journalistique, tue le livre dont elle rend compte » ;
  - la personnification : « Mais le livre reste mort » ;
- par la répétition du verbe « tuer » (3 fois dans le paragraphe).

Tous ces procédés montrent les effets néfastes de la critique littéraire sur le livre puisque celle-ci le prive de son essence et le dénature entièrement. Selon M. Duras, la critique littéraire éloignerait le lecteur du livre, en anéantissant le plaisir de la découverte.

III. Réflexion et développement

5/10 min Étape 1 : analyse du sujet

Pour favoriser la lecture, faut-il laisser une totale autonomie au lecteur ou faut-il intervenir ?

- Pour favoriser la lecture : l'envie de lire ; la découverte d'autres livres ; aller jusqu'au bout d'un livre.
- Totale autonomie du lecteur : liberté du choix des livres, des habitudes de lecture
- Intervenir : obliger, conseiller, accompagner.

Le sujet propose une alternative : deux attitudes opposées. Pour sortir de cette opposition, il conviendra de nuancer le type d'interventions possibles.

5 min Étape 2 : identification de la source, de la date, du genre et du type de texte

Le monde extérieur est un recueil posthume de textes (préfaces, lettres, article de journaux) écrits par M. Duras. Il a été publié en 1993. Il s'agit d'un texte argumentatif.

15 min Étape 3 : lecture détaillée et analyse des idées essentielles du texte

10 min Étape 4 : convocation et précision des connaissances liées aux idées essentielles

a) Repérer les connecteurs et les mots-clés.
b) Analyser les principales idées du texte et y associer vos connaissances personnelles dans un tableau.

Les connecteurs et mots-clés sont surlignés en couleur dans le texte ci-après.

En apparence j'ai lu n'importe comment, n'importe quoi. En fait, non. En fait, j'ai
1 toujours lu des livres dont on m'avait dit qu'il fallait les lire, des gens, des amis, ou
des lecteurs en qui je croyais. J'étais dans un milieu qui jamais ne s'en référait aux
3 critiques littéraires pour savoir ce qu'il fallait lire. Lorsqu'il m'arrivait de lire après 2
coup des critiques de livres que j'avais lus, je ne reconnaissais pas ma lecture. La
fonction critique, surtout écrite, journalistique, tue le livre dont elle rend compte.
Pour que le livre ne la gêne pas pendant qu'elle opère, la critique immobilise le livre,
elle l'endort, le sépare d'elle et elle le tue sans le savoir et il reste tué à la lecture
de son histoire. Toutes les critiques littéraires sont mortelles parce qu'il n'y a pas de 4
lecture forcée. Ou on en reste alors dans les couloirs de la littérature. Mais le livre
reste mort. Les gens qui, enfants, ont été forcés de lire, savent ce qu'il en est de
cette dénaturation de la lecture. Celle-ci peut durer la vie entière. C'est terrible à
penser : la vie entière, le livre interdit, inapprochable, tel un objet effrayant.
Il y a des gens qui ne lisent que des critiques littéraires, qui ne lisent jamais les livres
dont il est question dans ces critiques. Ils croient avoir lu le livre. Ils en parlent. Ils
5 restent contents d'eux-mêmes. Que faire pour ces gens-là ? Je crois qu'il faut les
laisser continuer, non ?
Il ne faut pas intervenir, il ne faut pas se mêler des problèmes que chacun a avec sa
lecture. Il ne faut pas souffrir pour les enfants qui ne lisent pas, perdre patience. Il
s'agit de la découverte du continent de la lecture. Personne ne doit encourager ni
inciter personne à aller voir ce qu'il en est. Il y a déjà beaucoup trop d'informations
dans le monde de la culture. On doit partir seul vers le continent. Découvrir seul.
Opérer cette naissance seul. Par exemple, de Baudelaire, on doit être le premier à 6
découvrir la splendeur. Et on est le premier. Et si on n'est pas le premier, on ne sera
jamais un lecteur de Baudelaire. Tous les chefs-d'œuvre du monde devraient être
trouvés par les enfants dans des décharges publiques et être lus en cachette à l'insu
des parents et des maîtres. Quelquefois de voir quelqu'un lire dans le métro avec
7 une grande attention peut provoquer l'achat du livre. Mais pas pour les romans
populaires. Là, personne ne se trompe sur la nature du livre. Les deux genres ne
sont jamais ensemble dans les mêmes vitrines, dans les mêmes maisons, dans les
mêmes mains. Les romans populaires se tirent à des millions d'exemplaires. Avec
la même grille posée en principe depuis une cinquantaine d'années les romans 8
populaires remplissent leur fonction de mise en identification sentimentale et
érotique. Après les avoir lus, les gens les abandonnent sur les bancs publics, dans
le métro, et ils sont ramassés par d'autres gens encore et encore lus. Est-ce lire,
cela ? Oui, je pense que oui, c'est lire sa dose, mais c'est lire, c'est aller chercher de
la lecture au-dehors de soi et la manger et la faire sienne et dormir et tomber dans
9 le sommeil pour ensuite le lendemain aller travailler, rejoindre les milliers d'autres,
la solitude matriculaire, l'écrasement.

Marguerite Duras, *Le monde extérieur*, © Éditions P.O.L., 1993.

b)

IDÉES DU TEXTE	REFORMULATION
1	L'autrice analyse le contenu de ses lectures (opposition entre « en apparence » et « en fait ») : l'injonction et les conseils sont à l'origine de ses lectures.
2	Dans sa famille, absence de recours à la critique littéraire.
3	Décalage entre la critique littéraire et sa propre lecture.
4	Propos général sur la critique littéraire : dénonciation de cette critique littéraire qui « tue » le livre en éloignant le lecteur d'une véritable expérience personnelle de la lecture.
5	L'autrice ironise sur les personnes qui ne lisent que des critiques littéraires.
6	Elle défend la thèse selon laquelle la lecture est une aventure personnelle dans laquelle on ne doit pas interférer. Elle prend l'exemple de la lecture de Baudelaire. Les enfants doivent choisir leurs lectures seuls et lire seuls. Elle écarte à la fois les parents et les maitres dans cette expérience de la lecture.
7	Voir quelqu'un pris dans une lecture peut susciter l'envie d'acheter un livre.
8	L'autrice aborde alors la particularité des romans populaires : un genre stéréotypé qui rencontre un réel succès et qui permet une réelle expérience de lecture.
9	L'autrice définit la lecture comme une expérience vitale au même titre que manger et dormir.

AJOUTS DE CONNAISSANCES PERSONNELLES
Rôle important des médiateurs dans la lecture (famille, enseignants, documentalistes, amis). *Cf.* Jean-Paul Sartre dans son autobiographie *Les Mots* raconte comment le contexte familial l'a amené à lire (notamment la bibliothèque de son grand-père + diversité des lectures grâce aux femmes de la famille). Importance du partage du gout pour la lecture.
Il est certain que rien ne remplace la découverte personnelle d'une œuvre pour une réelle appropriation de cette dernière. *Cf.* les expériences malheureuses de lecture forcée dans le milieu scolaire. *Cf.* importance de la participation active et de la liberté du lecteur qui définit l'acte de lecture. *Cf.* Jean-Paul Sartre *Qu'est-ce que la littérature ?* *Cf.* Christian Poslaniec *Donner le goût de lire.* Lien intime créé avec l'œuvre suscite l'envie de lire. Témoignage du plaisir de lire un livre que l'on a choisi. *Cf.* Nathalie Sarraute dans *Enfance* : bonheur et émotions vives à la lecture du roman *Rocambole* dénigré par son père. Toutefois : – discuter d'une œuvre permet d'enrichir sa lecture. *Cf.* débat en classe et les comités de lecture ; – certaines œuvres ardues nécessitent un accompagnement ; – conseiller les jeunes lecteurs peut les aider à découvrir leurs gouts et susciter l'envie de lire et à diversifier leurs lectures ; – rôle de l'adulte important pour faire comprendre à quoi sert la lecture (les élèves de CP qui ont compris l'utilité de la lecture apprennent plus vite à déchiffrer)/montrer l'exemple (lire en famille).
Cf. la littérature qui plait aux adolescents se voit très souvent dévalorisée dans le milieu littéraire. Par exemple les romans américains de science-fiction. *Hunger Games* de Suzanne Collins (2008). Nécessité de désacraliser l'acte de lire. *Cf.* Daniel Pennac « Les droits du lecteur » dans *Comme un roman.*

Étape 5 : élaboration d'un plan détaillé en rassemblant les idées du tableau

10 min

Une fois le tableau renseigné, vous devez rassembler les différentes idées pour construire les parties de votre réflexion-développement (elles sont surlignées en deux couleurs différentes dans le tableau ci-avant).

I. La lecture : une aventure nécessairement personnelle

A. Une expérience personnelle
- Éviter les mauvaises expériences/ne pas forcer la lecture
- Respecter la liberté du lecteur
- Lire : ressentir et interpréter

B. La liberté du lecteur
- Respecter le choix des lecteurs
- Désacraliser la lecture

Transition : La lecture passe nécessairement par une expérience personnelle. Toutefois, certains lecteurs pourraient être découragés par une lecture décevante ou trop ardue. Il semble donc nécessaire d'accompagner les lecteurs, mais de quelles façons ?

II. Utilité d'un accompagnement pour bien lire

A. Mettre en place des conditions favorables à la lecture
- Le rôle des médiateurs : conseiller et accompagner
- Discuter autour du livre

B. Faire comprendre le rôle de la lecture
- Montrer l'exemple
- Les apports de la lecture

Étape 6 : rédaction

35/45 min

Donner le gout de lire aux enfants est un défi permanent dans notre monde médiatisé. Dans cet extrait du *Monde extérieur*, publié en 1993, Marguerite Duras expose son point de vue sur la lecture : selon elle, il ne faut absolument pas intervenir dans l'acte de lecture, de quelque manière que ce soit. Ainsi, pour favoriser la lecture, faut-il intervenir ou laisser le lecteur autonome ? Si la lecture est avant tout une expérience personnelle, ne passe-t-elle pas par un nécessaire accompagnement ?

Marguerite Duras refuse toute intervention dans l'acte de lecture qu'elle définit comme une expérience personnelle.

Obliger les enfants ou les adolescents à lire ne peut qu'engendrer un rapport désastreux à la lecture. À l'instar de la critique littéraire qui « tue le livre » selon Marguerite Duras, les lectures obligatoires à l'école peuvent éloigner du plaisir de lire : chacun a à l'esprit des exemples d'enfants ayant été dégoutés de la lecture et de la littérature par des lectures imposées, tels les romans de Balzac en 4e. La lecture devient ainsi synonyme de contraintes et d'efforts alors qu'elle devrait rimer avec plaisir et intérêt. Dans *Enfance*, N. Sarraute décrit toute une palette d'émotions, et entre autres le bonheur ressenti à lire le roman *Rocambole*, pourtant dénigré par son père.

La lecture ne peut être en effet que personnelle : chaque lecteur aborde un livre avec sa propre culture, sa propre expérience : il vit des émotions uniques, parfois difficiles à partager. De même, chaque lecteur interprète une œuvre selon sa culture, son âge, ses préoccupations du moment. Comme le montre Sartre dans *Qu'est-ce que la littérature* ?, l'acte de lire repose sur la participation active du lecteur, elle-même dépendante des émotions ressenties à la lecture de l'œuvre. Dans son ouvrage *Donner le goût de lire*, C. Poslaniec affirme que c'est cette rencontre intime avec l'œuvre qui suscite l'envie de lire chez les enfants.

Afin de favoriser la lecture, il semble nécessaire de respecter la liberté du lecteur. Ce dernier doit pouvoir lire ce qu'il souhaite, comme les romans populaires mentionnés par M. Duras. On peut également citer les romans de science-fiction qui plaisent tant aux adolescents mais ne sont guère reconnus du milieu littéraire, tel *Hunger Games* de S. Collins. Il est ainsi important de désacraliser l'acte de lire, comme le suggère D. Pennac dans *Comme un roman*, où il rappelle les droits du lecteur : s'autoriser à ne pas terminer un livre, sauter des passages, lire n'importe quoi...

La lecture passe ainsi nécessairement par une expérience personnelle, libre et solitaire. Toutefois, certains lecteurs pourraient être découragés par une lecture décevante ou trop ardue. Sacraliser le livre et la lecture, comme le fait M. Duras, n'est-ce pas prendre le risque d'en faire une activité élitiste dont se détourneront certains enfants ? Il semble donc nécessaire d'accompagner les lecteurs, mais de quelles façons ?

Il s'agit en premier lieu de créer des conditions favorables à la lecture. À l'école, cela commence par la création d'un climat de confiance et un respect des choix de l'élève. Les médiateurs du livre (parents, enseignants, bibliothécaires) peuvent conseiller les enfants afin de susciter leur envie de lire, mais aussi afin d'orienter leurs lectures. Dans *Les mots*, Sartre raconte comment sa passion pour les livres est née de son milieu familial. Aux livres plus austères de la bibliothèque de son grand-père se sont ajoutés les romans pour enfants que lui donnaient en cachette sa mère et sa grand-mère. Le jeune Sartre n'aurait pu découvrir cette diversité seul. Selon la recherche en didactique de la littérature, il peut également être très intéressant de créer les conditions d'un dialogue autour des œuvres lues, que ce soit à travers les débats en classe, ou dans les nombreux comités et prix de lecture existants. La discussion et le partage viennent alors enrichir l'expérience personnelle de lecture. Le lecteur est amené à conscientiser les liens qu'il a tissés avec l'œuvre, sa compréhension et son interprétation. Les lecteurs doivent se sentir armés pour pouvoir ensuite partir seuls à « la découverte du continent de la lecture » évoqué par M. Duras.

Que ce soit à l'école avec la lecture des enseignants ou dans la sphère privée, il est important que l'enfant voie les adultes lire. De nombreuses études ont prouvé que « l'habitus lectural » des familles joue un grand rôle dans la représentation de la lecture chez les enfants. Pendant le confinement se sont développées de nouvelles manières de lire en famille, un temps étant consacré au partage d'un livre « familial », pouvant convenir à tous. Les adultes ont aussi pour rôle de montrer les différents apports de la lecture : passer un bon moment en oubliant la réalité, vivre de nouvelles expériences, se documenter, s'informer... Des études montrent que les élèves de CP qui ont compris cette utilité apprennent à lire plus vite que les autres.

La lecture véritable ne peut certes reposer que sur une expérience personnelle basée sur la liberté, l'émotion et la participation active du lecteur, mais l'acte de lire peut nécessiter un accompagnement. Pour favoriser la lecture, il semble donc nécessaire d'éviter toute attitude de contrainte afin d'encourager le plaisir de lire ; mais l'adulte se doit d'accompagner au mieux les enfants dans cette aventure complexe bien qu'enrichissante. Pour les enfants rétifs à l'acte de lire, les livres numériques peuvent être un support utile pour les amener à la lecture.

Étape 7 : relecture

Vérifiez bien les accents, la ponctuation de vos phrases, les accords dans le groupe nominal et dans le groupe verbal.

d) Conseils pour une préparation efficace

Afin de vous préparer au mieux aux trois parties de l'épreuve de français, vous veillerez tout au long de l'année à vous entrainer pour acquérir des automatismes pour les deux parties sur l'étude la langue (grammaire, orthographe, syntaxe, lexique).

Vous veillerez également à réactiver et/ou vous constituer une culture générale, littéraire et artistique. Pour ce faire, vous pouvez commencer par faire un état des lieux de vos connaissances en vous appuyant sur les différentes thématiques proposées dans les « Ressources d'accompagnement du programme de français : pour une culture littéraire et artistique au cycle 4 »1, qui proposent des pistes de lecture pour les thématiques suivantes :

- Regarder le monde, inventer des mondes (imaginer des univers nouveaux ; la fiction pour interroger le réel ; visions poétiques du monde) ;
- Agir sur le monde (héros/héroïnes, héroïsmes ; informer, s'informer, déformer ? ; agir dans la société : individu et pouvoir) ;
- Se chercher, se construire (le voyage et l'aventure, pourquoi aller vers l'inconnu ? ; dire l'amour ; se raconter, se représenter) ;
- Vivre en société, participer à la société (individu et société : confrontation de valeurs ? ; dénoncer les travers de la société ; avec autrui : famille, amis, réseaux ;
- L'être humain est-il maitre de la nature ?
- La ville, lieu de tous les possibles ;
- Progrès et rêves scientifiques.

CONSEIL MÉTHODO

Il ne s'agit pas de multiplier les lectures mais de bien maitriser quelques références : après avoir fait un état des lieux de vos connaissances, remettez-vous en mémoire les œuvres que vous avez déjà lues ou/et travaillées au collège et lycée. Vous pouvez également enrichir votre culture en lisant la presse, en allant à des expositions et des spectacles, en écoutant des podcasts.

1. https://eduscol.education.fr/2080/francais-cycle-4-pour-une-culture-litteraire-et-artistique

1

GRAMMAIRE DE PHRASE

Classes et fonctions

Classes de mots invariables

A - L'interjection
B - La conjonction
C - La préposition
D - L'adverbe
E - Les différents emplois et natures de « que »

Classes de mots variables

- **LE NOM ET L'ADJECTIF**
  A - Le nom
  B - L'adjectif
- **LES DÉTERMINANTS ET LES PRONOMS**
  A - Les déterminants
  B - Les pronoms

- **LE VERBE : LA CONJUGAISON ET LA MORPHOLOGIE VERBALE**
  A - Définition du verbe
  B - Les voix
  C - Les temps et les modes
  D - Les semi-auxiliaires
  E - La morphologie verbale

- **LE VERBE : VALEURS DES TEMPS ET DES MODES, EMPLOIS DE L'INFINITIF ET DU PARTICIPE PRÉSENT**
  A - La valeur des temps
  B - Les valeurs des modes
  C - Les emplois du participe et de l'infinitif

Les fonctions

- **LES FONCTIONS PAR RAPPORT AU NOM : LES EXPANSIONS DU NOM**
- **LES FONCTIONS PAR RAPPORT AU VERBE : SUJET ET COMPLÉMENT DE VERBE**
- **LES FONCTIONS PAR RAPPORT À LA PHRASE : LES COMPLÉMENTS CIRCONSTANCIELS**

La phrase

A - La phrase et ses constituants
B - Les types et les formes de phrases
C - Phrase simple, phrase complexe
D - Les propositions subordonnées
E - La ponctuation

Classes et fonctions

La classe ou nature grammaticale désigne une catégorie de mots. Les mots de même nature possèdent des propriétés communes. On distingue les classes de mots **invariables** (interjection, conjonction, préposition et adverbe) et les classes de mots **variables** (déterminant, nom, pronom, adjectif, verbe). Dans une phrase, un mot peut s'associer à d'autres mots : ils forment alors un groupe constitué autour d'un mot noyau qui donne sa nature à l'ensemble du groupe. Un groupe dont le noyau est un nom se nomme un **groupe nominal** (*Le chat dort tranquillement.),* celui dont le noyau est un verbe : un **groupe verbal** (*Le chat dort tranquillement*). Le mot noyau peut être accompagné de plusieurs mots de natures diverses (*Le chat noir de mon voisin*).
On trouvera ainsi :

- des groupes nominaux : *Le chat noir de mon voisin* (noyau : chat, qui est un nom);
- des groupes adjectivaux : *très fier* (noyau : fier, qui est un adjectif);
- des groupes pronominaux : *celui qui sait tout* (noyau : celui, qui est un pronom);
- des groupes adverbiaux : *très tôt* (noyau : tôt, qui est un adverbe);
- des groupes verbaux : *(ils) mangent une pomme* (noyau : mange, qui est un verbe conjugué);
- des groupes infinitifs : *manger une pomme* (noyau : manger, qui est un verbe à l'infinitif);
- des groupes participiaux : *mangeant une pomme* (noyau : mangeant, qui est un participe présent);
- des groupes prépositionnels : *à la maison* (introduit par la préposition « à »).

ATTENTION !

Le groupe prépositionnel fonctionne un peu différemment des autres groupes : il est introduit par une préposition qui lui donne son nom. On précisera ensuite la nature du noyau du groupe. *À la maison* : groupe prépositionnel nominal; *pour conclure* : groupe prépositionnel infinitif.

CONSEIL MÉTHODO

Pour trouver la nature d'un groupe, il faut déterminer son noyau, c'est-à-dire le mot qui est essentiel au groupe, celui qu'on ne peut pas supprimer. *Le chat noir de mon voisin* : **le noir de mon voisin*, donc *chat* est le noyau du groupe.

La fonction grammaticale désigne une relation entre des mots ou des groupes de mots, qui jouent chacun un rôle dans l'organisation de la phrase. Une même classe de mots peut donc avoir plusieurs fonctions différentes. Un adjectif peut être épithète ou attribut; un nom peut être attribut, sujet, complément d'objet... *Le chat mange* (sujet); *Je regarde le chat* (COD); *Félix est un chat* (attribut du sujet); *Félix, ce petit chat, est intrépide* (apposition).

Classes de mots invariables

JE M'ÉVALUE

1. Dans la phrase suivante : Les affaires de mon père sont soigneusement rangées.

« De » est :
a) un adverbe
b) une interjection
c) une préposition

« Soigneusement » est :
a) un adverbe
b) une conjonction
c) une préposition

2. Dans la phrase suivante, relever les mots de classe invariable et préciser leur nature : Ha ! J'ai cassé le vase en verre de ma grand-mère et, quand elle va rentrer, elle va vite le découvrir !

3. Elle souhaite que son frère l'accompagne au théâtre.
Dans cette phrase, « que » est :
a) un pronom
b) une conjonction de subordination
c) une conjonction de coordination

4. Les enfants que je garde sont sages.
Dans cette phrase, « que » est :
a) un pronom relatif
b) un élément de la négation
c) une conjonction de subordination

5. Il ne souhaite que son bonheur.
Dans cette phrase, « que » est :
a) un pronom interrogatif
b) une conjonction de coordination
c) un élément de la négation

Réponses

1. c) ; a). **2.** ha : interjection ; vite : adverbe ; et : conjonction de coordination ; quand : conjonction de subordination ; en et de : préposition. **3.** b). **4.** a). **5.** c).

JE RÉVISE

A - L'INTERJECTION

1. DÉFINITION

Il s'agit d'une marque du discours, invariable. L'interjection est un terme ou une locution qui matérialise la présence du locuteur dans l'énoncé (*cf.* Partie 3 : Grammaire de discours) : elle permet d'exprimer un sentiment ou une émotion.

Les interjections peuvent être de natures diverses : une onomatopée (<u>*Ouf*</u>, <u>*Chut*</u>); un cri (<u>*Ho*</u>); un nom (<u>*silence*</u>); un adverbe (<u>*bien*</u>); un verbe (<u>*allez*</u>); un pronom (<u>*quoi*</u>); un adjectif (<u>*parfait*</u>).

2. FONCTION

L'interjection ne joue aucun rôle syntaxique dans la phrase. Elle est parfois assimilée à un mot-phrase : <u>*Bravo*</u> !

B - LA CONJONCTION

La conjonction a pour rôle de conjoindre, c'est-à-dire de joindre entre eux deux éléments de la phrase. Elle n'a pas de fonction syntaxique dans la phrase. On distingue les conjonctions de coordination et les conjonctions de subordination.
Les conjonctions de coordination sont en nombre limité : *mais*, *ou*, *et*, *or*, *ni*, *car*. Les éléments susceptibles d'être reliés sont de natures variées : des noms (*une pomme* <u>*et*</u> *une poire*); des groupes nominaux (*des filles* <u>*ou*</u> *des garçons*); des adjectifs (*un bel* <u>*et*</u> *grand oiseau*); des propositions (*elle arrive tard* <u>*or*</u> *sa mère n'est pas là*); des verbes (*il mange* <u>*et*</u> *se tait*)… Généralement les deux éléments reliés par une conjonction de coordination sont de même nature grammaticale ou de même rang, c'est-à-dire qu'ils jouent un rôle semblable dans la phrase.

ATTENTION !

La *Grammaire du français* de l'Éducation nationale range « donc » dans la catégorie des adverbes et non des conjonctions de coordination.

Les conjonctions de subordination relient deux propositions entre lesquelles elles introduisent une relation de subordination : *parce que, quand, si, que, vu que, pendant que, quoique, puisque, si bien que*… Elles sont placées en tête de la proposition subordonnée (*cf.* Partie 1 : Grammaire de phrase, « La phrase », § D - Les propositions subordonnées).
Les enfants sont fatigués <u>*parce qu'ils*</u> *se sont couchés tard.* <u>*Quand*</u> *le jour sera levé, nous pourrons sortir.*

ATTENTION !

Il est important de bien connaitre les conjonctions de subordination afin de pouvoir plus facilement repérer les propositions subordonnées conjonctives circonstancielles. En voici une liste (non exhaustive) répertoriant les principales nuances logiques.

Le temps : *quand, lorsque, maintenant que, dès que, pendant que, en attendant que, avant que, après que, alors que, tandis que, depuis que, toutes les fois que, chaque fois que*, etc.

La cause : *comme, parce que, puisque, sous prétexte que, attendu que, vu que, étant donné que*, etc.

La conséquence : *tellement que, en sorte que, si bien que, de telle sorte que, si... que, tant... que*, etc.

L'hypothèse : *si, au cas où, à condition que, pourvu que, à moins que*, etc.

La comparaison : *comme, de même que, ainsi que*, etc.

Le but : *afin que, de façon que, pour que, de peur que, de crainte que*, etc.

La concession : *même si, bien que, quoique, alors que, au lieu que, tandis que, quand bien même, alors même que*, etc.

La condition : *si, à condition que, à supposer que*, etc.

C - LA PRÉPOSITION

1. DÉFINITION

La préposition est un mot invariable, appartenant à la catégorie des mots de relation : *à, dans, par, pour, en, vers, avec, de, sans, sur, sous, à côté de, chez, malgré*, etc. Elle établit une relation sémantique entre les termes reliés.
Le groupe prépositionnel est formé d'une préposition et d'un autre terme pouvant être de nature diverse : un nom propre (*le chat de Marie*) ; un groupe nominal (à *la maison*) ; un pronom (*content de lui*) ; un infinitif (*une machine à laver*).

2. FONCTIONS DU GROUPE PRÉPOSITIONNEL

Le groupe prépositionnel peut avoir différentes fonctions :

- complément d'objet indirect : *Elle parle à ses amis.*
- complément du nom : *Le jouet de sa fille.*
- complément de l'adjectif : *Il est fier de lui.*
- complément circonstanciel : *Dans trois jours il arrive à Paris.*
- attribut du sujet : *Il est en colère.*
- apposition : *Marie, de mauvaise humeur, est désagréable avec ses amis.*

D - L'ADVERBE

1. DÉFINITION

Il s'agit d'une catégorie grammaticale très hétérogène. L'adverbe est un mot invariable, facultatif, qui se caractérise par sa dépendance vis-à-vis d'un élément de la phrase (un adjectif : *un homme très heureux* ; un adverbe : *trop tard* ; un verbe : *il travaille correctement* ; *il ne veut pas venir* : un adverbe de négation, ou une phrase : *demain il part à Paris*).

ATTENTION !

Tous les adverbes sont invariables sauf l'adverbe « tout » quand il est placé devant un adjectif au féminin commençant par une consonne ou un h aspiré : *Elle est toute pâle* (*cf.* Partie 4 : Orthographe, « Homonymes / paronymes, adverbes en *-ment*, participe présent et adjectif verbal », § A - Les homonymes et les paronymes).

2. FONCTION ET EMPLOI

L'adverbe peut modifier un élément de la phrase dont il dépend : il est alors en fonction de complément de ce nom. *Il parle fort* (« fort » est ici en fonction de complément du verbe « parle »).

REMARQUE

Dans de nombreuses grammaires, les adverbes ne sont pas en fonction de complément mais sont dits modificateurs de l'élément dont ils dépendent.

L'adverbe peut porter sur l'ensemble de la phrase en donnant une indication de lieu, de temps... Il prend alors la fonction de complément circonstanciel : *Autrefois, il était aimable*. « Autrefois » est complément circonstanciel de la phrase « il était aimable ».
L'adverbe peut relier des propositions ou des phrases entre elles et prendre une valeur logique. Il est alors en emploi de connecteur : *Il ne peut plus s'acheter une maison. Effectivement les taux d'intérêt ont fortement augmenté*. « Effectivement » est ici un connecteur logique indiquant une nuance de cause.
L'adverbe peut être considéré comme un mot-phrase, c'est-à-dire fonctionner comme une phrase : *Oui* !
L'adverbe peut aussi être en emploi de modalisateur d'énoncé, qui est un moyen linguistique utilisé par un locuteur pour modaliser son discours, exprimer son avis : *Il est apparemment malade. Il a heureusement pu venir.* (*Cf.* Partie 3 : Grammaire de discours)

ATTENTION !

Ne pas confondre la préposition (qui introduit toujours un autre élément) et l'adverbe qui se suffit à lui-même. *Il habite à côté de la gare* (préposition + groupe nominal) ; *il habite à côté* (adverbe).

E - LES DIFFÉRENTS EMPLOIS ET NATURES DE « QUE »

Le terme « que » peut avoir différentes natures et différents emplois. Il peut être une conjonction, un pronom, un adverbe, un élément du présentatif ou un marqueur du subjonctif.

1. UNE CONJONCTION

En tant que conjonction, « que » peut être :

- une conjonction de subordination (qui introduit une proposition subordonnée conjonctive complétive). *Ses parents souhaitent que leur fille vienne plus souvent les voir.*
- un élément d'une locution conjonctive (introduisant une proposition subordonnée conjonctive circonstancielle). *Elle vient les voir parce qu'elle les aime.*
- le « que » dit « vicariant », quand il remplace une conjonction de subordination afin d'éviter la répétition de cette dernière. *Quand tu es fatigué et que tu as une réunion importante, tu te couches très tôt* (« que » est mis ici à la place de « quand »).
- une conjonction introduisant le complément du comparatif. Elle est alors liée syntaxiquement à un adverbe : *moins, plus, aussi*. *Elle semble plus grande que son frère.*

2. UN PRONOM

En tant que pronom, « que » peut être :

- un pronom relatif (introduisant une proposition subordonnée relative). *Le film que je regarde ne me plait pas.*
- un pronom interrogatif. *Que lui dire ?*

3. UN ADVERBE

En tant qu'adverbe, « que » peut être :

- un adverbe exclamatif. *Que tu es agaçant !*
- un élément de la locution adverbiale de négation restrictive. *Elle ne veut que son bonheur.*

4. UN ÉLÉMENT DU PRÉSENTATIF

« Que » peut être un élément du présentatif composé : *c'est/voilà/voici... que*. *C'est ici que je suis né.*

5. UN MARQUEUR DU SUBJONCTIF

« Que » peut être un marqueur du subjonctif, introduisant une proposition indépendante au subjonctif. *Que personne n'entre dans cette pièce sans mon autorisation !*

JE M'ENTRAINE

◆ Exercice 1

Donner la nature des mots soulignés dans le passage suivant :
« – Vous n'êtes guère honnête, reprit la fée, sans se mettre en colère. Eh bien ! puisque vous êtes si peu obligeante, je vous donne pour don qu'à chaque parole que vous direz, il vous sortira de la bouche ou un serpent, ou un crapaud. » (Charles Perrault, *Les fées*)

◆ Exercice 2

Donner la nature des « que » dans les phrases suivantes :
a) Depuis que tu es là, elle est heureuse.
b) Elle ne voit que le mauvais côté des choses.
c) Que souhaites-tu faire ce soir ?
d) Il voudrait que tu partes au plus tôt.
e) C'est lui que je veux inviter ce soir.
f) Marie lit les romans que je lui ai prêtés.

CONSEIL MÉTHODO

Pour trouver la nature d'un « que », il faut observer à quoi ce terme est relié syntaxiquement. Par exemple, s'il est lié à l'adverbe de négation « ne », c'est un élément de la négation restrictive ; s'il est lié à un adverbe (*plus*, *moins*, *aussi*...), c'est une conjonction introduisant un complément du comparatif...

◆ Exercice 3

Relever et donner la nature et la fonction des « que » dans le passage suivant :
« Il est clair que la vérité que je cherche n'est pas en lui, mais en moi. Il l'y a éveillée, mais ne la connaît pas, et ne peut que répéter indéfiniment, avec de moins en moins de force, ce même témoignage que je ne sais pas interpréter. » (Marcel Proust, *Du côté de chez Swann*)

RÉPONSES

◆ Exercice 1

« Guère » : adverbe ; « sans », « en », « pour », « de » : prépositions ; « eh bien » : interjection ; « puisque » : conjonction de subordination ; « ou » : conjonction de coordination.

◆ Exercice 2

a) Élément de la locution conjonctive « depuis que » ; b) élément de la locution adverbiale de négation restrictive « ne... que » ; c) pronom interrogatif ; d) conjonction de subordination introduisant une proposition subordonnée conjonctive complétive; e) élément du présentatif composé « c'est... que »; f) pronom relatif introduisant une proposition subordonnée relative.

◆ Exercice 3

NATURE	OCCURRENCE	FONCTION
Conjonction de subordination	« Il est clair que... »	/
Pronom relatif	« la vérité que... » « ce même témoignage que... »	COD de « cherche » COD de « interpréter »
Élément de la locution adverbiale de négation restrictive	« Ne peut que répéter »	/

Sur Lea.fr

Retrouvez des exercices supplémentaires sur les classes de mots invariables

Classes de mots variables

LE NOM ET L'ADJECTIF

JE M'ÉVALUE

1. Relever les noms et les adjectifs dans la phrase suivante :
Lilia, qui était intelligente, avait un pouvoir certain sur ses grands frères.

2. Donner la fonction des noms ou groupes nominaux soulignés dans les phrases suivantes :
a) La petite fille voulait jouer à la marchande.
b) Il regardait Marie toute la journée.
c) Le lendemain, son père lui demanda de l'écouter attentivement.

3. Donner la fonction de l'adjectif souligné dans les phrases suivantes :
a) Elle regarde le joli paysage.
b) Il la trouve drôle.
c) Ces enfants sont incroyables.

4. Relever un adjectif employé avec un degré d'intensité et un adjectif employé avec un degré de comparaison dans la phrase suivante :
Paul est très grand mais il est cependant moins grand que son frère aîné.

Réponses

1. Les noms : « Lilia » ; « pouvoir » ; « frères » ; les adjectifs : « intelligente », « certain », « grands ». **2.** a) Sujet de « voulait jouer » ; b) complément d'objet direct de « regardait » ; c) complément circonstanciel de temps de la phrase « son père lui demanda de l'écouter attentivement ». **3.** a) Épithète de « paysage » ; b) attribut du COD « la » ; c) attribut du sujet « ces enfants ». **4.** Adjectif employé avec un degré d'intensité : « très grand » ; adjectif employé avec un degré de comparaison : « moins grand que son frère aîné ».

JE RÉVISE

A - LE NOM

1. DÉFINITION

La classe grammaticale des noms regroupe :

- Les noms propres qui commencent par une majuscule et sont généralement invariables et employés sans déterminant : *Paris, Marie.* Ils désignent un référent unique.
- Les noms communs qui commencent par une minuscule, sont déterminés et varient en nombre, en accord avec le déterminant : *les oiseaux.* On peut classer les noms communs en plusieurs catégories selon leurs caractéristiques sémantiques :
  - les noms animés (qui désignent des êtres vivants) : *une femme* ; *un chat* et les noms inanimés (qui désignent des objets) : *un meuble* ; *un téléphone.*
  - les noms comptables (qui peuvent être dénombrés et déterminés par un déterminant numéral) : *trois pommes*, et les noms massifs (qui désignent un ensemble et sont déterminés par un article partitif) : *de la farine* ; *du courage.*
  - les noms concrets : *une table* et les noms abstraits : *la sympathie.*
- Des mots appartenant à une autre classe grammaticale mais convertis en nom (processus de substantivation) : *le pour et le contre* (prépositions → noms), *un portable* (adjectif → nom).

2. LE GROUPE NOMINAL

Le nom est le noyau du groupe nominal : on distingue les groupes nominaux réduits, composés d'un déterminant et du nom (*les oiseaux*) et les groupes nominaux étendus, composés d'un déterminant, du nom et d'une expansion du nom (*les jolis oiseaux*). (*Cf.* Partie 1 : Grammaire de phrase, « Les fonctions par rapport au nom : les expansions du nom »)

3. LES FONCTIONS DU NOM ET DU GROUPE NOMINAL

Le nom et le groupe nominal peuvent assurer différentes fonctions dans la phrase :

- sujet : *Les élèves travaillent en silence.*
- complément d'objet direct : *Elle lit un roman de science-fiction.*
- attribut du sujet : *Marie est médecin.*
- attribut du COD : *Ils ont élu Pierre président de leur association.*
- complément circonstanciel : *La nuit, elle entend des bruits suspects.*
- apposition : *Cet homme, un avocat renommé, ne prend plus de nouveaux clients.*
- épithète : *Je vais aller voir la tour Eiffel.*

B - L'ADJECTIF

1. DÉFINITION

L'adjectif est un mot variable en genre et en nombre; il se rapporte soit à un nom, soit à un pronom. Il renvoie à une propriété du terme dont il dépend; il apporte des informations sur le terme auquel il se rapporte.

ATTENTION !

L'adjectif peut être un participe passé, dit en emploi adjectival : *des élèves intéressés*; ou un adjectif verbal (quand il est formé à partir du verbe) : *des enfants intéressants*; il ne faut pas le confondre avec le participe présent (*cf.* Partie 4 : Orthographe, « Homonymes / paronymes, adverbes en *-ment*, participe présent et adjectif verbal », § C - L'orthographe du participe présent et de l'adjectif verbal).

L'adjectif peut recevoir un complément, l'ensemble forme alors un groupe adjectival; ce complément peut être un adverbe (*très fier*); un groupe prépositionnel dont le noyau est un pronom (*fier de lui*); un nom (*fier de sa réussite*); un infinitif (*fier d'avoir réussi*).

2. FONCTIONS DE L'ADJECTIF

L'adjectif peut avoir différentes fonctions :

- attribut du sujet : *Elle est heureuse.*
- attribut du COD : *Elle le trouve drôle.*
- épithète : *Les chats noirs portent malheur.*
- apposition : *Furieux, il quitte la salle précipitamment. L'enfant, malheureux, pleurait.*

ATTENTION !

Ne pas confondre :

- adjectif en fonction d'épithète et adjectif en fonction d'attribut du sujet. (*Cf.* Partie 1 : Grammaire de phrase, Les fonctions, « Les fonctions par rapport au nom : les expansions du nom ») *Le vélo était grand et bleu.* Les deux adjectifs sont attributs du sujet « le vélo ». Ils sont séparés du sujet par le verbe attributif « être ». L'attribut est un complément du verbe.
- adjectif épithète et attribut du COD : *Il croyait son destin tracé* (= il croyait que son destin était tracé). « Tracé » est ici attribut du COD « son destin » (*cf.* Partie 1 : Grammaire de phrase, Les fonctions, « Les fonctions par rapport au verbe : sujet et complément de verbe »).

3. DEGRÉS DE SIGNIFICATION

La propriété exprimée par l'adjectif peut faire l'objet d'une évaluation en degré. On distingue le degré d'intensité et le degré de comparaison.

a) Degré d'intensité

La propriété est mesurée sans référence à un étalon de mesure. On distingue alors trois degrés :

- une intensité faible marquée par des adverbes comme *faiblement, peu* : *un enfant peu aimable ;*
- une intensité moyenne marquée par des adverbes comme *plutôt*, *assez*, *passablement*, *moyennement*, *presque* : *une femme assez incroyable ;*
- une intensité forte marquée par des adverbes comme *trop*, *très*, *complètement*, *absolument*, *fort* : *un homme fort aimant.*

b) Degré de comparaison

La propriété peut être mesurée par rapport à un élément explicite. On distingue alors trois comparatifs :

- le comparatif d'infériorité : *Il est moins grand que son père.*
- le comparatif d'égalité : *Il est aussi grand que son père.*
- le comparatif de supériorité : *Il est plus grand que son père.*

Le complément du comparatif est introduit par « que ». Le complément peut être de nature diverse : un nom (*Marie est plus grande que Pierre*) ; une proposition (*Il est plus grand que ne l'était son père*) ; un adverbe (*Il est encore plus gentil qu'avant*) ; un pronom (*Il est plus grand qu'elle*).

La propriété peut également être mesurée par rapport à tous les éléments d'un ensemble. On distingue alors deux superlatifs relatifs :

- le superlatif d'infériorité : *C'est le moins grand de tous.*
- le superlatif de supériorité : *C'est le plus grand de tous.*

Le complément du superlatif est généralement introduit par la préposition « de ». Si le complément n'est pas exprimé, on parle de superlatif absolu : *C'est le plus grand.*

JE M'ENTRAINE

◆ Exercice 1

Dire si les groupes nominaux soulignés dans la phrase suivante sont réduits ou étendus :
La jeune femme mange un gâteau mais elle préfère les fruits de saison.

◆ Exercice 2

Dans les phrases suivantes, quelle est la fonction des noms ou groupes nominaux soulignés ?
a) Le soir tombe.
b) Ce soir, il est tombé dans la cour de l'école.
c) Cette jeune femme, médecin, est arrivée hier.

◆ Exercice 3

Relever les adjectifs et les groupes adjectivaux dans le passage suivant :
« Ainsi vu d'en haut, le paysage tout entier avait l'air immobile comme une peinture; les navires à l'ancre se tassaient dans un coin; le fleuve arrondissait sa courbe au pied des collines vertes, et les îles, de forme oblongue, semblaient sur l'eau de grands poissons noirs arrêtés. Les cheminées des usines poussaient d'immenses panaches bruns qui s'envolaient par le bout. On entendait le ronflement des fonderies avec le carillon clair des églises qui se dressaient dans la brume. Les arbres des boulevards, sans feuilles, faisaient des broussailles violettes au milieu des maisons, et les toits, tout reluisants de pluie, miroitaient inégalement, selon la hauteur des quartiers. » (Gustave Flaubert, *Madame Bovary*)

CONSEIL MÉTHODO

Pour être sûr de ne pas se tromper dans le relevé des adjectifs, il faut remplacer le mot relevé par un autre adjectif comme « agréable ». Dans l'exercice 1, en cas d'hésitation sur la nature de « haut », remplacer celui-ci par « agréable » → *ainsi vu d'en agréable (« haut » n'est donc pas ici un adjectif).

◆ Exercice 4

Dans le passage précédent, donner la fonction de « immobile » ; « grands ».

CONSEIL MÉTHODO

Pour trouver la fonction d'un adjectif, il faut identifier le mot auquel il est relié syntaxiquement.

◆ **Exercice 5**

Analyser les adjectifs employés avec un degré dans la phrase suivante :
L'employé le plus efficace de tous est très respecté par ses collègues.

CONSEIL MÉTHODO

Le terme « analyser » signifie à la fois relever et préciser le degré utilisé. Il convient donc de commencer par repérer tous les adjectifs et ensuite de vérifier s'ils sont accompagnés d'un adverbe (très, peu, aussi, plus, etc.).

RÉPONSES

◆ **Exercice 1**

Groupes nominaux réduits : « un gâteau » (article + nom); groupes nominaux étendus : « La jeune femme » (article + adjectif + nom); « les fruits de saison » (article + nom + groupe prépositionnel).

◆ **Exercice 2**

a) Sujet de « tombe »; b) complément circonstanciel de la phrase : « il est tombé dans la cour de l'école »; c) apposition au groupe nominal « cette jeune femme ».

◆ **Exercice 3**

Les adjectifs : « immobile »; « vertes »; « oblongue »; « grands »; « noirs »; « arrêtés » (participe passé en emploi adjectival); « immenses »; « bruns »; « clair »; « violettes »; les groupes adjectivaux : « tout entier »; « tout reluisants de pluie ».

◆ **Exercice 4**

« Immobile » est en fonction d'attribut du sujet « le paysage tout entier » (il est relié au sujet par l'intermédiaire du verbe attributif « avoir l'air »); « grands » est en fonction d'épithète de « poissons » (il est relié au nom; c'est une expansion du nom).

◆ **Exercice 5**

« Le plus efficace de tous » : groupe adjectival; l'adjectif est employé avec un superlatif relatif de supériorité. « Très respecté » : groupe adjectival; l'adjectif est employé avec un degré d'intensité forte.

Sur Lea.fr

Retrouvez des exercices supplémentaires sur le nom et l'adjectif

LES DÉTERMINANTS ET LES PRONOMS

JE M'ÉVALUE

1. Dans la phrase suivante :
La jeune fille épousa son ami d'enfance et ne le quitta plus.

a) « La » est :
A. une préposition
B. un pronom
C. un déterminant

b) « Le » est :
A. un pronom
B. un déterminant
C. une conjonction

2. Combien y a-t-il de déterminants dans les phrases suivantes :
Quels livres as-tu choisis pour ton exposé de français de la semaine prochaine ? Si tu le souhaites, je peux t'en conseiller un : *La Petite Sirène* d'Andersen.
a) 7
b) 4
c) 3

3. Quelle est la valeur de déterminant souligné dans la phrase suivante :
Les hommes détruisent la planète sans même en avoir conscience.

4. Combien y a-t-il de pronoms dans la phrase suivante :
Il ne connait pas le nom de l'auteur qui a écrit *Les Misérables* alors que celui-ci est très connu.
a) 2
b) 5
c) 3

5. Relever les pronoms dans la phrase suivante en précisant leur catégorie :
Donnez-moi une autre baguette car celle-ci, qui est brulée, ne me plait pas.

6. Analyser la valeur du pronom souligné dans la phrase suivante :
Une petite fille apparut et elle lui sourit.

Réponses

1. a) C ; b) A. **2.** b) (quels, ton ; la ; la). **3.** L'article défini « les » a ici une valeur générique : il désigne l'espèce entière des êtres humains. **4.** c) 3 (il ; qui ; celui-ci). **5.** Les pronoms personnels : « moi », « me » ; un pronom démonstratif : « celle-ci » ; un pronom relatif : « qui ». **6.** Le pronom personnel « elle » revêt ici une valeur anaphorique car il reprend un élément déjà cité dans la phrase « une petite fille ».

JE RÉVISE

A - LES DÉTERMINANTS

1. DÉFINITION

Le déterminant, associé au nom, forme le groupe nominal. Le couple « déterminant + nom » forme le GN minimal. Le déterminant est le mot qui doit nécessairement précéder un nom commun pour former un GN dans la phrase de base.

ATTENTION !

Le déterminant peut donner un statut de nom à un verbe à l'infinitif (*le savoir*), un adjectif (*le beau*), une préposition (*le pour et le contre*).

2. LES DIFFÉRENTES CATÉGORIES DE DÉTERMINANTS

a) Les déterminants définis

Il existe différentes sous-catégories de déterminants définis :

- l'article défini : *le, la, les : La ville de Paris* ;
- les articles définis contractés (ou amalgamés) : *de + le = du* ; *de + les = des* ; *à + le = au* ; *à + les = aux* : *La sœur du gardien (de + le)* ;

ATTENTION !

Ne pas confondre l'article défini contracté et l'article indéfini. *Il voit des oiseaux dans le ciel* (*des* : article indéfini) ; *le chien des voisins* (*des* : article défini contracté (*de + les*). *Elle reprend de la tarte* (*de la* : article partitif) ; *elle parle de la tarte de sa grand-mère* (*de la* : article défini précédé d'une préposition).

- le déterminant possessif : *mon, ton, son, notre, votre, leur, mes, tes, nos, vos... Mon chat dort.*
- le déterminant démonstratif : *ce, cette, ces... Ce livre est magnifique.*

b) Les déterminants indéfinis

Il existe différentes sous-catégories de déterminants indéfinis :

- l'article indéfini : *un, une, des/de. Une pie vient de se poser sur ma fenêtre.*

ATTENTION !

Lorsque l'article indéfini pluriel est employé dans un GN en fonction de complément d'une phrase négative, il se transforme très fréquemment en « *de* » : *Elle lit des romans de science-fiction* ; *Elle ne lit pas de romans de science-fiction.*

- l'article partitif : *du, de la, de l'. Elle ne mange que de la confiture d'orange. Il a du courage.*

ATTENTION !

Ne pas confondre l'article partitif et l'article contracté : *il mange du chocolat* (article partitif) ; *le chat du voisin* (article défini contracté « de + le »).

- les déterminants indéfinis : *certain, tout, chaque, quelque, plusieurs, même, tel, autre, différent, divers… Il lit chaque soir.*

REMARQUE

Il existe des déterminants indéfinis dits à base nominale (*une foule de* ; *un kilo de* ; *une dizaine de*, etc.) et à base adverbiale (*peu de* ; *beaucoup de*, etc.) *Beaucoup de personnes connaissent cet auteur.*

- Certains déterminants indéfinis peuvent se combiner avec un autre déterminant. *Tous les lundis il va chez le médecin* (déterminant indéfini + article défini). *Il viendra un autre jour* (article indéfini + déterminant indéfini)
- les déterminants numéraux cardinaux : un, deux, trois, etc. *Deux oiseaux se regardaient.*
- les déterminants interrogatifs : *Quel jour sommes-nous ?*
- les déterminants exclamatifs : *Quel beau film !*

c) L'absence de déterminant

Il arrive qu'un GN ne soit pas déterminé. C'est le cas des noms propres, de certaines constructions coordonnées (*s'entendre comme chien et chat*), d'énumérations censées représenter une totalité (*Grossièretés, noms d'oiseaux, insultes : j'aurai tout entendu)* et des suites de GN au pluriel (*des monts et merveilles*), de certaines positions syntaxiques comme le groupe prépositionnel (*un bol de lait / sauter à pieds joints*).

3. LA VALEUR OU L'EMPLOI DES DÉTERMINANTS

On distingue différents emplois des déterminants :

- la valeur **générique** quand le déterminant désigne l'espèce, la classe ou l'ensemble des êtres d'une même espèce *: Le chien est le meilleur ami de l'homme. Un enfant est un être perfectible. Tout homme est mortel.*

- la valeur **référentielle** quand les déterminants (articles définis, déterminants possessifs et démonstratifs) renvoient à un élément connu :
  - soit ils ont une valeur **anaphorique** quand ils renvoient à un élément cité au préalable dans le discours (c'est-à-dire déjà identifié) *: Paul a trouvé un oiseau : cet oiseau est une pie.*
    Dans un texte, on utilise l'article indéfini pour la présentation d'un nouvel élément, un élément qui n'est pas encore identifié *: Un homme fit brusquement irruption dans la pièce ; l'homme était vieux...*
  - soit ils ont une valeur **déictique** quand ils renvoient à un élément de la situation d'énonciation : le référent est identifiable car émetteur et récepteur sont dans la même situation d'énonciation : *Je n'aime pas cette salle. Prête-moi ton stylo.*
- la valeur **spécifique** quand le déterminant renvoie à un élément notoire, c'est-à-dire un élément particulier. *Le chien de mon voisin est méchant. Le bus de la ville passe toutes les heures.*
- la valeur **quantifiante** ou **caractérisante** des déterminants indéfinis :
  - les quantifiants : ils désignent une quantité. *Plusieurs élèves sont absents.*
  - les quantifiants caractérisants : ils désignent à la fois la quantité et l'identité non précisée. *Certains livres sont passionnants. Différentes personnes se joignirent au groupe.*
  - Les caractérisants : ils désignent seulement une indétermination quant à l'identité de l'élément désigné. *Raconte-moi n'importe quelle histoire.*

B - LES PRONOMS

1. DÉFINITION

Le terme de pronom signifie « qui remplace un nom ».
Le pronom remplace :

- le plus fréquemment, un groupe nominal : *[Cette belle femme] ne m'est pas inconnue. Elle devait être à l'anniversaire de Paul.*
- un groupe prépositionnel : *Tu pars [à Paris] ? J'y vais aussi !*
- une proposition : *[Tu es triste], je le vois bien.*

Le pronom a les mêmes fonctions que le nom (*cf.* Partie 1 : Grammaire de phrase, Classes de mots variables, « Le nom et l'adjectif »).

2. LES DIFFÉRENTES CATÉGORIES DE PRONOMS

a) Les pronoms personnels

La catégorie des pronoms personnels, très nombreuse et très usitée, regroupe deux formes de pronoms : les formes conjointes et disjointes. Le pronom réfléchi « *se* » renvoie au sujet du verbe (*Pierre se lave*). Les pronoms « *en* » et « *y* » sont appelés pronoms personnels adverbiaux.

LES PRONOMS PERSONNELS					
NOMBRE	PERSONNES	FORMES CONJOINTES			FORMES DISJOINTES
		SUJET	COMPLÉMENT DIRECT	COMPLÉMENT INDIRECT	
Singulier	1^{e}	je *je mange*	me *il me regarde*	me *il me parle*	moi *moi, je veux bien*
	1e réfléchi		me *je me regarde*	me *je me souris*	
	2^{e}	tu *tu manges*	te *il te regarde*	te *il te parle*	toi *toi, tu es pénible*
	2e réfléchi		te *tu te regardes*	te *tu te parles*	
	3^{e}	il, elle, on *il mange, elle mange, on mange*	le, la, en *je le regarde, je la regarde, j'en mange*	lui, en, y *je lui parle, il en parle, elle y croit*	lui, elle/(-même) *elle parle elle- même beaucoup*
	3e réfléchi		se *il se regarde*	se *il se sourit*	soi/(-même) *être content avec soi-même*
Pluriel	1^{e}	nous *nous mangeons*	nous *il nous regarde*	nous *il nous parle*	nous *nous, on y croit*
	1e réfléchi		nous *nous nous regardons*	nous *nous nous parlons*	
	2^{e}	vous *vous mangez*	vous *il vous regarde*	vous *il vous parle*	vous *vous, arrêtez !*
	2e réfléchi		vous *vous vous regardez*	vous *vous vous parlez*	
	3^{e}	ils, elles *ils mangent, elles mangent*	les, en *il les regarde*	leur, en, y *je leur parle, il en parle, elle y croit*	eux, elles, leur *dis-leur, pars sans elles*
	3e réfléchi		se *ils se regardent*	se *ils se parlent*	eux, elles (-mêmes) *elles sont imbues d'elles-mêmes*

b) Les pronoms relatifs

Les pronoms relatifs renvoient à un antécédent dans le discours. Comme les pronoms interrogatifs, ils ont des formes simples (*qui*, *que*, *quoi*, *dont*, *où*) et composées (*lequel*, *auquel*, *desquels*...).

LES PRONOMS RELATIFS				
FONCTION	**RÉFÉRENT ANIMÉ**	**RÉFÉRENT INANIMÉ**	**FORME COMPOSÉE SINGULIER**	**FORME COMPOSÉE PLURIEL**
Sujet	qui		lequel/laquelle	lesquels/lesquelles
Complément direct/ attribut	qui	que/quoi	lequel/laquelle	lesquels/lesquelles
Complément indirect	prép. + qui dont	prép. + quoi dont, où	prép. + lequel auquel/ à laquelle duquel/de laquelle	prép. + lesquels auxquels/auxquelles desquels/desquelles

REMARQUE

Le pronom relatif a une fonction grammaticale spécifique au sein de la relative : il peut remplir toutes les fonctions du nom : sujet, attribut, COD, COI, CC. *Les enfants que je garde sont très polis* → le pronom relatif a pour fonction : COD de « garde ». *J'entends des enfants qui crient* → le pronom relatif a pour fonction : sujet de « crient ».

c) Les pronoms possessifs

Comme leur nom l'indique, les pronoms possessifs expriment la possession. Le pronom possessif remplace un GN (déterminant possessif + nom) : *Ce chat est plus calme que le tien = Ce chat est plus calme que ton chat.*

LES PRONOMS POSSESSIFS			
PERSONNE REPRÉSENTÉE		**SINGULIER**	**PLURIEL**
Singulier	1e personne 2e personne 3e personne	le mien/la mienne le tien/le tienne le sien/la sienne	les miens/les miennes les tiens/les tiennes les siens/les siennes

Sur Lea.fr

Téléchargez les tableaux des pronoms personnels, des pronoms relatifs et des pronoms possessifs

LES PRONOMS POSSESSIFS (suite)			
PERSONNE REPRÉSENTÉE		**SINGULIER**	**PLURIEL**
Pluriel	1e personne	le nôtre/la nôtre	les nôtres
	2e personne	le vôtre/la vôtre	les vôtres
	3e personne	le leur/la leur	les leurs

d) Les pronoms démonstratifs

Les pronoms démonstratifs sont des pronoms de 3e personne. Leur forme peut être simple (*celui*) ou composée (*celui-ci*, *celui-là*). Au singulier, ils ont une forme neutre (*ce*, *ça*, *ceci*, *cela*) en plus des formes masculines (*celui*, *celui-ci*, *celui-là*) et féminine (*celle*, *celle-ci*, *celle-là*).

LES PRONOMS DÉMONSTRATIFS		
	FORME SIMPLE	**FORME COMPOSÉE**
Singulier	celui/celle	celui-ci/celui-là celle-ci/celle-là
Pluriel	ceux/celles	ceux-ci/ceux-là celles-ci/celles-là
Invariable	ce/c'	ceci/cela

e) Les pronoms exclamatifs et interrogatifs

Les pronoms exclamatifs et interrogatifs varient selon qu'ils se réfèrent à un être animé ou inanimé. Ils peuvent être simples (*qui*, *que*, *quoi*) ou composés (*lequel*, *laquelle*, *duquel*...). Les formes simples peuvent se combiner avec le terme interrogatif « est-ce que » (*Qui est-ce que je vois ? / Qui vois-je ?*).

LES PRONOMS EXCLAMATIFS ET INTERROGATIFS				
FONCTION	**RÉFÉRENT ANIMÉ**	**RÉFÉRENT INANIMÉ**	**FORME COMPOSÉE SINGULIER**	**FORME COMPOSÉE PLURIEL**
Sujet	qui		lequel/laquelle	lesquels/ lesquelles
Complément direct	qui	que/quoi	lequel/laquelle	lesquels/ lesquelles
Attribut	qui/que	que	lequel/laquelle	lesquels/ lesquelles
Complément indirect	prép. + qui	prép. + quoi	prép. + lequel auquel/ à laquelle duquel/de laquelle	prép. + lesquels auxquels/ auxquelles desquels/ desquelles

f) Les pronoms numéraux

On distingue :

- les pronoms numéraux cardinaux : un, deux, trois, quatre, etc. *J'ai acheté des pommes : il en a mangé deux.*
- les pronoms numéraux ordinaux : le premier, le deuxième, le troisième, etc. *Tous les élèves ont participé à la course ; Paul est arrivé le premier.*

g) Les pronoms indéfinis

Les pronoms indéfinis sont une catégorie hétéroclite qui regroupe des pronoms exprimant une quantité nulle (*nul*, *aucun*, *personne*, *pas un*, *rien*) ; une totalité (*tous/toutes*, *tout*) ; une pluralité indéterminée (*certains*, *plusieurs*, *beaucoup*, *différents*, *maints*...), un sous-ensemble (*les uns*, *les autres*, *quelques-uns*...), un référent non déterminé animé (*quelqu'un*) ou inanimé (*quelque chose*).

2. LA VALEUR OU L'EMPLOI DES PRONOMS

On distingue plusieurs valeurs des pronoms en fonction du référent auquel renvoie le pronom :

- La valeur **générique** quand les pronoms réfèrent à l'ensemble des membres d'une classe, ou à l'ensemble d'une classe. Il s'agit des pronoms démonstratifs, indéfinis exprimant une quantité nulle ou totale, les pronoms relatifs, etc. *Celui qui croit profiter de son crime se leurre* (= quiconque).
- La valeur **référentielle** :
  - soit en **emploi anaphorique** : quand les pronoms servent à reprendre un élément (le plus souvent un nom ou un GN) déjà cité dans le texte : ils s'interprètent par référence à un antécédent. Il s'agit des pronoms personnels, possessifs, démonstratifs, indéfinis, numéraux. *Cette femme est médecin. Elle travaille aux urgences. Son cousin vient de s'acheter une maison mais Paul préfère la sienne. Elle nous a apporté des livres : je préfère celui-là.*
  - soit en **emploi déictique** : quand les pronoms ne représentent pas des éléments du cotexte, mais sont utilisés pour désigner les personnes de l'interlocution : ils s'interprètent par renvoi à la situation d'énonciation. Il s'agit notamment des pronoms démonstratifs, des pronoms personnels des 1re et 2e personnes du singulier et du pluriel (je/tu/nous/vous), auxquels on peut ajouter le pronom personnel « on », souvent utilisé à la place de « nous ». *« C'est quoi ça ? » / Donne-moi le tien.*

    – Tu viens demain ?

    – Je ne sais pas encore.
- La valeur **spécifique** quand les pronoms réfèrent à des choses ou êtres sans les désigner. Il s'agit des pronoms indéfinis exprimant une quantité vague ou partielle : *Plusieurs sont repartis sans rien dire.*

Sur Lea.fr

Téléchargez les tableaux des pronoms démonstratifs et des pronoms exclamatifs et interrogatifs

JE M'ENTRAINE

◆ Exercice 1

Relever les déterminants de ce passage en les classant :
« Il tourna la tête, et vit venir par le sentier un petit savoyard d'une dizaine d'années qui chantait, sa vielle au flanc et sa boîte à marmotte sur le dos ; un de ces doux et gais enfants qui vont de pays en pays, laissant voir leurs genoux par les trous de leur pantalon. Tout en chantant L'enfant interrompait de temps en temps sa marche et jouait aux osselets avec quelques pièces de monnaie qu'il avait dans sa main, toute sa fortune probablement. Parmi cette monnaie il y avait une pièce de quarante sous. » (Victor Hugo, *Les Misérables*)

◆ Exercice 2

Analyser l'emploi des déterminants soulignés dans le texte ci-dessus.

◆ Exercice 3

Relever et classer les pronoms du poème ci-dessous :

« Chaque coquillage incrusté
Dans la grotte où nous nous aimâmes
A sa particularité.

L'un a la pourpre de nos âmes
Dérobée au sang de nos cœurs
Quand je brûle et que tu t'enflammes ;

Cet autre affecte tes langueurs
Et tes pâleurs alors que, lasse,
Tu m'en veux de mes yeux moqueurs ;

Celui-ci contrefait la grâce
De ton oreille, et celui-là
Ta nuque rose, courte et grasse ;
Mais un, entre autres, me troubla. »

(Paul Verlaine, « Les coquillages », in *Fêtes Galantes*)

◆ Exercice 4

Analyser la valeur des pronoms personnels dans la phrase suivante en précisant leur référent et leur fonction :
Le jeune garçon regarda sa sœur avec mépris et il lui dit : « Je n'en veux pas ! Tu peux partir. »

RÉPONSES

◆ Exercice 1

Les articles définis : « la », « le » (X2), « les », « l' » ; les articles définis contractés : « au » (à + le), « aux » (à + les) ; les articles indéfinis : « un », « une » ; les déterminants possessifs : sa (X5), « leurs », « leur » ; les déterminants démonstratifs : « ces », « cette » ; les déterminants indéfinis : « quelques », « une dizaine de » (déterminant indéfini à base nominale), « toute » ; les déterminants numéraux : « quarante ».

◆ Exercice 2

« Le » : article défini avec une valeur spécifique, puisqu'il renvoie à un élément en particulier ; « l' » : article défini avec une valeur anaphorique, puisqu'il renvoie à un élément cité précédemment « un petit savoyard » ; « toute » : déterminant indéfini avec une valeur quantifiante.

◆ Exercice 3

Pronoms personnels

- 1re personne du singulier : sujet (je), COD (« me » dans « me troubla »), COI (forme élidée « m' » dans « m'en veux »).
- 2e personne du singulier : sujet (« tu », 2 occurrences).
- 2e personne réfléchie du singulier : COD (forme élidée « t' » dans « tu t'enflammes »).
- 1re personne du pluriel : sujet (nous nous aimâmes), COD (valeur réciproque, dans « nous nous aimâmes »).

REMARQUE

On ne trouve dans ce poème que des pronoms personnels 1re et 2e personne, c'est-à-dire renvoyant aux personnes de l'énonciation.

Pronoms relatifs
où (« où nous nous aimâmes ») : complément circonstanciel de la proposition.
Pronoms démonstratifs
3e personne du singulier masculin, forme composée, emploi en alternance (« celui-ci/celui-là ») : sujet de « contrefait ».
Pronoms numéraux
« un » , sujet de « troubla ».
Pronoms indéfinis

- Pronom pluriel forme simple : autres (« entre autres »).
- Pronom masculin singulier forme composée : l'un (en corrélation avec « cet autre ») : sujet de « a ».

REMARQUE

Il s'agit d'un cas particulier avec « cet autre », où le déterminant démonstratif masculin singulier « cet » est associé à « autre » avec une valeur pronominale (que l'on retrouve dans l'association plus courante « article + autre = l'autre, les autres »). La valeur indéfinie attribuée d'habitude à « l'autre » (dans la structure corrélative « l'un… l'autre ») est moins nette ici à cause du démonstratif.

◆ **Exercice 4**

OCCURRENCES	RÉFÉRENT	FONCTION	VALEUR
il	Le jeune garçon	Sujet de « dit »	Anaphorique (renvoie à un élément déjà cité dans le texte « le jeune garçon »)
lui	La sœur du jeune garçon	COI de « dit »	Anaphorique (renvoie à un élément déjà cité dans le texte « sa sœur »)
en	/	COI de « veux »	Déictique (renvoie à un élément compréhensible seulement dans la situation d'énonciation)
tu	La sœur du jeune garçon	Sujet de « peux partir »	Déictique (renvoie à un élément compréhensible seulement dans la situation d'énonciation)

Sur Lea.fr

Retrouvez des exercices supplémentaires sur les déterminants et les pronoms

JE M'ÉVALUE

1. Choisir la bonne réponse :
a) « je pourrais » est conjugué au :
A. conditionnel présent
B. présent
C. futur

b) « tu auras cru » est conjugué au :
A. futur simple de l'indicatif
B. futur antérieur de l'indicatif
C. conditionnel passé de l'indicatif

c) « nous avions réalisé » est conjugué au :
A. passé antérieur
B. passé composé
C. plus-que-parfait

d) « j'aimerais que tu viennes » est conjugué au :
A. conditionnel présent de l'indicatif et présent du subjonctif
B. futur de l'indicatif et présent du subjonctif
C. conditionnel présent et présent de l'indicatif

2. Préciser le temps et le mode des verbes de la phrase suivante :
Ayant travaillé toute la journée, Pierre ne dirigera pas la réunion.

3. Identifier le radical et la désinence de la forme verbale suivante : tu aimais.

Réponses

1. a) A ; b) B ; c) C ; d) A. **2.** « Ayant travaillé » : participe passé ; « dirigera » : futur simple de l'indicatif. **3.** radical : aim-, désinence : -ais (-ai : désinence de l'imparfait de l'indicatif ; -s : désinence de la 2e personne du singulier).

JE RÉVISE

A - DÉFINITION DU VERBE

Sur le plan syntaxique, le verbe est le constituant essentiel du groupe verbal.
Sur le plan sémantique, le verbe est traditionnellement décrit comme la catégorie du discours qui permet d'exprimer l'action. On appelle procès du verbe l'action, l'état ou l'événement soumis à une durée interne et exprimé par le verbe.
Le verbe se caractérise également par ses propriétés morphologiques spécifiques, porteuses d'informations sur le mode, le temps, la personne et le nombre.

B - LES VOIX

1. LA VOIX PASSIVE

La voix passive est une transformation de la voix active : alors qu'à la voix active, le sujet accomplit le procès du verbe, à la voix passive, il le subit. *Roméo aime Juliette* (forme active) / *Juliette est aimée de Roméo* (forme passive). Le verbe à la voix passive est composé du verbe *être* et d'un participe passé. Les phrases qui admettent un COD en construction active ont une construction passive définie par les critères suivants :

- l'objet de la phrase active devient sujet de la phrase passive ;
- le verbe se conjugue avec le verbe *être* qui se met au même temps et même mode que le verbe de la voix active ;
- le sujet et l'objet de la voix active permutent mais gardent leur rôle sémantique par rapport au verbe.

Le ministre inaugurera l'exposition (voix active).
L'exposition sera inaugurée par le ministre (voix passive).
Le complément d'agent est introduit par « de » ou « par » : *Ce garçon est aimé de tous ; il est encouragé par son père.*

ATTENTION !

Il faut penser à accorder le participe passé à la voix passive.

ATTENTION!

À la voix passive, le temps du verbe est le temps indiqué par l'auxiliaire. *Il est encouragé par son père* (temps : présent de l'indicatif et non passé composé). *Il était aimé de tous* (temps : imparfait et non plus-que-parfait). Pour ne pas se tromper, quand une forme verbale est conjuguée avec l'auxiliaire *être*, il faut vérifier s'il y a ou non un complément d'agent et si le sujet est l'agent de l'action. *Il est arrivé par la route de la forêt* (temps : passé composé car la phrase est à la forme active). *Le feu est éteint par les pompiers* (temps : présent car la phrase est à la forme passive – présence d'un complément d'agent et le sujet n'est pas l'agent de l'action).

2. LA VOIX IMPERSONNELLE

Les verbes à la voix impersonnelle ne sont conjugués qu'à la 3e personne du singulier. Le sujet du verbe est toujours le pronom impersonnel « il » : il s'agit d'un sujet grammatical qui ne correspond à aucun référent. *Il est important de bien dormir. Il arrive qu'il soit en retard.*

3. LA VOIX PRONOMINALE

Les verbes pronominaux se composent d'un pronom personnel réfléchi (se) et d'un verbe. On distingue les verbes essentiellement pronominaux, qui n'existent que sous la forme pronominale (*s'enfuir, s'évanouir, se souvenir*), des verbes occasionnellement pronominaux, qui peuvent aussi bien s'employer à la forme pronominale ou non pronominale (*laver/<u>se laver</u>; couper/<u>se couper</u>; apercevoir/<u>s'apercevoir</u>; parler/<u>se parler</u>*). Dans le cas des verbes essentiellement pronominaux, le pronom ne s'analyse pas et n'a aucun contenu sémantique. Dans le cas des verbes occasionnellement pronominaux, le pronom a un référent et peut s'analyser. On peut alors distinguer :

- des verbes pronominaux de sens réfléchi. Le sujet s'applique l'action à lui-même : *Le garçon s'observe dans le miroir.*
- des verbes pronominaux de sens réciproque. Les sujets s'appliquent mutuellement l'action. Le sujet supporte l'action : *Les deux femmes se regardent avec étonnement.*
- des verbes pronominaux de sens passif : *Une drôle de rumeur se répand dans le collège.*

4. LA VOIX FACTITIVE

La voix factitive se compose du semi-auxiliaire *faire* + un verbe à l'infinitif. *Ils font couper leurs arbres par des professionnels.*

C - LES TEMPS ET LES MODES

On distingue les modes personnels (l'indicatif, le subjonctif, l'impératif), qui varient et sont affectés par les marques de personnes, et les modes impersonnels (l'infinitif, le participe/gérondif) qui ne sont pas affectés par les marques de la personne.

1. LES MODES PERSONNELS

a) L'indicatif

On distingue les temps simples (présent, futur imparfait, conditionnel, passé simple) et les temps composés qui leur correspondent (passé composé, futur antérieur, plus-que-parfait, conditionnel passé, passé antérieur).

LES TEMPS DE L'INDICATIF	
TEMPS SIMPLES	**TEMPS COMPOSÉS**
Présent (1) Base + *-e, -es, -e, -ons, -ez, -ent* Ou base + *-s, -s, -t, -ons, -ez, -ent* *il aime; il finit; il croit*	**Passé composé** Auxiliaire *avoir* ou *être* au présent + participe passé *il a aimé; il est venu*
Futur Base + *R* + *-ai, -as, -a, -ons, -ez, -ont* *il aimera*	**Futur antérieur** Auxiliaire *avoir* ou *être* au futur + participe passé *il aura aimé; il sera venu*
Conditionnel présent Base + R + *-ais, -ais, -ait, -ions, -iez, -aient* *il aimerait*	**Conditionnel passé** Auxiliaire *avoir* ou *être* au conditionnel présent + participe passé *il aurait aimé*
Imparfait Radical de la 1re personne du pluriel présent + *-ais, -ais, -ait, -ions, -iez, -aient* *il aimait*	**Plus-que-parfait** Auxiliaire *avoir* ou *être* à l'imparfait + participe passé *il avait aimé; il était venu*
Passé simple Base + *-ai, -as, -a, -âmes, -âtes, -èrent* ou base + *-s, -s, -t, ^mes, ^tes, -rent* pour les passés simples en *in, i, u* *il aima; il perdit*	**Passé antérieur** Auxiliaire *avoir* ou *être* au passé simple + participe passé *il eut aimé; il fut venu*

b) Le subjonctif

Le mode subjonctif dispose de quatre temps, dont deux seulement, le présent (*que je lise*), et le passé (*que j'aie lu*) sont usités, tandis que les deux autres, l'imparfait (*que je lusse*) et le plus-que-parfait (*que j'eusse lu*) sont d'un emploi beaucoup plus rare et littéraire.

c) L'impératif

L'impératif est un mode qui n'existe qu'à trois personnes : la 2e personne du singulier, la 1e personne du pluriel, et la 2e personne du pluriel (*Lis, lisons, lisez*). Il dispose d'une forme simple et d'une forme composée. *Termine tes devoirs* (impératif présent)*! Aie terminé tes devoirs avant ce soir* (impératif passé)*!*

ATTENTION !

Dans les verbes du 1er groupe, la 2e personne du présent de l'impératif est semblable à la 3e personne du singulier du présent de l'indicatif, de même dans quelques verbes en *–ir* dont les présents sont en *-e* (cueillir, couvrir, offrir, ouvrir, souffrir). *Mange ta banane ! Cueille des fleurs.*

Dans tous les autres verbes, la terminaison est identique à la 2e personne du singulier du présent de l'indicatif. *Finis tes devoirs ! Vois avec ta mère ! Descends-le !*

2. LES MODES IMPERSONNELS

a) L'infinitif

L'infinitif a un radical et une désinence. *Parler* → *parl-* : radical ; *-er* : suffixe verbal. Il présente une forme simple et une forme composée ainsi qu'une forme active et une forme passive.

	ACTIF	PASSIF
FORME SIMPLE	Aimer	Être aimé
FORME COMPOSÉE	Avoir aimé	Avoir été aimé

b) Le participe et le gérondif

Le participe présent a un radical et une désinence. *Parlant* → *parl-* : radical ; *-ant* : désinence. Il présente une forme simple et une forme composée ainsi qu'une forme active et une forme passive.

	ACTIF	PASSIF
FORME SIMPLE	Aimant	Étant aimé
FORME COMPOSÉE	Ayant aimé	Ayant été aimé

Le gérondif se distingue du participe présent par l'ajout de la préposition en : *parlant* est un participe présent ; *en parlant* est un gérondif.

D - LES SEMI-AUXILIAIRES

Le verbe peut présenter une forme complexe en associant un semi-auxiliaire et un infinitif. Cette forme verbale est alors appelée **périphrase verbale**. *Je vais partir*. On distingue différents semi-auxiliaires :

- Les semi-auxiliaires modaux qui envisagent le procès du point de vue de l'énonciateur : *devoir, pouvoir, vouloir, falloir, sembler + infinitif. Il doit arriver ce soir.*
- Les semi-auxiliaires temporels qui envisagent le procès dans la chronologie : *venir de + infinitif, aller + infinitif. Il va ranger sa chambre.*
- Les semi-auxilaires aspectuels qui envisagent le procès dans sa durée : *commencer à, être sur le point de, se mettre, être en train de, finir de + infinitif. Il est en train de rédiger un texte.*

E - LA MORPHOLOGIE VERBALE : RADICAL ET DÉSINENCE

Le verbe comprend des marques morphologiques spécifiques : il se compose d'un radical et d'une désinence (appelée plus couramment terminaison). *Je parlais* → radical : *parl-* et désinence : *-ais*. La désinence contient les marques du mode, du temps et de la personne ; dans l'exemple précédent la désinence *-ais* peut se décomposer de la manière suivante : *-ai* : marque de l'imparfait de l'indicatif ; *-s* : marque de la 1re personne du singulier.
Beaucoup de verbes se conjuguent sur un unique radical comme par exemple *chanter*. Toutefois on rencontre des verbes qui possèdent deux (*finir*) voire trois radicaux (*devoir*).

REMARQUE

Dans beaucoup de grammaires, le terme « base » est utilisé pour désigner les différentes formes d'un même radical. Le verbe *finir* possède deux bases : *fini-* et *finiss-*.

L'**analyse morphologique** d'un verbe consiste ainsi à identifier le radical et la désinence de ce verbe.

Sur Lea.fr

Téléchargez les tableaux de conjugaison complets des verbes des 1er, 2e et 3e groupes

JE M'ENTRAINE

◆ Exercice 1

À quels temps et modes sont conjuguées les formes verbales dans les phrases suivantes ?

a) Elle est tombée.

b) Le prince assura la jeune fille qu'il l'épouserait à son retour.

c) Il avait décidé d'interdire toute sortie après le coucher du soleil.

d) Je veux que tu viennes.

e) Qui pourrait le croire ?

f) Elle a été bien attrapée.

◆ Exercice 2

Conjuguer les verbes suivants :

a) faire (subjonctif passé, 2e personne du singulier)

b) croire (indicatif, futur antérieur, 2e personne du pluriel)

c) demander (infinitif passé)

d) réfléchir (indicatif, plus-que-parfait, 1e personne du singulier)

e) venir (indicatif, conditionnel passé, 3e personne du pluriel)

◆ Exercice 3

Faire l'analyse morphologique des verbes suivants :

a) il s'éventait

b) nous partirons

c) travailler

d) ils avaient menti

◆ Exercice 4

Identifier et analyser les terminaisons des verbes conjugués dans le passage suivant :

« Son père, pendant les vacances, le laissait au collège. Une traduction de Platon ouverte par hasard l'enthousiasma. Alors il s'éprit d'études métaphysiques ; et ses progrès furent rapides car il les abordait avec des forces jeunes et dans l'orgueil d'une intelligence qui s'affranchit ; Jouffroy, Cousin, Laromiguière, Malebranche, les Écossais, tout ce que la bibliothèque contenait, y passa. » (Gustave Flaubert, *L'Éducation sentimentale*)

RÉPONSES

◆ Exercice 1

a) « Est tombée » : passé composé de l'indicatif ; b) « assura » : passé simple de l'indicatif, « épouserait » : conditionnel présent de l'indicatif ; c) « avait décidé » : plus-que-parfait de l'indicatif, « interdire » : présent de l'infinitif ; d) « veux » : présent de l'indicatif, « viennes » : présent du subjonctif ; e) « pourrait » : conditionnel présent de l'indicatif, « croire » : présent de l'infinitif ; f) « a été attrapée » : passé composé de l'indicatif (passif).

◆ Exercice 2

a) Que tu aies fait ; b) vous aurez cru ; c) avoir demandé ; d) j'avais réfléchi ; e) ils seraient venus.

◆ Exercice 3

a) Radical *s'évent-* ; désinence *-ait* (*ai* : marque de l'imparfait de l'indicatif ; *-t* : marque de la 3e personne du singulier). ; b) radical : *parti*, désinence : *-rons* (*r* : désinence du futur simple de l'indicatif et *-ons* : désinence de la 1re personne du pluriel) ; c) radical : *travaill-*, désinence : *-er* (suffixe verbal) ; d) radical : *av-*, *ment-*, désinence : *-aient* (*-ai* : désinence de l'imparfait de l'indicatif ; *-ent* : désinence de la 3e personne du pluriel) ; *-i* (désinence du participe passé).

◆ Exercice 4

L'imparfait de l'indicatif

FORME VERBALE	DÉSINENCE		JUSTIFICATION DE LA MARQUE DE LA PERSONNE
	TEMPS	PERSONNE	
« laissait »	ai	t	Sujet « son père », 3e personne du singulier
« abordait »	ai	t	Sujet « il », 3e personne du singulier
« contenait »	ai	t	Sujet « la bibliothèque », 3e personne du singulier

Le passé simple de l'indicatif

FORME VERBALE	DÉSINENCE		JUSTIFICATION DE LA MARQUE DE LA PERSONNE
	TEMPS	PERSONNE	
« enthousiasma »	a	Ø	Sujet « une traduction », 3e personne du singulier
« s'éprit »	i	t	Sujet « il », 3e personne du singulier
« furent »	u	rent	Sujet « ses progrès », 3e personne du pluriel
« passa »	a	Ø	Sujet « tout ce que la bibliothèque contenait », 3e personne du singulier

Le présent de l'indicatif

FORME VERBALE	DÉSINENCE		JUSTIFICATION DE LA MARQUE DE LA PERSONNE
	TEMPS	PERSONNE	
« s'affranchit »	Ø	t	Sujet : « qui » ayant pour antécédent « l'intelligence », 3e personne du singulier

Sur Lea.fr

Retrouvez des exercices supplémentaires sur la conjugaison et la morphologie verbale

LE VERBE : VALEURS DES TEMPS ET DES MODES, EMPLOIS DE L'INFINITIF ET DU PARTICIPE PRÉSENT

JE M'ÉVALUE

1. Le chien est le meilleur ami de l'homme. Paul aimait vraiment cette idée mais cela n'avait pas toujours été le cas.

a) Dans la première phrase, le présent a une valeur :
A. d'habitude
B. de vérité générale
C. d'action accomplie

b) Dans la seconde phrase, « aimait » est un imparfait :
A. de répétition
B. d'organisation
C. exprimant une action non bornée

c) Dans la seconde phrase, « avait été » est conjugué :
A. au passé composé
B. au plus-que-parfait
C. à l'imparfait

d) « avait été » a une valeur :
A. d'action accomplie et antérieure
B. de répétition
C. d'action bornée

2. Quelle est la valeur du conditionnel dans la phrase suivante :
Elle me répondit qu'elle ferait ses devoirs après le diner.

3. Identifier le mode des verbes suivants :
a) Il peint.
b) ayant fini
c) déjeuner
d) que tu viennes

4. Donner la nature des mots soulignés dans la phrase suivante :
<u>Marchant</u> dans la forêt depuis des heures, il a trouvé sa sœur <u>énervante</u>.

5. Préciser l'emploi des infinitifs dans la phrase suivante :
Manger des fruits est bon pour la santé.

Réponses

1. a) B; b) C; c) B; d) A **2.** Il s'agit d'un futur dans le passé. **3.** a) indicatif; b) participe; c) infinitif; d) subjonctif. **4.** « marchant » : participe présent, « énervante » : adjectif verbal. **5.** « manger » : emploi nominal.

JE RÉVISE

A - LA VALEUR DES TEMPS

1. VALEUR D'EMPLOI

S'interroger sur le choix d'un temps verbal équivaut à s'intéresser à ce qu'on appelle la valeur d'emploi d'un temps.
Un temps verbal peut avoir différentes valeurs. Par exemple, le présent peut prendre une valeur de vérité générale (*Tous les hommes sont mortels*) ou une valeur d'habitude (*Il regarde la télévision tous les soirs*).
On distingue :

- les valeurs temporelles (situation du procès dans une chronologie, c'est-à-dire par rapport au moment de l'énonciation : les actions exprimées par les verbes sont analysées les unes par rapport aux autres);
- les valeurs aspectuelles (le procès est considéré sous l'angle de son déroulement : il s'agit de déterminer si l'action du verbe est accomplie ou non accomplie);
- les valeurs modales (position de l'énonciateur par rapport à son énoncé, c'est-à-dire ce qu'il veut exprimer).

On distingue également les temps du discours (présent, passé composé, futur) et les temps du récit (imparfait, passé simple, plus-que-parfait) en rapport avec la situation d'énonciation (*cf.* Partie 3 : Grammaire de discours).
Enfin s'opère une distinction entre les formes simples et les formes composées de l'indicatif : il s'agit d'une distinction d'aspect. Les formes simples permettent de présenter le procès du verbe comme non accompli, les formes composées le présentent au contraire comme accompli.

2. LES TEMPS SIMPLES

a) Le présent

Le présent peut avoir plusieurs valeurs :

- Le présent d'énonciation : la valeur de base du présent est la coïncidence entre le moment de l'énonciation et le procès du verbe. Autrement dit, l'action exprimée par le verbe se produit en même temps que son énonciation. *Je lis un livre* (la personne qui prononce cette parole est en train de lire un livre au moment où elle le dit).
- Le présent de vérité générale : le présent peut être employé pour exprimer une vérité, une idée admise par tous, une loi scientifique. *L'homme est mortel.* On le trouve notamment dans les aphorismes et les proverbes. *Qui dort dine.*
- Le présent d'habitude : le présent peut être utilisé pour exprimer une habitude, une action qui se répète. *Chaque jour il se lève à 8 heures.*
- Le présent de narration : d'usage peu fréquent, il est utilisé dans un récit au passé pour dynamiser le récit et rendre l'action plus vivante et réelle. *Le géant s'abattit sur les enfants, les attrapa et hurle* : « je vais vous manger ! »

b) Le futur

Le futur peut exprimer une action non accomplie par rapport au présent d'énonciation (valeur temporelle). *Il a beaucoup de travail : il n'ira pas au cinéma ce soir.*
Le futur peut exprimer un ordre, une demande, un souhait (valeur modale). *Tu fermeras la porte avant de partir.*

c) Le passé composé

Le passé composé est utilisé pour exprimer une action accomplie dans le passé. *Il a bien travaillé*.
Il est aussi employé pour exprimer une action antérieure par rapport à une action au présent d'énonciation. *Il est fatigué car il n'a pas bien dormi.*

d) Le conditionnel

Le conditionnel peut exprimer la postériorité par rapport à une action dans le passé (valeur temporelle). *Elle lui répondit qu'elle lui écrirait le lendemain.*
Il peut être utilisé pour exprimer une action dépendant d'une condition (valeur modale). *S'il faisait beau, nous irions à la mer.*
Il peut exprimer une idée sous une forme atténuée : la politesse (*Voudriez-vous m'accompagner ?)* ou l'éventualité, l'hypothèse (valeur modale). *Sartre renoncerait à son prix Nobel.*
Il peut exprimer un souhait (valeur modale). *J'aimerais venir te voir.*

e) L'imparfait

La valeur de base de l'imparfait sert à exprimer dans le passé des actions en cours de réalisation, sans limite de temps. On parle d'actions non bornées (c'est-à-dire dont on ne connait ni le début ni la fin). *Elle discutait avec ses amis.*
L'imparfait de description : l'imparfait peut être utilisé pour décrire un état, un objet ou une personne. *Marie était grande.*
L'imparfait d'habitude : l'imparfait peut être employé pour exprimer une habitude, une action qui se répète. *Chaque jour il se levait à 8 heures.*

f) Le passé simple

Le passé simple est utilisé pour exprimer dans le passé des actions achevées, limitées dans le temps. On parle d'actions bornées. *Il sortit de la pièce.* Il est également utilisé pour exprimer une succession d'actions dans le passé. *Il prit l'argent, le cacha dans son sac et sortit rapidement de la pièce.*

REMARQUE

Dans un récit au passé, l'imparfait est utilisé pour décrire l'arrière-plan de l'histoire et le passé simple les actions de premier plan. *Il était une fois une princesse qui portait malheur. Un jour, un jardinier lui offrit une rose.* Les actions à l'imparfait posent le décor de l'histoire, l'arrière-plan sur lequel se détache l'action de premier plan au passé simple.

3. LES TEMPS COMPOSÉS

a) Le plus-que-parfait

Le plus-que-parfait est utilisé pour exprimer une action accomplie dans le passé. *Il avait terminé ses devoirs.*
Il est aussi employé pour exprimer une action antérieure à une action au passé. *Il était fatigué car il n'avait pas bien dormi.*

b) Le passé antérieur

Le passé antérieur est employé pour exprimer une action antérieure à une action au passé simple. *Quand il eut terminé son travail, il rentra chez lui.*

c) Le futur antérieur

Le futur antérieur est employé pour exprimer une action accomplie dans le futur. *En 2050 les éléphants auront totalement disparu.*
Il est employé pour exprimer une action antérieure à une action au futur. *Quand tu auras fini tes devoirs, tu pourras jouer au foot.*

REMARQUE

La présence d'un semi-auxiliaire peut modifier la valeur du temps. C'est le cas des périphrases verbales comme *aller* + infinitif, *venir de* + infinitif. *Il vient de manger* : la périphrase verbale formée du semi-auxiliaire conjugué au présent et du verbe à l'infinitif a une valeur de passé proche. *Il va manger* : la périphrase verbale formée du semi-auxiliaire conjugué au présent et du verbe à l'infinitif a une valeur de futur proche.

B - LES VALEURS DES MODES

1. DÉFINITION

Le mode permet d'indiquer la position de l'énonciateur par rapport au procès du verbe. Dans la phrase *Pierre travaille dans son bureau,* l'utilisation du mode indicatif signifie que l'énonciateur de la phrase tient pour certain le fait que Pierre travaille dans son bureau.

2. LES VALEURS DES MODES

a) L'indicatif

Dans le cas de l'emploi de l'indicatif, l'énonciateur envisage l'énoncé produit comme vrai et certain. *Les enfants jouent dans la cour.*

b) Le subjonctif

Le subjonctif est le mode qui permet de présenter le procès du verbe comme virtuel (non réalisé). On distingue différents emplois du subjonctif, en proposition indépendante et en proposition subordonnée :

- Le subjonctif dans une proposition indépendante. Employé dans une proposition indépendante, le subjonctif peut avoir une valeur impérative (*Qu'il fasse immédiatement ses devoirs.*) ou exclamative (*Moi, que je lise !*).
- Le subjonctif en proposition subordonnée :
  - On emploie le subjonctif dans les propositions subordonnées complétives après des verbes exprimant la volonté, le souhait, l'espoir, le doute, le regret : *vouloir, désirer, exiger, regretter, douter... Je veux qu'il fasse ses devoirs immédiatement. Je regrette qu'il soit parti si vite.*
  - On emploie le subjonctif dans les propositions subordonnées relatives ayant un antécédent virtuel (*Je voudrais une voiture qui ait cinq portes*), comprenant un superlatif (*C'est la plus belle voiture que j'aie jamais vue*), comprenant une restriction (*C'est la seule personne qui me comprenne*).
  - On emploie le subjonctif dans les propositions subordonnées circonstancielles de but (*Il a fini plus tôt pour qu'ils puissent aller au théâtre*), de concession (*Bien qu'il ait fini* tôt, *ils sont arrivés en retard au théâtre*), d'hypothèse (*Je sortirai à condition qu'il ne pleuve pas*), de temps marquant la postériorité (*Vous serez reparti avant qu'il ne fasse nuit*).

c) L'impératif

L'impératif vise à orienter la conduite du destinataire. Il permet l'expression de l'ordre, du conseil, de la demande, de la prière, de la suggestion. *Apprenez la valeur des modes pour demain* (ordre). *Soyez prudents* (conseil).

d) L'infinitif

L'infinitif est considéré comme la forme nominale du verbe. Il y a une non actualisation du procès, c'est-à-dire une indétermination temporelle et personnelle. *Dormir est nécessaire au développement physique et psychique de l'enfant.*

e) Le participe

Le participe présent est invariable. L'action exprimée par le verbe au participe présent ou au gérondif est en cours d'accomplissement (inaccomplie) avec une relation de simultanéité par rapport à l'action portée par le verbe conjugué de la phrase. *Travaillant dur, il est fatigué* (l'action portée par le participe présent est en cours d'accomplissement et simultanée par rapport à l'état exprimé par « est »).

L'action exprimée par le verbe au participe passé est accomplie par rapport à l'action portée par le verbe conjugué de la phrase. *Ayant beaucoup travaillé aujourd'hui, il rentre tôt* (l'action portée par le participe passé « ayant travaillé » est accomplie par rapport à l'action du verbe « travaille »).

ATTENTION !

Dans une phrase contenant un gérondif, le sujet du gérondif et le sujet du verbe conjugué doivent obligatoirement être les mêmes. *En me retournant, je l'ai aperçu* est une phrase syntaxiquement correcte. **En me retournant, mon écharpe s'est envolée* est une phrase syntaxiquement incorrecte.

C - LES EMPLOIS DU PARTICIPE ET DE L'INFINITIF

La grammaire distingue les valeurs d'un mode (*cf.* Partie 1 : Grammaire de phrase, Classes de mots variables, « Le verbe : valeurs des temps et des modes, emplois de l'infinitif et du participe présent », § B - Les valeurs des modes) et ses emplois.

1. L'EMPLOI DE L'INFINITIF

On distingue trois types d'emplois de l'infinitif ou du groupe infinitif :

- L'emploi verbal :

L'infinitif peut être le centre d'une proposition indépendante soit à valeur délibérative (*Que choisir* ?) soit à valeur exclamative (*Moi, lui dire une telle chose !)* soit à valeur d'ordre (*Mélanger les œufs et le sucre).*

L'infinitif peut être le centre d'une proposition subordonnée infinitive (*cf.* Partie 1 : Grammaire de phrase, « La phrase », § D - Les propositions subordonnées). *Il entend les enfants crier.*

L'infinitif peut être employé dans une périphrase verbale avec un semi-auxiliaire. *Il vient de partir*. *Il doit partir.*

- L'emploi nominal : l'infinitif peut occuper les mêmes fonctions que le nom : sujet, COD, COI, attribut, etc. *Il apprend à lire*. *Manger des fruits et des légumes est bon pour la santé.*
- La conversion de l'infinitif en nom : l'infinitif devient un nom s'il est précédé d'un déterminant. *Le savoir.*

2. L'EMPLOI DU PARTICIPE PRÉSENT

On distingue trois types d'emplois du participe présent ou du groupe participial :

- L'emploi verbal : le participe présent peut être le centre d'une proposition subordonnée participiale (*cf.* Partie 1 : Grammaire de phrase, « La phrase », § D - Les propositions subordonnées). *La mer étant agitée, les pêcheurs restent au port.*
- L'emploi adjectival. Il présente deux cas distincts :
  - L'adjectif verbal : le participe présent peut prendre une forme adjectivale. Il devient alors variable en genre et en nombre. Il est alors nommé adjectif verbal. *Cet élève est énervant.* (*Cf.* Partie 4 : Orthographe, « Homonymes / paronymes, adverbes en *-ment*, participe présent et adjectif verbal », § C - L'orthographe du participe présent et de l'adjectif verbal)

  - Le participe présent en fonction d'épithète ou d'apposition : le participe présent peut, tout en conservant sa forme verbale, occuper les fonctions épithète et apposition de l'adjectif. *Pierre observe les espèces <u>vivant</u> dans la forêt* (en fonction d'épithète de « espèces »). *<u>Pensant</u> à son travail, elle ne voit pas la voiture arriver* (en fonction d'apposition à « elle »).
- L'emploi adverbial : le participe présent, précédé de la préposition « en », forme le gérondif et ce dernier est toujours en fonction de complément circonstanciel (il est employé comme un adverbe). *<u>En mangeant</u> une pomme, elle s'est cassé une dent.*

JE M'ENTRAINE

◆ Exercice 1

Après avoir précisé le temps et le mode des verbes conjugués, analyser la valeur des temps :
a) Elle arriverait aujourd'hui.
b) Il commence son discours.
c) Je lui répondis qu'il serait le bienvenu.
d) Son père était un homme dur qui lui faisait des reproches chaque jour.
e) Il s'endormit alors que tout le monde parlait.
f) Elles avaient marché toute la journée.
g) Il vient de partir.

◆ Exercice 2

Analyser la valeur des temps des verbes conjugués dans le passage suivant. Préciser leur temps et leur mode :
« Au déclin d'une nuit, bien avant l'aube, j'errais dans les collines, en bordure du val Ricard, à la recherche de Volga que j'entendais chasser dans la combe, quand au détour d'un sentier, je me trouvai nez à nez avec une luronne qui poussa un cri :
– O! ...
– Je t'ai fait peur? Tu me connais?... [...]
Je m'assis à côté d'elle sur son baluchon qui était rempli d'herbe. Elle n'avait donc pas dévalisé un clapier ou une basse-cour comme je le supposais. » (Blaise Cendrars, *L'homme foudroyé*)

CONSEIL MÉTHODO

Si le passage à analyser contient du récit et du discours, il est souhaitable de choisir le plan suivant : 1) Les temps du récit 2) les temps du discours.

◆ Exercice 3

Après avoir précisé le temps et le mode des verbes, analyser la valeur des modes dans les phrases suivantes :
a) Ayant longtemps vécu à Paris, ils trouvent la ville de Brest un peu trop tranquille.
b) Demeurer dans cette ville sera difficile bien que la côte soit proche.
c) Pensant sans cesse à lui, elle souhaite qu'il vienne la voir tous les jours.
d) Rentre immédiatement!

◆ Exercice 4

Préciser l'emploi des infinitifs dans les phrases suivantes :
a) Il regarde les oiseaux s'envoler.
b) Comment lui dire ?
c) Lire des romans me détend.
d) Elle abuse de son pouvoir.

◆ Exercice 5

Identifier l'emploi des participes présents dans les phrases suivantes :
a) En arrivant chez lui, il prit un bain.
b) Les élèves travaillant sur un projet, le maitre corrige leurs cahiers.
c) Le chat dormant sur le canapé ronfle.
d) Travaillant très dur toute la semaine, il se repose le week-end.

RÉPONSES

◆ Exercice 1

a) « Arriverait » : conditionnel présent de l'indicatif → hypothèse ; b) « commence » : présent de l'indicatif → présent d'énonciation ; c) « répondis » : passé simple de l'indicatif → action bornée, « serait » : conditionnel présent de l'indicatif → futur dans le passé ; d) « était » : imparfait de l'indicatif → imparfait de description, « faisait » : imparfait de l'indicatif → habitude ; e) « s'endormit » : passé simple de l'indicatif → action bornée, « parlait » : imparfait de l'indicatif → action non bornée ; f) « plus-que-parfait de l'indicatif → action accomplie dans le passé ; g) « vient de partir » présent de l'indicatif (périphrase verbale) → passé proche.

◆ Exercice 2

Tous les verbes conjugués de ce passage sont au mode indicatif.

LES TEMPS DU RÉCIT AU PASSÉ		
TEMPS	**OCCURRENCES**	**VALEUR**
Imparfait	« errais » ; « entendais » ; « était rempli » (passif) ; « supposais »	Actions non bornées/arrière-plan du récit
Passé simple	« trouvai » ; « poussa » « m'assis »	Actions bornées de premier plan qui se détachent de l'arrière-plan à l'imparfait
Plus-que-parfait	« avait dévalisé »	Action accomplie et antérieure à une action au passé

LES TEMPS DU DISCOURS		
TEMPS	**OCCURRENCES**	**VALEUR**
Présent	« connais »	Énonciation
Passé composé	« ai fait »	Action accomplie par rapport à un présent d'énonciation

◆ Exercice 3

b) « Ayant vécu » : passé du participe → action accomplie; « trouvent » : présent de l'indicatif → fait tenu pour certain; b) « Demeurer » : présent de l'infinitif → non actualisation de l'action, valeur nominale; « sera » : futur de l'indicatif → fait tenu pour certain, « soit » : présent du subjonctif → virtualité de l'action/dans une proposition subordonnée circonstancielle d'opposition; c) « pensant » : présent du participe → simultanéité de l'action; « souhaite » : présent de l'indicatif → fait tenu pour certain; « voir » : présent de l'infinitif → non actualisation de l'action; d) « rentre » : présent de l'impératif → ordre.

◆ Exercice 4

a) Emploi verbal : l'infinitif « s'envoler » est le centre de la proposition infinitive « les oiseaux s'envoler »; b) emploi verbal : l'infinitif « dire » est le centre de la proposition indépendante « comment lui dire ? »; c) emploi nominal de l'infinitif « lire » (= la lecture de romans); d) conversion de l'infinitif « pouvoir » en nom par l'adjonction du déterminant possessif « son ».

◆ Exercice 5

a) Emploi adverbial; b) emploi verbal (le participe présent est le centre de la proposition participiale « les élèves travaillant sur un projet »; c) emploi adjectival (« dormant sur le canapé » est en fonction d'épithète du groupe nominal « le chat »); d) emploi adjectival (« travaillant très dur toute la semaine » est en fonction d'apposition au pronom « il »).

Sur Lea.fr

Retrouvez des exercices supplémentaires sur les valeurs des temps ; sur les valeurs des modes et sur les emplois du participe et de l'infinitif

Les fonctions

LES FONCTIONS PAR RAPPORT AU NOM : LES EXPANSIONS DU NOM

JE M'ÉVALUE

1. Dans les phrases suivantes, souligner les noms enrichis par une expansion :
a) Paul, mon voisin, rentre tard chaque soir.
b) L'obscurité profonde est source d'angoisse.
c) L'objectif que je vise me semble réalisable.
d) La pêche au thon a été interdite pour la préservation de l'espèce.

2. Donner la nature des expansions soulignées :
a) Cet explorateur est un grand homme.
b) Je déteste le chien de mon voisin.
c) La pomme que je croque est savoureuse.
d) Cette intervention, remarquable, pourrait changer le cours des choses.

3. Dans les phrases suivantes, relever les différentes expansions du nom souligné et indiquer leur fonction.
a) Ce grand auteur a été oublié par l'histoire.
b) Cette robe de bal est somptueuse.
c) Gauguin, grand coloriste, a vécu aux Marquises.
d) Le petit chat que j'ai recueilli est particulièrement maladroit.

Réponses

1. a) Paul ; b) obscurité, source ; c) objectif ; d) pêche, préservation. **2.** a) adjectif ; b) groupe prépositionnel nominal ; c) proposition subordonnée relative ; d) adjectif. **3.** a) « grand » : épithète de « auteur » ; b) « de bal » : complément du nom « robe » ; c) « grand coloriste » : apposition au nom « Gauguin » ; d) « petit », « que j'ai recueilli » : épithètes de « chat ».

JE RÉVISE

A - DÉFINITION

La forme de base d'un groupe nominal est composée d'un nom et d'un déterminant et est appelée groupe nominal réduit. À ce nom peuvent s'ajouter un ou plusieurs constituants pour enrichir le sens du groupe nominal : **les expansions du nom.** On parle alors de groupe nominal étendu : *La jeune femme*; *La jeune femme de mes souvenirs*; *La jeune femme de mes souvenirs qui me sourit.*

Les expansions du nom peuvent avoir différentes natures :

- un adjectif ou groupe adjectival : *L'enfant taquin joue.*
- une proposition subordonnée relative : *L'enfant qui est taquin joue.*
- un groupe prépositionnel : *L'enfant de ma voisine joue.*
- un nom ou un groupe nominal : *Le chat, Félix, ronronne.*
- un participe ou groupe participial : *L'enfant dormant sur le canapé rêve.*
- une proposition subordonnée conjonctive complétive : *L'idée que tu réussisses me réjouit.*

B - FONCTION DES EXPANSIONS DU NOM

On distingue trois fonctions différentes :

- les épithètes : *La jeune femme s'en va.*
- les compléments du nom : *La femme de mon voisin s'en va.*
- les appositions : *La femme, jeune, s'en va.*

1. LA FONCTION ÉPITHÈTE

La fonction épithète peut être remplie par :

- un adjectif ou groupe adjectival : *le vélo bleu/le très beau vélo.*
- un participe (passé ou présent) et groupe participial : *Le vélo, laissé/trainant dans l'arrière-cour, appartient à Juliette.*
- une proposition subordonnée relative : *Le vélo qui traine dans la cour appartient à Juliette.* (*Cf.* Partie 1 : Grammaire de phrase, « La phrase », § D - Les propositions subordonnées)
- un nom : *un film grand public.*

REMARQUE

La *Grammaire du français* de l'Éducation nationale donne pour le nom ou GN la fonction épithète alors que d'autres grammaires indiquent la fonction complément du nom en construction directe : dans *un fauteuil Louis XV* : « Louis XV » a pour fonction complément du nom « fauteuil » selon les autres grammaires.

2. LE COMPLÉMENT DU NOM

Le complément du nom est introduit par une préposition (*de, à, pour, sur, contre, entre*...). C'est donc un groupe prépositionnel. Il est placé à droite du nom ; il est supprimable, mais non déplaçable.
→ *J'ai regardé un film de science-fiction.*
→ *J'ai regardé un film.*
→ **J'ai regardé de science-fiction un film.*

La fonction complément du nom est essentiellement remplie par un groupe prépositionnel (GP). Pour définir avec précision le groupe prépositionnel, on observe le mot noyau du groupe. On distingue ainsi :

- le GP nominal : *une promenade en barque* ;
- le GP pronominal : *être la joie de celui-ci* ;
- le GP adjectival : *la raison du plus fort* ;
- le GP infinitif : *la joie de vivre* ;
- le GP adverbial : *les mœurs d'aujourd'hui*.

ATTENTION !

La fonction complément du nom est parfois remplie par une proposition subordonnée complétive : *La sensation qu'il viendrait l'effrayait* (*cf.* Partie 1 : Grammaire de phrase, « La phrase », § D - Les propositions subordonnées). Cette proposition subordonnée complète généralement un verbe. Lorsqu'elle est en fonction de complément du nom, la subordonnée complète un nom abstrait et vient en préciser le contenu, la teneur.

3. LA FONCTION APPOSITION

Selon un critère formel, l'apposition est un complément généralement détaché par des virgules, ou deux points.
Contrairement aux épithètes et compléments du nom qui réduisent l'extension du nom, l'apposition n'en réduit pas l'extension mais apporte un complément d'information.

ATTENTION !

Ne pas confondre épithète et apposition.

Les enfants fatigués partirent faire la sieste. (Ne sont désignés que les enfants qui sont fatigués. L'extension du nom « enfants » est réduite.) → « Fatigués » : participe passé employé comme adjectif, épithète de « les enfants ».

Les enfants, fatigués, partirent faire la sieste. (Tous les enfants sont fatigués et partent dormir. Dans ce cas, l'extension du nom n'est pas réduite. L'adjectif apporte un complément d'information.) → « Fatigués » : participe passé employé comme adjectif, apposition de « les enfants ».

La fonction apposition peut être remplie par différentes classes grammaticales :

- un nom ou groupe nominal : *Notre chat, cet imbécile, est coincé en haut d'un arbre.*
- un adjectif ou un groupe adjectival : *Cette femme, vraiment remarquable, s'est illustrée dans sa quête d'absolu.*
- Une proposition subordonnée relative : *Cette femme, qui est astronaute, partira pour Mars lors de la prochaine mission.*
- une proposition subordonnée conjonctive complétive : *Il n'a qu'un seul désir : que tu réussisses ta vie.*
- un infinitif ou groupe infinitif : *Il passait tout son temps à assouvir sa passion, peindre des paysages*.

ATTENTION !

Plusieurs grammaires analysent les adjectifs et propositions subordonnées relatives détachées entre virgules comme épithètes détachées. La *Grammaire du français* de l'Éducation nationale analyse toute expansion du nom détachée comme apposition (adjectif, proposition subordonnée, groupe nominal).

JE M'ENTRAINE

◆ Exercice 1

Relever les expansions des noms soulignés dans la phrase suivante et indiquer leur nature.
L'aimable garçon, un jeune homme du village voisin, aidait tous les habitants qui en avaient besoin.

◆ Exercice 2

Donner la nature et la fonction des expansions du passage suivant en les classant.
« Mme Herote, cousine de nombreux héros décédés, ne sortait plus de son impasse qu'en grand deuil ; encore, n'allait-elle en ville, que rarement, son commissaire ami se montrant assez jaloux. Nous nous réunissions dans la salle à manger de l'arrière-boutique, qui, la prospérité venue, prit bien les allures d'un petit salon. » (Louis-Ferdinand Céline, *Voyage au bout de la nuit*)

CONSEIL MÉTHODO

Pour trouver une expansion du nom, il faut commencer par souligner les noms du passage, puis regarder s'ils sont précisés par un adjectif, une proposition subordonnée relative ou un groupe prépositionnel. Ensuite il reste à classer toutes les occurrences dans un tableau. Attention : une expansion peut contenir elle-même une autre expansion !

RÉPONSES

◆ Exercice 1

Le nom « garçon » possède une expansion : un adjectif « aimable ».
Le nom « homme » possède deux expansions : un adjectif « jeune » et un groupe prépositionnel nominal « du village voisin ».
Le nom « habitants » possède une expansion : une proposition subordonnée relative « qui en avaient besoin ».

REMARQUE

« Tous » est un déterminant et non une expansion du nom (*cf.* Partie 1 : Grammaire de phrase, Classes de mots variables, « Les déterminants et les pronoms »).

◆ **Exercice 2**

NATURE	OCCURRENCES	FONCTION
Noms ou groupes nominaux	« cousine de nombreux héros décédés »	Apposition à « Mme Herote »
	« ami »	Épithète de « commissaire »
Groupes prépositionnels	« de nombreux héros décédés »	Complément du nom « cousine »
	« à manger »	Complément du nom « salle »
	« de l'arrière-boutique »	Complément du nom « salle à manger »
	« d'un petit salon »	Complément du nom « allures »
Adjectifs	« décédés »	Épithète de « héros »
	« grand »	Épithète de « deuil »
	« petit »	Épithète de « salon »
Proposition subordonnée relative	« qui prit les allures d'un petit salon »	Apposition à « salle à manger de l'arrière-boutique »

REMARQUE

« Nombreux » est considéré ici comme un déterminant indéfini.

Sur Lea.fr

Retrouvez des exercices supplémentaires sur les expansions du nom

LES FONCTIONS PAR RAPPORT AU VERBE : SUJET ET COMPLÉMENT DE VERBE

JE M'ÉVALUE

1. Relever les sujets dans les phrases suivantes :
a) Elle a un chien qui est aveugle.
b) Quand approche le printemps, les jardins s'égaient.
c) Créer, ou tout au moins réfléchir à une future création, est un besoin vital chez les artistes.

2. Quelle est la nature des sujets dans les phrases suivantes ?
a) Les enfants aiment se cacher ; certains y arrivent mieux que les autres.
b) Les arbres de la forêt tropicale sont de plus en plus menacés.
b) Elle aime les romans qui se terminent bien.

3. Dans la phrase suivante :
Albert est végétarien mais il donne quelquefois à ses enfants des cuisses de grenouilles.

a) « végétarien » est :
A. un COD
B. un attribut du sujet
C. un COI

b) « des cuisses de grenouilles » est :
A. un GN en fonction de COI
B. un adjectif en fonction d'attribut
C. un GN en fonction de COD

c) « à ses enfants » est :
A. un complément circonstanciel
B. un COI
C. un complément d'agent

4. Relever les compléments de verbe dans la phrase suivante et leur fonction :
Pierre est encouragé par ses amis car il semble fatigué : ils lui donnent des conseils précieux.

Réponses

1. a) « elle », « qui » ; b) « le printemps », « les jardins » ; c) « créer ». **2.** a) « les enfants » : GN, « certains » : pronom indéfini ; b) « les arbres de la forêt tropicale » : GN ; c) « elle » : pronom personnel, « qui » : pronom relatif. **3.** a) B ; b) C ; c) B. **4.** « par ses amis » : complément d'agent de « est encouragé » ; « fatigué » : attribut du sujet « il » ; « lui » : COI de « donnent » ; « des conseils précieux » : COD de « donnent ».

JE RÉVISE

A - LA FONCTION SUJET

Le sujet est l'un des constituants essentiels de la phrase ; il n'est donc pas supprimable. Il précède généralement le verbe mais peut parfois être inversé et être séparé du verbe par d'autres groupes. Le sujet règle l'accord du verbe.
La fonction sujet peut être remplie par :

- un nom ou GN : *Marie arrive demain. La maison est grande.*
- un pronom (personnel, démonstratif, possessif, indéfini, interrogatif, relatif) : *Elle arrive dans deux heures. Je regarde un oiseau qui s'envole.*
- un infinitif ou un groupe infinitif : *Dormir est nécessaire à une bonne santé.*
- une proposition subordonnée conjonctive complétive : *Que mes enfants ne soient pas là me déçoit.*
- une proposition subordonnée relative substantive : *Qui dort dine.*

B - LA FONCTION COMPLÉMENT DE VERBE

1. LA CONSTRUCTION DU VERBE

Le groupe verbal (GV) s'articule autour du verbe dont dépendent d'autres éléments, en particulier ses compléments ; il existe différents types de construction :

- **la construction intransitive** : quand le verbe n'admet pas de complément. Il n'y a pas de possibilité de transformation à la voix passive : *Il court.*
- **la construction transitive** : quand le verbe admet un complément. On distingue :
  - **la construction transitive directe** si le complément est directement lié au verbe (COD). La transformation à la voix passive est alors possible : *Les pompiers éteignent le feu (Le feu est éteint par les pompiers).*
  - **la construction transitive indirecte** si le complément est introduit par une préposition (COI). *Elle parle à sa sœur.*
  - **la construction ditransitive** : quand le verbe se construit avec deux compléments (en général les verbes exprimant un don, une parole...) *Je vous informe de mon prochain départ à la retraite. Elle a offert un cadeau à son frère.*
  - **la construction attributive** si le verbe instaure une relation morphosyntaxique et sémantique entre l'attribut et le sujet par l'intermédiaire d'un verbe attributif ou d'un verbe en emploi attributif. *Elle est devenue très désagréable.*

Il existe plusieurs types de verbes introduisant un attribut :

- le verbe *être* ou les verbes attributifs : *sembler, paraitre, avoir l'air, se montrer, passer pour, se révéler, ressembler à... Elle semble fatiguée.*
- les verbes indiquant la persistance, le changement, l'entrée dans un état : *se trouver, tomber* + adjectif. *Il tombe tout le temps amoureux.*
- les verbes conférant un titre, une appellation à la voix passive : *être nommé, élu, appelé, jugé. Elle a été élue* députée.

- les verbes à la forme pronominale comme *s'appeler*, *se nommer*, *se constituer* (prisonnier par exemple) : *Il se nomme Paul.*
- certains verbes d'action que l'on dira à élargissement attributif c'est-à-dire qui sont ordinairement transitifs ou intransitifs mais peuvent occasionnellement être attributifs : *revenir, rentrer, sortir partir* : *Elle est sortie furieuse de son rendez-vous.*
- les verbes *naitre* et *mourir* : *Il est mort heureux.*

2. LES COMPLÉMENTS DU VERBE

a) L'attribut du sujet

L'attribut du sujet constitue un cas spécifique : certaines grammaires le nomment « constituant essentiel du verbe » et non complément du verbe car il fonctionne en relation avec le sujet de la phrase par l'intermédiaire du verbe. Il sert à caractériser le sujet.

Il peut avoir différentes natures :

- un nom : *Son oncle est devenu facteur.*
- un GN : *C'est un médecin.*
- un adjectif : *Ce livre semble intéressant.*
- un pronom : *C'est elle.*
- un groupe prépositionnel : *Marie parait en colère. L'important est de participer.*
- un infinitif : *Vouloir, c'est pouvoir.*
- une proposition subordonnée conjonctive : *L'important est qu'il réussisse cette année.*

ATTENTION !

Ne pas confondre l'attribut du sujet avec l'attribut de l'objet (du COD) qui suit généralement des verbes comme *rendre*, *faire*, *trouver*, les verbes d'appellation à la voix active. *On l'appelait Le Petit chaperon rouge. Je la crois très intelligente.*

b) Le COD et le COI

Les compléments d'objet direct et les compléments d'objet indirect sont des compléments appelés par la construction du verbe, donc non supprimables. Ils sont pronominalisables, c'est-à-dire qu'on peut les remplacer par un pronom.
Elle offre des fleurs à sa mère → *Elle lui en offre.*
Les phrases contenant un COD peuvent être mises à la voix passive.
Les compléments d'objet indirect sont introduits par une préposition. *Elle lit le journal* (COD). *En votre absence nous nous occupons de tout* (COI).

Ils peuvent être de différentes natures :

- GN : *Ma mère offre des fleurs à ses voisins.*
- pronom : *Je le lui donne volontiers.*
- infinitif : *Il préfère partir. Il choisit de repartir.*
- proposition subordonnée conjonctive complétive : *Je veux que tu rentres immédiatement. Elle s'attends à ce qu'il ne vienne pas.*
- proposition subordonnée interrogative indirecte : *Il se demande s'il pourra venir à la réunion.*
- proposition subordonnée infinitive : *Les enfants regardent les oiseaux s'envoler.*
- proposition subordonnée relative substantive : *Embrassez qui vous voudrez.*

ATTENTION !

Ne pas confondre les groupes prépositionnels en fonction de complément du nom et en fonction de COI. Pour cela, il faut identifier le mot auquel est rattaché le groupe prépositionnel.

Il a reçu un colis de son cousin. « de son cousin » est rattaché au verbe : il est donc COI.

Il aime bien le chien de son cousin. « de son cousin » est rattaché au nom : « chien » : il est donc complément du nom.

REMARQUE

La *Grammaire du français* de l'Éducation nationale a choisi de classer en COD et COI les compléments que les autres grammaires nomment compléments essentiels de lieu, de temps (qui suivent des verbes locatifs comme *être*, *se trouver*, *habiter*... ou des verbes de mesure comme *peser*, *couter*, *durer*...).

Il va à Paris : COI de « va » pour la *Grammaire du français* de l'Éducation nationale et complément essentiel de lieu du verbe « va » pour les autres grammaires.

La représentation dure trois heures : COD de « dure » pour la *Grammaire du français* de l'Éducation nationale et complément essentiel de durée du verbe « dure » pour les autres grammaires.

c) Le complément d'agent

Le complément d'agent apparait uniquement dans les phrases de forme passive. Il est généralement introduit par la préposition « de » ou « par ». *Le feu vient d'être éteint par les pompiers*. La route est bordée *d'arbres*.
Le complément d'agent peut ne pas être exprimé. *La moquette vient d'être remplacée* (sous-entendu : par quelqu'un).

ATTENTION !

Ne pas confondre le COI et le complément d'agent. Pour cela il faut vérifier si le verbe est à la voix passive.

- *Samuel parle de son professeur de français*. (Le verbe est à la voix active et on peut pronominaliser « de son professeur de français », le complément est donc un COI.)
- *Le professeur de français est apprécié de Samuel*. (Le verbe est à la voix passive et le complément est l'agent de l'action, il s'agit donc d'un complément d'agent.)

JE M'ENTRAINE

◆ Exercice 1

Relever quatre sujets de nature différente dans le texte suivant :
« Nous sommes arrivés à Livourne dans quarante jours de navigation. C'est une ville nouvelle ; elle est un témoignage du génie des ducs de Toscane, qui ont fait d'un village marécageux la ville d'Italie la plus florissante.
Les femmes y jouissent d'une grande liberté. Elles peuvent voir les hommes à travers certaines fenêtres qu'on nomme *jalousies* ; elles peuvent sortir tous les jours avec quelques vieilles qui les accompagnent ; elles n'ont qu'un voile. Leurs beaux-frères, leurs oncles, leurs neveux peuvent les voir sans que le mari s'en formalise presque jamais. » (Montesquieu, *Les lettres persanes,* Lettre XXIII)

CONSEIL MÉTHODO

Pour vérifier qu'un mot ou groupe de mots est bien un sujet, il faut l'entourer de l'expression « c'est... qui ». Dans la première phrase de l'exercice 1, « nous » est sujet car on peut dire « c'est nous qui sommes arrivés ».

◆ Exercice 2

Relever et classer les sujets du passage suivant :
« Dans la profondeur de la forêt résonnait un appel, et chaque fois qu'il l'entendait, mystérieusement excitant et attirant, il se sentait forcé de tourner le dos au feu et à la terre battue qui l'entourait, et de plonger au cœur de cette forêt toujours plus avant, il ne savait où ni pourquoi ; il ne se posait pas la question mais l'appel résonnait impérieusement dans la profondeur des bois. » (Jack London, *L'Appel de la forêt*)

◆ Exercice 3

Dans les phrases suivantes, dire si les verbes sont transitifs, intransitifs ou attributifs :
a) Lors de la dernière bataille, tous les soldats moururent.
b) Il dénonça le manque de réalisme de ce film.
c) Rémus était le fils de Mars et de Rhea Silvia.

◆ Exercice 4

Relever les compléments de verbe dans les phrases suivantes et préciser leur nature :
a) Romulus et Rémus ont été élevés par une louve qui les a trouvés au bord du Tibre.
b) Ils décidèrent de ne pas partir car ils étaient trop fatigués pour conduire.
c) Ulysse, guidé par Athéna, inventa la ruse du cheval de Troie.
d) Ils parlèrent toute la nuit de leurs romans préférés en mangeant des bonbons.

CONSEIL MÉTHODO

Pour trouver un complément de verbe, commencer par souligner tous les verbes (conjugués, verbes à l'infinitif et les participes), puis vérifier qu'on ne peut ni déplacer ni supprimer le complément.

◆ Exercice 5

Classer les compléments de verbe et préciser leur fonction dans le passage suivant : « La ville était tranquille mais Vanio se souvenait que son frère avait été tué pour bien moins que ce qu'il faisait maintenant. [...] Quand ils traversèrent la place, devant le banc de celui qui, le premier, avait refusé la tyrannie, ils furent pris d'une grande envie de rentrer chez eux et de vivre tranquillement leur bonheur. » (Yves Heurté, *L'horloger de l'aube*, © Syros)

CONSEIL MÉTHODO

Pour ne pas se tromper entre un COD et un attribut du sujet, il faut vérifier si le verbe est un verbe attributif et s'il y a identité entre le sujet et le verbe.

RÉPONSES

◆ Exercice 1

Un pronom personnel : « nous » ou « elle » ou « on »; un pronom démonstratif : « c' »; un pronom relatif : « qui »; un GN : « les femmes » ou « leurs beaux-frères, leurs oncles, leurs neveux » ou « le mari ».

◆ Exercice 2

Pronoms personnels : « il » (X4), sujets de « entendait », « se sentait », « savait », « se posait »; groupes nominaux : « un appel », sujet inversé de « résonnait », « l'appel », sujet de « résonnait »; pronoms relatifs : « qui », sujet de « entourait ».

◆ Exercice 3

a) Intransitif; b) transitif direct; c) attributif.

◆ Exercice 4

a) « Par une louve qui les a trouvés au bord du Tibre » : groupe prépositionnel nominal, « les » : pronom personnel; b) « de ne pas partir » : groupe prépositionnel infinitif, « trop fatigués pour conduire » : groupe adjectival; c) « la ruse du cheval de Troie » : GN; d) « de leurs romans préférés » : groupe prépositionnel nominal, « des bonbons » : GN.

REMARQUE

On ne relève pas « toute la nuit » car on peut le déplacer ou le supprimer : ce n'est donc pas un complément de verbe mais de phrase, c'est-à-dire un complément circonstanciel.

◆ **Exercice 5**

NATURES	OCCURRENCES	FONCTIONS
Adjectif	« tranquille »	Attribut du sujet « la ville »
GN	« la place »	COD de « traversèrent »
	« la tyrannie »	COD de « avait refusé »
	« leur bonheur »	COD de « vivre »
Proposition subordonnée conjonctive	« que son frère avait tué pour bien moins que ce qu'ils faisaient maintenant »	COI de « se souvenait »
GPN	« d'une grande envie de rentrer chez eux et de vivre tranquillement leur bonheur »	Complément d'agent de « furent pris »
	« chez eux »	COI de « rentrer »
Pronom relatif (sans antécédent)	« ce qu' »	COD de « faisait »

REMARQUE

On ne relève pas « se » car vu qu'il s'agit d'un verbe essentiellement pronominal, le pronom n'est pas analysable ici. De même on ne relève pas l'adverbe « tranquillement » car on peut le déplacer ou le supprimer : ce n'est donc pas un complément de verbe mais de phrase, c'est-à-dire un complément circonstanciel.

Sur Lea.fr

Retrouvez des exercices supplémentaires sur la fonction sujet et la fonction complément de verbe

LES FONCTIONS PAR RAPPORT À LA PHRASE : LES COMPLÉMENTS CIRCONSTANCIELS

JE M'ÉVALUE

1. Identifier les compléments circonstanciels dans les phrases suivantes :
a) Il mange une pomme pour avoir des vitamines.
b) Soudain une voiture apparut au loin.

2. Donner la nature des compléments circonstanciels soulignés dans la phrase suivante :
Demain il sera là malgré les circonstances.

3. Dans la phrase suivante : Paul regarde un film tous les soirs dans son bureau.
a) « un film » est :
A. complément circonstanciel
B. COD
C. complément d'agent

b) « tous les soirs » est :
A. COI
B. COD
C. complément circonstanciel

c) « dans son bureau » est :
A. groupe prépositionnel/COI
B. groupe nominal/complément circonstanciel
C. groupe prépositionnel/complément circonstanciel

Réponses

1. a) « pour avoir des vitamines » ; b) « soudain », « au loin ». **2.** « demain » : adverbe ; « malgré les circonstances » : groupe prépositionnel nominal. **3.** a) B ; b) C ; c) C.

JE RÉVISE

A - DÉFINITION

Le complément circonstanciel est l'un des constituants de la phrase de base (avec le groupe sujet et le groupe verbal). Il s'agit d'un complément de phrase, mobile et facultatif : il peut être supprimé et déplacé. Il apporte des précisions sur les circonstances de l'action comme :

- le lieu : *Dans mon quartier, il y a de magnifiques maisons.*
- le temps : *Aujourd'hui il fait beau.*
- la cause : *Il s'est cassé la jambe en sautant à la corde.*
- la manière : *Patiemment il travaille en grammaire.*
- le moyen : *Il travaille avec plusieurs grammaires.*
- le but : *Il travaille pour réussir son concours.*
- la conséquence : *Il travaille tellement qu'il va réussir son concours.*
- l'hypothèse : *S'il travaille, il va réussir son concours.*
- l'opposition : *Bien qu'il ait beaucoup travaillé, il n'a pas réussi son examen.*
- ...

B - NATURE

Le complément circonstanciel peut avoir différentes natures :

- un groupe nominal : *La semaine prochaine nous partirons en vacances.*
- un groupe prépositionnel : *Dans deux heures le bal commencera.*
- un adverbe : *Il sera là demain.*
- une proposition subordonnée conjonctive circonstancielle : *Quand il sera là, la cérémonie pourra commencer.*
- un gérondif : *Elle s'est foulé la cheville en dansant.*
- une proposition participiale : *Leurs parents étant absents, les enfants regardent la télévision toute la journée.*

JE M'ENTRAINE

◆ Exercice 1

Indiquer la circonstance exprimée par les compléments circonstanciels soulignés dans les phrases suivantes :
a) Pour faire des crêpes, il faut des œufs, de la farine et du lait.
b) Il affirma qu'il reviendrait le lendemain.
c) En y réfléchissant, ils ont réalisé leur erreur.
d) Dans cette vitrine, tous les objets sont magnifiques.
e) Il sort alors qu'il neige.
f) Parce qu'il avait fait une promesse, Paul ne se manifesta pas.

◆ Exercice 2

Relever les compléments circonstanciels dans les phrases suivantes :
a) Ils se verront dans deux jours mais aujourd'hui elle est seule.
b) Toute la soirée elle a parlé de son frère alors qu'elle ne le voit plus depuis longtemps.
c) Afin de réussir son examen, il travaille malgré la fatigue.

CONSEIL MÉTHODO

Il faut procéder à des manipulations pour vérifier qu'un complément est circonstanciel : on peut le déplacer dans la phrase et/ou le supprimer sans que le sens de la phrase ne soit modifié.

◆ Exercice 3

Dans le texte suivant, relever les compléments circonstanciels et préciser leur nature :
« Au bout de quelques mois, les pièces d'or furent toutes dépensées et Jack décida de revenir au château des nuages. De branche en branche, de feuille en feuille, il grimpa le long de la tige du haricot. Quand il se trouva devant la géante, il la salua bien poliment : "Bonjour madame, pourriez-vous me donner à manger s'il vous plaît ? – Gredin ! s'écria la géante, n'as-tu pas honte de me demander à manger alors que, la dernière fois que tu es venu, tu nous as volé un sac de pièces d'or ?" » (Joseph Jacobs, *Jack et le haricot magique*)

RÉPONSES

◆ Exercice 1

a) Le but ; b) le temps ; c) la manière ; d) le lieu ; e) la concession ; f) la cause.

◆ Exercice 2

a) « dans deux jours », « aujourd'hui » ; b) « toute la soirée », « alors qu'elle ne le voit plus depuis longtemps », « depuis longtemps » ; c) « afin de réussir son examen », « malgré la fatigue ».

◆ Exercice 3

Groupes nominaux prépositionnels : « au bout de quelques mois », « le long de la tige du haricot », « de branche en branche », « de feuille en feuille » ; groupes adverbiaux : « bien poliment » ; propositions subordonnées conjonctives circonstancielles : « quand il se trouva devant la géante », « alors que, la dernière fois que tu es venu, tu nous as volé un sac de pièces d'or », « la dernière fois que tu es venu ».

REMARQUE

« la dernière fois que tu es venu » est classé dans les propositions subordonnées conjonctives circonstancielles et non dans les groupes nominaux car on considère « la dernière fois que » comme une conjonction de subordination (= quand). On ne relève pas « au château des nuages » ni « devant la géante » car ce sont des compléments de verbe (on ne peut pas les déplacer).

Sur Lea.fr

Retrouvez des exercices supplémentaires sur les compléments circonstanciels

La phrase

JE M'ÉVALUE

1. Quels sont les constituants de la phrase suivante ?
Demain, cet élève fera un exposé.

2. Commenter la phrase soulignée :
Paul a perdu son épouse dans de tragiques circonstances. Pauvre homme !

3. Quel est le type de la phrase suivante ?
Rentre immédiatement après l'école.

4. Quelle est la particularité syntaxique de la phrase suivante ?
C'est lui qui nous a dénoncés.

5. Transformer la phrase suivante à la forme négative :
Paul aime tout le monde.

6. Transformer la phrase suivante à la forme passive :
L'enseignant motive les élèves.

7. Marie décida de ne rien dire mais elle partit. Cette phrase contient :
a) trois propositions
b) deux propositions
c) quatre propositions
d) une proposition

8. Elle décida de partir parce qu'elle était en désaccord avec son patron.
Les propositions de cette phrase sont reliées par :
a) coordination
b) juxtaposition
c) subordination

9. Voulant bien faire, elle trahit sa promesse. Cette phrase est une phrase :
a) complexe
b) simple
c) atypique
d) nominale

10. Souligner les propositions subordonnées dans les phrases suivantes :

a) Quand il arrive, il écoute ses messages.
b) Elle souhaite que ses amis la rejoignent en centre-ville.
c) Je regarde les enfants qui jouent dans la cour.

11. Quelle est la nature du mot introduisant les propositions subordonnées dans les phrases suivantes :
a) Les pompiers rentrent parce qu'ils ont éteint le feu.
b) Le chat qui est dans le jardin est un vrai chasseur.
c) Je me demande quelle somme il va payer pour ce service.

12. Dans la phrase « Les voisins arriveront <u>dès que la route sera déblayée</u> », la proposition soulignée est :
a) une proposition subordonnée relative
b) une proposition infinitive
c) une proposition subordonnée circonstancielle

13. Dans la phrase « Elle comprit <u>qu'il lui cachait quelque chose</u>. », la proposition soulignée est :
a) COI de « comprit »
b) CC de temps de la proposition « elle comprit »
c) COD de « comprit »

14. Dans la phrase « Ils sont partis : nous avons eu très peur », quel est le rôle des deux points ?
a) Ils introduisent une parole rapportée.
b) Ils relient deux propositions indépendantes.
c) Ils introduisent une énumération.

15. Dans la phrase « Elles aiment de nombreux romans : *L'Éducation sentimentale, La Religieuse, La Nuit des temps*… », à quoi servent les points de suspension ?
a) Ils indiquent que la liste n'est pas terminée.
b) Ils marquent une pause dans la liste.
c) Ils introduisent des paroles rapportées.

16. Indiquer la valeur des deux points dans la phrase suivante :
Voici ce qu'elle déteste : les menteurs, les bonbons à la menthe, les films d'horreur…

Réponses

1. « demain » : groupe circonstanciel, « cet élève » : groupe sujet, « fera un exposé » : groupe verbal. **2.** Phrase averbale (nominale). **3.** Type impératif ou injonctif. **4.** Il s'agit d'une phrase emphatique : le pronom personnel « lui » est mis en valeur par l'utilisation du présentatif « c'est… qui ». **5.** Paul n'aime personne. **6.** Les élèves sont motivés par l'enseignant. **7.** b). **8.** c). **9.** b). **10.** a) <u>Quand</u> il arrive, il écoute ses messages. b) Elle souhaite <u>que</u> ses amis la rejoignent en centre-ville. c) Je regarde les enfants <u>qui</u> jouent dans la cour. **11.** a) une conjonction de subordination ; b) un pronom relatif ; c) un déterminant interrogatif. **12.** c). **13.** c). **14.** b). **15.** a). **16.** Ils servent à introduire une liste.

JE RÉVISE

A - LA PHRASE ET SES CONSTITUANTS

1. DÉFINITION

La définition de la phrase écrite prend en compte plusieurs critères : le sens, la syntaxe et la ponctuation. Ainsi la phrase peut se définir comme l'expression d'une pensée, d'un sentiment, d'un acte, et comme un ensemble d'éléments sémantiquement compatibles, organisés syntaxiquement, commençant par une majuscule et se terminant par un point.

2. LES CONSTITUANTS DE LA PHRASE

Les constituants minimaux de la phrase (ou syntagmes) sont : un groupe sujet (GS) et un groupe verbal (GV), constitué du verbe et de ses compléments essentiels. Elle peut également comporter des groupes circonstanciels (GC) qui sont des compléments de phrase. Certaines phrases, atypiques, s'organisent dans un ensemble sans verbe. On les appelle également phrases non-verbales.

3. LES PHRASES ATYPIQUES, OU NON-VERBALES

Les phrases non-verbales, très présentes dans la langue orale, ne comportent pas de verbe conjugué à un mode personnel. On distingue plusieurs types de phrases atypiques :

- la phrase averbale : elle comporte toujours deux constituants : un sujet (de quoi on parle) et un prédicat (ce que l'on dit du sujet). Le sujet est parfois implicite, c'est-à-dire non exprimé. *Formidable, cette idée !* (idée = le sujet. Formidable = le prédicat.) *Formidable !* (Le sujet est implicite et peut être restitué : *Cela est formidable.*) Ces constituants peuvent être de natures diverses : un nom (*Pauvre enfant !*), un groupe adverbial (*Trop tard !*), un adjectif (*Magnifique !*).
- la phrase elliptique : l'énoncé dépend alors fortement du contexte antérieur comme dans le dialogue.
  – Qui vient jouer au tennis ? – Moi !
  – Où sont rangées les chaussures ? – Sous l'escalier.
- le mot-phrase : il s'agit d'une phrase réduite à un mot (adverbe de négation, formules de politesse). *Bonjour, bienvenue, si, merci, oui, Ciel !...*

B - LES TYPES ET LES FORMES DE PHRASES

1. LES TYPES DE PHRASES

Les types de phrases correspondent à des actes : l'assertion, l'interrogation et l'injonction. Ils sont obligatoires et exclusifs les uns des autres. Une phrase appartient obligatoirement à un seul type, et chaque type possède une structure syntaxique spécifique.

a) La phrase de type déclaratif, ou assertif

Dans la phrase de type déclaratif, ou assertif, le locuteur donne une information, affirme quelque chose. Ce type de phrase est le plus courant, et est considéré par la grammaire traditionnelle comme le type de phrase de base. Sa structure syntaxique est : sujet + verbe (+ compléments). *Mes parents arrivent ce soir.*

b) La phrase de type interrogatif

Dans la phrase de type interrogatif, le locuteur demande une information, pose une question. La phrase se termine par un point d'interrogation et est généralement marquée par une inversion du sujet.
On distingue :

- l'interrogation totale porte sur l'ensemble de la phrase. La structure syntaxique de ce type est : verbe + sujet + compléments. *Resterez-vous diner ?*
- l'interrogation partielle porte sur un élément de la phrase. La structure syntaxique de ce type est : mot interrogatif (déterminant, adverbe, pronom interrogatifs) /tournure « est-ce que » + verbe + sujet + compléments. *Combien serez-vous à ton anniversaire ? Que faire ? Quel livre préfères-tu ?*

ATTENTION !

L'interrogation indirecte (*cf.* Partie 1 : Grammaire de phrase, « La phrase », § D - Les propositions subordonnées) n'est pas considérée comme une phrase interrogative. Seul le verbe de la proposition principale est pris en considération. Il s'agit donc d'une phrase déclarative.

Pars-tu à Barcelone ? → Phrase interrogative, interrogation directe (inversion sujet-verbe et point d'interrogation).

Je te demande si tu pars à Barcelone. → Phrase déclarative, interrogation indirecte (présence d'une proposition subordonnée interrogative indirecte ; absence d'inversion sujet-verbe et de point d'interrogation).

c) La phrase de type impératif ou injonctif

Dans la phrase de type impératif ou injonctif, le locuteur veut faire agir son interlocuteur. Il donne un ordre, une recommandation ou un conseil. Le verbe est généralement conjugué à l'impératif ; le subjonctif et l'infinitif sont également employés. *Termine le travail. / Qu'il termine le travail ! / Terminer le travail.*

ATTENTION !

Certains grammairiens ajoutent un quatrième type de phrase : l'exclamation. Celle-ci peut se combiner aux autres types de phrases (*Viens immédiatement !*) ou posséder sa syntaxe propre (*Quel beau jardin !*). La *Grammaire du français* de l'Éducation nationale considère l'exclamation comme une forme de phrase (*cf.* paragraphe suivant).

2. LES FORMES DE PHRASES

Au type de phrase obligatoire se combine la forme de la phrase, qui est facultative. Les formes de phrases s'opposent deux à deux :

- forme affirmative, ou positive / forme négative,
- forme personnelle / forme impersonnelle,
- forme active / forme passive,
- forme neutre / forme emphatique,
- forme neutre / forme exclamative.

Les formes positives, actives, neutres, personnelles ne sont pas précisées car elles caractérisent la phrase de base. *Le train partira dans trois heures.*

REMARQUE

Les différentes grammaires utilisent des termes différents pour désigner les formes de phrases : construction, voix.

a) La forme négative

La phrase négative se caractérise par la présence d'un adverbe de négation. Elle peut s'associer aux trois types de phrases obligatoires :

- l'assertion : *Il ne vient pas ce soir.*
- l'interrogation : *Ne viens-tu pas ce soir ?*
- l'injonction : *Ne viens pas ce soir.*

On distingue trois types de négation :

- **la négation totale**. Elle porte sur l'ensemble de la proposition. Elle se construit avec l'adverbe de négation : *ne... pas* ou ses variantes (*ne... guère, ne... point, ne... plus, ne... nullement...*). *Elle ne veut plus manger de viande. Il n'a guère envie de travailler.*
- **la négation partielle**. Elle porte sur un des éléments de la proposition. Elle se construit à l'aide d'un pronom négatif (*Personne n'a réussi le devoir*), d'un déterminant négatif (*Aucun élève n'a osé parler*), d'un adverbe ou d'une locution adverbiale négatifs (*Il ne les aperçoit nulle part*).
- **la négation exceptive, ou restrictive** exprime une négation implicite, autrement dit le sens de la phrase n'est pas strictement négatif. Elle se construit à l'aide de la négation « ne... que ». *Il n'aime que les romans de science-fiction. Elle ne vient me voir que le dimanche.*

REMARQUE

La négation peut également s'exprimer par des moyens lexicaux :

- soit par préfixation : *possible/impossible* (*cf.* Partie 6 : Lexique, « La morphologie lexicale », § B - Les différents procédés de construction d'un mot, 1. La dérivation) ;
- soit par opposition lexicale : *avouer/nier* (*cf.* Partie 6 : Lexique, « La sémantique lexicale », § E - Les relations sémantiques).

b) La forme passive

La forme passive se caractérise par la présence d'un verbe à la voix passive (*cf.* Partie 1 : Grammaire de phrase, Classes de mots variables, « Le verbe : la conjugaison et la morphologie verbale », § B - Les voix).

c) La forme exclamative

L'exclamation exprime l'émotion du locuteur. Elle est marquée :

- soit par la présence d'un point d'exclamation s'ajoutant aux trois types obligatoires de phrases. *Je rentre tard ce soir ! Viens immédiatement !*
- soit par une structure syntaxique particulière utilisant un déterminant exclamatif (*Quelle belle journée !*) ou un adverbe exclamatif (*Que vous êtes aimable !*).

d) La forme impersonnelle

La forme impersonnelle se caractérise par la présence d'un verbe à la voix impersonnelle (*cf.* Partie 1 : Grammaire de phrase, Classes de mots variables, « Le verbe : la conjugaison et la morphologie verbale », § B - Les voix).

e) La forme emphatique

La phrase neutre correspond à la forme canonique de la phrase : sujet + verbe (+ complément circonstanciel). *Il part demain*. La forme emphatique repose sur un bouleversement de cet ordre canonique de la phrase : il s'agit d'un procédé de mise en relief permettant d'insister sur l'un des constituants de la phrase :

- soit par extraction : le constituant mis en relief est encadré par un présentatif (*c'est... que ; c'est... qui... ; voilà... que...*). *C'est demain qu'il part.*
- soit par dislocation : le constituant mis en relief est détaché du reste de la phrase par une virgule avec une reprise pronominale. *Lui, il part demain. Je le connais bien, Paul.*

REMARQUE

Si les types de phrases sont exclusifs, les formes de phrases sont cumulatives. *Je ne reviendrai jamais !* → phrase de type déclaratif et de formes négative et exclamative.

C - PHRASE SIMPLE, PHRASE COMPLEXE

1. LA PHRASE ET LES PROPOSITIONS

La phrase peut comporter une ou plusieurs propositions, qui s'organisent autour d'un verbe conjugué. Il y a dans la phrase autant de propositions que de verbes conjugués (sauf dans le cas des propositions infinitives et participiales) (*cf.* paragraphe suivant).
Une phrase comportant une proposition (c'est-à-dire un verbe conjugué) est nommée phrase simple, une phrase comportant plusieurs propositions (c'est-à-dire au moins deux verbes conjugués) est nommée phrase complexe.

2. LES LIENS ENTRE LES PROPOSITIONS AU SEIN DE LA PHRASE

Au sein d'une phrase complexe, les différentes propositions sont reliées entre elles. On distingue trois types de liens :

- la juxtaposition : les propositions de la phrase sont reliées entre elles par un signe de ponctuation : deux points, point-virgule, virgule. Ces propositions sont appelées indépendantes. *Elle est heureuse : elle part en vacances ce soir.*
- la coordination : les propositions de la phrase sont reliées entre elles par une conjonction de coordination ou un adverbe de liaison. Ces propositions sont appelées indépendantes. *Elle est heureuse car elle part en vacances ce soir.*
- la subordination : les propositions de la phrase sont reliées entre elles par une conjonction de subordination (sauf pour le cas des propositions infinitives et participiales). Ces propositions ne sont plus sur le même plan mais elles sont dépendantes l'une de l'autre : on parle de proposition principale et de proposition subordonnée. *Elle est heureuse parce qu'elle part en vacances ce soir.*

D - LES PROPOSITIONS SUBORDONNÉES

Les propositions subordonnées peuvent être classées de différentes manières : selon la fonction de la proposition subordonnée, selon le mode du verbe de la subordonnée, selon la nature du mot subordonnant, qui sera retenue pour le classement qui suit.

1. LES PROPOSITIONS SUBORDONNÉES RELATIVES

Les propositions subordonnées relatives sont introduites par un pronom relatif.

a) Les relatives avec antécédent, ou relatives adjectives

Ces propositions relatives sont introduites par un pronom relatif simple : *qui, que, dont, où*... ou composé : *lequel, auquel*...
Elles font partie de la catégorie des expansions du nom (elles ont un nom pour antécédent) mais peuvent aussi avoir pour antécédent un pronom : *L'enfant qui joue dans le jardin est mon cousin. Celui qui n'a pas fait ses exercices sera puni.*

On distingue deux types de propositions subordonnées relatives :

- les relatives déterminatives : elles sont essentielles à la phrase : on ne peut pas les supprimer car elles sont nécessaires à l'identification de l'antécédent. *Le roman que je viens de lire me plait beaucoup.* Cette phrase (un roman en particulier) est différente de *Le roman* (= le genre du roman) *me plait beaucoup.*

- les relatives explicatives : elles peuvent être supprimées car elles ne donnent pas d'indication sur l'identification de l'antécédent : *J'ai fait la connaissance de son frère, qui est médecin.*

La fonction des propositions subordonnées relatives est épithète ou apposée.

b) Les relatives sans antécédent, ou relatives substantives

Les relatives sans antécédent, ou relatives substantives, sont introduites par « qui », « quoi », « où », « quiconque » (avec ou sans préposition). *Apportez-moi de quoi manger. Quiconque n'a pas de génie n'est pas un artiste. Embrassez qui vous voudrez.*

Ces propositions subordonnées relatives peuvent avoir les mêmes fonctions que le nom. *Tu peux inviter qui tu voudras* : la relative a pour fonction COD de « peux inviter ».

2. LES PROPOSITIONS SUBORDONNÉES CONJONCTIVES

Les propositions subordonnées conjonctives sont introduites par une conjonction de subordination.

a) Les conjonctives circonstancielles

Les propositions subordonnées conjonctives circonstancielles expriment les circonstances dans lesquelles se déroule le procès du verbe (temps, but, concession, cause, conséquence, comparaison, hypothèse...). Elles peuvent être déplacées voire supprimées sans que le sens de la phrase n'en soit modifié. *Pendant que les enfants font la sieste, le maitre prépare l'atelier suivant. Elle est sortie alors que ses parents l'avaient punie.*

ATTENTION !

La proposition subordonnée circonstancielle de conséquence ne peut être déplacée. *Il voyage beaucoup de sorte qu'il connait parfaitement l'Europe. Il est tellement fatigué qu'il dort debout.*

La fonction des propositions subordonnées conjonctives circonstancielles est complément circonstanciel de la proposition principale/ de la phrase.

b) Les conjonctives complétives

On distingue deux types de propositions subordonnées conjonctives complétives :

- les conjonctives complétives **introduites par *que*, *ce que*.** *Il croit que tu vas venir. Il s'attend à ce que tu viennes.*
  La fonction des propositions subordonnées conjonctives complétives est COD/COI du verbe de la principale.
- les conjonctives complétives **introduites par *si* (les interrogatives indirectes totales).** On les trouve après des verbes ayant un sens interrogatif : *demander, se demander*... ou des verbes exprimant une connaissance ou une ignorance : *comprendre, savoir, ignorer*... L'interrogation est totale car on répond à la question seulement par *oui* ou par *non*. Les conjonctives complétives rapportent indirectement une question

formulée au discours direct : *Lisez-vous*? (discours direct) → *Je me demande si vous lisez. J'ignore si vous lisez.*

La fonction des propositions subordonnées conjonctives complétives est COD du verbe de la principale.

3. LES PROPOSITIONS SUBORDONNÉES INTERROGATIVES INDIRECTES PARTIELLES

Les propositions subordonnées interrogatives indirectes partielles sont introduites par un déterminant, un pronom ou un adverbe interrogatifs. On les trouve généralement après un verbe exprimant le contenu de pensées ou de paroles : *raconter*, *expliquer*, *dire*, *ignorer*...
Elles sont introduites soit par :

- un déterminant interrogatif (*quel*...). *Je voudrais savoir quels élèves vont venir.*
- un pronom interrogatif (*lequel, qui*...). *Dis-moi qui vient demain.*
- un adverbe interrogatif (*où, quand, comment, pourquoi*...). *Explique-moi comment tu vas faire.*

La fonction des propositions interrogatives partielles est COD du verbe de la principale.

4. LES PROPOSITIONS SUBORDONNÉES SANS MOT SUBORDONNANT

a) Les propositions subordonnées participiales

Les propositions subordonnées participiales sont formées d'un participe présent ou passé et d'un GN sujet différent du sujet de la proposition principale. *Les étudiants travaillant sur un projet, l'enseignant s'ennuyait* (le sujet de « travaillant » est différent du sujet de « s'ennuyait »). Dans la phrase *Ayant travaillé toute la journée, elle rentre chez elle épuisée*, il n'y a pas de subordonnée car le sujet de « ayant travaillé » est également le sujet de « rentre », donc « ayant travaillé toute la journée » est un groupe participial.

La fonction des propositions subordonnées participiales est complément circonstanciel de temps/de cause de la proposition principale.

b) Les propositions subordonnées infinitives

Les propositions subordonnées infinitives ont pour noyau un infinitif qui a obligatoirement un sujet différent de celui de la proposition principale. *Les enfants entendent les oiseaux chanter* (le sujet de « entendent » est différent du sujet de « chanter »). Dans la phrase *Elle aime manger des pommes*, il n'y a pas de subordonnée car le sujet de « aime » est également le sujet de « manger », donc « manger des pommes » est un groupe infinitif.

ATTENTION!

Le sujet de la subordonnée infinitive peut ne pas être exprimé : *J'entends dire des choses étranges.*

La fonction des propositions subordonnées infinitives est COD du verbe de la proposition principale.

E - LA PONCTUATION

La ponctuation relève de plusieurs domaines de l'étude de la langue : elle permet de structurer les différents éléments des textes, de signifier les paroles rapportées dans un récit, ou encore de transcrire les pauses et les intonations présentes à l'oral. On distingue différents signes de ponctuation qui ont chacun des emplois spécifiques.

1. LES POINTS

Les points (. / ? / ! /...) permettent de marquer la fin des phrases et correspondent à une pause importante.
On distingue plusieurs types de points :

- le point d'interrogation s'utilise dans le cas de l'interrogation directe. *Que désires-tu ?*

ATTENTION !

Le point d'interrogation disparait lors de l'interrogation indirecte. *Je me demande ce que tu désires.*

- le point d'exclamation s'utilise pour marquer l'exclamation. *Quelle bonne idée !*
- les points de suspension (...) signalent une interruption ou une suspension provisoire dans la présentation de l'énoncé. « *Euh... Je... Je ne sais pas* ». Ils sont également utilisés en fin d'énumération pour signaler qu'une liste n'est pas close. *Ils avaient apporté tous les ingrédients pour préparer le diner : du beurre, des œufs, du jambon, du fromage...* Ils sont enfin utilisés entre crochets pour indiquer qu'une citation a été tronquée. « Le grand veneur et le premier eunuque ne doutèrent pas que Zadig n'eût volé le cheval du roi et la chienne de la reine ; ils le firent conduire devant l'assemblée du grand Desterham [...] Les juges furent dans la douloureuse nécessité de réformer leur arrêt. » (Voltaire, *Zadig ou la destinée)*

2. LE POINT-VIRGULE

Le point-virgule permet d'indiquer une pause moins forte que le point. Il sert à relier deux propositions indépendantes en exprimant une relation logique. *Il pleut ; je ne sors pas.*

3. LES DEUX POINTS

Les deux points permettent de relier deux propositions indépendantes en exprimant une relation logique. *Il pleut : je ne sors pas.*
Ils permettent également d'introduire dans un récit un passage au discours direct. *Elle lui demanda :* « *Que fais-tu ici ?* ».
Ils permettent enfin d'introduire une liste.
Fournitures scolaires :
– Une règle
– Un compas
– Des feutres
– Un cahier A4

4. LA VIRGULE

La virgule sert à marquer une pause légère. Dans les énumérations, la virgule permet de relier des éléments de même nature et de même fonction. *Il acheta au marché des pommes, des tomates, des poires, des kiwis.*
Elle permet également de séparer au sein de la phrase des éléments syntaxiquement différents. *Cet homme, très irritable, s'énervait après ses collègues.*
Elle permet enfin de relier deux propositions indépendantes en exprimant une relation logique. *Il fait froid, je ne sors pas.*

ATTENTION !

Dans une phrase, on ne sépare jamais par une virgule le sujet et le verbe ou le verbe et son complément.
Les enfants, jouent dehors.

5. LES TIRETS

Dans un dialogue, les tirets sont utilisés à chaque changement d'interlocuteur et permettent l'attribution des propos tenus à ces différents interlocuteurs.
– *Bonjour !*
– *Ha Pierre, comment vas-tu ? s'exclama Alfred.*
– *Bien, comme toujours !*
Les tirets servent aussi à introduire une énumération sous forme de liste.
Fournitures scolaires :
– *Une règle*
– *Un compas*
– *Des feutres*
– *Un cahier A4*

6. LES GUILLEMETS

Les guillemets servent à délimiter un passage au discours direct rapporté dans un récit. *Elle lui demanda :* « Que fais-tu ici ? ».
Les guillemets servent également à introduire des citations. *Dans* Ainsi parlait Zarathoustra, *Nietzsche affirme :* « À certains hommes tu ne dois pas donner la main, mais seulement la patte. Et je veux que ta patte ait aussi des griffes. »
Enfin, les guillemets peuvent signifier que le mot ou l'expression n'est pas utilisé(e) dans son acception littérale ou habituelle, pour prendre de la distance par rapport à l'énoncé, souvent ironiquement. *Cette fille est « gentille »* signifie que cette fille n'est pas très intelligente.

7. LES PARENTHÈSES

Les parenthèses permettent d'introduire dans le cours d'un discours, à l'intérieur d'une phrase ou entre deux phrases, un passage présenté comme annexe. *Cet homme (le cousin de mon voisin) est très irritable.*

JE M'ENTRAINE

◆ Exercice 1

Analyser les constituants de la phrase suivante :
Demain, le maitre de CM1 attribuera une récompense à Marie.

CONSEIL MÉTHODO

Il faut analyser les principaux groupes (GC, GS et GV), puis détailler la composition de chaque groupe pour arriver à la nature de chaque mot de la phrase. Pour cette question, seule la nature des groupes est attendue. Il est inutile de préciser leur fonction.

◆ Exercice 2

Commenter la construction syntaxique des phrases suivantes :
a) Il remercie ses parents.
b) Merci !
c) Incroyable !

◆ Exercice 3

Classer les phrases suivantes selon le type auquel elles appartiennent :
a) J'étais cloué sur place par l'effroi.
b) Interdiction de fumer.
c) J'ai dû me tromper d'étage.
d) Viendrez-vous l'été prochain ?
e) Fermer la porte en sortant.

◆ Exercice 4

QCM : pour chacune des phrases proposées, répondre par oui ou par non.
a) Cette phrase est de type exclamatif : Quelle bonne odeur !
b) Cette phrase est de type interrogatif et de forme négative : N'est-il pas mignon ?
c) Cette phrase est de type impersonnel : Il lui arrive une bien triste histoire.
d) Cette phrase est de forme emphatique : C'est dérisoire, cette somme.
e) Cette phrase est de type déclaratif et de forme passive : Les joueurs se sont bien battus.

◆ Exercice 5

Déterminer le type et la forme des phrases suivantes :
a) C'est la vie !
b) Les spectateurs n'ont pas été touchés par le jeu de l'acteur principal.
c) C'est toi qui dois manger ta soupe !
d) Pourquoi n'est-ce pas toi qui appelles ?
e) Il apparaissait parfois la nuit d'étranges formes hirsutes.

◆ Exercice 6

Classer les phrases suivantes en phrases simples ou complexes :
a) Le matin, je pars en promenade.
b) Dès qu'il fait jour, je pars en promenade.
c) Marcher un peu me détend.
d) Je suis venu et je ne t'ai pas trouvé.
e) Je suis venu parce qu'il me l'a demandé.
f) La marche est une excellente activité.

◆ Exercice 7

Préciser le lien unissant les différentes propositions des phrases suivantes :
a) Je marche dès que j'en ai l'occasion.
b) « Je suis venu, j'ai vu, j'ai vaincu. » (Jules César)
c) Je dois sortir or je ne peux pas laisser mes enfants seuls.
d) Ils annoncent qu'ils viennent d'être reçus à leur concours.

◆ Exercice 8

A. Analyser les propositions du passage suivant :
« L'abbé Mauduit, étonné, avait suivi la direction de son regard et il devina qu'une scène inusitée se passait dans un des bas-côtés, il fut pris à son tour de singulières distractions. Maintenant, l'histoire avait circulé, tout le monde la connaissait. Les dames, pâles et graves, ne quittaient plus Octave des yeux. Les hommes souriaient d'un air discrètement gaillard. » (Émile Zola, *Pot-bouille*)

B. Remplacer la forme soulignée par une proposition subordonnée.

CONSEIL MÉTHODO

Pour analyser les propositions d'un texte, il faut tout d'abord souligner les verbes conjugués, les infinitifs et les participes pour déterminer le nombre de propositions et ensuite examiner la nature du lien qui les unit. Il convient de préciser la nature et la fonction des propositions subordonnées.

◆ Exercice 9

A. Relever les propositions subordonnées dans les phrases suivantes et indiquer leur nature :
a) Ses parents lui parlent comme s'il était un enfant.

b) Il a marqué un essai qui a été décisif pour le match.
c) Le temps se dégradant, les bateaux commencèrent à rentrer.
d) Marie a acheté le roman que ses amis lui avaient recommandé.
e) Ils veulent savoir si tu viendras demain.
f) Cet étudiant reste motivé bien qu'il reconnaisse l'ampleur de la tâche.

B. Dans la phrase f), remplacer « bien que » par une autre conjonction de subordination de même sens.

CONSEIL MÉTHODO

Pour trouver une proposition subordonnée, il faut souligner les verbes conjugués, les infinitifs et les participes, puis identifier le mot qui relie les deux propositions ainsi que sa nature et en déduire la nature de la subordonnée. Par exemple, *Pierre va au marché alors qu'il pleut* → *Pierre va au marché alors qu'il pleut*. La conjonction de subordination relie les deux propositions donc il s'agit d'une proposition subordonnée conjonctive circonstancielle.

◆ Exercice 10

Dans le passage suivant, classer les propositions subordonnées et indiquer leur nature et leur fonction :
« La Rapet, une vieille repasseuse, gardait les morts et les mourants de la commune et des environs. Puis, dès qu'elle avait cousu ses clients dans le drap dont ils ne devaient plus sortir, elle revenait prendre son fer dont elle frottait le linge des vivants. Ridée comme une pomme de l'autre année, méchante, jalouse, avare d'une avarice tenant du phénomène, courbée en deux comme si elle eût été cassée aux reins par l'éternel mouvement du fer promené sur les toiles, on eût dit qu'elle avait pour l'agonie une sorte d'amour monstrueux et cynique. » (Guy de Maupassant, *Une vie*)

◆ Exercice 11

Voici la production d'une élève de CE2. Analyser les erreurs liées à la ponctuation de sa production :
La fée lui disa alors viens avec moi si non tu mouras. L'elfe une étranje créature refusat Il était très moche et méchand.

◆ Exercice 12

Analyser la valeur des signes de ponctuation dans le passage suivant :
« Voici les clefs des deux grands garde-meubles [...] et voilà le passe-partout de tous les appartements. Pour cette petite clef-ci, c'est la clé du cabinet, au bout de la grande galerie de l'appartement bas : ouvrez tout, allez partout ; mais pour ce petit cabinet, je vous défends d'y entrer [...]. » (Charles Perrault, *La Barbe bleue*)

◆ **Exercice 13**

Transformer la phrase suivante au discours direct en précisant les modifications effectuées au niveau de la ponctuation :
Son père lui demanda : « Que t'est-il arrivé ? »

RÉPONSES

◆ **Exercice 1**

La phrase contient trois groupes principaux : un groupe circonstanciel (« demain »); un groupe sujet (« le maitre de CM1 ») et un groupe verbal (« attribuera une récompense à Marie).
Le groupe sujet est composé d'un GN (Le maitre) et d'un GPN (« de CM1 »); le groupe verbal est composé d'un verbe conjugué (attribuera), d'un GN (« une récompense ») et d'un GPN (à Marie).
Le GN « le maitre » est composé d'un article défini (« le ») et d'un nom (« maitre »); le GPN « de CM1 » est composé d'une préposition (« de ») et d'un nom (« CM1 »); le GN « une récompense » est composé d'un article indéfini (« une ») et d'un nom (« récompense ») et le GPN « à Marie » est composé d'une préposition (« à ») et d'un nom propre (« Marie »).

◆ **Exercice 2**

a) Forme canonique de la phrase ; b) mot-phrase ; c) phrase averbale (adjectivale).

◆ **Exercice 3**

Phrases déclaratives : a), c); phrase interrogative : d); phrases injonctives : b), e).

◆ **Exercice 4**

a) Non, cette phrase est de forme exclamative ; b) oui ; c) non, il s'agit d'une phrase de type déclarative et de forme impersonnelle ; d) oui ; e) non, il s'agit du verbe pronominal « se battre » conjugué au passé composé, à la voix active.

◆ **Exercice 5**

a) Phrase déclarative, de forme exclamative ; b) phrase déclarative, de formes passive et négative ; c) phrase injonctive, de formes emphatique et exclamative ; d) phrase interrogative, de formes négative et emphatique ; e) phrase déclarative, de forme impersonnelle.

◆ **Exercice 6**

Les phrases simples : a); c); f); les phrases complexes : b); d); e).

◆ **Exercice 7**

a) Subordination au moyen de la conjonction de subordination « dès que » ; b) juxtaposition au moyen de la virgule ; c) coordination au moyen de la conjonction de coordination « or » ; d) subordination au moyen de la conjonction de subordination « que ».

◆ Exercice 8

A. La phrase 1 contient trois propositions indépendantes : deux propositions coordonnées par la conjonction de coordination « et » : « L'abbé Mauduit, étonné, avait suivi la direction de son regard »; « il devina qu'une scène inusitée se passait dans un des bas-côtés » et une proposition juxtaposée à la précédente par une virgule : « il fut pris à son tour de singulières distractions »; la proposition indépendante « il devina qu'une scène inusitée se passait dans un des bas-côtés » contient elle-même une proposition principale « il devina » et une proposition subordonnée conjonctive complétive « qu'une scène inusitée se passait dans un des bas-côtés ». La phrase 2 contient deux propositions juxtaposées par la virgule : « Maintenant, l'histoire avait circulé » et « tout le monde la connaissait ». Les phrases 3 et 4 contiennent une seule proposition indépendante.
B. L'adjectif « inusitée » peut être remplacé par une proposition subordonnée relative : qui était inusitée.

◆ Exercice 9

A. a) « comme si c'était un enfant » : proposition subordonnée conjonctive circonstancielle; b) « qui a été décisif pour le match » : proposition subordonnée relative; c) « Le temps se dégradant » : proposition subordonnée participiale; d) « que ses amis lui avaient recommandé » : proposition subordonnée relative; e) « si tu viendras demain » : proposition subordonnée conjonctive interrogative indirecte; f) « bien qu'il reconnaisse l'ampleur de la tâche » : proposition subordonnée conjonctive circonstancielle.
B. quoique

◆ Exercice 10

NATURE	OCCURRENCES	FONCTION
Proposition subordonnée relative	« dont ils ne devaient plus sortir »	Épithète de « drap »
	« Dont elle frottait le linge de vivants »	Épithète de « fer »
Proposition subordonnée conjonctive circonstancielle	« dès qu'elle avait cousu ses clients dans le drap dont ils ne devaient plus sortir »	Complément circonstanciel de temps de la proposition principale
	« Comme si elle eût été casée aux reins par l'éternel mouvement du fer promené sur les toiles »	Complément circonstanciel de comparaison de la proposition principale
Proposition subordonnée conjonctive complétive	« qu'elle avait pour l'agonie une sorte d'amour monstrueux et cynique »	COD de « eût dit »

◆ Exercice 11

Dans cette production d'élève, il manque plusieurs signes de ponctuation :

- deux points pour introduire la parole au discours direct rapporté : « viens avec moi si non tu mouras » ainsi que les guillemets pour délimiter cette parole rapportée ;
- il manque un point pour délimiter les phrases deux et trois juste avant la majuscule (« Il »), qui, elle, est bien présente ;
- il manque deux virgules pour encadrer le GN « une étraje créature » et le séparer du GN « l'elfe », syntaxiquement différent.

◆ Exercice 12

Les guillemets indiquent qu'il s'agit d'une citation d'un extrait de texte.
Les points de suspension indiquent que le texte original a été tronqué.
Les points servent à délimiter les différentes phrases de cet extrait.
Les virgules servent à délimiter des groupes syntaxiques à l'intérieur de la phrase.
Les deux points permettent de relier deux propositions entre elles : « Pour cette petite clef-ci, c'est la clé du cabinet, au bout de la grande galerie de l'appartement bas » et « ouvrez tout, allez partout ».
Le point-virgule permet de relier deux propositions indépendantes entre elles : « Pour cette petite clef-ci, c'est la clé du cabinet, au bout de la grande galerie de l'appartement bas : ouvrez tout, allez partout » et « mais pour ce petit cabinet, je vous défends d'y entrer ».

◆ Exercice 13

Son père lui demanda ce qu'il lui était arrivé.
Au niveau de la ponctuation, on peut observer la suppression des marques du discours direct : les deux-point et les guillemets. La transformation de la phrase interrogative en phrase déclarative entraine la transformation du point d'interrogation en point.

Sur Lea.fr

Retrouvez :

◆ *des exercices supplémentaires sur la phrase et ses constituants ; sur les types et les formes de phrases ; sur la phrase simple et la phrase complexe ; sur les propositions subordonnées ; sur la ponctuation ;*

◆ *un QCM sur la grammaire de phrase*

2

GRAMMAIRE DE TEXTE

A - Règles générales de cohérence
B - La progression thématique
C - Les connecteurs
D - La chaine anaphorique

JE M'ÉVALUE

1. Relever les connecteurs dans les phrases suivantes en précisant leur nature :
a) Ils sortirent de la maison, et ils arrivèrent à la clairière. Là ils virent Jeanne qui les attendait.
b) Mes amis sont heureux parce qu'ils partent en vacances.
c) Il travaille tous les soirs. Par conséquent il voit très peu ses amis.

2. Quel problème de cohérence pose le passage suivant ?
L'oiseau volait haut dans le ciel. Elle était noire. C'était une chauve-souris !

3. Relever les reprises du GN « un garçon » dans le passage suivant :
Un garçon est arrivé à l'école aujourd'hui. Il vient de Paris. Ce nouvel écolier s'appelle Paul.

4. De quelle manière les informations de ce passage sont-elles reliées ?
Ces enfants sont très heureux. Leur bonheur réjouit leurs parents.

Réponses

1. a) « et » : conjonction de coordination, « là » : adverbe ; b) « parce que » : conjonction de subordination ; c) « par conséquent » : locution adverbiale. **2.** Problème de reprise anaphorique : l'emploi du pronom « elle » est fautif puisqu'il reprend un GN masculin « l'oiseau ». **3.** « il » : reprise pronominale ; « ce nouvel écolier » : reprise nominale (synonyme). **4.** Les idées sont reliées par une progression à thème linéaire.

JE RÉVISE

Un texte peut être défini comme un ensemble de phrases, structuré et cohérent. La grammaire de texte s'intéresse aux procédés qui donnent au texte sa cohérence : les différentes règles de cohérence, les connecteurs, la chaine anaphorique et le système des temps (pour ce dernier point *cf.* Partie 1 : Grammaire de phrase, Classes de mots variables, « Le verbe : valeurs des temps et des modes, emplois de l'infinitif et du participe présent »).

A - RÈGLES GÉNÉRALES DE COHÉRENCE

Ces règles ont été élaborées par Charolles en 1978.
Pour assurer la cohérence d'un texte, il convient de suivre les règles suivantes :

- **la répétition.** Un texte n'est pas une simple suite de phrases. Pour qu'un texte soit cohérent, il faut que les informations soient répétées et reprises (*cf.* § D - La chaine anaphorique page suivante).
- **la progression.** Pour qu'un texte soit cohérent, il faut un apport sémantique, c'est-à-dire des informations nouvelles avec une continuité thématique.
- **la non contradiction.** Pour qu'un texte soit cohérent, il ne faut pas que les informations soient contradictoires entre elles.
- **la congruence ou relation.** Pour qu'un texte soit cohérent, il faut que les informations soient reliées de manière logique, qu'elles aient un sens (présence de connecteurs).

B - LA PROGRESSION THÉMATIQUE

La progression thématique permet d'organiser entre elles les différentes idées d'un texte. S'intéresser à la progression thématique d'un texte permet, en situation de réception, d'en repérer le plan et, en situation de production, d'en assurer l'organisation. À partir d'informations posées au début du texte et appelées « thèmes », le texte progresse par l'apport d'informations nouvelles appelées « rhèmes ». Cette progression peut s'effectuer selon différents principes d'organisation :

- la progression à thème linéaire : un thème suivi d'une information nouvelle qui devient le nouveau thème, lui-même faisant ensuite l'objet d'informations nouvelles. *Marie était en colère. Son énervement lui causait des tremblements.*
- la progression à thème constant : un même thème pour lequel plusieurs informations sont données. *Marie était en colère. Marie tenta de se calmer. Elle ferma les yeux et resta immobile.* (Les informations apportées se rapportent toutes au même thème : « Marie ».)
- la progression à thèmes dérivés : un thème introduit par association avec une information précédemment donnée dans le texte. *Marie dormait dans sa chambre. Les rideaux étaient fermés. Le lit était douillet.*

C - LES CONNECTEURS

Les connecteurs sont des termes qui assurent l'organisation d'un texte ou d'un discours. Ils marquent des relations entre les propositions, ou entre les séquences textuelles. Ils peuvent être de natures diverses :

- des adverbes ou locutions adverbiales; *alors, d'abord, en effet, soudain, puis, ici, là, cependant, pourtant, ainsi, par conséquent, certes, toutefois, néanmoins...*
- des conjonctions de coordination : *mais, ou, et, or, ni, car* ou des conjonctions de subordination : *parce que, dès que, quand, bien que, tandis que, si...*
- des groupes prépositionnels appelés connecteurs occasionnels par certaines grammaires. *Au premier plan; au deuxième plan...*

On distingue deux grands groupes de connecteurs :

- les organisateurs textuels, c'est-à-dire des connecteurs temporels et spatiaux, qui structurent le texte autour de la représentation du temps : *d'abord, ensuite, enfin, après, le lendemain... D'abord, il prend le bus; ensuite il marche une heure pour atteindre son bureau.*
  Les connecteurs spatiaux structurent le plus souvent des séquences descriptives : *ici, là, à côté... Son jardin est magnifique : ici se trouvent les magnolias; là se dressent les hortensias.*
- les connecteurs argumentatifs, c'est-à-dire logiques, qui explicitent l'intention argumentative du locuteur : cause, conséquence, but, concession, condition; etc. : *parce que, dès que, tandis que... Il est convoqué chez le directeur parce qu'il a commis une erreur.*

D - LA CHAINE ANAPHORIQUE

La cohésion d'un texte repose en partie sur la répétition. La reprise de l'information dans un texte est assurée en particulier par les GN. L'anaphore se définit comme toute reprise d'un élément antérieur dans un texte (objet, individu/personnage, fait, idée). On parle de référent. Tous les mots ou expressions qui reprennent ce référent constituent la chaine référentielle ou anaphorique.
L'anaphore a plusieurs fonctions : éviter les répétitions; donner des informations supplémentaires sur le référent (construction du personnage par exemple et des relations entre les personnages), les prises de position du narrateur/de l'auteur. *<u>Marcel</u> est un garçon fragile. <u>Cet adolescent</u> va découvrir le monde.*
Il existe différentes catégories d'anaphores.

1. LES REPRISES NOMINALES

Il existe plusieurs manières de reprendre un terme :

- reprise du nom à l'identique ou avec un changement de déterminant : on passe d'un article indéfini à un article défini, un déterminant démonstratif, un déterminant possessif. *Il était une fois une jeune fille qui s'appelait... Cette jeune fille était vêtue de bleu.*
- reprise du nom par un autre élément que ce nom : on parle d'anaphore infidèle car il s'agit d'une reprise lexicale distincte : le GN anaphorique contient des éléments différents de son antécédent.

Plusieurs cas sont possibles :

- synonyme : *Son mémoire contient 30 pages. Toutes ces feuilles comportent des erreurs d'orthographe.*
- périphrase : *Le soleil brille. L'astre du jour est très haut dans le ciel.*
- terme générique (hyperonyme) : *Prends un dictionnaire. Cet ouvrage est indispensable.*
- terme plus spécifique (hyponyme) : *Les hommes politiques sont très sollicités. Les députés le sont un peu moins.*
  - reprise associative : le terme reprend une partie de l'antécédent. *Son corps était douloureux ; ses mains lui faisaient particulièrement mal.*
  - terme général qui résume un fait, une idée : *Il pensait que ce livre était mauvais. Cette opinion lui valut bien des ennuis.*

2. LES REPRISES PRONOMINALES

Les pronoms sont traditionnellement définis comme servant à éviter la répétition d'un nom ou d'un GN mais ils ont également pour rôle d'assurer la continuité référentielle. Ils peuvent représenter un nom, un GN ou un ensemble plus vaste : une phrase ou un fragment de texte.
L'anaphore pronominale est fidèle car elle ne donne pas d'informations supplémentaires sur l'antécédent. *Les garçons partent ce soir. Ils sont impatients.*

3. LES REPRISES ADVERBIALES

On peut utiliser des adverbes comme *là*, *ainsi* pour reprendre un GN ou un fragment de texte antérieur. *Il existe un pays où tout est possible. C'est là que je souhaite vivre. Il fait tout ce qui lui plait. J'aimerais vivre ainsi.*

4. LES REPRISES VERBALES

Elles s'effectuent au moyen du verbe *faire*, souvent associé à un pronom. *Je ne sais pas comment je peux réparer ma voiture mais mon ami pourra le faire.*

JE M'ENTRAINE

◆ Exercice 1

Quelle est la progression thématique utilisée dans le passage suivant :
Pierre était quelqu'un de juste et de droit, qui aimait les défis. Il tenait toujours ses promesses. Cet homme n'avait jamais menti.

◆ Exercice 2

Relever les reprises du GN « la casquette » dans le passage suivant :
« Mais, soit qu'il n'eût pas remarqué cette manœuvre ou qu'il n'eût osé s'y soumettre, la prière était finie que le nouveau tenait encore **sa casquette** sur ses deux genoux. C'était une de ces coiffures d'ordre composite, où l'on retrouve les éléments du bonnet à poil, du chapska, du chapeau rond, de la casquette de loutre et du bonnet de coton, une de ces pauvres choses, enfin, dont la laideur muette a des profondeurs d'expression comme le visage d'un imbécile. Ovoïde et renflée de baleines, elle commençait par trois boudins circulaires; puis s'alternaient, séparés par une bande rouge, des losanges de velours et de poils de lapin; venait ensuite une façon de sac qui se terminait par un polygone cartonné, couvert d'une broderie en soutache compliquée, et d'où pendait, au bout d'un long cordon trop mince, un petit croisillon de fils d'or, en manière de gland. Elle était neuve; la visière brillait.
– Levez-vous, dit le professeur.
Il se leva; sa casquette tomba. Toute la classe se mit à rire. »
(Gustave Flaubert, *Madame Bovary*)

◆ Exercice 3

Dans les phrases suivantes, relever les connecteurs en précisant leur nature :
a) Les marins avaient navigué toute la journée. Soudain, un courant fort les emporta.
b) La pieuvre arrivait sur nous et notre vitesse se réduisait.
c) Ils sont heureux parce qu'ils sont à nouveau autorisés à sortir.
d) Ici les maisons sont blanches. Là-bas elles sont jaunes.
e) Il pleut, par conséquent je ne vais pas sortir.

RÉPONSES

◆ Exercice 1

Progression à thème constant : le même thème (Pierre) est repris au début de chaque phrase avec un apport d'informations nouvelles.

◆ Exercice 2

1) Reprises nominales : reprise du même GN « sa casquette »; reprise associative : une partie de l'antécédent « la visière ». 2) reprises pronominales : « c' » (pronom démonstratif neutre); « elle » (pronom personnel) (x 2).

◆ Exercice 3

a) « Soudain » : adverbe, nuance temporelle; b) « et » : conjonction de coordination, nuance temporelle; c) « parce que » : conjonction de subordination, nuance logique de cause; d) « ici »; « là-bas » : adverbes, nuance spatiale; e) « par conséquent » : adverbe, nuance logique de conséquence.

Sur Lea.fr

Retrouvez des exercices supplémentaires sur la grammaire de texte

3

GRAMMAIRE DE DISCOURS

A - La situation d'énonciation
B - Les marques de l'oral à l'écrit
C - Les formes de discours rapporté
D - Les registres et niveaux de langue

JE M'ÉVALUE

1. Décrire la situation d'énonciation de ce passage :
« À la Chambre des communes, je dirai comme je l'ai dit à ceux qui ont rejoint le gouvernement : “Je n'ai rien d'autre à offrir que du sang, de la peine, des larmes et de la sueur”. Nous avons devant nous une épreuve des plus douloureuses. Nous avons devant nous de nombreux et longs mois de combat et de souffrance. Vous demandez, quelle est notre politique ? Je peux vous dire : c'est d'engager le combat sur terre, sur mer et dans les airs, avec toute la puissance, la force que Dieu peut nous donner ; engager le combat contre une monstrueuse tyrannie, sans égale dans les sombres et désolantes annales du crime. Voilà notre politique. » (Winston Churchill, *Discours du 13 mai 1940, à la Chambre des Communes)*

2. Relever les marques de l'oral dans la phrase suivante :
Il est pas là, ton patron ?

3. Transposer cet énoncé en langage courant :
C'est à qui, cette bagnole ?

4. Transformer cette phrase au discours indirect :
Le professeur répondit à ses élèves : « Je vous donnerai ma réponse demain et vous me direz ce que vous en pensez. »

Réponses

1. Churchill est le locuteur (« je ») et s'adresse aux députés (« vous »). Il y présente sa future action gouvernementale. **2.** Absence d'un élément de la négation : ne ; redondance du sujet : « ton patron », repris par le pronom « il » ; absence de l'inversion sujet-verbe dans une phrase interrogative. **3.** À qui appartient cette voiture ? **4.** Le professeur répondit à ses élèves qu'il leur donnerait sa réponse le lendemain et qu'ils lui diraient ce qu'ils en pensaient.

JE RÉVISE

A - LA SITUATION D'ÉNONCIATION

La grammaire de discours s'intéresse à l'énoncé et à la situation d'énonciation. Un énoncé est une suite de mots qui est produite dans une situation d'énonciation particulière. La situation d'énonciation est la situation concrète dans laquelle est produit un énoncé ; elle comprend le locuteur, l'interlocuteur, le moment et le lieu de l'énonciation, le sujet abordé, l'intentionnalité du locuteur. On distingue alors les énoncés coupés de la situation d'énonciation et les énoncés ancrés dans la situation d'énonciation, ce qui correspond à la distinction récit/discours opérée par le linguiste Émile Benvéniste[1]. Les énoncés coupés de la situation d'énonciation ne comportent aucun indice de la situation d'énonciation dans laquelle ils ont été produits. Les énoncés ancrés dans la situation d'énonciation comportent des indices de cette dernière. S'intéresser à la situation d'énonciation permet de mieux comprendre les énoncés. Dans l'exemple suivant, *Donne-moi cette feuille,* la personne à qui s'adresse le locuteur sait de quelle feuille il s'agit seulement si elle partage la même situation d'énonciation que le locuteur, c'est-à-dire si elle se trouve face à lui dans la même pièce.

Le tableau qui suit récapitule les caractéristiques des deux types d'énoncés :

	PERSONNES	TEMPS DES VERBES PRINCIPALEMENT UTILISÉS	CONNECTEURS
Énoncés coupés de la situation d'énonciation (le récit)	3e personne : *il, lui, son, leur...*	Passé simple, imparfait, plus-que-parfait	Ce jour-là, le lendemain, la veille, devant lui...
Énoncés ancrés de la situation d'énonciation (le discours)	1e et 2e personnes : *je, me, moi, mon, tu te, toi, ton, vous, votre, vos...*	Présent, passé composé, futur	Déictiques (termes n'étant compréhensibles que dans la situation d'énonciation) : aujourd'hui, demain, hier, ici, là...

Dans un discours oral ou écrit, les marques du locuteur sont plus ou moins nombreuses : les pronoms personnels (*je, tu, nous, vous*), les déterminants possessifs (*mon, ton, notre votre*), les pronoms possessifs (*le mien, le tien, le nôtre, le vôtre*), les modalisateurs (mots qui indiquent la réaction du locuteur par rapport au contenu de son énoncé comme les adverbes : *heureusement, malheureusement, peut-être*).

1. Émile Benvéniste, *Problème de linguistique générale I*, Gallimard, 1980.

B - LES MARQUES DE L'ORAL À L'ÉCRIT

1. L'ORAL ET L'ÉCRIT

La langue orale et la langue écrite sont deux réalisations différentes de la langue. Le tableau suivant récapitule les principales différences entre les deux :

LANGUE ORALE	LANGUE ÉCRITE
Communication directe	Communication indirecte
Éphémère, absence de trace	Trace
Ancrage situationnel (marques de la situation d'énonciation)	Distance par rapport au contexte de production
Présence du non verbal : gestes, regards, mimiques	Absence du non verbal
Faits prosodiques : intonation, accentuation, rythme, pause...	Espace graphique ; blancs typographiques, mise en page (titres, passages à la ligne, liste, etc.), ponctuation
Reprises, répétitions	Concision, densité de l'information
Implicite	Tendance à l'explicitation

2. LES MARQUES DE L'ORAL

La langue orale comporte des particularités de natures diverses.

a) Marques de la situation d'énonciation

- Les pronoms de la 1re et de la 2e personne : *je, tu, nous, vous.*
- Les déictiques : *aujourd'hui, demain, hier, ici, là, maintenant...*

b) Syntaxe

- L'ordre des mots non respecté (absence d'inversion sujet-verbe) dans la phrase interrogative. *Tu viens ?*
- L'absence d'un élément de la négation. *Je veux pas venir.*
- La parataxe : absence de lien logique entre les différentes propositions d'une phrase. *Tous les matins, je me lève, je déjeune, je travaille.*
- Le redoublement d'éléments. *Lui, il ne veut pas venir.*
- La subordination. *Parce que je suis fatigué.*
- La répétition d'un même mot ou énoncé. *Paul, il est génial. Paul est beau. Paul est absolument incroyable !*
- Des propos inachevés (phrase interrompue, énoncé incomplet) ou un changement de construction. *Je ne suis pas... Je ne partage pas votre avis.*

c) Lexique

- La réduction ou troncation de mots. *Je prends une dernière photo.*
- Le registre de langue. *Je suis crevée !*

d) Interjections

- *Ha, hélas, Ho, bravo...*

e) Marques d'hésitation/pauses

- Ces marques sont notées par des signes de ponctuation comme le point de suspension.

f) Faits de prononciation

- L'amalgame. *Chuis fatigué.*
- La suppression de lettres. *T'es génial !*

C - LES FORMES DE DISCOURS RAPPORTÉ

Il existe quatre manières différentes de rapporter des paroles au sein d'un écrit : le discours direct, le discours indirect, le discours indirect libre et le discours narrativisé.

1. LE DISCOURS DIRECT

Dans le discours direct, les paroles sont rapportées telles qu'elles ont été prononcées, ce qui entraine une rupture avec le récit dans lequel elles sont insérées. Ce discours est donc marqué par :

- des signes de ponctuation : les deux points et les guillemets pour ouvrir et fermer les paroles prononcées ;
- des indices de la situation d'énonciation du locuteur qui prononce les paroles : les temps verbaux du discours (présent, passé composé, futur) ; les connecteurs spatiaux et temporels qui sont alors des déictiques : *ici/demain* ; les pronoms personnels des 1e et 2e personnes ; les types de phrases (interrogatif et exclamatif) ;
- des verbes de paroles qui introduisent le discours rapporté et dont la place peut varier : ils peuvent se placer avant, après ou au sein du discours rapporté (on parlera pour ce troisième cas de proposition incise). *Il m'ordonna : « Sors de ma classe ! » / Elle lui dit : « Je viendrai demain. » / « Viens immédiatement, menaça sa mère, sinon tu seras puni ! »*

2. LE DISCOURS INDIRECT

Dans le discours indirect, les paroles sont intégrées au récit au moyen d'une proposition subordonnée ou d'un infinitif. Elles sont introduites par un verbe de parole. Les paroles rapportées subissent les transformations suivantes :

- transformation des marques de personnes : les pronoms personnels de la 1e et 2e personnes → pronom de la 3e personne ; même chose pour les déterminants possessifs.
- transformation des connecteurs spatiaux et temporels (les déictiques disparaissent) :
  aujourd'hui → ce jour-là
  hier → la veille
  demain → le lendemain
  ici → là-bas
- transformation des types de phrases : interrogatif et exclamatif → déclaratif (absence de marques de ponctuation et d'inversion sujet-verbe).

- transformation des temps verbaux : si le verbe introducteur de parole est au présent, les temps du discours sont conservés. *Il prétend : « Tu m'as menti ». → Il prétend que je lui ai menti.*

Si le verbe introducteur est au passé, s'opèrent les changements suivants selon le principe de la concordance des temps :

DISCOURS DIRECT	DISCOURS INDIRECT
Présent	Imparfait
Passé composé	Plus-que-parfait
Futur	Conditionnel
Imparfait	Imparfait ou plus-que-parfait

Il m'ordonna : « Sors de ma classe ! » → Il m'ordonna de sortir de sa classe.
Elle lui dit : « Je viendrai demain. » → Elle lui dit qu'elle viendrait le lendemain.
Il répondit : « C'est terrible ! » → Il répondit que c'était terrible.

3. LE DISCOURS INDIRECT LIBRE

Dans le discours indirect libre, les paroles rapportées sont intégrées au récit mais sans l'utilisation de verbes de parole. On a, comme au discours indirect, un changement des temps verbaux mais on conserve toutes les marques d'énonciation de discours direct (marques de ponctuation, types de phrases exclamatif et interrogatif, les déictiques). *« Je suis en retard ! », avouait-il* (discours direct). *Il avouait qu'il était en retard* (discours indirect). *Il était en retard !* (discours indirect libre)

4. LE DISCOURS NARRATIVISÉ

Le discours narrativisé est résumé sans que l'on cherche à transcrire les paroles qui ont été prononcées. *Il l'a interrogé sur ses activités.*
Elle lui a longuement parlé.

D - LES REGISTRES ET NIVEAUX DE LANGUE

Le registre de langue est la manière d'utiliser la langue en fonction d'une situation de communication donnée. Le niveau de langue désigne l'ensemble des habitudes d'une personne en fonction de son origine sociale, sa culture. On distingue trois niveaux de langue :

- le niveau de langue **courant** : il est neutre et utilise des termes usuels. Il s'emploie dans toute situation. *Une maison.*
- le niveau de langue **familier** : il est marqué par un lexique particulier, des troncations et une syntaxe simple, voire simplifiée (absence de négation ou d'inversion sujet-verbe dans la phrase interrogative). Il est utilisé dans des situations informelles, dans la sphère privée. *Une baraque.*
- le niveau de langue **soutenu** : il utilise des termes recherchés et une syntaxe complexe. Il est employé dans des situations formelles ou hiérarchiques. *Une demeure.*

JE M'ENTRAINE

◆ Exercice 1

Décrire la situation d'énonciation du passage suivant :
« O jeunesse, jeunesse! Je t'en supplie, songe à la grande besogne qui t'attend. Tu es l'ouvrière future, tu vas jeter les assises de ce siècle prochain, qui, nous en avons la foi profonde, résoudra les problèmes de vérité et d'équité, posés par le siècle finissant. Nous, les vieux, les aînés, nous te laissons le formidable amas de notre enquête, beaucoup de contradictions et d'obscurités peut-être, mais à coup sûr l'effort le plus passionné que jamais siècle ait fait vers la lumière, les documents les plus honnêtes et les plus solides, les fondements mêmes de ce vaste édifice de la science que tu dois continuer à bâtir pour ton honneur et pour ton bonheur. » (Émile Zola, *La vérité en marche - Recueils d'article concernant l'affaire Dreyfus, 1901)*

CONSEIL MÉTHODO

Pour analyser une situation d'énonciation, il faut répondre aux questions suivantes : *Qui parle ? À qui ? Que dit-il ? Dans quel but ?*

◆ Exercice 2

Identifier les marques de l'oral dans cette production d'un élève de CM1 :
« Bah, moi je pense qu'il faut pas trop parler de toi parce que si tu parles trop, les autres, i vont plus être ton ami. »

◆ Exercice 3

Relever et identifier les modes de paroles rapportées dans le passage suivant :

« La Mouche en ce commun besoin
Se plaint qu'elle agit seule, et qu'elle a tout le soin;
Qu'aucun n'aide aux Chevaux à se tirer d'affaire.
Le Moine disait son Bréviaire;
Il prenait bien son temps! une femme chantait;
C'était bien de chansons qu'alors il s'agissait!
Dame Mouche s'en va chanter à leurs oreilles,
Et fait cent sottises pareilles.
Après bien du travail le Coche arrive au haut.
Respirons maintenant, dit la Mouche aussitôt :
J'ai tant fait que nos gens sont enfin dans la plaine.
Ça, Messieurs les Chevaux, payez-moi de ma peine. »
(Jean de La Fontaine, « Le coche et la mouche », *Fables*)

◆ Exercice 4

Commenter l'utilisation des registres de langue dans le passage suivant :

« Rappelle-toi Barbara
N'oublie pas
Cette pluie sage et heureuse
Sur ton visage heureux
Sur cette ville heureuse
Cette pluie sur la mer
Sur l'arsenal
Sur le bateau d'Ouessant
Oh Barbara
Quelle connerie la guerre
Qu'es-tu devenue maintenant
Sous cette pluie de fer
De feu d'acier de sang »
(Jacques Prévert,« Barbara », in *Paroles*, © Éditions Gallimard, 1946)

RÉPONSES

◆ Exercice 1

Le locuteur est double dans cet extrait : Zola (pronom personnel « je ») qui s'inclut dans le pronom personnel « nous », représentant les anciens. Il s'adresse à la jeunesse (pronom personnel « tu », « te » et déterminant possessif « ton »). Il veut convaincre la jeune génération de continuer le travail que leurs anciens ont commencé afin de construire une meilleure société.

◆ Exercice 2

Les marques de l'oral sont les suivantes : <u>l'interjection</u> : « bah »; <u>l'absence d'un élément de la négation</u> : « il faut pas »; « i vont plus »; <u>le redoublement d'un élément</u> (le sujet) : « moi, je pense »; « les autres, i vont plus »; <u>la suppression de lettres</u> : « i » (ils).

◆ Exercice 3

<u>Le discours direct</u> : « Respirons maintenant ! »; « j'ai tant fait que nos gens sont enfin dans la plaine. Ça, Messieurs les Chevaux, payez-moi de ma peine. »; <u>le discours indirect</u> : « qu'elle agit seule, et qu'elle a tout le soin »; « qu'aucun n'aide aux chevaux à se tirer d'affaire. »; <u>le discours narrativisé</u> : « disait son bréviaire »; « chantait »; « chanter »; <u>le discours indirect libre</u> : « il prenait bien son temps ! »; « C'était bien de chansons qu'alors il s'agissait ! ».

◆ Exercice 4

Le niveau de langue de cet extrait est courant, mais on remarque l'utilisation du niveau de langue familier dans un seul vers avec l'utilisation du terme « connerie », qui permet à l'auteur de pointer l'horreur de la guerre.

Sur Lea.fr

Retrouvez des exercices supplémentaires sur la grammaire de discours

4

ORTHOGRAPHE

- **LES ACCORDS DANS LE GROUPE NOMINAL ET DANS LE GROUPE VERBAL**
  A - Les accords dans le groupe nominal
  B - Les accords dans le groupe verbal

- **HOMONYMES / PARONYMES, ADVERBES EN -MENT, PARTICIPE PRÉSENT ET ADJECTIF VERBAL**
  A - Les homonymes et les paronymes
  B - Les adverbes en *-ment*
  C - L'orthographe du participe présent et de l'adjectif verbal

LES ACCORDS DANS LE GROUPE NOMINAL ET DANS LE GROUPE VERBAL

JE M'ÉVALUE

1. Quel est le pluriel du mot « soupirail » ?

2. Quelle est l'orthographe correcte du mot [vɛRty] ?
a) vertue
b) vertu
c) vertûe

3. Justifier l'orthographe du mot souligné dans le groupe nominal suivant :
Des enfants <u>insolents</u>.

4. Transposer la phrase suivante au passé composé :
Nous sortons de la maison et appelons nos enfants : nous les cherchons en vain.

5. Justifier l'orthographe des verbes de la phrase suivante :
Au loin s'élevaient d'immenses montagnes qui ressemblaient à des géants de glace.

6. Justifier l'orthographe du participe passé dans la phrase suivante :
Ces lettres, tu ne les as jamais postées.

Réponses

1. Des soupiraux. **2.** b). **3.** « Insolents » est un adjectif : il s'accorde en genre et en nombre avec le nom auquel il se rapporte, ici le nom masculin pluriel « enfants ». **4.** Nous sommes sortis de la maison et avons appelé nos enfants : nous les avons cherchés en vain. **5.** « S'élevaient » : le verbe s'accorde avec le sujet pluriel inversé « d'immenses montagnes » ; « ressemblaient » s'accorde avec le sujet « qui », pronom relatif ayant pour antécédent un groupe nominal pluriel « d'immenses montagnes ». **6.** « Postées » est un participe passé au féminin pluriel ; il est employé avec l'auxiliaire *avoir* et s'accorde avec le COD « les » placé avant le verbe.

JE RÉVISE

A - LES ACCORDS DANS LE GROUPE NOMINAL

1. L'ACCORD DU NOM

Le nom possède un genre et un nombre, dont l'identification est possible grâce au déterminant. *Le petit chat* (nom masculin singulier)/ *les petits chats* (nom masculin pluriel).
Dans certaines constructions syntaxiques comme le complément du nom, il faut prendre en compte le sens du groupe nominal pour déterminer si le référent du nom est singulier ou pluriel. *Une boite d'allumettes* (il y a plusieurs allumettes dans une boite, donc « allumettes » est au pluriel). *Un ver à soie* (la soie est indénombrable donc il est au singulier).
Dans la majorité des cas, le pluriel du nom est marqué par l'ajout d'un « s » (*des fleurs; mes amis)*, cependant il existe quelques exceptions :

- sept noms se terminant par *-ail* ont un pluriel marqué par un « x » : *bail, émail, corail, soupirail, vitrail, travail, vantail/ventail.*
- Les noms se terminant par *-eu* ont un pluriel marqué par un « x », sauf *pneu* et *bleu*.
- Les noms se terminant par *-ou* ont un pluriel marqué par un « s », sauf *bijou, chou, genou, caillou, pou, hibou, joujou* qui prennent un « x ».
- Les noms se terminant par *-al* ont un pluriel marqué par « aux », sauf *régal, récital, bal, festival, carnaval, chacal.*
- Les noms se terminant par *-au* ou *-eau* ont un pluriel marqué par un « x », sauf *sarrau* et *landau*.

Dans la majorité des cas, le féminin du nom est marqué par l'ajout d'un « e ». *Une année. Une boulangerie. Une grue*. Il existe cependant quelques exceptions :

- Trois mots se terminant par *-é* ne prennent pas de « e » au féminin : *une psyché, une acné, une clé.*
- Plusieurs noms se terminant par *-i* ne prennent pas de « e » au féminin : *fourmi, nuit, brebis, souris, perdrix.*
- Plusieurs noms se terminant par *-u* ne prennent pas de « e » au féminin : *bru, vertu, tribu, glu.*
- Les noms se terminant par *-té* ne prennent pas de « e » au féminin, sauf jetée, dictée, portée, montée, pâtée et les mots qui indiquent un contenu : *brouettée, fourchetée, assiettée, pelletée...*

2. L'ACCORD DU DÉTERMINANT ET DE L'ADJECTIF

Dans le groupe nominal, les déterminants et les adjectifs s'accordent en genre et en nombre avec le nom auquel ils se rapportent. *Les grands arbres. La petite fille. Les enfants fatigués.*

B - LES ACCORDS DANS LE GROUPE VERBAL

1. L'ACCORD SUJET-VERBE

Le verbe s'accorde en nombre avec le sujet. *Les chiens aboient.* Le sujet peut avoir des natures différentes :

- un nom propre : *Marie part en vacances.*
- un groupe nominal réduit ou étendu : *Les enfants sont curieux. Les enfants de ma voisine jouent au tennis.*
- un pronom : *Ils sont curieux. Les enfants qui jouent dehors sont heureux.*
- un infinitif ou groupe infinitif : *Grandir est difficile pour certains enfants.*
- une proposition subordonnée conjonctive : *Qu'il soit en retard me surprend.*
- une proposition subordonnée relative sans antécédent : *Qui vivra verra.*

Il existe plusieurs cas particuliers :

- Quand le sujet comprend deux groupes nominaux juxtaposés ou coordonnés, le verbe s'accorde au pluriel. *Les chiens et les chats sont des animaux domestiques.*
- Quand le sujet comprend deux groupes nominaux reliés par un terme de comparaison (*comme, ainsi que, de même que...),* le verbe s'accorde avec le premier groupe si le deuxième groupe est dissocié du premier (notamment par une virgule). *Pierre, comme son frère, adore lire.*
- Avec un nom collectif, le verbe s'accorde au singulier. *La foule était en délire.*
- Avec « la plupart » suivi d'un complément, le verbe s'accorde toujours avec le complément, c'est-à-dire au pluriel. *La plupart des gens n'aiment pas le dimanche soir.*
- Quand le présentatif « c'est » est suivi d'un pronom ou d'un nom pluriel, le verbe s'accorde au pluriel, sauf pour « nous » et « vous ». *Ce sont de beaux enfants. C'est nous.*

ATTENTION !

Le sujet peut être inversé (placé après le verbe). *Dans cette magnifique forêt coulait un petit ruisseau.*

Le sujet peut être un pronom relatif. *Je regarde un oiseau qui vole très haut dans le ciel.* (« Qui » est sujet de « vole »; le verbe s'accorde avec l'antécédent du pronom relatif, « un oiseau ».)

Le sujet peut être composé de plusieurs personnes. Il faut alors identifier la personne pour accorder correctement le verbe. *Marie et moi partons* (2e personne du pluriel). *Marie et toi partez* (2e personne du pluriel). *Marie et Paul partent* (3e personne du pluriel).

2. L'ACCORD SUJET/VERBE/ATTRIBUT

L'adjectif en fonction d'attribut s'accorde en genre et en nombre avec le sujet. *Les plages du sud de la France sont magnifiques.*

3. L'ACCORD DU PARTICIPE PASSÉ

Les règles d'accord du participe passé varient en fonction de l'emploi du participe passé. On distingue l'emploi adjectival (le participe passé est considéré comme un adjectif) et l'emploi verbal (le participe passé est conjugué avec l'auxiliaire *être* ou *avoir*).

a) Le participe passé employé comme adjectif

Il s'accorde en genre et en nombre avec le nom auquel il se rapporte. *Des enfants fatigués. Des jardins fleuris. Une maison reconstruite.*

b) Le participe employé avec l'auxiliaire *être*

Il s'accorde en genre et en nombre avec le sujet du verbe. *Mes parents sont venus me voir.*

c) Le participe passé employé avec l'auxiliaire *avoir*

Il est invariable s'il n'y a pas de COD dans la phrase ou si le COD est placé après le verbe. *Le chien a aboyé toute la nuit. Elle a acheté un roman.*
Il s'accorde avec le COD si celui-ci est placé avant le verbe. *Elle les a vus.*

ATTENTION !

Il existe plusieurs cas particuliers :

- Le participe passé de « être » et de « pouvoir » est toujours invariable. *Ils ont récupéré toutes les affaires qu'il ont pu. Ils ont été malades tout l'hiver.*
- Le participe passé ne s'accorde jamais avec le pronom « en » en fonction de COD. *Des framboises, j'en ai mangé tout l'été.*
- Le participe passé d'un verbe impersonnel est toujours invariable. *Toutes les preuves qu'il a fallu lui donner ne l'ont pas satisfait.*
- Le participe passé de « faire » ou « se faire » suivi d'un infinitif est toujours invariable. *Les BD que je lui ai fait acheter lui ont beaucoup plu. Ils se sont fait couper les cheveux.*
- Le participe passé des verbes d'opinion comme « croire », « dire », « devoir », « penser », « permettre », « voir », « vouloir »... est invariable quand il est considéré comme suivi d'un verbe à l'infinitif. *Ils n'ont pas vécu toutes les aventures qu'ils auraient voulu (vivre).*

ATTENTION !

- Le participe passé suivi d'un infinitif ne s'accorde pas si le COD placé avant le verbe est complément de l'infinitif. *Cette chanson, je l'ai entendu chanter* (« cette chanson » est COD de « chanter »). Mais le participe passé suivi d'un infinitif s'accorde si le COD placé avant le verbe est sujet de l'infinitif. *Cette cantatrice, je l'ai entendue chanter* (« cette cantatrice » est sujet de « chanter »).

d) Le participe passé employé avec les verbes pronominaux

Les verbes pronominaux se conjuguent tous avec l'auxiliaire *être*. *Ils se sont observés.* On distingue les verbes essentiellement pronominaux, c'est-à-dire les verbes qui ne s'emploient qu'à la forme pronominale (*s'enfuir, s'évanouir, se souvenir*...) et les verbes occasionnellement pronominaux, c'est-à-dire qui peuvent être employés ou non à la forme pronominale (*parler/se parler, apercevoir/s'apercevoir*...).
Les verbes essentiellement pronominaux suivent la règle d'accord du participe passé avec l'auxiliaire *être* : ils s'accordent en genre et en nombre avec le sujet. *Ils se sont souvenus de leur premier jour d'école.*
Les verbes occasionnellement pronominaux suivent les règles d'accord du participe passé employé avec *avoir*. Il faut donc chercher si la phrase contient un COD. *Les adolescents se sont arraché les derniers billets du concert de l'année.* (Le participe passé ne s'accorde pas puisque le COD, « les derniers billets du concert de l'année », est placé après le verbe.) *Voici la voiture qu'ils se sont achetée.* (Le participe passé s'accorde avec le COD placé avant le verbe : le pronom relatif « qu' » ayant pour antécédent « la voiture », féminin, singulier.)

ATTENTION !

Quand la phrase ne contient pas de COD, il faut examiner la fonction du pronom personnel « se ». S'il est en fonction de COD, on accorde le participe avec ce dernier, qui renvoie au sujet. *Les deux sœurs se sont regardées avec tendresse.* (On accorde le participe passé avec le pronom « se » qui renvoie au sujet « les deux sœurs », féminin, pluriel car le pronom « se » est COD.) Si le pronom « se » est en fonction de COI, le participe ne s'accorde pas. *Elles se sont parlé franchement.* (Le participe ne s'accorde pas car le pronom « se » est COI.)

JE M'ENTRAINE

◆ Exercice 1

Transposer les groupes nominaux suivants au pluriel :
un éventail ; un chacal ; un landau ; un fanal ; un fou.

◆ Exercice 2

Trouver le terme mal orthographié dans les séries suivantes :
a) une montée ; une psychée ; une cuillérée
b) la bontée ; une pelletée ; la beauté
c) une bougie ; la fourmis ; le tournis

◆ Exercice 3

Justifier l'accord des mots soulignés dans la phrase suivante :
« Et à quoi bon exécuter des projets puisque le projet est en lui-même une jouissance suffisante ? » (Charles Baudelaire, *Le Spleen de Paris*)

◆ Exercice 4

Entourer la ou les bonnes réponses dans les phrases suivantes.
a) Les enfants se sont bien ....
1. amusé
2. amusés
3. amusées

b) Il lui a .... de se taire.
1. demandé
2. demander
3. demandées

c) Ils les ont .... à la poubelle.
1. jeté
2. jetées
3. jetés

d) Elles se sont .... toute la journée.
1. observé
2. observer
3. observées

e) Ils ont jeté tous les livres qu'ils ont ....
1. voulues
2. voulu
3. voulus

◆ Exercice 5

Récrire le passage suivant en remplaçant « le chat » par « les chats » :
« Le Chat, qui eut soin de s'informer qui était cet ogre, et ce qu'il savait faire, demanda à lui parler, disant qu'il n'avait pas voulu passer si près de son Château, sans avoir l'honneur de lui faire la révérence. L'Ogre le reçut aussi civilement que le peut un Ogre, et le fit reposer. "On m'a assuré, dit le Chat, que vous aviez le don de vous changer en toute sorte d'Animaux, que vous pouviez par exemple vous transformer en Lion, en Éléphant ? – Cela est vrai, répondit l'Ogre brusquement, et pour vous le montrer, vous m'allez voir devenir Lion." Le chat fut si effrayé de voir un lion devant lui, qu'il gagna aussitôt les gouttières, non sans peine et sans péril, à cause de ses bottes qui ne valaient rien pour marcher sur les tuiles. » (Charles Perrault, *Le Chat botté*)

◆ Exercice 6

Justifier l'orthographe des mots soulignés dans les phrases suivantes :
a) Ma sœur a <u>acheté</u> des pommes au marché. Je ne les ai pas <u>trouvées</u> bonnes.
b) Elle a croisé une amie qu'elle n'avait pas <u>vue</u> depuis fort longtemps.
c) Elle s'est <u>coupée</u> avec un fil de fer.
d) Les élèves de sa classe sont <u>dynamiques</u>.
e) Au loin <u>s'élevait</u> une immense colline verte.
f) Il ne songe qu'à <u>travailler</u> mais il doit aussi <u>se reposer</u>.
g) Les enfants qui <u>défilent</u> ont tous des déguisements <u>originaux</u>.

RÉPONSES

◆ Exercice 1

Des éventails ; des chacals ; des landaus ; des fanaux ; des fous.

◆ Exercice 2

a) Une psychée (psyché) ; b) la bontée (bonté) ; c) la fourmis (fourmi).

◆ Exercice 3

« Projets » : nom masculin pluriel ; il s'accorde avec son déterminant « des » ; « suffisante » : adjectif au féminin singulier ; il s'accorde avec le nom auquel il se rapporte, « jouissance ».

◆ Exercice 4

a) 2 ; b) 1 ; c) 2 et 3 ; d) 3 ; e) 2.

◆ Exercice 5

<u>Les Chats</u>, qui <u>eurent</u> soin de s'informer qui était cet ogre, et ce qu'il savait faire, <u>demandèrent</u> à lui parler, disant qu'<u>ils</u> n'<u>avaient</u> pas voulu passer si près de son Château,

sans avoir l'honneur de lui faire la révérence. L'Ogre les reçut aussi civilement que le peut un Ogre, et les fit reposer. « On nous a assurés, dirent les Chats, que vous aviez le don de vous changer en toute sorte d'Animaux, que vous pouviez par exemple vous transformer en Lion, en Eléphant ? – Cela est vrai, répondit l'Ogre brusquement, et pour vous le montrer, vous m'allez voir devenir Lion. » Les chats furent si effrayés de voir un lion devant eux, qu'ils gagnèrent aussitôt les gouttières, non sans peine et sans péril, à cause de leurs bottes qui ne valaient rien pour marcher sur les tuiles.

◆ Exercice 6

a) « Acheté » : le participe passé employé avec l'auxiliaire *avoir* ne s'accorde pas si le COD (« des pommes ») est placé après le verbe ; « trouvées » : le participe passé conjugué avec l'auxiliaire *avoir* s'accorde en genre et en nombre avec le COD si celui-ci est placé avant le verbe (ici le COD : « les » : féminin pluriel reprend le GN « les pommes »).
b) « Vue » : le participe passé est employé avec l'auxiliaire *avoir*. Il s'accorde avec le COD placé avant le verbe (« qu'» : pronom relatif ayant pour antécédent le groupe nominal féminin singulier « une amie »).
c) « Coupée » : le participe passé est employé avec un verbe occasionnellement pronominal. Il s'accorde avec le COD « s'» qui renvoie au sujet « elle », pronom personnel singulier, féminin.
d) « Dynamiques » : adjectif en fonction d'attribut du sujet. Il s'accorde en genre et en nombre avec le sujet « les enfants », groupe nominal masculin pluriel.
e) « s'élevait » : verbe conjugué à l'imparfait de l'indicatif, à la 3e personne du singulier. Le verbe s'accorde avec son sujet, ici, inversé le GN singulier « une colline verte ».
f)

- « travailler » : verbe à l'infinitif. Il suit la préposition « à ».
- « se reposer » : verbe à l'infinitif. Il fait partie de la périphrase verbale « doit se reposer » et suit le semi-auxiliaire modal « doit ».

g)

- « défilent » : verbe conjugué au présent de l'indicatif, à la 3e personne du singulier. Le verbe s'accorde avec son sujet, le pronom relatif « qui », ayant pour antécédent le GN pluriel « les enfants ».
- « originaux » : adjectif masculin pluriel. L'adjectif s'accorde en genre et en nombre avec le nom auquel il se rapporte : ici, le GN masculin pluriel « des déguisements ».

Sur Lea.fr

Retrouvez des exercices supplémentaires sur les accords dans le groupe nominal et dans le groupe verbal

HOMONYMES /PARONYMES, ADVERBES EN -MENT, PARTICIPE PRÉSENT ET ADJECTIF VERBAL

JE M'ÉVALUE

1. Les termes « mer » et « mère » sont :
a) des homonymes
b) des synonymes
c) des paronymes

2. Donner la nature grammaticale des homonymes de la phrase suivante :
Tous les enfants veulent qu'on leur donne tout.

3. Choisir la bonne réponse :

a) Ils la regardent...
A. méchament
B. méchamment
C. méchemment

b) Elle lit...
A. poséement
B. posémment
C. posément

4. Former l'adverbe à partir des adjectifs suivants : passionné ; frais ; suffisant.

5. Compléter les phrases suivantes par un adjectif verbal ou un participe présent :
a) Il fait progresser la recherche en (communiquer) ses résultats.
b) Ce petit garçon semble très (différer) des autres.
c) (Divaguer) toute la nuit, il était épuisé au réveil.
d) Ces élèves sont (fatiguer).
e) (Négliger) sans cesse sa santé, il doit aller voir un médecin de toute urgence.

6. Entourer la bonne réponse :

a) <u>Précédant</u> ses camarades dans le couloir, il s'amuse à leur faire peur.
Le terme souligné dans la phrase est :
A. une préposition
B. un adjectif verbal
C. un participe présent

b) Face à des propos <u>provocants</u>, il ne réagit jamais.
Le terme souligné dans la phrase est :
A. un adverbe
B. un adjectif
C. un groupe adjectival

Réponses

1. a) ; **2.** « Tous » : déterminant indéfini ; « tout » : pronom indéfini. **3.** a) B ; b) C. **4.** Passionnément ; fraichement ; suffisamment. **5.** a) Communiquant ; b) différent ; c) divaguant ; d) fatigants ; e) négligeant. **6.** a) C ; b) B.

JE RÉVISE

A - LES HOMONYMES ET LES PARONYMES

1. DÉFINITION

Les différentes unités lexicales entretiennent des relations formelles d'équivalence graphique/phonique ou de proximité phonique. On distingue ainsi l'homonymie, l'homographie, l'homophonie, la paronymie.

2. LES HOMONYMES

L'homonymie désigne une relation d'identité phonique et graphique entre des mots de sens différent. On distingue deux types d'homonymes :

- Les homonymes homographes sont des mots unis par une relation d'identité graphique mais qui ne se prononcent pas de la même manière. *Les fils de ma voisine jouent avec des fils de fer.*
- Les homonymes homophones sont des mots unis par une relation d'identité phonique mais qui ne s'écrivent pas de la même manière. *À la plage, il y a des coquillages.* On distingue les homophones grammaticaux qui concernent les prépositions, conjonctions, déterminants, adverbes, pronoms, etc. (*son/sont*), et les homophones lexicaux qui concerne le lexique et des termes de même nature grammaticale (*dessin/dessein*).

Le tableau qui suit récapitule les principaux homophones en précisant leur nature.

HOMOPHONES	NATURE	EXEMPLE
À/ A	Préposition Verbe *avoir* au présent de l'indicatif, 3e personne du singulier	*Marie est à l'école.* *Elle a un livre neuf.*
On/ Ont	Pronom personnel indéfini Verbe *avoir* au présent de l'indicatif, 3e personne du pluriel	*On arrive !* *Ils ont peur.*
Ce/ Se	Déterminant démonstratif Pronom démonstratif Pronom personnel	*Ce livre m'appartient.* *Ce n'est pas grave.* *Il se rend à l'école.*

Sur Lea.fr
Téléchargez le récapitulatif des principaux homophones

Son/ Sont	Déterminant possessif Verbe être au présent de l'indicatif, 3e personne du pluriel	*Son ami lui rend visite.* *Ils sont absents.*
C'est/ S'est	Présentatif Forme verbale pronominale composée du pronom personnel se et du *verbe* être conjugué (est suivi d'un participe passé)	*C'est lui !* *Elle s'est absentée.*
Ces/ Ses	Déterminant démonstratif Déterminant possessif	*Ces enfants sont très sages.* *Il prête facilement ses affaires.*
Quoique/ Quoi que	Conjonction de subordination qui introduit une proposition subordonnée conjonctive de concession Pronom relatif indéfini (il n'a jamais d'antécédent)	*Quoiqu'elle eût quinze ans, ses manières étaient encore très enfantines.* *Quoi qu'il arrive, elle se sent prête.*
La/ L'a/ Là	Article défini Pronom personnel Contraction du pronom personnel « la » et du verbe *avoir* Adverbe	*La fenêtre est fermée.* *Je la vois tous les jours.* *Elle l'a interpelé.* *Tu peux les poser là.*
Même/ Mêmes	Adverbe Déterminant indéfini Pronom indéfini (précédé de « les »)	*Ils ont même failli se blesser.* *Ils ont les mêmes goûts.* *Je voudrais les mêmes.*
Quelque/ Quelques/ Quel que	Adverbe Déterminant Expression suivie du verbe être conjugué au subjonctif. « Quel » s'accorde alors avec le nom auquel il se rapporte	*Il a lu quelque trois cents pages.* *Il prend quelques affaires.* *Quels que soient tes problèmes, tu trouveras une solution.*
Leur/ Leur(s)	Pronom personnel Déterminant possessif Pronom possessif (précédé de « les »)	*Il leur parle souvent.* *Leurs amis viennent ce soir.* *J'aime mes livres. Les leurs me déplaisent.*
Où/ Ou	Pronom relatif et interrogatif Conjonction de coordination	*La ville où je suis né est magnifique.* *Veux-tu des légumes ou des fruits ?*
Ni/ N'y	Conjonction de coordination Contraction de l'adverbe de négation « ne » et du pronom personnel adverbial « y »	*Je n'aime ni les pommes ni les poires.* *N'y pense pas !*

Tout/tous Tout	Déterminant indéfini Pronom indéfini Adverbe **Attention** ! Tout adverbe est invariable sauf quand il est placé devant un adjectif au féminin commençant par une consonne ou un « h » aspiré.	*Tous les jours, il part à 8 heures.* *Tout le monde est parti.* *Tout est fini. Ils sont tous partis.* *Il est tout apeuré.* *Elle devint toute* pâle.
Si/ S'y	Conjonction de subordination ou adverbe Contraction du pronom personnel se et du pronom personnel adverbial « y »	*Il est si heureux d'être venu.* *Il s'y connait très bien en mécanique.*
Or/ Hors	Conjonction de coordination Préposition	*Vous souhaitez jouer dehors, or il pleut.* *Hors de ma vue !*

3. LES PARONYMES

La paronymie désigne une relation de proximité phonique ou graphique entre des mots différents. *Conjoncture/conjecture.*

B - LES ADVERBES EN -MENT

Les adverbes en *-ment* sont formés à partir d'adjectifs.
Pour les adjectifs qui se terminent par une consonne au masculin, on ajoute le suffixe *-ment* au féminin de l'adjectif. *Lent → lente → lentement.*

ATTENTION !

Il existe quelques exceptions : *gentil → gentiment ; bref → brièvement ; précis → précisément.*

Pour les adjectifs qui se terminent en *-e, -é, -u-, -i,* on ajoute le suffixe *-ment* à l'adjectif. *Poli → poliment ; effronté → effrontément.*

ATTENTION !

Il existe quelques exceptions :
- *gai → gaiement.*
- certains adjectifs en *-e* ont un adverbe en *-ément* : *aveuglément, énormément.*

Pour les adjectifs qui se terminent en *-ant* ou *-ent* au masculin, on forme l'adverbe en remplaçant le suffixe *-ant* par *-amment* et le suffixe *-ent* par *-emment*. *Vaillant* → *vaillamment*; patient → *patiemment*.

C - L'ORTHOGRAPHE DU PARTICIPE PRÉSENT ET DE L'ADJECTIF VERBAL

Les formes verbales en *-ant* peuvent être de deux natures différentes : un participe présent et un adjectif verbal. *C'est une femme croyante* (adjectif verbal). *Croyant bien faire, il a rompu sa promesse* (participe présent).

CONSEIL MÉTHODO

Certains verbes ont un participe présent qui diffère orthographiquement de l'adjectif verbal (c'est le cas notamment de la plupart des verbes en *-guer* et *-quer*). Pour savoir s'il s'agit d'un adjectif verbal, on peut le remplacer par un autre adjectif. *C'est un enfant différent = c'est un enfant gentil.* (« différent » est donc un adjectif verbal) *Différant sans cesse leur entrevue, il se cache derrière son travail.* → **gentil sans cesse son entrevue* (« différant » ne peut être remplacé par un adjectif, c'est donc un participe présent).

Voici quelques exemples :

PARTICIPE PRÉSENT	ADJECTIF VERBAL
Négligeant	Négligent
Convergeant	Convergent
Détergeant	Détergent
Émergeant	Émergent
Négligeant	Négligent
Suffoquant	Suffocant
Provoquant	Provocant
Intriguant	Intrigant
Intoxiquant	Intoxicant
Fatiguant	Fatigant
Convainquant	Convaincant
Adhérant	Adhérent
Différant	Différent
Équivalant	Équivalent
Excellant	Excellent
Précédant	précédent

JE M'ENTRAINE

◆ Exercice 1

Préciser la relation qui unit les paires de mots suivantes :
a) or/hors
b) effraction/infraction
c) le petit mousse joue avec la mousse.
d) la/là

◆ Exercice 2

Dans le passage suivant, justifier l'orthographe des homophones soulignés et trouver une autre paire d'homophones :
« Je vous donne pour don, poursuivit la Fée, qu'à chaque parole que vous direz, il vous sortira de la bouche **ou** une Fleur, ou une Pierre précieuse.» Lorsque cette belle fille arriva au logis, sa mère la gronda de revenir si tard de la fontaine. «Je vous demande pardon, ma mère, dit cette pauvre fille, d'avoir tardé si longtemps»; et en disant **ces** mots, il lui sortit de la bouche deux Roses, deux Perles, et deux gros Diamants. «Que vois-je là! dit sa mère toute étonnée; je crois qu'il lui sort de la bouche des Perles et des Diamants; d'**où** vient cela, ma fille?» (**ce** fut là la première fois qu'elle l'appela sa fille). La pauvre enfant lui raconta naïvement tout ce qui lui était arrivé, non sans jeter une infinité de Diamants. [...] La pauvre enfant s'enfuit, et alla **se** sauver dans la Forêt prochaine. Le fils du Roi qui revenait de la chasse la rencontra et la voyant si belle, lui demanda ce qu'elle faisait là toute seule et ce qu'elle avait à pleurer. «Hélas! Monsieur, **c'est** ma mère qui m'a chassée du logis.» » (Charles Perrault, *Les Fées*)

◆ Exercice 3

Former les adverbes correspondant aux adjectifs suivants : éminent; grand; poli; constant.

◆ Exercice 4

Relever les adverbes dans les phrases suivantes et justifier leur orthographe :
a) Il réalise aisément tout ce qu'on lui demande.
b) En dormant, il ronfle bruyamment.
c) Il répond malicieusement à sa mère.

◆ Exercice 5

Choisir la bonne orthographe :
a) L'air de cette pièce est (suffocant/suffoquant).
b) En (convaincant/convainquant) ses parents de le laisser sortir, il a réalisé une prouesse.
c) (Excellent/excellant) dans toutes les matières, il a reçu les félicitations de ses professeurs.

◆ Exercice 6

Justifier l'orthographe des formes en -*ant* dans les phrases suivantes :
a) En mathématiques, il existe deux types de suites convergentes.
b) Convergeant vers le sommet de la montagne, ils sont épuisés.
c) Ils détestent les produits détergents.

RÉPONSES

◆ Exercice 1

a) Homophonie ; b) paronymie ; c) homographie ; d) homophonie.

◆ Exercice 2

« Ou » : conjonction de coordination/ « où » : pronom interrogatif ; « ces » : déterminant démonstratif / « c'est » : présentatif ; « ce » : pronom démonstratif/ « se » : pronom personnel réfléchi. On peut relever une autre paire d'homophones : « la Forêt » : article défini/ « la voyant » : pronom personnel/ « ce qu'elle faisait là » : adverbe.

◆ Exercice 3

Éminent → éminemment ; grand → grandement ; poli → poliment ; constant → constamment.

◆ Exercice 4

a) « Aisément » : cet adverbe est formé à partir de l'adjectif « aisé » qui se termine par un -*é* ; on ajoute le suffixe -*ment* à ce dernier ; b) « bruyamment » : cet adverbe est formé à partir de l'adjectif « bruyant », le suffixe -*ant* est remplacé par le suffixe -*amment* ; c) « malicieusement » : cet adverbe est formé à partir du féminin de l'adjectif « malicieuse », auquel on ajoute le suffixe -*ment*.

◆ Exercice 5

a) Suffocant ; b) convainquant ; c) excellant.

◆ Exercice 6

a) « Convergentes » : adjectif verbal au féminin pluriel ; il s'accorde avec le nom auquel il se rapporte : « suites » ; b) « convergeant » : participe présent ; il est invariable ; c) « détergents » : adjectif verbal au masculin pluriel ; il s'accorde avec le nom auquel il se rapporte : « produits ».

Sur Lea.fr

Retrouvez :

◆ *des exercices supplémentaires sur les homonymes et paronymes, sur l'orthographe des adverbes en -ment et sur l'orthographe du participe présent et de l'adjectif verbal ;*
◆ *un QCM sur l'orthographe*

5

PHONOLOGIE ET PHONÉTIQUE

A - Définition
B - La transcription phonétique
C - Distinguer lettres, syllabes, graphèmes, phonèmes
D - Les valeurs d'une lettre

JE M'ÉVALUE

1. Transcrire le mot « fourberie » en alphabet phonétique international.

2. Le mot « trésorerie » comprend :
a) A. deux syllabes
B. quatre syllabes
C. trois syllabes

b) A. 9 phonèmes
B. 10 phonèmes
C. 8 phonèmes

3. Quelles sont les valeurs de la lettre « t » dans le mot « était » ?

Réponses

1. [fuRbəRi]. **2.** a) B ; b) A. **3.** Une valeur phonogrammique : transcrit le phonème [t] (« était »); une valeur morphogrammique : marque la désinence de la 3e personne du singulier à l'imparfait de l'indicatif (« était »).

JE RÉVISE

A - DÉFINITIONS

La phonétique étudie les sons de la langue. Elle décrit leurs différentes caractéristiques physiques.

La phonologie étudie les phonèmes, en s'intéressant à leur fonction linguistique ; elle précise les différentes caractéristiques articulatoires des phonèmes ainsi que leur organisation.

Le phonème est la plus petite unité distinctive de la chaine parlée. Il existe 36 phonèmes en français : 16 phonèmes vocaliques (correspondant à des sons voyelles) et 21 phonèmes consonantiques, incluant les 3 semi-consonnes. Les phonèmes sont transcrits au moyen d'un alphabet spécifique : l'alphabet phonétique international. Les tableaux ci-après présentent tous les signes de l'alphabet phonétique en fonction des différentes caractéristiques des phonèmes vocaliques et consonantiques.

Les phonèmes vocaliques varient en fonction :
- du lieu d'articulation : antérieur (au niveau du voile du palais), médian (au niveau du palais) ou postérieur labialisé (au niveau des lèvres);
- du degré d'ouverture de la bouche;
- de l'adjonction ou non d'une résonance nasale.

PHONÈMES VOCALIQUES			
VOYELLES	**ANTÉRIEURES**	**MÉDIANES**	**POSTÉRIEURES**
Fermées	[i] p**i**quer	[y] v**u**e	[u] s**ou**pe
Mi-fermées	[e] **é**veil	[ø] orag**eu**x	[o] bat**eau**
Mi-ouvertes	[ɛ] b**ê**te	[ə] v**e**nir / [œ] p**eu**r	[ɔ] c**o**lle
Ouvertes	[a] p**a**tte		[ɑ] p**â**te
Nasales mi-ouvertes	[ɛ̃] fr**ein**	[œ̃] br**un**	[ɔ̃] s**on**
Nasales ouvertes		[ɑ̃] s**an**g	

Sur Lea.fr

Téléchargez le tableau des phonèmes vocaliques

Les phonèmes consonantiques varient en fonction :

- du mode d'articulation : occlusif (avec fermeture totale de la bouche puis ouverture produisant un bruit d'explosion) ou constrictif (avec resserrement du canal de l'air produisant un bruit de friction);
- du lieu d'articulation : labial (au niveau des lèvres), dental (au niveau des dents), alvéolaire (entre les dents et le palais), palatal (au niveau du palais), vélaire (au niveau du voile du palais);
- de la présence de vibrations des cordes vocales (consonnes sonores) ou non (consonnes sourdes) ou de résonance des cavités nasales (consonnes nasales).

PHONÈMES CONSONANTIQUES			
CONSONNES OCCLUSIVES	**LABIALES**	**DENTALES**	**PALATALES/ VÉLAIRES**
Sourdes	[p] **p**arler	[t] rappor**t**er	[k] pla**c**ard
Sonores	[b] **b**attre	[d] **d**ent	[g] **g**laçon
Nasales	[m] a**m**ener	[n] trai**n**e	[ɲ] monta**gn**e [ŋ] parki**ng**
CONSONNES CONSTRICTIVES	**LABIO-DENTALES**	**ALVÉOLAIRES**	**PALATALES/ LABIALES**
Sourdes	[f] **f**arandole	[s] **s**ortie	[ʃ] **ch**at
Sonores	[v] **v**oiture	[z] **z**éro [l] **l**ilas	[ʒ] mi**j**oter [R] barboter
SEMI-CONSONNES	**PALATALE**	**PALATALE LABIALISÉE**	**VÉLAIRE**
	[j] **y**eux	[ɥ] h**u**it	[w] **ou**i

B - LA TRANSCRIPTION PHONÉTIQUE

La transcription phonétique est la notation des énoncés oraux au moyen de l'alphabet phonétique international. Cette notation présente des caractéristiques spécifiques :

- Un énoncé en phonétique est noté entre crochets.
- La ponctuation est remplacée par des / et des // qui notent les pauses.
- Il n'y a pas de blancs graphiques entre la transcription des différents mots d'un énoncé.
- En phonétique, le nombre de signes est équivalent aux phonèmes entendus lors de sa prononciation.

Par exemple, la transcription phonétique de « Bonjour monsieur » est [bɔ̃ʒurməsjø].

L'alphabet phonétique international propose la transcription de chacun des phonèmes.

Sur Lea.fr

Téléchargez le tableau des phonèmes consonantiques

ALPHABET PHONÉTIQUE INTERNATIONAL		
VOYELLES	**CONSONNES**	**SEMI-CONSONNES**
[a] *ami*	[b] *bouteille*	[j] *pied*
[ɑ] *pâte*	[d] *dent*	[ɥ] *lui*
[e] *épée*	[f] *fille*	[w] *oui*
[ɛ] *père*	[g] *garçon*	
[ə] *mener*	[k] *cuir*	
[i] *sifflet*	[l] *long*	
[o] *poser*	[m] *malin*	
[ɔ] *note*	[n] *nuisible*	
[œ] *peur*	[p] *pieuvre*	
[ø] *orageux*	[R] *rire*	
[y] *mur*	[s] *sourire*	
[u] *poux*	[t] *trahison*	
[ɑ̃] *chant*	[v] *visite*	
[ɛ̃] *bain*	[z] zèbre	
[œ̃] *brun*	[ʒ] *joie*	
[ɔ̃] *maison*	[ʃ] *chaton*	
	[ɲ] *grogner*	
	[ŋ] *parking*	

C - DISTINGUER LETTRES, SYLLABES, GRAPHÈMES, PHONÈMES

En phonologie et en phonographie, il convient de bien distinguer la lettre, la syllabe, le phonème et le graphème :

- La **lettre** est un signe graphique qui transcrit un son.
- La **syllabe** correspond à un ou plusieurs phonèmes prononcés d'une seule émission de voix (le mot « sang » contient une seule syllabe ; le mot « parapluie » contient trois syllabes : *pa-ra-pluie*).
- Le **phonème** désigne la plus petite unité distinctive de la chaine parlée.
- Le **graphème** désigne la plus petite unité distinctive de la chaine écrite. Il correspond à l'unité orale qu'est le phonème ou sert à donner une information d'ordre grammatical, lexical ou étymologique.

Par exemple, le mot « bateaux » contient sept lettres (b-a-t-e-a-u-x), deux syllabes (ba-teaux), quatre phonèmes [bato] et cinq graphèmes (b-a-t-eau-x).

ATTENTION !

À un phonème ne correspond pas obligatoirement un seul graphème : [o] peut se graphier « o », « ot », « eau », « au »...

Un graphème ne correspond pas obligatoirement à une seule lettre : on trouve également des digrammes (deux lettres) : « au » ou des trigrammes (trois lettres) : « eau ».

Sur Lea.fr

Téléchargez l'alphabet phonétique international

D - LES VALEURS D'UNE LETTRE

On peut classer les graphèmes selon leur valeur, c'est-à-dire selon la fonction qu'ils remplissent. Il existe différents types de classements :

- On peut classer les graphèmes selon qu'ils transcrivent un phonème ou qu'ils correspondent à une lettre muette. Par exemple, dans le mot « maisons », le graphème « s » est une lettre muette (*maisons*) ou transcrit le phonème [z] (*maisons*).
- On peut classer les graphèmes selon quatre valeurs différentes :
  - la **valeur de base** correspond à la manière la plus fréquente de lire le graphème. Le « g » se prononce [g], comme dans « gâteau ».
  - la **valeur de position** prend en compte l'environnement du graphème. Par exemple, la valeur de base du « s » est [s] : *soif*. Toutefois quand il est entouré de deux voyelles, sa valeur de position est [z] : *maison*.
  - la **valeur auxiliaire** : le graphème n'est pas prononcé mais modifie le son d'un autre graphème. Dans le mot « bourgeon » : le « e » modifie la prononciation du « g ».
  - la **valeur zéro** : le graphème n'est pas prononcé. Dans « tu écris », le « s » ne se prononce pas.

Par exemple, le graphème « c » a une valeur zéro dans le mot « tronc » ; il a une valeur de base dans le mot « carton » ; il a une valeur de position dans le mot « récit » ; il a une valeur auxiliaire dans le mot « chat ».

- Enfin, on peut utiliser le système de classement élaboré par Nina Catach[1]. Elle a étudié le système orthographique français qu'elle qualifie de « plurisystème ». Voici les différentes fonctions des graphèmes qu'elle distingue dans sa typologie des erreurs d'orthographe :
  - Les phonogrammes correspondent aux graphèmes qui transcrivent un phonème. Le « s » transcrit le phonème [s] dans « sourire ».
  - Les morphogrammes correspondent aux graphèmes qui portent des informations morphologiques, qui sont soit grammaticales (le « s » dans « tu parles » marque la désinence de la 2e personne du singulier au présent de l'indicatif), soit lexicales (« s » marque le lien avec les autres mots de la même famille dans « bras »).
  - Les logogrammes correspondent aux graphèmes permettant de différencier des mots à l'écrit (les homophones) : le « s » dans « est » permet de distinguer ce mot de son homophone « et ».
  - Les graphèmes peuvent enfin donner des informations sur l'étymologie des mots. « Temps » vient du latin « *tempus* ».

1. Nina Catach, *L'orthographe française, traité théorique et pratique*, Armand Colin, 2016.

JE M'ENTRAINE

◆ **Exercice 1**

Donner la transcription phonétique des mots ou phrases suivants :
bien ; huile ; pied ; clair ; trouvé ; « Que dire ? Je ne sais pas. »

◆ **Exercice 2**

Combien y a-t-il de lettres, de phonèmes, de morphèmes, de syllabes dans le mot « secrets » ?

◆ **Exercice 3**

Écrire tous les mots correspondant à la transcription phonétique suivante : [faR].

◆ **Exercice 4**

Préciser comment est graphié le phonème [s] dans la phrase suivante :
Son attention grandissait au fur et à mesure de son ascension.

◆ **Exercice 5**

Analyser la valeur de la lettre « t » dans l'énoncé suivant :
Elle allait à son cours de chant tous les mercredis matin.

◆ **Exercice 6**

Étudier la valeur de la lettre « s » dans la phrase suivante :
Sa mère est furieuse car Samuel perd tout le temps ses lunettes.

RÉPONSES

◆ **Exercice 1**

[bjɛ̃] ; [ɥil] ; [pje] ; [Klɛr] ; [truve] ; [kədiR/ʒənəsɛpa].

◆ **Exercice 2**

Sept lettres ; deux syllabes (se-crets) ; cinq phonèmes [səkRɛ] ; six graphèmes (s-e-c-r-et-s).

◆ **Exercice 3**

Phare, fard, far.

◆ Exercice 4

Les différentes graphies du phonème [s] sont « s » (« son » ; « ascension ») en début de mot ou après une consonne à l'intérieur du mot ; « ss » (« grandissait ») entre deux voyelles ; « sc » (« ascension ») entre deux voyelles ; « t » (« attention ») devant *-ion*.

◆ Exercice 5

La lettre « t » a plusieurs valeurs dans cette phrase :

- une valeur phonogrammique : le « t » transcrit le phonème [t] : « tous » ; « matin » ;
- une valeur morphogrammique grammaticale : « avait » : le « t » indique la marque d'accord de la 3e personne du singulier à l'imparfait de l'indicatif ;
- une valeur morphogrammique lexicale : « chant » ; le « t » marque le lien avec les autres mots de la même famille (chanter, chanteur...).

◆ Exercice 6

La lettre « s » a plusieurs valeurs dans cette phrase :

- une valeur phonogrammique : le « s » transcrit le phonème [s] : « sa » ; « Samuel » ; « ses » et le phonème [z] : « furieuse » ;
- une valeur morphogrammique : le « s » indique la marque du pluriel pour le déterminant possessif et le nom ;
- une valeur logogrammique : le « s » permet de distinguer les homophones « est » / « et » ;
- une valeur étymologique : le « s » de « temps » marque l'origine latine du mot *tempus*.

Sur Lea.fr

Retrouvez des exercices supplémentaires sur la phonologie et la phonétique

6

LEXIQUE

- **LA MORPHOLOGIE LEXICALE**
  A - Définition
  B - Les différents procédés de construction d'un mot

- **LA SÉMANTIQUE LEXICALE**
  A - Définition
  B - La monosémie, polysémie/champ sémantique
  C - Les sens propre et figuré
  D - La dénotation/connotation
  E - Les relations sémantiques (synonymie, antonymie, hyperonymie, hyponymie)
  F - Le champ lexical
  G - Les figures de style

LA MORPHOLOGIE LEXICALE

JE M'ÉVALUE

1. De quels éléments le mot « philosophie » est-il composé ?

2. Analyser la formation des mots suivants :
un portable ; fondation ; parking.

3. Identifier le radical, le préfixe et le suffixe du mot suivant : impossible.

4. Le suffixe *-age* signifie :
a) un lieu
b) une action
c) un contenu

5. L'élément *chrono-* signifie :
a) la vie
b) le temps
c) la vitesse

6. Donner six mots de la même famille que « passer ».

7. Proposer trois mots construits avec le préfixe *in-*.

Réponses

1. Le mot « philosophie » est composé de deux éléments provenant de la langue grecque : *philo* et *sophie*. **2.** Un « portable » est construit par conversion : l'adjectif devient un nom par l'adjonction de l'article indéfini ; « fondation » est construit par dérivation : on a adjoint au radical *fond-* le suffixe *-ation* qui signifie « action de » ; « parking » est un emprunt à la langue anglaise. **3.** Radical : *poss-* ; préfixe : *im-* qui signifie « le contraire de » ; suffixe : *-ible* qui sert à former les adjectifs. **4.** b). **5.** b). **6.** dépasser ; dépassement ; passage ; repasser ; passe ; passation. **7.** intolérable ; interminable ; ininterrompu.

JE RÉVISE

A - DÉFINITION

La morphologie lexicale s'intéresse à la forme des différentes unités lexicales (mots). Elle traite de la structure interne de ces unités lexicales en étudiant les morphèmes (unité minimale porteuse de sens) et la manière dont ces unités s'associent les unes aux autres ; il existe des morphèmes lexicaux et des morphèmes grammaticaux (les désinences, les marques de genre et de nombre, les préfixes, suffixes). On distingue ainsi :

- les mots simples qui sont constitués d'un seul morphème et qui ne peuvent donc pas être décomposés en plusieurs unités significatives : *table, maison, moustique ;*
- les mots complexes ou construits qui sont formés d'au moins deux morphèmes et qui peuvent donc être décomposés en plusieurs unités significatives : *autographe, chaise longue, courriel, richissime.*

B - LES DIFFÉRENTS PROCÉDÉS DE CONSTRUCTION D'UN MOT

Pour créer une unité lexicale, on peut utiliser différents procédés appelés également modes de construction : la dérivation, la composition, l'abréviation ou troncation, la siglaison et l'acronyme, le mot-valise, la conversion et l'emprunt.

1. LA DÉRIVATION

La dérivation consiste à créer une nouvelle unité lexicale par l'adjonction d'un préfixe et/ou d'un suffixe au radical. Le radical est l'élément obtenu une fois le préfixe et le suffixe enlevés. Cet élément n'est pas autonome.

ATTENTION !

Au contact du suffixe le radical peut se voir adjoindre une lettre appelée lettre de jonction. *Durcir* : radical *dur-* ; « c » : lettre de jonction ; *-ir* : désinence verbale.

REMARQUE

Le terme « base » est parfois utilisé pour désigner le radical mais il désigne également le mot dont est dérivé le mot créé. *Nombreux* est un dérivé de la base *nombre*.

Le préfixe remplit essentiellement un rôle sémantique, c'est-à-dire qu'il modifie le sens du mot. *<u>Ir</u>responsable*. Le suffixe remplit à la fois un rôle sémantique et grammatical, c'est-à-dire qu'il modifie à la fois le sens du mot et sa nature grammaticale.

Une famille de mots ou famille étymologique est l'ensemble des mots créés par la combinaison d'un radical/base et de ses différents préfixes et suffixes. Par exemple, la famille étymologique de « nombre » est : *dénombrer, nombreux, dénombrement, surnombre...*

ATTENTION !

Les préfixes et suffixes peuvent présenter des variations de formes : *dé-, dés-, dis-* signifient « le contraire de ». De même, des préfixes différents peuvent avoir un sens similaire : *dé-, mé-, in-* signifient « le contraire de ».

LISTE DES PRINCIPAUX PRÉFIXES		
Préfixes	**Sens**	**Exemples**
a-/an-	Négation, privation	*Anormal*
dé-/dés-/dis-/il-/in-/im-/ -mé	Le contraire de	*Déloyal, illettré, impossible*
dé-	Renforcement d'une action	*Démultiplier*
pré-	Avant	*Préretraite*
a-/ad-/ac-/al	Vers	*Accompagner, allonger*
co-/col-/com-/	Avec	*Cohabiter*
e-/ex-/exo-	Hors de	*Excentrer*
pré-	Avant	*Préposition*
tra-/trans-/tré-/tres	à travers, au-delà	*Transgenre, tressaillir*
r-/re-/ré-	à nouveau	*Redire, réapprendre*
post-	Après	*Postmoderne*
sur-/supra-/super-/hyper	Sur, dessus	*Surestimer, hypertonique*
sou-/-sous-/hypo-	Sous, dessous	*Soumettre, hypotension*
en-/em-	Entrée dans un état	*Embarquer*
LISTE DES PRINCIPAUX SUFFIXES		
Suffixes	**Sens**	**Exemples**
-able/-ible	Qui peut être	*Aimable, susceptible*
-al/-el/-é/-er/-ier/if/-iste/-eux/-in/	Qui a la qualité de	*Légal, structurel, imagé, étranger, pensif, perfectionniste, courageux, enfantin*

-âtre/-ard	Sens péjoratif	*Bellâtre, cabochard*
-ois/-ais/-ien	Qui exprime l'origine	*Quimpérois, hollandais, italien*
-atoire	Qui fait l'action de	*Giratoire*
-aire	Idée de relation ou de possibilité	*Lacunaire, populaire*
-ien	Indication d'une profession ou d'une nationalité	*Athénien, collégien*
-ique	Qui vient de	*Ibérique*
-issime	Superlatif	*Richissime*
-té	Nom abstrait	*Cruauté*
-(a)tion/-ment/-age/ -issage/-ure/-ance	Action/résultat de l'action	*Appellation, cheminement, bavardage, blanchissage, coupure*
-esse	Qualité	*Politesse*
-erie/-ie	Lieu, qualité ou action	*Boulangerie, folie*
-ée	Contenu	*Cuillérée*
-et/-ette	Diminutif	*Simplet, fillette*
-eur/-teur/	Qualité, agent	*Menteur, instituteur*
-iste/isme	Métier, activité	*Dentiste, journalisme*
-ment	Adverbe	*Courageusement*
-ailler/-asser	Sens péjoratif	*Discutailler, trainasser*
-iser/-ifier	Rendre	*Mécaniser, tonifier*

2. LA COMPOSITION

La composition consiste à créer une nouvelle unité lexicale par juxtaposition d'éléments qui ont une existence autonome. On distingue :

- La composition populaire : quand les éléments juxtaposés sont d'origine française. *Table ronde.* Ces éléments peuvent être reliés de différentes manières : par un blanc graphique (*fait divers*); par un trait d'union (*nouveau-né*); par une préposition (*boite aux lettres*); ou ils peuvent être soudés (*portefeuille*). Les éléments juxtaposés peuvent être de natures grammaticales différentes : un nom + un nom (*pause-café*); un verbe + un nom (*gratte-ciel*); une préposition + un nom (*après-midi*); un nom + un adjectif (*amour-propre*); un verbe + un verbe (*savoir-vivre*); un nom + une préposition + un nom (*chemin de fer*); un adverbe + un nom (*tout-puissant*).

Sur Lea.fr

Téléchargez la liste des principaux préfixes et suffixes

- La composition savante : quand les éléments juxtaposés sont empruntés aux langues classiques, grecque ou latine. Ces éléments ne sont généralement plus autonomes en français. *Omnivore, psychologue.*

LISTE DES ÉLÉMENTS LATINS		
Éléments	**Sens**	**Exemples**
agri-	Champ	*Agriculture*
aqua-	Eau	*Aquatique*
calori-	Chaleur	*Calorique*
-cide	Qui tue	*Insecticide*
-cole	Qui a rapport à la culture	*Viticole*
carni-	Viande, chair	*Carnivore*
centri-	Centre	*Centrifugeuse*
-fère	Qui porte	*Conifère*
-fique	Qui produit	*Magnifique*
-fuge	Qui fait fuir, qui fuit	*Centrifuge*
légi-	Loi, règle	*Législateur*
multi-	Nombreux	*Multicolore*
noct-	Nuit	*Nocturne*
omni-	Tout	*Omnivore*
viti-	Vigne	*Viticulture*
-vore	Qui mange	*Herbivore*

Sur Lea.fr
Téléchargez la liste des éléments grecs et latins

LISTE DES ÉLÉMENTS GRECS		
Eléments	**Sens**	**Exemples**
aéro-	Air	*Aéroport*
-algie	Douleur	*Lombalgie*
andro-/anthropo-	Homme	*Androgyne*
-archie	Qui commande	*Monarchie*
archéo-	Ancien	*Archéologie*
biblio-	Livre	*Bibliographie*
bio-	Vie	*Biologie*
ciné-	Mouvement	*Cinématographe*
céphalo	tête	*Céphalopode*
chrono	Temps	*Chronophage*
cosmo-	Univers	*Cosmogonie*
-crat(i)e	Pouvoir	*Technocratie*
dactylo	Doigt	*Dactylographe*
démo-	Peuple	*Démocratie*
dynamo-	Force	*Dynamomètre*
-game	Mariage	*Monogame*
gastr(o)-	Ventre	*Gastrique*
-gène	Engendrer	*Endogène*
géo-	Terre	*Géographie*
gramme	Poids	*Kilogramme*
grapho/graphie/graphe	écrit	*Biographie*
hémo	Sang	*Hémoglobine*
hom(é)o-	Semblable	*Homéopathie*
hydro	Eau	*Hydrogène*
-logie/logo-/logue	Discours	*Psychologie*
méga-	Grand	*Mégapole*
mono-	Seul	*Monothéiste*
nécro-	Mort	*Nécromancie*
neuro-	Nerf	*Neurologue*

morpho	Forme	*Morphologie*
miso-	Qui déteste	*Misogyne*
ortho-	Droit	*Orthodontie*
paléo-	Ancien	*Paléolithique*
patho	Souffrance	*Pathogène*
-phage	Qui mange	*Chronophage*
-phob(i)e	Peur	*Agoraphobie*
philo	Qui aime	*Philosophie*
phone	Son, voix	*Aphone*
photo-	Lumière	*Photogénique*
-pole	Ville	*Mégapole*
poly-	Plusieurs	*Polygone*
psych(o)	âme, esprit	*Psychothérapie*
scop(i)e	Regard	*Télescope*
techno-	Art, savoir-faire, science	*Technologie*
télé-	Loin	*Télécommande*
-thèque	Ordonner	*Bibliothèque*
théo	Dieu	*Théologie*
thérapie	Guérison	*Mésothérapie*
thermo	Chaleur	*Thermomètre*
zoo	Animal	*Zoologique*

3. L'ABRÉVIATION OU TRONCATION

L'abréviation ou troncation consiste à réduire une forme existante. *Car (pour autocar). Prof (pour professeur).*

4. LA SIGLAISON ET L'ACRONYME

La siglaison consiste à former une nouvelle unité lexicale en ne conservant que les initiales des mots constituant l'expression ou le groupe de mots : *S.V.P* (*s'il vous plait*).
Quand le sigle se prononce de manière liée comme un mot ordinaire, on parle d'acronyme : *O.V.N.I. (objet volant non identifié*).

5. LE MOT-VALISE

Le mot-valise consiste à opérer un amalgame à partir de deux mots reliés par une identité phonique. *Franglais (français + anglais)*; *clavardage (clavier + bavardage).*

6. LA CONVERSION

La conversion consiste à opérer un changement de classe grammaticale. *Le pour et le contre* (la préposition devient un nom par l'adjonction du déterminant). *Le savoir* (le verbe devient un nom par l'adjonction du déterminant). *Voter utile* (l'adjectif devient un adverbe).

REMARQUE

Certaines grammaires nomment le procédé de conversion la « dérivation impropre ».

7. L'EMPRUNT

L'emprunt consiste à emprunter des mots à une autre langue soit en les gardant à l'identique : *bazar* (mot persan), *tsar* (mot russe), *toast* (mot anglais), soit en les adaptant au système phonétique français. *Bouledogue* (*« bulldog »* en anglais).

REMARQUE

La *Grammaire du français* de l'Éducation nationale ajoute un autre mode de construction qui est lié à la composition : la locution. *Avoir l'air. Avoir la main sur le cœur.*

JE M'ENTRAINE

◆ Exercice 1

Analyser la formation des mots suivants :
thanatologie ; steack ; tire-bouchon ; C.A.P ; administrateur ; une manif ; didacticiel.

CONSEIL MÉTHODO

Pour analyser la formation d'un mot, il faut préciser le mode de construction du mot (dérivation, emprunt...), puis identifier les différents éléments composant ce mot (préfixe, radical, suffixe...) en précisant leurs sens respectifs.

◆ Exercice 2

Donner trois mots formés à partir du radical *passer*.

◆ Exercice 3

Proposer quatre mots composés de l'élément « point ».

◆ Exercice 4

Identifier l'intrus dans les listes suivantes :
a) crédible ; passable ; probablement ; soluble
b) *-ité ; -ation ; -ment ; -able ; -ée*
c) arc-en-ciel ; gynécologie ; dépasser ; gratte-ciel

◆ Exercice 5

Former 5 mots avec le préfixe *a-* ; 5 mots avec le suffixe *-age*.

◆ Exercice 6

Construire les antonymes des mots suivants en ajoutant un préfixe :
harmonie ; agréable ; confortable ; légal ; révérencieux.

◆ Exercice 7

Analyser la formation du mot « misérable » et mentionner deux mots de la même famille.

◆ Exercice 8

Expliquer la formation de « inciter » et en déduire son sens.

RÉPONSES

◆ Exercice 1

Thanatologie : composition savante, mot composé des deux éléments : *thanato* (la mort) et *logie* (étude sur); steack : emprunt à l'anglais; tire-bouchon : composition populaire, mot formé d'un verbe et d'un nom reliés par un trait d'union; C.A.P. : siglaison pour « certificat d'aptitude professionnelle »; administrateur : dérivation, radical *administr-* et *-ateur* : suffixe servant à former les noms et désignant la personne qui effectue une action; une manif : troncation pour « manifestation »; didacticiel : mot-valise (« didactique » et « logiciel »).

◆ Exercice 2

Surpasser; passade; dépassement.

◆ Exercice 3

Rond-point; deux-points; point d'interrogation; point d'eau.

◆ Exercice 4

a) Probablement (est un adverbe et non un adjectif); b) *-able* (suffixe permettant de former les adjectifs et non les noms); c) dépasser (formé par dérivation et non par composition).

◆ Exercice 5

Mots formés avec le préfixe *a-* : asymptomatique, avilir, aphone, amoral, arythmie; mots formés avec le suffixe *-age* : jardinage, veuvage, carnage, étayage, arbitrage.

◆ Exercice 6

Dysharmonie; désagréable; inconfortable; illégal; irrévérencieux.

◆ Exercice 7

Le mot « misérable » est formé par dérivation. Au radical *misér-* a été adjoint le suffixe *-able*, qui sert à former les adjectifs et qui signifie « qui peut être ».
Deux mots de la même famille : misère; miséreux.

◆ Exercice 8

Le mot « inciter » est formé par dérivation. Au radical *-cit-* qui signifie « mouvoir/faire mouvoir » ont été adjoints le préfixe *in-*, signifiant « vers » et le suffixe verbal *-er*.
Le mot signifie : « pousser quelqu'un à faire quelque chose ».

Sur Lea.fr

Retrouvez des exercices supplémentaires sur la morphologie lexicale

---

LA SÉMANTIQUE LEXICALE

JE M'ÉVALUE

1. Dans l'expression « avoir la main », le terme « main » est :
a) au sens propre
b) polysémique
c) au sens figuré

2. Les termes suivants : « salir », « salissant », « salisure » sont :
a) des synonymes
b) des mots de la même famille
c) des paronymes

3. Préciser la relation qui unit les termes suivants :
a) fruit/poire
b) blanc/noir
c) fiable/crédible

4. Dans la phrase « C'est à mourir de rire », la figure de style utilisée est :
a) une métaphore
b) une hyperbole
c) un euphémisme

5. Donner 4 mots appartenant au champ lexical de la ville.

6. Quel est l'hyperonyme regroupant cette série de mots ?
Rose ; jonquille ; pâquerette ; arôme ; coquelicot.

7. Quelle connotation porte le mot « agneau » dans la phrase « Ces enfants sont des agneaux » ?

Réponses

1. c) ; **2.** b) ; **3.** a) Hyperonymie/hyponymie ; b) antonymie ; c) synonymie ; **4.** c) ; **5.** Immeuble ; rue ; embouteillage ; réseaux de bus ; **6.** Fleur ; **7.** Le mot « agneau » porte une connotation méliorative : les enfants sont présentés comme étant doux et incapables de méchanceté.

JE RÉVISE

A - DÉFINITION

La sémantique lexicale s'intéresse aux relations de sens entre les mots.

B - LA MONOSÉMIE, POLYSÉMIE/CHAMP SÉMANTIQUE

La monosémie désigne le caractère d'une unité lexicale (d'un mot) qui n'a qu'une seule acception. Le mot « hibiscus » désigne uniquement une plante.

La polysémie désigne le caractère d'une unité lexicale qui peut avoir différentes significations. Le mot « bouton » peut désigner une petite pièce servant à fermer un vêtement, un bourgeon qui donne une fleur, une éruption cutanée, une pièce mobile servant à actionner manuellement un mécanisme. Le champ sémantique d'un mot désigne ainsi les différentes significations que peut prendre un même mot selon le contexte. Le champ sémantique du mot « étoile » est : *un astre, une vedette, un animal, un signe graphique, un signe distinctif...*

REMARQUE

Pour définir une unité lexicale, on précise en premier lieu le terme générique indiquant à quelle catégorie sémantique générale le mot appartient, puis en second lieu on précise les traits distinctifs permettant d'identifier les spécificités de l'unité lexicale définie. *Une jonque est : un navire* (terme générique) *à voile d'Extrême-Orient* (traits spécifiques).

C - LES SENS PROPRE ET FIGURÉ

Le sens propre renvoie au sens premier d'une unité lexicale. *Lumière : clarté émise par le soleil ou éclairage artificiel.*
Le sens figuré renvoie au sens second d'une unité lexicale, un sens imagé que prend l'unité lexicale en comparaison avec le sens propre. *C'est une lumière!* (désigne une personne brillante et intelligente).

D - LA DÉNOTATION/CONNOTATION

La dénotation désigne ce à quoi se réfère une unité lexicale, sa signification première, objective. *Le loup est un mammifère carnivore sauvage.*

La connotation désigne les significations secondaires et supplémentaires liées à des valeurs socialement et culturellement marquées, c'est-à-dire qui dépendent du contexte ou du niveau de langue. On distingue deux types de connotation :

- La connotation péjorative qui désigne la réalité présentée de manière négative. *Paul était un homme dangereux, un loup avide de vengeance* (le mot « loup » connote la férocité).
- La connotation méliorative qui désigne la réalité présentée de manière positive. *Mon petit loup!* (terme affectueux)

E - LES RELATIONS SÉMANTIQUES (SYNONYMIE, ANTONYMIE, HYPERONYMIE, HYPONYMIE)

Les unités lexicales peuvent entretenir des relations sémantiques, c'est-à-dire se définir sémantiquement les unes par rapport aux autres. On distingue plusieurs types de relations : synonymie, antonymie, hyperonymie/hyponymie.

1. LA SYNONYMIE

La synonymie désigne une relation de ressemblance entre des unités lexicales de même nature grammaticale. *Vrai/exact.*

2. L'ANTONYMIE

L'antonymie désigne une relation d'opposition entre des unités lexicales de même nature grammaticale. *Vrai/faux.*

3. L'HYPERONYMIE/ L'HYPONYMIE

Les deux termes désignent une relation d'inclusion. L'hyperonyme (appelé également « terme générique ») désigne un champ thématique global incluant des hyponymes, c'est-à-dire des termes désignant des réalités plus précises appartenant à ce champ thématique. *Fruit* (hyperonyme); *banane, orange, kiwi, pomme, etc.* (hyponymes)

F - LE CHAMP LEXICAL

Le champ lexical désigne un ensemble de mots se rapportant à une même notion. Par exemple, les mots « plage », « sable », « coquillage », « baignade » forment le champ lexical de « la mer ». Le champ lexical peut comporter des mots de classes grammaticales différentes.

G - LES FIGURES DE STYLE

La rhétorique classique a codifié les manières de s'exprimer permettant d'obtenir des effets de sens particuliers : ce sont les figures de rhétorique ou figures de style. Traditionnellement elles sont réparties en différentes catégories : les figures de mots, de groupes de mots, de pensée... Le classement retenu ici vise à mettre en avant les effets de sens recherchés : insister et répéter, exagérer ou atténuer, opposer, établir une ressemblance.

1. INSISTER ET RÉPÉTER

Anaphore : consiste à répéter une expression ou un mot en début de vers ou de phrase.
« Au bois il y a un oiseau, son chant vous arrête et vous fait rougir.
Il y a une horloge qui ne sonne pas.
Il y a une fondrière avec un nid de bêtes blanches.
Il y a une cathédrale qui descend et un lac qui monte.
Il y a une petite voiture abandonnée dans le taillis, ou qui descend le sentier en courant, enrubannée. » (Arthur Rimbaud, *Enfance*)

Gradation : consiste à présenter une idée, des sentiments... dans un ordre crescendo ou decrescendo. « Ah ! Ho ! Je suis blessé, je suis troué, je suis perforé, je suis administré, je suis enterré. » (Alfred Jarry, *Ubu roi*)

Parallélisme : consiste en la reprise d'éléments symétriques au sein d'un même énoncé. « Et jamais je ne pleure, et jamais je ne ris » (Charles Baudelaire, *Les Fleurs du mal*).

Prétérition : consiste à annoncer qu'on ne parlera pas d'un sujet tout en le développant. *Je ne vous parlerai pas de... ni de...*

2. EXAGÉRER, ATTÉNUER

Litote : consiste à dire le moins pour faire comprendre le plus. « Va, je ne te hais point ! » (Pierre Corneille, *Le Cid*)

Hyperbole : consiste à employer des termes exagérés. *C'est une fée !* (pour désigner une femme qui possède de nombreuses qualités)

Euphémisme : consiste à atténuer une réalité (souvent jugée trop brutale). *Elle nous a quittés* (pour dire qu'elle est morte).

Ellipse : consiste à raccourcir une expression en supprimant des éléments sans que le sens en soit affecté. « Je t'aimais, inconstant, qu'aurais-je fait fidèle ? » (Jean Racine, *Andromaque*) → *je t'aimais alors même que tu étais inconstant, qu'aurais-je fait si tu avais été fidèle ?*

3. OPPOSER

Oxymore : consiste à associer deux mots dont les sens sont contradictoires. « Cette obscure clarté » (Pierre Corneille, *Le Cid*).

Antiphrase : consiste à exprimer le contraire de ce que l'on veut exprimer, généralement par ironie. *Ne vous gênez pas !*

Antithèse : souligne l'opposition de deux choses ou idées en les rapprochant. « Ton bras est invaincu mais pas invincible. » (Pierre Corneille, *Le Cid*)

Chiasme : consiste à inverser l'ordre des termes. « Ce n'est point parce qu'il est difficile que nous n'osons pas, c'est parce que nous n'osons pas, qu'il est difficile. » (Sénèque)

4. ÉTABLIR UNE RESSEMBLANCE

Comparaison : consiste en un rapprochement explicite d'un terme avec un autre par analogie. Le point commun est souligné par un outil de comparaison (*tel*, *pareil*, *comme*...). Le terme initial est le comparé, le second est le comparant. « Les murs avaient un aspect lépreux, et étaient couverts de coutures et de cicatrices comme un visage défiguré par quelque horrible maladie. » (Victor Hugo, *Les Misérables)*

Métaphore : consiste en un rapprochement sémantique entre deux termes, sans utiliser d'outil de comparaison et allant jusqu'à poser une identification. « La nature est un temple... » (Charles Baudelaire, « Correspondances »).
Quand une métaphore est reprise tout au long d'un texte, on parle de métaphore filée.

Personnification : consiste à présenter un objet ou une entité comme un être réel. « L'habitude venait me prendre dans ses bras et me portait jusque dans mon lit comme un petit enfant. » (Marcel Proust, *Du côté de chez Swann*).

Allégorie : consiste à représenter une idée abstraite de manière concrète. *Le sablier* (représente le temps qui s'écoule).

Périphrase : consiste à remplacer un mot par tout un groupe de mots qui en précise le sens. *L'astre de la nuit* (pour désigner la lune).

Métonymie : consiste à remplacer un mot par un autre mot qui lui est lié par une relation de nécessité logique : le contenant pour le contenu ; la cause pour l'effet... *Boire un verre* (signifie le contenu du verre).

Synecdoque : consiste à remplacer un mot par un autre avec lequel il forme un même ensemble : la matière pour l'objet ; la partie pour le tout... *Ils combattront par le fer* (signifie par l'épée).

JE M'ENTRAINE

◆ **Exercice 1**

Préciser le sens du mot « tonnerre » dans le passage suivant :
« “Camarades, puisqu'on nous défend de parler, puisqu'on nous envoie les gendarmes, comme si nous étions des brigands, c'est ici qu'il faut nous entendre ! Ici, nous sommes libres, nous sommes chez nous, personne ne viendra nous faire taire, pas plus qu'on ne fait taire les oiseaux et les bêtes !” **Un tonnerre** lui répondit, des cris, des exclamations. “Oui, oui, la forêt est à nous, on a bien le droit d'y causer... Parle !” Alors, Étienne se tint un instant immobile sur le tronc d'arbre. La lune, trop basse encore à l'horizon, n'éclairait toujours que les branches hautes ; et la foule restait noyée de ténèbres, peu à peu calmée, silencieuse. Lui, noir également, faisait au-dessus d'elle, en haut de la pente, une barre d'ombre. » (Émile Zola, *Germinal*)

CONSEIL MÉTHODO

Pour définir un terme, il faut être précis. Si on demande le sens du mot dans le texte, on peut s'appuyer sur la définition première du mot pour ensuite expliquer sa signification précise dans le texte, en prenant en compte la portée générale du texte et la visée de l'auteur.

◆ **Exercice 2**

Relever le champ lexical dominant dans les deux premières strophes du poème « Le Lac » de Lamartine :
« Ainsi, toujours poussés vers de nouveaux rivages,
Dans la nuit éternelle emportés sans retour,
Ne pourrons-nous jamais sur l'océan des âges
Jeter l'ancre un seul jour ?

Ô lac ! l'année à peine a fini sa carrière,
Et près des flots chéris qu'elle devait revoir,
Regarde ! je viens seul m'asseoir sur cette pierre
Où tu la vis s'asseoir ! »

◆ **Exercice 3**

Proposer trois expressions comprenant le mot « cœur » utilisé dans un sens figuré.

◆ Exercice 4

Donner le champ sémantique du mot « humanité » :
Cet homme fait preuve d'une grande humanité.

◆ Exercice 5

Trouver l'hyperonyme correspondant à chaque série de mots :
a) tigre ; panthère ; chat ; lynx
b) voiture ; bateau ; avion ; autobus
c) médecin ; pharmacien ; pompier ; professeur

◆ Exercice 6

Cet enfant est à la fois impertinent et introverti.
Préciser le sens des deux adjectifs de la phrase. Donner un synonyme et un antonyme pour les deux adjectifs de cette phrase.

◆ Exercice 7

Quelle est la connotation ressortant de la phrase en gras extraite de *Madame Bovary* de Flaubert ?
« Elle contait des histoires, vous apprenait des nouvelles, faisait en ville vos commissions, et prêtait aux grandes, en cachette, quelque roman qu'elle avait toujours dans les poches de son tablier, et dont la bonne demoiselle elle-même avalait de longs chapitres, dans les intervalles de sa besogne. Ce n'étaient qu'amours, amants, amantes, dames persécutées s'évanouissant dans des pavillons solitaires, postillons qu'on tue à tous les relais, chevaux qu'on crève à toutes les pages, forêts sombres, troubles du cœur, serments, sanglots, larmes et baisers, nacelles au clair de lune, rossignols dans les bosquets, *messieurs* braves comme des lions, doux comme des agneaux, vertueux comme on ne l'est pas, toujours bien mis, et qui pleurent comme des urnes. **Pendant six mois, à quinze ans, Emma se graissa donc les mains à cette poussière des vieux cabinets de lecture.** »

◆ Exercice 8

Identifier la figure de style présente dans les phrases suivantes :
a) La vieillesse est le soir de la vie.
b) Ce n'est pas faux.
c) « Qui craint de souffrir, il souffre desjà de ce qu'il craint » (Michel de Montaigne, *Essais*).
d) « Va, cours, vole et nous venge. » (Corneille, *Le Cid*)
e) « Ce marquis est pour moi comme le mauvais ange. » (Victor Hugo, *Ruy Blas*)
f) Un bruit à réveiller un mort.

◆ Exercice 9

Expliquez ce que le poète désigne par l'image suivante : « Les souvenirs sont cors de chasse dont meurt le bruit parmi le vent. » (Guillaume Apollinaire, *Cors de chasse*)

RÉPONSES

◆ Exercice 1

Il est ici employé dans un sens figuré et désigne la réaction bruyante et l'adhésion de la foule aux propos d'Étienne Lantier.

◆ Exercice 2

Champ lexical du temps et de la durée : « toujours », « jamais », « âges », « jour », « année », « à peine », « éternelle ».

◆ Exercice 3

Prendre quelque chose à cœur ; mettre du cœur à l'ouvrage ; s'en donner à cœur joie.

◆ Exercice 4

1) Caractère de ce qui est humain ; 2) sentiment de bienveillance envers ses semblables ; 3) le genre humain, les hommes en général.

◆ Exercice 5

a) Félins ; b) moyens de transport ; c) métiers.

◆ Exercice 6

Impertinent signifie : « qui dénote de l'irrespect » et introverti : « qui est tourné vers soi-même ».
Impertinent : antonyme « respectueux », synonyme « insolent » ; introverti : antonyme « extraverti », synonyme « renfermé ».

◆ Exercice 7

Connotation péjorative : la lecture de ces romances salit les mains d'Emma et lui pervertit l'esprit.

◆ Exercice 8

a) Métaphore ; b) litote ; c) chiasme ; d) gradation ; e) comparaison ; f) hyperbole.

◆ Exercice 9

Par l'image du « cor de chasse dont meurt le bruit parmi le vent », le poète désigne la disparition des souvenirs qui s'estompent progressivement.

Sur Lea.fr

Retrouvez :

- *des exercices supplémentaires sur la sémantique lexicale*
- *un QCM sur le lexique*

7

ANALYSER UN TEXTE

A - Littérature et genres littéraires
B - Les types d'écrits et de textes
C - Le roman et les récits littéraires
D - Le théâtre
E - La poésie
F - Les procédés d'écriture

JE M'ÉVALUE

1. Préciser les auteurs des œuvres suivantes : a) *L'Assommoir*; b) *Phèdre*; c) *Le Médecin malgré lui*; d) *Exercices de style*; e) *Rhinocéros*; f) *Les Mots*; g) *Du côté de chez Swann*.

2. Dire à quel genre appartiennent les œuvres suivantes de Victor Hugo : a) *Ruys Blas*; b) *Les Misérables*; c) *Les Châtiments*; d) *Notre-Dame de Paris*; e) *Les Orientales*.

3. Citer une œuvre littéraire traitant du thème :
a) de la liberté;
b) des rapports entre l'homme et l'animal;
c) des relations amicales et amoureuses.

4. Identifier la figure de style dans les phrases suivantes :
a) Mon vélo a crevé.
b) « Je prédis que vous serez le plus grand petit vaurien. » (Beaumarchais)
c) L'animal hurla de colère.

5. Quels points communs et quelles différences y a-t-il entre un conte et une nouvelle?

6. Qu'est-ce qu'une « didascalie »?

7. Qu'est-ce que la théorie de l'enthousiasme?

8. « Je n'ai pas promis d'offrir au public un grand personnage; j'ai promis de me peindre tel que je suis; et pour me connaître dans mon âge avancé, il faut m'avoir bien connu dans ma jeunesse. Comme en général les objets font moins d'impression sur moi que leurs souvenirs, et que toutes mes idées sont en image, les premiers traits qui se sont gravés dans ma tête y sont demeurés, et ceux qui s'y sont empreints dans la suite se sont plutôt combinés avec eux qu'ils ne les ont effacés. Il y a une certaine succession d'affections et d'idées qui modifient celles qui les suivent, et qu'il faut connaître pour en bien juger. **Je m'applique à bien développer partout les premières causes pour faire sentir l'enchaînement des effets. Je voudrais pouvoir en quelque façon rendre mon âme transparente, aux yeux du lecteur,** et pour cela je cherche à la lui montrer sous tous les points de vue, à l'éclairer par tous les jours, à faire en sorte qu'il ne s'y passe pas un mouvement qu'il n'aperçoive, afin qu'il puisse juger par lui-même du principe qui les produit. » (Jean-Jacques Rousseau, *Les Confessions*, 1782)

a) À quel type d'écrit appartient cet extrait?
b) Identifier le « je » du texte.
c) Reformuler le passage en gras.

Réponses

1. a) Zola ; b) Racine ; c) Molière ; d) Queneau ; e) Ionesco ; f) Sartre ; g) Proust.

2. a) Théâtre ; b) et e) poésie ; c) et d) roman.

3. a) Poème « *Liberté* » de Paul Éluard ; b) *Croc-Blanc* de Jack London ; c) *L'Éducation sentimentale* de Gustave Flaubert.

4. a) Synecdoque ; b) oxymore ; c) personnification.

5. Ce sont deux textes courts appartenant au roman. Ils se distinguent par leur rapport à l'imaginaire et au réel. La nouvelle comprend des éléments vraisemblables, proches de la réalité alors que le conte repose sur l'aveu de son caractère fictionnel.

6. Une didascalie est un élément du texte théâtral qui donne des indications sur le jeu des personnages (ton, gestes...).

7. La théorie de l'enthousiasme désigne un état particulier du poète qui est touché par la divinité.

8. a) L'autobiographie ; b) Jean-Jacques Rousseau ; c) Rousseau présente son projet autobiographique : il veut être le plus clair possible afin que le lecteur le comprenne.

JE RÉVISE

A - LITTÉRATURE ET GENRES LITTÉRAIRES

1. DÉFINITION ET FONCTION DE LA LITTÉRATURE ET DU TEXTE LITTÉRAIRE

La littérature est une notion fluctuante ; en effet, selon les époques, elle ne recouvre pas les mêmes types de textes ni les mêmes fonctions. Dans son sens le plus général, elle désigne l'ensemble des textes écrits. Plus spécifiquement, elle désigne les textes qui revêtent une dimension esthétique et échappent à toute fonction utilitaire. Ces textes littéraires offrent une vision particulière de l'homme et du monde et se distinguent des textes documentaires en proposant une lecture d'un réel transformé par l'imaginaire. Ils présentent une variété de formes, de genres et de styles : ils se caractérisent en effet par un travail sur le langage dont ils exploitent les ressources afin d'en faire ressortir une multiplicité de sens et d'émotions. Ils sont une mémoire du passé et des œuvres antérieures : ce phénomène de reprise est appelé **intertextualité** ; les écrivains le pratiquent sans cesse, qu'il s'agisse de leurs propres textes ou de textes empruntés à d'autres auteurs. Le texte littéraire est donc un texte polymorphe et polysémique, susceptible de porter différentes significations. Comme le souligne le spécialiste de la littérature Alain Viala[1] « le texte littéraire peut donc être à la fois un objet de plaisir, un réservoir d'idées et d'images offert au lecteur, et le lieu d'une forme de savoir et de connaissance du réel ».

Les fonctions de la littérature sont multiples ; la première est le divertissement et le développement de l'imaginaire. La littérature permet en même temps une meilleure connaissance de soi et des autres ainsi que le suggère l'écrivain Rolande Causse[2] : en présentant « une analyse de l'être », la littérature aide le lecteur à donner un sens aux événements réels. Elle peut également lui permettre de mettre des mots sur des émotions inconnues. Elle développe aussi la capacité à ressentir par le système d'identification au personnage. Elle est l'occasion de vivre des expériences et de découvrir d'autres cultures, développant à la fois le savoir et les valeurs de tolérance et d'ouverture. Elle peut favoriser la sociabilité et l'affirmation de soi en suscitant des rencontres et des échanges. Enfin, comme le montre Jerome Bruner[3], la fiction réinvente la réalité et propose des points de vue opposés : elle offre un éventail de mondes possibles qui nous amènent à réfléchir et à prendre position face à notre propre réalité.

1. Michel-P. Schmitt, Alain Viala, *Savoir-lire, précis de lecture critique*, Didier, 1982.
2. Rolande Causse, *Qui a lu petit, lira grand*, Plon, 2000.
3. Jerome Bruner, *Pourquoi nous racontons-nous des histoires ?*, Retz, 2002.

2. DÉFINITION DU GENRE LITTÉRAIRE

Il existe de nombreux classements des textes littéraires qui varient en fonction des lieux et des institutions : école, bibliothèque, librairie... Le genre est l'une de ces catégories et peut se définir comme un ensemble de textes historiquement constitué qui obéit à des conventions et une codification particulières, en présentant des caractéristiques formelles et/ou thématiques communes. Toutefois, il faut noter que les catégories génériques ne sont pas fixes : elles fluctuent et évoluent dans le temps selon les différents théoriciens, les normes officielles, les gouts et les attentes du public.

Dans son cours intitulé *Théorie de la littérature : la notion de genre*[1], Antoine Compagnon montre bien que « le genre permet à l'auteur de faire reconnaître son œuvre comme un acte spécifique ». Autrement dit, la notion de genre est intéressante en ce que le genre choisi par un auteur crée un horizon d'attente chez le lecteur et guide la lecture de ce dernier. La connaissance des genres permet aux lecteurs à la fois de repérer les spécificités d'une œuvre et d'apprécier le jeu de l'auteur, l'originalité et l'innovation dont il fait preuve : en effet, les écrivains ne cessent de jouer avec les codes génériques et avec les attentes des lecteurs.

On retiendra la simplification du système des genres classiques (épique, lyrique et dramatique) qui fait aujourd'hui autorité et qui comprend :

- le roman et ses formes associées : œuvre d'imagination narrative, assez longue, qui fait évoluer des personnages donnés comme réels dans un milieu déterminé ;
- le théâtre : œuvre qui expose une action dramatique sous forme de dialogues entre les personnages et qui est destinée à être jouée ;
- la poésie : œuvre en vers ou en prose qui se caractérise par des formes, par sa dimension sonore ou graphique, et un jeu sur le langage et ses potentialités ;
- l'essai : texte qui développe une thèse et qui a pour but de défendre une idée ou de dénoncer une réalité.

3. ANALYSE D'UN TEXTE LITTÉRAIRE

Pour bien lire un texte littéraire, il faut à la fois accorder une place au plaisir de lire et aux premières impressions personnelles de lecture, et revenir sur l'œuvre de manière plus critique et distanciée en analysant les procédés de l'auteur, en questionnant l'œuvre, en affinant la compréhension. Il convient notamment de porter une attention particulière aux points suivants :

- le genre du texte : *cf.* § C - Le roman et les récits littéraires p. 469, Le théâtre p. 479, La poésie p. 486 ;
- le type du texte : *cf.* § B - Les types d'écrits et de textes, p. 460 ;
- énonciation (narrateur, focalisation, marques d'énonciation) : *cf.* § C - Le roman et les récits littéraires, p. 469 ;
- le système récit/discours (pronoms, système et valeurs des temps, connecteurs...) : *cf.* Partie 1 : Grammaire de phrase p. 313 et Partie 2 : Grammaire de texte p. 393 ;
- les particularités lexicales (champs lexicaux, répétitions, jeux de mots...) et syntaxiques (rythme, types de phrases...) : *cf.* § F - Les procédés d'écriture p. 489 ;
- les figures de rhétorique : *cf.* Partie 6 : Lexique p. 433 ;

1. https://www.fabula.org/compagnon/genre.php

ATTENTION !

Cette liste pour l'analyse d'un texte demeure générale et n'est qu'indicative : tous ces points ne seront pas obligatoirement présents dans chaque texte et vous devrez parfois en ajouter d'autres selon le genre et le type de textes (par exemple, les personnages pour un extrait de roman ; les rimes pour de la poésie versifiée...) puisque chaque texte littéraire est particulier. Chaque relevé doit être au service de l'élaboration du sens. Relever un champ lexical ou une figure de style, en soi, n'éclairera pas votre lecture s'ils ne sont pas exploités au service de la compréhension du texte.

a) Exemple d'une analyse littéraire

Voici l'analyse d'un texte de Maurice Baron, extrait de son roman *L'Illettré,* qui reprend les éléments d'analyse ci-dessus. Le relevé des caractéristiques formelles est suivi d'une conclusion en italique, qui correspond à l'idée importante à retenir pour la compréhension de ce texte.

> *Le narrateur adulte, longtemps illettré, a demandé à Marguerite, une institutrice à la retraite, de lui apprendre à lire.*
>
> Elle m'a fait raconter. Au début, Julien comprenait mal mon « charabia » et il avait décidé de le corriger en me lisant des histoires. À la fin de sa lecture, il demandait si j'avais compris. Je répondais : « Oui, et c'est beau. » Il recommençait sa lecture et répétait sa question, mais là, je n'avais rien compris parce qu'il avait enlevé des mots lisant. Julien me disait que moi aussi je parlais en oubliant des mots importants pour me faire comprendre. Alors il me racontait une autre histoire et je cherchais avec lui les mots oubliés, des petits mots de rien du tout comme « mais », « alors », « parce que », « ne... pas » – le plus difficile – et d'autres encore qui ne paient pas de mine mais sont là pour « éclairer la phrase », disait Julien. Marguerite m'a dit que j'avais eu de la chance de le rencontrer.
> [...]
> Un peu plus tard, quand j'ai mieux connu Marguerite, j'ai parlé du colloque. J'étais inquiet de savoir si avec sa méthode je pourrais comprendre ma lecture puisqu'une dame n'avait pas arrêté de crier que si on commençait par déchiffrer, on ne pouvait rien comprendre. Marguerite m'a répondu de ne pas croire à ces bêtises. « Déchiffrer » ça voulait dire assembler comme il faut les lettres des mots pour les transformer en sons. L'important, c'était le nombre de mots connus avant dans leur vrai sens. Aucune méthode ne pouvait faire comprendre une phrase remplie de mots au sens inconnu. « Ça veut dire, j'ai réfléchi, que plus on connaît de mots et plus on peut comprendre ce qu'on lit et aussi ce qu'on nous dit. » Elle a ri. J'avais bien compris.
> « Et si on ne comprend pas des mots, comment on fait pour savoir ? » Quelquefois, on pouvait deviner, mais c'était plus sûr de demander à quelqu'un qui savait ou de chercher dans un dictionnaire. J'ai raconté à Marguerite l'histoire des filles de Milton qui « décodaient » du grec pour leur père. Marguerite a dit que les filles

lisaient. Elles auraient sans doute aimé comprendre, parce que quand on lit, c'est pour comprendre ce qui est écrit, sinon ça ne sert à rien, mais les gens, par leurs différences d'âge, de connaissances ou à cause de l'humeur du moment, ne comprenaient pas toujours la même chose et c'était bien comme ça. Elle m'a raconté qu'elle avait lu, vers ses douze ans, un livre au très beau titre : *Vol de nuit*. Longtemps après elle se souvenait du livre comme d'un conte merveilleux mais ne pouvait rien raconter de l'histoire. Un jour elle avait relu le livre. Elle le regrettait : maintenant, elle pouvait raconter l'histoire, mais le souvenir merveilleux avait disparu. J'étais content : je n'apprenais pas seulement à lire avec Marguerite.

En revenant de P. sur mon vélo, je m'amuse à tourner les lettres dans ma tête, à en mettre ensemble et chanter les sons qu'elles font. Des fois ça fait des mots d'objets ou d'animaux, par exemple un « lavoir », un « lapin ». C'est drôle, ça commence pareil, mais les sons d'après font lavoir et lapin et pas autre chose. Les lettres qui font lapin ou lavoir ne sont pas des objets, seulement une manière d'écrire des sons, j'ai enfin compris. C'est pas croyable ! Quelques lettres suffisent pour faire des mille et des mille de mots, et chacun a un son différent pour nommer un objet ou un animal sans risque de confondre : lapin c'est lapin et pas lavoir. J'ai compris qu'il fallait apprendre comment fabriquer les sons – Marguerite préfère dire créer – pour trouver « heureux », « école » et tous les autres mots. Créer, c'est mieux que deviner.

Marguerite m'a dit que les sons, parfois, s'amusent à nous tromper mais qu'un peu d'attention suffit pour éviter leurs pièges. On verrait plus tard.

Elle a aussi commencé à m'apprendre la grammaire, utile pour donner la bonne place aux mots dans les phrases et se faire comprendre des autres, surtout à l'écrit parce que la personne qui lit est seule, sans espoir d'avoir une explication par celui qui a écrit. [...]

La grammaire, c'est important. Je l'ai bien vu le jour de la dispute de ma mère avec Firmin. Je taillais la haie chez monsieur Patrelle. Ils ne m'ont pas vu, mais j'ai entendu et un peu regardé à travers les feuilles.

Firmin est arrivé. Il n'avait pas encore touché un outil que ma mère est accourue lui offrir une goutte méritée et demander des nouvelles de Jérémie et de la ville de P. « où l'instituteur, il paraîtrait... » Firmin a refusé la goutte et crié qu'il venait prendre ses outils et ne viendrait plus jamais écouter ses salades.

« Quelles salades, Firmin, quelles salades ?

– Comme si tu ne savais pas, sale hypocrite, tes mensonges sur l'instituteur de P. »

J'ai reconnu la voix de métal qu'elle prend quand elle a ses yeux de vipère ; elle n'avait jamais dit de mal de l'instituteur, elle avait dit : « Il pourrait se passer des choses, c'était arrivé ailleurs » ; elle n'en avait pas dit plus, mais Firmin avait une langue à toujours en rajouter pour faire son malin. Elle voyait ça d'ici : le Firmin, il se rapproche des gens, avec son air d'en savoir plus que tout le monde, il chuchote que dans son ancienne école, l'instituteur a fait des choses. Mais Firmin ferait bien d'y retourner, à l'école, pour savoir la différence entre « il aurait » et « il a » – c'est le genre de chose que Marguerite appelle la grammaire. S'il avait parlé comme il faut, les gens n'auraient pas répandu une fausse nouvelle...

Maurice Baron, *L'Illettré*, © éditions Anne Carrière, 2006.

b) Analyse des caractéristiques littéraires de ce texte

- **Genre de texte :** roman.

- **Type de texte :** narratif ; on peut relever des passages narratifs à valeur argumentative : par exemple, le dernier paragraphe de l'extrait est une anecdote visant à prouver l'importance de la grammaire ; de même, dans le deuxième paragraphe, la définition de la lecture littéraire comme plurielle et personnelle est justifiée par le récit d'un souvenir de lecture de Marguerite.

- **L'énonciation.** Narrateur et focalisation : narration à la 1re personne, ce qui sous-entend une focalisation interne, et donc l'énonciation d'une subjectivité, visible ici notamment à travers le lexique des sensations et émotions : « J'étais inquiet » ; « J'étais content » ; « je m'amuse » ; « C'est drôle » ; « C'est pas croyable ! »
→ L'entrée dans la lecture se fait ainsi sous le signe de l'émotionnel : c'est bien une expérience personnelle et donc particulière qui est relatée.

- **Les personnages :** forte présence des autres personnages du récit : Julien et surtout Marguerite dont le prénom jalonne tout le texte. Leurs paroles sont fréquemment rapportées sous la forme :
  - du discours direct « pour “éclairer la phrase”, disait Julien » ;
  - du discours indirect « Marguerite m'a dit que... » ; « Marguerite a dit que... » ; « Marguerite m'a raconté qu'elle... » ; « Marguerite m'a répondu... ; « Julien me disait que... » ; « Il me demandait si j'avais compris » ;
  - du discours narrativisé : « il me racontait une histoire ».

  → Cette forte présence des personnages montre le rôle important que ces derniers ont joué dans l'apprentissage de la lecture du narrateur.

- **Les champs lexicaux :** celui de l'apprentissage « comprendre », « réfléchir » ; « apprendre » ; « méthode ».

- **Les particularités lexicales** (répétitions, jeux de mots...) **et syntaxiques** (rythme, types de phrases...) :
  - le verbe « comprendre » est utilisé plus de 15 fois dans l'extrait ; conjugué à la première personne du singulier, il parcourt tout le texte : « J'avais bien compris » ; « j'ai enfin compris » ; « j'ai compris... » Cette répétition a une double fonction : elle met l'accent sur l'importance de la compréhension dans l'acte même de l'apprentissage de la lecture, et elle met en lumière le caractère progressif de l'entrée dans la lecture du narrateur.
  - Le verbe « raconter » et le nom « histoire » sont également répétés plusieurs fois.

  → Ce récit insiste justement sur l'importance des récits dans l'entrée dans la lecture.

B - LES TYPES D'ÉCRITS ET DE TEXTES

Il existe une infinité d'écrits et de textes très divers qui possèdent chacun des caractéristiques propres (structure, indices linguistiques...) : des écrits scolaires, des écrits littéraires, des écrits « sociaux ». L'apprentissage et surtout la maitrise pratique de ces notions sont d'importance dans le cadre de l'écrit, en lecture et en production.

Les stratégies et les enjeux de lecture ne sont du tout pas les mêmes selon qu'on aura à lire un roman, un poème, un article de journal, les petites annonces, ou un dépliant publicitaire. L'analyse d'un texte repose donc en premier lieu sur la détermination de son type et de son genre.

1. TYPES DE DISCOURS, TYPES D'ÉCRITS, TYPES DE TEXTES : DÉFINITIONS GÉNÉRALES

La question du classement est relativement complexe, notamment dans la mesure où la définition des termes de discours, de textes, d'écrits n'est pas vraiment stabilisée. Il convient de distinguer les différents types.

a) Le discours

Le discours est un acte de langage, une situation de communication orale ou écrite. Tout discours a une visée et manifeste le projet de l'émetteur; autrement dit, les types de discours, envisagés comme situations de communication orales et écrites, ont plusieurs enjeux :

- informer (dans l'axe temporel) = raconter;
- informer (dans l'axe spatial) = décrire;
- faire comprendre = expliquer;
- faire penser = convaincre;
- faire faire = prescrire;
- ou encore jouer (avec le langage), s'exprimer et faire acte d'émotion, chercher à émouvoir...

b) Les écrits

Un écrit peut se définir comme un énoncé produit par un émetteur et destiné à un récepteur. Les types d'écrits, en tant que textes considérés dans leur globalité, ont leur structure propre, leurs enjeux spécifiques, leurs formes et supports.

c) Les textes

Un texte est un enchainement de phrases, qui possède une structure particulière. Il s'agit de la réalisation syntaxique et sémantique du discours. Les types de textes (ou séquences textuelles), envisagés comme matériau constitutif des écrits, ont des fonctions particulières à l'intérieur d'un même texte.

Par ailleurs, ces trois notions de discours, écrit et texte se situent à mi-chemin de ce qu'on appelle les « **niveaux de segmentation** » du discours (en partant de la plus petite unité, le phonème ou graphème, jusqu'à la plus grande, le langage ou la littérature). En effet, pour travailler sur la notion de type de textes, de séquence textuelle, on est amené à observer des phénomènes linguistiques qui renvoient à la grammaire (*cf.* Partie 1 : Grammaire de phrase, Partie 2 : Grammaire de texte, par exemple les temps verbaux et les personnes verbales), au lexique (*cf.* Partie 6 : Lexique, par exemple le vocabulaire concret ou abstrait, général ou spécialisé, littéraire ou non littéraire), mais aussi à des supports, des contextes et des situations de communication, des écrits, des médias.

2. LES TYPES D'ÉCRITS

Il existe différentes manières de classer les écrits par exemple en fonction :

- du support : encyclopédie, journal, catalogue, recette de cuisine, album, livre, affiche, notice, manuel scolaire, etc. ;
- du thème : contenu concret, événements, valeurs, idéologie ;
- du destinataire : public novice ou averti, enfants ou adultes ;
- du genre littéraire ou non : roman, théâtre, poésie, essai, article journalistique, brève, éditorial, reportage ;
- du mode d'énonciation : textes écrits à la 1re ou à la 3e personne ;
- du type de textes dominant : narratif, descriptif, explicatif, argumentatif, injonctif ;
- du ton : lyrique, comique, ironique, sérieux, tragique, neutre...

On distingue surtout deux grands types d'écrits :

- d'une part les écrits fonctionnels (appelés également réels ou sociaux), qui se définissent par rapport à leur support et à leur fonction. *Une lettre, une interview, une affiche publicitaire, un mode d'emploi...*
- d'autre part, les écrits fictionnels ou imaginaires classés généralement en fonction du genre littéraire. *Le conte, le roman, la nouvelle, la pièce de théâtre, le poème* (*cf.* § A - Littérature et genres littéraires, p. 456).

ATTENTION !

Il est important de retenir que les types d'écrits n'équivalent pas à un type fixe et homogène. Par exemple, tout autant qu'un extrait de roman, un article de journal peut relever du type de texte narratif (s'il rapporte des faits) ou argumentatif (s'il défend ou réfute une opinion) ; de même, une lettre peut contenir une séquence narrative (récit de vacances au bord de la mer), descriptive (description d'un paysage marin) ou argumentative (éloge de la vie au bord de la mer).

3. LES TYPES DE TEXTES

Dans l'ouvrage *Les textes : types et prototypes*[1], Jean-Michel Adam propose une typologie des textes qui repose sur deux principaux critères : la fonction de l'acte de langage et les différentes caractéristiques formelles et linguistiques qui en découlent.

a) Le texte narratif

- **Les fonctions du texte narratif**

Le texte narratif vise à raconter un événement, une histoire ; il montre un ou des personnages en train d'accomplir une action ou une série d'actions qui s'enchainent (progression d'un état initial à un état final). Les faits et les personnages présentés sont imaginaires ou réels.

1. Jean-Michel Adam, *Les textes : types et prototypes*, Armand Colin, 1992.

Le texte narratif possède différentes fonctions : informer, susciter des émotions, argumenter. On le trouve dans les types d'écrits suivants : romans, nouvelles, contes, articles de journaux, faits divers, bandes dessinées, albums, publicités, scénarios, lettres, biographies.

- **Les caractéristiques formelles et linguistiques du texte narratif**

Le texte narratif se caractérise par des marques linguistiques spécifiques :

- des compléments circonstanciels de temps et de lieu;
- un lexique portant des indications temporelles;
- des verbes d'action;
- le présent ou le passé simple/imparfait de l'indicatif.

- **Exemple d'analyse des caractéristiques d'un texte narratif**

> Michel souffrit cruellement; il n'avait pas de feu, et le combustible était hors de prix. Il ne se chauffa pas.
> Il en arriva bientôt à réduire sa nourriture au plus strict nécessaire, et il descendit aux plus misérables produits d'alimentation.
> Pendant quelques semaines, il vécut d'une sorte de préparation qui se faisait alors sous le nom de fromage de pommes de terre, pâte homogène, cuite et pilée; mais cela coûtait encore huit sols la livre.
> Le pauvre diable en arriva donc au pain de gland de chêne, fait avec la fécule de cette substance, séchée à l'air; on l'appelait le pain des disettes.
> Mais la rigueur du temps fit monter la livre à quatre sols.
> Ce fut encore trop cher.
> Au mois de janvier, au plus fort de l'hiver, Michel fut réduit de se nourrir de pain de houille.
>
> Jules Verne, *Paris au XXe siècle*.

Dans cet extrait, il s'agit d'un récit au passé : les verbes sont conjugués au passé simple et à l'imparfait. Il y a une succession d'actions marquée par des connecteurs logiques (« bientôt », « donc ») et par des compléments circonstanciels (« pendant quelques semaines », « au mois de janvier »).

b) Le texte descriptif

- **Les fonctions du texte descriptif**

Le texte descriptif vise à montrer, à représenter un objet, un lieu, un personnage. Il est généralement organisé et ordonné : que ce soit pour décrire un paysage ou dresser le portrait d'un personnage, les divers éléments de l'objet décrit sont présentés dans un certain ordre selon le point de vue de celui qui décrit (de bas en haut, de gauche à droite, du plus loin au plus proche ou inversement).
On trouve le texte descriptif dans les types d'écrits suivants : romans, contes, fables, poésies, albums, encyclopédies, articles de presse, manuels.

◆ Les caractéristiques formelles et linguistiques du texte descriptif

Le texte descriptif se caractérise par des marques linguistiques spécifiques :

- un champ lexical précis ;
- le lexique des sensations ;
- des connecteurs spatiaux ;
- des temps verbaux : présent ou imparfait ;
- des groupes nominaux étendus (les expansions du nom appartiennent à différentes natures grammaticales : adjectif, groupe nominal, groupe nominal prépositionnel, proposition subordonnée relative, *cf.* Partie 1 : Grammaire de phrase, Les fonctions, « Les fonctions par rapport au nom : les expansions du nom ») ;
- des images : comparaisons et métaphores.

La description fait généralement partie d'un récit et correspond à une pause dans la diégèse. Ses fonctions principales sont de donner des informations sur les personnages, le lieu, l'époque, de faire ressentir au lecteur l'objet décrit, de traduire les sentiments des personnages ou de créer une atmosphère, enfin de donner l'illusion du réel pour emporter l'adhésion du lecteur à la fiction.

◆ Exemple d'analyse des caractéristiques d'un texte descriptif

> La femme, une de celles appelées galantes, était célèbre par son embonpoint précoce qui lui avait valu le surnom de Boule de Suif. Petite, ronde de partout, grasse à lard, avec des doigts bouffis, étranglés aux phalanges, pareils à des chapelets de courtes saucisses, avec une peau luisante et tendue, une gorge énorme qui saillait sous la robe, elle restait cependant appétissante et courue, tant sa fraîcheur faisait plaisir à voir. Sa figure était une pomme rouge, un bouton de pivoine prêt à fleurir, et là-dedans s'ouvraient, en haut, deux yeux noirs magnifiques, ombragés de grands cils épais qui mettaient une ombre dedans ; en bas, une bouche charmante, étroite, humide pour le baiser, meublée de quenottes luisantes et microscopiques.
>
> Guy de Maupassant, *Boule de Suif*, 1880.

Cet extrait présente le portrait du personnage éponyme : la description suit un ordre précis, qui part de la silhouette pour aller jusqu'aux détails du visage. De plus, on relève des connecteurs spatiaux (« en haut », « en bas »). Les verbes sont à l'imparfait. Afin de permettre au lecteur de se représenter le personnage, l'auteur utilise de nombreuses expansions du nom (des adjectifs comme par exemple « énorme », « noirs », « magnifiques » ; des propositions subordonnées relatives : « qui saillait sous la robe »), ainsi que des comparaisons (« pareils à des chapelets de courtes saucisses ») et des métaphores (« sa figure était une pomme rouge, un bouton de pivoine »).

c) Le texte explicatif

◆ Les fonctions du texte explicatif

Le texte explicatif est parfois distingué du texte informatif ou confondu avec lui. Il vise à donner des informations, à accroitre les connaissances du destinataire. Le texte explicatif vise davantage à faire comprendre un phénomène en répondant aux questions « pourquoi ? » et « comment ? » Pour ce faire, il est adapté au destinataire visé : par exemple, les textes explicatifs destinés aux enfants contiennent des illustrations, des schémas, des termes simples, des termes techniques explicités d'une manière compréhensible, un jeu sur la typographie (caractères gras, titres et sous-titres...).

On trouve aussi le texte explicatif dans les types d'écrits suivants : encyclopédies, articles de revues, comptes-rendus, manuels scolaires, dictionnaires, romans...

- **Les caractéristiques formelles et linguistiques du texte explicatif**

Le texte explicatif se caractérise par des marques linguistiques spécifiques :

- des connecteurs logiques ;
- des compléments circonstanciels de cause et de conséquence qui mettent en valeur les relations logiques entre les différents éléments ou étapes d'un phénomène et la progression de l'information ;
- des reformulations des énoncés ;
- un lexique précis et technique ;
- des données chiffrées ;
- le présent de l'indicatif employé avec une valeur de vérité générale ;
- une énonciation objective : utilisation fréquente de la 3e personne, absence de jugements de l'émetteur ;
- des marques du locuteur : pronoms « tu »/» vous ».

- **Exemple d'analyse des caractéristiques d'un texte explicatif**

> « De plus, dans un système composé de deux corps qui agissent l'un sur l'autre, les distances des centres de chacun de ces corps à leur commun centre de gravité étant en raison réciproque de la masse de ces corps, les mouvements relatifs de ces corps, pour s'éloigner ou pour s'approcher de ce centre commun de gravité, seront égaux entre eux. Donc, ni les changements égaux qui se font dans le mouvement de ces corps en sens contraire, ni par conséquent leur action mutuelle l'un sur l'autre, ne changeront rien à l'état de leur centre commun de gravité qui ne sera ni accéléré ni retardé »
>
> Isaac Newton, *De la philosophie naturelle.*

Dans ce texte, on relève un lexique précis appartenant au champ lexical de la physique mécanique (« corps », « centres », « masse », « mouvements », « centre commun de gravité »). On note également la présence du présent de l'indicatif. Enfin, des connecteurs logiques (« de plus », « donc », « par conséquent ») structurent les différentes informations du texte.

d) Le texte argumentatif

- **Les fonctions du texte argumentatif**

Le texte argumentatif vise à défendre ou réfuter une opinion et à convaincre le destinataire. Il est très organisé : la thèse est défendue ou réfutée au moyen d'arguments enchainés logiquement et généralement illustrés par des exemples. Il existe différentes logiques argumentatives : partir du particulier pour aller vers le général ou inversement, commencer par énoncer la thèse réfutée pour mieux s'y opposer ensuite, développer plusieurs arguments contre une thèse qui n'est jamais énoncée explicitement... Le développement peut faire appel à la justification, à la concession ou/et à la réfutation.
On trouve le texte argumentatif dans les types d'écrits suivants : articles de presse, discours politiques, plaidoiries, textes publicitaires, tracts, fables, poésie engagée.

- **Les caractéristiques formelles et linguistiques du texte argumentatif**

Le texte argumentatif se caractérise par des marques linguistiques spécifiques :

- des champs lexicaux spécifiques ;
- des marques de subjectivité de l'émetteur : les pronoms, les adverbes, les verbes ou expressions verbales modalisateurs qui portent le jugement de l'émetteur (*certainement*, *évidemment*, *il faut croire que*, *il est certain que*…) ;
- des connecteurs logiques ou des phrases qui marquent la progression des idées ; des arguments souvent illustrés par des exemples.

- **Exemple d'analyse des caractéristiques d'un texte argumentatif**

> « Monsieur le Président,
> Me permettez-vous, dans ma gratitude pour le bienveillant accueil que vous m'avez fait un jour, d'avoir le souci de votre juste gloire et de vous dire que votre étoile, si heureuse jusqu'ici, est menacée de la plus honteuse, de la plus ineffaçable des taches ? Vous êtes sorti sain et sauf des basses calomnies, vous avez conquis les cœurs. Vous apparaissez rayonnant dans l'apothéose de cette fête patriotique que l'alliance russe a été pour la France, et vous vous préparez à présider au solennel triomphe de notre Exposition Universelle, qui couronnera notre grand siècle de travail, de vérité et de liberté. Mais quelle tache de boue sur votre nom – j'allais dire sur votre règne – que cette abominable affaire Dreyfus ! Un conseil de guerre vient, par ordre, d'oser acquitter un Esterhazy, soufflet suprême à toute vérité, à toute justice. Et c'est fini, la France a sur la joue cette souillure, l'histoire écrira que c'est sous votre présidence qu'un tel crime social a pu être commis. Puisqu'ils ont osé, j'oserai aussi, moi. La vérité, je la dirai, car j'ai promis de la dire, si la justice, régulièrement saisie, ne la faisait pas, pleine et entière. Mon devoir est de parler, je ne veux pas être complice. »
>
> Émile Zola, « J'accuse », *L'Aurore*, 13 janvier 1898.

Dans ce texte, on relève des marques de la subjectivité de l'auteur, notamment dans le lexique dépréciatif utilisé (« honteuse » ; « calomnies » ; « tache de boue » ; « abominable affaire » ; « souillure ») ou dans les superlatifs (« la plus honteuse », « la plus ineffable des taches »). Ce dernier est également présent dans le texte par l'utilisation des pronoms personnels (« moi » ; « je »). Cet extrait de plaidoyer est construit en deux temps, marqués par la conjonction de coordination « mais ». Dans un premier temps, Zola apostrophe le Président en lui rappelant les éléments positifs de son mandat puis dans un second temps, il introduit l'objet de sa dénonciation.

e) Le texte injonctif

- **Les fonctions du texte injonctif**

On trouve le texte injonctif dans les types d'écrits suivants : recettes de cuisine, consignes, mode d'emploi, notices de montage, règles de jeu…
On parle également de texte prescriptif. Le texte injonctif vise à faire agir le destinataire en prescrivant un comportement, en donnant conseils, ordres ou consignes. Sa mise en page n'est pas linéaire et peut faire apparaitre différents éléments au moyen de titres, de numérotations, de tirets, d'alinéas… Toutefois, il répond à une structure formelle, qui est le plus souvent chronologique.

- **Les caractéristiques formelles et linguistiques du texte injonctif**

Le texte injonctif se caractérise par des marques linguistiques spécifiques :

- les modes impératif et infinitif ;
- le lexique spécifique à la tâche demandée, notamment des verbes d'action « techniques » ;
- des phrases juxtaposées ou reliées par des connecteurs temporels.

- **Exemple d'analyse des caractéristiques d'un texte injonctif**

> **Observons**
> **1.** Comptez le nombre de strophes de chacun des poèmes de cette double page.
> **2.** Comptez le nombre de vers dans chaque strophe.
> **3.** Comptez le nombre de syllabes dans chaque strophe, c'est-à-dire le nombre de voyelles prononcées.
> **4.** Classez maintenant ces poèmes du plus régulier au moins régulier.
>
> *Textes et expression, Français 6*^{e}, coll. dirigée par M.-F. Sculfort, Nathan, 2000.

Dans cet extrait , les verbes sont conjugués à l'impératif présent et le lexique est celui de l'analyse de la poésie. Les idées s'enchainent par un système de numérotation.

REMARQUE

Il faut noter qu'à ces cinq types de textes, Jean-Michel Adam[1] ajoute le **texte conversationnel** que l'on trouve dans les dialogues insérés dans le récit, les interviews, guides... et le **texte poétique** qui se caractérise par une mise en espace spécifique, un jeu sur les sons et sur les images (*cf.* § E - La poésie, p. 486).

1. Jean-Michel Adam, *op. cit.*

4. L'HÉTÉROGÉNÉITÉ DU TEXTE ET LES « SÉQUENCES TEXTUELLES »

On parle souvent de dominante textuelle car un écrit n'est que rarement constitué d'un seul type de texte. Qu'il soit littéraire ou non, un écrit présente une unité globale, constituée de différentes « séquences textuelles » (Jean-Michel Adam[2] parle de « structures séquentielles de base ») qui se suivent ou sont enchâssées les unes dans les autres, et surtout aident à la constitution du sens général. C'est ici en particulier que se joue le tissage sémantique du texte. Par exemple, dans un récit, la narration et la description sont sans cesse mêlées ; l'explication peut suivre une description... La fable illustre parfaitement ce phénomène d'hétérogénéité textuelle. Dans le texte suivant, on peut relever plusieurs séquences textuelles.

2. *Ibidem.*

Le Loup et l'Agneau

La raison du plus fort est toujours la meilleure
Nous l'allons montrer tout à l'heure.

Un Agneau se désaltérait
Dans le courant d'une onde pure.
Un Loup survient à jeun, qui cherchait aventure,
Et que la faim en ces lieux attirait.
« Qui te rend si hardi de troubler mon breuvage?
Dit cet animal plein de rage :
Tu seras châtié de ta témérité.
– Sire, répond l'Agneau, que votre Majesté
Ne se mette pas en colère;
Mais plutôt qu'elle considère
Que je me vais désaltérant
Dans le courant,
Plus de vingt pas au-dessous d'Elle;
Et que par conséquent, en aucune façon,
Je ne puis troubler sa boisson.
– Tu la troubles, reprit cette bête cruelle;
Et je sais que de moi tu médis l'an passé.
– Comment l'aurais-je fait si je n'étais pas né?
Reprit l'Agneau; je tète encore ma mère.
– Si ce n'est toi, c'est donc ton frère.
– Je n'en ai point.
– C'est donc quelqu'un des tiens :
Car vous ne m'épargnez guère,
Vous, vos bergers, et vos chiens.
On me l'a dit : il faut que je me venge. »
Là-dessus, au fond des forêts
Le loup l'emporte, et puis le mange,
Sans autre forme de procès.

Jean de la Fontaine, *Fables*, 1668.

Ce texte est une fable, donc un écrit poétique, c'est aussi un récit. En même temps, la fonction globale de ce texte est argumentative : l'auteur vise à démonter une idée ainsi qu'il est précisé dans les deux premiers vers de la fable. Pour ce faire, il utilise le type de texte narratif qui contient lui-même plusieurs séquences textuelles appartenant à des types de textes différents :

- séquence narrative : le récit qui encadre le dialogue;
- séquence argumentative : les arguments avancés par l'agneau pour se défendre des accusations portées par le loup; les arguments du loup pour justifier sa vengeance;
- séquence conversationnelle : le dialogue entre le loup et l'agneau.

C - LE ROMAN ET LES RÉCITS LITTÉRAIRES

1. LES DIFFÉRENTES FORMES DE ROMANS ET RÉCITS LITTÉRAIRES

Il existe différentes formes romanesques, différents récits littéraires : le roman, le conte, la nouvelle.

a) Le roman

Le roman est essentiellement narratif, mais il est constitué de différentes « séquences textuelles » (*cf.* § B - Les types d'écrits et de textes p. 460), comme la description ou le dialogue. Il nait au XIIe siècle et désigne un ouvrage en vers ou en prose, écrit en langue vulgaire par opposition aux ouvrages en latin. Au XVIe siècle, il désigne un récit en prose d'aventures imaginaires. Considéré comme un genre inférieur au théâtre et à la poésie jusqu'à la fin du XVIIIe siècle, le genre romanesque atteint son apogée au XIXe siècle. Il s'éloigne alors de la pure fiction et intègre la présentation de l'Histoire et du monde contemporain en s'intéressant à l'individu, à la politique et à la société en général : cette insertion d'éléments appartenant à la réalité lui confère une valeur historique, scientifique, sociale ou morale. Au XXe siècle, les deux guerres mondiales entrainent un bouleversement du roman, qui est désormais marqué par l'interrogation : les aventures d'un héros et la représentation globale de la réalité sont remplacés par des récits plus personnels ou des recherches formelles. Depuis le XIXe siècle, le roman s'est imposé comme le genre littéraire le plus lu, et son succès est toujours aussi grand aujourd'hui. Il s'agit d'un genre protéiforme qui peut mêler différents registres et formes. On distingue ainsi différents types de romans ou récits (qui peuvent selon les époques s'appliquer au conte ou/et à la nouvelle).

- **Le roman policier**

Né avec *Le Double Assassinat dans la rue Morgue* (1841) d'Edgar Allan Poe, le roman policier a beaucoup évolué depuis le XIXe siècle. Toutefois, il comporte toujours des personnages invariants : l'enquêteur, la victime, le témoin, le coupable, le suspect.
On distingue ainsi :

- **Le roman à énigme**, où l'intrigue débute par un crime et tout le roman est consacré à l'enquête menée pour savoir ce qui s'est passé avant le crime. Le héros – et le lecteur avec lui – procède par déduction pour rétablir la cohérence des événements.
  Exemples : *Le Mystère de la chambre jaune* (1907) de Gaston Leroux; *La Puce, détective rusé* (2006) de Sarah Cohen-Scali et Christophe Besse.
- **Le roman à suspense** (ou thriller), où le coupable est connu dès le début de l'œuvre et l'attention se porte sur le criminel et ses actes. La narration met en scène la menace qui pèse sur les personnages, créant chez le lecteur attente et angoisse.
  Exemples : *Un enfant pour un autre* (1991) de Ruth Rendell; *Un tueur à ma porte* (1997) d'Iirina Drozd.
- **Le roman noir**, qui nait aux États-Unis dans les années 1930. Il ne s'agit plus de découvrir le coupable mais de l'appréhender. L'histoire se déroule dans un monde sans illusions, un milieu urbain inquiétant, dans une atmosphère morbide et violente. L'enquêteur est un détective privé, souvent cynique et aux méthodes douteuses.
  Exemples : *Sang maudit* (1929) de Dashiel Hammet.

◆ **Le roman fantastique**

Le roman fantastique se caractérise par l'intrusion d'un fait surnaturel dans un cadre réaliste. Le philosophe Tzvetan Todorov[1] définit le fantastique comme le doute du lecteur face à ce fait surnaturel, son hésitation entre une explication rationnelle et une explication surnaturelle. C'est pourquoi le roman fantastique est souvent écrit à la 1re personne du singulier afin de mieux transmettre les émotions du personnage par le phénomène d'identification.

Exemples : *Le Horla* (1886) de Guy de Maupassant, *La Peau de chagrin* (1831) d'Honoré de Balzac ; *Docteur Parking* de Franz Hohler et Tom Tirabosco (2002).

◆ **Le roman historique**

Le roman historique met en scène des lieux, des événements et des personnages historiques. Les faits historiques convoqués sont présentés avec un souci d'exactitude.

Exemples : *Ivanhoé* (1819) de Walter Scott ; les romans d'Évélyne Brisou-Pellen, comme *L'Hiver des loups* (1998), où sont narrées les aventures de Jordane et Garin dans la Bretagne du XIVe siècle.

◆ **Le roman de science-fiction**

Dans le roman de science-fiction, l'action se déroule dans le futur et/ou dans un autre monde, bâtis à partir de données scientifiques et technologiques. Christian Grenier (auteur de nombreux romans) retient trois critères principaux pour définir la science-fiction : le décalage avec le monde réel, une ambiance et un style réalistes, une logique dans l'enchainement des faits.

Exemples : *La Machine à explorer le temps* (1895) de H.G. Wells ; *Le Monde d'en haut* (1998) de Xavier-Laurent Petit.

◆ **Le roman épistolaire**

Le roman épistolaire est constitué de lettres fictives. Il n'y a donc pas de narrateur. Cet échange de correspondances donne un caractère réaliste à la fiction : le lecteur est ainsi plongé dans l'intimité des sentiments des personnages.

Exemples : *Les Liaisons dangereuses* (1782) de Choderlos de Laclos ; *Chaque jour, je t'écrirai* (2007) de Marie-Claude Bérot.

◆ **Le roman d'aventures**

Le roman d'aventures est centré sur l'action et comporte un grand nombre d'événements qui se succèdent. Il répond à un souci de vraisemblance. Le héros a une mission à remplir, une énigme à résoudre ou bien il se lance à la découverte du monde.

Exemples : *L'Île au trésor* (1883) de Robert Louis Stevenson ; *Le Grizzli* (1916) de James Oliver Curwood.

◆ **Le roman psychologique**

Tout en développant une intrigue, le roman psychologique s'intéresse aux émotions et aux sentiments des personnages qui sont décrits avec minutie.

Exemples : *Mrs Dalloway* (1925) de Virginia Woolf ; *Baby-sitter Blues* (1989) de Marie-Aude Murail.

1. Tzvetan Todorov, *Introduction à la littérature fantastique*, Seuil, 1970.

- **Le roman autobiographique**

Le roman autobiographique est un récit de fiction, narré à la 1re personne, qui s'inspire de la vie de l'auteur.
Exemple : *Un barrage contre le pacifique (*1950*)* de Marguerite Duras.

ATTENTION !

Il ne faut pas confondre le roman autobiographique avec l'autobiographie, qui est un récit qu'un auteur fait de sa propre vie. Dans l'autobiographie, le « je » utilisé représente à la fois l'auteur, le narrateur et le personnage, comme dans *Les Mots* (1964) de Jean-Paul Sartre.

b) Le conte

Un conte est un récit de fiction généralement assez bref qui relate les péripéties vécues par un personnage ou un ensemble de personnages. Le conte se caractérise par l'aveu de son caractère fictionnel et imaginaire. On distingue plusieurs types de contes.

- **Le conte philosophique**

Le conte philosophique a pour but de défendre une idée ou de dénoncer un principe philosophique par la construction d'une intrigue et la création de personnages. Dans *Candide ou l'Optimisme (*1759*)*, Voltaire se moque de la théorie de l'optimisme qui consiste à justifier l'existence du mal en affirmant que le monde, tel qu'il est, est le meilleur possible. Les différentes aventures de Candide tendent à prouver le contraire : l'esclavagisme, l'hypocrisie et le fanatisme religieux, les catastrophes naturelles, la pauvreté...

- **Le conte social ou psychologique**

Au XIXe siècle, les termes « contes » et « nouvelles » sont très proches ; toutefois, les contes conservent leur caractère oral : un narrateur s'adresse aux lecteurs.
Exemple : *Les Contes de la bécasse* (1883) de Guy de Maupassant.

- **Le conte étiologique**

Dans le conte étiologique, le récit consiste à expliquer un élément de la réalité : un phénomène naturel, la particularité d'un animal... La structure de ces contes est particulière et comprend trois étapes : la présentation du monde avant l'apparition du phénomène décrit, le déroulement des faits, une formule conclusive : « Depuis ce temps-là... ».
Exemple : « Comment il poussa une bosse au chameau » dans les *Histoires comme ça* (1902) de Rudyard Kipling.

- **Le conte traditionnel**

Généralement associé au conte merveilleux ou conte de fées, le conte traditionnel trouve son origine dans les mythes et les légendes. Issu de la tradition orale et populaire, transmis de bouche à oreille, il est par essence anonyme. Toutefois, les versions écrites d'un même conte oral diffèrent (elles apparaissent aux XVIIe et XVIIIe siècles avec Charles Perrault et les frères Grimm). Par exemple, *Le Petit Chaperon rouge* (1697) de Perrault se termine par la mort de la petite fille qui se fait dévorer par le loup, alors que la version des frères Grimm comporte une fin heureuse avec l'intervention du bucheron.

Dans le conte traditionnel, l'histoire racontée se déroule dans un autre temps et dans un autre lieu. La distance avec le réel est d'emblée signifiée par des formules telles qu'« Il était une fois » ou « En ce temps-là ». De plus, l'univers du conte est régi par des lois qui diffèrent de celles du monde réel : le merveilleux est intégré à la fiction et peut toucher le temps, l'espace, les objets ou les personnages.

Les personnages du conte sont « des êtres de papier » selon Roland Barthes[1], ou « des fonctionnaires de l'intrigue » selon Claude Bremond[2], autrement dit des personnages « en creux », qui n'ont aucune épaisseur psychologique et se définissent davantage par leur fonction dans le récit (*cf.* § d) La structure du récit p. 476). Les personnages du conte sont définis comme des archétypes : par exemple, la princesse, l'ogre, la sorcière...
Exemples : *La Belle au bois dormant* (1697) de Charles Perrault, *La Reine des neiges* (1844) de Hans Christian Andersen.

Les contes sont très présents dans la littérature de jeunesse actuelle. On peut distinguer les adaptations et les récritures des contes traditionnels des contes modernes. Dans les adaptations et les récritures des contes traditionnels, les auteurs peuvent transformer et réinventer le conte traditionnel. Par exemple, dans *Mademoiselle-sauve-qui-peut* (1997), Philippe Corentin récrit l'histoire du *Petit Chaperon rouge* en modifiant le caractère des personnages : la petite fille est une enfant espiègle et maligne qui martyrise les animaux. Elle connait l'histoire du *Petit Chaperon rouge*. Le loup est extrêmement gentil et a peur de la fillette. Les auteurs peuvent également choisir d'adapter le conte traditionnel à leur époque, de l'actualiser, comme *Le Petit Chaperon rouge* (1994) de Jean Claverie, où la mère du Petit Chaperon rouge, qui se nomme Mamma Gina, travaille dans une pizzeria et où le loup porte des baskets. Toutefois, l'auteur respecte la trame narrative de la version de Perrault.

◆ Le conte moderne

Les contes modernes conservent certaines caractéristiques du conte comme les personnages archétypaux (par exemple, la sorcière), l'intervention du merveilleux, la structure narrative, mais situent l'action dans le monde moderne.
Exemple : *Contes de la Folie-Méricourt* (1983) de Pierre Gripari.

c) La nouvelle

La nouvelle est un récit de fiction bref. Elle se développe au XIXe siècle. Elle se différencie du conte par son caractère vraisemblable et par des procédés narratifs particuliers visant à la fois l'efficacité et la concision : le nombre de personnages et les événements sont limités mais décrits avec précision. L'action est simple, concentrée (elle porte sur un moment particulier de la vie du personnage principal), et se termine souvent par une « chute » qui crée un effet de surprise. Il existe des nouvelles policières, fantastiques, de science-fiction...
Exemples : *Le Horla* (1886) de Guy de Maupassant, *Les Histoires pressées* de Bernard Friot.

1. Roland Barthes, « Introduction à l'analyse structurale des récits », *Communications*, 1966.
2. Claude Bremond, *Logique du récit*, Le Seuil, 1970.

2. LES CARACTÉRISTIQUES DU RÉCIT LITTÉRAIRE

a) Auteur, narrateur et point de vue

Il convient tout d'abord de distinguer l'auteur (être réel qui écrit une œuvre) et le narrateur (une instance fictive qui raconte l'histoire), sauf dans le cas de l'autobiographie où l'auteur, le narrateur et le personnage principal ne font qu'un. Il existe ensuite différents points de vue ou focalisations selon la situation dans laquelle se trouve le narrateur par rapport à ce qu'il raconte. Dans *Figures III*[1], le critique et théoricien Gérard Genette distingue ainsi plusieurs types de focalisation.

- **La focalisation zéro**

Dans la focalisation zéro, le narrateur sait tout sur les faits qu'il rapporte : il connait le passé, les pensées et les sentiments de tous les personnages. Ce procédé est couramment utilisé dans les fictions car il permet de créer une illusion de réel. Voici le portrait de Michu dans un extrait de Balzac :

> L'opposition constante de l'immobilité des yeux avec la vivacité du corps ajoutait encore à l'expression glaciale que Michu causait au premier abord. Prompte chez cet homme, l'action devait desservir une pensée unique ; de même que, chez les animaux, la vie est sans réflexion au service de l'instinct. Depuis 1793, il avait aménagé sa barbe rousse en éventail. Quand même il n'aurait pas été, pendant la Terreur, le président d'un club Jacobin, cette particularité de sa figure l'eût, à elle seule, rendu terrible à voir.
>
> Honoré de Balzac, *Une ténébreuse affaire*, 1841.

- **La focalisation interne**

Dans la focalisation interne, le point de vue est celui d'un personnage. On retrouve ce procédé dans les récits à la 1re personne, mais aussi dans les récits à la 3e personne où les faits peuvent être présentés à travers la vision d'un personnage : la présentation des faits est donc limitée à ce que le personnage sait, voit, entend ou ressent. Voici un exemple d'un récit à la 1re personne :

> Quand j'entrai dans la salle des voyageurs de la gare de Loubain, mon premier regard fut pour l'horloge. J'avais à attendre deux heures dix minutes l'express de Paris. Je me sentis las soudain comme après dix lieues à pied ; puis je regardai autour de moi comme si j'allais découvrir sur les murs un moyen de tuer le temps ; puis je ressortis et m'arrêtai devant la porte de la gare, l'esprit travaillé par le désir d'inventer quelque chose à faire.
>
> Guy de Maupassant, *Madame Baptiste*, 1882.

1. Gérard Genette, *Figures III*, Le Seuil, 1972.

Voici l'exemple d'un récit à la 3e personne avec un passage en focalisation interne :

> Ce fut comme une apparition.
> Elle était assise, au milieu du banc, toute seule, ou du moins il ne distingua personne dans l'éblouissement que lui envoyèrent ses yeux. En même temps qu'il passait, elle leva la tête; il fléchit involontairement les épaules, et quand il se fut mis plus loin, du même côté, il la regarda. Elle avait un chapeau de paille, avec des rubans roses qui palpitaient au vent [...].
>
> Gustave Flaubert, *L'Éducation sentimentale*, 1869.

- **La focalisation externe**

Le narrateur est un simple témoin des faits. En observateur extérieur, il rapporte les événements, les paroles des personnages mais il ne connait ni leur passé ni leurs pensées et sentiments. Ce procédé est rarement utilisé seul dans un récit, sauf dans des courants littéraires particuliers comme le nouveau roman.

> A... doit venir de se laver les cheveux car elle ne serait pas, sans cela, occupée à les peigner au milieu du jour. Elle a interrompu ses mouvements, ayant peut-être fini avec ce côté-là. C'est néanmoins sans changer la position des bras, ni bouger le buste qu'elle tourne tout à fait son visage vers la croisée située à sa gauche, pour regarder la terrasse, la balustrade à jours et le versant opposé du vallon.
>
> Alain Robbe-Grillet, *La Jalousie*, © Éditions de Minuit, 1957.

b) Temporalité et vitesse narrative

On distingue le temps de l'histoire ou de la fiction qui se mesure en heures, jours, mois ou années, et le temps de la narration qui équivaut au nombre de lignes ou de pages consacrées à chaque fait dans le texte. Gérard Genette[1] distingue quatre variations de la vitesse du récit.

- **La scène**

Dans la scène, il s'agit de reproduire les actions ou les paroles des personnages en temps réel. Le temps de la fiction est à peu près égal au temps de la narration.

> Un matin, en arrivant, son mari descendit avec elle; et, sans s'arrêter aux mioches, qui la connaissaient bien maintenant, elle pénétra dans la demeure des paysans.
>
> Guy de Maupassant, *Aux champs*, 1882.

- **La pause**

La pause correspond à un arrêt de la progression narrative : il n'y a aucun événement nouveau. C'est le cas de la description ou du commentaire.

1. *Ibidem*.

> Et nous entrions maintenant dans une espèce de couloir ombrageux entre deux rangées de très hautes montagnes. [...] Au bout de cette baie longue et étrange, il devait y avoir Nagasaki qu'on ne voyait pas encore. Tout était admirablement vert. La grande brise du large, brusquement tombée, avait fait place au calme; l'air, devenu chaud, se remplissait de parfums de fleurs.
>
> Pierre Loti, *Mme Chrysanthème*, 1925.

- **Le sommaire**

Dans le sommaire, les événements sont résumés, le temps de la fiction est supérieur au temps de la narration.

> Le voyage dura près de trois jours.
> *ou* Les Vallin vivotaient à leur aise grâce à la pension.
>
> Guy de Maupassant, *Aux champs*, 1882.

- **L'ellipse**

L'ellipse correspond à un blanc dans le récit qui occulte des événements correspondant à une durée plus ou moins grande.

> Quand elle fut sortie, Frédéric ouvrit sa fenêtre. Mme Arnoux, sur le trottoir, fit signe d'avancer à un fiacre qui passait. Elle monta dedans. La voiture disparut.
> Et ce fut tout.
> Vers le commencement de cet hiver, Frédéric et Deslauriers causaient au coin du feu, réconciliés encore une fois, par la fatalité de leur nature qui les faisait toujours se rejoindre et s'aimer.
>
> Gustave Flaubert, *L'Éducation sentimentale*, 1869.

c) L'ordre des événements

L'ordre des événements de la narration ne suit pas obligatoirement l'ordre des événements de la fiction : dans ce cas, la narration bouleverse le déroulement chronologique des événements par des retours en arrière ou des anticipations.

- **Les retours en arrière ou « flash-back » (analepses)**

Dans l'analepse, ou retour en arrière, le récit revient de manière rétrospective sur un événement qui a eu lieu dans le passé.

> Depuis l'âge de dix ans, Alexis habitait chez son grand-père, Monsieur Grégoire, ainsi que l'appelaient les gens du pays. Il y avait donc presque cinq ans qu'il vivait dans le domaine. De très simples événements l'avaient conduit en ce lieu coupé de toutes relations avec le monde. Alexis avait passé son enfance à Pontbau, une ville du centre de la France, chez ses parents, les Rousselande. Monsieur Rousselande occupait un poste dans l'administration des Eaux et Forêts. La vie de famille était tout à fait heureuse et aisée, lorsque Alexis, à l'âge de neuf ans, tomba malade.
>
> André Dhôtel, *L'Enfant qui disait n'importe quoi*, © Éditions Gallimard, 1998.

- **Les anticipations (prolepses) d'un événement à venir**

Dans la prolepse, le récit anticipe un événement.

> À onze ans, la petite Verte ne montrait toujours aucun talent pour la sorcellerie. Sa mère, Ursule, était consternée. C'était très important pour une sorcière de transmettre le métier à sa fille. Alors, elle décida de confier Verte à sa grand-mère, la célèbre sorcière du quartier. Celle-ci saurait en faire une bonne sorcière. Mais Verte dépassera toutes les espérances, comme nous le verrons plus tard. Mais pour l'instant, retournons aux côtés de Verte.
>
> Marie Desplechin, *Verte*, tome 2, © L'école des loisirs, 1996.

d) La structure du récit

Plusieurs chercheurs et théoriciens ont travaillé à partir de nombreux récits pour dégager des critères invariants permettant d'en expliquer le fonctionnement. Dans la *Morphologie du conte*[1], Vladimir Propp a travaillé sur une centaine de contes russes à partir desquels il a défini trente et une « fonctions » qui rendent compte de l'action dans un conte : par exemple, le départ du héros de la maison familiale, le dommage causé par le méchant à l'un des membres de la famille du héros, le combat entre le héros et le méchant... Vladimir Propp regroupe les trente et une fonctions qu'il a établies en sept « sphères d'action » : l'agresseur, le donateur, l'auxiliaire, la princesse et son père, le mandateur, le héros et le faux héros.

À la suite de ces travaux, d'autres théoriciens ont dégagé des invariants du conte. Claude Bremond[2] s'attache ainsi à dégager la logique d'un récit. Il regroupe les nombreuses fonctions établies par Propp et distingue :

- l'ouverture de l'action ou situation initiale ;
- le passage à l'acte qui montre le héros en pleine épreuve ;
- l'aboutissement de l'action ou situation finale.

De même, Paul Larivaille[3] définit un **schéma narratif** (ou **schéma quinaire**) comprenant cinq étapes distinctes :

- la situation initiale : état de la vie des personnages, état d'équilibre initial ;
- la complication (ou élément modificateur, perturbateur, déclencheur) : événement qui vient bouleverser l'état initial. Il est souvent introduit par un indicateur de temps : « un jour », « soudain » ;
- les péripéties : suite d'actions et d'événements qui sont les conséquences de l'élément perturbateur ;
- la résolution : résultat de la série de péripéties (réussite ou échec de la quête du sujet) ;
- la situation finale : nouvel état d'équilibre.

Par exemple, le conte ci-après peut être découpé en cinq étapes.

> **Langa**
>
> Il était une fois dans un village un chasseur du nom de Langa. Sa renommée débordait largement le pays. Il pourvoyait le village d'un gibier abondant et varié. Mais, dans cette contrée, les gens vouaient au léopard le même respect qu'à leur

1. Vladimir Propp, *Morphologie du conte*, Le Seuil, 1965.
2. Claude Bremond, *op. cit.*
3. Paul Larivaille, « L'analyse morphologique du récit » in *Poétique*, n° 19, 1974.

> chef. Aussi sa chasse était-elle interdite.
> Le chef du village était devenu vieux et incapable d'assumer pleinement ses fonctions. Comme sa fin approchait, l'heure n'allait pas tarder pour que le paisible village se plonge dans d'incessantes querelles de succession. Le chef avait de nombreuses femmes et grand nombre d'enfants. Chacune des femmes tenait à ce que son fils prenne le pouvoir. Une longue lutte s'engagea entre les différents fils du chef Kabe. Un jour, comme Langa revenait de la forêt, il rencontra un léopard sur son chemin. Il eut d'abord peur. Mais le félin n'avait pas l'air belliqueux ; il était à la recherche de quoi se mettre sous la dent. Il pria le chasseur de lui donner un peu de son gibier, et lui promit une récompense en retour. Le chasseur s'exécuta. Le jour suivant le chasseur revint au même endroit et donna de nouveau du gibier au léopard. Les rencontres se multiplièrent à ce même endroit. Le léopard ne faisait que des promesses. Ils devinrent néanmoins de grands amis. Ils se racontaient leurs joies et leurs problèmes.
> C'est ainsi que Langa mit le léopard au courant de la crise qui ensanglantait le village. Après avoir écouté le récit de ces événements, le léopard promit de l'aide à son ami. Il lui dit d'apporter aux anciens et gens du village comme consigne d'abandonner le village la nuit. Et il insista surtout pour que tout cela se passe à l'insu des fils du chef. Cette nuit-là même, un troupeau de léopards pénétra dans le village et dévora tous les prétendants au pouvoir. Les fils du chef ainsi éliminés, seul Langa, le chasseur renommé, restait en vue pour l'accession au pouvoir.
> Car le peuple l'aimait à cause de sa générosité et de sa force. Quelques jours plus tard, à la mort du chef Kabe, le conseil des anciens se réunit et proclama Langa chef du village.
>
> *N'ouvre pas* à *l'ogre*, in *Contes du Zaïre*, CILF, © Edicef, 1982.

Voici les cinq étapes du schéma narratif que l'on pourrait relever :
- la situation initiale : « Il était une fois dans un village ... interdite » ;
- la complication : « Le chef du village... les différents fils du chef Kabe » ;
- les péripéties : « Un jour, comme Langa... tous les prétendants au pouvoir » ;
- la résolution : « Les fils du chef ainsi éliminés, seul Langa, le chasseur renommé, restait en vue pour l'accession du pouvoir » ;
- la situation finale : « Car le peuple... Langa chef du village ».

e) Les actants du récit

Algirdas Julien Greimas[1] définit le schéma actanciel qui détermine les forces agissantes dans le récit. Les actants portent en effet le mouvement de l'action ; ils peuvent être des personnages mais aussi des objets, des idées, des sentiments... Les rapports entre ces différentes forces agissantes se distribuent autour de plusieurs fonctions :
- le sujet : personnage qui mène une quête pour satisfaire un désir (posséder un objet, changer de situation...) ;
- l'objet : personne ou chose qui est désirée ;
- le destinateur qui provoque la quête, qui pousse le sujet à agir ;
- le destinataire qui reçoit l'objet de la quête ;
- les adjuvants qui aident le sujet dans sa quête ;
- les opposants qui entravent l'action du sujet.

1. Algirdas Julien Greimas, *Sémantique structurale,* PUF, 1966.

Reprenons l'exemple de « Langa » :

- le sujet : Langa ;
- l'objet : devenir le chef du village ;
- le destinateur : le désir de pouvoir ;
- le destinataire : Langa ;
- les adjuvants : le léopard ;
- les opposants : les autres prétendants au pouvoir.

Si ces grilles d'analyse sont une aide certaine à la compréhension du récit, il faut toutefois souligner qu'elles présentent le risque de réduire la complexité et l'originalité de l'œuvre littéraire : dans de nombreuses œuvres littéraires, les différentes étapes de l'intrigue ne sont pas clairement délimitées.

f) Le personnage

Le personnage représente l'un des éléments essentiels du récit. Il s'agit généralement d'un être humain, mais il peut également prendre la forme d'un animal ou d'un objet personnifié. Catherine Tauveron[1] le définit de la manière suivante : « Nous appellerons personnages les acteurs que le récit pose comme anthropomorphes et qui jouent un rôle dans la diégèse », et Gérard Genette[2] définit la **diégèse** comme l'ensemble des événements relatés par le discours narratif. La construction du personnage dans le récit s'appuie sur différentes modalités textuelles : la description (le portrait), le dialogue (les paroles prononcées par le personnage et ce que disent les autres personnages à son propos), les actions du personnage qui révèlent des traits de son caractère. Par exemple, dans l'extrait suivant de Thierry Lenain (*Clair de loup*), les informations sur le personnage-narrateur se trouvent à la fois dans le récit du narrateur (indications sur son âge : « maîtresse », « papa », et sur ses sentiments) et dans les paroles des autres personnages : son prénom (« Paola »), son âge (« petite »), ses gouts (histoires qui font peur), son caractère (curiosité).

> PROLOGUE
> On passait nos vacances d'été dans la maison de Grand-Mère. Grand-Mère était morte, pourtant elle était là. Papa me l'avait dit au cimetière :
> Ne pleure pas, les morts portent les vivants.
> Je l'avais écrit sur mon cahier : « Les morts portent les vivants. »
> Tu ne crois pas que tu es trop petite pour de telles phrases ? m'avait demandé la maîtresse le lendemain.
> [...]
> En face de la maison de Grand-Mère se trouvait la ferme des Gaillard. Les Gaillard n'avaient pas d'enfants. Enfin, pas d'enfants vraiment à eux. Alors ils en accueillaient qui n'avaient pas de parents.
> [...]
> Paola !
> Mme Gaillard s'est essuyé les mains sur son tablier avant de me prendre dans ses bras. J'ai fermé les yeux. J'aimais son odeur. Elle me rappelait celle de Grand-Mère. Je posais la tête sur sa poitrine pour entendre battre son cœur. Dans la pénombre du salon, elle chantonnait ou racontait des histoires qui me faisaient frémir. C'était bon au creux d'elle.

1. Catherine Tauveron, *Le personnage, une clef pour la didactique du récit à l'école élémentaire*, 1995.
2. Gérard Genette, *op. cit.*

> Comme tu as grandi, Paola ! Ta grand-mère serait fière de toi ! [...]
> Mme Gaillard n'avait pas peur d'aimer les enfants qui partaient.
> Et cette année, vous n'avez personne ?
> Oh si, Paola... Un garçon comme peu d'autres...
> Son regard s'est mis à étinceler. Il n'en a pas fallu plus pour aiguiser ma curiosité.
> Il s'appelle comment ?
>
> Thierry Lenain, *Clair de loup*, © Rageot/Cascade, 1994.

Les personnages peuvent représenter une qualité ou un défaut, une institution : on parle alors de **personnage type** en distinguant le **stéréotype** (opinion toute faite, déterminée par un groupe, acceptée et reproduite sans réflexion ; par exemple l'avare, le jaloux...) et **l'archétype** (symbole universellement reconnu et qui sert de modèle ; par exemple le loup, la sorcière, le géant...).

Il convient également de s'intéresser au système des personnages qui sont en interaction permanente et dont les relations évoluent au fil du récit. Il faut par exemple distinguer les personnages principaux et les personnages secondaires, les personnages statiques (qui ne changent pas au fil de l'histoire) et dynamiques (dont la personnalité évolue), les personnages qui ne sont que des figurants nécessaires à la fiction et à sa vraisemblance.

D - LE THÉÂTRE

1. DÉFINITION DU THÉÂTRE

Le théâtre occupe une place à part au sein de la littérature puisqu'il est à la fois un texte écrit par un auteur appelé dramaturge, et un spectacle destiné au public. Cette particularité entraine un mode de lecture particulier : en effet le lecteur est amené à se mettre dans la position d'un spectateur afin de percevoir toute la dimension de l'œuvre. De plus, la compréhension d'un texte théâtral requiert des compétences spécifiques puisque les informations nécessaires à la compréhension de l'œuvre ne sont pas exposées de la même manière que dans le récit : la lecture est nécessairement inférentielle. C'est la distinction établie par Aristote dans sa *Poétique :* il existe deux manières d'imiter les hommes, en racontant leurs actions (ce qui correspond à l'épopée, au récit) ou en répétant leurs actions, en les faisant s'exprimer. Le théâtre repose ainsi sur l'art de la *mimesis* (Platon) par lequel l'auteur donne l'illusion que ce n'est pas lui qui parle mais ses personnages.

Le théâtre se distingue du roman et de la poésie. On peut le définir comme l'ensemble des œuvres qui exposent une action dramatique sous forme de dialogues entre les personnages et qui sont destinées à être jouées. Le genre théâtral répond à des codes très précis qui ont évolué dans l'Histoire. Ainsi, au fil des siècles, différentes formes théâtrales sont apparues.

a) Au Moyen Âge

Au Moyen Âge, la farce connait un vif succès : il s'agit d'une pièce courte qui fait appel à un comique grossier, notamment la bastonnade que l'on retrouvera chez Molière et ensuite dans le théâtre de Guignol. L'intrigue consiste en un tour joué à un personnage. Dans la *Farce de Maître Pathelin* (XVe siècle), Pathelin parvient à tromper le drapier et réussit à ne pas le payer ce qu'il lui doit ; mais à son tour, Pathelin sera trompé par le berger qui ne le payera pas pour l'avoir défendu lors de son procès. Se développent également la **sotie**, qui met en scène une opposition entre les « sots » et les institutions représentées sous forme d'allégories, et les **moralités** qui sont des leçons de morale faisant appel au burlesque.

b) Au XVIIe siècle

Au XVIIe siècle, le théâtre classique est extrêmement codifié et répond à plusieurs règles : la **règle des trois unités** (unité d'action, de temps et de lieu); la règle de **bienséance** (le spectateur ne devait pas être choqué par la représentation d'une scène violente, ainsi les meurtres et les suicides avaient lieu hors scène); la règle de **vraisemblance** (l'auteur devait présenter au spectateur une histoire réaliste afin de toucher sa sensibilité). Ces règles sont les mêmes pour la comédie et la tragédie qui diffèrent toutefois par leur action et par les personnages convoqués. La comédie met en scène des personnages inspirés des fabliaux, des personnages ordinaires et une intrigue farcesque visant à offrir au spectateur un tableau des mœurs de sa société (thématique du mariage contrarié, par exemple).
Exemple : *L'Avare* (1668) de Molière.

La tragédie met en scène des personnages empruntés à la légende ou à l'Histoire, apparaissant dans un état de crise. L'action se concentre sur les passions humaines et leurs conséquences.
Exemples : *Le Cid* (1637) de Corneille ou *Phèdre* (1677) de Racine.

c) Dans la seconde moitié du XVIIIe siècle

Dans la seconde moitié du XVIIIe siècle apparait le **drame bourgeois** dont l'ambition est de détruire les frontières entre comédie et tragédie et où prédomine le spectacle (importance du décor et des costumes, insertion de couplets chantés sur des airs à la mode, comme les vaudevilles).
Exemple : *Le Drame de la vie* (1793) de Rétif de la Bretonne.

Toutefois, la comédie est encore très présente avec des auteurs comme Marivaux.
Exemple : *Le Jeu de l'amour et du hasard* (1730) de Marivaux.

d) Au XIXe siècle

Au XIXe siècle, les Romantiques, comme Alfred de Musset, Victor Hugo ou Alfred de Vigny, dénoncent les règles classiques au nom de la liberté de création : dans la préface de *Cromwell* (1827), Hugo définit le drame comme un mélange de comique et de pathétique et comme une représentation du monde qui n'est pas une imitation. *Ruy Blas* (1838) est un drame historique (il se déroule dans l'Espagne du XVIIe siècle), mais cette pièce revêt également une dimension intemporelle par les thèmes abordés : l'amour et la politique.

e) Au XXe siècle

Au XXe siècle, le principe du divertissement définissant l'œuvre théâtrale est remis en question par Bertolt Brecht qui prône un théâtre didactique : pour ce faire, le spectateur doit rester à distance du spectacle, ne pas ressentir d'émotion afin de réfléchir. Au contraire, d'autres théoriciens, comme Antonin Artaud, défendent un théâtre qui serait pure émotion (avec la prédominance du corps) et où l'activité intellectuelle n'aurait aucune place. Au milieu du XXe siècle a lieu une autre révolution dans la théorie dramaturgique avec des auteurs comme Samuel Beckett, Arthur Adamov, Jean Genet, Eugène Ionesco : tout réalisme est alors banni. Le temps est déstructuré; le récit s'invite dans le texte dramatique qui comporte de plus en plus de didascalies. Le théâtre moderne attache également une grande importance au rôle du corps qui a supplanté celui du langage considéré désormais comme un facteur d'aliénation de l'homme. Dans *Fin de partie* (1957), Samuel Beckett met en scène des personnages handicapés ou mutilés. Le langage est interrogé de diverses manières, par l'incompréhension entre les personnages, par leur interrogation sur le sens des mots qu'ils utilisent, par de nombreux silences.

f) Le théâtre contemporain

Le théâtre contemporain s'inscrit dans la lignée de ces différents bouleversements et se caractérise par sa diversité tant au niveau des thèmes abordés que des formes convoquées : la danse, la vidéo, le cirque, le cinéma, la musique. Apparaissent ainsi des créations très originales reposant sur une nouvelle forme de langage et donnant davantage lieu à des expérimentations scéniques qu'à des représentations. Le texte dramatique est également l'objet de recherches formelles liées aux transformations du discours didascalique (place des didascalies), à l'expression de l'intime, à l'épicisation du discours théâtral (c'est-à-dire une mise en forme narrative) qui renouvelle le statut du personnage, celui de l'acteur et la place du spectateur. Dans *Le Langue-à-langue des chiens de roche* (2001) de Daniel Danis, le dialogue entre les personnages s'interrompt pour laisser place au commentaire.

2. LES FONCTIONS DU THÉÂTRE

Toutes les fonctions du théâtre sont celles du texte littéraire en général. Toutefois il faut noter une caractéristique liée à la représentation théâtrale : puisqu'il y a communication directe entre les acteurs et les spectateurs, les effets provoqués par la pièce sur l'esprit, les sens et l'imagination du spectateur sont puissants et immédiats.

a) Le divertissement

Le théâtre permet au spectateur de s'évader de sa réalité ; par le fait de l'illusion créée, le spectateur assiste à la pièce de théâtre comme si les faits se produisaient *hic et nunc* (ici et maintenant). Pour reprendre les théories freudiennes, le spectateur quitte le « principe de réalité » pour « le principe de plaisir », le temps de la représentation. L'illusion créée amène à d'autres formes de plaisir : le spectateur est poussé à vivre des émotions intenses. Les formes de sensibilité varient en fonction des époques, et les spectateurs viennent au théâtre pour y chercher des émotions. Par exemple, pendant la Révolution française on voit se développer la forme du vaudeville qui mêle au texte dramatique des airs chantés repris en chœur par le public. Les pièces de théâtre ont par ailleurs longtemps été classées en fonction de leurs effets : faire rire pour la farce et la comédie, émouvoir pour la tragédie. À cette dernière est liée la théorie de la catharsis : dans son ouvrage la *Politique*, Aristote montre que la tragédie est capable de purger les passions, c'est-à-dire d'apaiser le caractère émotif du spectateur par le biais d'émotions contrôlées. La tragédie doit ainsi mettre en scène des actions et des héros qui suscitent crainte et pitié, comme *Phèdre* (1677) de Racine. Ce principe de catharsis dépasse la tragédie et peut être étendu aux autres formes théâtrales du point de vue de l'auteur qui exprime ses fantasmes en mettant en scène son propre univers, et du point de vue du spectateur qui va, lors de la représentation, « éprouver sans cesse les limites extrêmes de sa puissance ou de sa faiblesse » comme le suggère Pierre-Aimé Touchard[1].

1. Pierre-Aimé Touchard, *Le Théâtre et L'Angoisse des Hommes*, Le Seuil, 1968.

b) La représentation de la société

Le théâtre offre un miroir de la société et des préoccupations humaines, il entend sonder l'âme humaine.

c) Enseigner et convaincre

Dans certaines pièces, l'action et les personnages représentent une idée que l'auteur veut démontrer : elle peut être politique comme *Lorenzaccio* (1834) d'Alfred de Musset, ou morale comme chez les classiques qui voulaient « instruire » le spectateur. On peut également citer le théâtre engagé de Jean-Paul Sartre, par exemple *Les Mouches* (1943).

3. LES CARACTÉRISTIQUES DU TEXTE DRAMATIQUE

Le texte dramatique est un texte littéraire écrit pour être représenté.

a) Une structure double : dialogues et didascalies

La composition du texte dramatique se caractérise par une structure double composée de dialogues et didascalies. Le lecteur puise les informations nécessaires à la compréhension de l'histoire à la fois dans le dialogue et dans les didascalies. On note ainsi, dans le texte dramatique, l'absence de narrateur, c'est-à-dire de commentaires sur l'action (sauf dans quelques cas particuliers : le chœur antique, la présence d'un narrateur spécifique).

Le dialogue, qui donne l'illusion d'une conversation réelle et spontanée, repose ainsi sur différents artifices particulièrement présents dans la première scène. Par exemple, pour informer les spectateurs du nom des différents personnages et de leurs relations, l'auteur place dans les répliques le nom des personnages et le rappel de certaines informations pourtant déjà connues des deux personnages (en gras dans l'exemple suivant). Il y a donc au théâtre une double énonciation : les personnages parlent entre eux, mais leurs propos sont également destinés au spectateur.
Voici le début de la première scène de *La Fausse Suivante* (1724) de Marivaux :

> SCÈNE PREMIÈRE
> FRONTIN, TRIVELIN
> FRONTIN. – Je pense que voilà **le seigneur Trivelin ;** c'est lui-même. Eh ! comment te portes-tu, mon cher ami ?
> TRIVELIN. – À merveille, **mon cher Frontin**, à merveille. Je n'ai rien perdu des vrais biens que tu me connaissais, santé admirable et grand appétit. Mais toi, que fais-tu à présent ? je t'ai vu **dans un petit négoce qui t'allait bientôt faire citoyen de Paris ;** l'as-tu quitté ?
>
> Marivaux, *La Fausse Suivante*, 1724.

Les paroles prononcées par les personnages sont appelées des répliques ; on distingue différents types de répliques :

- le **monologue** : tirade prononcée par un personnage qui est seul sur scène. On désigne également la scène où un seul personnage est présent.
  Voici l'exemple de la scène 2 de l'acte III de *Phèdre* de Racine.

PHÈDRE, *seule*

Ô toi, qui vois la honte où je suis descendue ;
Implacable Vénus, suis-je confondue ?
Tu ne saurais plus loin pousser ta cruauté.
Ton triomphe est parfait ; tous tes traits ont porté.
Cruelle, si tu veux une gloire nouvelle,
Attaque un ennemi qui te soit plus rebelle.
Hippolyte te fuit ; et bravant ton courroux,
Jamais à tes autels n'a fléchi les genoux.
Ton nom semble offenser ses superbes oreilles.
Déesse, venge-toi : nos causes sont pareilles.
Qu'il aime... Mais déjà tu reviens sur tes pas.
Œnone ! On me déteste, on ne t'écoute pas !

Racine, *Phèdre*, 1677.

- **l'aparté** : réplique prononcée par un personnage à l'insu d'un autre, pour lui-même et à l'intention du public.
  Voici un exemple extrait de la scène 2 de l'acte I du *Médecin malgré lui :* Sganarelle a battu sa femme, Martine, et s'en excuse.

MARTINE : Je te pardonne. *(Elle dit le reste bas.)* Mais tu me le payeras.

Molière, *Le Médecin malgré lui,* 1666.

- **la stichomythie :** échange de répliques courtes et vives, comme dans la première scène de *La Folle Journée ou le Mariage de Figaro* (1778) de Beaumarchais.

FIGARO : Je regarde, ma petite Suzanne, si ce beau lit que Monseigneur nous donne aura bonne grâce ici.
SUZANNE : Dans cette chambre ?
FIGARO : Il nous la cède.
SUZANNE : Et moi je n'en veux point.
FIGARO : Pourquoi ?
SUZANNE : Je n'en veux point.
FIGARO : Mais encore ?
SUZANNE : Elle me déplaît.
FIGARO : On dit une raison.
SUZANNE : Si je n'en veux pas dire ?

Beaumarchais, *La Folle Journée ou le Mariage de Figaro*, 1778.

La didascalie comprend tout ce qui n'est pas prononcé par les personnages, c'est-à-dire toutes les directives de l'auteur quant aux modalités de représentation de la pièce (indications scéniques précisant le décor et le jeu des personnages), mais aussi la liste des personnages, les sous-titres et le découpage de la pièce (scènes, actes)... Voici un exemple de la pièce *Rhinocéros (*1959) d'Eugène Ionesco (les didascalies sont entre parenthèses ou/et en italique).

LA SERVEUSE, *sortant du café.*
Bonjour, Messieurs, que désirez-vous boire ? (*Les bruits sont devenus très forts.*)

JEAN, *à Bérenger et criant presque pour se faire entendre, au-dessus des bruits qu'il ne perçoit pas consciemment*
Non, il est vrai, je n'étais pas invité. On ne m'a pas fait cet honneur… Toutefois, je puis vous assurer que même si j'avais été invité, je ne serais pas venu, car… (*Les bruits sont devenus énormes.*) Que se passe-t-il ? (*Les bruits du galop d'un animal puissant et lourd sont tout proches, très accélérés ; on entend son halètement*) Mais qu'est-ce que c'est ?

Eugène Ionesco, *Rhinocéros*, © Éditions Gallimard, 1959.

b) L'action, le drame

Dans *Notes et contre-notes*[1], Ionesco définit le contenu d'une pièce de théâtre comme « une construction constituée d'une série d'états de conscience, ou de situations, qui s'intensifient, se densifient, puis se nouent, soit pour se dénouer, pour finir dans un inextricable insoutenable ». Le déroulement de l'action comporte ainsi trois phases :

- **L'exposition** : les premières scènes de la pièce ont une double fonction : elles ont une visée informative et présentent les personnages et le conflit à l'origine de l'action (ce conflit ou cette tension peuvent opposer des personnages, un personnage et la société, ou mettre en lumière les contradictions internes à un individu) ; les scènes d'exposition visent également à éveiller l'intérêt du spectateur en le plongeant immédiatement dans l'action (*in medias res*).
- **Le nœud** : au cours de la pièce, les péripéties s'enchainent ; il peut advenir des rebondissements qui mènent l'action jusqu'à un point culminant appelé le nœud (que l'on retrouve essentiellement dans les œuvres antérieures au XXe siècle). Dans les pièces contemporaines, l'intrigue ne suit pas forcément un ordre linéaire.
- **Le dénouement** : il informe le spectateur du sort de chacun des personnages. Le conflit se résout soit de manière heureuse dans la comédie, soit par la mort dans la tragédie, ou ne se résout pas, dans le cas du théâtre contemporain.

La pièce peut être découpée en actes et en scènes : l'acte correspondant davantage à une logique temporelle alors que la scène correspond à l'entrée ou à la sortie d'un personnage. Dans le théâtre contemporain, le mode de découpage est divers : aucun découpage, parties, chapitres…

c) Les personnages

Le dramaturge ne peut décrire ses personnages, comme c'est le cas dans le roman. Au théâtre, le personnage n'existe que dans le dialogue. La cohérence de l'identité du personnage est construite par le lecteur-spectateur qui, au fil de la pièce, rassemble les différentes informations le concernant à travers ses répliques et ses actions.

1. Eugène Ionesco, *Notes et contre-notes*, Gallimard, 1962.

d) Espace et temps

Pour des raisons pragmatiques, l'auteur d'un œuvre théâtrale destinée à être jouée se voit contraint de limiter le lieu de l'action (qui doit pouvoir être représentée dans un espace plus ou moins restreint) et la durée de la pièce afin de ne pas lasser le spectateur :

- L'**espace scénique** : il appartient au lecteur de se le représenter et au metteur en scène de le matérialiser : il s'agit de l'espace référentiel. Les indications de lieu peuvent être placées dans les répliques ou dans les didascalies. Il diffère de l'**espace dramaturgique** qui est imaginaire et qui est uniquement placé dans les répliques des personnages : il permet de renseigner le spectateur sur les événements qui se déroulent ailleurs, de faire éclater les limites de la scène en convoquant d'autres lieux.
- Le temps : on distingue également le **temps scénique** (la durée de la représentation) et le **temps dramatique** (la durée de l'action). Les exigences de la représentation théâtrale amènent l'auteur à ne retenir que les actions principales de l'histoire : le découpage en actes (également appelés « tableaux » ou « épisodes » selon les époques) permet de ne retenir que les faits marquants de l'action. Selon les époques, un laps de temps plus ou moins long (quelques heures, mois ou années) s'écoule entre les différents actes.

4. UN ART DU SPECTACLE : LA MISE EN SCÈNE OU L'INTERPRÉTATION DU TEXTE DRAMATIQUE

La mise en scène du texte dramatique représente une façon d'interpréter le texte dramatique. Autrement dit, le metteur en scène est amené à donner un sens au texte, qui motivera ses choix pour construire la représentation. S'il s'agit d'une œuvre non contemporaine, se pose le problème de l'époque de référence choisie par le metteur en scène : il peut en effet reconstituer les costumes et les décors de l'époque, ou au contraire moderniser l'œuvre. Par exemple, dans certaines représentations modernes du *Médecin malgré lui* (1666) de Molière, Sganarelle apparait sur scène avec une chaîne hi-fi portative qu'il écoute tout en coupant son bois. Qu'il s'agisse d'une œuvre passée ou contemporaine, le metteur en scène peut choisir de mettre l'accent sur tel ou tel aspect du texte dramatique, ou de donner une tonalité particulière à la pièce. Pour ce faire, il peut jouer sur différents éléments : les costumes, les décors et les accessoires, l'éclairage, l'accompagnement musical, le lieu scénique. Enfin, le metteur en scène doit choisir des comédiens : leur jeu est très important car y est subordonné l'identification du spectateur. Pour être ému ou rire, le spectateur doit croire à la véracité des personnages qui évoluent devant lui. Diderot, dans le *Paradoxe sur le comédien*, affirme que le comédien ne doit éprouver aucune des émotions du personnage qu'il joue.

Toutes les caractéristiques précédemment énoncées sont autant de critères invariants qui définissent la théâtralité. Toutefois, le théâtre contemporain se joue de ces conventions que ce soit dans l'écriture du texte théâtral ou dans sa mise en scène.

E - LA POÉSIE

1. DÉFINITION

Il est difficile d'établir une définition précise et unique de la poésie car cette dernière recoupe des réalités distinctes. On peut la définir de manière très générale comme l'art de faire des vers, de composer des ouvrages en vers, mais aussi le caractère d'une chose qui émeut, touche le cœur et la sensibilité. Elle désigne également un genre littéraire aux formes extrêmement diverses selon les époques et les courants littéraires et regroupe par exemple les poèmes en prose, les formes fixes et codifiées comme le sonnet ou l'épopée, les « expériences poétiques » comme la poésie sonore, l'invention de néologismes, l'écriture automatique... Enfin, elle peut être considérée comme une catégorie esthétique et désigner une qualité particulière de tout ce qui touche, émeut, suscite une émotion. *La poésie d'un lieu, d'une musique, d'une ambiance.*

La poésie est sous-tendue par des théories contradictoires :

- la théorie de l'inspiration, de l'enthousiasme qui fait du poète un être touché par le divin et la transcendance, qui « dévoile » la réalité profonde des choses contre la théorie de la poésie comme le résultat d'un travail acharné. Dans tous les cas, la poésie résiderait dans le regard du poète qui a des qualités et une sensibilité particulières lui permettant de montrer le monde et les choses de façon moins commune. La subjectivité occupe donc une grande place en poésie ;
- la théorie de la réception qui veut que l'on considère la poésie comme une réalité mystérieuse que l'on ne peut ni ne doit chercher à comprendre contre la théorie qui veut analyser la poésie comme tout autre objet littéraire et artistique.

Dans la création poétique s'instaure une relation particulière au langage. Paul Valéry[1] affirme que « La poésie est l'ambition d'un discours qui soit chargé de plus de sens et mêlé de plus de musique que le langage ordinaire n'en porte et ne peut en porter. ». De cette relation particulière au langage nait un nouveau rapport au monde, une autre vision du monde ainsi qu'une émotion particulière du lecteur grâce au pouvoir d'évocation suscité par le langage poétique.

2. CARACTÉRISTIQUES DU TEXTE POÉTIQUE

Voici un rappel de quelques notions de versification utiles pour l'analyse d'un texte poétique.

a) L'organisation des poèmes

Dans les poèmes à forme fixe ou à forme libre, les vers sont regroupés en strophes qui, généralement, possèdent une unité de sens et de structure.

Le type de poème le plus connu, le sonnet, est constitué de deux quatrains et de deux tercets.
Exemple : *Les Fleurs du mal* (1857) de Baudelaire.

La ballade compte trois huitains ou trois dizains, puis un quatrain ou un quintil appelé l'envoi.
Exemple : « La Ballade des pendus » (1489) de François Villon.

1. Paul Valéry, *Cahiers*, Gallimard, 1974.

Le rondeau est un poème court utilisant seulement deux rimes et présentant un refrain sur deux vers.
Exemple : « Fut-il jamais douceur de cœur pareille », dans *Poésies nouvelle* (1836-1852) d'Alfred de Musset.

Le poème en prose ne respecte pas les règles de poésie versifiée et se présente sous la forme d'un paragraphe. Toutefois, il joue sur le langage en ayant notamment recours aux figures de style et aux jeux sur les sonorités.
Exemple : *Illuminations* (1886) d'Arthur Rimbaud.

b) Le mètre

La syllabe est l'unité de mesure du vers. Le mètre désigne le nombre de syllabes dans un vers. Le décompte des syllabes dans un vers suit des règles particulières, en particulier pour la prononciation du « e ». Ce dernier se prononce quand il se trouve à l'intérieur d'un mot ou quand le mot qui suit commence par une consonne ; il ne se prononce pas en fin de vers ou quand le mot qui suit commence par une voyelle.
Par exemple, le vers « Des/ Peaux/-rou/ges /cri/ards/ les /a/vaient /pris/ pour/ cibles » (Rimbaud) compte douze syllabes ; le premier « e » se prononce puisque le mot qui suit commence par une consonne et le deuxième « e » ne se prononce pas puisqu'il se trouve en fin de vers.

Certains mètres ont une appellation particulière. Un vers de six syllabes est appelé un hexasyllabe, un vers de huit syllabes, un octosyllabe, un vers de dix syllabes, un décasyllabe et un vers de douze syllabes, un alexandrin. L'hémistiche désigne la moitié d'un vers, coupé à la césure.

c) La strophe

La strophe est le regroupement de plusieurs vers, séparé par un blanc graphique. On trouve différents types de strophes en fonction du nombre de vers qu'elles contiennent. On distingue :

- Le distique : deux vers
- Le tercet : trois vers
- Le quatrain : quatre vers
- Le quintil : cinq vers
- Le sizain : six vers
- Le huitain : huit vers
- Le dizain : dix vers.

Le poème qui suit est composé de trois sizains :

> « Mignonne, allons voir si la rose
> Qui ce matin avait déclose
> Sa robe de pourpre au soleil,
> A point perdu cette vesprée[1]
> Les plis de sa robe pourprée,
> Et son teint au votre pareil.

Las! voyez comme en peu d'espace,
Mignonne, elle a dessus la place,
Las, las ses beautés laissé choir!
O vraiment marâtre Nature,
Puisqu'une telle fleur ne dure
Que du matin jusques au soir!

Donc, si vous me croyez, mignonne,
Tandis que vôtre âge fleuronne
En sa plus verte nouveauté,
Cueillez, cueillez votre jeunesse :
Comme à cette fleur, la vieillesse
Fera ternir votre beauté. »

Pierre de Ronsard, *Les Odes,* 1550.

d) Le jeu sur les sonorités

La rime se caractérise par une identité phonique entre deux ou plusieurs mots. On distingue trois degrés de richesse des rimes selon la quantité de phonèmes identiques :
- la rime pauvre compte un seul phonème identique : *oiseau/moineau*;
- la rime suffisante compte deux phonèmes identiques : *amour/tour*;
- la rime riche compte au moins trois phonèmes identiques : *rustique/gothique*.

La disposition des rimes dans un poème est variable. On distingue :
- les rimes plates qui suivent le schéma « aabb » :

La lune s'attristait. Des séraphins en pleurs	a
Rêvant, l'archet au doigt, dans le calme de fleurs Vaporeuses, tiraient de mourantes violes	a
De blancs sanglots glissant sur l'azur des corolles	b
La lune s'attristait. Des séraphins en pleurs	b
Stéphane Mallarmé, « Apparition », *Poésies*, 1887.	

- les rimes croisées qui suivent le schéma « abab » :

Comme je descendais des fleuves impassibles,	a
Je ne me sentis plus guidé par les haleurs;	b
Des Peaux-rouges criards les avaient pris pour cibles,	a
Les ayant cloués nus aux poteaux de couleurs.	b
Arthur Rimbaud, « Le Bateau ivre », *Poésies*, 1883.	

- les rimes embrassées qui suivent le schéma « abba » :

Comme un vol de gerfauts hors du charnier natal,	a
Fatigués de porter leurs misères hautaines,	b
De Palos de Moguer, routiers et capitaines	b
Partaient, ivres d'un rêve héroïque et brutal.	a
José-Maria de Hérédia, « Les Conquérants », *Les Trophées*, 1893.	

On notera deux autres sonorités remarquables :

- l'assonance qui est la répétition d'un même son vocalique. « Tout m'afflige et me nuit et conspire à me nuire » (Racine, *Phèdre*) : assonance en [i] ;
- l'allitération qui est la répétition d'un même son consonantique. « Des blancs sanglots glissant sur l'azur des corolles » (Stéphane Mallarmé, *Apparition*) : allitération en [l].

F - LES PROCÉDÉS D'ÉCRITURE

1. DÉFINITION

Un procédé d'écriture est un moyen d'expression choisi pour énoncer une idée. Il produit un effet de sens qu'il s'agit de déterminer. L'analyse des procédés d'écriture permet de mieux comprendre les textes littéraires.

2. LES DIFFÉRENTS PROCÉDÉS

Ce tableau reprend les principaux procédés d'écriture utiles pour analyser un texte. Ils sont présentés dans l'ouvrage.

LES PROCÉDÉS SYNTAXIQUES ET GRAMMATICAUX	Les types de phrases	p. 378-380
	Les formes de phrases : emphase, tournures impersonnelles, phrase averbale…	p. 380-381
	Le rythme des phrases : phrases longues, courtes ; nombre de propositions dans une phrase (rythme binaire, ternaire) ; progression : propositions de plus en plus longues dans une phrase ; mouvement ample : groupes de mots qui s'ajoutent les uns aux autres (si pas de lien : parataxe)	
	La ponctuation	p. 385-386
LES FIGURES DE STYLE REPOSANT SUR UN PROCÉDÉ SYNTAXIQUE : LE CHIASME, LE PARALLÉLISME, L'ELLIPSE		p. 446-448

<table>
<tr><td rowspan="7">LES PROCÉDÉS LEXICAUX</td><td colspan="3">Choix des termes (péjoratif, mélioratif, neutre)</td></tr>
<tr><td colspan="3">Répétition de termes</td></tr>
<tr><td colspan="2">Champs lexicaux</td><td>p. 446</td></tr>
<tr><td colspan="2">Connotations</td><td>p. 447</td></tr>
<tr><td colspan="2">Sens propre/figuré</td><td>p. 447</td></tr>
<tr><td colspan="2">Les registres de langue</td><td>p. 406</td></tr>
<tr><td>Les figures de style</td><td>Les figures de rapprochement d’éléments analogues : la comparaison, la métaphore, la personnification, l’allégorie
Les figures de rapprochement d’éléments opposés : l’antithèse, l’oxymore
Les figures de substitution : la métonymie, la périphrase, l’euphémisme, la litote, l’antiphrase
Les figures d’amplification et d’insistance : l’hyperbole, l’énumération, l’accumulation, la gradation, la répétition et l’anaphore, le pléonasme</td><td>p. 446-448</td></tr>
<tr><td rowspan="3">L’ÉNONCIATION</td><td>La situation d’énonciation</td><td>Marques du locuteur
Marques du destinataire
Marques de temps et de lieu
Les pronoms : qui parle ? à qui ?</td><td>p. 403</td></tr>
<tr><td colspan="2">La focalisation : interne, externe, omnisciente (pour les textes narratifs)</td><td>p. 473</td></tr>
<tr><td colspan="2">Les modalisateurs</td><td>p. 403, 465-466</td></tr>
</table>

JE M'ENTRAINE

◆ Exercice 1

Quelle est l'intention générale de ce récit ? Quelle idée, quelle valeur Albert Camus veut-il transmettre ici ?

◆ Exercice 2

Quelles différences linguistiques peut-on relever entre chacun des deux paragraphes ?

◆ Exercice 3

Quelle est la fonction de la phrase, en fin du premier paragraphe : « Il venait de découvrir la réalité qui se cachait sous les grandes formules dont on la masquait » ?

« Peu avant la guerre de 1914, un assassin dont le crime était particulièrement révoltant (il avait massacré une famille de fermiers avec leurs enfants) fut condamné à mort à Alger. Il s'agissait d'un ouvrier agricole qui avait tué dans une sorte de délire du sang, mais avait aggravé son cas en volant ses victimes. L'affaire eut un grand retentissement. On estima généralement que la décapitation était une peine trop douce pour un pareil monstre. Telle fut, m'a-t-on dit, l'opinion de mon père que le meurtre des enfants, en particulier, avait indigné. L'une des rares choses que je sache de lui, en tout cas, est qu'il voulut assister à l'exécution, pour la première fois de sa vie. Il se leva dans la nuit pour se rendre sur les lieux du supplice, à l'autre bout de la ville, au milieu d'un grand concours de peuple. Ce qu'il vit, ce matin-là, il n'en dit rien à personne. Ma mère raconta seulement qu'il rentra en coup de vent, le visage bouleversé, refusa de parler, s'étendit un moment sur le lit et se mit tout d'un coup à vomir. Il venait de découvrir la réalité qui se cachait sous les grandes formules dont on la masquait. Au lieu de penser aux enfants massacrés, il ne pouvait plus penser qu'à ce corps pantelant qu'on venait de jeter sur une planche pour lui couper le cou.
Il faut croire que cet acte rituel est bien horrible pour arriver à vaincre l'indignation d'un homme simple et droit et pour qu'un châtiment qu'il estimait cent fois mérité n'ait eu finalement d'autre effet que de lui retourner le cœur. Quand la suprême justice donne seulement à vomir à l'honnête homme qu'elle est censée protéger, il paraît difficile de soutenir qu'elle est destinée, comme ce devrait être sa fonction, à apporter plus de paix et d'ordre dans la cité. Il éclate au contraire qu'elle n'est pas moins révoltante que le crime, et que ce nouveau meurtre, loin de réparer l'offense faite au corps social, ajoute une nouvelle souillure à la première. »
(Albert Camus, *Réflexions sur la guillotine*, © Éditions Gallimard, 1947)

RÉPONSES

◆ Exercice 1

L'intention générale de cet extrait est une démonstration qui a pour objectif de dénoncer la peine de mort. Pour ce faire, l'auteur construit son texte en deux parties : la première est essentiellement un récit dont le rôle est de préparer la seconde partie dans laquelle il exprime ses idées.

◆ Exercice 2

Le premier paragraphe présente une séquence à dominante narrative. On relève ainsi différentes caractéristiques du texte narratif :

- le temps des verbes : ils sont conjugués au passé simple pour les actions de premier plan (« il fut condamné », « eut ») et à l'imparfait pour les actions d'arrière-plan (« il s'agissait ») ;
- les connecteurs temporels : « peu avant la guerre de 1914 », « dans la nuit », « ce matin-là » ;
- les verbes d'action : « massacrer », « tuer », « voler »...

Le second paragraphe présente une séquence à dominante argumentative. On relève ainsi différentes caractéristiques du texte argumentatif :

- le temps des verbes qui sont conjugués au présent : « faut », « est », « éclate » ;
- les tournures impersonnelles : « il faut », « il paraît difficile » ;
- un lexique abstrait : « justice », « offense », « corps social » ;
- une suite d'arguments.

◆ Exercice 3

Cette phrase permet de faire la transition entre les deux paragraphes, entre la narration d'un événement précis à valeur argumentative, et la réflexion plus générale qu'elle inspire à l'auteur.

Sur Lea.fr

Retrouvez des exercices d'entrainement pour l'analyse d'un texte

8

ENTRAINEMENT AU CONCOURS

A - Sujet du CRPE 2022
B - Corrigé

A - SUJET DU CRPE 2022

Groupement 1, avril 2022

Après la mort de son épouse puis l'un de ses fils, Victor Hugo prend en charge l'éducation de ses deux petits-enfants. Georges[1] et Jeanne.

Moi qu'un petit enfant rend tout à fait stupide,
J'en ai deux ; George et Jeanne ; et je prends l'un pour guide
Et l'autre pour lumière, et j'accours à leur voix,
Vu que George a deux ans et que Jeanne a dix mois.
Leurs essais d'exister sont divinement gauches ;
On croit, dans leur parole où tremblent des ébauches,
Voir un reste de ciel qui se dissipe et fuit ;
Et moi qui suis le soir, et moi qui suis la nuit,
Moi dont le destin pâle et froid se décolore,
J'ai l'attendrissement de dire : Ils sont l'aurore.
Leur dialogue obscur m'ouvre des horizons ;
Ils s'entendent entr'eux, se donnent leurs raisons.
Jugez comme cela disperse mes pensées.
En moi, désirs, projets, les choses insensées,
Les choses sages, tout, à leur tendre lueur,
Tombe, et je ne suis plus qu'un bonhomme rêveur.
Je ne sens plus la trouble et secrète secousse
Du mal qui nous attire et du sort qui nous pousse.
Les enfants chancelants sont nos meilleurs appuis.
Je les regarde, et puis je les écoute, et puis
Je suis bon, et mon cœur s'apaise en leur présence ;
J'accepte les conseils sacrés de l'innocence,
Je fus toute ma vie ainsi ; je n'ai jamais
Rien connu, dans les deuils comme sur les sommets,
De plus doux que l'oubli qui nous envahit l'âme
Devant les êtres purs d'où monte une humble flamme ;
Je contemple, en nos temps souvent noirs et ternis,
Ce point du jour qui sort des berceaux et des nids.

Le soir je vais les voir dormir. Sur leurs fronts calmes,
Je distingue ébloui l'ombre que font les palmes
Et comme une clarté d'étoile à son lever,
Et je me dis : À quoi peuvent-ils donc rêver ?
Georges songe aux gâteaux, aux beaux jouets étranges,
Au chien, au coq, au chat ; et Jeanne pense aux anges.
Puis, au réveil, leurs yeux s'ouvrent, pleins de rayons.

Ils arrivent, hélas ! à l'heure où nous fuyons.

---

1. Le prénom « Georges » est orthographié dans le poème « Georges » ou « George » par Victor Hugo en fonction de sa place dans le vers.

Ils jasent. Parlent-ils ? Oui, comme la fleur parle
À la source des bois ; comme leur père Charle,
Enfant, parlait jadis à leur tante Dédé ;
Comme je vous parlais, de soleil inondé,
Ô mes frères, au temps où mon père, jeune homme,
Nous regardait jouer dans la caserne, à Rome,
À cheval sur sa grande épée, et tout petits.

Jeanne qui dans les yeux a le myosotis,
Et qui, pour saisir l'ombre entr'ouvrant ses doigts frêles,
N'a presque pas de bras ayant encor des ailes,
Jeanne harangue, avec des chants où flotte un mot,
Georges beau comme un dieu qui serait un marmot.
Ce n'est pas la parole, ô ciel bleu, c'est le verbe ;
C'est la langue infinie, innocente et superbe
Que soupirent les vents, les forêts et les flots ;
Les pilotes Jason, Palinure et Typhlos
Entendaient la sirène avec cette voix douce
Murmurer l'hymne obscur que l'eau profonde émousse ;
C'est la musique éparse au fond du mois de mai
Qui fait que l'un dit : J'aime, et l'autre, hélas : J'aimai ;
C'est le langage vague et lumineux des êtres
Nouveau-nés, que la vie attire à ses fenêtres,
Et qui, devant avril, éperdus, hésitants,
Bourdonnent à la vitre immense du printemps.
Ces mots mystérieux que Jeanne dit à George,
C'est l'idylle du cygne avec le rouge-gorge,
Ce sont les questions que les abeilles font,
Et que le lys naïf pose au moineau profond ;
C'est ce dessous divin de la vaste harmonie,
Le chuchotement, l'ombre ineffable et bénie
Jasant, balbutiant des bruits de vision,
Et peut-être donnant une explication ;
Car les petits enfants étaient hier encore
Dans le ciel, et savaient ce que la terre ignore.
Ô Jeanne ! Georges ! voix dont j'ai le cœur saisi !
Si les astres chantaient, ils bégaieraient ainsi.
Leur front tourné vers nous nous éclaire et nous dore.
Oh ! d'où venez-vous donc, inconnus qu'on adore ?
Jeanne a l'air étonné ; Georges a les yeux hardis.
Ils trébuchent, encore ivres du paradis.

Victor Hugo, « Georges et Jeanne », *L'Art d'être grand-père*, 1877

I. Étude de la langue (7 points)

1. Justifiez la terminaison des mots soulignés dans les extraits suivants :

- Jugez comme cela disperse mes pensées. (v. 13)
- En moi, désirs, projets, les choses insensées... (v. 14)
- Et je me dis : À quoi peuvent-ils donc rêver ? (v. 32)
- Devant les êtres purs d'où monte une humble flamme ; (v. 26)

2. a) Relevez les pronoms employés dans les extraits suivants et indiquez leur fonction grammaticale.
b) Précisez ce qu'ils désignent en vous appuyant sur ces extraits et sur le texte.

- Jugez comme cela disperse mes pensées. (v. 13)

-Je distingue ébloui l'ombre que font les palmes (v. 30)

3. Délimitez les propositions et indiquez comment elles sont reliées.

- Leur dialogue obscur m'ouvre des horizons ;
Ils s'entendent entr'eux, se donnent leurs raisons. (v. 11-12)

- Je les regarde, et puis je les écoute, et puis
Je suis bon, et mon cœur s'apaise en leur présence ; (v. 20-21)

- Je contemple, en nos temps souvent noirs et ternis,
Ce point du jour qui dort des berceaux et des nids. (v. 27-28)

4. Indiquez le temps et le mode de chacun des verbes suivants et commentez leur emploi.

Je fus toute ma vie ainsi ; je n'ai jamais
Rien connu, dans les deuils comme sur les sommets,
De plus doux que l'oubli qui nous envahit l'âme
Devant les êtres purs d'où monte une humble flamme ; (v. 23-26)

Si les astres chantaient, ils bégaieraient ainsi. (v. 60)

5. Remplacez les formes soulignées par des propositions subordonnées, sans vous préoccuper de la longueur du vers :

Les enfants chancelants sont nos meilleurs appuis. (v. 19)

Jeanne qui dans les yeux a le myosotis,
Et qui, pour saisir l'ombre entr'ouvrant ses doigts frêles,
N'a presque pas de bras ayant encor des ailes, (v. 44-46)

6. a) Quel est l'usage du double point dans le vers ?
b) Réécrivez ce vers en supprimant le double point et en faisant les modifications nécessaires sans vous préoccuper de la longueur du vers.

Et je me dis : À quoi peuvent-ils donc rêver ? (v. 32)

II. Lexique et compréhension lexicale (4 points)

1. Analysez la formation de l'adjectif « insensées ». (v. 14)

2. Expliquez en contexte le sens du mot « chancelants » :
Les enfants chancelants sont nos meilleurs appuis. (v. 19)

3. Le mot enfant vient du latin *infans*, « qui ne parle pas ». Comment le lexique employé dans le poème confirme-t-il et invalide-t-il tout à la fois le sens donné par l'étymologie de ce mot ?

III. Réflexion et développement (9 points)

Après avoir mis en lumière la nature de la relation intergénérationnelle dans ce poème, vous vous interrogerez sur les liens que peuvent entretenir les personnes âgées et les enfants.

Votre réflexion, structurée et argumentée, s'appuiera sur le poème de Victor Hugo ainsi que sur l'ensemble de vos connaissances et de vos lectures.

B - CORRIGÉ

I. Étude de la langue

1.
- Jug**ez** : verbe conjugué à l'impératif présent : la terminaison « -ez » marque la 2e personne du pluriel.
- Insens**ées** : participe passé en emploi adjectival, il s'accorde en genre et en nombre avec le nom auquel il se rapporte. La terminaison « -ées » marque le féminin pluriel de l'adjectif, en fonction d'épithète du nom « choses » (féminin pluriel).
- Rêv**er** : verbe du premier groupe à l'infinitif présent, d'où la terminaison « -er ». Le verbe à l'infinitif fait partie de la périphrase verbale « peuvent rêver » : il suit l'auxiliaire modal « peuvent ».
- Mont**e** : verbe conjugué au présent de l'indicatif : la terminaison « -e » marque la 3e personne du singulier. Il s'accorde avec son sujet, ici, inversé « une humble flamme » (GN singulier).

2.

PRONOM	FONCTION	RÉFÉRENT
cela	Sujet de « disperse »	Les vers précédents : « Leur dialogue obscur m'ouvre des horizons ; Ils s'entendent entr'eux, se donnent leurs raisons. »

je	Sujet de « distingue »	Le poète, V. Hugo
que	COD de « font »	« l'ombre »

3.
- L'extrait comprend trois propositions : « Leur dialogue obscur m'ouvre des horizons », « Ils s'entendent entr'eux », « se donnent leurs raisons » qui sont juxtaposées au moyen du point-virgule et de la virgule.

- L'extrait comprend quatre propositions : « Je les regarde » « je les écoute », « Je suis bon », « mon cœur s'apaise en leur présence » qui sont coordonnées au moyen de la conjonction de coordination « et » et/ou de l'adverbe « puis ».

- L'extrait comprend deux propositions : « Je contemple, en nos temps souvent noirs et ternis, / Ce point du jour », « qui dort des berceaux et des nids. ». La première est une proposition principale et la seconde, une proposition subordonnée relative, liée à la première par un lien de subordination, le pronom relatif « qui » ayant pour antécédent « ce point du jour ».

4.

OCCURRENCES	MODES ET TEMPS	EMPLOI
Fus	Passé simple de l'indicatif	Action bornée dans le passé
Ai connu	Passé composé de l'indicatif	Action accomplie par rapport au présent
Envahit monte	Présent de l'indicatif	Valeur de vérité générale
Chantaient	Imparfait de l'indicatif	Système hypothétique dans une proposition subordonnée introduite par « si »
Bégaieraient	Conditionnel présent de l'indicatif	Irréel du présent

5.
- « chancelants » : l'adjectif verbal en fonction d'épithète peut être remplacé par une proposition subordonnée relative, « Les enfants <u>qui chancèlent</u> sont nos meilleurs appuis ».
- « ayant » : le participe présent peut être remplacé par une proposition subordonnée circonstancielle de cause, « N'a presque pas de bras <u>puisqu'elle a</u> encor des ailes ».

6.
a) Le double point est un signe de ponctuation qui permet d'introduire ici le discours direct, et plus précisément une question que le poète se pose.

b) Et je me demande à quoi ils peuvent (donc) rêver.

II. Lexique et compréhension lexicale

1. Le mot est formé par dérivation sur le radical *-sens-* auquel ont été adjoints le préfixe *in-* qui signifie le contraire et le suffixe grammatical *-é(es)* qui permet de former l'adjectif. Le mot signifie : « qui n'est pas sensé, c'est-à-dire dont les actes et les paroles sont contraires au bon sens ».

2. « Chancelants » signifie « qui vacillent, qui penchent d'un côté ou de l'autre en menaçant de tomber ». Le terme désigne les petits-enfants du poète qui, encore très jeunes, sont dans la période d'apprentissage de la marche. Dans ce vers, l'adjectif contraste avec le nom « appuis ». Le poète présente les jeunes enfants comme un soutien et un réconfort pour les personnes âgées.

3. Le poème est traversé par deux champs lexicaux qui s'opposent, présentant à la fois les petits-enfants du poète comme des êtres ne parlant pas encore mais possédant toutefois leur langage propre. En effet, les deux enfants, en raison de leur jeune âge, produisent un langage parfois incompréhensible comme le suggère l'adjectif « obscur » (dans « dialogue obscur ») ou le participe présent « balbutiant ». Toutefois les deux enfants se comprennent mutuellement : « il s'entendent entr'eux ». Hugo déploie le champ lexical de la parole pour désigner leurs échanges : « parlent », « jasent », « harangue », « mots » (terme associé à celui de « marmots » à la rime), « dialogue », ainsi qu'une comparaison : « comme la fleur parle ». Ce langage des enfants est présenté comme exceptionnel, lié au divin, au travers de différents groupes nominaux : « mots mystérieux », « la langue infinie », « ce dessous divin de la vaste harmonie ».

III. Réflexion et développement

Après la mort de son fils en 1771, Victor Hugo a accueilli ses deux petits-enfants et leur mère. Dans « Georges et Jeanne », extrait de *L'Art d'être grand-père*, recueil de poèmes publié en 1877, il clame son amour pour ses petits-enfants et livre une véritable ode à la pureté et à l'insouciance enfantines. La lecture de ce poème amène à s'interroger sur les liens que peuvent entretenir les personnes âgées et les enfants. Après avoir précisé la nature des liens intergénérationnels dans le poème de Victor Hugo, nous nous intéresserons à la transmission, comme principal lien entre personnes âgées et enfants.

Dans ce poème, Victor Hugo décrit la relation qui l'unit à ses deux petits-enfants.

Le poète décrit avec sincérité ce qu'il ressent pour Georges et Jeanne : il leur voue un amour indéfectible et une admiration passionnée comme le suggère la comparaison hyperbolique utilisée pour présenter son petit-fils : « beau comme un dieu ». À chaque moment de la journée, il les regarde, émerveillé, faire leurs premiers pas dans la vie. Il les décrit avec tendresse dans leurs balbutiements langagiers et physiques. À l'instar de Victor Hugo, nombre de grands-parents portent un regard tendre et affectueux sur leurs petits-enfants, nouant ainsi une relation privilégiée avec eux.

Cet amour qu'il voue à ses deux petits-enfants et la fraicheur de la jeunesse apportent à Victor Hugo un réconfort certain, lui qui est au soir de sa vie. Ils le divertissent de cette vieillesse qui le gagne. Tout le poème est traversé par cette tension entre jeunesse et vieillesse. Victor Hugo exprime à la fois ses regrets et son bonheur de pouvoir partager ses instants avec eux. Le vers qui résonne comme une vérité générale : « Les enfants chancelants sont nos meilleurs appuis. » illustre bien la nécessité de maintenir les liens qui unissent personnes âgées et enfants. Jean-Michel Blanquer a, à cet égard, lancé en mars 2022 un plan d'action national visant à renforcer les solidarités intergénérationnelles entre les établissements scolaires et les lieux de vie des personnes âgées, la récente pandémie ayant révélé les dégâts émotionnels que provoque l'isolement des personnes âgées.

Dans son poème, Victor Hugo dépasse ce constat en conférant une dimension métaphysique aux enfants, ainsi que l'atteste le champ lexical du divin qui parcourt tout le texte. Ces enfants, grâce à leur innocence, offrent au poète une occasion de porter un regard neuf sur le monde qui l'entoure, en dévoilant ses secrets et le « dessous divin de la vaste harmonie ». Ces petits-enfants, considérés comme de véritables liens entre le ciel et la terre par « ces mots mystérieux » qu'ils prononcent, permettent également au poète de préparer son passage vers l'au-delà, en apaisant ces craintes.

Ainsi dans son poème, Victor Hugo s'attache à décrire les liens affectifs extrêmement forts et puissants qu'il entretient avec ses petits-enfants. Mais n'existe-t-il pas d'autres types de liens intergénérationnels en sus de l'amour et de l'attachement mutuels ?

Dans le poème de Victor Hugo, il n'est pas fait mention de la transmission, qui est au cœur des relations entre personnes âgées et enfants.

La transmission d'une génération à une autre peut concerner les connaissances et les savoir-faire. Les anciens sont détenteurs de savoirs et de savoir-faire qu'ils sont les seuls à pouvoir transmettre. Il est souvent fait appel à eux pour assurer le lien avec les nouvelles générations. Dans *Macha ou l'évasion*, roman de science-fiction de J. Leroy, de jeunes gens viennent rencontrer Macha-des-Oyats, 107 ans, afin qu'elle puisse leur transmettre ce qu'elle sait du « monde de la Fin » avant de disparaitre. Cette femme est en effet une des dernières à avoir connu l'ancien monde, si différent du « monde de la douceur » constitué de ZAD, habitats communautaires et naturels. Les jeunes générations, Y et Z, vont, elles aussi, pouvoir transmettre des connaissances et initier les anciens aux nouvelles technologies et au numérique, afin de faciliter leurs relations. Pendant les différents confinements liés à la récente pandémie, nombre de grands-parents ont pu ainsi communiquer virtuellement avec leurs proches. Le roman *Le Secret de grand-père* de M. Morpurgo est un bon exemple des échanges mutuels entre personnes âgées et enfants : avant de commencer ses études, un garçon va passer du temps dans la ferme de son grand-père. Ce dernier se rapproche progressivement de son petit-fils en lui racontant des éléments de son enfance et en lui révélant son secret : il est analphabète. Le garçon va alors lui apprendre à lire et à écrire tandis que le grand-père va lui transmettre son amour de la campagne et du travail de la ferme.

Les personnes âgées participent ainsi à la construction d'une identité personnelle et familiale en transmettant aux enfants leurs souvenirs et leurs expériences passées. Dans *Les Mots*, ouvrage autobiographique, Sartre relate ses souvenirs d'enfance pour tenter de comprendre comment il est devenu écrivain : son grand-père, Charles Schweitzer, a eu une grande influence dans la formation du jeune Sartre, en l'encourageant sans cesse à la lecture d'auteurs classiques et à l'écriture. De nombreux ouvrages de la littérature de jeunesse peignent cette transmission d'une histoire familiale, telles les œuvres qui traitent de la Shoah. Dans *Grand-père* de Gilles Rapaport, le narrateur raconte l'histoire de son grand-père qui a été déporté. Cette histoire lui a été transmise par sa famille qui souhaite que les enfants deviennent les gardiens de l'histoire familiale. L'auteur, dont l'histoire personnelle n'est pas sans lien avec l'album, dédie son ouvrage à ses grands-parents et travaille ainsi à transmettre une histoire collective. Les anciens peuvent enfin transmettre des valeurs aux jeunes générations et les faire profiter de leur « sagesse », acquise au fil des années. C'est le but de la *Lettre* qu'adresse Zola à la jeunesse en 1897, en l'exhortant à poursuivre les différents combats menés par les aïeux, notamment celui pour la liberté d'expression.

Ainsi le poème de Victor Hugo a permis de s'interroger sur les différents liens pouvant unir personnes âgées et enfants. Si le poète insiste avec force sur l'attachement et l'amour filial, la transmission est également au cœur des relations intergénérationnelles : qu'il s'agisse de connaissances ou de savoir-faire, d'une histoire et mémoire personnelle et familiale, ou de valeurs collectives, cette transmission mutuelle participe à la construction de l'individu. De nombreux projets voient le jour dans les écoles afin de maintenir ou de créer ces liens intergénérationnels, tels que le projet « 1 lettre, 1 sourire » qui consiste à faire écrire aux enfants des lettres qui sera envoyée aux personnes âgées isolées résidant en EHPAD.

Sur Lea.fr

Retrouvez les corrigés du CRPE 2022 des groupements 2 et 3

Imprimé en Espagne en août 2022
Dépôt légal: août 2022
N° de projet: 10284019

MIXTE
Papier issu de sources responsables
FSC® C022030
www.fsc.org

Nathan un éditeur qui s'engage pour la préservation de l'environnement et qui utilise du papier fabriqué à partir de bois issu de sources responsables et contrôlées.